丛书由信阳师范学院资助出版

中国工作环境研究丛书

迈向高质量发展的工作

中国工作环境调查数据分析

（上 册）

WORK TOWARDS HIGH-QUALITY DEVELOPMENT

Data Analysis of Chinese Working Conditions Survey

吴 爽　宋争辉　李 俊　张 彦　等　著

社会科学文献出版社
SOCIAL SCIENCES ACADEMIC PRESS (CHINA)

编 委 会

丛书总序

工作环境（working conditions）主要指的是从业者在其工作单位中，在主观上所感受到的一种工作氛围（working climate）与工作状态（working state）。工作组织与单位作为一个社会中重要的制度载体，主要通过其所形成和营造的独特的社会环境或者组织文化影响并规范员工的组织行为。在欧洲，工作环境研究已经初具规模，成为一个很重要的交叉学科领域。在中国，学者们对工作环境的研究才刚刚开始，目前主要从工作时间、工作报偿、工作场所以及工作中的员工参与四个方面展开研究。

从历史发展的过程来看，工业文明的一个重要特点，就是使人们从互不关联的“个体劳动”中脱离出来，走向互为关联的“集体劳动”。人们在“集体劳动”过程中不断互动，社会交往日益频繁。这种不断互动与频繁交往使人们产生了对公共品的需求，同时也发展出公共道德规范。随着公共（集体）空间和公共品在质量上的提高与数量上的增加，“集体劳动”的效率会不断提高，与此同时，“集体劳动”的环境以及公共空间的环境也会不断改善，这既是文明发展的历史趋势，也是文明发展的条件和前提。[①] 在现代社会，工作组织是各类组织中的最主要形式，也是多数社会成员的主要“栖身”场所。人们生活在社会里，工作是人们生活非常重要的组成部分，它会给人们带来极大的满足与深刻的意义。一方面，人们的工作以及工作的环境深深地影响着人们的行为，这样的组织及其环境实际

① 郑永年：《当代中国个体道德下沉根源》，《联合早报》2019 年 7 月 23 日。

上是人们在社会生活中价值观与行为取向重塑的社会场所；另一方面，人们的行为也深深地嵌入了他们工作的那个单位或者说他们的职业或工作之中。在很多情况下，人们在这种环境中完成他们的社会化过程。恰恰在这个意义上，人们在工作单位中感受到的组织氛围与工作状态，对人们在组织中的行为会产生举足轻重的影响。

事实上，经济增长的质量和效率取决于参与经济活动的劳动者的质量，取决于这种经济活动的组织者所营造的工作环境的质量。良好的工作环境，能够成就有质量的工作，它既是社会高质量发展的前提，也是其条件。一个高质量发展的中国，首先需要创新劳动者的工作环境，同时需要提高劳动者的工作质量，这是当今中国发展的重要基础。

许多研究告诉我们，一个好的工作环境，在微观个体层面，能够为人们获得幸福与满足提供必要的物质保障和前提，为人们的情感满足提供必要的社会归属，能够帮助个体更好地在组织中实现自我、激发潜能，为人们的自我成长和满足提供必要的条件；在中观组织层面，能够促进良好的组织文化构建，提高组织成员对组织的认同感和满意度，提高组织效率，进而快速推动组织的创新与发展；在宏观社会层面，有助于我国的经济与社会实现“新常态”下的健康、平稳发展，同时也能够为高质量发展提供合理的预期。

按照社会学的理论，在一个组织的发展过程中，人们的行为结构总是嵌入组织的结构之中。在这个意义上，工作环境作为组织员工行为的结构性因素，同样也发挥着至关重要的作用。毋庸置疑，好的工作环境、工作质量，作为衡量人类福祉的重要指标，不应该也不能够被排除在社会发展的范畴之外。

从学科特点来说，组织工作环境问题是社会学研究的重要内容，特别是从组织社会学角度出发进行的研究具有明显的学科特点和优势。就研究路径而言，将组织社会学的相关理论、方法和观点运用于工作环境问题的研究，不仅使我们从学术视角对组织工作环境变迁的结构特征及影响机制有更为深入的认识，而且由于工作环境贴近现实生活实践，勾连社会成员与各类工作组织，因而成为宏观与微观社会治理的一个重要环节。

在很多情况下，我们还可以观察到，一个社会的景气离不开这个社会中各种不同类型的组织的景气，或者组织中良好的工作环境。当一些社会成员在自己所隶属的组织中不愉快、不满意，感受不到组织的激励，体会不到其他组织成员的帮助和支持时，那么，他们这种不满的感受和情绪就会或多或少地以各种不同的方式宣泄到社会当中去，这在一定程度上会影响一个社会的景气。所以，从某种意义上说，研究一个组织的景气以及组织的工作环境能够使我们在更深层次上理解一个社会的景气，这恰恰也是我们研究组织景气与工作环境的学术意义①。

另外，对工作环境研究的深入，能够为组织的评估提供一个良好的学术与方法的基础。事实上，运用科学的方法对一个组织的景气状况进行评估，对于提高组织的效率、提高员工的满意度和获得感、增强员工对组织的认同与归属，都能够起到很重要的作用。

正是从工作环境研究的重要学术意义和应用价值出发，从 2013 年开始，我们对中国的工作环境问题进行了深入研究。“中国工作环境研究丛书”试图根据我们的田野调查和研究数据，从各个不同的角度对中国的工作环境问题进行深入的观察与分析，同时也是对我们前一个时期的研究工作的一个小结。

需要说明的是，这套丛书由信阳师范学院资助，这项研究由信阳师范学院中国工作环境研究团队实施。

我们衷心地期望，这套丛书的出版，能够进一步推动中国工作环境研究的深入。

是为序。

---

① 所以，这套丛书也可被看作两个国家社会科学基金项目课题研究的进一步深入和延续，分别为：张彦，2015 年国家社会科学基金一般项目“企业工作环境研究”（项目编号：15BSH105）；李汉林，2018 年国家社会科学基金重大项目“中国社会景气与社会信心研究：理论与方法”（项目编号：18ZDA164）。

目　录

上　册

下　册

第一章 工作环境研究的现实机遇和理论框架

一 引言

在这本书里，我们试图在 2019~2020 年中国工作环境问卷调查数据的基础上，对中国工作环境的研究进行深入讨论。

工作环境（working conditions）主要指从业者在其工作单位中，从主观上所感受到的一种工作氛围（working climate）与工作状态（working state）。工作组织与单位作为一个社会中重要的制度载体，主要是通过其所形成和营造的独特的社会环境或者组织文化来影响和规范员工的组织行为。① 从社会变迁的历史过程看，工业文明的一个重要特点，就是使人们从农业文明中互不关联的“个体劳动”逐步转变为互为关联的“集体劳动”。与此同时，“集体劳动”的环境以及公共空间的环境也会不断改善，这既是文明发展的历史趋势，也是文明发展的条件和前提。② 在现代社会中，工作组织是最主要的组织形式，也是大多数社会成员实现个体和社会整合的主要场所。

---

① Eurofound, *Working Conditions in a Global Perspective*, Luxembourg: Publications Office of the EU, 2019: 3; Sonja Drobnic, Barbara Beham & Patrick Prag, "Good Job, Good Life? Working Conditions and Quality of Life in Europe," *Social Indicators Research* 99, no. 2 (2010): 205-225; Duncan Gallie, "Production Regimes, Employment Regimes and the Quality of Work," in Duncan Gallie, ed., *Employment Regimes and the Quality of Work* (Oxford: Oxford University Press, 2007), pp. 1-33.

② 郑永年：《当代中国个体道德下沉根源》，http://www.aisixiang.com/data/117383.html，最后访问日期：2024 年 7 月 1 日。

人们生活在社会中，工作是人们一生重要的组成部分，会带给人巨大的满足与充分的意义。一方面，人们的工作及其所工作的环境会影响人们的行为，这样的组织及其环境实际上是人们在社会生活中价值观与行为取向重塑的社会场所；另一方面，人们的行为也深深嵌入到其所工作的单位，或者说他们的职业或工作之中。多数情况下，人们在这种组织环境中完成自身的社会化过程。也恰恰在这个意义上，人们在工作单位中感受到的组织氛围与工作状态，对其在组织中的行为会产生十分重要的影响。[①]

从社会学理论的角度，人们的行为总是嵌入在特定的结构之中。[②] 因此，工作环境作为组织员工行为的结构性因素，在影响与推动组织的发展方面发挥着重要的协调和规范作用。良好的工作环境，既能造就有质量的工作，也是一个社会高质量发展的前提。一个高质量发展的中国，既需要创新劳动者的工作环境，也需要提高劳动者的工作质量，这是当今中国社会发展的重要基础。[③]

在学科特点上，"工作环境"一直是社会学研究的一个重要主题和内容。特别是在组织社会学与制度社会学的视野下研究工作环境，有助于拓宽我们的学术视野，也有助于跨学科的学术观察。事实上，当我们用组织与制度社会学的理论与方法来思考工作环境问题的时候，更易于深刻理解组织环境变迁的社会过程、结构特征、影响机

① 张彦、李汉林：《治理视角下的组织工作环境：一个分析性框架》，《中国社会科学》，2020年第8期，第87~107页。

② Mark Granovetter & Richard Swedberg, "Introduction," in Mark Granovetter & Richard Swedberg, eds., *The Sociology of Economic Life* (Boulder, CO: Westview Press, 1992), p. 6.

③ 在国际学界，工作环境（working conditions）也被表述和理解为工作质量（quality of work）、工作生活质量（quality of working life）、岗位质量（job quality）、好工作（good work or good job）以及体面工作（decent work），这些表述的重点不同，但所指的学术含义大体相同。这一方面说明，人们试图从不同角度来补充和完善这一重要概念；另一方面也说明这一领域还有待进一步发展，因为基本概念不一致，就很难奠定一个学科的理论与方法基础。我们在文中运用"工作环境"概念来概括和表述上述相关内容。

制、社会条件以及所产生的相应结构性后果。由于“工作环境”更贴近于人们的日常生活实践以及秩序与制度规范行为的过程，所以，这也有助于在理论与实践的结合上把握“工作环境”问题的社会治理涵义。实际上，工作环境是一种重要的社会实践的情境，它连接社会个体和工作组织，成为社会治理中串联微观和宏观的一个关键环节。①

正是基于对工作环境的这些理解，我们开展了相应的研究与讨论。

本书的第一章主要是侧重梳理中国工作环境研究的现实机遇和理论框架，为展开进一步的讨论以及数据分析奠定一个比较好的理论基础。

第二章是抽样方法与样本特征的分析。主要是从方法论的角度来说明 2019~2020 年中国工作环境问卷调查的主要内容、抽样设计与质控方案以及调查样本总体的基本情况，以此作为进一步数据分析的基础。

第三章到第六章是对工作环境四个维度的调查分析。在数据分析的基础上，我们分别对工作场所、工作时间、工作报偿和员工参与这四个构成工作环境内在结构的维度进行了深入讨论与分析。

第七章和第八章是对工作要求和组织环境的分析。我们试图从工作要求和组织环境两个制度层面来深入讨论制度规范对工作环境产生的影响。

第九章到十二章是对工作环境质量的分析。我们试图通过对获得感、幸福感和安全感的讨论以及对工作意义、职业机会和工作家庭平衡等方面的数据分析，理解和把握调查时点的工作环境质量状况。

第十三章是从工作环境到社会景气：从中观到宏观的分析。我

① 张彦、李汉林：《治理视角下的组织工作环境：一个分析性框架》，《中国社会科学》，2020 年第 8 期，第 87~107 页。

们认为，仅仅停留在中观层面分析工作环境的内在结构及其影响还不够，还需要深入思考工作环境作为一种组织景气的状态如何作用与影响一个国家宏观的社会景气，从而使本研究更加具有学术的张力。

二　现实机遇：社会高质量发展需要改善和创新工作环境

伴随中国特色社会主义进入新时代，我国的经济社会发展也进入新时期，面对体制改革过程中由社会结构与利益格局调整所引发各种生态、经济与社会问题，既往追求数量增长、管理粗放的高速发展模式已经显得力有不逮，因此，自中国共产党第十九次全国代表大会首次提出“高质量发展”①，“高质量发展”模式就不断得到丰富和完善，业已成为中国经济社会进一步发展的美好愿景和切实路径。总的来说，新时期的高质量发展转向，是一个追求持续“欣欣向荣”的中国，面对各种“严峻挑战”所作出的总体判断和战略性决策。

就宏观的思路与布局来说，党的十九大之后的中央经济工作会议已经凝聚了一些高质量发展的共识，包括将目标拟定为“满足人民日益增长的美好生活需要”，并且贯彻和遵循“创新、协调、绿色、开放、共享”的新发展理念。② 在这一基础上，社会各界针对高质量发展的子目标、要求、重点和层次等方面所展开的讨论，不

① “我国经济已由高速增长阶段转向高质量发展阶段……我们要激发全社会创造力和发展活力，努力实现更高质量、更有效率、更加公平、更可持续的发展！”参见《习近平：决胜全面建成小康社会 夺取新时代中国特色社会主义伟大胜利——在中国共产党第十九次全国代表大会上的报告》，https://www.gov.cn/zhuanti/2017-10/27/content_5234876.htm，最后访问日期：2024年1月8日 。

② 《中央经济工作会议：推动高质量发展是当前和今后一个时期发展的根本要求》，http://www.gov.cn/xinwen/2017-12/21/content_5248953.htm，最后访问日期：2024年1月8日。

断丰富和完善了高质量发展的内涵和外延。① 毫无疑问，这些思路、原则和策略上的探索有至关重要的意义，但我们认为，从人们的分工、竞争与合作等客观行为以及安不安全、满不满意、得失与变化等主观感受出发，关注和考察高质量发展的微观基础和过程同样重要。

社会科学的研究和经验告诉我们，文明进步和社会发展的主体及动力最终落脚在人身上。在世界的现代化进程中，这里的人通常指的是集体中的人，集体劳动也越发成为经济社会发展的基石，是推动经济社会发展的动力源泉。因为正是在集体劳动的过程中，人与人、人与集体、集体与集体之间频繁且充分地进行互动，其互动效应既表现在生产效率上，也作用于公共生活空间的营造。在这个意义上，我们探索高质量发展的微观基础和过程，必须考虑这个问题：如何将人有效组织起来，并使其拥有良好的状态与感受？

大致回顾与梳理新中国成立七十余年来的实践，或许对我们当下的探索能够有所启发。在新中国成立初期，我们主要通过单位来吸纳全社会的成员，形成了独特的“单位办社会”体制，在某种意义上，这一体制使得单位成为行政系统的一部分，单位以政治动员为优势和主要目标，在应对新中国成立初期的总体性危机时发挥了重要作用。然而，伴随经济社会的发展，这一体制也暴露出许多局限和问题，民众与国家都对经济效率和社会活力提出了新的、更高

---

① 任保平：《我国高质量发展的目标要求和重点》，http://www.qstheory.cn/dukan/hqwg/2018-12/25/c_1123900905.htm，最后访问日期：2024 年 1 月 8 日；史丹、赵剑波、邓洲：《从三个层面理解高质量发展的内涵》，http://theory.people.com.cn/n1/2019/0909/c40531-31343036.html，最后访问日期：2024 年 1 月 8 日；庞金友：《把握高质量发展的深刻内涵》，http://www.rmlt.com.cn/2021/0127/606504.shtml，最后访问日期：2024 年 1 月 8 日；《中央企业高质量发展报告（2022）》，http://www.sasac.gov.cn/n2588020/n2877938/n2879671/n2879673/c26508617/content.html，最后访问日期：2024 年 1 月 8 日；怀进鹏：《加快推进教育高质量发展 奋力谱写贯彻落实党的二十大精神教育华章》，http://www.moe.gov.cn/jyb_xwfb/moe_176/202301/t20230102_1037709.html，最后访问日期：2024 年 1 月 8 日；王久高、陈千禧：《准确把握高质量发展的核心要求》，http://xh.xhby.net/pc/con/202308/15/content_1229182.html，最后访问日期：2024 年 1 月 8 日。

的要求。改革开放以来，单位逐渐剥离了包括政治以及其他非专业目标在内的多元化的功能，[①] 与新兴的经济、社会组织一起，成为大多数社会成员自我实现与社会整合的重要场所。一方面，这些工作组织主要以效率和效益为目标，使得我国经济持续快速增长，在较短的时间内自力更生地建立起全球最完整的工业体系，成为世界制造业第一大国、货物贸易第一大国和第二大经济体，自 2011 年以来，对世界经济增长的贡献率年均达 30%以上，造就了当之无愧的经济奇迹；[②] 另一方面，劳动者在工作组织中主要被视为一种人力资源，劳动关系也窄化为劳资关系，劳资双方围绕劳动过程和条件不断进行博弈和斗争，形塑了一个利益冲突频发的时期。本质上，这一时期经由这些工作组织所实现的社会整合，毋宁说是将人规范为一种“类工具”，从而实现生产要素的有效配置，但这在很大程度上有意识地忽略了人的社会性，忽略了工作组织的社会维度。就其弊病来说，无论是客观上的工作时间过长、物理工作环境恶劣，还是主观上的集体情感淡漠、工作意义缺失等状况，都酝酿了一些潜在的社会矛盾和冲突，切实影响着个体、组织与社会的可持续性发展。

上述工作场域中的观念与实践基本上延续至今，由其所形塑的某些微观景象，在当下世界政治、经济形势风云变幻以及由全球卫生问题牵引出的系统性危机等时代背景下，呈现更为集中、复合和突出的特征。因此，我们主张改善和创新劳动者的工作环境，提高人们的工作质量，促使个体的良好感受和组织的良好秩序相辅相成，进而实现人们从连接到团结的跃迁，让组织层面的有效治理可以外

---

① 单位“功能多元化的状况得到根本的改观。很多不属于单位所承担的社会功能，被逐渐地分离了出去，通过市场化的运作方式，被社会承担了起来。即便一些单位仍然还承担着一些社会的功能，那么，已经不再是原来意义上的‘单位组织功能多元化’，而是把对职工提供的这种服务当作了一种激励，当作为一种特殊单位组织中的一种社会福利。”参见李汉林《变迁中的中国单位制度 回顾中的思考》，《社会》2008 年第 3 期，第 31~40 页。

② 宋林飞：《全球社会学理论的新视角——兼论中国应对世界大变局的战略思考》，《社会学研究》2022 年第 6 期，第 1~14 页。

溢到社会层面达致整个国家的有效治理。这是社会高质量发展具有坚实基础的题中应有之义。

我国社会进入高质量发展阶段的总体判定，是与这一时期的社会形态、社会结构、社会矛盾以及社会观念紧密联系起来的，它所反映的至少是一种“中等尺度”的社会变迁。[①] 社会主义的根本目标是共同富裕，而作为一个社会主义国家，我们为实现这一最终理想，需要在做大蛋糕、分好蛋糕和分享蛋糕这三个具体路径上作出不懈努力。在此前一个阶段中，我们的发展模式以经济建设为中心，强调的是利用人口红利和自然资源先做大蛋糕，以因应当时落后的生产力与人民日益增长的物质文化需要之间的矛盾。这一阶段，整个社会呈现强大的国家意志聚合与实现效能，促使人们的物质生活极大丰富，但也正是在这个过程中，城乡、区域和行业间的福祉差距愈加明显。在这种结构性背景之下，国家向高质量发展转型，既是为了真正实现发展成果共享，也是为了凝聚力量谋求进一步发展。换言之，当下的社会形势要求我们在努力做大蛋糕的同时，必须同步跟进分享蛋糕和分好蛋糕的工作。这意味着，在新的阶段中，社会的高质量发展追求的不再是单一的经济向度的发展，也不再单纯运用 GDP、就业率等指标来评判发展成效，而是要满足人们日益增长的美好生活需要，它可以通过人们在获得感、幸福感和安全感等方面的情绪表达切实反映出来。由于工作是人们生活中至关重要的一部分，人们日益增长的

① “阶段论之所以重要，是因为不同的社会阶段是和不同的社会形态、社会结构、社会矛盾乃至社会观念等一系列社会重大特征的变化联系在一起的。新的社会阶段为原有的人文社会科学认识体系带来了新的挑战、提出了新的要求，从而推动了人文社会科学知识的发展，因而具有重大的理论意义和历史意义……现代社会学越来越多地面对的也许是可以称为‘中等尺度’的社会变迁，以及相应的变迁阶段。正如大尺度的社会变迁是在自人类社会产生以来的背景下讨论不同的变迁阶段一样，中等尺度的社会变迁或社会发展阶段在很大程度上是对于自近代以来社会变迁阶段的‘把握’，这些不同的阶段具有不同的特征。对于这些不同社会变迁阶段的认识，构成了人们对于现代社会的社会学认识的重要基础，更是推动现代社会学创新发展的基本动力。”参见李路路《新发展阶段的社会学研究》，《社会学评论》2022 年第 4 期，第 5~12 页。

需要及其满足通常与其工作过程和工作境遇紧密相关。

在现代社会中，大多数人都作为组织成员，在某一组织中从事某份工作，他们的工作行为与感受总是嵌入在该组织的结构之中。在这个意义上，工作环境作为一个结构性因素，发挥着弥足重要的作用。高质量的工作环境往往在微观层面上为人们获得幸福感提供必要的物质保障和前提、为人们的情感满足提供必要的社会归属、为人们的自我成长提供必要的场所，[①] 能够帮助个体更好地在组织中获得物质资源、缔结社会关系和实现自我；进而在中观层面上，促进良好的组织文化建构，提高人们对组织的认同感和满意度，快速推动组织的创新和创造；作用到宏观层面上，高质量的工作环境也让人们对未来发展拥有稳定良好的预期，并促使其转化为有序和有动力的社会经济行为，进而推动社会经济平稳健康发展。

从工作环境的视角切入，有两条相对独特的路径可能助推社会的高质量发展。一是通过改善与创新人们的工作环境，我们可以精准对接和有效回应个体的多元需求，切实增强个体的获得感、幸福感和安全感；二是通过监测和分析人们的工作环境现状，我们可以把握所处组织的总体状况与运行态势，进而窥探社会发展的形势。无论是改善与创新工作环境，还是监测与分析工作环境，我们都需要在本体论上孜孜不倦地进行探索，锚定工作环境的内涵和外延，进而在因果论上细致入微地进行梳理，探索工作环境各个维度间的内在关联以及外部的影响因素，唯有这般，关于工作环境的分析与实践才能够做到有的放矢。

三 理论框架：工作环境研究的源起、内涵和外延

（一）生活质量探讨经工作质量演进到工作环境研究

追溯工作环境研究的缘起，不得不谈及生活质量研究（quality

---

① 张彦：《从个体情绪到总体性情绪的跃迁：中国城镇居民工作环境满意度实证研究》，《社会发展研究》2016 年第 1 期，第 48~79 页。

of life，QOL）。1958 年，美国学者加尔布雷思在《富裕社会》一书中讨论了居民社会性、精神性需求滞后于生活水平的矛盾现象，首次谈到了生活质量概念，用以指代人们在生活的舒适、便利程度和精神上得到的享受及乐趣。[①] 美国 1960 年发表的《总统委员会国民计划报告》和鲍尔等人于 1966 年发表的有关美国社会第二次实施的全国规划的文献中正式提出生活质量这个概念。[②] 此后，生活质量逐渐成为一个专门的研究领域。

在生活质量概念内涵的探讨中出现了两种截然不同的取向：生活水平理论与生活质量理论。学者们讨论认为，生活质量有别于生活水平的概念，生活水平回答的是为满足物质、文化生活需要而消费的产品和劳务的多与少，而生活质量回答的是生活得“好不好”；生活质量须以生活水平为基础，但其内涵具有更大的复杂性和广泛性，它更侧重于对人的精神文化等高级需求满足程度和环境状况的评价。[③]

在探寻生活质量指标体系时，学者们致力于通过探寻生活质量所涉及的生活范畴，即“生活质量”这一概念中“生活”的维度有

① 约翰·肯尼思·加尔布雷思：《富裕社会》，赵勇、周定瑛、舒小昀译，江苏人民出版社，2009，转引自郭小弦、沈慧《“打工人”的烦恼：超时劳动、工作压力与生活质量研究》，《青少年研究与实践》2022 年第 3 期，第 35~46 页。

② 周长城、蔡静诚：《生活质量主观指标的发展及其研究》，《武汉大学学报》（哲学社会科学版）2004 年第 5 期，第 582~587 页。

③ 生活水平研究将研究重点放在影响人们物质与精神生活的客观指标方面，而生活质量研究偏重于人们主观生活感受方面的研究。前者如世界银行在《1989 世界发展报告》中将生活质量归纳为：平均多少人有一名医生、平均每日摄取热量、通货膨胀率和人均能源消费量 4 项指标；中国社会科学院“社会发展与社会指标”课题组将生活质量指标定义为居民消费、收入、吃穿用住、能源、通讯、劳保福利、文化支出、物价、“三废”处理等 16 项指标。后者如坎贝尔将生活质量定义为“生活幸福的总体感觉”，林南认为生活质量是“对生活各方面的评价和总结”，这些研究的特点是倾向于开发满意度、幸福感、社会积极性等主观指标。参见卢淑华、韦鲁英《生活质量主客观指标作用机制研究》，《中国社会科学》1992 年第 1 期，第 121~136 页。

哪些，从而构建生活质量度量的指标体系。[①] 通过众多学者的实证研究，生活质量有了一个较为完整的指标体系。第一，客观条件指标，包括人口出生率和死亡率、居民收入和消费水平、产品的种类和质量、就业情况、居住条件、环境状况、教育程度、卫生设备和条件、社区团体种类和参与率、社会安全或社会保障等。通过对这些客观综合指标的比较分析，可以衡量社会变迁程度。第二，主观感受指标，主要测定人们由某些人口条件、人际关系、社会结构、心理状况等因素决定的生活满意度和幸福感。其中，满意度通常分生活整体的满意度和具体方面的满意度两种。正是在生活质量指标体系构建研究的过程中，有学者发现，在客观条件指标中，个体获得报酬的雇佣工作是决定高质量生活重要的因素之一。他们认为工作不仅能够为个体提供足够的金钱以维持生活，还可以带给个体认同感、社会地位、个人发展的机会等附加价值；不谋而合的是，还有学者在生活质量的主观感受指标中也发现了工作对个体积极情绪体验的影响。[②] Sirgy 借用等级域和特点域两种观点去阐释一个好的工作对个体生活满意度的积极影响，并且这一理论假设在其实证研究中也得到验证。[③]

---

① Robert A. Cummins, "The Domains of Life Satisfaction: An Attempt to Order Chaos," *Social Indicators Research* 38, no. 3 (1996): 103 - 328; Charles E. Lance, Alison G. Mallard & Alex C. Michalos, "Tests of the Causal Directions of Global-Life Facet Satisfaction Relationships," *Social Indicators Research* 34, no. 1 (1995): 69-92; Bernard Van Praag, Paul Frijters & Ada Ferrer-i-Carbonell, "The Anatomy of Subjective Well-being," *Journal of Economic Behavior & Organization* 51, no. 1 (2003): 29-49.

② Sue Campbell Clark, "Work Cultures and Work/Family Balance," *Journal of Vocational Behavior* 58, no. 3 (2001): 348-365; Andrew Clark, "What Makes A Good Job? Evidence from OECD Countries," in: Stephen Bazen, Claudio Lucifora & Wiemer Salverda, *Job Quality and Employer Behaviour* (London: Palgrave Macmillan, 2005), pp. 11-30; Max Haller & Markus Hadler, "How Social Relations and Structures Can Produce Happiness and Unhappiness: An International Comparative Analysis," *Social Indicators Research* 75, no. 2 (2006): 169-216.

③ M. Joseph Sirgy, *The Psychology of Quality of Life* (New York: Springer Dordrecht, 2002).

这个时期，工作质量作为一个学术讨论的新领域，逐渐从生活质量中脱胎出来并蓬勃发展。一些学者开始着力从劳动积极学的视角不断探索一个好的工作（good job）的决定因素有哪些，探讨如何通过改善工作质量来提高个体生活质量。其中，经济学家们常用工作报酬和工作时间来定义工作质量（quality of work）；社会学家和组织心理学家们则指出，广义上的工作质量还应包含员工的幸福感、满意度、工作生活平衡、工作自主性和个人发展。例如，Gallie 指出工作质量是由技术、培训、工作自主性、工作生活平衡和工作不安全性五个维度构成。[①] 与此同时，工作质量也发展成为欧洲一个重要的政治议题，欧盟自 1991 年伊始在其成员国内展开以五年为周期的"欧洲工作环境调查"，目的就是了解欧洲社会的工作变迁和社会变迁之间的相关程度，为制定政策提供基础数据和科学研究依据。这在某种程度上进一步推动了学术界对相关议题的研究热情，并提供了经验数据以供分析，该过程中累积的实践认识与研究成果反过来又促使工作环境评价指标体系不断完善。历经多次调查，工作环境的操作化定义不断丰富，测量维度几经聚类与归纳，基本形成了"工作发展""工作强度与自主性""工作的社会性创新""工作中的物理及心理风险""工作生活平衡""工作质量""工作环境满意度"等多个维度。总的来说，在这场关于工作质量的大讨论与实践中，学者们逐渐理清工作质量的衡量实质上是对个体工作行为所处的物理环境和组织环境的评估。也正是在这个意义上，工作质量可以转译为工作环境，而工作环境相对更侧重组织层面的规范及其对个体工作过程和工作境遇的影响，这可能将工作质量这个议题拓展到组织乃至社会结构中进行讨论。

梳理与总结既往的工作环境研究，我们发现，过去的工作环境研究大多关注的是客观工作环境，包含个体工作行为发生时所处的

---

① Duncan Gallie, "Production Regimes and the Quality of Employment in Europe," *Annual Review of Sociology* 33, no. 1 (2007): 85-104.

物理环境（如温度、粉尘、噪声等），也包含个体的工作岗位所赋予的岗位环境（如工作时间、工作内容、劳动工具等）和个体所处的互动和组织环境（如与同事交流、领导支持等），而很大程度上将主观工作环境排除在外，忽略了个体对客观工作环境的主观感受。但是近年来，工作环境有着明显的主观转向，历次欧洲工作环境调查显示出从测量客观工作条件指标高低向考察个体对工作环境各个客观指标的主观评价上迁移的变化趋势，相关研究也逐渐将人们正面、积极的感受放在衡量工作环境质量的重要位置上。①

某种意义上，我们认同工作环境研究的主观转向，因为个体关于工作环境的主观评价通常取决于客观工作环境状况与其预期之间的差距，这些主观感受也是人们在组织中的各种工作行为的内在驱动力，并且人们的主观感受的确可以映射其所处客观工作环境的状况，主观转向也使得工作环境的定义更为精练、测量也更加便捷和及时。因此，我们认为工作环境指的是人们在组织中所感受到的一种工作氛围与工作状态，这种感受对其在组织中的行为会产生重要影响。不过，需要特别注意的是，人们在工作环境上的主观感受必须同其客观工作环境状况有机勾连起来，否则工作环境会囿于微观性、个体性和主观性的研究之中，从而丧失在中观组织层面和宏观社会层面上对话的能力和可能性。高质量的工作环境，不仅需要重视人们的主观感受，还需要重视组织秩序和规则对人们组织行为的重要规范作用。也就是说，只有在把握客观工作环境状况的基础上，我们才能深挖出组织秩序与规则影响工作环境主观体验的各种具体机制，析出与厘定人们在工作环境上最为重要的情绪表达内容。基于上述认识，我们迫切需要进一步打开工作环境的内涵，探寻工作环境的观测维度和内在结构，建立并完善工作

① 参见张彦《从个体情绪到总体性情绪的跃迁：中国城镇居民工作环境满意度实证研究》，《社会发展研究》2016 年第 1 期，第 48～79 页；张彦、李汉林《治理视角下的组织工作环境：一个分析性框架》，《中国社会科学》2020 年第 8 期，第 87～107 页。

环境质量的评价指标体系。

（二）工作环境的内在结构和评价指标体系

工作环境指的是人们在组织中所感受到的一种工作氛围与工作状态，这种感受对其在组织中的行为会产生重要影响。① 在我们看来，工作环境本质上关涉的是结构背景中个人与组织缔结的关系与持续互动的状况，因而，组织制度运行的状况在多大程度上合理地满足了人们的需求及期待决定着人们在工作环境上的体验。从这个角度来看，工作环境是由一系列组织制度的运行所塑造的，在制度规范和制度馈赠的过程中，工作环境体验自然而然地生发，并作为人们工作行为与感受的内在驱动力，反过来影响组织制度的设计与运行。

就工作环境研究的理论框架而言（见图 1-1），我们认为，工作环境的内在结构由工作场所、工作时间、工作报偿和员工参与四个维度构成，并从制度层面受到工作要求和组织环境的影响，进而综合当下的情绪表达与指向未来的主观判断可以形成工作环境的评价指标体系，对工作环境质量进行评估。其中，工作场所和工作时间侧重于组织制度的规范层面，前者在空间维度上将人们进行分化和分层，后者在时间维度上具体规制与规范人们的工作行为，并且它们还可能分别演进到组织环境和工作要求两个方面上，不断对组织中的人们进行岗位和组织社会化。而工作报偿和员工参与侧重于组织制度的馈赠层面，工作报偿是人们付出劳动力的回报，反映了组织对其工作业绩的认可和承认，员工参与则意味着组织中权力的分享与让渡，人们有机会将自身的利益诉求表达出来并得以实现。组织制度的规范与馈赠在多大程度上是合理和公平的，并且综合考虑了包括“经济人”“社会人”“自我实现人”等在内的多元属性，直

① 张彦、李汉林：《治理视角下的组织工作环境：一个分析性框架》，《中国社会科学》2020 年第 8 期，第 87~107 页。

接形塑着人们的工作环境体验，决定着工作环境质量的高低。工作环境体验通常可以分为当下和未来两个取向上的感受，在当下的取向里，它通过获得感、幸福感和安全感等情绪表达反映出来；在未来的取向上，借由人们在工作意义、职业机会和工作家庭平衡等方面的主观判断，可以把握其工作环境体验的变化，研判工作环境质量的可持续发展状况。

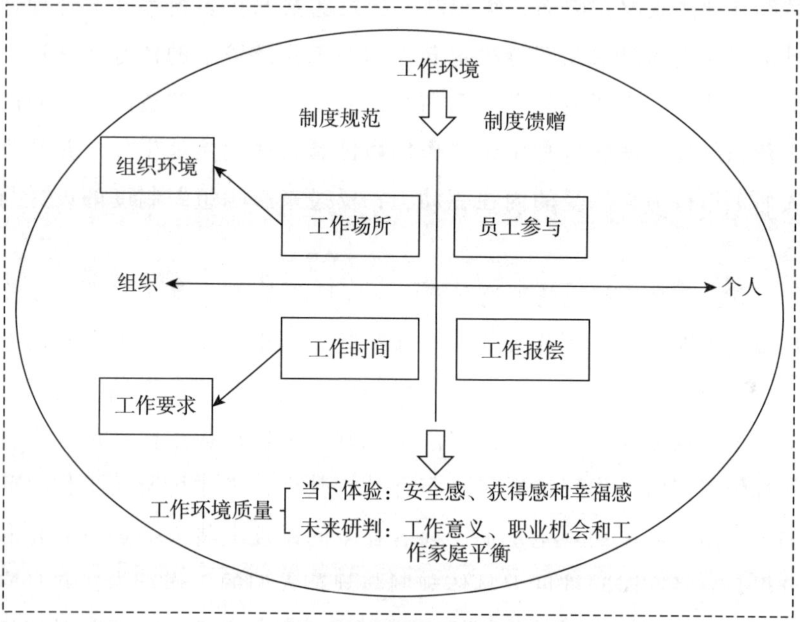

图 1-1　工作环境研究的理论框架

工作场所、工作时间、工作报偿和员工参与组成工作环境的内在结构。这里，工作场所主要指的是劳动者从事工作时的客观物理环境。营造一个安全、温馨的工作场所是组织最基本的责任，也是人们在工作中找到意义与激情的前提条件，从而推动持续的创新和创造活动。长期在充满粉尘、污染、噪声的场所中从事枯燥的工作，很容易让人烦躁和疲惫，经过相互传染的过程，一种抱怨和愤恨的气氛就会逐渐蔓延开来。在这样的状态和氛围里，很难产生激情、愉悦与创造性的劳动。除了考察组织情境中的客观物理环境，我们将工作场所置于社会结构层面进行思索，认为工作场所还是一种无形的制度，它让一群人与另一群人区隔开来，并将所处空间内的人们组织起来，形成较为惯常的工作内容与方式、比较稳定的互动秩序，甚至相对独特的精神气质，这些内容进而形塑了劳动者所感受到的工作状态与工作氛围。正是在工作场所作为一种制度运行的过程中，一方面，客观物理环境大致根据组织和个体的特征进行适配，工作场所中的物理风险可能相对集中在某些人群当中；另一方面，同一工作场所的人在组织这个场域中频繁地交流与互动，逐渐形成了一种相对独特的组织环境，通过平行的同事关系、垂直的等级关系以及日常的互动氛围等方式或约束或激励、或苛责或包容该场所中的人们。在这个意义上，工作场所及其牵引出的组织环境，作为一种结构性条件与背景，非正式地规范着人们的行为，对于人们所感受到的工作状态与氛围有着重要影响。

工作时间主要是指劳动者按照法律规定从事生产劳动或工作的时间。体面的工作时间应该考虑到个人的健康与安全，并努力兼顾工作与生活之间的平衡。然而，很长一段时间内，部分工作组织的用人方式是涸泽而渔的，长时间、高强度的工作让人们身心俱疲，并造成了工作角色与生活角色之间的紧张和冲突。在这种条件下，人们很难最大化地发挥工作效率，也很难培育出人们自主创新的意愿和不断发展的能力，容易在巨大的工作压力下滋生出焦虑情绪和工作倦怠感。深入进行探索，我们认为，劳动者对于工作时间的配置与控制，不仅仅是其个体的决策，更是劳资双方在一定社会制度和心态的框架下博弈、协调与共谋的结果，从而在相当长的时间内形成相对有序的时间节奏。也就是说，人们的工作时间状况很大程度上取决于组织中的劳资关系，当人们选择成为组织的一员进行工作时，就意味着要接受工作时间的规范。并且在很多情况下，组织除了在工作时间本身的长短、时点或灵活性上做出制度安排，还往往借助过程性或产出性的工作要求来进一步约束和规范人们在工作时间内的行为，直接形塑了人们所感受到的工作状态与氛围。总的来说，工作时间是组织中一种重要的制度安排和结构性要素，工作时间及其牵引出的工作要求，对个人的工作行为有着更为直接、刚性和正式的规范，是人们所感受到的工作状态与氛围的客观基础。

工作报偿主要指的是人们在组织中付出劳动以后所得到的回报。劳有所获是人们最为基本的预期，付出与回报的平衡，是组织中每一个劳动者的基本权利，也是构造良好工作环境的基本条件。我们可以想见，当付出与回报严重不平衡的时候，一种强烈的不公平、不满意和被剥夺的感受就生发出来了，此时，人们很难发自内心地认同自己的组织、自觉遵守组织制度的规范，工作投入明显降低，甚至选择“用脚投票”[①]，做出离职的决策。这里需要特别注意的是，回报不仅限于工资、奖金等物质报偿，还包括了表扬、荣誉等声望和权威方面的激励。如果工作被窄化成为一种资源交换活动，是一种通过交换自身的劳动力以谋求物质性报酬的过程，那么，人们就不可能在工作中体验到成就感、归属感等良好感受，也就难以调动起人们对于工作本身的激情与热忱、提升对于组织的满意度与认同感，这就是我国社会中“打工人心态”[②] 频发的缘故。在这个意义上，除了资源交换，工作报偿还是一种制度的馈赠，反映了组织对个人工作业绩和工作能力的认可与承认，它满足了人们在物质资源、社会关系和自我实现等多个方面的需求。而唯有人们发自内心地认为工作报偿这一制度馈赠是合理且公平的，认可和接受组织制度规范，他们才有内在驱动力，这在相当大的程度上形塑着人们的主观体验，建构着人们感受到的工作状态与氛围。

员工参与主要是指组织成员通过在组织中一系列的利益表达、

① “用脚投票”表达的是人们对某事件、某现象、某局面不高兴了，不满意了，不答应了，选择“三十六计，走为上计”。

② “工作上拈轻怕重，报酬上斤斤计较，态度上消极被动，得过且过，不负责任；对自己的利益极度关心，对企业、对组织的利益漠不关心……在当今社会职场上，‘打工心态’正逐步成为企业员工的一个普遍心态。”参见周沈刚、王京献《剖析“打工心态”》，《企业管理》2011 年第 10 期，第 34~36 页。

综合和实现的过程，参与组织中的事务，保障自身的权益，并在这个过程中不断加强对组织的认同感和满意度。人们在组织中的积极参与，可以拉近员工和组织之间的距离，达成相互理解与支持，通过一种“共治”的方式，工作环境得以不断创新和改善，组织发展也收获源源不断的动力。伴随我国人口红利的减退，要实现从制造向创造的飞跃，就必须争取员工对组织的认同，充分结合并发挥个体能动性和组织合力，在这种情况下，员工参与显得格外重要。要实现有质量的员工参与，其前提和基础是组织尊重员工作为利益主体存在，有分享和让渡权力的气度，设置参与渠道并不断争取凝聚共识。唯有这般，员工参与才可能形成一种稳定而持续的组织文化，让员工对组织产生强大的文化认同。正是这样的组织认同能够让人们自发抗拒个体化的行为，产生对组织的巨大责任感，成为工作环境追求的最高境界。组织在多大程度上鼓励、支持并切实回应员工的积极参与，反映的是组织制度对于员工的重视与尊重，在这个意义上，员工参与是一种制度馈赠。人们在组织中是否有参与机会、能否实现有尊严地参与，显著影响并建构了他们所感受到的工作状态与氛围。

在工作环境的内在结构当中，工作场所和工作时间作为一种制度规范，在多大程度上考虑了人们的安全与健康，做到人性化的安排，直接作用于人们的工作行为和感受，也形塑着人们对于组织的预期；而工作报偿和员工参与作为一种制度馈赠，在多大程度上满足了人们的多元需求，使得预期得以实现，决定了人们对于组织的满意和认同程度，这反过来形塑了人们对于制度规范的态度，也影响着人们的工作行为和感受。正是在这个过程中，人们生成了相应的工作环境体验，由于每个人的个人特征和组织情境或多或少存在差异，他们的工作环境体验也具有明显的异质性，并处于不断地变化当中。但是人们在工作环境的体验中会生成一些相对基础、普遍和重要的主观感受，透过这些情绪表达，我们才可能鞭辟入里地把握其工作环境的状况。在这个意义上，我们有意识地选择了一些主观感受来构建工作环境的评价指标体系。

工作环境质量的评价指标体系既关注人们当下的工作环境体验，也考虑到了工作环境体验未来的变化。当下的工作环境体验主要关注三个方面，首先，拥有一份相对稳定、职业健康有保障的工作，人们最基本的物质需求得以满足，可以从工作中体验到安全感；其次，人们在社会比较的过程中对自己的回报有所预期，希望能够得到他人和组织的认可与承认，在付出与回报平衡的过程中体验到的获得感，可能是形塑人们的工作行为与感受的一个基本动因；最后，人们综合其所感受到的工作状态与氛围，在安全感与获得感的基础上形成一种总体感受，即对自己的工作满不满意，这是人们体验到幸福感的重要基础。与此同时，将当下这些良好的感受持续下去也是我们不断创新和改善工作环境的目标，我们可以通过一些可持续性发展的指征对未来趋势进行研判。在这里，工作角色与生活角色的平衡是人们稳定扎根于工作的基础，而职业机会和工作意义则是人们全情投入工作，不断致力于工作环境优化的动力源泉。因此，综合人们在工作意义、职业机会和工作家庭平衡上的主观感受，我们大体上可以研判其工作环境体验的未来发展趋势，预测人们在安全感、获得感和幸福感上的良好感受持续发展的可能性。

由此，我们尝试构建了工作环境研究的理论框架，包括工作环境的内在结构和评价指标体系，这一框架可以帮助我们相对全面和系统地去探索中国工作环境的现状，并从主观感受出发对工作环境的质量进行综合评估。

（三）作为总体性社会情绪的工作环境

从工作环境的内在结构与评价指标体系可以发现，我们对于工作环境的测量主要集中在个体层面上。个体层面的讨论贴近我们的日常生活，可以指导微观层面工作环境的优化，进而不断增强人们的安全感、获得感和幸福感，增益人们的福祉。但更为关键的是，如何通过个人层面的数据形成对我国工作环境的总体认识，从而在宏观层面上进行监测和分析，然后经由结构性调整来保障工作环境的创新和改善。

我们的基本假设是：工作环境是人们在工作场所产生的一系列主观感受，组织的客观变化总能从人们对工作环境的主观感受中得到稳定的表现，而个体层次的主观态度通过传染、比较、想象等机制弥漫在组织当中，容易产生共鸣和共振，进而形成一些相对一致的情绪表达，即个人的主观感受可能“化合”成为一种具有社会事实性质的总体性社会情绪。这样一来，人们的主观态度就具有了反映整个组织状况的能力与特征。[①]

具体进行研究时，我们通过科学严谨的抽样调查以及数理统计分析，可以在某种程度上过滤个体的差异性，把握总体性社会情绪的脉搏。工作环境作为一种总体性社会情绪，反映的是组织的总体状况和运行态势，即组织是否井然有序，组织是否考虑并满足了组织中人们的需求与预期等。监测与分析组织中的总体性情绪，有助于在中观层面上析出组织治理的重难点，组织治理的过程即不断改善组织中工作环境的社会过程，能够促使组织秩序与良好感受相辅相成。当我们就我国工作环境进行调查研究时，作为一种总体性社会情绪的工作环境，可以让我们透过组织这个视角去把握整个社会的总体状况和运行态势，因为只有组织整合有序并持续发展，社会的稳定与发展才有牢固的基础。正是基于上述认识，工作环境研究可以在微观与宏观之间进行穿梭，切实增进个人福祉并助推社会的高质量发展。

---

① 类似地，人们对所处社会环境的主观感受也可以“化合”为一种总体性社会情绪，即社会景气与社会信心。从某种意义上来说，工作环境是社会景气在组织层面的具象化。将工作环境和社会景气与社会信心有机结合起来，能够更及时、敏感地把握所处社会的总体状况和运行态势，并在此基础上推动有效治理。工作环境和社会景气与社会信心的联系与区别详见本书第十三章。

第二章　调查研究的抽样与总体样本分析

观察人们在组织中的主观感受，是我们研究中国工作环境的一个重要的切入点。这主要是因为，人们的主观感受能够反映出一个组织中工作环境状况的客观现实；另外，由于一个组织中许多重要的外在的客观变化都能在人们的主观感受中稳定地表现出来，那么，通过科学抽样的办法以及数理统计分析过滤掉个体的差异性，就可以得到总体的一致性以及一些结构变量的差异性。实际上，当不同个体以及不同群体对一些问题的感受趋于一致的时候，我们就可以通过分析问卷数据，把每一个组织成员的主观感受“归纳”为特定群体的主观感受，进而观察到不同类型组织成员的总体性社会情绪。换句话说，个体层次上的主观态度一旦“化合”到组织中群体的主观感受或者总体性社会情绪之中，它就具备了社会事实的特征，能够让人们借此对组织中的工作环境状况做出整体判断。

正是基于这些思考，经过长时期的文献回溯、试调查、个案研究、参与观察以及入户访谈等一系列研究的前期准备工作以后，我们从 2014 年开始，进行了六次中国工作环境研究的全国性问卷调查，并以此作为本研究的数据和经验基础。问卷调查的抽样框来自“第六次全国人口普查数据”，推论的总体是 16 岁及以上的中华人民共和国城镇居民，样本量均为 8000。本研究试图从工作环境的内在结构以及影响工作环境内在结构的多个方面因素入手，全面、系统地了解并分析中国城镇居民的工作环境状况。以下是对本次中国工作环境调查的抽样与总体样本的说明。

一　调查的抽样设计

本研究于 2019 年 10 月至 2020 年 12 月之间开展了相应的问卷调查。本次调查在国家统计局“六普”数据的基础上建立一级抽样单元（primary sampling unit，PSU）抽样框，然后，利用国家统计局所提供的已抽中的一级抽样单元的所有二级抽样单元（second sampling unit，SSU）和三级抽样单元（third sampling unit，TSU）的总人口数、16 岁及以上人口和家庭户数等数据，抽取全国直辖市、地级市、县级市中居住在社区（居委会）辖区中的 16 岁及以上的就业人口为调查对象，并通过入户问卷调查获得的个体、家庭、组织和社区数据，对我国城镇就业人口的工作环境进行测量、评估和分析。本抽样方案对全国城镇劳动就业人口具有代表性。①

（一）目标总体

本次调查的目标总体为我国城镇（不包括港澳台）16 岁及以上的就业人口。同时，在家庭户抽样过程中，每户仅抽取 1 人，因此，本调查数据也可以通过恰当的加权处理，使之对中国城镇的就业家庭户具有代表性。此处，“城镇就业人口”的操作性定义为，当年居住在我国直辖市、地级市、县级市的社区（居委会）辖区中的 16 岁及以上就业人口。

（二）抽样设计

本调查采取复杂抽样设计。其中，县级行政区划（市辖区、县级市）为一级抽样单位（PSU），它是基于 2010 年“六普”数据，结合民政部的最新区划信息，形成的 PSU 抽样框数据（对于小于 8

① 考虑到 2010 年“第六次全国人口普查”以来我国的城镇化速度，本样本框对新城镇化地区的覆盖存在偏误。

个 SSU 单元的 PSU，本研究采用地理邻近的原则，合并两个 PSU 让每一个主抽样单元中的 SSU 数大于 8）。按照 PPS（probability proportional to size，PPS）和规模等比例的概率抽样抽取 60 个县市区（PSU）。

对每一个 PSU，依据 PPS 原则，本研究抽取 8 个社区（居委会）为二级抽样单位（SSU）。若出现无法进入或因拆迁、区划变更等情况时，本研究会重新从 SSU 样框中，依据相同原则补充新 SSU。

对抽中的每一个 SSU，本研究的调查执行机构实地派出调查员制作街区地图，形成住户地址表，并将其作为三级抽样框，本研究从中按照简单无放回随机抽样（simple random sampling without replacement，SRSWOR）原则，抽取 13 户作为三级抽样单位（TSU）。考虑到拒访率和非目标家庭户的存在，本研究在抽样时，要求调查执行方提供每一个 TSU 的拒访率估值，按照：

$$抽中地址数 = int\left(\frac{13}{(1-拒访率)}+0.5\right)$$

一次给出所有抽样地址。若成功调查数达到 10 户，则中止调查；若成功访问少于 10 户，则依据剩余应调查户数和新拒访率数据，按照上述公式，重新给出新抽中地址。

对抽中的家庭户（TSU），本研究按照制定的随机数表，每个地址抽一个个体作为最终抽样单元（ultimate sampling unit，USU）。若抽中个体无法接受访问，不允许户内替代，按照抽中地址表走访下一个地址。

（三）样本量

在简单随机抽样（无放回）的情形下，可以得到样本量估计的如下公式：

$$n_{srswor} = \frac{u_{\alpha}^{2} p(1-p)}{d^{2}}$$

其中，p 为样本中某一个类别在总体中出现的概率；u_{α}^{2} 为显著

性水平为 α 时所对应的分布临界值；d 为样本估值和总体参数之间的差值。根据上述公式，如果设定估计区间显著性水平 α 为 0.05，绝对误差 d 为 3%，那么，对于绝大多数分布的估计而言，本研究仅需调查 1000 个左右的样本即可。

但本调查并非简单随机抽样，而是多阶段复杂抽样，所以本研究还必须考虑设计效应（deff）问题。设计效应是指在同等样本规模下，采取复杂抽样所形成的样本方差和简单随机抽样所形成的样本方差之间的比值。设计效应的估计公式为：

$$deff=1+(b-1)\times roh$$

其中，b 为从单个抽样单元中抽取的样本数量；roh 为抽样单元内的同质性。该公式表明，从单个抽样单元中抽取的样本数量越大，设计效应越大；抽样单元内的同质性越大，设计效应越大。本调查抽样方案已经尽可能增大抽样单元的数量，降低单个抽样单元内的样本数量。根据本调查设计方案和以前的抽样经验，本调查的设计效应设定为 6。因此，考虑设计效应的样本量就是 1000×5＝5000。

为了获得无偏的参数估值，社会调查必须保证一定水平的应答率 r：

$$r=\frac{参与调查者人数}{接触被访者人数}$$

从方法论上讲，是否应答把目标总体划分为两个潜在总体：调查可及和调查不可及，前者的规模是应答率×目标总体规模，后者的规模是（1-应答率）×目标总体规模。应答率越低，样本估值可推论的总体规模越小。只有在假定可及总体和不可及总体的可推论的参数上不存在统计上显著的差异时，本研究才有可能在出现非应答的情形下，把调查结论推论到总体的全部成员之上。一个经验规则是，在抽样调查中，本研究至少应保证 50%以上的应答率（可及和不可及总体各占目标总体的一半）。考虑到调查中的无应答现象，需要适当放大抽取样本的规模。本研究预设的应答率为 80%，这样，考虑到无应答现象，本调查的样本量应为5000/0.80=6250。再考虑到样本分配中的具体情况，最终确定的样本量为6240（=60×8×13），分别是60个PSU，每一个PSU下8个SSU，每一个SSU下13个TSU，每一个TSU下1个USU。

（四）抽样框与抽样流程

1. 第一阶抽样：PSU（市辖区、县级市）的抽取

本调查的PSU抽样框来自2010年由国家统计局实施并发布的“六普”数据。但考虑到2010年距本调查执行有一定的时间间隔，为了校正人口变动的效应，本研究根据“六普”数据中的分性别、分年龄的粗死亡率对2010年人口普查数据中的5岁及以上城镇人口进行死亡率校正，以校正后的数据作为PSU的抽样框（包括1226个PSU），并以5岁及以上城镇人口作为加权权重。根据抽样设计方案，本研究从1226个PSU中，按照PPS的原则，抽取60个PSU（不包括新疆和西藏）。60个PSU分布在24个省（自治区、直辖市），样本数量最多的是湖北（包含5个PSU），样本数量最少的是云南（包含1个PSU）。

2. 第二阶抽样：SSU［社区（居委会）］的抽取

本调查的SSU抽样框来自2010年国家统计局“六普”的原始数据，国家统计局相关部门提供了2010年SSU的户数和8岁及以上城镇人口数。本研究根据抽样方案，在SSU抽样框中，按照PPS原则，在每个PSU中抽取8个社区（居委会）作为SSU，原则上共抽取480个社区（居委会）。在实际抽样过程中，由于有的社区（居委会）人口规模较大，本研究进行了分割处理，因此，同一个社区居委会可能被重复抽中。

3. 第三阶抽样：TSU（家庭户）的抽取

在本调查中，家庭户包括户籍登记的家庭、集体户以及各类集体居住点。TSU样本框来自调查实施单位所绘制的地块示意图和地址表，依据地块现场制作而成。建立“户样本框”后，由课题组统

一用计算机程序随机抽取需要调查的入户地址表。在接触调查样本户的过程中，访问员不能在入户地址表之外进行调查。如果经三次接触，仍然无法访问样本户，访问员需在《入户情况登记表》中的相应栏目中注明原因，然后接触下一户。

为了能够把流动人口纳入本调查的范围内，TSU 的抽样采取“以户定人”的原则，即以居住地址为三级抽样单元，无论住户内的成员是户籍人口、常住人口还是流动人口，只要本户有就业人口，本户就是本调查的潜在访问对象。

4. 第四阶抽样：USU（被访者）的抽取

在抽中的家庭户中，所有 16 岁及以上的家庭就业成员构成第四级样本框。在成功入户后，访问员需要借助问卷首页上的 Kish 表从户内成员中抽选出被访者。需要注意的是，对于集中居住点，若总人数小于等于 10 人，采用 Kish 表①进行户内抽样；如果人数大于 10 人，按照取中原则进行抽样，即在所有合适的被访者当中，抽取年龄位于中间的个体作为被访者。

如果抽中对象同意接受访问，则开始进行问卷访谈。如果抽中对象拒绝接受访问，访问员应如实在《入户情况登记表》中的“访问失败”——“被访者原因”的相应栏中标明抽中对象的性别，并记录下“失败原因”。如果抽中对象因不在家、出国、病重等原因无法接受调查时，可根据当时情况考虑是否约访抽中对象。如不能约访，访问员也应如实在《入户情况登记表》中的相应栏中标明抽中对象的性别，并记录下“失败原因”。

无论何种原因造成访问失败，访问员都不得在户内替换抽中的被访者，而应在《入户情况登记表》中注明，然后开始下一个地址的入户工作。

---

① 访问员应根据问卷中的随机数表，从所有适合的家庭成员中遴选被访者。随机数表的使用方法是问卷编号末位确定列，工作人数确定行，交叉格确定被访者从大到小的年龄排行。

二　调查的质量控制

调查质量控制的目标，是在“总体研究设计”的指导下，降低调查数据的系统误差（偏差）。基于本研究的调查设计，调查中的系统误差主要可能出现在以下三个环节当中。

第一，居内抽户环节。例如，社区“地块抽样图”不完整，“地块抽样表”填写不准确，访问员随意替换住户地址。

第二，户内抽人环节。例如，访问员未按照 Kish 表程序进行户内抽样，或者 Kish 表填写不规范，导致样本性别、年龄等多方面出现偏误。

第三，实地访问环节。例如，访问员在访谈时出现系统性漏问，利用跳答规则故意回避部分题组，将应“逐项提问”的问题合并提问等，引导或暗示被访者进行某种回答等。

本调查围绕以上三个环节，在调查过程中通过以下程序对数据质量进行控制。

（一）居内抽户环节

抽样员首先抵达抽中的社区（居委会），进行实地走访，考察社区（居委会）内的所有建筑情况，绘制或更新社区“地块抽样图”。在此基础上填写“地块抽样表”，列出每一幢建筑的层数、楼门数、每层每个楼门中住户数。上述建筑中的所有住户就构成了本次抽样的抽样框。抽样员必须确保图、表中住宅楼、房的编号一致。如果“地块抽样表”中显示的住户数量明显低于当地居委会的一般户数规模，应及时核对“地块抽样图”和“地块抽样表”是否完整。

在收到“地块抽样表”资料后，甲方项目组将根据随机程序，为每个社区提供访问地址。同一住户访问 3 次无应答或拒访 2 次才可视为访问失败，并将情况如实填写在“入户情况登记表”中。对上门 3 次仍不能完成规定数量有效样本访问的社区，甲方项目组提供第2批访问地址。

访问员在访问过程中，必须认真填写“入户情况登记表”，不可随意更换访问地址。经核查，“地块抽样表”填写缺失超过100户者，该社区居委会的问卷视为废卷。

访问员必须对完成访问的家庭户拍摄住址照片一套（居委会全称照、住宅楼/平房编号照、家门牌号照），照片中显示地址应与样本地址一致，缺失照片或地址错误的问卷视为废卷。

（二）户内抽人环节

按照调查流程，访问员在成功入户之后首先要借助问卷首页上的Kish表从户内成员中抽取被访者。户内抽人环节是保持样本随机性的重要环节，必须严格执行。调查机构在问卷完成的两天内进行一审、二审，检查问卷中Kish表抽样过程是否正确。如果有误，必须重新进行入户访问。

调查实施机构需要对调查数据分城市、性别、年龄进行快速汇总。如果出现性别比失衡、年龄结构偏差的情况，必须进行情况核实，并向课题组上交情况说明。

访问过程中，访问员必须进行全程录音。录音中必须显示访问员正确地进行了户内抽人。有录音造假行为的，此访问员做的所有问卷视为废卷。录音缺失，户内抽人环节的问卷将视为废卷。

（三）实地访问环节

调查执行机构利用《访问员手册》和相应的视频材料对访问员进行有效培训。针对实地访问环节，调查机构需要在问卷完成的两天内进行一审、二审，避免出现漏问、跳答、误用等问题。如果出现上述错误，必须及时进行弥补。每个访问员在完成第一份样本访问后，必须及时把第一份访问的电子版问卷和录音传送给中国社会科学院督导，以便及时评估和纠正访问中存在的问题。

问卷完成后，录音审核必须覆盖每个访问员和每个居委会。如果录音显示访问时间过短，在15分钟之内完成，复核员需要对此问题进行复核，并及时对访问员进行指导。对于录音核查过程中发现的错误，及时反馈给调查执行机构，要求其进行弥补。如果发现明显的录音造假行为，要求调查执行机构对该访问员负责的所有问卷重新入户。访问员必须将被访者的电话信息记录在问卷首页，以便进行电话核查。

在规范访问员行为的基础上，课题组建立了三审制度，会同北京调查公司和当地督导对调查数据进行多次审核（见图2-1）。其中，初审由当地督导完成，二审由调查公司完成，三审由课题组完成。

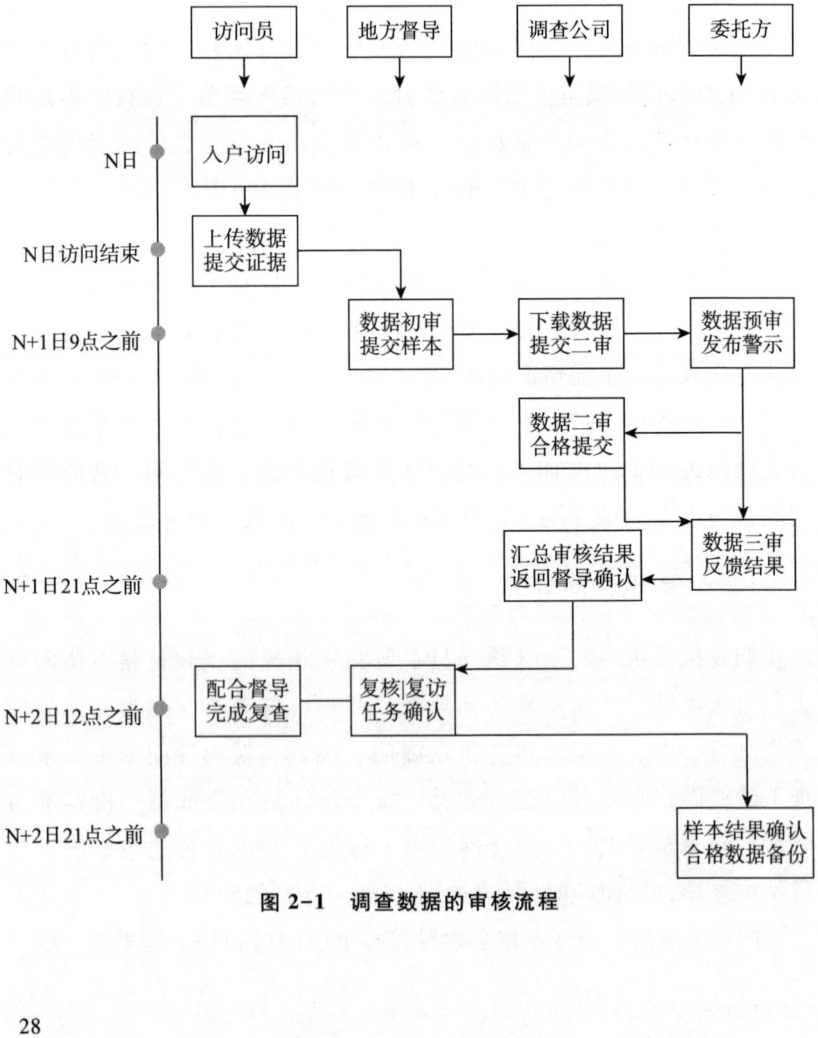

图2-1　调查数据的审核流程

三 项目执行

本调查始于2019年下半年，10月完成抽样后，于12月正式进入实地访问环节。第一批调查首先在北京市房山区、武汉市洪山区和石家庄市长安区三个地区进行。截至2020年1月14日，共收到问卷58份。由于临近春节，调查暂时中止。之后，国内新冠疫情突然升级，调查工作进入持续性中止状态。

2020年4月，新冠疫情在全国范围内得到有效控制，各地开始复工复产，调查项目也同步重启。自此，调查先后在全国36个市（市辖区、县级市）开展。但是，受疫情影响，一方面小区管理更加严格，另一方面居民的防备加重，使入户调查变得十分困难。因此，在这一阶段项目推进十分缓慢，仅收回问卷1082份。

由于调查进度缓慢，并且短期内无法有效改善，为了完成调查工作，项目组经过多轮讨论，决定调整调查方案。在原入户调查继续的情况下，开展入厂调查，即访问员进入工作单位，对同一企业的多名劳动者进行调查。项目组设计了详细的入厂调查方案。第一，单位的选择。由于进入单位开展调查需要管理层的允许，因此，单位的选择采取了方便抽样的方法，即项目组、北京调查公司和地方调查公司通过自身的社会网络或入单位询问的方式联系企业管理者，在获得允许之后，访问员再进入调查。所有拟进入的单位都需要项目组进行审核。项目组在单位的选择上，除了基于可行性原则，还尽可能兼顾单位的类型和行业的多样性，从最终结果来看，该阶段调查涉及的单位有260个。第二，受访者的选择。受访者的选择采取配额抽样的方法，具体来说，要求管理人员和操作人员的比例控制在2∶8，并且尽可能覆盖单位的所有工种。第三，调查方式。入厂调查继续采用当面作答的形式，即访问员读题，受访者作答，访问员在电子设备上进行勾选。此办法是保证数据信度的必要选择。第四，数据审核标准。除坚持原审核标准之外，项目组对入厂调查也提出了新的要求，包括访问员需要提供单位定位照、环境照、工位照等。此外，项目组对全程录音做了进一步规定，包括需要全程记录选人过程、作答过程等。

尽管受到客观因素的影响，但是本调查数据仍然遵循严格的抽样设计和质量控制，能够从总体上代表这一时间段中国城镇劳动者的基本就业情况。

四 调查的总体样本分析

通过上述抽样和质量控制过程，最终本调查获得有效样本 5869 份，覆盖北京、上海、云南、山东、山西、广东、广西、江苏、河北、河南、浙江、湖北、重庆等全国 24 个省（自治区、直辖市）。本研究具体从以下几个方面对总体样本进行描述分析。

（一）基本人口结构特征

城镇劳动者特征即我国城镇劳动力的人口学特征，本研究主要从性别、年龄、婚姻状况、受教育程度和家庭特征等方面来分析本次抽样所得我国城镇劳动力的人口结构特征。

1. 性别

本次调查结果显示，全国城镇劳动力的性别结构较为均衡，男女性别比为 49∶51。在 0.05 显著性水平上，不同性质的单位①中的男女城镇劳动者人数存在显著差异。无单位的女性城镇劳动者数量高于无单位的男性城镇劳动者，是无单位男性城镇劳动者的 1.19 倍，占全体城镇劳动者数量的 9.81%。在私营企业、合资企业等非公有制单位中供职的女性城镇劳动者数量高于非公有制单位中的男

① 本研究中，“单位”一词表示企业、公司、学校、机构、机关、群众团体等各种类型的组织。

性，为 1794 人，是非公有制单位中男性数量的 1.05 倍，占全体城镇劳动者的 30.57%。而在国有事业单位、党政群团机构、国有企业和集体企业这些公有制单位中供职的男性城镇劳动者的数量高于公有制单位中的女性，为 673 人，是公有制单位女性数量的 1.07 倍，占全体城镇劳动者的 11.47%（见表 2-1）。由此可见，公有制单位中的男性占比较女性更高，无单位和非公有制单位中的女性占比较男性更高。

表 2-1 不同性质的单位中男女城镇劳动者分布情况

单位：人，%

性别	单位类型			总计
	无单位	非公有制单位	公有制单位	
男	484 (16.86)	1714 (59.70)	673 (23.44)	2871 (100)
女	576 (19.21)	1794 (59.84)	628 (20.95)	2998 (100)

注：①卡方检验的结果为：$\chi^2=8.6217$，$p<0.05$；②表格中的每一个单元格记录了对应行和列的交叉组合的频数或占比。

进一步考察单位内部男女城镇劳动者的具体情况，发现在不同技术职称上，男女劳动者数量在 0.001 的显著性水平上存在显著差异（见表 2-2）。单位中拥有中高级技术职称的男性城镇劳动者共 688 人，多于拥有中高级技术职称的女性，占全体中高级技术职称城镇劳动者的 55.53%，占全体城镇劳动者的 11.72%；初级或未定级的女性技术人员共 1738 人，多于初级或未定级的男性技术人员，占全体初级或未定级技术人员的 52.02%，占全体城镇劳动者的 29.61%；单位中非专业技术人员也以女性居多，女性非专业技术人员占全体非专业技术人员的 55.00%，占全体城镇劳动者的 12.08%。由此可见，更多的男性拥有中高级技术职称，而女性更多集中于非专业或初级及以下技术职称的职位上。

表 2-2　不同技术职称的男女城镇劳动者分布情况

单位：人，%

性别	技术职称					总计
	高级	中级	初级	未定级	非专业技术人员	
男	142 (4.95)	546 (19.02)	458 (15.95)	1145 (39.88)	580 (20.20)	2871 (100)
女	77 (2.57)	474 (15.81)	550 (18.35)	1188 (19.63)	709 (23.65)	2998 (100)

注：①卡方检验的结果为：$\chi^2=43.7463$，$p<0.001$；②表格中的每一个单元格记录了对应行和列的交叉组合的频数或占比。

在工作收入上，男性城镇劳动者平均月收入为 7121.31 元，女性则为 5172.17 元。在 0.05 的显著性水平上，男性城镇劳动者的月收入显著高于女性（$T=11.66$，$p=0.0000$），差距约为 2000 元。同时，男性城镇劳动者感知自己在单位中所处的组织地位显著高于女性（$T=2.30$，$p=0.0214$）。这表明，在当前我国的劳动力市场中，与男性城镇劳动者相比，女性城镇劳动者的月收入与组织地位感知都更低（见图 2-2）。

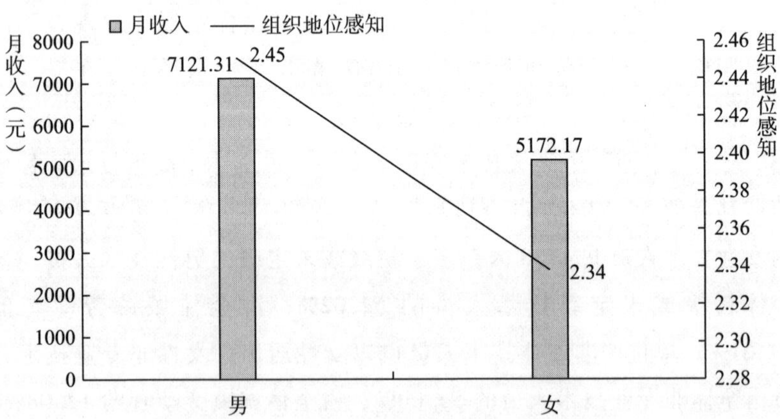

图 2-2　月收入与组织地位感知的性别差异

研究发现，在职场女性的晋升中，存在所谓的“玻璃天花板”效应，它指的是女性不匀称地集中在中下层领导者的职位上，通往高层的晋升过程较为困难。① 那么，这一现象在当下中国是否存在呢？在调查所得数据中，本研究根据城镇劳动者对自己在组织中所处地位的自评（1 代表最低层，10 代表最高层，在 1～10 之间取值），将 1～3 层合为组织低层、4～7 层合为组织中层、8～10 层合为组织高层。由表 2-3 可见，在 0.05 的显著性水平上，组织中层和高层中的女性城镇劳动者数量都显著少于男性，而组织低层中女性城镇劳动者数量则显著多于男性。在女性城镇劳动者中，中高层劳动者的占比为 17.79%，然而在男性中，中高层劳动者的占比为 18.46%。进一步，按各地位进行平均月收入的性别差异检验。结果表明，在单位组织的低层、中层和高层中，城镇劳动者的平均月收入都存在显著的性别差异（$F=104.37$，$p=0.0000$）。在不同组织地位中，女性城镇劳动者的平均月收入均显著低于同一层级的男性城镇劳动者，组织低层女性的平均月收入与同层级男性相比低约 1500 元，组织中层女性的平均月收入与同层级男性相比低约 3000 元，组织高层女性的平均月收入与同层级男性相比低约 2000 元，此外，组织低层男性的平均月收入高于组织中层的女性，组织中层男性的平均月收入高于组织高层的女性（见图 2-3）。这在一定程度上反映了职场"玻璃天花板"，同等组织地位甚至更低组织地位男性的平均月收入比女性更高，性别收入差距体现在各个组织地位层级的城镇劳动者中。

表 2-3　不同组织地位的男女城镇劳动者分布情况

单位：人，%

性别	组织地位感知			总计
	低层	中层	高层	
男	1855 (81.54)	385 (16.92)	35 (1.54)	2275 (100)

① 张新平、田秀云：《女校长选任：突破"玻璃天花板"的隐形束缚》，《中小学管理》2011 年第 3 期，第 38～40 页。

续表

性别	组织地位感知			总计
	低层	中层	高层	
女	1881 (82.21)	375 (16.39)	32 (1.40)	2288 (100)

注：①卡方检验的结果为：$\chi^2=6.5412$，$p<0.05$；②表格中的每一个单元格记录了对应行和列的交叉组合的频数或占比。

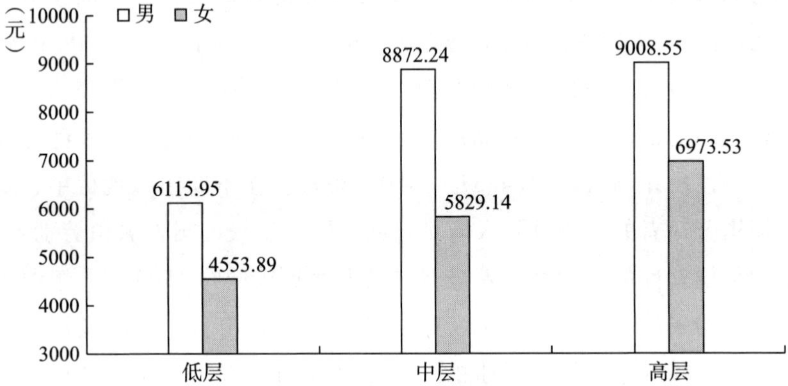

图 2-3 处于不同组织地位的男女城镇劳动者平均月收入比较

从性别视角来看，男性劳动者相比女性更多就职在公有制单位中，拥有更高的技术职称、组织地位和月收入。同时，有研究表明，即使在同一职位和工作条件下，女性的平均薪资仅为男性的 80%。[①]性别角色理论指出，传统上，社会往往期望男性展现出领导力、果断性、独立性等特质，这些特质通常能够让男性在职场中获得更大的机会和资源，被认为更适合从事技术性强、挑战性高的工作；相比之下，女性则常被期望展现出亲和力、合作性和关怀他人的特质，被认为更适合从事服务性、支持性的工作。因此，从某种意义上来讲，这种不同的社会角色期望和刻板印象形塑着男女城镇劳动者在技术职称、组织地位和月收入等方面的差异。

① Blau, F. D. & Kahn, L. M., "The Gender Pay Gap: Have Women Gone As Far As They Can?" *Academy of Management Perspectives* 31, no. 1 (2017): 7-23.

2. 年龄

本次调查中城镇劳动者平均年龄为 35.01 岁，16~29 岁的城镇劳动者占 30.28%、30~49 岁的城镇劳动者占 61.49%，50 岁及以上的城镇劳动者占 8.23%。年龄分布的偏度系数为 0.68，峰度系数为 3.15，基本对称且呈正态分布（见图 2-4）。

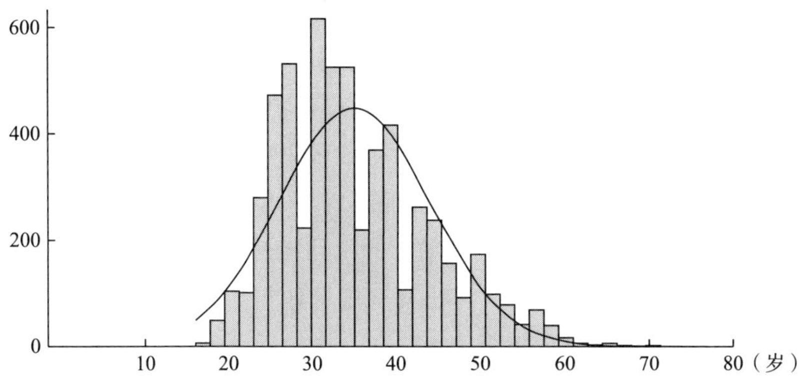

图 2-4 城镇劳动者年龄的频数分布

按照国际通用的国家老龄化程度划分标准，[①] 当一个国家 60 岁以上人口占总人口比重超过 10%或 65 岁以上人口比重超过 7%，表明进入轻度老龄化社会；60 岁以上人口占总人口比重超过 20%或 65 岁以上人口比重超过 14%，表明进入中度老龄化社会。2019 年，我国 60 岁以上人口比重为 18.1%，65 岁以上人口比重为 12.6%，[②] 意味着我国进入了轻度老龄化社会。国家卫生健康委老龄健康司预计，我国将在“十四五”时期迈入中度老龄化社会，60 岁以上老年人口将突破 3 亿。[③]

人口老龄化步伐的加快给劳动力市场带来不小的压力，因此国

① P. R. Cox, “The Aging of Populations and Its Economic and Social Implications,” *Journal of the Royal Statistical Society* 121, no. 2 (1958): 253-254.

② 《中国统计年鉴—2020》，http://www.stats.gov.cn/sj/ndsj/2020/indexch.htm，最后访问日期：2024 年 1 月 8 日。

③ 孙红丽：《我国预计 2035 年左右进入重度老龄化阶段 60 岁及以上老年人口将突破 4 亿》，http://health.people.com.cn/n1/2022/0920/c14739-32530182.html，最后访问日期：2024 年 1 月 8 日。

家在“十四五”规划和2035年远景目标纲要中提到按照“小步调整、弹性实施、分类推进、统筹兼顾”等原则①，稳妥实施渐进式延迟法定退休年龄。当前老龄就业人口已成为一项重要的人力资源，促进老龄人口就业可以积极应对老龄化带来的社会问题。我国法定的企业职工退休年龄是男性年满60周岁，女干部年满55周岁，女工人年满50周岁，② 据此本章将超过60周岁的男性和超过50周岁的女性城镇劳动者视为老龄就业人口。

在本次调查数据中，老龄就业人口共230人，占总体城镇劳动者人数的3.92%；老龄女性城镇劳动者有200人（占老龄就业人口的86.96%），远高于老龄男性城镇劳动者（30人，占老龄就业人口的13.04%）。老龄男性城镇劳动者的平均年龄为65.70岁，老龄女性的平均年龄为58.70岁，对比其法定退休年龄，当前老龄男性城镇劳动者平均延迟退休年限为5.7年，老龄女性城镇劳动者中平均延迟退休年限为8.7年，其延迟退休年限比男性高3年。在全体老龄城镇劳动者中，具备高中及同等学力以上教育背景的老龄城镇劳动者占了43.04%。同时，44.29%的老龄城镇劳动者是临时工；服务业、以非农产品为原料的制造业和商业这三个行业中的老龄城镇劳动者人数较多，分别占老龄就业人口的19.57%、17.39%和10.87%；65.9%的老龄城镇劳动者没有养老保险。老龄城镇劳动者的月收入情况详见图2-5。图2-5（a）显示，无论是老板、正式工或临时工、零工，老龄城镇劳动者都低于同样工作性质的城镇劳动者的月收入均值。图2-5（b）显示，老龄女性城镇劳动者比全国女性城镇劳动者月收入均值少了近1700元，老龄男性城镇劳动者比全国男性城镇劳动者月收入均值少了近3200元。由此可见，在逐步迈入“老龄化”社会的背景

① 《中华人民共和国国民经济和社会发展第十四个五年规划和2035年远景目标纲要》，https://www.gov.cn/xinwen/2021-03/13/content_5592681.htm，最后访问日期：2024年1月8日。

② 陈贵富、苗馨月：《我国老龄人口劳动参与、就业问题经验分析——基于CHNS面板数据》，《中国经济问题》2016年第3期，第30~41页。

下，我国老年劳动力的劳动能力和劳动价值并没有得到足够重视。

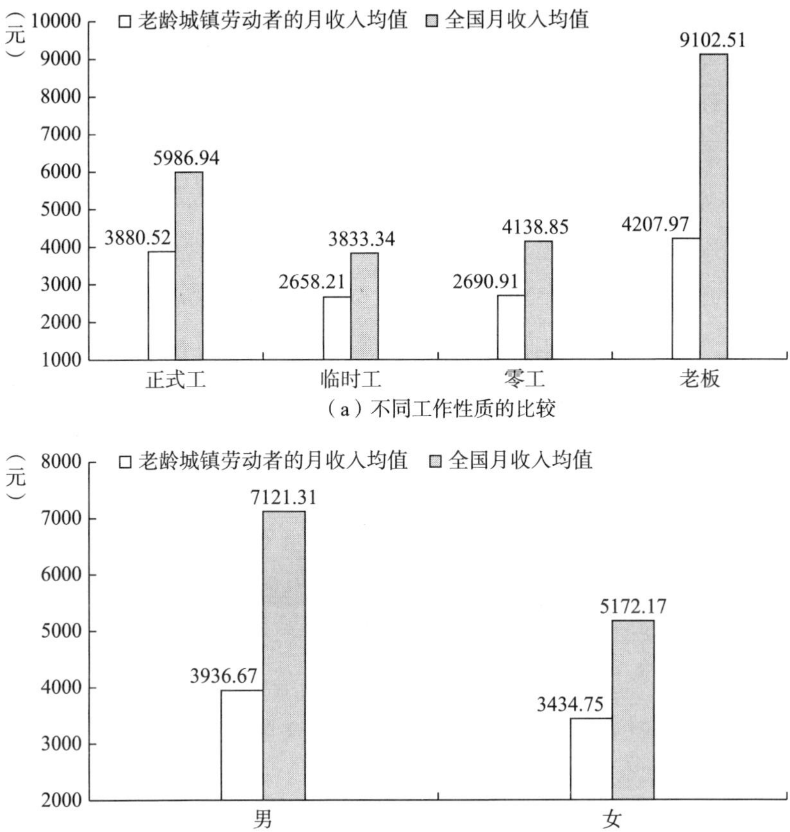

（b）不同性别的比较

图 2-5　老龄城镇劳动者的月收入情况

2018 年 7 月，国家卫生健康委员会党组成员王建军在中央和国家机关离退休干部人口老龄化国情教育大讲堂做报告时指出，“预计到 2025 年，我国 60 岁及以上老年人口数将达到 3 亿……而到 2050 年前后将达到 4.87 亿，约占总人口的三分之一，老年人口数量和占总人口比例双双达到峰值。”[①] 上述对老龄城镇劳动者工作现状的分

① 《到 2050 年老年人将占我国总人口约三分之一》，https://www.gov.cn/xinwen/2018-07/19/content_5307839.htm，最后访问日期：2024 年 1 月 8 日。

析可见，当前老龄城镇劳动者工作的行业更多以服务业、制造业为主，且工作不稳定，工作收入也远低于全国平均水平，老龄城镇劳动者的劳动参与局限性较大。但从人口质量上看，我国人口受教育水平在逐渐提高，未来具有更高素质和劳动技能的老龄劳动者可能成为我国应对老龄化的重要人力资源。

3. 婚姻状况

本次调查中，已婚城镇劳动者与未婚城镇劳动者在总体调查对象中占比分别为 72.33%、27.67%。其中，已婚男性有 2033 人、已婚女性有 2212 人；未婚男性有 837 人、未婚女性有 787 人。在已婚劳动者中，初婚人士占 98.68%，其余人士（包含离婚再婚、丧偶再婚）占 1.32%；在未婚劳动者中，离婚、丧偶、同居人士占 9.85%。

本研究密切关注“大龄未婚”人群的工作情况，该群体选择了不同于传统婚姻观念的生活，在现代社会中面临特定的挑战和压力。关注该群体有助于我们更好地了解社会观念变化，推动社会的平等和包容发展。根据《民法典》关于初婚年龄的规定①、2010 年“六普”数据中我国人口的初婚年龄分析②以及联合国世界卫生组织关于青年群体年龄范围的界定，③ 本研究将“大龄青年”人口的年龄

① 2020 年 5 月 28 日，十三届全国人大三次会议表决通过了《中华人民共和国民法典》，自 2021 年 1 月 1 日起施行。《中华人民共和国婚姻法》同时废止。《民法典》第一千零四十七条规定：“结婚年龄，男不得早于二十二周岁，女不得早于二十周岁”。

② “2010 年‘六普’数据显示：我国人口的平均初婚年龄在相对平稳中缓慢上升，从 1980 年的 23.78 岁上升到 2010 年的 24.85 岁……我国年轻人口的高峰结婚年龄段是在 20-29 岁。2010 年人口未婚比例迅速从 20 岁的 91.7%跌落到 29 岁的 16.8%；30 岁以后虽然仍不断有人迈入结婚队伍，但无论从人数还是速度，都明显减少和放慢。”摘自刘爽、蔡圣晗《谁被“剩”下了？——对我国“大龄未婚”问题的再思考》，《青年研究》2015 年第 4 期，第 76~84、96 页。

③ “44 岁以下为青年人，45 岁至 59 岁为中年人，60 岁至 74 岁为年轻老年人，75 岁至 89 岁为老年人，90 岁以上为长寿老人。”摘自《世卫组织确定新年龄分段：44 岁以下为青年人》，https://world.huanqiu.com/article/9CaKrnJAukl，最后访问日期：2024 年 1 月 8 日。

范围界定在30~44岁，“大龄未婚青年”指在该年龄范围内尚未结婚的群体（包括离异未婚、丧偶未婚、同居）。本次调查的结果显示，城镇劳动者中有2189名“大龄青年”，其中，男性占48.38%、女性占51.62%。“大龄男青年”中未婚82人、已婚977人；“大龄女青年”中未婚79人、已婚1051人。

对比不同婚姻状况的大龄青年月收入发现，未婚大龄男青年的月收入略高于未婚大龄女青年的月收入，二者月收入均值差距约300；同样的，已婚大龄男青年的月收入比已婚大龄女青年的月收入高，二者月收入均值差距却高约3000（见图2-6）。不同婚姻状况大龄青年的月收入是否存在显著差异呢？通过分别对男女大龄青年进行差异分析发现，不同婚姻状况的大龄男青年的月收入存在显著差异（$F=3.59$，$p=0.0000$），已婚大龄男青年的月收入比未婚大龄男青年的月收入高约2000元，而不同婚姻状况的大龄女青年的月收入不存在显著差异。本研究还发现在男性城镇劳动者中，其月收入在不同婚姻状况上仍存在显著差异（$F=34.98$，$p=0.0000$），然而在女性城镇劳动者中并不存在显著差异。

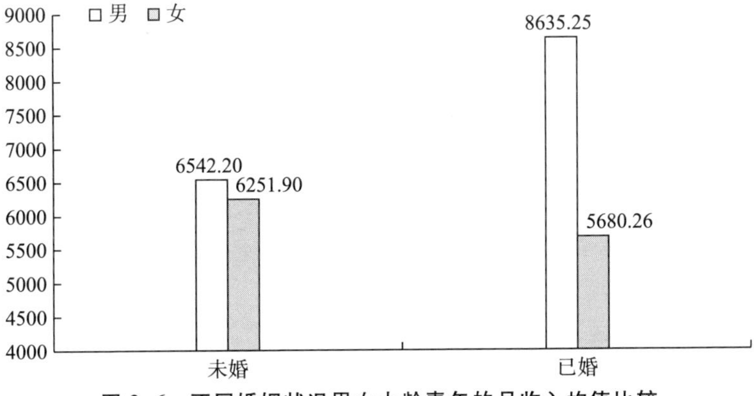

图2-6　不同婚姻状况男女大龄青年的月收入均值比较

已婚男性的月收入普遍比未婚男性高的一个原因可能是，婚姻状态对男性的职业发展有积极的影响。婚姻对男性来说可能意味着更多的责任感和家庭压力，这会激励他们投入更多的工作时间，并且在工作中更有动力，从而更有可能获得晋升、加薪和其他经济机会。[①] 此外，婚姻还可能提供额外的经济资源和支持网络，对男性的职业发展产生积极影响，已婚男性更有可能受益于配偶的职业收入和财务资源，这有助于他们获得更高的薪资和福利待遇。[②] 得益于婚姻关系中的相互支持和合作，已婚男性在工作上可能更容易实现平衡，能够更专注于事业发展。

相比之下，已婚女性和未婚女性之间没有明显的收入差异，这可能是由于婚姻对女性的职业发展产生了负面影响。有研究发现，女性在结婚以后可能会面临职业决策上的牺牲，如减少工作时间、职位退步或放弃追求晋升机会，以便更好地履行家庭角色。[③] 角色冲突理论认为，个体在同时扮演多种角色时，不同角色之间的要求可能会发生冲突，从而对个体的发展产生影响。对于女性而言，她们通常在职业发展中需要平衡家庭角色和职业角色，婚姻和家庭通常使女性面临更多的家庭责任和家务劳动，这些责任和劳动对女性的职业发展提出了挑战，可能会限制她们在工作上的时间和精力投入以及她们在工作中的参与度和职业发展的机会。

4. 受教育程度

本次调查中，初中及以下学历的城镇劳动者在全体城镇劳动者中占比为15.99%（包含文盲率0.27%），高中/技校/职高/中专学历的城镇劳动者占24.63%，大专学历的城镇劳动者占26.73%，本科学历的城镇劳动者占30.48%，研究生学历的城镇劳动者占2.18%，总体城镇劳动者在受教育程度上呈现“中间多、两边少”的“橄榄

① Hersch, J. & Stratton, L. S., "Housework, Wages, and the Division of House Work Time for Employed Spouses," *Review of Economics and Statistics* 79, no.3 (1997): 455-460.

② Gropp, R. & Richards, B., "The Effect of Double Standards on the Earnings Forecasts of Married Men," *Industrial Relations: A Journal of Economy and Society* 37, no.4 (1998): 597-610.

③ Budig, M. J. & England, P., "The Wage Penalty for Motherhood," *American Sociological Review* 66, no.2 (2001): 204-225.

型”分布。

深入分析发现，不同产业[①]中城镇劳动者的受教育程度存在一定差异：在第一、第二产业中，除个别劳动者拥有研究生学历之外，其他不同受教育程度的劳动者占比相对较平均；但在第三产业中，不同受教育程度的劳动者人数占比则呈“中间多、两边少”的“橄榄型”分布，且大学本科学历的劳动者数量最多，为1340人，占比达到第三产业劳动者数量的30.43%（见表2-4）。

表2-4 不同产业中城镇劳动者的受教育程度情况

单位：人，%

受教育程度	产业			总计
	第一产业	第二产业	第三产业	
初中及以下	10 (1.07)	254 (27.08)	674 (71.85)	938 (100)
高中/技校/职高/中专	10 (0.69)	337 (23.32)	1098 (75.99)	1445 (100)
大专	14 (0.89)	350 (22.29)	1206 (76.82)	1570 (100)

① 为更好地反映我国三次产业的发展情况，满足国民经济核算、服务业统计及其他统计调查对三次产业划分的需求，国家统计局2018年根据新颁布的《国民经济行业分类》（GB/T 4754-2017），对第三版《三次产业划分规定》进行了修订。该规定指出三次产业划分的范围为，第一产业是指农、林、牧、渔业（不含农、林、牧、渔服务业）。第二产业是指采矿业（不含开采辅助活动），制造业（不含金属制品、机械和设备修理业），电力、热力、燃气及水生产和供应业，建筑业。第三产业即服务业，是指除第一产业、第二产业以外的其他行业。第三产业包括：批发和零售业，交通运输、仓储和邮政业，住宿和餐饮业，信息传输、软件和信息技术服务业，金融业，房地产业，租赁和商务服务业，科学研究和技术服务业，水利、环境和公共设施管理业，居民服务、修理和其他服务业，教育，卫生和社会工作，文化、体育和娱乐业，公共管理、社会保障和社会组织，国际组织，以及农、林、牧、渔业中的农、林、牧、渔服务业，采矿业中的开采辅助活动，制造业中的金属制品、机械和设备修理业。（国家统计局，https://www.stats.gov.cn./zs/tjws/tjbz/202301/t20230101_1903768.html。）

续表

受教育程度	产业			总计
	第一产业	第二产业	第三产业	
大学本科	14 (0.78)	434 (24.27)	1340 (74.95)	1788 (100)
研究生	1 (0.78)	42 (32.81)	85 (66.41)	128 (100)

注：①卡方检验的结果为：$\chi^2=14.7518$，$p<0.1$；②表格中的每一个单元格记录了对应行和列的交叉组合的频数或占比。

同时，不同单位中城镇劳动者的受教育程度存在显著差异（见表2-5）。横向比较来看，国家党政机关和事业单位中具有本科及以上学历的城镇劳动者居多，占党政机关和事业单位劳动者数量的45.77%；国有企业中具备大专及以上学历的城镇劳动者居多，占国有企业劳动者数量的51.54%。本次调查中有1958人（占总体城镇劳动者数量的33.37%）就职于私营企业，其中，具备大专及以上学历的劳动者数量占私营企业劳动者数量的61.03%。具备大学本科学历的城镇劳动者则是党政机关和事业单位（在该类单位劳动者中占比40.77%，下同）、集体企业（36.39%）、私营企业（32.79%）、合资企业（35.02%）、外资/侨商/台商独资企业（54.74%）、股份制或股份合作企业（30.67%）和上市公司（44.44%）这几类单位中的主力军，其人数高于此类单位中其他受教育程度劳动者的数量。纵向比较来看，具备研究生学历的劳动者更多在国家党政机关和事业单位（占研究生劳动者总数量的20.31%，下同）、私营企业（占31.25%）或合资企业（占14.06%）中供职。大专和大学本科学历的城镇劳动者已然成为我国各行各业的主力军，在各单位类型中的人数都高于该单位中其他学历背景的劳动者人数。

表 2-5 不同单位中城镇劳动者的受教育程度情况

单位：人，%

单位类型	受教育程度					总计
	初中及以下	高中/技校/职高/中专	大专	大学本科	研究生	
个体户	87 (19.00)	158 (34.50)	134 (29.26)	76 (16.59)	3 (0.65)	458 (100)
党政机关和事业单位	27 (5.19)	89 (17.12)	166 (31.92)	212 (40.77)	26 (5.00)	520 (100)
国有企业	39 (8.63)	145 (32.08)	135 (29.87)	127 (28.10)	6 (1.32)	452 (100)
集体企业	41 (12.54)	84 (25.69)	78 (23.85)	119 (36.39)	5 (1.53)	327 (100)
私营企业	317 (16.19)	446 (22.78)	513 (26.20)	642 (32.79)	40 (2.04)	1958 (100)
合资企业	40 (8.81)	105 (23.13)	132 (29.07)	159 (35.02)	18 (3.97)	454 (100)
外资/侨商/台商独资企业	5 (3.65)	20 (41.60)	33 (24.09)	75 (54.74)	4 (2.92)	137 (100)
股份制或股份合作企业	82 (21.87)	68 (18.13)	102 (27.20)	115 (30.67)	8 (2.13)	375 (100)
上市公司	10 (7.94)	28 (22.22)	29 (23.02)	56 (44.44)	3 (2.38)	126 (100)
其他	290 (27.36)	302 (28.49)	246 (23.21)	207 (19.53)	15 (1.41)	1060 (100)

注：①卡方检验的结果为：$\chi^2=433.6337$，$p<0.001$；②表格中的每一个单元格记录了对应行和列的交叉组合的频数或占比。

此外，根据中央财经大学中国人力资本与劳动经济研究中心发布的《中国人力资本报告 2021》，2019 年全国劳动力人口的平均受教育年限是 10.5 年。平均受教育程度最高的五个省份是北京、上海、天津、江苏、辽宁；平均受教育程度最低的五个省份是甘肃、贵州、云南、青海、西藏。[①] 本次调查研究也发现，不同行政地区中城镇劳动者的受教育程度存在显著差异（见表2-6）。具备高中和同等学力水平及其以下的城镇劳动者在东北、西南、华中三个地区中分别占该地区城镇劳动者人数的比重为51.62%、44.33%和48.57%；而在西北、华南、华东、华北四个地区中，具备大专及以上学历的城镇劳动者分别占该地区城镇劳动者人数的76.34%、65.84%、62.71%和60.48%。其中，研究生学历劳动者主要聚集在河南、江苏和浙江和三省，该地区内研究生劳动者人数占总体研究生劳动者人数的比重分别为20.00%、17.69%和11.54%，总数量接近研究生人数的一半。

表2-6　不同行政地区中城镇劳动者受教育程度情况

单位：人，%

行政地区	受教育程度					总计
	初中及以下	高中/技校/职高/中专	大专	大学本科	研究生	
东北地区	119 (25.70)	120 (25.92)	110 (23.76)	107 (23.11)	7 (1.51)	463 (100)
西南地区	66 (21.64)	57 (18.69)	82 (26.89)	91 (29.84)	9 (2.95)	305 (100)
西北地区	24 (8.60)	42 (15.05)	58 (20.79)	141 (50.54)	14 (5.02)	279 (100)
华北地区	129 (11.36)	320 (28.17)	345 (30.37)	328 (28.87)	14 (1.23)	1136 (100)
华中地区	237 (18.30)	392 (30.27)	335 (25.87)	305 (23.55)	26 (2.01)	1295 (100)
华南地区	48 (10.86)	103 (23.30)	123 (17.83)	161 (36.43)	7 (1.58)	442 (100)

① 中央财经大学人力资本与劳动经济研究中心：《中国人力资本报告2021》，http://humancapital.cufe.edu.cn/2021/Report/Chinese_report_2021.pdf，最后访问日期：2024年1月8日。

续表

行政地区	受教育程度					总计
	初中及以下	高中/技校/职高/中专	大专	大学本科	研究生	
华东地区	315 (16.18)	411 (21.11)	515 (26.45)	655 (33.64)	51 (2.62)	1947 (100)

注：①卡方检验的结果为：$\chi^2=226.3556$，$p<0.001$；②表格中的每一个单元格记录了对应行和列的交叉组合的频数或占比。

通过将受教育程度转化为具体的受教育年限，[①] 本研究发现我国城镇劳动者的平均受教育年限为 13.58 年，这意味着他们通常至少完成了高中教育阶段的学习。在 0.001 的显著性水平上，不同户籍城镇劳动者的受教育年限存在显著差异（见表 2-7）。农村户籍劳动者的平均受教育年限为 12.74 年，处于高中毕业的受教育程度，而城镇户籍劳动者的平均受教育年限为 14.16 年，达到了大学二年级以上的受教育程度，相当于进入了高等教育阶段，比农村户籍的劳动者受教育年限高 1.42 年，表明当前城乡教育发展存在一定差距，相比农村户籍劳动者，城镇户籍劳动者能够接受更多的教育。

表 2-7 不同户籍城镇劳动者的受教育年限情况

户籍	人数	均值	标准差	F	p
农村	2361	12.74	3.18	353.15	0.0000
城镇	3505	14.16	2.59		

“六普”数据显示，2010 年我国 16~59 岁劳动年龄人口平均受教育年限为 9.67 年，高中及以上受教育程度的人口占比为 31.17%，大专及以上受教育程度人口占比达到了 12.34%。对比本次调查的数据，我国城镇劳动者高中及以上学历的人口在总体中占 84.01%，受教育程度相比 2010 年有明显提高。在行业和供职单位类型上，各个

① 将受教育程度折算成受教育年限的标准是：小学=6 年，初中=9 年，高中=12 年，大专=15 年，大学本科=16 年，硕士=19 年，博士=23 年。

受教育程度的群体都主要集中在第三产业，其中大学本科学历的劳动者数量最多，占第三产业劳动者数量的30.43%；在单位选择上，各单位类型中占比最多的劳动者学历为大专和大学本科，研究生教育背景的高学历劳动者主要在国家党政机关和事业单位、私营企业或合资企业中供职。西北、华东、华南、华北四个地区城镇劳动者的受教育程度较高，具备大学本科及以上学历的城镇劳动者人数达到该地区城镇劳动者人数的一半以上。可见，受过高等教育的劳动者已广泛分布于各行各业中，这不仅体现了国家教育政策的成功，也为国家的经济发展和社会进步奠定了坚实的基础。

5. 家庭特征

在本次调查中，我国城镇劳动者所在家庭户人数平均值为3.76。2018年我国城镇劳动者家庭户人数平均值为3.44，2017年我国城镇劳动者家庭户人数平均值为3.36，呈现家庭户人数逐渐增加的趋势，正好与我国从2016年起实施的全面两孩政策[①]相呼应。另外，3~4人的家庭规模最为常见，所在家庭规模为3人的城镇劳动者有2397人，占总城镇劳动者人数的40.84%，所在家庭规模为4人的城镇劳动者有1564人，占总城镇劳动者人数的16.65%，独居者的数量为147人，占总城镇劳动者的2.51%。家庭户人数分布的偏度系数为0.10，峰度系数为5.67，呈现正偏态分布，离散程度较大。

对比“中国工作环境调查”最近三次数据可见，独居的城镇劳动者占比从2017年的3.67%下降到2019~2020年的2.51%，劳动者所在2~3人的小型家庭占比从2017年的60.49%下降到2019~2020年的47.27%，劳动者所在4~6人的中型家庭占比从2017年的34.71%提升到2019~2020年的47.79%，劳动者所在6人以上的大型家庭占比从2017年的1.13%提升到2019~2020年的2.73%（见图2-7）。整体来看，当前我国城镇家庭户的主体构成仍然是小型家庭

① 《中共中央、国务院关于实施全面两孩政策改革完善计划生育服务管理的决定》明确从2016年开始实施全面两孩政策，对生育两个及两个以内孩子的，不实行审批，由家庭自主安排生育。

和中型家庭，但独居劳动者和小型家庭在总体城镇家庭户中的占比逐年下降，中型家庭和大型家庭在总体城镇家庭户中的占比逐年提升，呈现家庭户规模逐渐扩大的趋势。

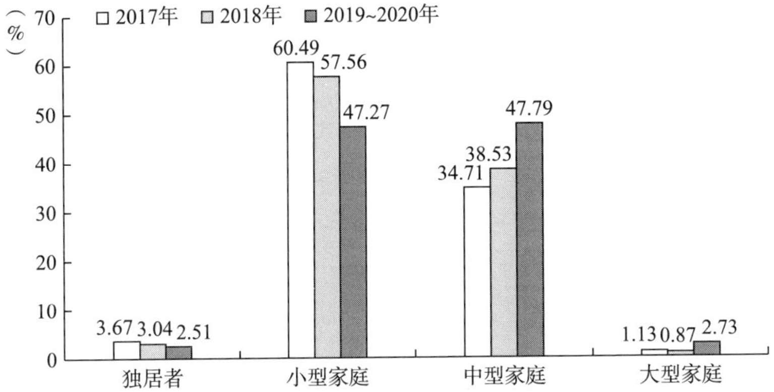

图 2-7　2017~2020 年城镇劳动者家庭户规模占比比较

在家庭内部，有 4134 名城镇劳动者家庭中没有需要被照料的家庭成员，占总体城镇劳动者家庭的 70.44%；有 17.09%的城镇劳动者家庭中有 1 位需要被照料的家庭成员，家庭中被照料者最多的有 5 人，占总体城镇劳动者家庭的 0.14%。雇保姆的家庭在全体城镇劳动者家庭中占 2.74%。

进一步分析发现，不同户籍城镇劳动者的家庭户人数存在显著差异（$F=190.75$，$p=0.0000$），城镇户籍劳动者所在家庭户平均人数为 3.58 人，农村户籍劳动者所在家庭户平均人数为 4.04 人，平均每户农村户籍劳动者的家庭人数相比于每户城镇户籍劳动者的家庭人数多出 0.46 人。同时，城镇劳动者家庭户人数还存在显著的地区差异，东北地区的独居城镇劳动者和小型家庭户总数占当地城镇劳动者家庭户数的 73.22%，东北地区城镇劳动者所在家庭户平均人数为 3.18 人；西南地区、西北地区、华南地区城镇中型家庭和大型家庭总数分别占该地区城镇家庭户数的 59.34%、55.20%和 54.88%，其家庭户平均人数分别为 4.00 人、3.81 人和 3.91 人。总的来看，东北地区的家庭户规模以小型家庭为主，家庭户人数相较于全国其他地区显著更少

（F=20.44，p=0.0000），而西南、西北和华南地区的中大型家庭更多，其中西南地区的家庭户人数在全国位居首位（见表 2-8）。

表 2-8　不同行政地区城镇劳动者所在家庭户规模比较

单位：户，%

行政地区	家庭户规模				总计
	独居者	小型家庭	中型家庭	大型家庭	
东北地区	20 (4.32)	319 (68.89)	118 (25.49)	6 (1.30)	463 (100)
西南地区	7 (2.30)	117 (38.36)	164 (53.77)	17 (5.57)	305 (100)
西北地区	6 (2.15)	119 (42.65)	152 (54.48)	2 (0.72)	279 (100)
华北地区	24 (2.11)	581 (51.10)	503 (44.24)	29 (2.55)	1137 (100)
华中地区	17 (1.34)	558 (44.08)	671 (53.00)	20 (1.58)	1266 (100)
华南地区	13 (2.95)	186 (42.18)	229 (51.92)	13 (2.95)	441 (100)
华东地区	60 (3.03)	894 (45.23)	950 (48.05)	73 (3.69)	1977 (100)

注：①卡方检验的结果为：χ^2 = 173.9500，p<0.001；②表格中的每一个单元格记录了对应行和列的交叉组合的频数或占比。

我国城镇劳动者的家庭月总收入的均值为 19866.88，中位数为 11000，中位数小于均值且有一定差距，标准差为 32113.43。家庭月总收入分布的偏度系数为 5.50，峰度系数为 40.72，呈现正偏态分布，且分布的离散程度较大。通过家庭月总收入与家庭人数计算家庭人均月收入，得到我国城镇劳动者家庭人均月收入均值为 5679.38，其标准差为 9479.67，家庭人均月收入的偏态系数为 5.92，峰度系数为 46.12，呈现正偏态分布，且数据离散程度较大。家庭人均月收入 5000 元位于总城镇劳动者中的第三四分位数①，说明只有 25%的城

① 第三四分位数，也称为上四分位数，它将数据集按照从小到大的顺序划分为四个等份，第三四分位数表示数据位于观测值 75%的位置。

镇劳动者家庭人均月收入在5000元以上，家庭人均月收入在1万元以上的城镇劳动者只占总体城镇劳动者的10%，75%的家庭人均月收入低于5000元。

进一步分析发现，城镇户籍劳动者的家庭月总收入均值为20517.29，农村户籍劳动者的家庭月总收入均值为18906.80，二者不存在显著差异（$F=3.55$，$p=0.0597$）。然而不同户籍劳动者的家庭人均月收入存在显著差异（$F=19.73$，$p=0.0000$），城镇户籍劳动者的家庭人均月收入为6130.65元，农村户籍劳动者的家庭人均月收入为5010.93元，其差距为1119.72元。这可能与农村户籍劳动者家庭人数较多有关，平均到个人层面的月收入水平低于城镇户籍的劳动者。

在地区上，华东地区城镇劳动者的家庭月总收入均值为24622.03，家庭人均月收入为7019.67元，位居全国第一；西南地区城镇劳动者的家庭月总收入均值为24360.78，家庭人均月收入为6326.10元，位居全国第二；华北地区和东北地区的家庭月收入水平较低，其中华北地区城镇劳动者的家庭月总收入均值为13319.42，家庭人均月收入为3881.10元，相较其他地区较低（见图2-8）。

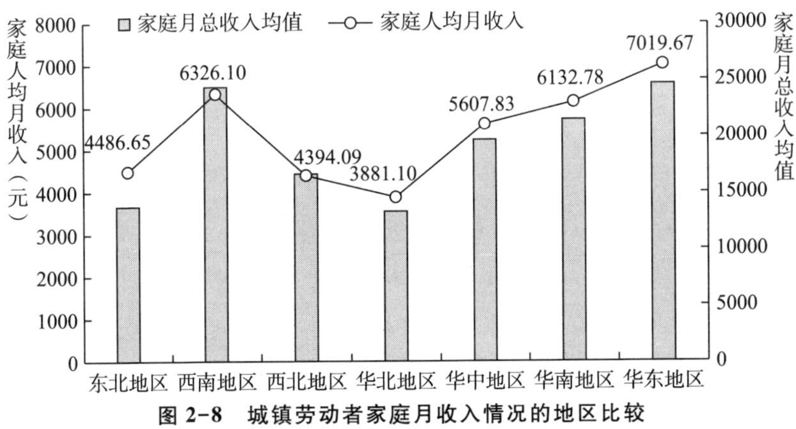

图2-8　城镇劳动者家庭月收入情况的地区比较

了解家庭月收入水平后，再来了解城镇劳动者的家庭收入来源构成。有工资收入的城镇劳动者家庭为5210户，占90.45%，有经营收入的城镇劳动者家庭占27.57%，有知识和技术收益的城镇劳动者家庭占 7.53%，有租金的城镇劳动者家庭占 15.35%，有金融收益的城镇劳动者家庭占 30.61%，有社会保障金的城镇劳动者家庭占比 34.03%，得到社会救助的城镇劳动者家庭占 7.37%，有人情、博彩、赠与等临时收入的城镇劳动者家庭占 15.01%。总的来看，工资收入是目前我国城镇劳动者家庭最主要的收入来源，另外，近三分之一的家庭中拥有金融收益、社会保障和经营收入，其余收入来源占比较小。

在其他有形和无形家庭资产上，有 4799 名城镇劳动者住在自有房内，占总城镇劳动者的 81.77%，有 833 名城镇劳动者住在租赁屋内，占总城镇劳动者的 14.19%，还有 4.04% 城镇劳动者住在宿舍内。本次调查中拥有 1 套住房的城镇劳动者家庭为 4192 户，占总被访家庭的 71.43%，拥有两套以上住房的城镇劳动者家庭占比为 19.80%；有 8.77%的城镇劳动者家庭没有住房。70.60%的城镇劳动者家庭有普通汽车，1.6%的城镇劳动者家庭有 80 万元以上的豪车，3.65%的城镇劳动者家庭中有古董字画等收藏品，7.47%的城镇劳动者家庭中有高档家具。在负债情况上，1776 名城镇劳动者家庭有银行贷款负债，占总城镇劳动者的 31.30%，569 名城镇劳动者家庭有私人负债，占总城镇劳动者的 9.97%。

（二）雇佣情况

雇佣关系指的是劳动者与组织之间的社会经济交换关系，① 研究者 Tervo 在对芬兰劳动力市场的研究中将雇佣关系分为受雇、自雇和非就业三种类型。② Cappelli 和 Keller 划分了当今劳动力市场存在的雇佣身份类型，③ 有直接雇佣、共同雇佣、直接合同、分包几种方

① 张宏如、孙继、李功华：《企业多重雇佣关系模式对职业胜任力的影响研究》，《河海大学学报》（哲学社会科学版）2021 年第 23 卷第 3 期，第 63~70 页。

② Hannu Tervo，“Self-employment Transitions and Alternation in Finnish Rural and Urban Labour Markets”，*Papers in Regional Science* 87，no. 1（2008）：55-76.

③ Cappelli Peter & Keller J. R.，“Classifying Work in the New Economy”，*The Academy of Management Review* 38，no. 4（2013）：575-596.

式，包含了全职员工、兼职员工、待岗员工、临时工、短租员工、派遣员工、零工等多种类型。现有研究发现，不同雇佣身份类型的员工在态度和行为上存在较大的差异，非正式员工在工作中会遭遇更多职场困境、收到较少的组织支持①，且雇佣身份对工作满意度存在显著影响，② 较正式员工而言，非正式员工的工作满意度较低。根据我国《劳动合同法》，建立劳动雇佣关系的双方应当依法签订劳动合同，因此可从劳动合同的签订情况洞察我国劳动就业市场的法律规范。③ 综上所述，通过对我国城镇劳动者受雇与自雇、全职与兼职等基本特征的描述，有助于本研究了解不同雇佣身份劳动力的工作现状；通过劳动合同的签订现状，有助于了解当前我国城镇劳动力市场是否规范。因此本研究将从受雇与自雇、工作性质及劳动合同等方面了解我国城镇劳动者的劳动雇佣情况。

1. 受雇与自雇

由表2-9可见，本次受访者中有4935名城镇劳动者受雇于个人或单位，占总体的84.09%；813名城镇劳动者自己当老板、121名城镇劳动者与他人合伙做老板。根据国家统计局的经济区域划分，我国被分为东北、东部、中部和西部四大经济地区。④ 分析本次调查数据发现，在东北、东部、中部和西部四大经济地区中，受雇于个

① 陈驰茵、翁灵双：《雇佣身份多样性情境下的员工工作场所包容感：匹配理论视角下的形成机制研究》，《中国人力资源开发》2021年第8期，第6~20页。

② 阳毅、吕红、吴先华：《雇佣身份对事业单位科技人员工作待遇及工作满意度的影响》，《中国科技论坛》2010年第10期，第134~138页。

③ 《劳动合同法》第二章第七条规定："用人单位自用工之日起即与城镇劳动者建立劳动关系。"第二章第十条规定："建立劳动关系，应当订立书面劳动合同。"摘自《中华人民共和国劳动合同法》，https://www.gov.cn/jrzg/2007-06/29/content_667720.htm，最后访问日期：2024年1月8日。

④ 根据《中共中央、国务院关于促进中部地区崛起的若干意见》、《国务院发布关于西部大开发若干政策措施的实施意见》以及党的十六大报告的精神，我国的经济地区划分为东部、中部、西部和东北四大地区。东部包括北京、天津、河北、上海、江苏、浙江、福建、山东、广东和海南；中部包括山西、安徽、江西、河南、湖北和湖南；西部包括内蒙古、广西、重庆、四川、贵州、云南、西藏、陕西、甘肃、青海、宁夏和新疆；东北包括辽宁、吉林和黑龙江。

人或单位的城镇劳动者占比分别为74.95%、93.07%、77.27%和66.02%。在受教育程度上，小学、初中学历和博士学历的劳动者当老板的比例显著高于其他学历人群，其中自己当老板的硕士学历城镇劳动者的月收入最高，达到了24700元。在合伙当老板的群体中，受教育程度为硕士的劳动者以及高中/技校/职高/中专学历的劳动者月收入在该群体中排在第二和第三。

表 2-9　不同类别城镇劳动者的雇佣情况

单位：人

<table>
<tr><th colspan="2" rowspan="2">变量</th><th colspan="3">雇佣状况</th><th rowspan="2">样本量</th><th rowspan="2">χ^2</th><th rowspan="2">p</th></tr>
<tr><th>受雇于个人或单位</th><th>自己当老板</th><th>合伙当老板</th></tr>
<tr><td rowspan="2">性别</td><td>男性</td><td>2416</td><td>382</td><td>73</td><td>2871</td><td rowspan="2">7.52</td><td rowspan="2">0.0230</td></tr>
<tr><td>女性</td><td>2519</td><td>431</td><td>48</td><td>2998</td></tr>
<tr><td rowspan="4">经济地区</td><td>东北地区</td><td>347</td><td>108</td><td>8</td><td>463</td><td rowspan="4">476.18</td><td rowspan="4">0.0000</td></tr>
<tr><td>东部地区</td><td>2862</td><td>167</td><td>46</td><td>3075</td></tr>
<tr><td>中部地区</td><td>1285</td><td>352</td><td>26</td><td>1663</td></tr>
<tr><td>西部地区</td><td>441</td><td>186</td><td>41</td><td>668</td></tr>
<tr><td rowspan="5">受教育程度</td><td>初中及以下</td><td>722</td><td>201</td><td>15</td><td>938</td><td rowspan="5">116.76</td><td rowspan="5">0.0000</td></tr>
<tr><td>高中/技校/职高/中专</td><td>1178</td><td>243</td><td>24</td><td>1445</td></tr>
<tr><td>大专</td><td>1321</td><td>216</td><td>31</td><td>1568</td></tr>
<tr><td>大学本科</td><td>1597</td><td>141</td><td>50</td><td>1788</td></tr>
<tr><td>研究生</td><td>115</td><td>12</td><td>1</td><td>128</td></tr>
</table>

根据我国统计局规定，流动人口①一般是指离开了户籍所在地，在其他地方居住的人口。据此，本研究将本次调查中户籍不在被调查所在城市，而在本省外市或外省的城镇劳动者，归为流动人口。对不同地区城镇劳动者的户籍类型进行卡方检验，结果

① 国家统计局定期发布流动人口数据，其统计口径是人户分离人口中扣除市辖区内人户分离的人口。其中，人户分离人口是指居住地与户籍登记地所在的乡镇街道不一致且离开户籍登记地半年及以上的人口。

显示，在本次调查的城镇劳动者总体中，东部地区的流动人口显著高于其他三个地区，占总流动人口的63.34%；其次是中部地区，流动人口占总流动人口的21.58%；而西部地区和东北地区的流动人口相对较少，分别仅占总流动人口的9.49%和5.59%（见图2-9）。其中，农村外出务工人员占总流动人口的70.53%；东部地区成为农村外出务工人员的首选地，占农村外出务工人员总体的64.31%。

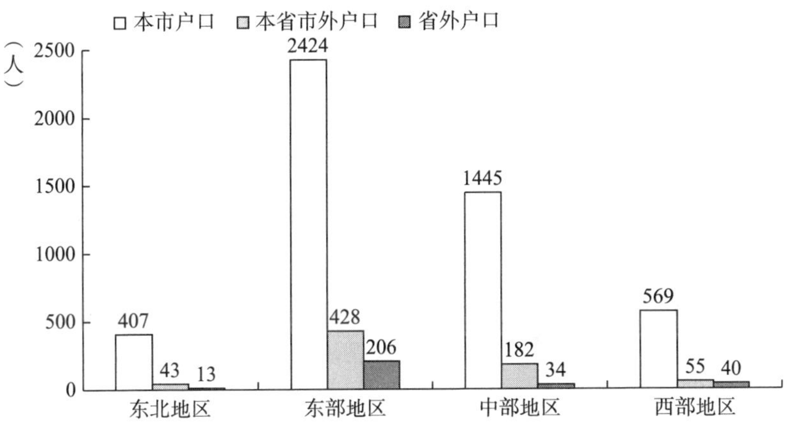

图 2-9 不同地区城镇劳动者的户籍类型分布情况

目前，我国东部城市城镇化水平在全国位于前列，北京、上海、天津这三大直辖市的城镇化水平突破80%，与发达国家城镇化水平持平，而中西部省份城镇化率水平相对较低，尤其是西部，大多省份城镇化水平低于60%。[①] 有研究认为流动人口对流入地的城镇化有着积极的促进作用，并且为流入地的经济发展作出了重大贡献，且城镇化水平的高低与区域经济增长有正相关关系。[②] 从本次调查的统计结果来看，相对于东北地区和中西部地区，目前我国东部地区仍

① 中国宏观经济研究院投资研究所：《“十四五”时期新型城镇化拓展投资空间的趋势和潜力》，https://www.ndrc.gov.cn/xxgk/jd/wsdwhfz/202109/t20210914_1296569.html，最后访问日期：2024年1月8日。

② 高一兰：《人口流动、迁移动因对城镇化水平的影响——基于省际面板数据的实证研究》，《兰州学刊》2018年第12期，第135~148页。

然是吸引外来劳动力的主要阵地。在东部一些城市，有1/3~1/6的GDP是由外来农民工创造的。[①] 东部城镇化水平较高，且经济发展繁荣，仍然持续吸引着不少的外来人口，这也会帮助东部区域经济持续增长。中西部虽然城镇化水平相对较低，但也因此拥有广阔的发展空间，未来将成为我国城镇化水平提升的主要地区。而东北地区外来劳动人口占比最少，且东北经济表现较为乏力，在全国的GDP占比由2014年的8.96%[②]跌至2019年的5.07%[③]。

比较四个地区的创业者在其所在地区总人数中的占比发现，西部地区的创业者在西部地区城镇劳动者总人数中占33.98%，其次是东北地区、中部地区和东部地区的创业者，分别在其所在地中占25.05%、22.73%和6.93%。将此数据与2017年、2018年“中国工作环境调查”中创业者在各自地区的占比进行比较，本研究发现：与2017年相比，2019~2020年东北、东部和中部地区的创业者占比都有所下降，其中东部地区的创业者占比下降明显，从2017年的21.49%降到了2019~2020年的6.93%；而值得关注的是，西部地区的创业者的占比却在波动上升，从2017年的25.87%上升到了2019~2020年的33.98%（见图2-10）。进一步分析可知，这些创业者多来自建筑业、教育业、服务业、咨询业和以非农产品为原料的制造业等行业。

西部创业者的增加主要与我国实行的西部大开发战略有关。2016年，西部大开发的“十三五”规划提出要在西部组织开展创新创业大赛，推动地方政府探索开展创业服务，为创业者与投资机构

① 蔡昉、都阳：《经济转型过程中的劳动力流动——长期性、效应和政策》，《学术研究》2004年第6期，第16~22页。

② 《中国统计年鉴—2015》，http://www.stats.gov.cn/sj/ndsj/2015/indexch.htm，最后访问日期：2024年1月8日。

③ 《中国统计年鉴—2020》，http://www.stats.gov.cn/sj/ndsj/2020/indexch.htm，最后访问日期：2024年1月8日。

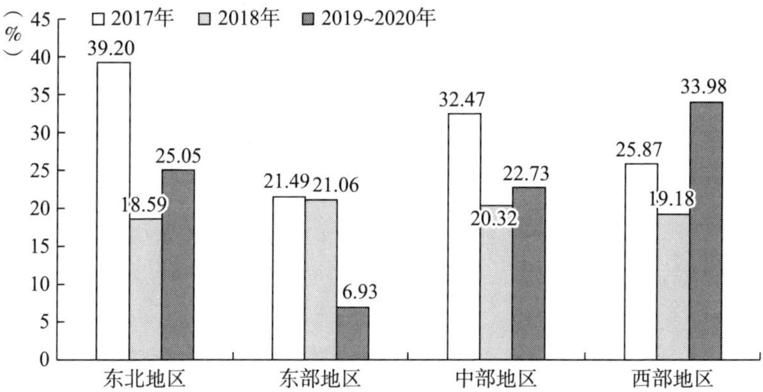

图 2-10　2017~2020 年各经济地区中创业者人数的占比

提供对接平台等举措。[①] 由于西部地区经济发展相对落后，国家逐渐将资源向西部倾斜，并持续在西部开展扶贫开发项目，给很多劳动力提供了返乡创业的机会和帮扶；并且随着共建“一带一路”、长江经济带发展战略、黄河流域生态保护和高质量发展战略的实施，创业者拥有了更为广阔的发展空间。国家还提出西部地区需强化基础设施规划建设、在西部地区布局建设一批高校、高职院校及支持高校对西部地区开展对口支援等。[②] 而在西部创业者的分布中，较为突出的有建筑业和教育行业，这表明国家的指导意见和帮扶措施在西部地区产生了较好的效果。

2. 工作性质

在本次调查的城镇劳动者中，除了 937 人（占总城镇劳动者的 15.97%）自己当老板，绝大部分人均为单位的雇佣劳动者。在本职工作单位中属于正式工的城镇劳动者有 3915 人，占总城镇劳动者的 66.71%；临时工有 761 人，占总城镇劳动者的 12.97%；劳务派遣

① 《西部大开发“十三五”规划》，https://www.gov.cn/xinwen/2017-01/23/5162468/files/56301370765d4fe8975541a2bf221281.pdf，最后访问日期：2024 年 1 月 8 日。

② 《中共中央、国务院关于新时代推进西部大开发形成新格局的指导意见》，http://www.xinhuanet.com/politics/zywj/2020-05/17/c_1125996720.htm，最后访问日期：2024 年 1 月 8 日。

工有 177 人，占总城镇劳动者的 3.02%；零工有 79 人，占总城镇劳动者的 1.35%。进一步分析结果如表 2-10 所示，东部地区的正式工有 2423 人，占正式工群体的 61.89%。东北地区的临时工有 122 人，占东北地区城镇劳动者的 26.35%，相比于其他地区，临时工在东北地区的占比较高。零工主要分布在中部地区和西部地区，中部地区的零工有 38 人，占零工群体的 48.10%，西部地区的零工有 16 人，占零工群体的 20.25%。

表 2-10　不同工作性质城镇劳动者的经济地区分布情况

单位：人，%

工作性质	经济地区				总计
	东北地区	东部地区	中部地区	西部地区	
正式工	214 (5.47)	2423 (61.89)	969 (24.75)	309 (7.89)	3915 (100)
临时工	122 (16.03)	306 (40.21)	243 (31.93)	90 (11.83)	761 (100)
劳务派遣工	1 (0.56)	116 (65.54)	35 (19.77)	25 (14.13)	177 (100)
零工	10 (12.66)	15 (18.99)	38 (48.10)	16 (20.25)	79 (100)
老板	116 (12.38)	215 (22.95)	378 (40.34)	228 (24.33)	937 (100)

注：①卡方检验的结果为：$\chi^2=669.1385$，$p<0.001$；②表格中的每一个单元格记录了对应行和列的交叉组合的频数或占比。

表 2-11 呈现了不同产业中城镇劳动者的工作性质差异。其中，第二产业的正式工有 1192 人，占第二产业城镇劳动者的 84.24%，是各产业中正式工占比最多的。第三产业中聚集了较多非正式雇佣关系的临时工、劳务派遣工和零工，占该产业总城镇劳动者的 20.07%。具体来看，建筑业、手工业、服务业和餐饮业是非正式工的聚集工作领域，这几个领域中的非正式工分别占其行业城镇劳动者总人数的 42.24%、34.12%、33.20%和 32.98%，占比接近甚至超过该行业从业城镇劳动者总数的三分之一。根据《中国统计

年鉴》数据，[①] 在 2017~2019 年，我国第二产业就业人数减少了 519 万人，第三产业就业人数增加了 1849 万人，说明劳动人口正在往第三产业流动。2019 年的城镇就业人员相比 2017 年减少了 169 万人，但第三产业占中国生产总值比重持续增加，这意味着我国经济工作着力点向第三产业转移。第三产业中的许多行业，如零售、餐饮、家政服务等，对劳动力的需求具有灵活性和波动性，一定程度上驱动了“零工经济”[②] 等新兴工作形式的出现，促进了非正规就业。

表 2-11　不同工作性质城镇劳动者的产业分布情况

单位：人，%

工作性质	产业			总计
	第一产业	第二产业	第三产业	
正式工	40 (1.04)	1192 (30.94)	2621 (68.02)	3853 (100)
临时工	6 (0.89)	150 (22.19)	520 (76.92)	676 (100)
劳务派遣工	2 (1.13)	46 (25.99)	129 (72.88)	177 (100)
零工	1 (2.86)	12 (34.29)	22 (62.85)	35 (100)
老板	1 (1.47)	15 (22.06)	52 (76.47)	68 (100)

注：①卡方检验的结果为：$\chi^2=26.2145$，$p<0.001$；②表格中的每一个单元格记录了对应行和列的交叉组合的频数或占比。

在正式工与非正式工待遇差别的研究领域，有学者发现非正式

① 《中国统计年鉴—2018》，http://www.stats.gov.cn/sj/ndsj/2018/indexch.htm，最后访问日期：2024 年 1 月 8 日；《中国统计年鉴—2020》，http://www.stats.gov.cn/sj/ndsj/2020/indexch.htm，最后访问日期：2024 年 1 月 8 日。

② “零工经济”（gig economy）本质上是一种短期工作形式，指的是用时间短、灵活的工作形式，取代传统的朝九晚五工作形式，利用互联网和移动技术快速匹配供需方，主要包括群体工作和经应用程序接洽的按需工作两种形式。

工得到的物质性回报和发展性回报均低于正式工，[①] 而这也是引发社会广泛讨论的“同工不同酬”现象。[②] 通过月收入比较，本研究发现老板的月收入均值为 9112.22，是最高的；正式工的月收入均值为 5988.46，仅次于老板。在非正式工中，零工的月收入均值为 4225.32，劳务派遣工的月收入均值为 4138.85，临时工的月收入均值最低，为 3833.34，均低于正式工。方差分析结果也表明，不同工作性质城镇劳动者的月收入存在显著差异（$F=84.43$，$p=0.0000$）。

随着互联网时代的发展，新兴的技术和商业模式催生了新的就业环境，临时职位日渐普遍，“零工经济”也逐渐在全球兴起，它的一大好处是工作者在一定程度上可以自由选择工作时间。党的十九大报告指出：“在中高端消费、创新引领、绿色低碳、共享经济、现代供应链、人力资本服务等领域培育新增长点、形成新动能。”[③] 其中提到的“共享经济”也是目前十分流行且广泛的一种商业模式，它通过技术手段提升了闲置资源的利用效率，是一种通过互联网平台实现商品、服务、数据、知识及技能等在不同主体之间共享的经济模式。[④] 这使得人们可以非常方便地在共享经济平台通过交换闲置物品或分享知识、经验等获取报酬。“零工经济”“共享经济”的兴起解构了传统企业组织模式，由于劳动力和资源不再从属于某一固定的单位或企业，因此劳动者可以依据自身需求和能力选择兼职，[⑤]

---

① 谢玉华、肖巧玲、Anita Chan、赵炜、Yiu Por Chen：《劳务派遣工和正式工员工—组织关系的比较研究——来自汽车企业一线城镇劳动者的数据》，《经济社会体制比较》2013 年第 5 期，第 183~192 页。

② 指按“身份”分配薪酬的劳动分配制度，明明做着一样的工作，但由于工作的“身份”性质不同，得到的待遇和薪酬也不同。

③ 《决胜全面建成小康社会 夺取新时代中国特色社会主义伟大胜利》，http://www.xinhuanet.com/politics/19cpcnc/2017-10/27/c_1121867529.htm，最后访问日期：2024 年 1 月 8 日。

④ 郑联盛：《共享经济：本质、机制、模式与风险》，《国际经济评论》2017 年第 6 期，第 45~69 页。

⑤ 何勤、杨宜勇、程雅馨、杨泽坤：《共享经济下平台型灵活就业城镇劳动者就业选择影响因素差异研究——以“微工网”为案例》，《宏观经济研究》2019 年第 8 期，第 142~155 页。

催生了大批兼职劳动者的发展。

本次调查结果显示，7.60%的城镇劳动者除了本职工作还拥有若干份兼职，有兼职工作的城镇劳动者平均每月的兼职收入是3067.18元。拥有1份兼职的城镇劳动者有286人，占总城镇劳动者的4.87%，拥有2份兼职的城镇劳动者有118人，占总城镇劳动者的2.01%，兼职份数最多为5份，有4人。没有兼职的城镇劳动者有5421人，占总城镇劳动者的92.41%。没有兼职的城镇劳动者月收入均值为6176.39，有兼职的城镇劳动者月收入均值为5533.58，存在显著差异（$F=4.04$，$p=0.0000$）。

在城镇劳动者中，集中于20~40岁年龄段且兼职的这群不再专注于单一职业、拥有多重职业和身份的青年被亲切地称为“斜杠青年”。[①] 2019年《政府工作报告》指出，“坚持包容审慎监管，支持新业态新模式发展，促进平台经济、共享经济健康成长。”[②] 互联网的蓬勃发展掀起了共享经济的浪潮，也催生涌现了各类新职业和“斜杠青年”群体，这也折射了社会经济结构更多元、更灵活的变化。本研究发现，我国城镇劳动者中“斜杠青年”的受教育程度基本在高中（技校、职高、中专）及以上；他们多分布在商业、信息产业、以非农产品为原料的制造业和服务业。而在主业上，“斜杠青年”在会计和销售这两个职业上分布较为集中，分别占比为7.41%和6.00%。从收入上看，“斜杠青年”在兼职上的平均月收入为2854.48元，有44.97%的“斜杠青年”兼职平均月收入在2000元以内，总体来说低于其本职工作的收入水平。可见，其主要工作收入来源仍然来自其本职工作。

3. 劳动合同

劳动合同是用人单位同劳动者之间确定劳动关系、规范相互的

① 项久雨：《“斜杠青年”的特征、成因及认知误区》，《人民论坛》2019年第29期，第124~125页。

② 李克强：《政府工作报告——2019年3月5日在第十三届全国人民代表大会第二次会议上》，https://www.gov.cn/zhuanti/2019qglh/2019lhzfg zbg/index.htm，最后访问日期：2024年1月8日。

权利和义务的法律协定，它保护了劳动者和用人单位双方的利益，也是发生劳动纠纷时的有效法律依据。鉴于《劳动合同法》提出“建立劳动关系，应当订立书面劳动合同”[①]。本调查将从是否签订劳动合同、劳动合同的类型、期限等了解我国城镇劳动者工作的法律保障现状。

调查数据显示，我国城镇劳动者中有84.46%都与用人单位或劳务公司等签订了劳动合同，15.54%的城镇劳动者却在没有劳动合同保障的情况下务工。在已签订劳动合同的城镇劳动者中，其签订的合同多为格式合同和集体合同（累计占比为85.11%）。有93.21%是与工作单位签订，6.79%是与劳务公司或中介公司签订的。85.66%为有限期合同，合同期限多为3年，占已签订劳动合同劳动者的32.24%；其次为5年或1年制合同，分别占已签订劳动合同的城镇劳动者数量的23.85%和20.46%；有9.58%的城镇劳动者签订了10年以上的合同。在没有任何劳动合同保障的城镇劳动者中，21.18%聚集在包括房管、生活服务、旅馆等服务业，11.06%聚集在包括国内商业、长途贩运、物资供销、仓储业的商业领域，还有10.90%聚集在金融保险业。

在我国城镇就业劳动力中，签订劳动合同的城镇劳动者月收入均值为5877.49，未签订劳动合同的城镇劳动者月收入均值为3797.467，签订了劳动合同的劳动者的月收入显著高于未签订劳动合同的劳动者（$F=158.78$，$p=0.0000$）。在工作性质上，正式工签订合同的占比最高，为93.24%；其次为劳务派遣工，达到了92.05%；临时工和零工未签订合同的比例较高，75.64%的零工和56.25%的临时工未与工作单位或劳务公司签订合同，说明当前劳动市场在招聘零工和临时工时的程序较不规范，大多数零工和临时工没有法律保障。

劳动合同是劳动者与用人单位间雇佣关系的最有力证明，对劳

① 《中华人民共和国劳动合同法》，https://www.gov.cn/jrzg/2007-06/29/content_667720.htm，最后访问日期：2024年1月8日。

动者来说，签订劳动合同可以很大程度维护其合法权益，若是没有劳动合同的保障，劳动者很可能对工作岗位产生不安全感。基于此，本研究试图探讨签订和未签订劳动合同的城镇劳动者是否会存在失业风险、升迁机会上的差异。通过“在未来的12个月内，您会不会丢掉这份工作”与“在未来的三年内，您在单位中升迁的机会有多大”对失业风险和升迁机会进行测量，赋值1~5，数值越高表明失业风险越大或升迁机会越高。图2-11的数据分析表明，相比签订劳动合同的城镇劳动者，未签订劳动合同的城镇劳动者感知到了更大的失业风险，也就意味他们所感知到的工作安全感更低（$F=32.11$，$p=0.0000$）。同时，未签订劳动合同的城镇劳动者的升迁机会显著低于已签订劳动合同的城镇劳动者（$F=108.38$，$p=0.0000$）。

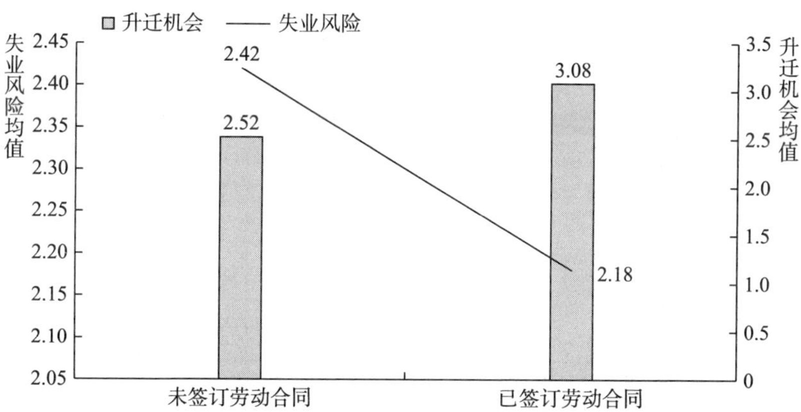

图2-11 升迁机会与失业风险在劳动合同签订情况上的差异

（三）单位类型

调查结果显示，我国城镇劳动者在私营企业中工作的人数在所有单位类型中最多，有1958名劳动者在私营企业工作，占总城镇劳动者的33.36%。个体户共458人，其中单干的个体户有3人，为个体户工作的城镇劳动者有455人，共占总城镇劳动者人数的7.80%。在国有事业单位工作的劳动者有423人，占总城镇劳动者人数的

7.21%；在党政群团机构内工作的劳动者有 99 人，占总城镇劳动者人数的 1.69%；在国有企业工作的城镇劳动者有 452 人，占总城镇劳动者人数的 7.70%。在集体企业工作的城镇劳动者有 327 人，占总城镇劳动者人数的 5.57%；在外资/侨商/台商独资企业、合资企业、股份制企业和上市公司工作的城镇劳动者有 1092 人，占总城镇劳动者人数的 18.61%（见表 2-12）。

表 2-12　各经济地区城镇劳动者所在单位类型的分布情况

单位类型	经济地区				总计
	东北地区	东部地区	中部地区	西部地区	
个体户	100	191	126	41	458
国有事业单位	27	313	38	45	423
党政群团机构	3	79	6	11	99
国有企业	33	191	171	57	452
私营企业	128	1220	462	148	1958
集体企业	20	176	30	101	327
合资企业	6	200	241	7	454
外资/侨商/台商独资企业	7	118	7	5	137
股份制企业	15	286	65	9	375
上市公司	3	95	20	8	126

注：①卡方检验的结果为：$\chi^2 = 26.2145$，$p<0.001$；②表格中的每一个单元格记录了对应行和列的交叉组合的频数或占比。

比较各经济地区私营企业劳动者数量在该地区劳动者总数上的占比，可以看出：东部地区的私营企业中城镇劳动者有 1220 人，占比为 42.52%，是各地区中最高的；中部地区的私营企业中城镇劳动者有 462 人，占比为 39.62%；东北地区的私营企业中城镇劳动者有 128 人，占比为 37.43%；西部地区的私营企业的城镇劳动者有 148 人，占比为 34.26%。个体户在东北地区的分布比例最高，在东部地区的分布比例最低，在东北地区个体户中工作的城镇劳动者有 100 人，占东北地区劳动者数量的 29.24%；在东部地区个体户中工作的城镇劳动者有 191 人，占东部地区城镇劳动者的 6.66%。在国有事业单位工作的劳动者在中部地区的分布比例（占该地区劳动者数量的 3.26%，下同）较低，在东部（10.91%）和西部（10.42%）的分布比例相对较高。在党政群团机构工作的劳动者在东部（2.75%）和西部（2.55%）的分布比例相比在东北（0.88%）和中部（0.51%）的分布比例较高。在国有企业工作的劳动者在中部（14.67%）和西部（13.19%）的分布比例相对在东北（9.65%）和东部（6.66%）的分布比例较高。在集体企业工作的劳动者在西部地区单位中的占比较高，为 23.38%，在其他地区的占比最高仅为 6.13%。外资/侨商/台商独资企业、股份制企业和上市公司的劳动者主要分布在东部地区，占该类企业劳动者总数的比重都高于 75%，而合资企业中的劳动者有 53.08%分布在中部地区。

从月收入来看，在外资/侨商/台商独资企业中工作的城镇劳动者平均月收入最高，为 9107.30 元。其次是上市公司的城镇劳动者，平均月收入为 7742.77 元，劳动者平均月收入排名第三的是合资企业中的城镇劳动者，为 6851.07 元，第四是私营企业中的城镇劳动者，平均月收入为 6190.90 元。此外，平均月收入在 5000 元以上的还有集体企业中的城镇劳动者，为 5265.02 元。月收入在 4000~5000 元的单位有国有企业（平均月收入为 4787.79 元，下同）、个体户（4523.70 元）和国有事业单位（4483.12 元），平均月收入最低的是党政群团机构中的城镇劳动者，为 3218.74 元。经统计分析，不同单位中城镇劳动者的月收入存在显著差异（$F=28.02$，$p=0.0000$）。结合地区来看，西部大集体企业的城镇劳动者月收入最高，平均为 14500 元，东部党政群团机构的城镇劳动者月收入最低，平均为 2841.20 元。在雇人的个体户、国有企业和股份制企业中，各地区的收入差距较小，地区最大收入差距分别为 1309.80 元、631.60 元和 998.90 元；而在合资企业和上市公司中，各地区的收入差距较大，地区最大收入差距达到了 3647.30 元和 5441.70 元。

从性别层面来看，月收入最高的为在外资/侨商/台商独资企业中工作的男性，达到了10481.70元，收入最低的为女性个体户，月收入为2000元，其差距达到了8000元以上。整体来看，几乎所有的单位类型中，男性的月收入都高于女性，差距最大的为没有雇人的个体户，男性城镇劳动者的平均月收入比女性城镇劳动者月平均收入多出约5500元。而在国有事业单位中，男性和女性的月收入基本持平，说明国有事业单位中两性的待遇较为平等，但在其他大多数单位中，男女月均收入仍然有显著差异。

（四）行业分布

依据国家统计局设管司2022年11月发布的“三次产业划分规定”，相关数据显示，[①] 第一产业占国内生产总值比重为7.1%，第二产业占国内生产总值比重为39.0%，第三产业占国内生产总值比重为53.9%。本次调查数据显示，有50人从事第一产业工作，占总体城镇劳动者的0.85%；1415人从事第二产业工作，占24.11%；第三产业的从业人员最多，共4404人，占总体的75.04%。其中，第二产业的从业人员中，以非农产品为原料的制造业城镇劳动者占比最高，占该产业从业人员的72.23%（共1022人）；第三产业从业人员的工作领域则较为分散，商业（包括国内商业、长途贩运、物资供销、仓储业）、服务业（包括房管、生活服务业、旅馆业）和金融保险业城镇劳动者占比居前三位，分别占该产业从业人员的19.50%、10.94%和5.04%（分别为859人、482人和222人）。由此可见，无论是从经济占比还是劳动力占比来看，第三产业都已然成为当前我国劳动力的聚集地和主要的经济增长点。

从产业分布来看，东部地区仍是我国第三产业经济发展的中心，52.20%的第三产业从业人员集中在此，其中，商业（包括国内商业、长途贩运、物资供销、仓储业）和服务业（包括房管、生活服务

① 《中国统计年鉴—2020》，http://www.stats.gov.cn/sj/ndsj/2020/indexch.htm，最后访问日期：2024年1月8日。

务业、旅馆业）又是这些第三产业从业人员的“主战场”，占该地区第三产业从业人员总数的34.41%。第二产业则主要汇集在我国中部和东部地区，两个地区中该行业从业人员占第二产业从业人员总数的87.42%（见图2-12）。

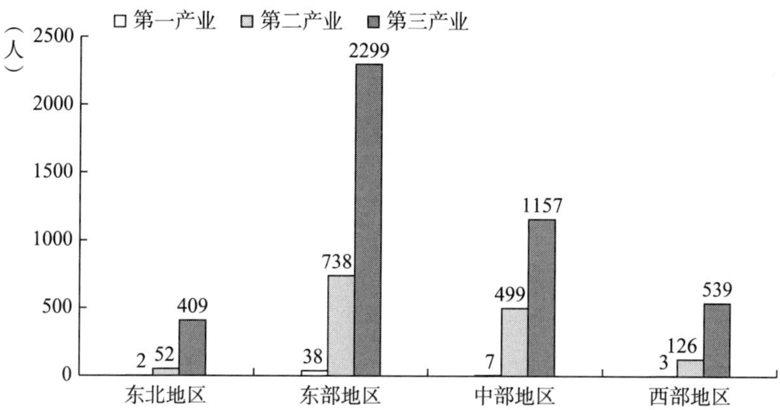

图2-12　不同经济地区不同产业的城镇劳动者分布情况

具体来看，各行各业的城镇劳动者在东部地区大量聚集，尤其是农林牧渔水利业（占该行业劳动者数量的81.08%，下同）、交通运输业（79.41%）、邮电通信业（79.31%）、金融保险业（78.38%）、对外贸易业（78.26%）以及文化艺术和体育（75.00%），东部地区这几个行业的劳动者在该行业城镇劳动者中占比都在75%及以上。同时，东北地区的广告业发展较为突出（占该行业城镇劳动者的83.58%）。中部发展得较好的有采掘业（占该行业城镇劳动者的57.14%），还有以非农产品和农产品为原料的制造业（占该行业城镇劳动者的69.29%）。这主要来源于中部拥有明显的资源优势，覆盖全国30%的矿产资源和能源，且国家统计局数据显示，2019年中部六省的第二产业产值占全国第二产业产值的23.6%，[①] 说明目前中部主要依靠工业推动经济发展。西部地区则以建筑业（占该行业城镇劳动

① 《中国统计年鉴—2020》，http://www.stats.gov.cn/sj/ndsj/2020/indexch.htm，最后访问日期：2024年1月8日。

者的44.10%）和咨询业（占该行业城镇劳动者的46.99%）居多（见表2-13）。

表 2-13　不同经济地区产业与行业分布

单位：%

产业	行业	经济地区			
		东北	东部	中部	西部
第一产业	粮食种植业	0.00	61.54	23.08	15.38
	其他农林牧渔水利业	5.41	81.08	10.81	2.70
第二产业	手工业	15.29	45.88	27.06	11.76
	采掘业	7.14	10.71	57.14	25.00
	以非农产品为原料的制造业	1.47	56.36	39.04	3.13
	以农产品为原料的制造业	2.52	62.18	30.25	5.04
	建筑业	11.80	28.57	15.53	44.10
第三产业	文化艺术和体育	0.00	75.00	17.19	7.81
	邮电通信业	1.72	79.31	17.24	1.72
	信息产业	23.04	59.45	9.68	7.83
	商业	8.96	65.66	22.93	2.44
	对外贸易业	4.35	78.26	8.70	8.70
	餐饮业	15.96	55.32	16.49	12.23
	公用事业	11.27	70.42	8.45	9.86
	旅游娱乐业	4.35	47.83	23.91	23.91
	服务业	8.92	47.10	32.99	11.00
	房地产经营业	2.04	57.14	23.47	17.35
	咨询业	2.41	44.58	6.02	46.99
	卫生和社会福利事业	3.14	64.78	23.27	8.81
	交通运输业	7.06	79.41	8.24	5.29
	广告业	83.58	11.94	1.49	1.49
	科学研究和综合技术服务业	0.00	68.24	31.76	0.00
	金融保险业	4.50	78.38	13.96	3.15
	教育业	14.36	43.62	11.70	30.32

注：表格中的每一个单元格记录了对应行和列的交叉组合的占比。

对比不同经济地区中不同产业城镇劳动者的月收入均值发现，第二、三产业城镇劳动者的月收入显著高于第一产业从业人员，第一产业城镇劳动者月收入平均为4187.60元，第二产业城镇劳动者月收入平均比第一产业劳动者高2380.23元，第三产业城镇劳动者月收入平均比第一产业劳动者高1189.49元（$F=6.30$，$p=0.0000$）。具体来看，东北地区第三产业劳动者的月收入均值高于第一、二产业，而其他地区第二产业劳动者月收入均值最高，其月收入均值都高于6000元。东北地区从事第一产业的劳动者月收入均值最低，为1950元，西部地区从事第二产业的劳动者月收入均值最高，月收入均值极差达到5166.81元（见表2-14）。

表2-14 不同经济地区中不同产业城镇劳动者的月收入均值比较

经济区域	第一产业	第二产业	第三产业	总体
东北地区	1950.00	3621.73	4693.27	4561.08
东部地区	3967.90	6714.56	5998.28	6145.10
中部地区	5814.29	6519.21	5969.30	6133.65
西部地区	4666.67	7116.81	7110.42	7100.65
总体	4187.60	6567.83	5377.09	6125.65

从性别分布来看，第一、二产业中男性城镇劳动者明显多于同产业女性城镇劳动者，第三产业中女性城镇劳动者多于男性城镇劳动者（$\chi^2=78.17$，$p=0.0000$）（见图2-13）。具体到各行业中，在采掘业、以农产品为原料的制造业和交通运输业中，男性的占比更高，分别为75%、59.98%和58.24%。但在餐饮业、服务业、教育行业中，女性城镇劳动者的占比更高，分别为59.57%、60.58%和69.15%。在月收入上，收入最高的为在邮电通信业中工作的男性，平均月收入为10545元，收入最低的为在居民自治组织工作的女性，平均月收入为2573元，其差距接近8000元。整体来看，在大多行业中，男性的平均月收入高于女性，尤其是邮电信息业，男性平均月收入（10545.10元）比女性平均月收入（5468.00元）多出近一

倍，说明职场上的性别歧视仍较为突出；但在科学研究和综合技术服务业，女性平均月收入（7513.20 元）则比男性（6850.40 元）更高；男女平均月收入差距较小的行业主要有粮食种植业（差 316 元）、国家政党机关和社会团体（差 405 元）以及公用事业（差 80 元）。

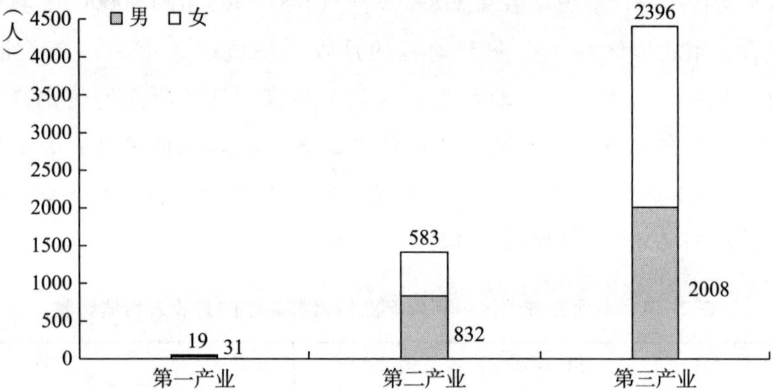

图 2-13　不同产业中男女城镇劳动者分布情况

第三章　工作场所

在现代社会中，相较于工作时间来说，人们对于工作场所的感知和重视要薄弱很多。[①] 在我国，或许是由于职业卫生与安全方面的惨痛教训[②]，人们对于工作场所的关注点更是“近乎本能地”集中在与物理工作环境风险相关的内容上，这反映出整个社会关于噪声、粉尘、有毒化学品等物理风险的集体记忆和忧虑。关于工作场所的研究与讨论大多局限于工作场所的物理环境，忽略了工作场所作为一种社会空间的意义与作用，有待人们更新对工作场所的认识。

一　作为一种制度安排的工作场所

若从物质性角度出发，工作场所指的是劳动者从事工作时所处空间的生态条件、人工设施及其陈列布局等方面的状况，具体涵盖噪声、温度、灯光、粉尘、化学物质、工作设备等特征或者要素。不过，人们对于工作场所更为整体和重要的认识是将工作场所分成“家庭”

---

① 哈维提出时空压缩概念，对后现代状况下的时空情境与时空体验进行描述，使用压缩一词是为了说明“资本主义的历史具有在生活步伐方面加速的特征，而同时又克服了空间上的各种障碍，以至世界有时显得是内在地朝着我们崩溃了”。工作场所中的时空体验接近于哈维的描述，我们集中、突出的感受是“时间荒”，而对于空间的感知和重视要薄弱很多。参见邓万春《时间、空间与社会理论重构的谱系》，《人文杂志》2013 年第 7 期，第 114~119 页；王宁《压力化生存——“时间荒”解析》，《山东社会科学》2013 年第 9 期，第 39~46 页。

② 参见郭于华、吴小沔、赵茗煦《尘肺农民工口述记录》，知识产权出版社，2020；《职业中毒事故情况回顾与分析》，http://www.safehoo.com/San/Case/202009/5611724.shtml，最后访问日期：2024 年 1 月 8 日。

“车间”“办公室”“半公开场所”等典型类型，而各个工作场所之所以可能汇合在一种典型类型之下，既是其物质性特征上的形似，更是其社会性痕迹上的同构。我们认为，在个体层面，工作场所是劳动者从事工作时的客观物理环境，但在结构层面，工作场所本质上是一种制度安排，它在一定的时空内，对工作目标相同的劳动者产生聚焦、组织和动员的功能。劳动者的个体工作行为和工作互动嵌入其中，共同形塑了他们的工作状态以及所感受到的工作氛围。在上述意义下，工作场所是工作环境最表层的观测体系。

进入现代社会，劳动者在工作场所上发生的最大变化是，人们的工作场所从相对单一的场所发展为相对多元的场所。这一变化的根源在于整个社会的生产方式从个体劳动向集体劳动的转向，在这一情况之下，人们再难独居一隅，靠着小家庭的独立作业来实现自给自足了，其工作场所也不再是由劳动者个人所能掌控的空间了，而成为一个组织乃至社会关系运作以及再生产的场域，呈现差异化的特征。以工作场所与所处环境的关系为例，办公室和车间可以完全与外界区隔开来，野外或露天环境则意味着劳动者裸露在自然环境当中，而半公开场所中的劳动者不断面临着新的互动环境，这些典型特征既是个体、组织乃至社会关系运作的结果，同时也是其再生产的基础。具体来说，个体与其他个体、个体与组织、组织与组织在工作场所中，或者利用工作场所进行的利润生产、权力运作、符号互动和组织分化与团结等实践过程，是塑造工作场所物质性特征的重要因素，同时也赋予工作场所以社会性意涵。借由这些过程，工作场所从个体层面跃迁到结构层面，作为一种制度发挥着实质性作用。

我们认为，工作场所作为一种制度安排的运作方式可以大体概括为两步。其一，在组织层面，不同特征的组织与工作场所进行适配。这些特征包括组织所处的行业、所有制性质、职工规模等，其中，不同行业中组织的工作内容与目标迥异，组织的所有制性质关乎产权与产权结构，职工规模在一定程度上反映组织中劳动力要素投入的状况。显然，不同特征的组织所适配的工作场所类型不同，这与其具体需求息息相关，比如餐饮、教育等行业，其从业者大多在商场、教室等半公开场所中工作；而承担着国家的基础建设和能源供给等职责的国有企业，其员工在野外或露天环境中工作的比例相对更高；再如，第二产业领域内的组织往往需要投入较多的劳动力以达到规模化生产的效应，其劳动力聚集在车间工作的可能性相对较大，等等。在组织与工作场所进行适配的过程中，工作场所的分化得以实现。其二，在个人层面，具备不同自然特征与社会特征的个人，经由组织的筛选、吸纳以及员工自身的组织社会化过程，在某一组织中占据某一位置，遵守相应的行为规范。如前所述，不同组织所适配的工作场所不同，因此，通过组织以及在组织中的位置所实现的社会分层可以一定程度表征在人们的工作场所上。具体地说，一方面，具有某些相似特征的劳动者相对集中于特定的工作场所中进行生产与非生产实践；另一方面，在特定工作场所中，处于组织中不同位置的个体占有不同类型的资源并拥有相对应的权力，工作场所中互动的规则与规范逐渐清晰，形成相对稳定的互动秩序。

不过，人们对于工作场所作为制度安排的过程通常不以为意，为数不多的研究大多聚焦在这种制度安排的结果。关于工作场所的制度安排结果，大体上表现在两个方面。一方面，某些群体相对集中地在具有某些特征的工作场所进行生产与非生产实践的时候，物理风险也就相对集中地落在这些群体当中。相关研究也证实了这一判断，即不同阶层所处工作环境的污染程度不同，低收入人群更容易暴露在有毒有害的工作环境中。[①] 另一方面，需要注意的是，某些群体只是相对地集中在具有某些特征的工作场所中，在同一工作场所中，具有不同个人、组织和工作特征的劳动者群体之间形成了相

① 孙中伟、张莉、张晓莹：《工作环境污染、超时加班与外来工的精神健康——基于“二次打击”的理论视角》，《人口与发展》2018 年第 5 期，第 14～23 页。

对稳定的互动秩序。不过，这种互动秩序并不完全是和谐友好的，劳动者群体内部因认同、既得利益等因素所实现的整合，往往会阻隔群际之间的互动、有意放大群际差异，建构出“同工不同酬”等现象。这既是形塑工作场所中排斥行为或暴力行为的基础，也是劳动者产生相对剥夺、付出-报偿不平等感受的根源，反过来也可能威胁到工作场所中的互动秩序。

既往关于我国劳动者工作场所的讨论与研究，主要关注的是物理工作环境对于劳动者健康的影响，[①] 或者将物理工作场所作为背景，关注工作场所中的控制、偏离和越轨行为，比如暴力、骚扰、排斥等，[②] 基本是对工作场所这一制度运行结果的负面效应的探索。而在职业卫生规范加强、产业结构变化、新技术设备引进等因素的作用下，上述负面效应在不断改善，关于工作场所的讨论与研究，逐渐转向好的物理工作环境对个体心理和组织绩效等方面的正向效应，[③] 也开始关注工作场所人机协作、包容、学习乃至

---

① 耿言虎：《工作场所有害物质暴露及其健康后果的社会学研究——美国学者的贡献及启示》，《南京工业大学学报》（社会科学版）2020 年第 4 期，第 52～61 页；张陆兵、赖云、谌莉莎、徐宇萍、艾林芳、刘永泉：《江西省工作场所矽尘危害现状调查》，《中国职业医学》2021 年第 5 期，第 591～595 页；陆必清、朱林平、黄剑兰：《某炼钢厂不同强度噪声对工人健康影响的调查》，《中国工业医学杂志》2011 年第 1 期，第 51～53 页。

② 谢富胜：《从工人控制到管理控制：资本主义工作场所的转型》，《马克思主义研究》2012 年第 12 期，第 56～66 页；张燕、陈维政：《工作场所偏离行为的研究发展回顾及展望》，《管理评论》2011 年第 6 期，第 81～87 页；杨杰、卢福财：《工作场所越轨行为的形态、员工反应与组织对策》，《经济管理》2010 年第 9 期，第 92～98 页；王怀勇、刘永芳：《工作场所排斥研究前沿探析与未来展望》，《外国经济与管理》2013 年第 5 期，第 31～39 页；吴帆、周子垚：《社会工作职场性骚扰与容忍度研究——兼论组织氛围的中介效应》，《妇女研究论丛》2020 年第 5 期，第 71～86 页。

③ 孙道银、王卿云：《组织物理环境对员工创造力影响的研究现状及展望——基于一个多维度理论框架》，《技术经济》2021 年第 6 期，第 93～101 页；李毅：《工作环境及自我效能感对员工绩效影响的实证研究》，《中国经贸导刊》2016 年第 20 期，第 46～47 页；张金慧：《物理工作环境与职工工作状况、组织绩效关系研究》，《领导科学》2017 年第 35 期，第 45～47 页。

精神性等方面的研究。① 这些新的、多元的研究取向，要求并激励我们进一步去摸索工作场所的本质，因为只有洞察和深入思考工作场所作为一种制度安排的过程，才可能把握这种制度安排的结果。本部分正是在上述研究旨趣下所展开的探索性工作。

综上所述，当我们将工作场所视为一种制度安排时，工作场所才可以显现出个体、组织乃至社会中的某些不平等关系及其运作和再生产的过程。当工作场所中的风险相对集中于某个阶层或群体，或者工作场所中劳动者的异质性已经影响到互动秩序的维持时，组织就处于冲突积累或频发的困境中，这会显著影响劳动者的工作状态以及他们在其中感受到的工作氛围，② 即工作环境的质量。因此，测度和探索工作场所，挖掘其制度安排的过程与结果，以及这背后的个体、组织乃至社会关系的性质，有助于我们把握城镇劳动者工作环境的状况。在这个意义上，工作场所是工作环境的基本维度之一。

二 工作场所的操作化与测量

在本研究中，我们对劳动者工作场所的测量与讨论，围绕物理工作场所和物理工作环境风险展开，其中，物理工作场所操作化为

① 王振源、姚明辉：《工作场所人机协作对员工影响的研究述评》，《外国经济与管理》2022 年第 9 期，第 86~102 页；瞿皎姣、曹霞、米捷：《中国情境下工作场所包容的剖面结构及其关系模式研究》，《管理学报》2022 年第 10 期，第 1489~1499 页；李茂荣、黄健：《工作场所学习概念的反思与再构：基于实践的取向》，《开放教育研究》2013 年第 2 期，第 19~28 页；王明辉、郭玲玲、方俐洛：《工作场所精神性的研究概况》，《心理科学进展》2009 年第 1 期，第 172~179 页；胡国栋、张丽然：《儒家伦理与工作场所精神性：后工业社会工作的意义给赋》，《学术研究》2017 年第 8 期，第 95~104 页；王明辉、辛钊阳、康萌萌、赵君哲、赵国祥：《上下级工作场所精神性匹配与下级主动行为的关系》，《心理与行为研究》2022 年第 4 期，第 542~548 页。

② 张彦、李汉林：《治理视角下的组织工作环境：一个分析性框架》，《中国社会科学》2020 年第 8 期，第 87~107 页。

户内/外工作、工作场所类型与工作场所流动性等特征，物理工作环境风险操作化为物理工作环境风险源、风险防护及其对健康的影响等方面。

具体而言，在物理工作场所上，我们关注的是工作场所整体的客观特征，户内/外工作指向的是工作场所与外部环境的关系；工作场所类型浓缩了在物理与互动环境上的典型特征；工作场所流动性则考察工作场所稳定与否。工作场所的这些特征对劳动者的生产和互动等实践有着直接的、基础性的影响。而在物理工作环境风险上，我们聚焦的是工作场所内部的物理风险，如放射性物质、有毒化学品、物理危害等。劳动者因应这些风险的状况与感受，不仅直接作用于劳动者当下的劳动过程和状态，还关乎劳动者的安全与健康，影响劳动者可持续工作的能力。在我国，从物理工作环境风险的状况与差异分布中，我们可以观察到劳动者在工作中所受到的保护与支持，并了解工作场所里组织与社会关系运作的状况。综合物理工作场所和物理工作环境风险这两个方面，汇聚组织与个体层面的信息，我们可以相对全面地了解我国城镇劳动者工作场所的状况。关于工作场所的操作化，具体见表 3-1。

表 3-1　工作场所的操作化

基本维度	变量	变量类型	题器	编码
物理工作场所	户内/外工作	定类变量	您是在户内还是户外工作	0-户内及户内为主 1-户外及户外为主
	工作场所类型	定类变量	您的工作地点是下列哪一个	1-露天环境或野外 2-车间 3-商场、教室、诊室等半公开场所 4-办公室 5-家庭 6-其他
	工作场所流动性	定类变量	您的工作地点是固定的还是流动的	0-固定地点 1-流动地点

续表

基本维度	变量	变量类型	题器	编码
物理工作环境风险	物理工作环境风险源	定类变量	您的工作环境中是否含有各种粉尘，如煤尘、石墨尘、石棉尘、水泥尘、陶瓷尘、电焊烟尘、铸造粉尘等	0-否 1-是
		定类变量	您的工作环境中是否含有放射性物质，如X射线、放射性物品或器具等	0-否 1-是
		定类变量	您的工作环境中是否含有有毒化学品，如铅铬等重金属、毒气、毒液等	0-否 1-是
		定类变量	您的工作环境中是否含有物理危害，如高温严寒、噪声、激光、电磁辐射、高空坠物、交通意外等	0-否 1-是
		定类变量	您的工作环境中是否含有有害生物，如各种病毒、病菌、猛兽等	0-否 1-是
	物理工作环境风险防护	定类变量	您所在单位是否免费提供劳动保护用品（如防毒面具、防尘口罩、防噪音耳塞、防辐射服、防暑降温用品等，包括以钱抵物）	0-否 1-是
	自评工作环境对健康的影响	定序变量	您的工作环境对您的健康有什么影响	-1-不利于健康 0-没有影响 1-有利于健康

三　工作场所的现状分析

本次调查通过工作场所的两个方面，即物理工作场所和物理工作环境风险，来了解我国城镇劳动者工作环境中的工作场所现状。其中，物理工作场所主要关注的是工作场所整体的客观特征，这些特征对于该工作环境中的生产和互动等实践有着基础性的影响；物理工作环境风险则侧重于观测劳动者所在工作环境中的劳动安全与卫生，这一环节关涉到劳动者底线型的合法权益。本次调查通过对比工作场所数据的历年变化，深入挖掘其群体性特征，来获知我国城镇劳动者的工作场所现状。

（一）物理工作场所

工作场所是劳动者生产和互动行为等社会实践的前提条件和构成部分，我们认为工作场所的基本特征在一定程度上暗示和隐藏了工作环境中的某些组织乃至社会关系。因此，本次调查设计了三个题器，从物理工作场所的三个特征，户内/外工作、工作场所类型及其流动性，来刻画我国城镇劳动者所处工作场所的基本情况。

1. 户内/外工作

就户内/外工作而言，两者最直接的区别在于：户外工作者直接暴露于露天环境，而户内工作者与露天环境之间则有建筑物起到一定的缓冲与保护作用。因此，典型的户外工作者，比如外卖骑手、环卫工人、建筑工人、外勤巡视员等，更可能受到天气、温度、湿度等外在环境的影响，其职业健康与卫生安全更可能受到威胁。与此同时，户外工作者又在生产、流通、服务等方面发挥着举足轻重的作用。在这个意义上，如何维持一定比重或数量的户外工作者，不断改善他们的工作环境，是一个关乎自然与社会资源的生产、流通与配置优化的重要问题。

对此，我们通过题器："您是在户内还是在户外工作"来获得户内/外工作的具体状况，其频数分布详见表3-2。结果表明：近年来，我国城镇劳动者的工作场所绝大多数为户内或以户内为主，并且相较于前两年的调查数据，在2019~2020年，户内工作的占比明显更高。之所以发生上述明显变化，很大程度上可能是受新冠疫情大规模传播的影响。① 作为一场严重威胁全国民众生命安全与健康的

① 本研究的数据采集工作大致从2019年10月开展，数据采集工作后来受到新冠疫情影响，整体进度向后推迟，约2020年底完成全部数据采集工作。因此，大量被访者是在新冠疫情暴发后获取的信息，故而能够做此推断。

公共卫生事件，各个地方陆续实行防控政策，相关政策深刻影响着各行业的生产与发展、各工作岗位劳动者的工作与生活。以卡车司机为例，据“疫情下的卡车司机”调查报告显示，超过3/4的样本卡车司机在疫情暴发后直至参与调查期间，未曾出车工作。① 相较于户内工作者，户外工作者更可能受到相关防控政策的影响，类似于卡车司机，部分户外工作者不得不转业或者是待业，从而导致户内/外工作分布的变化。

表3-2　2017~2020年城镇劳动者户内/外工作的频数分布

单位：%

		频数	占比	累计百分比
2017年	户外及户外为主	981	14.25	14.25
	户内及户内为主	5902	85.75	100.00
2018年	户外及户外为主	1229	15.01	15.01
	户内及户内为主	6961	84.99	100.00
2019~2020年	户外及户外为主	742	12.64	12.64
	户内及户内为主	5127	87.36	100.00

为了进一步挖掘户内/外工作者的群体特征，我们考察了其在人口学特征上的差异，结果表明：户内/外工作在户籍②上没有显著差异，但在性别、出生年代、受教育程度、婚姻状况③和经济地区上均有显著差异（见表3-3）。

就性别而言，女性劳动者中，户外工作的占比为6.54%，男性劳动者中，户外工作的占比为19.02%，男性户外工作者的占比相对更高。就

① 传化慈善基金会公益研究院“中国卡车司机调查”课题组：《“疫情下的卡车司机”调查报告》，https://www.jikan.com.cn/admin/profile/upload/2020/03/10/yqxd-kcsjdcbg.pdf，最后访问日期：2024年1月8日。

② 对户籍的划分，我们根据被访者出生时和现在的户籍状态，将其分为4类，分别是农村、农村转城镇、城镇转农村和城镇。

③ 对婚姻状况的划分，我们将其分为4类，分别是未婚、已婚、离婚、丧偶。其中，未婚包括同居状态；已婚包括初婚、离婚再婚和丧偶再婚状态。

出生年代而言，年轻一代劳动者中，户外工作者的占比相对更低。其中，00后劳动者中的户外工作者占比最低，仅为6.75%。就受教育程度而言，不同受教育程度的劳动者中，户外工作者的占比近似呈现“倒U型”趋势。其中，初中学历的劳动者中户外工作者的占比相对最高，达到21.85%。就婚姻状况而言，未婚劳动者中户外工作者的占比相对最低，为10.90%，而离婚和丧偶的劳动者中户外工作者的占比相对较高，分别为18.90%和20.00%。就经济地区而言，相对于其他地区的劳动者，东北地区户外工作者的占比最高，为19.65%，而东部地区户外工作者的占比最低，为9.76%。

表3-3　户内/外工作者在人口学特征上的差异性分析

单位：%

		户内及户内为主		户外及户外为主		差异显著性
		频数	占比	频数	占比	
性别	女	2802	93.46	196	6.54	*Pearson* $\chi^2=206.82$, $p=0.000$
	男	2325	80.98	546	19.02	
出生年代	00后	152	93.52	11	6.75	*Pearson* $\chi^2=44.60$, $p=0.000$
	90后	1994	89.34	238	10.66	
	80后	1897	87.42	273	12.58	
	70后	825	84.53	151	15.47	
	60后	243	79.93	61	20.07	
	40/50后	16	66.67	8	33.33	
受教育程度	文盲	13	81.25	3	18.75	*Pearson* $\chi^2=109.46$, $p=0.000$
	小学	146	82.95	30	17.05	
	初中	583	78.15	163	21.85	
	高中等	1237	85.61	208	14.39	
	大专	1380	88.01	188	11.99	
	本科	1641	91.78	147	8.22	
	硕士	116	97.48	3	2.52	
	博士	9	100.00	0	0.00	
婚姻状况	未婚	1316	89.10	161	10.90	*Pearson* $\chi^2=10.06$, $p=0.018$
	已婚	3692	86.99	552	13.01	

续表

		户内及户内为主		户外及户外为主		差异显著性
		频数	占比	频数	占比	
婚姻状况	离婚	103	81.10	24	18.90	Pearson $\chi^2=10.06$, $p=0.018$
	丧偶	16	80.00	4	20.00	
户籍	农村	2041	87.48	292	12.52	Pearson $\chi^2=2.83$, $p=0.419$
	农村转城镇	909	86.57	141	13.43	
	城镇转农村	22	78.57	6	21.43	
	城镇	2152	87.69	302	12.31	
经济地区	东部地区	2775	90.24	300	9.76	Pearson $\chi^2=56.71$, $p=0.000$
	中部地区	1407	84.61	256	15.39	
	西部地区	573	85.78	95	14.22	
	东北地区	372	80.35	91	19.65	

紧接着，我们考察组织与工作特征和户内/外工作间的关联，发现户内/外工作在行业上也存在显著差异。就劳动者所属的行业来说，采掘业的劳动者中，户外工作者的占比达57.14%，远高于其他行业中户外工作者的占比；建筑业、其他农林牧渔水利业、交通运输业的劳动者中，户外工作者的占比也相对较高，分别占38.51%、29.73%、27.06%；而手工业、以非农产品为原料的制造业、信息产业、对外贸易业、餐饮业、卫生和社会福利事业、广告业、教育业的劳动者中，均以户内工作者为主，户外工作者的占比在10%以下，详见图3-1。

而除了行业，单位性质①、单位规模②以及工作性质③等组织与

① 对单位性质的划分，我们将其分为3类，分别是无单位、非公有单位和公有单位。其中，非公有单位包括个体户、私营企业、股份制企业、上市公司、合资企业、外资/侨商/台商独资企业等；公有单位包括国有事业单位、党政群团机构、国有企业、大集体企业、小集体企业、乡镇集体企业等。

② 对单位规模的划分，我们依据在职员工人数，将其分为5类。其中，微型单位的在职人数不超过10人，小、中、大型单位的在职人数则分别在10~100、101~300、301~1000人的区间内，超大型单位的在职人数为1001人及以上。

③ 对工作性质的划分，我们将其分为5类，分别是老板、正式工、临时工、零工和劳务派遣工。

工作特征也和户内/外工作有着密切关联。因此，为了研究组织与工作特征对于户内/外工作的影响，我们将性别、出生年代、受教育程度、婚姻状况、户籍以及经济地区等人口学变量进行控制，将“户外工作及户外工作为主”编码为1，“户内工作及户内工作为主”编码为0，得到下列多元logit回归模型，详见表3-4。

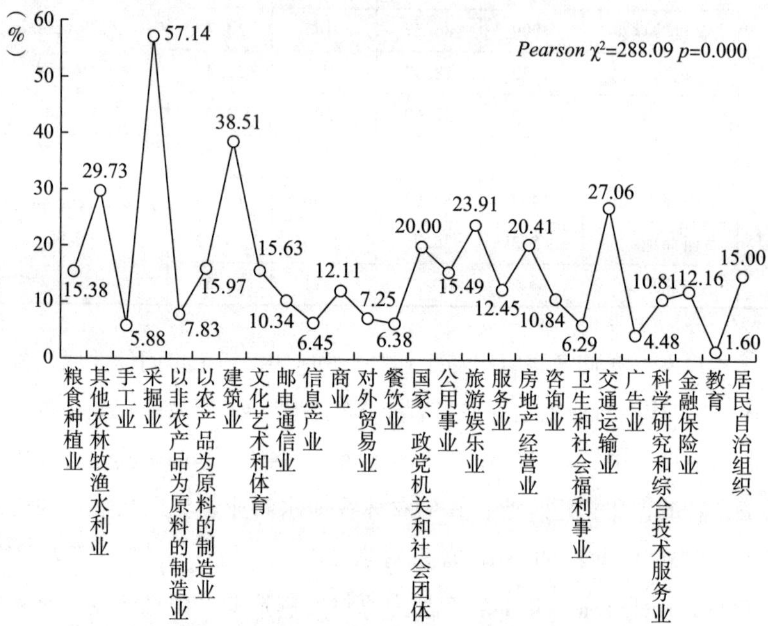

图 3-1　不同行业中户外工作者的占比

表 3-4　关于户内/外工作的多元 logit 回归模型

	模型 1 户内/外工作	模型 2 户内/外工作	模型 3 户内/外工作	模型 4 户内/外工作
控制变量	已控制	已控制	已控制	已控制
单位性质（以无单位为参照组）				
非公有单位		-0.071		
		(0.112)		
公有单位		0.512***		
		(0.124)		

续表

	模型 1 户内/外工作	模型 2 户内/外工作	模型 3 户内/外工作	模型 4 户内/外工作
单位规模（以微型单位为参照组）				
小型单位			0.064	
			(0.250)	
中型单位			-0.480⁺	
			(0.274)	
大型单位			0.283	
			(0.258)	
超大型单位			-0.181	
			(0.298)	
工作性质（以正式工为参照组）				
临时工				0.481***
				(0.117)
劳务派遣工				0.856***
				(0.203)
零工				0.452
				(0.288)
老板				-0.197
				(0.121)
截距	-2.103***	-1.986***	-2.430***	-2.469***
	(0.286)	(0.300)	(0.422)	(0.297)
LR chi^2	363.87	399.85	196.74	403.94
Pseudo R^2	0.0819	0.0899	0.0861	0.0909

注：①括号里的数字为标准误；②$^+p<0.1$，$^*p<0.05$，$^{**}p<0.01$，$^{***}p<0.001$；③模型 1 至模型 4 中的控制变量是性别、出生年代、受教育程度、婚姻状况、户籍和经济地区。

表 3-4 中的模型 1 是基准模型，考察了控制变量对户内/外工作的影响，这些控制变量共同解释了户内/外工作 8.19%的差异。模型 2 在模型 1 的基础上，加入了单位性质，考察单位性质对户内/外工作的影响。结果显示，在 0.05 的显著性水平上，保持控制变量不变，非公有单位的劳动者与无单位劳动者在户内/外工作上没有显著差异，公有单位的劳动者与无单位者在户内/外工作上存在显著差异，其中，公有单

位的 OR 值为 exp.（0.512），即 1.67，该结果表明，控制变量保持不变的情况下，公有单位劳动者在户外工作的几率是无单位劳动者在户外工作的几率的 1.67 倍。模型 2 显著解释了户内/外工作 8.99%的差异。模型 3 在模型 1 的基础上，加入了单位规模，考察单位规模对户内/外工作的影响。结果显示，在 0.05 的显著性水平上，保持控制变量不变，不同工作单位规模的劳动者与微型单位的劳动者在户内/外工作上不存在显著差异。模型 4 在模型 1 的基础上，加入工作性质，考察工作性质对户内/外工作的影响。结果显示，在 0.05 的显著性水平上，保持控制变量不变，零工和老板与正式工在户内/外工作上不存在显著差异，但临时工和劳务派遣工与正式工在户内/外工作上存在显著差异，其中，临时工的 OR 值为 exp.（0.481），即 1.62，劳务派遣工的 OR 值为 exp.（0.856），即 2.35，该结果表明，控制变量保持不变的情况下，临时工和劳务派遣工在户外工作的几率分别是正式工的 1.62 和 2.35 倍。模型 4 显著解释了户内/外工作 9.09%的差异。

2. 工作场所类型

户内/外工作是对工作场所进行简略二分法处理，而实际上，工作场所可以有更多的划分，每一种工作场所类型，都体现了某些典型的物质性与社会性特征。在本研究中，我们将工作场所划分为六类，包括露天环境或野外，车间，商场、教室、诊室等半公开场所，办公室，家庭以及其他，我们尝试简要地说明不同工作场所类型的典型特征。在露天环境或者野外工作，个体直接与外界自然环境接触，易受温度、湿度和天气等外在自然环境的影响。在车间工作，劳动力、机器、厂房均作为生产的要素存在，经由生产和管理活动等，人与人、人与物紧密关联在一起。在商场、教室、诊室等半公开场所中工作，个体往往面临着与服务对象的频繁互动，而个体与服务对象进行互动的质量及其对个体情绪的影响，是决定该场所中劳动者工作质量的重要因素。在办公室中工作，个体很大程度上处于类似组织这样有边界的非实体之中，一边从中获得资源和保护，一边又接受其规范与制约。在家庭中工作，个体工作与生活的边界则趋于模糊，其挑战在于如何合理地平衡工作与生活。

本研究通过题器：“您的工作地点是下列哪一个”来获得中国城镇劳动者工作场所类型的具体状况，其分布详见表3-5。结果表明，2019~2020年，我国城镇劳动者中，有41.49%的劳动者在办公室中办公，有27.72%的劳动者在商场、教室、诊室等半公开场所中工作，在车间、露天环境或野外、家庭中工作的劳动者分别占总体的16.66%、12.00%和2.13%。可以看到，相较于前两年的调查结果，工作场所类型是商场、教室、诊室等半公开场所的占比明显下降，而工作场所类型是车间和办公室的比重略有上升。之所以有这种变化，很大程度上可能是相关行业受到新冠疫情的影响，从而引起劳动者工作场所分布的变化。具体说来，一方面是因为防控政策下消费性行为有所减少；另一方面则是由于部分劳动者失业或者主动转业，两方面因素共同作用于市场、组织和劳动者，其表现在工作场所分布上则为，商场、教室、诊室等半公开场所中从业人员减少，而车间、办公室等场所中的从业人员增多。

表3-5　2017~2020年城镇劳动者工作场所类型的频数分布

单位：%

年份	工作场所类型	频数	占比	累计百分比
2019~2020年	露天环境或野外	704	12.00	12.00
	车间	978	16.66	28.66
	商场、教室、诊室等半公开场所	1627	27.72	56.38
	办公室	2435	41.49	97.87
	家庭	125	2.13	100.00
	其他	0	0.00	100.00
2018年	露天环境或野外	966	11.79	11.79
	车间	966	11.79	23.59
	商场、教室、诊室等半公开场所	3075	37.55	61.14
	办公室	2959	36.13	97.26
	家庭	209	2.55	99.82
	其他	15	0.18	100.00

续表

年份	工作场所类型	频数	占比	累计百分比
2017 年	露天环境或野外	762	11.27	11.27
	车间	653	9.66	20.93
	商场、教室、诊室等半公开场所	3018	44.64	65.58
	办公室	1965	29.07	94.64
	家庭	343	5.07	99.72
	其他	19	0.28	100.00

进一步挖掘各种工作场所类型中劳动者的群体特征，我们发现：从性别来看，在露天环境或野外以及车间中工作的劳动者以男性为主，而在家庭和商场、教室、诊室等半公开场所中工作的劳动者以女性为主，在办公室中工作的劳动者男女比例则相对均衡；从出生年代来看，在办公室和商场、教室、诊室等半公开场所（以下简称为“半公开场所”）工作的劳动者，相较于其他工作场所的劳动者，要相对年轻一些；从受教育程度来看，在办公室中工作的劳动者的受教育程度明显高于其他场所中的劳动者，而在家庭中工作的劳动者的受教育程度则明显低于其他场所中的劳动者（见图 3-2）。

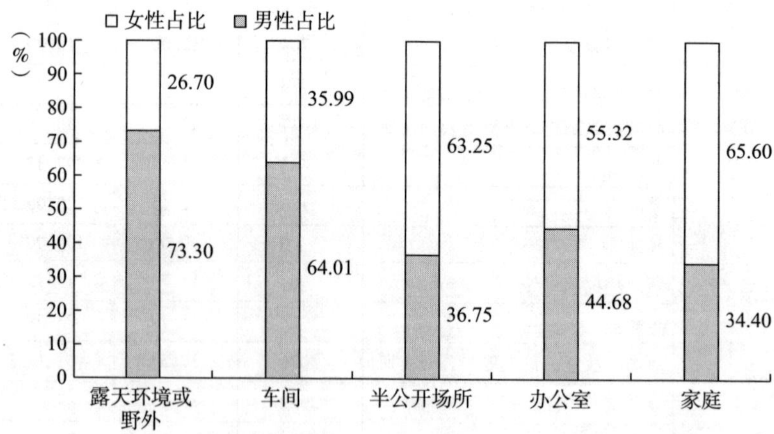

（a）男女城镇劳动者在工作场所类型上的差异

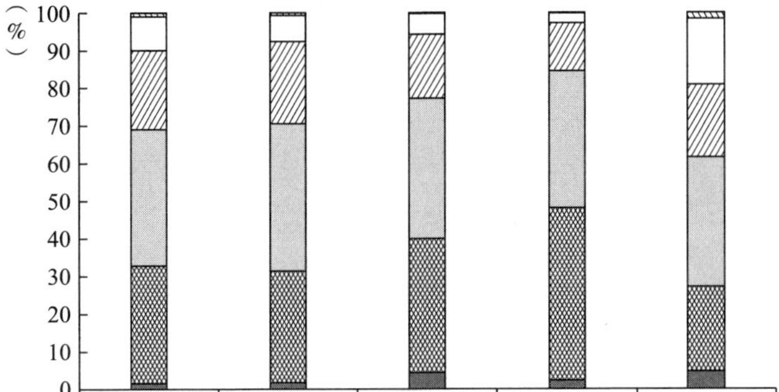

	露天环境或野外	车间	半公开场所	办公室	家庭
40/50后占比	0.99	0.72	0.25	0.16	1.60
60后占比	8.95	6.85	5.47	2.59	17.60
70后占比	21.02	21.88	17.09	12.81	19.20
80后占比	36.22	39.16	37.25	36.26	34.40
90后占比	31.25	29.65	35.46	45.87	22.40
00后占比	1.56	1.74	4.49	2.30	4.80

（b）不同出生年代的城镇劳动者在工作场所类型上的差异

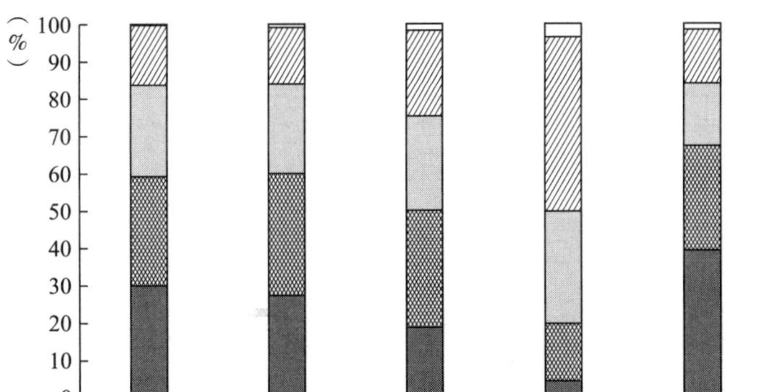

	露天环境或野外	车间	半公开场所	办公室	家庭
初中及以下占比	29.97	27.30	18.75	4.36	39.20
高中占比	29.26	32.72	31.35	15.37	28.00
大专占比	24.43	23.93	25.20	30.05	16.80
本科占比	16.05	15.13	22.99	46.65	14.40
研究生占比	0.28	0.92	1.72	3.58	1.60

（c）不同受教育程度的城镇劳动者在工作场所类型上的差异

图 3-2　不同人口学特征的城镇劳动者在工作场所类型上的差异

除了个体的人口学特征，本研究也考察了工作场所类型在行业上的差异分布。就单位所属的行业来说，城镇劳动者工作场所类型的分布在不同的行业中存在显著差异，其分析结果显示：在采掘业和建筑业中，露天环境或野外工作的劳动者相对较多，分别占各自行业劳动者的 53.57%和 37.89%；而在手工业、以农产品为原料的制造业以及以非农产品为原料的制造业中，车间工作的劳动者相对较多，分别占各自行业劳动者的 70.59%、51.26%和 45.89%；餐饮业和教育业中，劳动者主要在半公开场所内工作，其占比达到各自行业劳动者的 65.43%和 68.62%；但相当多行业的劳动者的主要办公地点是办公室，文化艺术和体育、信息产业、咨询业、广告业、金融保险业、居民自治组织以及国家、政党机关和社会团体中，办公室工作的劳动者在各自行业中的占比达到 75%及以上；而各个行业的居家工作者占比都很小（占比小于 5%），没有呈现明显的集中趋势（见表 3-6）。

表 3-6　工作场所类型在行业上的差异性分析

单位：人，%

		露天环境或野外	车间	半公开场所	办公室	家庭
行业	粮食种植业	2 (15.38)	3 (23.08)	3 (23.08)	5 (38.46)	0 (0.00)
	其他农林牧渔水利业	9 (24.32)	9 (24.32)	3 (8.11)	16 (43.24)	0 (0.00)
	手工业	5 (5.88)	60 (70.59)	10 (11.76)	10 (11.76)	0 (0.00)
	采掘业	15 (53.57)	4 (14.29)	0 (0.00)	8 (28.57)	1 (3.57)
	以非农产品为原料的制造业	66 (6.46)	469 (45.89)	49 (4.79)	438 (42.86)	0 (0.00)
	以农产品为原料的制造业	17 (14.29)	61 (51.26)	4 (3.36)	37 (31.09)	0 (0.00)

续表

		露天环境或野外	车间	半公开场所	办公室	家庭
行业	建筑业	61 (37.89)	16 (9.94)	4 (2.48)	79 (49.07)	1 (0.62)
	文化艺术和体育	8 (12.50)	0 (0.00)	7 (10.94)	48 (75.00)	1 (1.56)
	邮电通信业	5 (8.62)	12 (20.69)	8 (13.79)	33 (56.90)	0 (0.00)
	信息产业	13 (5.99)	18 (8.29)	20 (9.22)	163 (75.12)	3 (1.38)
	商业	94 (10.94)	113 (13.15)	297 (34.58)	352 (40.98)	3 (0.35)
	对外贸易业	4 (5.80)	19 (27.54)	4 (5.80)	42 (60.87)	0 (0.00)
	餐饮业	13 (6.91)	15 (7.98)	123 (65.43)	35 (18.62)	2 (1.06)
	国家、政党机关和社会团体	21 (15.56)	1 (0.74)	4 (2.96)	109 (80.74)	0 (0.00)
	公用事业	13 (18.31)	10 (14.08)	6 (8.45)	42 (59.15)	0 (0.00)
	旅游娱乐业	10 (21.74)	1 (2.17)	7 (15.22)	27 (58.70)	1 (2.17)
	服务业	64 (13.28)	34 (7.05)	202 (41.91)	175 (36.31)	7 (1.45)
	房地产经营业	9 (9.18)	2 (2.04)	20 (20.41)	67 (68.37)	0 (0.00)
	咨询业	8 (9.64)	3 (3.61)	5 (6.02)	67 (80.72)	0 (0.00)
	卫生和社会福利事业	10 (6.29)	33 (20.75)	60 (37.74)	55 (34.59)	1 (0.63)
	交通运输业	46 (27.06)	14 (8.24)	3 (1.76)	106 (62.35)	1 (0.59)
	广告业	3 (4.48)	1 (1.49)	2 (2.99)	61 (91.04)	0 (0.00)
	科学研究和综合技术服务业	11 (7.43)	50 (33.78)	9 (6.08)	78 (52.70)	0 (0.00)

续表

		露天环境或野外	车间	半公开场所	办公室	家庭
行业	金融保险业	20 (9.01)	1 (0.45)	20 (9.01)	175 (78.83)	6 (2.70)
	教育	3 (1.60)	0 (0.00)	129 (68.62)	55 (29.26)	1 (0.53)
	居民自治组织	2 (10.00)	0 (0.00)	1 (5.00)	16 (80.00)	1 (5.00)
差异显著性		*Pearson* $\chi^2=2300.00$，$p=0.000$				

与此同时，单位性质、单位规模以及工作性质等组织与工作特征也和工作场所类型有着密切关联，具体结果见表 3-7。

表 3-7　工作场所类型在组织与工作特征上的差异性分析

单位：人，%

		露天环境或野外	车间	半公开场所	办公室	家庭
单位性质	无单位	172 (16.23)	29 (2.74)	627 (59.15)	136 (12.83)	96 (9.06)
	非公有单位	324 (9.24)	743 (21.28)	819 (23.35)	1597 (45.52)	25 (0.71)
	公有单位	208 (15.99)	206 (15.83)	181 (13.91)	702 (53.96)	4 (0.31)
差异显著性		*Pearson* $\chi^2=1300.00$，$p=0.000$				
单位规模	微型	22 (12.94)	9 (5.29)	99 (58.24)	36 (21.18)	4 (2.35)
	小型	143 (13.59)	136 (12.93)	301 (28.61)	464 (44.11)	8 (0.76)
	中型	56 (8.47)	159 (24.05)	117 (17.70)	328 (49.62)	1 (0.15)
	大型	108 (15.15)	115 (16.13)	205 (28.75)	277 (38.85)	8 (1.12)
	超大型	34 (8.85)	117 (30.47)	74 (19.27)	159 (41.41)	0 (0.00)
差异显著性		*Pearson* $\chi^2=233.15$，$p=0.000$				

续表

		露天环境或野外	车间	半公开场所	办公室	家庭
工作性质	正式工	365 (9.32)	794 (20.28)	702 (17.93)	2043 (52.18)	11 (0.28)
	临时工	147 (19.32)	121 (15.90)	299 (39.29)	169 (22.21)	25 (3.29)
	劳务派遣工	37 (20.90)	30 (16.95)	35 (19.77)	73 (41.24)	2 (1.13)
	零工	33 (41.77)	12 (15.19)	21 (26.58)	3 (3.80)	10 (12.66)
	老板	122 (13.02)	21 (2.24)	579 (60.83)	147 (15.69)	77 (8.22)
差异显著性		*Pearson* $\chi^2=1400.00$，$p=0.000$				

就单位性质来说，不同单位性质的劳动者的工作场所类型存在显著差异。无单位的劳动者主要在商场、教室、诊室等半公开场所工作，占比高达 59.15%；无单位劳动者中居家工作者的占比为 9.06%，明显高于公有与非公有单位劳动者中居家工作者的占比。非公有单位的劳动者主要在办公室内工作，占比为 45.52%，非公有单位劳动者在车间和半公开场所中工作的劳动者也相对较多，分别占非公有单位劳动者的 21.28%和 23.35%，但在露天环境或野外工作的劳动者相对较少。公有单位的劳动者也主要在办公室办公，且公有单位中办公室工作者的占比相较于非公有单位略高，占比达 53.96%；同时，公有单位劳动者在露天环境或野外工作的占比相对较高，为 15.99%；车间和半公开场所工作者的占比分别为 15.83%和 13.91%。

就单位规模来说，城镇劳动者工作场所类型在单位规模上也存在显著差异。其中，微型单位的劳动者主要在半公开场所工作，微型单位中半公开场所工作者的占比达 58.24%；而其他规模的单位中，劳动者主要工作场所均是办公室，其中，中型单位劳动者里办公室工作者的占比相对最高，达 49.62%。与此同时，在微型、小型和大型单位的劳动者中，露天环境或野外工作者的占比相对较大，分别为12.94%、13.59%和15.15%；在超大型和中型单位的劳动者中，车间工作者的占比相对较大，分别为30.47%和24.05%，微型单位劳动者中车间工作者的占比最低，仅为5.29%；中型和超大型单位劳动者中半公开场所工作者的占比明显低于其他单位规模的劳动者；无论单位规模如何，有单位的劳动者中居家工作者的占比都很小。

就工作性质而言，不同身份的劳动者，其工作场所类型有着较大差异。具体来说，正式工在办公室工作的占比相对较高，达到52.18%；而正式工在露天环境或野外、家庭中工作的情况相对较少，占比仅为9.32%和0.28%。劳务派遣工中办公室工作者的占比同样相对较高，达到41.24%；而临时工中半公开场所工作者的占比相对较高，达到39.29%，劳务派遣工和临时工中居家工作的情况都很少，占各自群体的1.13%和3.29%；零工在露天环境或野外工作的情况相对最多，在办公室工作的情况相对较少，零工中露天环境或野外工作者和办公室工作者的占比分别为41.77%和3.80%；老板多集中在半公开场所工作，在车间工作的情况相对较少，老板中半公开场所工作者和车间工作者的占比分别为60.83%和2.24%。

3. 工作场所流动性

除了讨论工作场所在空间上的特征，我们也关注工作场所的流动性。伴随社会分工与合作，小部分劳动者的工作职责在于推动、协助或促进自然与社会资源的流通以及人与人、人与组织、组织与组织间的联结，因而，通常在流动地点中工作。显而易见，在固定地点与流动地点工作有较大差异，即当工作场所不断转换时，劳动者需要快速地适应新的物理工作环境和互动工作环境。流动地点工作的劳动者在何种条件下以什么方式忍受或适应工作场所的变动，是流动地点工作的劳动者面临的关键问题，它在一定程度上影响着劳动者所感受到的工作状态与工作氛围。

本研究通过题器："您的工作地点是下列哪一个"来获得我国城

镇劳动者工作场所流动性的具体状况，其频数分布详见表 3-8。结果表明：我国大多数城镇劳动者的工作场所都是固定地点，2019~2020 年城镇劳动者中固定地点工作者的占比达 81.89%；相较于前两年的调查结果，固定地点工作者的占比略有下降。之所以有这种变化，有可能是受新冠疫情的影响。一方面，经济市场疲软，部分组织采取保守发展策略、紧缩人员，此时劳动力市场供远过于求，部分劳动者只能降低自己的工作期望，选择相对不那么稳定和轻松的流动地点工作。另一方面，这个时期要求社会资源或服务能够有序流动，整个社会需要一些流动地点工作的劳动者。

表 3-8　2017~2020 年城镇劳动者工作场所流动性的频数分布

单位：%

		频数	占比	累计百分比
2017 年	固定地点	5788	84.16	84.16
	流动地点	1089	15.84	100.00
2018 年	固定地点	6897	84.21	84.21
	流动地点	1293	15.79	100.00
2019~2020 年	固定地点	4799	81.89	81.89
	流动地点	1061	18.11	100.00

紧接着，我们尝试梳理出固定与流动地点工作者的群像特征，了解哪些人群更可能在固定/流动地点中工作，考察其在人口学特征上的差异，结果表明：工作场所流动性在性别、出生年代、受教育程度、婚姻状况、户籍和经济地区上均有显著差异（见表 3-9）。

表 3-9　工作场所流动性在人口学特征上的差异性分析

单位：%

		固定地点		流动地点		差异显著性
		频数	占比	频数	占比	
性别	女	2631	87.88	363	12.12	*Pearson* $\chi^2 = 147.72$, $p = 0.000$
	男	2168	75.65	698	24.35	

续表

		固定地点		流动地点		差异显著性
		频数	占比	频数	占比	
出生年代	00后	140	85.89	23	14.11	*Pearson* $\chi^2=35.35$, $p=0.000$
	90后	1888	84.70	341	15.30	
	80后	1758	81.09	410	18.91	
	70后	772	79.26	202	20.74	
	60后	226	74.83	76	25.17	
	40/50后	15	62.50	9	37.50	
受教育程度	文盲	12	75.00	4	25.00	*Pearson* $\chi^2=109.94$, $p=0.000$
	小学	127	72.16	49	27.84	
	初中	540	72.48	205	27.52	
	高中等	1145	79.29	299	20.71	
	大专	1307	83.46	259	16.54	
	本科	1544	86.50	241	13.50	
	硕士	113	96.58	4	3.42	
	博士	9	100.00	0	0.00	
婚姻状况	未婚	1257	85.28	217	14.72	*Pearson* $\chi^2=17.16$, $p=0.001$
	已婚	3429	80.89	810	19.11	
	离婚	96	76.19	30	23.81	
	丧偶	17	85.00	3	15.00	
户籍	农村	1852	79.45	479	20.55	*Pearson* $\chi^2=20.24$, $p=0.000$
	农村转城镇	855	81.51	194	18.49	
	城镇转农村	23	82.14	5	17.86	
	城镇	2068	84.44	381	15.56	
经济地区	东部地区	2576	83.96	492	16.04	*Pearson* $\chi^2=21.23$, $p=0.000$
	中部地区	1334	80.26	328	19.74	
	西部地区	517	77.51	150	22.49	
	东北地区	372	80.35	91	19.65	

就性别而言，女性和男性劳动者中流动地点工作者的占比分别为12.12%和24.35%，男性劳动者中流动地点工作者的占比相对更

高。就出生年代而言，年长一代劳动者中，流动地点工作者的占比相对更高。其中 00 后劳动者中流动地点工作者的占比相对最低，仅为 14.11%。就受教育程度而言，受教育程度与流动地点工作者的占比近似呈现为“倒 U 型”趋势。其中，小学学历的劳动者中流动地点工作者的占比相对最高，达到 27.84%。就婚姻状况而言，离婚劳动者中流动地点工作者的占比相对最高，而未婚劳动者中流动地点工作者的占比相对最低，分别为 23.81%和 14.72%。就户籍而言，农村户籍的劳动者中流动地点工作者的占比相对最高，而城镇户籍的劳动者中流动地点工作者的占比相对最低，分别为 20.55%和 15.56%。就经济地区而言，西部地区的劳动者中流动地点工作者的占比相对最高，而东部地区的劳动者中流动地点工作者的占比相对最低，分别为 22.49%和 16.04%。

我们进一步考察组织与工作特征和工作场所流动性的关联，首先，工作场所流动性在行业上有着显著差异。具体来说，粮食种植业和建筑业的劳动者中，流动地点工作者的占比分别为 53.85%和 48.45%，明显高于其他行业流动地点工作者的占比；其他农林牧渔水利业、采掘业、房地产经营业、金融保险业的劳动者中，流动地点工作者的占比也相对较高，分别为 29.73%、28.57%、31.63%、38.29%；而卫生和社会福利事业、广告业和教育业的劳动者则主要在固定地点工作，这些行业中流动地点工作者的占比相对较小（小于 10%），具体趋势见图 3-3。

在行业以外，单位性质、单位规模以及工作性质等组织与工作特征也和工作场所流动性有着密切关联。因此，为了发现组织与工作特征对于工作流动性的影响，我们将性别、出生年代、受教育程度、婚姻状况、户籍以及经济地区等人口学变量进行控制，将“流动地点工作”编码为 1，“固定地点工作”编码为 0，得到下列多元 logit 回归模型，详见表 3-10。

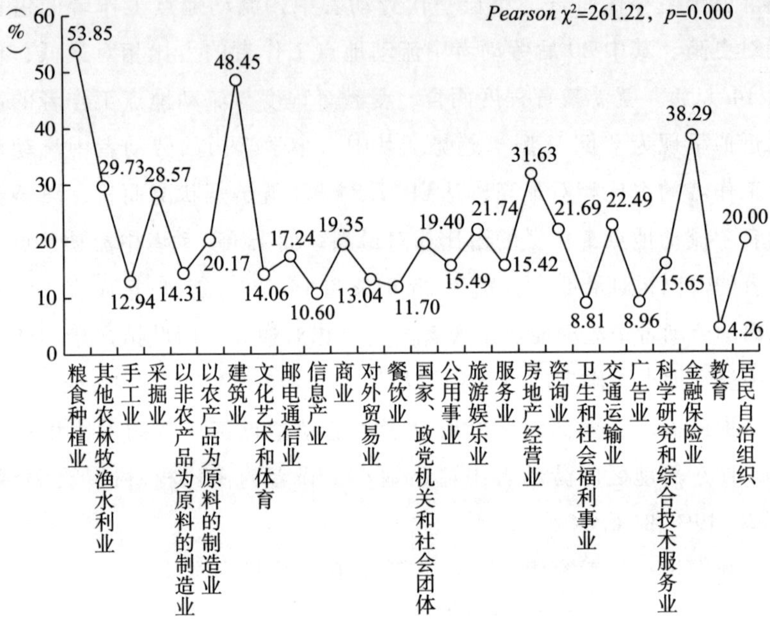

图 3-3　不同行业中流动地点工作者的占比

表 3-10　关于工作场所流动性的多元 logit 回归模型

变量	模型 1 工作场所 流动性	模型 2 工作场所 流动性	模型 3 工作场所 流动性	模型 4 工作场所 流动性
控制变量	已控制	已控制	已控制	已控制
单位性质（以无单位为参照组）				
非公有单位		0.076		
		(0.099)		
公有单位		0.525 ***		
		(0.111)		
单位规模（以微型单位为参照组）				
小型单位			0.065	
			(0.227)	
中型单位			-0.190	
			(0.242)	

续表

变量	模型 1 工作场所 流动性	模型 2 工作场所 流动性	模型 3 工作场所 流动性	模型 4 工作场所 流动性
大型单位			0.862***	
			(0.230)	
超大型单位			0.388	
			(0.255)	
工作性质（以正式工为参照组）				
临时工				0.459***
				(0.102)
劳务派遣工				0.544**
				(0.186)
零工				1.929***
				(0.252)
老板				-0.375***
				(0.111)
截距	-1.290***	-1.303***	-1.217***	-1.670***
	(0.245)	(0.258)	(0.362)	(0.255)
LR chi2	278.64	311.45	176.53	387.76
Pseudo R^2	0.0504	0.0563	0.0603	0.0701

注：①括号里的数字为标准误；②$^{+}p<0.1$，$^{*}p<0.05$，$^{**}p<0.01$，$^{***}p<0.001$；③模型 1 至模型 4 中的控制变量是性别、出生年代、受教育程度、婚姻状况、户籍和经济地区。

表 3-10 中的模型 1 是基准模型，考察了若干控制变量对工作场所流动性的影响，这些控制变量共同解释了工作场所流动性 5.04% 的差异。模型 2 在模型 1 的基础上，加入了单位性质，考察单位性质对工作场所流动性的影响。结果显示，在 0.05 的显著性水平上，保持控制变量不变，非公有单位的劳动者与无单位的劳动者在工作场所流动性上没有显著差异，但公有单位的劳动者与无单位的劳动者在工作场所流动性上有显著差异，其中，公有单位的 OR 值为 exp.（0.525），即 1.69。该结果表明，控制变量保持不变的情况下，

公有单位劳动者在流动地点工作的几率是无单位劳动者在流动地点工作的几率的 1.69 倍。模型 2 显著解释了工作场所流动性 5.63%的差异。模型 3 在模型 1 的基础上，加入了单位规模，考察单位规模对工作场所流动性的影响。结果显示，在 0.05 的显著性水平上，保持控制变量不变，大型单位的劳动者与微型单位的劳动者在工作场所流动性上有显著差异，而其他单位规模的劳动者与微型单位的劳动者在工作场所流动性上没有显著差异，其中，大型单位的 OR 值为 exp.（0.862），即 2.37。该结果表明，控制变量保持不变的情况下，大型单位劳动者在流动地点工作的几率是微型单位劳动者在流动地点工作的几率的 2.37 倍。模型 3 显著解释了工作场所流动性 6.03%的差异。模型 4 在模型 1 的基础上，加入工作性质，考察工作性质对工作场所流动性的影响。结果显示，在 0.05 的显著性水平上，保持控制变量不变，临时工、劳务派遣工、零工以及老板都与正式工在工作场所流动性上存在显著差异，其中，临时工、劳务派遣工、零工以及老板的 OR 值分别为 exp.（0.459）、exp.（0.544）、exp.（1.929）和 exp.（-0.375），即 1.58、1.72、6.88 和 0.69。该结果表明，控制变量保持不变的情况下，临时工在流动地点工作的几率是正式工在流动地点工作的几率的 1.58 倍，劳务派遣工在流动地点工作的几率是正式工在流动地点工作的几率的 1.72 倍，零工则是其 6.88 倍，而老板仅为其 0.69 倍。模型 4 显著解释了工作场所流动性 7.01%的差异。

（二）物理工作环境风险

工作场所中的有害风险是职业影响健康的重要介导机制之一。[①]而职业健康不仅关系到劳动力个人和家庭的福祉，也与整个社会的可持续发展密切联系。过去，我们发展产业仅仅关注直接的经济效

① 梁童心、齐亚强、叶华：《职业是如何影响健康的？——基于 2012 年中国劳动力动态调查的实证研究》，《社会学研究》2019 年第 4 期，第 193~217 页。

益，而忽视了工作场所中的有害风险和职业卫生问题，以至于某些职业病频发，给一些劳动者个人和家庭造成了不可逆转的负面影响。近年来，职业健康问题如何改善得到社会广泛关注，并在国家层面上得到部署，情况有所改观。职业健康成为党的十九大所提出的“健康中国战略”，以及随后的《健康中国行动（2019—2030年）》的有机组成部分。[①] 与此同时，相关研究发现：不同阶层所处的工作环境的污染程度不同，低收入人群更容易暴露在有毒有害的工作环境中。[②] 也就是说，作为社会分层的指标之一，人们的职业一定程度上影响和促成了其在健康上的差异。因此，为了今后能提出有针对性的行动措施以保障劳动者的健康和安全，本次调查在考察工作场所的具体状况时，专门从物理工作环境风险源、风险防护和劳动者自评工作环境对健康的影响这三个角度来考察中国城镇劳动者的物理工作环境风险及其影响。并且，从这些信息中，我们可以看到劳动者在工作中得到的保护与支持，并进一步了解工作场所中组织与社会关系运作的状况。

1. 物理工作环境风险源

物理工作环境中的风险是影响劳动者身心健康与安全的重要因素，为了保障劳动者的健康与安全，首要的任务是识别物理工作环境中的风险源与风险程度，然后对物理工作环境的治理才可能做到有的放矢。我们可以大致将物理工作环境中的风险划分为五类，即各种粉尘、放射性物质、有毒化学品、物理危害以及有害生物，不同的风险源对劳动者健康与安全的影响、所需要的防护措施等有较大的差异。

其中，粉尘指的是由固体物料经机械撞击、研磨、碾轧而分散形成的颗粒物，在矿石采掘、铲运、破碎和粉料筛选等生产工艺中

---

① 健康中国行动推进委员会：《健康中国行动（2019—2030年）：总体要求、重大行动及主要指标》，《中国循环杂志》2019年第9期，第846~858页。

② 孙中伟、张莉、张晓莹：《工作环境污染、超时加班与外来工的精神健康——基于“二次打击”的理论视角》，《人口与发展》2018年第5期，第14~23页。

产生，其粒径大部分为 0.25~20μm，其中绝大部分为 0.5~5μm。[①]粉尘主要影响的是肺部功能，可能导致尘肺、硅肺等疾病，因此，减少和控制工作场所中的粉尘浓度至关重要。放射性物质指的是原子核能自发地放出射线而衰变成另一种原子核的物质，[②]主要会引起基因突变和染色体畸变，能够损伤遗传物质。可见，放射性物质对人体有着严重危害，会提高劳动者罹患癌症的概率甚至影响子代的健康，劳动者需要尽可能减少与放射性物质的接触时间并严格按照防护规范操作。有毒化学品一般指的是会对人体产生毒害作用的化学物质，[③]这种毒害作用通过表皮、呼吸道和食道三种接触方式进入人体内部并对人体造成损害，从而影响生物系统的功能。按照接触持续时间与毒性特征，可以分为短期的急性毒性和长期的慢性毒性，劳动者需要准确识别工作场所中的有毒化学品，并减少与其直接接触的机会和时间。物理危害是工作场所中可能使人致伤致残的任何非正常的物理材料或工具，如玻璃、金属等。有害生物则包括各种病菌、病毒等，可能感染人体，引起病害乃至死亡，这两者都需要劳动者在工作的时候格外细致与小心，在必要的防护之下严格按照安全规范或工作流程进行工作。

本研究通过题器“您工作环境中是否含有下列物质”，从各种粉尘、放射性物质、有毒化学品、物理危害到有害生物，进行逐一询问来获得城镇劳动者面临的物理工作环境风险源的具体情况，经分析可得：2019~2020 年，在城镇劳动者的工作场所中，各种物理风险源都相对较少，但也不容忽视，具体分布上还有比较明显的差异。其中，劳动者的物理工作环境中存有各种粉尘或物理危害的情况分

---

① 《中国冶金百科全书》总编辑委员会《安全环保》卷编辑委员会、冶金工业出版社《中国冶金百科全书》编辑部编：《中国冶金百科全书：安全环保》，冶金工业出版社，2000，第 106 页。

② 石晓亮、钱公望：《放射性污染的危害及防护措施》，《工业安全与环保》2004 年第 1 期，第 6~9 页。

③ 王大全主编：《精细化工辞典》，化学工业出版社，1998，第 849 页。

别占总体的13.36%和12.46%，明显多于其他的风险源；存有有毒化学品、放射性物质或有害生物的情况则各占总体的4.69%、3.92%和2.42%（见图3-4）。相较于前两年的调查结果，工作场所中的粉尘风险略有下降，而其他风险源都呈现增长趋势。我们认为，这种变化是整个社会的经济与技术朝着现代化发展的结果，社会中作为原料、工具与产品的物与人之间的关联越发紧密。以生产工具为例，社会在生产方面的需求推动了科学技术的进步以及生产工具的改善，该结果一定程度上减少了生产性粉尘的出现，但也可能加深我们对生产工具的依赖并带来新的物理危害。当我们的生产逐渐从原始的、天然的材料获取与粗加工走向人工材料的合成与精加工乃至规模化生产时，更多的放射性物质、有毒化学品、物理危害、有害生物等方面的物理工作风险也随之产生，这对保障劳动者的安全与健康提出了更高的要求。

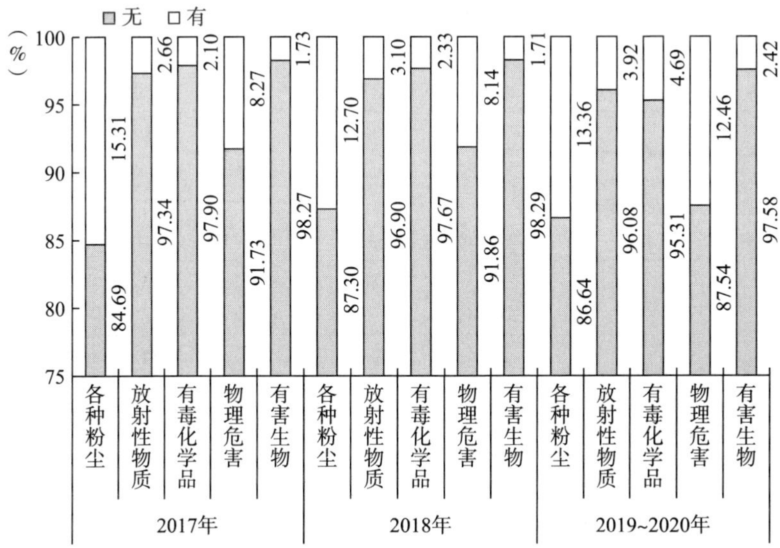

图3-4 2017~2020年城镇劳动者工作环境中有无风险源的占比

从总体上来说，粉尘和物理危害这两种风险源的影响范围更广，但在不同的行业中，劳动者面对的主要风险源可能存在差异。为了进一步探索风险源在劳动者工作场所中的分布，我们做了风险源在行业上的差异性分析（见表 3-11）。其结果表明：采掘业、建筑业和手工业中，物理工作环境存有各种粉尘的劳动者占比相对较高，分别为 55. 56%、42. 24% 和 41. 18%；文化艺术和体育、粮食种植业、卫生和社会福利事业中，物理工作环境存有放射性物质的劳动者的占比相对较高，分别为 23. 44%、15. 38% 和 14. 56%；采掘业、建筑业和粮食种植业中，物理工作环境存有有毒化学物的劳动者的占比较高，分别为 28. 57%、15. 82% 和 15. 38%；采掘业、建筑业和其他农林牧渔水利业中，物理工作环境存有物理危害的劳动者的占比相对较高，分别为 60. 71%、31. 87% 和 29. 73%；卫生和社会福利事业、粮食种植业和公用事业中，物理工作环境存有有毒生物的劳动者的占比相对较高，分别为 19. 50%、15. 38% 和 8. 82%。

表 3-11　物理工作环境中风险源在行业上的差异性分析

单位：人，%

		各种粉尘	放射性物质	有毒化学物	物理危害	有毒生物
行业	粮食种植业	2 （15. 38）	2 （15. 38）	2 （15. 38）	3 （23. 08）	2 （15. 38）
	其他农林牧渔水利业	10 （27. 03）	2 （5. 41）	3 （8. 11）	11 （29. 73）	1 （2. 70）
	手工业	35 （41. 18）	4 （4. 71）	5 （5. 88）	13 （15. 29）	3 （3. 53）
	采掘业	15 （55. 56）	1 （3. 57）	8 （28. 57）	17 （60. 71）	1 （3. 57）
	以非农产品为原料的制造业	215 （21. 41）	45 （4. 61）	96 （9. 57）	206 （20. 64）	19 （1. 91）
	以农产品为原料的制造业	20 （16. 81）	7 （5. 93）	12 （10. 17）	25 （21. 37）	4 （3. 36）
	建筑业	68 （42. 24）	11 （7. 14）	25 （15. 82）	51 （31. 87）	11 （6. 92）
	文化艺术和体育	1 （1. 56）	15 （23. 44）	1 （1. 56）	7 （10. 94）	0 （0. 00）

续表

		各种粉尘	放射性物质	有毒化学物	物理危害	有毒生物
行业	邮电通信业	4 (6.90)	6 (10.53)	4 (6.90)	10 (17.86)	3 (5.36)
	信息产业	11 (5.16)	8 (3.77)	7 (3.29)	13 (6.07)	1 (0.47)
	商业	88 (10.63)	33 (4.07)	18 (2.18)	82 (9.90)	14 (1.71)
	对外贸易业	6 (8.96)	2 (3.13)	0 (0.00)	7 (10.77)	0 (0.00)
	餐饮业	7 (3.80)	3 (1.60)	2 (1.08)	25 (13.44)	2 (1.08)
	国家、政党机关和社会团体	17 (12.69)	5 (3.82)	9 (6.77)	18 (13.64)	4 (2.99)
	公用事业	11 (15.71)	3 (4.29)	5 (7.35)	12 (17.14)	6 (8.82)
	旅游娱乐业	3 (6.82)	2 (4.65)	1 (2.27)	5 (11.11)	3 (6.98)
	服务业	26 (5.42)	10 (2.11)	13 (2.72)	39 (8.14)	10 (2.10)
	房地产经营业	2 (2.06)	0 (0.00)	0 (0.00)	0 (0.00)	0 (0.00)
	咨询业	2 (2.41)	2 (2.41)	0 (0.00)	5 (6.02)	2 (2.41)
	卫生和社会福利事业	19 (12.03)	23 (14.56)	8 (5.16)	17 (10.97)	31 (19.50)
	交通运输业	35 (21.08)	20 (12.12)	12 (7.36)	46 (28.05)	5 (3.05)
	广告业	3 (4.62)	1 (1.54)	1 (1.54)	2 (3.03)	0 (0.00)
	科学研究和综合技术服务业	41 (28.08)	5 (3.52)	10 (6.94)	25 (17.48)	3 (2.07)
	金融保险业	3 (1.40)	0 (0.00)	0 (0.00)	3 (1.40)	1 (0.47)

续表

		各种粉尘	放射性物质	有毒化学物	物理危害	有毒生物
行业	教育	23 (12.37)	3 (1.60)	1 (0.55)	2 (1.08)	0 (0.00)
	居民自治组织	0 (0.00)	1 (5.00)	1 (5.00)	2 (10.53)	0 (0.00)
差异显著性		$\chi^2=416.29$ $p=0.000$	$\chi^2=153.16$ $p=0.000$	$\chi^2=186.49$ $p=0.000$	$\chi^2=298.12$ $p=0.000$	$\chi^2=236.02$ $p=0.000$

注：χ^2 指的是 Pearson χ^2。

与此同时，我们发现在某些行业中，劳动者的工作场所几乎没有风险源的存在，而在另一些行业中，劳动者的工作场所中则积聚了多种风险源。由此可见，不同劳动者在工作环境中的物理风险程度也具有相当大的差异，风险源的多少在一定程度上正好反映了劳动者工作环境中的物理风险程度。

上述假设在统计意义上也获得了支持。根据 Kaiser 的观点：KMO 值大于 0.7，可以做因素分析。本次调查将 5 个有关风险源的虚拟变量放在一起做 KMO 和巴特利特球形检验，得到 KMO 值为 0.705，巴特利特球形检验卡方为 3906.95（$p<0.001$），表明五个有关风险源的虚拟变量能够做因素分析。其验证性因素分析的结果显示：五个虚拟变量通过主成分因子法可以提取出一个共同因子，初始特征值为 2.14，能解释的方差比例为 42.89%，使用方差最大法对其进行正交旋转，得到各个变量具体的因子载荷（见表 3-12）。结果表明，5 个虚拟变量间确实存在信息上的共指，具有良好的结构效度。

表 3-12　物理工作环境风险量表的验证性因素分析

条目	成分
	物理工作环境风险
a. 您工作环境中是否含有各种粉尘？	0.68
b. 您工作环境中是否含有放射性物质？	0.62
c. 您工作环境中是否含有有毒化学品？	0.68

续表

条目	成分
	物理工作环境风险
d. 您工作环境中是否含有物理危害？	0.71
e. 您工作环境中是否含有有害生物？	0.58
特征值	2.14
贡献率（%）	42.89
累积贡献率（%）	42.89

提取方法：主成分。

在因素分析的支撑下，本次调查将有关风险源的五个虚拟变量相加，生成一个潜变量，用以表征劳动者的物理工作环境风险，该变量的取值范围为0~5分，得分越高说明劳动者在工作环境中遭遇的物理风险越多，物理工作环境越恶劣。频数分析结果显示：我国城镇劳动者的物理工作环境中可能遭遇一种乃至多种风险的情况占总体的20.70%，且两种及多种物理风险叠加的情况占总体的9.88%，极少数的劳动者甚至面对着物理风险极为复杂的工作环境，风险源的数量高达四种或五种，占比约1.17%（见表3-13）。

表3-13 物理工作环境风险的频数分布

单位：%

分值	频数	占比	累计占比
0	4405	79.30	79.30
1	601	10.82	90.12
2	382	6.88	96.99
3	102	1.84	98.83
4	33	0.59	99.42
5	32	0.58	100.00
合计	5555	100.00	

物理工作环境风险的差异与物理工作场所紧密关联。因此，我

们首先沿用户内/外工作、工作场所类型和工作场所流动性这三个特征来刻画不同工作场所中物理工作环境风险的差异（见表 3-14）。就户内/外工作来说，户外工作的物理风险程度显著高于户内工作，两者的物理风险程度均值分别为 0.77 和 0.29；就工作场所类型来说，在露天环境或野外和车间中工作的物理风险程度显著高于其他工作场所类型，其得分均值都为 0.82；就工作场所流动性来说，流动地点的物理风险程度显著高于固定地点，流动地点工作者的物理风险程度的得分均值为 0.65。

表 3-14 物理工作环境风险在工作场所特征上的差异性分析

<table>
<tr><th colspan="2"></th><th>均值</th><th>标准差</th><th>样本量</th><th>差异显著性</th></tr>
<tr><td rowspan="2">户内/外工作</td><td>户外及户外为主</td><td>0.77</td><td>1.20</td><td>687</td><td rowspan="2">$T=-14.60$, $p=0.0000$</td></tr>
<tr><td>户内及户内为主</td><td>0.29</td><td>0.72</td><td>4868</td></tr>
<tr><td rowspan="5">工作场所类型</td><td>露天环境或野外</td><td>0.82</td><td>1.20</td><td>655</td><td rowspan="5">$F=206.25$, $p=0.0000$</td></tr>
<tr><td>车间</td><td>0.82</td><td>1.05</td><td>915</td></tr>
<tr><td>半公开场所</td><td>0.16</td><td>0.52</td><td>1565</td></tr>
<tr><td>办公室</td><td>0.18</td><td>0.58</td><td>2296</td></tr>
<tr><td>家庭</td><td>0.18</td><td>0.63</td><td>124</td></tr>
<tr><td rowspan="2">工作场所流动性</td><td>固定地点</td><td>0.29</td><td>0.72</td><td>4552</td><td rowspan="2">$T=-12.79$, $p=0.0000$</td></tr>
<tr><td>流动地点</td><td>0.65</td><td>1.09</td><td>995</td></tr>
</table>

具体考察物理工作环境风险在人口学特征上的差异，可以刻画不同物理工作环境风险的劳动者群体的特征，表 3-15 的结果表明：就性别来说，男性和女性劳动者的物理工作环境风险均值分别为 0.46 和 0.25，男性劳动者所处工作环境中的物理风险相对更高。就出生年代来说，出生年代相对较早的劳动者，其所处工作环境中的物理风险相对更高，20 世纪四五十年代出生的劳动者，其物理工作环境风险程度最高，得分均值达到 0.83。就受教育程度来说，初中学历的劳动者的物理工作环境风险相对最高，得分均值为 0.59，本科学历的劳动者的物理工作环境风险相对较低，得分均值为 0.23。

虽然总体上来说，受教育程度较高的劳动者，其所处工作场所中的物理风险相对更低，但在初中和硕士两个节点，趋势有一定反转。就婚姻状况来说，已婚者的物理工作环境风险显著高于未婚者，得分均值分别为 0.39 和 0.23。就户籍来说，农村户籍劳动者的物理工作环境风险显著高于农村转城镇户籍和城镇户籍的劳动者，得分均值分别为 0.42、0.39 和 0.27。就经济地区来说，中部地区劳动者的物理工作环境风险相对最高，得分均值为 0.46；东北地区的物理工作环境风险相对最低，得分均值为 0.21。

表 3-15　物理工作环境风险在人口学特征上的差异性分析

		均值	标准差	样本量	差异显著性
性别	女	0.25	0.67	2847	$F=-10.01$, $p=0.0000$
	男	0.46	0.93	2708	
出生年代	00 后	0.12	0.39	155	$F=15.83$, $p=0.0000$
	90 后	0.27	0.71	2100	
	80 后	0.37	0.83	2052	
	70 后	0.50	0.94	929	
	60 后	0.47	0.96	296	
	40/50 后	0.83	1.15	23	
受教育程度	文盲	0.58	1.51	12	$F=17.71$, $p=0.0000$
	小学	0.44	0.85	169	
	初中	0.59	1.09	703	
	高中等	0.43	0.87	1388	
	大专	0.30	0.73	1489	
	本科	0.23	0.65	1665	
	硕士	0.42	0.72	118	
	博士	0.00	0.00	9	
婚姻状况	未婚	0.23	0.69	1400	$F=18.23$, $p=0.0000$
	已婚	0.39	0.84	4013	
	离婚	0.59	1.12	121	
	丧偶	0.10	0.31	20	

续表

		均值	标准差	样本量	差异显著性
户籍	农村	0.42	0.90	2227	$F=13.68$，$p=0.0000$
	农村转城镇	0.39	0.82	1014	
	城镇转农村	0.56	0.92	25	
	城镇	0.27	0.71	2285	
经济地区	东部地区	0.30	0.76	2875	$F=20.11$，$p=0.0000$
	中部地区	0.46	0.89	1579	
	西部地区	0.43	0.94	650	
	东北地区	0.21	0.56	451	

紧接着，我们考察组织与工作特征和物理工作环境风险间的关联。其中，行业内部相对一致的劳动过程、物理环境和安全规范，形塑了不同行业物理工作环境风险的显著差异（见表3-16）。具体说来，在采掘业、建筑业、粮食种植业、其他农林牧渔水利业、手工业等行业中工作的劳动者，往往面临着相对更恶劣的物理工作环境，而在房地产经营业、金融保险业、广告业、教育、咨询业、旅游娱乐业等行业中工作的劳动者则通常处于相对更安全的物理工作环境中。

表3-16　物理工作环境风险在行业上的差异性分析

		均值	标准差	样本量
行业	粮食种植业	0.85	1.86	13
	其他农林牧渔水利业	0.73	1.19	37
	手工业	0.71	0.90	85
	采掘业	1.56	1.22	27
	以非农产品为原料的制造业	0.57	0.96	943
	以农产品为原料的制造业	0.56	1.11	117
	建筑业	0.93	1.27	152
	文化艺术和体育	0.38	0.68	64

续表

		均值	标准差	样本量
行业	邮电通信业	0.44	0.98	55
	信息产业	0.18	0.58	208
	商业	0.28	0.71	763
	对外贸易业	0.21	0.45	61
	餐饮业	0.20	0.51	181
	国家、政党机关和社会团体	0.36	0.88	129
	公用事业	0.52	0.99	67
	旅游娱乐业	0.15	0.43	39
	服务业	0.19	0.61	468
	房地产经营业	0.02	0.14	96
	咨询业	0.13	0.51	83
	卫生和社会福利事业	0.59	0.97	153
	交通运输业	0.66	1.16	156
	广告业	0.09	0.46	65
	科学研究和综合技术服务业	0.61	0.98	137
	金融保险业	0.03	0.25	206
	教育	0.14	0.38	183
	居民自治组织	0.21	0.54	19
差异显著性		$F=16.36$，$p=0.0000$		

除了行业，单位性质、单位规模以及工作性质等组织与工作特征也和物理工作环境风险有密切关联。因此，为了发现组织与工作特征对物理工作环境风险的影响，我们将性别、出生年代、受教育程度、婚姻状况、户籍以及经济地区等人口学变量进行控制，得到下列多元线性回归模型，详见表3-17。

表 3-17 关于物理工作环境风险的多元线性回归模型

变量	模型 1 物理工作环境风险	模型 2 物理工作环境风险	模型 3 物理工作环境风险	模型 4 物理工作环境风险
控制变量	已控制	已控制	已控制	已控制
单位性质（以无单位为参照组）				
非公有单位		0.182***		
		(0.029)		
公有单位		0.357***		
		(0.034)		
单位规模（以微型单位为参照组）				
小型单位			0.140*	
			(0.070)	
中型单位			0.218**	
			(0.074)	
大型单位			0.298***	
			(0.073)	
超大型单位			0.246**	
			(0.081)	
工作性质（以正式工为参照组）				
临时工				0.078*
				(0.034)
劳务派遣工				0.385***
				(0.063)
零工				0.288**
				(0.092)
老板				-0.252***
				(0.030)
截距	0.328***	0.215**	0.156	0.264***
	(0.077)	(0.080)	(0.118)	(0.078)
F 值	43.43	46.85	16.89	41.10
R^2	0.0449	0.0634	0.0564	0.0691

注：①括号里的数字为标准误；②$^{+}p<0.1$，$^{*}p<0.05$，$^{**}p<0.01$，$^{***}p<0.001$；③模型 1 至模型 4 中的控制变量是性别、出生年代、受教育程度、婚姻状况、户籍和经济地区。

表 3-17 中的模型 1 是基准模型，考察控制变量对物理工作环境风险的影响，这些控制变量共同解释了物理工作环境风险 4.49%的差异。模型 2 在模型 1 的基础上，加入了单位性质，考察单位性质对物理工作环境风险的影响。结果显示，在 0.05 的显著性水平上，保持控制变量不变，公有单位和非公有单位的劳动者均与无单位的劳动者在物理工作环境风险上有显著差异，其中，公有单位和非公有单位的回归系数分别为 0.357 和 0.182。该结果表明，控制变量保持不变的情况下，公有单位劳动者的物理工作环境风险平均比无单位的劳动者要高 0.357 分，非公有单位劳动者的物理工作环境风险平均比无单位的劳动者要高 0.182 分。模型 2 显著解释了物理工作环境风险 6.34%的差异。模型 3 在模型 1 的基础上，加入了单位规模，考察单位规模对物理工作环境风险的影响。结果显示，在 0.05 的显著性水平上，保持控制变量不变，其他单位规模的劳动者均与微型单位的劳动者在物理工作环境上有显著差异，其中，小型、中型、大型和超大型单位的回归系数分别为 0.140，0.218，0.298 和 0.246。该结果表明，控制变量保持不变的情况下，小型、中型、大型和超大型单位劳动者在物理工作环境风险上平均比微型单位劳动者要高 0.140 分，0.218 分，0.298 分和 0.246 分。模型 3 显著解释了物理工作环境风险 5.64%的差异。模型 4 在模型 1 的基础上，加入工作性质，考察工作性质对物理工作环境风险的影响。结果显示，在 0.05 的显著性水平上，保持控制变量不变，其他工作性质的劳动者均与正式工在物理工作环境风险上有显著差异，其中，临时工、劳务派遣工、零工和老板的回归系数分别为 0.078、0.385、0.288 和-0.252。该结果表明：控制变量保持不变的情况下，老板的物理工作环境风险平均比正式工低 0.252 分，临时工、劳务派遣工和零工的物理工作环境风险平均分别比正式工高 0.078 分、0.385 分和 0.288 分。模型 4 显著解释了物理工作环境风险 6.91%的差异。

2. 物理工作环境风险防护

针对物理工作环境中存在的各种风险，用人单位有义务为劳动者提供符合国家规定的劳动安全卫生条件和必要的劳动防护用品。[①]因此，当劳动者的物理工作环境中含有任何一种风险源时，本次调查都会追问“您所在单位是否免费提供劳动保护用品（如防毒面具、防尘口罩、防噪音耳塞、防辐射服、防暑降温用品等，包括以钱抵物）”来进一步测量工作场所中劳保用品配备的情况。经频数分析得到结果：我国城镇劳动者在工作场所中面对物理风险时，其用人单位提供免费劳动保护用品的比例为 78.15%，仍有 1/5 左右的劳动者没有在劳动保护上得到应有的支持。为了进一步把握我国城镇劳动者的物理工作风险防护状况，本研究具体考察了物理工作风险防护在各项自然社会特征上的差异分布，结果如下。

首先，我们同样从物理工作场所的三个基本特征，即户内/外工作、工作场所类型和工作场所流动性，来刻画不同工作场所中对物理工作环境风险进行防护的差异（见表 3-18）。就户内/外工作来说，户外工作者劳动保护用品的配备情况显著差于户内工作者，户外和户内工作者中配备劳动保护用品的占比分别为 69.68%和 80.72%；就工作场所类型来说，除家庭外，在露天环境或野外和半公开场所中工作的劳动者，其劳动保护用品的配备相对差于在办公室和车间中工作的劳动者；就工作场所流动性来说，流动地点工作者的劳动保护用品配备显著差于固定地点工作者，流动和固定地点工作者中配备劳动保护用品的占比分别为 69.80%和 81.68%。

表 3-18　劳动保护用品配备情况在工作场所特征上的差异性分析

单位：%

		未配备		配备	
		频数	占比	频数	占比
户内/外工作	户外及户外为主	84	30.32	193	69.68
	户内及户内为主	176	19.28	737	80.72

① 《中华人民共和国劳动法》，https://flk.npc.gov.cn/detail2.html?ZmY4MDgwODE2ZjEzNWY0NjAxNmYyMGYxNmVlMTE3Mzc%3D，最后访问日期：2024 年 1 月 8 日。

续表

		未配备		配备	
		频数	占比	频数	占比
差异显著性		*Pearson* $\chi^2=15.19$，$p=0.000$			
工作场所类型	露天环境或野外	98	34.75	184	65.25
	车间	47	10.02	422	89.98
	半公开场所	50	30.49	114	69.51
	办公室	60	22.81	203	77.19
	家庭	5	41.67	7	58.33
差异显著性		*Pearson* $\chi^2=75.99$，$p=0.000$			
工作场所流动性	固定地点	153	18.32	682	81.68
	流动地点	106	30.20	245	69.80
差异显著性		*Pearson* $\chi^2=20.42$，$p=0.000$			

为了推动劳动保护用品的全面覆盖，我们进一步研究了得到和未得到劳动保护的劳动者群体的特征，考察了劳动保护用品配备情况在劳动者人口学特征上的差异（见表3-19）。结果表明：劳动保护用品配备情况在性别、受教育程度和经济地区上有显著差异，但是在出生年代、婚姻状况和户籍上没有显著差异。具体说来，在工作环境存在物理风险的男性劳动者中，配备了劳动保护用品的占比达81.88%，高于女性劳动者中配备了劳动保护用品的占比；总体来看，若工作环境存在物理风险，受教育程度较高的劳动者群体，其配备劳动保护用品的占比相对较大，但在高中/职高/技校/中专等这个节点，趋势有波动；就经济地区而言，工作环境存在物理风险的东北地区劳动者中，配备劳动保护用品的占比为53.85%，显著低于其他地区。

表3-19 劳动保护用品配备在人口学特征上的差异性分析

单位：%

		未配备		配备		差异显著性
		频数	占比	频数	占比	
性别	女	127	27.85	329	72.15	*Pearson* $\chi^2=15.60$，$p=0.000$
	男	133	18.12	601	81.88	

续表

		未配备		配备		差异显著性
		频数	占比	频数	占比	
出生年代	00后	6	37.50	10	62.50	Pearson $\chi^2=7.17$, $p=0.208$
	90后	65	18.21	292	81.79	
	80后	97	21.65	351	78.35	
	70后	69	24.82	209	75.18	
	60后	20	25.00	60	75.00	
	40/50后	3	27.27	8	72.73	
受教育程度	文盲	2	50.00	2	50.00	Pearson $\chi^2=20.68$, $p=0.002$
	小学	14	31.82	30	68.18	
	初中	64	30.48	146	69.52	
	高中等	62	17.77	287	82.23	
	大专	63	21.36	232	78.64	
	本科	51	20.08	203	79.92	
	硕士	3	9.09	30	90.91	
	博士	0	0.00	0	0.00	
婚姻状况	未婚	47	23.27	155	76.73	Pearson $\chi^2=3.31$, $p=0.346$
	已婚	201	21.16	749	78.84	
	离婚	11	31.43	24	68.57	
	丧偶	1	50.00	1	50.00	
户籍	农村	122	22.76	414	77.24	Pearson $\chi^2=2.51$, $p=0.473$
	农村转城镇	56	22.58	192	77.42	
	城镇转农村	3	37.50	5	62.50	
	城镇	78	19.75	317	80.25	
经济地区	东部地区	116	21.32	428	78.68	Pearson $\chi^2=31.58$, $p=0.000$
	中部地区	73	16.90	359	83.10	
	西部地区	41	27.52	108	72.48	
	东北地区	30	46.15	35	53.85	

劳动保护用品配备作为工作组织的责任与义务，与劳动者的组织与工作特征息息相关。首先，就行业而言，不同行业中工作环境

存有物理风险的劳动者，其劳动保护用品配备的情况有显著的差异（见图 3-5）。具体说来，在粮食种植业、手工业、文化艺术和体育、旅游娱乐业、广告业、教育等行业中，面对物理工作环境风险配备了劳动保护用品的劳动者占比相对较低；而在采掘业、以非农产品为原料的制造业、以农产品为原料的制造业、邮电通信业、信息行业、对外贸易业、公用事业、房地产经营业、卫生和社会福利事业、科学研究和综合技术服务业、金融保险业等行业中，面对物理工作环境风险配备了劳动保护用品的劳动者占比相对较高，均超过 90%。

Pearson χ^2=269.99，p=0.000

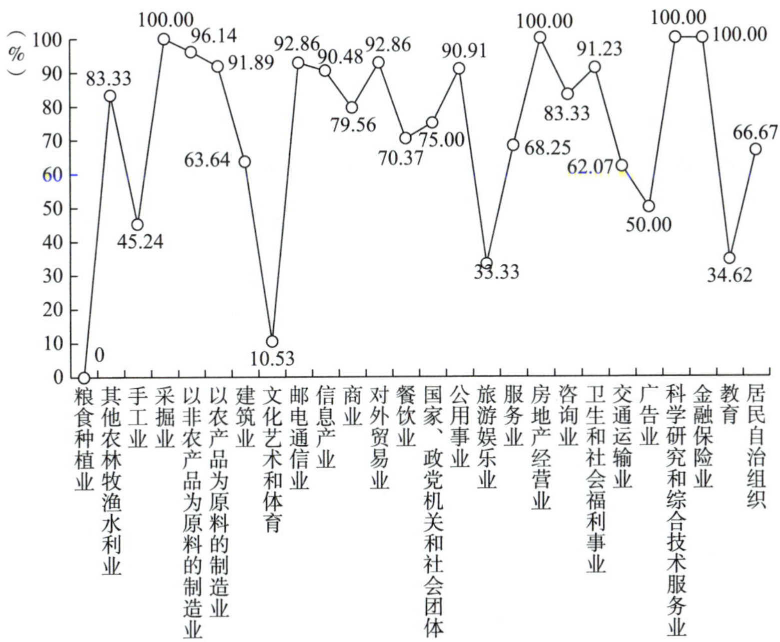

图 3-5　不同行业中劳动保护用品配备率

与此同时，单位性质、单位规模以及工作性质等其他的组织与工作特征可能显著影响劳动保护用品的配备，为了发现这些组织与工作特征对于劳动保护用品配备的影响，我们将性别、出生年代、受教育程度、婚姻状况、户籍以及经济地区等人口学变量进行控制，将“配备劳动保护用品”编码为1，“未配备劳动保护用品”编码为0，得到下列多元logit回归模型，详见表3-20。

表3-20 关于劳动保护用品配备的多元logit回归模型

变量	模型1 劳动保护用品配备	模型2 劳动保护用品配备	模型3 劳动保护用品配备	模型4 劳动保护用品配备
控制变量	已控制	已控制	已控制	已控制
单位性质（以无单位为参照组）				
非公有单位		1.325***		
		(0.227)		
公有单位		0.955***		
		(0.245)		
单位规模（以微型单位为参照组）				
小型单位			0.929*	
			(0.473)	
中型单位			1.938***	
			(0.503)	
大型单位			1.489**	
			(0.487)	
超大型单位			3.135***	
			(0.692)	
工作性质（以正式工为参照组）				
临时工				-0.654***
				(0.187)
劳务派遣工				-0.344
				(0.324)
零工				-2.970***
				(0.485)
老板				-1.077***
				(0.269)

续表

变量	模型 1 劳动保护用品配备	模型 2 劳动保护用品配备	模型 3 劳动保护用品配备	模型 4 劳动保护用品配备
截距	0.705	-0.423	1.774*	1.327*
	(0.526)	(0.568)	(0.782)	(0.562)
LR chi2	37.81	71.79	60.05	99.31
Pseudo R^2	0.0304	0.0578	0.0907	0.0800

注：①括号里的数字为标准误；② $^+p<0.1$，$^*p<0.05$，$^{**}p<0.01$，$^{***}p<0.001$；③模型 1 至模型 4 中的控制变量是性别、出生年代、受教育程度、婚姻状况、户籍和经济地区。

表 3-20 中的模型 1 是基准模型，考察控制变量对劳动保护用品配备的影响，这些控制变量共同解释了劳动保护用品配备 3.04%的差异。模型 2 在模型 1 的基础上，加入了单位性质，考察单位性质对劳动保护用品配备的影响。结果显示，在 0.05 的显著性水平上，保持控制变量不变，非公有单位和公有单位的劳动者均与无单位的劳动者在劳动保护用品配备上有显著差异，其中，非公有单位和公有单位的 OR 值分别为 exp.（1.325）和 exp.（0.955），即 3.76 和 2.60。该结果表明，控制变量保持不变的情况下，面对物理工作环境风险时，非公有单位劳动者劳动保护用品配备的几率是无单位劳动者劳动保护用品配备的几率的 3.76 倍；公有单位劳动者劳动保护用品配备的几率是无单位劳动者劳动保护用品配备的几率的 2.60 倍。模型 2 显著解释了劳动保护用品配备 5.78%的差异。模型 3 在模型 1 的基础上，加入了单位规模，考察单位规模对劳动保护用品配备的影响。结果显示，在 0.05 的显著性水平上，保持控制变量不变，其他单位规模的劳动者均与微型单位的劳动者在劳动保护用品配备上有显著差异，其中，小型、中型、大型和超大型单位的 OR 值分别为 exp.（0.929）、exp.（1.938）、exp.（1.489）和 exp.（3.135），即 2.53、6.94、4.43 和 22.99。该结果表明，控制变量不变的情况下，面对物理工作环境风险时，小型、中型、大型和超大型单位劳

动者劳动保护用品配备的几率分别是微型单位劳动者劳动保护用品配备的几率的2.53倍、6.94倍、4.43倍和22.99倍。模型3显著解释了劳动保护用品配备9.07%的差异。模型4在模型1的基础上，加入工作性质，考察工作性质对劳动保护用品配备的影响。结果显示，在0.05的显著性水平上，保持控制变量不变，除劳务派遣工与正式工在劳动保护用品配备上没有显著差异外，其他工作性质的劳动者均与正式工在劳动保护用品配备上有显著差异，其中，临时工、零工和老板的OR值分别为exp.（-0.654）、exp.（-2.970）和exp.（-1.077），即0.52、0.05和0.34。该结果表明：在控制变量不变的情况下，面对物理工作环境风险时，正式工和劳务派遣工在劳动保护用品配备上没有显著差异，正式工中劳动保护用品的配备的几率显著高于临时工、老板和零工，其中，零工中劳动保护用品的配备的几率相对最低，仅为正式工的0.05倍。模型4显著解释了劳动保护用品配备8.00%的差异。

3. 物理工作环境对健康的影响

识别物理工作环境风险、研判物理工作环境风险程度以及探索劳动保护用品配备的情况，都旨在关怀劳动者的健康与安全。但劳动者的健康与安全状况，不仅可以就相对客观的指标进行讨论，而且可以就劳动者的主观感受展开分析。既有研究表明，自评一般健康具有很强的效度，它能够较好反映被访者的综合健康信息，是一种总体和动态的评估。[①] 类比这一论证逻辑，我们认为自评工作环境对健康的影响也有良好的效度，可以通过题器“您的工作环境对您的健康有什么影响”来较为综合且全面地测量工作环境中物理风险所产生的影响，从而反映出我国城镇劳动者物理工作环境的质量。该题器的选项为“有利于健康”、“没有影响”和“不利于健康”，

① Ellen L. Idler & Yael Benyamin, “Self-rated Health and Mortality: A Review of Twenty-seven Community Studies,” *Journal of Health and Social Behavior* 38, no. 1 (1997): 21-37；齐亚强：《自评一般健康的信度和效度分析》，《社会》2014年第6期，第196~215页。

频数分析结果显示：绝大多数城镇劳动者认为其工作环境对自己的健康没有影响，占比达 83.56%；而与此同时，各有一小部分城镇劳动者认为其工作环境对自己的健康存在正面或负面的影响，有正面影响的占 7.38%，有负面影响的占 9.06%（见表 3-21）。

表 3-21　自评工作环境对健康影响的频数分布

单位：%

	频数	占比	累计百分比
有利于健康	433	7.38	7.38
没有影响	4904	83.56	90.94
不利于健康	532	9.06	100.00

首先，本次调查从物理工作场所的三个基本性质，即户内/外工作、工作场所类型和工作场所流动性，来刻画自评工作环境对健康影响的差异分布，有助于针对性地维护和发展劳动者最基本的健康权益。从自评工作环境对健康影响在物理工作场所基本性质上的差异来看，在户外或在流动地点工作的劳动者认为其工作环境对健康有正面或有负面影响的均相对较多。在具体的工作场所类型中，车间工作的劳动者认为其工作环境对于健康有负面影响的占比最大，达到 22.49%；紧随其后，在露天环境或野外工作的劳动者认为其工作环境对于健康有负面影响的占比为 17.47%，与此同时，该群体认为其工作环境对健康有正面影响的也是最多的，占比达到 10.94%（见表 3-22）。若将自评工作环境对健康的影响视为数值型变量，不利于健康赋值为-1，没有影响赋值为 0，有利于健康赋值为 1，自评工作环境对健康影响的均值为-0.02，不同工作场所类型中，劳动者自评工作环境对健康的影响有较大差异，车间工作的劳动者自评工作环境对健康影响的得分均值相对最低，为-0.16（见图 3-6）。

表 3-22 自评工作环境对健康影响在工作场所特征上的差异性分析

单位：人，%

		不利于健康	没有影响	有利于健康	差异显著性
户内/外工作	户外及户外为主	114 (15.36)	543 (73.18)	85 (11.46)	*Pearson* $\chi^2=67.27$, $p=0.000$
	户内及户内为主	418 (8.15)	4361 (85.06)	348 (6.79)	
工作场所类型	露天环境或野外	123 (17.47)	504 (71.59)	77 (10.94)	*Pearson* $\chi^2=410.99$, $p=0.000$
	车间	220 (22.49)	698 (71.37)	60 (6.13)	
	半公开场所	60 (3.69)	1467 (90.17)	100 (6.15)	
	办公室	122 (5.01)	2121 (87.10)	192 (7.89)	
	家庭	7 (5.60)	114 (91.20)	4 (3.20)	
工作场所流动性	固定地点	382 (7.96)	4099 (85.41)	318 (6.63)	*Pearson* $\chi^2=66.30$, $p=0.000$
	流动地点	149 (14.04)	798 (75.21)	114 (10.74)	

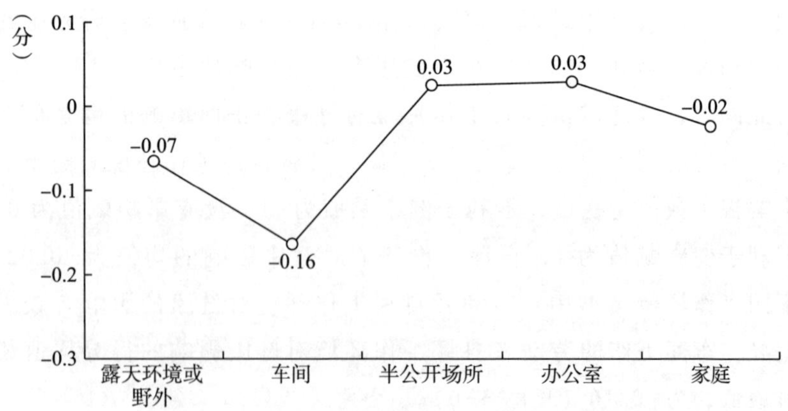

图 3-6 不同工作场所中城镇劳动者自评工作环境对健康的影响

为进一步挖掘工作环境影响健康的劳动者群体的特征，我们考察了自评工作环境对健康的影响在人口学特征上的差异，发现自评工作环境对健康的影响在性别、出生年代、受教育程度、婚姻状况、户籍和经济地区上均存在显著差异（见表 3-23）。具体来说，男性劳动者中自评工作环境对其健康产生负面影响的占比为 13.03%，远大于女性劳动者中自评工作环境对其健康产生负面影响的占比；70 后劳动者中自评工作环境对健康存在负面影响的占比明显大于其他出生年代劳动者中自评工作环境对健康存在负面影响的占比，不同出生年代劳动者的自评工作环境对健康影响的得分均值详见图 3-7（a）；受教育程度为文盲、初中和硕士的劳动者中，自评工作环境对健康有负面影响的占比相对较大，受教育程度为本科、硕士和博士的劳动者中，自评工作环境对健康有正面影响的占比相对较大，不同受教育程度的劳动者的自评工作环境对健康影响的得分均值详见图 3-7（b）；离婚者中自评工作环境对健康有负面影响的占比相对较大，达 16.64%，已婚者中自评工作环境对健康有正面影响的占比相对较大，为 8.18%；农村户籍或农村转城镇户籍的劳动者中，自评工作环境对健康有负面影响的占比相对较大，分别达到 11.66%和 11.14%；中西部地区的劳动者中，自评工作环境对健康有负面影响的占比相对较大，分别为 12.75%和 10.93%，而中东部地区的劳动者中，自评工作环境对健康有正面影响的占比相对较大，分别为 8.06%和 7.93%。

表 3-23　自评工作环境对健康影响在人口学特征上的差异性分析

单位：人，%

		不利于健康	没有影响	有利于健康	差异显著性
性别	女	158 (5.27)	2，652 (88.46)	188 (6.27)	*Pearson* $\chi^2=125.14$, $p=0.000$
	男	374 (13.03)	2，252 (78.44)	245 (8.53)	
出生年代	00 后	9 (5.52)	143 (87.73)	11 (6.75)	*Pearson* $\chi^2=80.25$, $p=0.000$
	90 后	164 (7.35)	1940 (86.92)	128 (5.73)	

续表

		不利于健康	没有影响	有利于健康	差异显著性
出生年代	80后	189 (8.71)	1762 (81.20)	219 (10.09)	*Pearson* $\chi^2=80.25$, $p=0.000$
	70后	138 (14.14)	782 (80.12)	56 (5.74)	
	60后	30 (9.87)	258 (84.87)	16 (5.26)	
	40/50后	2 (8.33)	19 (79.17)	3 (12.50)	
受教育程度	文盲	3 (18.75)	12 (75.00)	1 (6.25)	*Pearson* $\chi^2=109.80$, $p=0.000$
	小学	17 (9.66)	148 (84.09)	11 (6.25)	
	初中	113 (15.15)	592 (79.36)	41 (5.50)	
	高中等	151 (10.45)	1221 (84.50)	73 (5.05)	
	大专	131 (8.35)	1328 (84.69)	109 (6.95)	
	本科	98 (5.48)	1503 (84.06)	187 (10.46)	
	硕士	19 (15.97)	90 (75.63)	10 (8.40)	
	博士	0 (0.00)	8 (88.89)	1 (11.11)	
婚姻状况	未婚	98 (6.64)	1298 (87.88)	81 (5.48)	*Pearson* $\chi^2=38.87$, $p=0.000$
	已婚	411 (9.68)	3486 (82.14)	347 (8.18)	
	离婚	21 (16.54)	101 (79.53)	5 (3.94)	
	丧偶	1 (5.00)	19 (95.00)	0 (0.00)	

续表

		不利于健康	没有影响	有利于健康	差异显著性
户籍	农村	272 (11.66)	1913 (82.00)	148 (6.34)	Pearson $\chi^2=75.49$, $p=0.000$
	农村转城镇	117 (11.14)	870 (82.86)	63 (6.00)	
	城镇转农村	1 (3.57)	21 (75.00)	6 (21.43)	
	城镇	141 (5.75)	2097 (85.45)	216 (8.80)	
经济地区	东部地区	222 (7.22)	2609 (84.85)	244 (7.93)	Pearson $\chi^2=67.59$, $p=0.000$
	中部地区	212 (12.75)	1317 (79.19)	134 (8.06)	
	西部地区	73 (10.93)	556 (83.23)	39 (5.84)	
	东北地区	25 (5.40)	422 (91.14)	16 (3.46)	

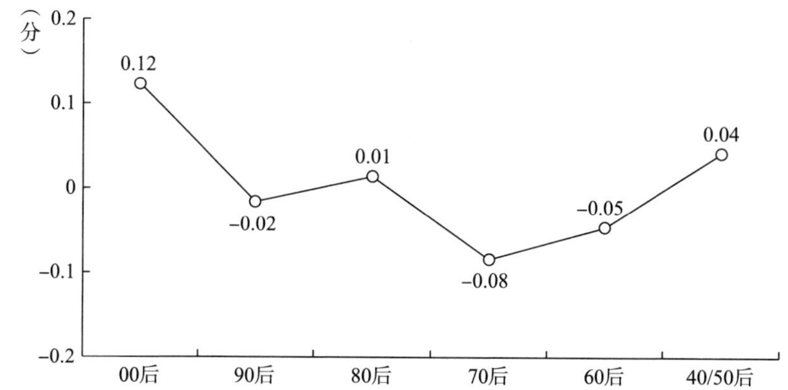

（a）自评工作环境对健康的影响在出生年代上的差异

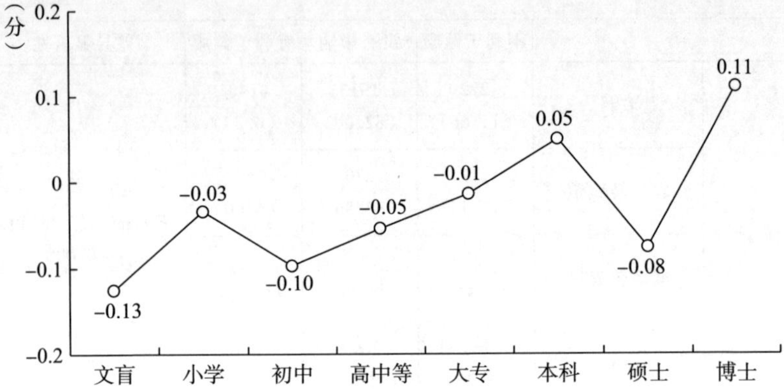

（b）自评工作环境对健康的影响在受教育程度上的差异

图 3-7　自评工作环境对健康的影响在出生年代和受教育程度上的差异

物理工作环境很大程度上是由工作内容本身和所处组织形塑的，自评工作环境对健康的影响和组织与工作特征紧密关联。就行业而言，某些行业的物理工作环境相对恶劣，劳动者对其的主观评价也相对较差，自评工作环境对健康影响在所属行业上有着显著的差异（见表 3-24）。结果表明：采掘业、建筑业、交通运输业、公共事业、手工业、科学研究和综合技术服务业等行业中的劳动者认为工作环境对健康有负面影响的占比相对较大；而科学研究和综合技术服务业、邮电通信业、粮食种植业、房地产经营业等行业的劳动者认为工作环境对健康有正面影响的占比相对较大。从自评工作环境对健康影响的得分均值来看，邮电通信业劳动者的评价相对最好，得分均值为 0. 14，采掘业劳动者的评价相对最差，得分均值为-0. 36（见图 3-8）。

表 3-24　城镇劳动者自评工作环境对健康影响在行业上的差异性分析

单位：%

		不利于健康		没有影响		有利于健康	
		频数	占比	频数	占比	频数	占比
行业	粮食种植业	2	15. 38	9	69. 23	2	15. 38
	其他农林牧渔水利业	1	2. 70	32	86. 49	4	10. 81

续表

		不利于健康		没有影响		有利于健康	
		频数	占比	频数	占比	频数	占比
行业	手工业	15	17.65	66	77.65	4	4.71
	采掘业	13	46.43	12	42.86	3	10.71
	以非农产品为原料的制造业	164	16.05	761	74.46	97	9.49
	以农产品为原料的制造业	13	10.92	103	86.55	3	2.52
	建筑业	44	27.33	111	68.94	6	3.73
	文化艺术和体育	4	6.25	56	87.50	4	6.25
	邮电通信业	2	3.45	46	79.31	10	17.24
	信息产业	12	5.53	185	85.25	20	9.22
	商业	48	5.59	724	84.28	87	10.13
	对外贸易业	2	2.90	65	94.20	2	2.90
	餐饮业	16	8.51	164	87.23	8	4.26
	国家、政党机关和社会团体	9	6.67	116	85.93	10	7.41
	公用事业	14	19.72	50	70.42	7	9.86
	旅游娱乐业	4	8.70	39	84.78	3	6.52
	服务业	20	4.15	436	90.46	26	5.39
	房地产经营业	2	2.04	84	85.71	12	12.24
	咨询业	1	1.20	75	90.36	7	8.43
	卫生和社会福利事业	13	8.18	138	86.79	8	5.03
	交通运输业	35	20.59	129	75.88	6	3.53
	广告业	5	7.46	56	83.58	6	8.96
	科学研究和综合技术服务业	26	17.57	93	62.84	29	19.59
	金融保险业	1	0.45	212	95.50	9	4.05

续表

<table>
<tr><th colspan="2"></th><th colspan="2">不利于健康</th><th colspan="2">没有影响</th><th colspan="2">有利于健康</th></tr>
<tr><th colspan="2"></th><th>频数</th><th>占比</th><th>频数</th><th>占比</th><th>频数</th><th>占比</th></tr>
<tr><td rowspan="2">行业</td><td>教育</td><td>6</td><td>3.19</td><td>165</td><td>87.77</td><td>17</td><td>9.04</td></tr>
<tr><td>居民自治组织</td><td>0</td><td>0.00</td><td>18</td><td>90.00</td><td>2</td><td>10.00</td></tr>
<tr><td colspan="2">差异显著性</td><td colspan="6">Pearson $\chi^2=371.71$，$p=0.000$</td></tr>
</table>

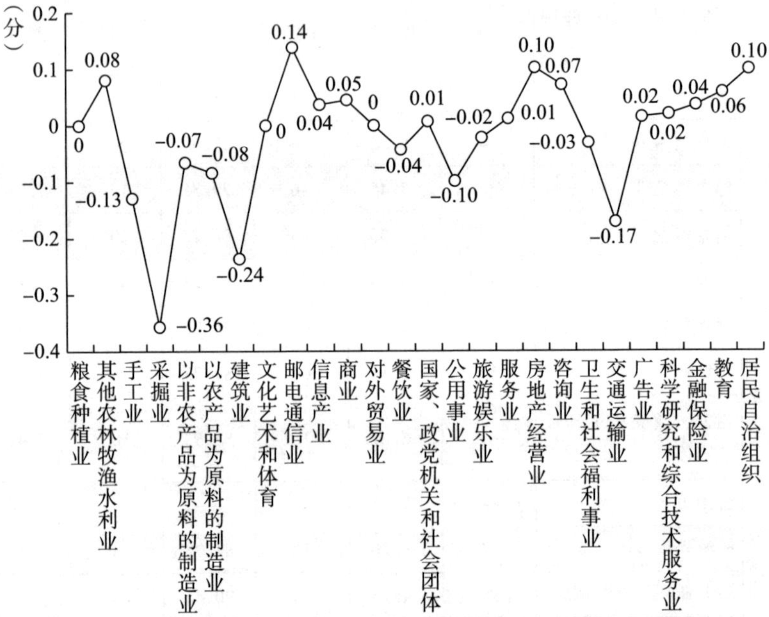

图 3-8　不同行业中城镇劳动者自评工作环境对健康的影响情况

不同类型的工作组织营造与改善工作环境的能力不同；不同身份的劳动者在工作环境中承担的角色与享受的待遇也有较大差异。除了行业，单位性质、单位规模以及工作性质等组织与工作特征也和自评工作环境对健康影响有着密切关联。

因此，为了深入挖掘组织与工作特征对于自评工作环境对健康影响的作用，我们将自评工作环境对健康的影响处理成虚拟变量，不利于健康的情况赋值为 1，没有影响和有利于健康的状况赋值为 0，控制性别、出生年代、受教育程度、婚姻状况、户籍以及经济地区等人口学变量，得到下列多元 logit 回归模型，详见表 3-25。

表 3-25 关于自评工作环境对健康影响的多元 logit 回归模型

变量	模型 1 自评工作环境对健康影响	模型 2 自评工作环境对健康影响	模型 3 自评工作环境对健康影响	模型 4 自评工作环境对健康影响
控制变量	已控制	已控制	已控制	已控制
单位性质（以无单位为参照组）				
非公有单位		0.644***		
		(0.153)		
公有单位		1.007***		
		(0.166)		
单位规模（以微型单位为参照组）				
小型单位			0.647+	
			(0.385)	
中型单位			0.768+	
			(0.393)	
大型单位			0.934*	
			(0.390)	
超大型单位			0.651	
			(0.418)	
工作性质（以正式工为参照组）				
临时工				-0.362*
				(0.149)
劳务派遣工				0.008
				(0.261)
零工				0.752**
				(0.281)
老板				-1.205***
				(0.184)
截距	-2.769***	-3.271***	-3.299***	-2.663***
	(0.331)	(0.355)	(0.538)	(0.338)

续表

变量	模型 1 自评工作环境对健康影响	模型 2 自评工作环境对健康影响	模型 3 自评工作环境对健康影响	模型 4 自评工作环境对健康影响
LR chi2	211.99	252.29	144.29	280.56
Pseudo R^2	0.0596	0.0709	0.0734	0.0788

注：①括号里的数字为标准误；② $^{+}p<0.1$，$^{*}p<0.05$，$^{**}p<0.01$，$^{***}p<0.001$；③模型 1 至模型 4 中的控制变量是性别、出生年代、受教育程度、婚姻状况、户籍和经济地区。

表 3-25 中的模型 1 是基准模型，考察控制变量的影响，这些控制变量共同解释了自评工作环境的健康影响 5.96%的差异。模型 2 在模型 1 的基础上，加入了单位性质，考察单位性质对自评工作环境的健康影响的作用。结果显示，在 0.05 的显著性水平上，保持控制变量不变，非公有单位和公有单位的劳动者均在自评工作环境的健康影响上与无单位劳动者有显著差异，其中，非公有单位和公有单位的 OR 值分别为 exp.（0.644）和 exp.（1.007），即 1.90 和 2.74。该结果表明，控制变量不变的情况下，非公有单位劳动者认为工作环境对健康有负面影响的几率是无单位劳动者认为工作环境对健康有负面影响的几率的 1.90 倍；而公有单位劳动者认为工作环境对健康有负面影响的几率是无单位劳动者认为工作环境对健康有负面影响的几率的 2.74 倍。模型 2 显著解释了自评工作环境的健康影响 7.09%的差异。模型 3 在模型 1 的基础上，加入了单位规模，考察单位规模对于自评工作环境的健康影响的作用。结果显示，在 0.05 的显著性水平上，保持控制变量不变，除大型单位劳动者与微型单位劳动者在自评工作环境的健康影响上有显著差异外，其他单位规模的劳动者与微型单位劳动者在自评工作环境的健康影响上没有显著差异，其中，大型单位的 OR 值为 exp.（0.934），即 2.55。该结果表明，控制变量不变的情况下，大型单位劳动者认为工作环境对健康有负面影响的几率是微型单位劳动者认为工作环境对健康有负面影响的几率的 2.55 倍。模型 3 显著解释了自评工作环境的健

康影响 7.34%的差异。模型 4 在模型 1 的基础上加入了工作性质，考察工作性质对于自评工作环境的健康影响的作用。结果显示，在 0.05 的显著性水平上，保持控制变量不变，临时工、零工与老板和正式工在自评工作环境的健康影响上存在显著差异，而劳务派遣工与正式工在自评工作环境的健康影响上没有显著差异，其中，临时工、零工和老板的 OR 值分别为 exp.（−0.362）、exp.（0.752）和 exp.（−1.205），即 0.70、2.12 和 0.30。该结果表明：控制变量不变的情况下，临时工、零工和老板认为工作环境对健康有负面影响的几率分别是正式工认为工作环境对健康有负面影响的几率的 0.70 倍、2.12 倍和 0.30 倍。模型 4 显著解释了自评工作环境的健康影响 7.88%的差异。

四　工作场所的影响机制

在工作场所的现状中，我们通过对工作场所在个人、组织与工作特征上的差异进行描述，发现劳动者的个人、组织与工作特征和其工作场所息息相关。基于此，我们需要深入探索的是，劳动者在工作场所上的分化会给其工作状态与氛围带来什么切实的影响。

承前所述，工作场所在个体层面指的是劳动者从事工作时的客观物理环境，具体涉及物理工作环境的内部构造与外部边界问题。对于个体而言，工作场所作为一个需要去适应的实体，它能够在多大程度上与自然、社会环境划分出一个有形且稳定的边界，并在工作场所内部为劳动者提供一个安全和舒适的物理工作环境，对劳动者的身体健康与情绪有最直接的作用，进而可以影响劳动者在工作场所中的行为。不过，需要注意的是，工作场所的这些物质性特征在很大程度上受到组织与社会关系的塑造，在同类工作场所中，不同组织中劳动者的物理工作环境也可能有较大的差异。

更为关键的是，在各种工作场所相对同质的物理性构造与边界之上，一些社会性的“篱笆”也得到筑造，这是工作场所在结构层面作为一种制度安排的结果。具体地说，劳动者适应工作场所是一个劳动者分化的过程，具备某些特征的劳动者群体相对集中于某种工作场所中。经由比较长期或频繁的内部互动与外部交流，在工作场所中，某些实践逻辑取得主导性地位，劳动者展现出某些类似的气质或特征，并产出独特的文化符号。在这个意义上，劳动者的个人特质与工作场所的适配程度影响着劳动者在工作场所中的实践与感受。劳动者的某些特征，比如性别、年龄、户籍等，对于工作氛围和状态的影响机制，在不同的工作场所中，很可能有着差异化的效果。

接下来，我们就具体讨论工作场所的影响机制，希望能够引发更多学者对工作场所这一基本维度的关注与研究。在工作场所的物质性特征之于个体的影响上，本研究探索了物理工作环境风险对于工作倦怠和自评健康的影响；关于工作场所的社会性特质，本研究分析了工作场所在性别与职场人际欺凌间起到的调节作用。

（一）物理工作环境风险对工作倦怠的影响

改革开放以来，我国发生剧烈的社会变迁与转型，整个社会仿佛进入罗萨所说的“加速社会”，人们的日常生活节奏不断加快，竞争日益激烈，机遇和挑战并存且瞬息万变。在工作场所中，我们发现劳动者时常疲于应对不断新增或突发的工作任务、要求以及问题，容易出现一种身心消耗过度、精力衰竭的综合症状，即工作倦怠。①

工作倦怠（job burnout），又可称为职业倦怠、工作耗竭、职业枯竭等，由美国精神分析学家 Freudenberger 于 1974 年首次提出，②经由 Maslach 和 Jackson 总结，形成经典的三维度模型，即在以人为服务对象的领域中，工作倦怠表现为个体的一种情绪耗竭（emotional exhaustion）、去个性化（dehumanization）和成就感降低（dimin-

① Christina Maslach, Wilmar B. Schaufeli & Michael Leiter, “Job burnout,” *Annual Review of Psychology* 52, no. 1 (2001): 397-422.

② Herbert J. Freudenberger, “Staff Burn-out,” *Journal of Social Issues* 30, no. 1 (1974): 159-165.

ished personal accomplishment）的症状。[①] 以往，学界针对工作倦怠的研究，重点关注的是医生、教师等职业群体。随着研究的深入，工作倦怠这一概念也逐渐从人际工作中扩展出来，适用于更广泛的职业范围，比如石油工人、研发员工、媒体从业者等。[②] 修正后的工作倦怠概念也包括三个维度，分别是衰竭（exhaustion）、工作怠慢（cynicism）和专业自我效能降低（decreased professional self-efficacy）。[③] 其中，衰竭被定义为情感和身体资源的损耗，感觉工作非常劳累，怎么都提不起精神；工作怠慢被定义为对自己的工作不关心并有距离感，总是很被动地完成自己分内的工作；专业自我效能降低则是指个体在工作中缺乏成就感，自我效能感低。[④]

在某些职业群体中，劳动者工作倦怠的发生率和水平都相对较高，劳动者所体验到的工作倦怠不仅影响其工作绩效，而且在很大程度上影响劳动者的身心健康。从健康的角度看，工作倦怠可以被视为一种新型的“职业病”，业已演变为影响人们工作生活质量的重要的职场精神卫生问题。工作倦怠主要是精神和行为方面的症状，表现为耗竭及其引发的工作怠慢行为和低自我效能感，因此，既往研究主要从损耗-恢复的角度去进行探索，主要的视角包括工作生活平衡、工作压力、情绪劳动、社会支持等，但鲜有研究从更为基础的机体调节能力着手进行研究。我们认为，当劳动者身体发出“预

---

① Christina Maslach & Susan E. Jackson, “The Measurement of Experienced Burnout,” *Journal of Organizational Behavior* 2, no. 2 (1981): 99-113.

② 詹启生、丁奕文、王丹：《石油工人工作家庭冲突与工作倦怠的关系：应对方式的中介作用》，《中国健康心理学杂志》2023 年第 1 期，第 71~76 页；石长慧、王卓妮、赵延东：《研发人员工作压力与工作倦怠的关系——工作自主的调节作用》，《中国科技论坛》2021 年第 2 期，第 132~140 页；张铮、陈雪薇、邓妍方：《从浸入到侵入，从待命到疲倦：媒体从业者非工作时间社交媒体使用与工作倦怠的关系研究》，《国际新闻界》2021 年第 3 期，第 160~176 页。

③ Christina Maslach, Wilmar B. Schaufeli & Michael Leiter, “Job Burnout,” *Annual Review of Psychology* 52, no. 1 (2001): 397-422；王晓春、甘怡群：《国外关于工作倦怠研究的现状述评》，《心理科学进展》2003 年第 5 期，第 567~572 页。

④ 石长慧、王卓妮、赵延东：《研发人员工作压力与工作倦怠的关系——工作自主的调节作用》，《中国科技论坛》2021 年第 2 期，第 132~140 页。

警”信号，明显感到不适的时候，说明劳动者处于一种亚健康的状况，健康风险相对较高，此时，部分劳动者面对劳动过程中身体与情感资源的损耗是缺少机体调节和自我恢复能力的，往往更容易陷入工作倦怠之中；而物理工作环境又是影响劳动者身体状况的重要因素，长期在恶劣的物理工作环境中工作，劳动者的身体可能会表现出相应的不适状况，并且有进一步罹患某些职业疾病的风险。按照这个思路，我们从物理工作环境出发，提出影响工作倦怠的若干假设（见图 3-9）。

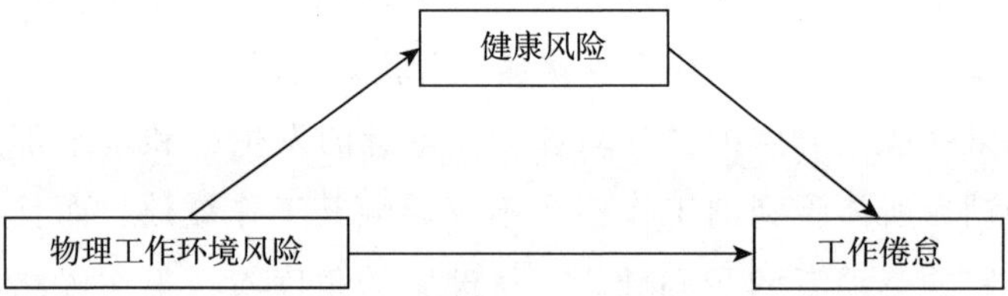

图 3-9　物理工作环境风险、健康风险与工作倦怠的关系假设

假设 H3.1：其他因素保持不变，劳动者的物理工作环境风险越高，越容易工作倦怠。

假设 H3.2：其他因素保持不变，劳动者的健康风险越高，越容易工作倦怠。

假设 H3.3：其他因素保持不变，健康风险在物理工作环境风险对工作倦怠的影响中起中介作用。

在本研究中，健康风险被具体操作化为“在过去的三个月里，您是否有下列身体不适？四肢疼痛、背痛等肌肉酸痛/头痛、头晕/浑身乏力/皮肤过敏、灼伤等皮肤问题/耳鸣、听力下降等听力问题/失眠/喉咙沙哑、疼痛等咽喉问题”，共计形成 7 个虚拟变量，将它们相加生成一个潜变量，用以表征健康风险的高低，其取值范围为 0~7 分，得分越高，健康风险越高，劳动者越可能陷入亚健康状况乃至生理疾病的困扰中。劳动者的健康风险得分均值为 1.53。

工作倦怠则被具化为一些对自己失去信心、对工作提不起兴趣等感受与状况出现的频率，总共设计了 8 个题器，组成工作倦怠量表，其 Cronbach's α 系数为 0.875，可见整个量表的信度良好（见表 3-26）。经 KMO 和巴特利特球形检验，得到 KMO 值为 0.927，巴特利特球形检验卡方为 16625.15（$p<0.001$），表明可以进一步做因素分析，验证工作倦怠的效度。其因素分析的结果显示：8 个变量通过主成分因子法可以提取 1 个共同因子，初始特征值为 3.15，能解释的方差比例为 54.89%，使用方差最大法对其进行正交旋转，得到各个变量具体的因子载荷（见表 3-27）。结果表明，8 个变量间确实存在信息上的共指，具有较好的结构效度。在因素分析的支撑下，本研究将上述 8 个变量进行算术平均，生成 1 个潜变量，用以表征被访者工作倦怠的程度，该变量的取值范围为 1~3 分，分值越高，表明被访者的工作倦怠水平越高。人们在工作倦怠水平上的均值为 1.37。

表 3-26 工作倦怠的操作化

概念	题器	变量类型	编码	Cronbach's α 系数
工作倦怠	工作十分劳累，提不起精神	定序变量	1-从不 2-偶尔 3-经常	0.875
	工作压力大，总有做不完的事	定序变量		
	对工作越来越提不起兴趣	定序变量		
	工作上出差错	定序变量		
	对自己失去信心，越来越没有自信	定序变量		
	感觉困难太大，再怎么努力都不行	定序变量		
	在单位不开心，看什么都不顺眼	定序变量		
	工作拖拖拉拉	定序变量		

表 3-27 工作倦怠量表的验证性因素分析

条目	成分
	工作倦怠
a. 工作十分劳累，提不起精神	0.75
b. 工作压力大，总有做不完的事	0.70
c. 对工作越来越提不起兴趣	0.79
d. 工作上出差错	0.64

续表

条目	成分
	工作倦怠
e. 对自己失去信心，越来越没有自信	0.79
f. 感觉困难太大，再怎么努力都不行	0.77
g. 在单位不开心，看什么都不顺眼	0.78
h. 工作拖拖拉拉	0.71
特征值	4.39
贡献率（%）	54.89
累积贡献率（%）	54.89

提取方法：主成分。

在建构回归模型验证上述假设时，我们共设定了 4 个模型，模型控制了性别、受教育程度、出生年代、婚姻状况等人口统计学层面的特征，单位性质、行业、单位规模、工作性质等组织类型和工作身份层面的特征，以及户籍、经济地区等社会身份层面的特征。具体结果如表 3-28 所示。

表 3-28 物理工作环境风险对工作倦怠的影响：健康风险的中介效应

变量	模型 1 工作倦怠	模型 2 工作倦怠	模型 3 健康风险	模型 4 工作倦怠
控制变量	已控制	已控制	已控制	已控制
物理工作环境风险		0.065*** (0.009)	0.575*** (0.042)	0.014 (0.009)
健康风险				0.085*** (0.004)
截距	1.439*** (0.068)	1.449*** (0.067)	0.882** (0.301)	1.383*** (0.062)
F 值	11.37	14.03	20.70	53.23
R^2	0.0411	0.0566	0.0761	0.2011

注：①括号里的数字为标准误；② $^{+}p<0.1$，$^{*}p<0.05$，$^{**}p<0.01$，$^{***}p<0.001$；③模型 1 至模型 4 中的控制变量是性别、受教育程度、出生年代、婚姻状况、单位性质、行业、单位规模、工作性质、户籍和经济地区。

表 3-28 中的模型 1 为基准模型，考察了控制变量对工作倦怠的影响，这些控制变量共同解释了工作倦怠 4.11%的差异。模型 2 在模型 1 的基础上加入了物理工作环境风险，考察物理工作环境风险对工作倦怠的影响，其回归系数为 0.065（$p<0.001$），说明在 0.001 的显著性水平上，其他因素保持不变，劳动者所处的物理工作环境的风险程度每增加 1 个单位，其工作倦怠的水平随之平均提高 0.065 个单位，该模型显著解释了工作倦怠 5.66%的差异。模型 3 以健康风险作为被解释变量，控制相关变量后，考察物理工作环境风险对健康风险的影响，其回归系数为 0.575（$p<0.001$），说明在 0.001 的显著性水平上，其他因素保持不变，劳动者所处的物理工作环境的风险程度每增加 1 个单位，其健康风险随之提升 0.575 个单位，该模型解释了健康风险 7.61%的差异。模型 4 在模型 1 的基础上加入了物理工作环境风险和健康风险，两者的回归系数分别为 0.014（$p>0.05$）和 0.085（$p<0.001$），说明在 0.05 的显著性水平上，其他因素保持不变，劳动者所处物理工作环境的风险程度不会显著影响其工作倦怠水平；而劳动者健康风险每增加 1 个单位，其工作倦怠的水平随之平均提高 0.085 个单位。该模型显著解释了工作倦怠 20.11%的差异。相较于模型 2，模型 4 中物理环境风险的正效应完全消失，物理工作环境风险完全通过健康风险来影响劳动者的工作倦怠。可见，假设 H3.1、H3.2 和 H3.3 均得到验证。

从上述数据分析结果来看，物理工作环境风险确实通过健康风险影响着劳动者的工作倦怠。这一结果告诉我们，劳动者的物理工作环境确实会对劳动者的工作状态产生影响，进而可能作用于组织绩效。可见，优化劳动者的物理工作环境，对劳动者基本权益进行保障，是促使劳动者对组织绩效做出更大贡献的基础与前提。

（二）物理工作环境风险对自评健康的影响

相关研究发现职业作为现代社会重要的分层机制，可以通过多种路径，对个体健康产生显著影响。[①] 一份好的工作，一个好的工作环境，最终输出的应该是一个身心健康的劳动者，他具有可持续工作的能力，可以增进个体与家庭的福祉，推动整个社会实现劳动力的再生产。在我国社会中，职业健康问题较为严峻，职业健康防护工作需要持续推进和完善。

从工作场所来看，物理工作环境的安全性是影响劳动者健康的重要因素。长期暴露在有毒有害的工作环境中，劳动者直接接触到各种风险源，其罹患职业病的概率会显著提升，职业健康面临相对较大的威胁。我们曾因为忽视物理工作环境对于职业健康的影响而付出过不少代价。改革开放四十余年，中国经济高速增长，但这种发展成果伴随着一些社会牺牲，其中一个侧面就体现在劳动者的职业健康问题上。改革开放初期，我们主要依托巨大的人口福利和充沛的自然资源进行发展，制造业、建筑业、采掘业等劳动密集型产业助力了我国的经济腾飞，我国成了当之无愧的“世界工厂”。这一阶段，我国社会所经历的市场化改革实质上也是一个政府放权的过程，资本在遵循“利益至上”的逻辑时，劳动卫生与安全便成为一个很边缘化的问题。因此，在规范与监管缺位的情况下，粉尘、有毒化学品等物质充斥在某些工作场所中，部分劳动者长期在恶劣的物理工作环境中进行高强度工作，对其身体状况有非常大的负面影响，在中壮年时期便罹患相关的职业疾病，进而整个家庭都陷入生存困境。目前新技术、新工艺、新材料不断被开发利用，一些新的职业健康问题日渐突出，传统问题与新兴威胁相互交织，对新时期的劳动卫生与安全提出了更高的要求。

过去，国家通过单位这一特殊的组织形态来实现对劳动者的控制，单位功能多元化使得“单位办社会”，工作单位几乎包办了劳动者的生老病死，其中，劳动卫生与安全正是题中之义。但是在市场化改革

① 梁童心、齐亚强、叶华：《职业是如何影响健康的？——基于 2012 年中国劳动力动态调查的实证研究》，《社会学研究》2019 年第 4 期，第 193~217 页。

的进程中，单位走向以创造利益为靶心的主干道，部分单位和新兴经济组织忽略了劳动卫生与安全问题。当改革进入深水区，包括劳动卫生与安全方面在内的许多弊端和问题充分暴露出来，我们逐渐清楚地意识到，只有充分延续、拓展与践行“把支部建在连上”这一基本原则与制度，才能有效增益人们的福祉。从这个角度出发，我们可以理解党的十八大以来“从严治党”以及强调“创新基层党建工作，夯实党执政的组织基础”的目的。党章中明确规定，党的基层组织有“团结凝聚职工群众，维护各方的合法权益，促进企业健康发展”等职责①；事实上，党组织通过“双向进入、交叉任职”② 等方式参与到工作单位的治理结构中，确实能够产生重要影响，比如促进工作单位福利保障制度的建设等③。因此，我们认为，以在工作单位中设置党组织的方式所实现的政治嵌入，可以切实保护劳动者在劳动卫生与安全方面的权益。综合上述内容，本研究的具体假设如下。

假设 H3.4：其他因素保持不变，物理工作环境风险程度越高，劳动者的健康状况越差。

假设 H3.5：其他因素保持不变，相较于工作单位政治嵌入水平较高的劳动者，工作单位政治嵌入水平较低的劳动者，其物理工作环境风险对劳动者健康状况的负向影响相对更强。

本研究中，我们通过题器“您所在单位中，有没有党组织”来获知单位的政治嵌入水平，其中“有党组织”赋值为 1，表明单位的政治嵌入水平相对较高，“没有党组织”赋值为 0，表明单位的政治嵌入水平相对较低，劳动者中所在单位有党组织的占比为 55.12%；通过题器“您目前的身体健康状况是”来获得被访者的健康状况，回答分

① 《非公有制经济组织中党的基层组织如何发挥作用?》，https://fuwu.12371.cn/2016/07/06/ARTI1467736217577861.shtml，最后访问日期：2024 年 7 月 12 日。

② 中共中央印发《中国共产党国有企业基层组织工作条例（试行）》，https://www.gov.cn/zhengce/2020-01/05/content_5466687.htm，最后访问日期：2024 年 7 月 12 日。

③ 李中、张彦：《政治约束与经济理性的平衡——党组织嵌入对非公企业福利保障制度建设的影响研究》，《社会学评论》2023 年第 1 期，第 107~123 页。

为5个层次，即很差、较差、一般、较好、很好，分别赋值为1~5。相关研究表明用自评健康来测度健康状况有较好的信度，可以较为综合地反映个体的健康状况，是一项较为综合有效的测量指标。① 劳动者在自评健康上的得分均值为4.36。

在建构回归模型验证上述假设时，我们设定了3个模型，模型控制了性别、受教育程度、出生年代、婚姻状况等人口统计学层面的特征，单位性质、行业、单位规模、工作性质等组织类型和工作身份层面的特征，以及户籍、经济地区等社会身份层面的特征。具体结果如表3-29所示。

表3-29 物理工作环境风险对自评健康的影响：党组织嵌入的调节效应

变量	模型1 自评健康	模型2 自评健康	模型3 自评健康
控制变量	已控制	已控制	已控制
物理工作环境风险		-0.117*** (-0.017)	-0.184*** (0.032)
政治嵌入（以没有党组织为参照）			
有党组织			-0.066 (0.039)
政治嵌入×物理工作环境风险（以没有党组织×物理工作环境风险为参照组）			
有党组织×物理工作环境风险			0.094* (0.038)
截距	4.343*** (0.119)	4.445*** (0.121)	4.539*** (0.129)
F值	14.52	17.03	13.46
R^2	0.0467	0.0622	0.0658

注：①括号里的数字为标准误；②$^+p<0.1$，$^*p<0.05$，$^{**}p<0.01$，$^{***}p<0.001$；③模型1至模型3中的控制变量是性别、受教育程度、出生年代、婚姻状况、单位性质、行业、单位规模、工作性质、户籍和经济地区。

① Ellen L. Idler & Yael Benyamin, "Self-rated Health and Mortality: a Review of Twenty-seven Community Studies," *Journal of Health and Social Behavior* 38, no.1 (1997): 21-37；齐亚强：《自评一般健康的信度和效度分析》，《社会》2014年第6期，第196~215页。

表 3-29 中的模型 1 为基准模型，只考察了控制变量对自评健康的影响，这些控制变量共同解释了自评健康 4.67%的差异。模型 2 在模型 1 的基础上加入了物理工作环境风险，考察物理工作环境风险对自评健康的影响，其回归系数为-0.117（$p<0.001$），说明在 0.001 的显著性水平上，其他因素保持不变，劳动者所处的物理工作环境的风险程度每增加 1 个单位，其自评健康随之下降 0.117 个单位，该模型显著解释了自评健康 6.22%的差异。模型 3 在模型 1 的基础上加入物理工作环境风险与政治嵌入的交互项，考察政治嵌入在物理工作环境风险与自评健康间是否起到调节作用，物理工作环境风险与政治嵌入的交互项回归系数为 0.094（$p<0.05$），说明在 0.05 的显著性水平上，物理工作环境风险对自评健康的负向影响，在单位政治嵌入水平较低的劳动者群体中相对更大。具体地说，其他因素保持不变，劳动者所处的物理工作环境的风险程度每增加 1 个单位，单位中没有党组织的劳动者的自评健康随之降低 0.184 个单位；而单位中有党组织的劳动者的自评健康随之降低 0.090 个单位。模型 3 显著解释了自评健康 6.58%的差异。可见，假设 H3.4 和 H3.5 均得到验证。

为了更加直观地显示物理工作环境风险对健康状况的负向影响在政治嵌入上的异质性，我们根据表 3-29 中的模型 3 绘制了物理工作环境风险对自评健康的拟合回归直线，结果如图 3-10 所示。可以

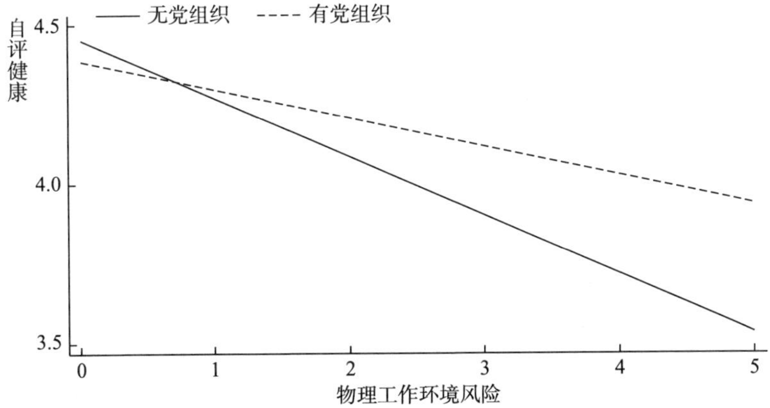

图 3-10　有无党组织对物理工作环境风险与自评健康的调节作用

发现，随着物理工作环境风险的上升，自评健康随之降低，且相较于单位政治嵌入水平较高的劳动者群体，单位政治嵌入水平较低的劳动者群体，其物理工作环境风险对自评健康的负向影响相对更强。

从上述数据分析结果来看，物理工作环境风险确实会影响自评健康，而且这个过程受到政治嵌入的调节。政治嵌入通过设置党组织等方式将国家保护劳动者的意志更坚决地贯彻到工作场所中，可以缓冲物理工作环境风险对于个体的负面影响。这启示我们，工作场所对于个体的影响，直接受到各种组织与社会关系运作的作用。一个良好的物理工作环境需要个体、组织与社会的共同努力。

（三）职场人际欺凌的性别差异：工作场所的调节作用

在工作场所中，人际冲突普遍存在，并且不可避免，它既可能是破坏性的，也可能是建设性的。[①] 其中，职场欺凌（workplace bullying）作为一种故意的负向行为，对当事者双方及旁观者都有显著的负面影响，会导致情绪耗竭、身体不适、较低的组织承诺、工作满意度低、工作绩效水平下降以及故意缺勤、工作倦怠、创新潜能丧失、离职等问题。[②] 因此，职场欺凌可被视为一种严重的职业危害，不仅影响个体的身心健康，还会拉低组织的绩效，恶化组织中的互动环境，所以有学者将其喻为组织的慢性癌症，严重腐蚀着组织的健康。[③]

国内一些相关研究发现，职场欺凌具有明显的性别差异，其中，

---

① 曾明彬、周超文：《组织内人际冲突处理模式述评》，《贵州财经学院学报》2011年第1期，第55~61页。

② 付美云、乐国安、马华维：《职场欺负研究的整合模型》，《心理科学进展》2013年第11期，第2016~2026页。

③ Charlotte Rayner，Helge Hoel & Cary Cooper，*Workplace Bullying*：*What We Know*，*Who is to Blame and What Can We Do*？（London：Taylor and Francis，2002），转引自李永鑫、聂光辉、李艺敏、王明辉、赵国祥《工作场所欺负的内容结构与测量》，《心理科学》2011年第5期，第1201~1208页。

男性劳动者受欺凌相对较多。[①] 但现实经验告诉我们，存在部分女性劳动者遭遇较多、较严重的职场欺凌现象。由此观之，职场欺凌的性别差异需要更深入的探索。

在既往研究与讨论中，职场欺凌既有工作欺凌的面向，也有人际欺凌的面向。[②] 我们重点聚焦的是人际欺凌这个面向。在第三产业成为就业最大“容纳器”的背景下[③]，我们认为，鉴于男性劳动者在人际沟通与关系处理实践中存在的某些特征，如性格急躁、自大等，相较于女性劳动者，男性劳动者更可能遭遇职场人际欺凌。

更为关键的是，性别与职场人际欺凌间的关系，很可能在不同的工作场所中具有异质性。因为当具备某些特征的劳动者群体相对集中于某种工作场所时，工作场所中的劳动者会形成一些比较独特的工作场所气质以满足其要求，比如户外工作可能更看重劳动者的体力与技术、流动地点工作的劳动者可能更讲求果断和快速完成任务等。有些工作场所需要的气质或要求更加契合女性气质和特征，从而使得男性劳动者在其中格格不入，更可能遭遇职场人际欺凌，反之亦然。综上所述，我们提出下列假设。

假设 H3.6：其他因素保持不变，相较于女性劳动者，男性劳动者所遭遇的职场人际欺凌更多。

假设 H3.7：其他因素保持不变，性别与职场人际欺凌间的关系在户内/外工作上存在异质性。

假设 H3.8：其他因素保持不变，性别与职场人际欺凌间的关系在固定/流动地点工作上存在异质性。

在本研究中，我们将职场人际欺凌操作化为工作场所中言语冲

---

① 陈伟娜：《企业员工职场欺负内容结构及相关研究》，博士学位论文，暨南大学，2011，第 57 页；刘骏飞：《企业员工工作场所欺凌与职业倦怠关系的实证研究》，硕士学位论文，中南大学，2010，第 62 页。

② 陈伟娜：《企业员工职场欺负内容结构及相关研究》，博士学位论文，暨南大学，2011，第 38~54 页。

③ 《十年来 我国就业局势保持总体稳定 社保覆盖不断扩大》，https://china.cnr.cn/news/20220826/t20220826_525987177.shtml，最后访问日期：2024 年 7 月 12 日。

突、肢体冲突等 8 种情况。由 8 个题器构成的职场人际欺凌量表的 Cronbach's α 系数为 0.866，可见整个量表的信度良好（见表 3-30）。经 KMO 和巴特利特球形检验，得到 KMO 值为 0.914，巴特利特球形检验卡方为 18314.42（$p<0.001$），表明可以进一步做因素分析，验证职场人际欺凌的效度。其因素分析的结果显示：8 个变量通过主成分因子法可以提取 1 个共同因子，初始特征值为 4.45，能解释的方差比例为 55.58%，使用方差最大法对其进行正交旋转，得到各个变量具体的因子载荷（见表 3-31）。结果表明，8 个变量间确实存在信息上的共指，具有较好的结构效度。在因素分析的支撑下，本研究将上述 8 个变量进行算术平均，生成 1 个潜变量，用以表征劳动者在职场中遭遇人际欺凌的程度，该变量的取值范围为 1~3 分，分值越高，表明劳动者受到的职场人际欺凌越多。劳动者在职场人际欺凌上的均值为 1.16。

表 3-30　职场人际欺凌的操作化

概念	题器	变量类型	编码	Cronbach's α 系数
职场人际欺凌	在工作场所的人际交往中，您是否经常遭遇言语冲突	定序变量	1-从不 2-偶尔 3-经常	0.866
	在工作场所的人际交往中，您是否经常遭遇肢体冲突	定序变量		
	在工作场所的人际交往中，您是否经常遭遇口头威胁	定序变量		
	在工作场所的人际交往中，您是否经常遭遇性骚扰	定序变量		
	在工作场所的人际交往中，您是否经常遭遇羞辱	定序变量		
	在工作场所的人际交往中，您是否经常遭遇驳面子	定序变量		
	在工作场所的人际交往中，您是否经常遭遇穿小鞋	定序变量		
	在工作场所的人际交往中，您是否经常遭遇烦躁	定序变量		

表 3-31　职场人际欺凌量表的验证性因素分析

条目	成分
	职场人际欺凌
a. 言语冲突（如吵嘴）	0.68
b. 肢体冲突（如打架）	0.78
c. 口头威胁（如警告）	0.79
d. 性骚扰（如性暗示、黄色笑话等）	0.75
e. 羞辱（如当面呵斥等）	0.80
f. 驳面子（如当众拒绝）	0.72
g. 穿小鞋（如打击报复）	0.76
h. 烦躁（如发脾气、拍桌子）	0.66
特征值	4.45
贡献率（%）	55.58
累积贡献率（%）	55.58

提取方法：主成分。

在建构回归模型验证上述假设时，我们设定了 4 个模型，模型控制了性别、受教育程度、出生年代、婚姻状况等人口统计学层面的特征，单位性质、行业、单位规模、工作性质等组织类型和工作身份层面的特征，以及户籍、经济地区等社会身份层面的特征。此外，针对职场人际欺凌，我们还控制了组织中的庇护关系，即劳动者在单位中有没有能够关照自己的领导；劳动者在组织中所处的层级是否为一线员工；劳动者在组织中与同事之间的关系等状况。具体结果如表 3-32 所示。

表 3-32　职场人际欺凌的性别差异：工作场所的调节效应

变量	模型 1 职场人际欺凌	模型 2 职场人际欺凌	模型 3 职场人际欺凌	模型 4 职场人际欺凌
控制变量	已控制	已控制	已控制	已控制
性别（以女性为参照组）				
男性		0.030** (0.010)	0.037*** (0.010)	0.035** (0.011)

续表

变量	模型 1 职场人际欺凌	模型 2 职场人际欺凌	模型 3 职场人际欺凌	模型 4 职场人际欺凌
户内/外工作（以户内工作为参照组）				
户外工作			0.151*** (0.029)	
工作地点流动性（以固定地点工作为参照组）				
流动地点工作				0.091*** (0.021)
性别×户内/外工作（以女性×户内工作为参照组）				
男性×户外工作			−0.139*** (0.034)	
性别×工作地点流动性（以女性×固定地点工作为参照组）				
男性×流动地点工作				−0.067* (0.026)
截距	1.280*** (0.048)	1.263*** (0.048)	1.258*** (0.048)	1.260*** (0.048)
F 值	16.22	15.69	15.57	14.98
R^2	0.0494	0.0521	0.0598	0.0577

注：①括号里的数字为标准误；②$^{+}p<0.1$，$^{*}p<0.05$，$^{**}p<0.01$，$^{***}p<0.001$；③模型1至模型4中的控制变量是受教育程度、出生年代、婚姻状况、单位性质、行业、单位规模、工作性质、庇护关系、是否为一线员工、同事关系、户籍和经济地区。

表3-32中的模型1为基准模型，只考察了控制变量对职场人际欺凌的影响，这些变量共同解释了职场人际欺凌4.94%的差异。模型2在模型1的基础上加入了性别，考察性别对职场人际欺凌的影响，其回归系数为0.030（$p<0.01$），说明在0.01的显著性水平上，其他因素保持不变，相较于女性劳动者，男性劳动者所遭遇的职场人际欺凌平均高0.030个单位，该模型显著解释了职场人际欺凌5.21%的差异。模型3在模型1的基础上加入性别与户内/外工作的交互项，考察户内/外工作在性别与职场人际欺凌间是否起到调节作用，性别的回归系数为0.037（$p<0.001$），性别与户内/外工作的交互项回归系数为−0.139（$p<0.001$），说明在0.001的显著性水平上，户内工作者中，男性劳动者所遭遇的职场人际欺凌平均比女性高

0.037 个单位；户外工作者中，男性劳动者所遭遇的职场人际欺凌平均比女性低 0.102 个单位。模型 3 显著解释了职场人际欺凌 5.98%的差异。因此，相较于户内，在户外，女性劳动者所遭遇的职场人际欺凌比男性更多。模型 4 在模型 1 的基础上加入性别与固定/流动地点工作的交互项，考察固定/流动地点工作在性别与职场人际欺凌间是否起到调节作用，性别的回归系数为 0.035（$p<0.01$），性别与固定/流动地点工作的交互项回归系数为-0.067（$p<0.05$），说明在 0.05 的显著性水平上，固定地点工作者中，男性劳动者所遭遇的职场人际欺凌平均比女性高 0.035 个单位；流动地点工作者中，男性劳动者所遭遇的职场人际欺凌平均比女性低 0.032 个单位。模型 4 显著解释了职场人际欺凌 5.77%的差异。因此，相较于固定地点工作，在流动地点工作，女性劳动者所遭遇的职场人际欺凌比男性更多。可见，假设 H3.6、H3.7 和 H3.8 均得到验证。

为了更加直观地显示性别对职场人际欺凌的影响在工作场所特征上的异质性，我们根据表 3-32 中的模型 3 和模型 4 绘制了工作场所特征对职场人际欺凌的性别差异的调节效应图，结果如图 3-11 所示。可以发现，就职场人际欺凌而言，在户内和固定地点工作，女性劳动者所遭遇的职场人际欺凌相对较少，在户外和流动地点工作，男性所遭遇的职场人际欺凌相对较少。

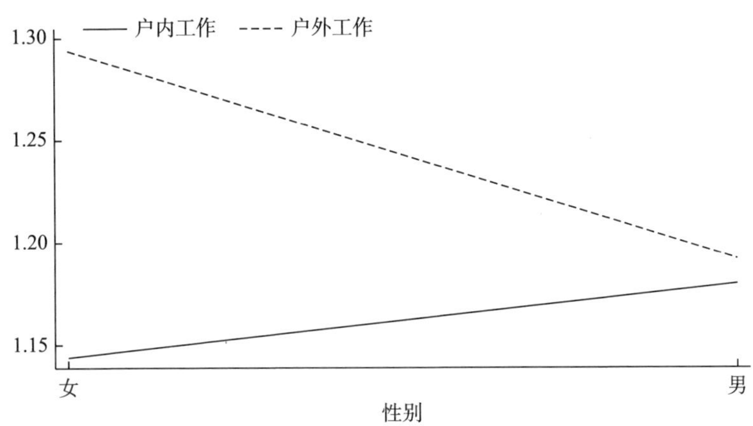

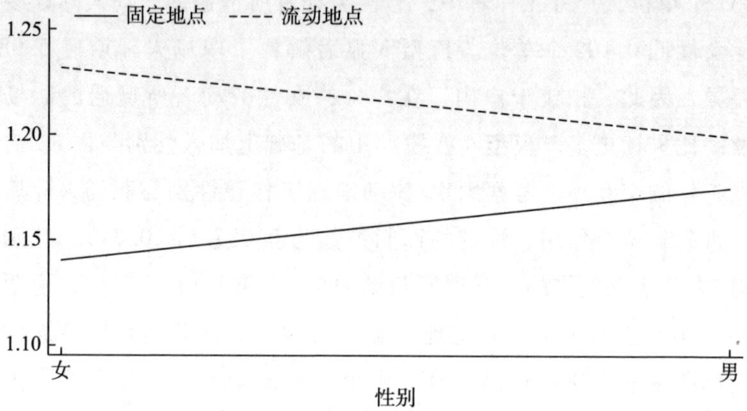

图 3-11 工作场所特征对职场人际欺凌的性别差异的调节效用

从上述数据分析结果来看，工作场所特征确实会调节性别与职场人际欺凌的关系。这启示我们，在一个工作场所内，人们被组织起来，可能会形成较为惯常的工作内容与方式、比较稳定的互动秩序，甚至相对独特的精神气质，这显著影响着工作场所内的互动。那么，当我们在探索工作场所中的互动时，尤其是针对工作场所中的暴力、歧视、欺凌等越轨行为进行规范和制约时，必须将物理工作场所纳入考虑。

第四章　工作时间

在我国，劳动者的工作时间普遍较长[①]，既往研究和公众讨论主要集中在工作时间较长的成因及社会心理后果上[②]。近年来，在科技突飞猛进、市场竞争进一步加剧的背景下，组织管理越发讲求绩效至上，这不仅推动劳动者进行长时间工作，还有将这种劳动时间安排制度化的倾向，或借助于技术更为隐秘地监控与规范劳动过程，从而限制劳动者在工作时间上的自主性。可以看到，在工作时长的基础上，工作时点和工作时间的自主性逐渐成为学界与公众讨论的新焦点。[③]

① “我国劳动者普遍存在过度劳动的问题，加班现象严重”，参见赖德胜、孟大虎、李长安、王琦等《2014中国劳动力市场发展报告——迈向高收入国家进程中的工作时间》，北京师范大学出版社，2014，第59~71页；“2017年中国工资劳动者超时工作率（日工作时间大于8小时）高达42.2%”，参见杜凤莲、王文斌、董晓媛等《时间都去哪儿了？中国时间利用调查研究报告》，中国社会科学出版社，2018，第52~53页。

② 参见朱玲《农村迁移工人的劳动时间和职业健康》，《中国社会科学》2009年第1期，第133~149页；刘林平、张春泥、陈小娟：《农民的效益观与农民工的行动逻辑——对农民工超时加班的意愿与目的分析》，《中国农村经济》2010年第9期，第48~58页；孟续铎、王欣：《企业员工超时工作成因与劳动时间特征》，《经济与管理研究》2015年第12期，第66~74页。

③ 组织为了追求绩效，要么延长劳动者的工作时间，要么提升劳动者的工作强度或者减少人力成本。前者对应的现象是“996”工作制，后者则与灵活用工、平台经济等相关。这些工作场所中新的劳动实践方式，推动我们关注工作时长以外的工作时点和工作时间自主性问题，追寻这些问题的成因及社会心理后果，并思考什么是体面的、有质量的工作时间。相关研究参见曾湘泉、卢亮《标准化和灵活性的双重挑战——转型中的我国企业工作时间研究》，《中国人民大学学报》2006年第1期，第110~116页；梁萌：《弹性工时制何以失效？——互联网企业工作压力机制的理论与实践研究》，《社会学评论》2019年第3期，第35~49页；唐晓琦：《工作情景、时间体验与不同劳动体制下的自由感知——关于青年群体“奔赴零工”现象的反思》，《中国青年研究》2022年第4期，第94~102页。

工作时长、工作时点或工作时间上的自主性都深刻影响着人们关于工作的体验与感受。[①] 综合考察劳动者的工作时间在时长、时点和自主性等各个方面的状况，以及人们对其的评价和感受，我们可以洞察到参与工作时间建构的社会关系性质与特征，尤其是劳资关系的状态，进而把握人们关于工作的体验与感受。在这个意义上，工作时间直接反映的是劳动者生产和发展的基本权益，是我们研究工作环境的重要切口。

一 工作时间的社会性及其内在结构

工作时间，又称劳动时间，是指劳动者按照法律规定从事生产劳动或工作的时间。[②] 在现代社会中，工作时间通常以资源的形式存在，劳动者需要投入工作时间来获得财富以供个体和家庭的生存与消费，而资本家追求更多剩余工作时间来实现资本的积累与扩大再生产，“时间就是金钱”由此成为至理名言。[③] 从历史到当下，劳资双方围绕工作时间的博弈历久弥新，这个争夺史的焦点大体经历了从数量到质量，再到灵活性的变迁。[④] 显然，工作时间权力的争夺成

---

① 参见吴伟炯《工作时间对职业幸福感的影响——基于三种典型职业的实证分析》，《中国工业经济》2016 年第 3 期，第 130～145 页；聂伟、风笑天：《996 在职青年的超时工作及社会心理后果研究——基于 CLDS 数据的实证分析》，《中国青年研究》2020 年第 5 期，第 76～84 页；李挺、汪然、刘欣：《超时劳动、工作自主性对青年劳动者幸福感的影响研究——基于 CLDS（2016）数据的实证分析》，《中国青年社会科学》2021 年第 2 期，第 88～95 页。

② 王益英主编《中华法学大辞典·劳动法学卷》，中国检察出版社，1997，第 87 页。

③ 李斌、汤秋芬：《资源、秩序与体验：工作时间与工作满意度研究》，《湖南师范大学社会科学学报》2018 年第 6 期，第 106～113 页。

④ “随着劳资双方控制与抗争的持续，劳动时间的争夺面向被不断拓展”，具体地说，“在早期的自由竞争资本主义阶段，劳资双方的争夺是围绕着劳动时间的量进行的；在垄断资本主义时期，关注目光则聚焦到以劳动强度为代表的劳动时间的质；在后工业社会当中，则转向了对工人自主性的强调”。参见李胜蓝、江立华《新型劳动时间控制与虚假自由——外卖骑手的劳动过程研究》，《社会学研究》2020 年第 6 期，第 91～112 页。

为影射劳资双方斗争的一个重要场域。[①]

因此，我们对于工作时间的理解是：劳动者对工作时间的配置与控制，不仅仅是其个体的决策，更是劳资双方在一定社会制度和心态的框架下博弈、协调与共谋的结果，进而在相当长的时间内形成相对有序的时间韵律。这种经由对工作时间的配置与控制而形成的个体时间韵律，在多大程度上与人的生理节律、社会活动的节奏相适应，形塑了人们关于时间的经验感。在这个意义上，工作时间直接关涉劳动者个体的工作体验，也与组织层面的互动息息相关，受社会环境影响的同时也参与社会环境的建构。考察劳动者的工作时间及劳动者对工作时间的主观评价与感受，是研判劳动者工作环境的基本观测点，也是对社会制度与社会心态问题的探寻。

就工作时间的概念内涵而言，其基本包括三个方面的内容：一是持续时间，即投入工作的时间长度；二是工作时点，即从事工作的时段，如工作日的白天、夜晚或周末等；三是工作节奏，即工作的频率、速度、灵活性等。[②] 基于此，我们如果想相对全面地刻画劳动者的工作时间，则既须关注工作时间的长短，又须记录工作时间所处的时点，还须考察劳动者自主调配工作时间的可能性。有研究大致依托这三方面的内容，将工作时间操作化为三个维度，即工作时长、工作时点与工作时间上的自主性。[③]

工作时间在上述方面或维度中的表现，仿佛是劳动者个体的状况，但处处体现的是社会建构的痕迹。所谓时间的社会性，或者说“社会时间”，按照索罗金（Pitirim Alexandrovitch Sorokin）和默顿

① 郑作彧：《社会的时间：形成、变迁与问题》，社会科学文献出版社，2018，第134页。

② 赵炜、Jens Thoemmes：《谁改变了工作时间——有关工时的劳动社会学研究》，《中国社会科学评价》2021年第4期，第16~26页。

③ 李中：《工作时间质量对员工的影响：理论路径与实证检验》，《中国劳动关系学院学报》2021年第3期，第81~94页。

（Robert King Merton）的观点，是集体信念和习惯的产物，它能够标示社会活动的节奏，只有当时间与社会的参照系联系在一起时才具有社会意义。[①] 从这个角度考察工作时间，其在三个维度上的社会建构痕迹、社会意义与影响具体表现如下。

就工作时长来说，在国内外产业工人为健康权益所做出的系列努力与斗争下，八小时工作制已经成为深入人心的制度。[②] 但遗憾的是，在现实生活中，超时工作[③]仍旧普遍存在，部分劳动者为了谋求生存和发展的资源，主动或被动选择投入较多的工作时间与精力，牺牲自己的健康权益。也就是说，部分劳动者拿身体拼命换钱的工作方式未能改善，相反还有演变成“牺牲健康权益谋求发展（机会）”的趋势。而长时间工作的劳动者的健康权益更可能受损、生活幸福感更低，工作—生活也趋于失衡。[④]

就工作时点来说，整个社会已经习惯了普遍或法定的工作时间制度（朝九晚五、周末双休等），并在这种时间规范下形成了相应的社会活动节奏。当个体的工作时间安排与上述标准的工作时间安排不同时，如周末上班、夜班、倒班、轮班等，不仅会使个体的时间韵律与生理节律不相容，还与社会活动的节奏形成了较大的差异，在影响劳动者身心健康的同时，可能会对个体的社会生活产生多方面的负面效应。这些负面效应主要表现在工作—生活平衡上，劳动者工作角色与

---

① Pitirim Alexandrovitch Sorokin & Robert King Merton, “Social Time: A Methodological and Functional Analysis,” *American Journal of Sociology* 42, no. 5 (1937): 615-629，转引自文军、陈蕾《资源、制度与情境：现代社会中时间意涵的理论流变》，《社会学评论》2019年第5期，第3~14页。

② 国际、国内争取八小时工作时间制度的努力过程参见黄国武、邵小凤、涂伟《共同富裕背景下劳动者8小时工作制的思辨：守正与创新》，《社会保障研究》2021年第5期，第26~38页。

③ 结合相关法律规定以及学者们的研究成果，为便于数据统计及分析，本研究将日均工作时间超过8小时定义为超时工作，将日均工作时间8小时及以内定义为未超时工作。参见孟续铎、王欣《企业员工超时工作成因与劳动时间特征》，《经济与管理研究》2015年第12期，第66~74页。

④ 聂伟、风笑天：《996在职青年的超时工作及社会心理后果研究——基于CLDS数据的实证分析》，《中国青年研究》2020年第5期，第76~84页。

生活角色间的紧张与冲突不仅显著影响其工作体验，也对亲密关系、老人照护以及幼儿抚育等家庭方面的事务构成巨大挑战。

就工作时间上的自主性来说，工作时间自主性是现代社会中体面的工作时间的一种表征。并且工作时间自主性具有现实性的作用，即劳动者在多大程度上可以控制或调整自己的工作时间安排、形成弹性的时间韵律是化解工作与生活冲突、减少角色紧张与冲突的重要因素，可以起到“减压阀”的积极效应。但需要注意的是，工作时间上的自主性只能起到调节的作用，减少部分由工作时长过长或者非标准工作时点带来的负面影响，劳资关系本质上的冲突并没有弥合。甚至，劳资双方会共谋形成一种新型的劳资关系，它提供了一种弹性工作时间的设置，在一定程度上满足了劳动者对工作时间自主性的偏好，但隐秘的代价是管理和控制方式更加严苛、雇佣关系趋于松散。劳动者们仿佛是自主了，但最基本的权益却缺少了保障，甚至随时可能受到损害。

综上，我们认为，综合考察工作时长、工作时点和工作时间上的自主性，从劳动者对工作时间的配置和控制中，可以相对全面地评价劳动者的工作时间状况。从这三个维度测量工作时间，并尝试挖掘其背后社会关系运作的特征和性质，有助于我们把握我国城镇劳动者的工作环境状况。在这个意义上，工作时间是工作环境的基本观测点。

二 工作时间的操作化与测量

工作时间指劳动者按照法律规定从事生产劳动或工作的时间。[①] 工作时间是工作环境较为表象的观测体系，劳动者的工作时间状况往往可以映射出劳资双方的关系状态，在某种意义上，工作时间是资方对劳方就工作方式或工作强度提出的正式或非正式的要求与限

---

① 王益英主编《中华法学大辞典·劳动法学卷》，中国检察出版社，1997，第87页。

制，具体体现在工作时长、工作时点和工作时间的自主性上。在本研究中，我们对劳动者工作时间的测量与讨论便围绕这三个方面展开，并将其操作化为包括月工作天数与日工作时长在内的工作时长，包括加班、排班、上夜班、周末上班在内的非标准工作时间，以及包括弹性工作制与弹性工作时间感受在内的弹性工作时间。其中，非标准工作时间是对工作时点的转译，以普遍或法定的工作时间安排为基准，关注的是与普遍或法定的工作时间安排不同的工作时间状况；弹性工作时间则是工作时间自主性的经验表达，即制度上给予劳动者自主调控工作时间的空间以及劳动者感受到的工作时间的灵活程度。承前所述，这三个维度是工作时间内在的三个方面，综合考察这些信息，可以研判劳动者对其工作时间的配置与控制状态，从而相对全面地了解我国城镇劳动者的工作时间状况。

具体展开，我们首先关注工作时长，即劳动者投入工作中的时间长度，具体指的是每个月的工作天数和每天的工作小时数。目前，社会普遍存在劳动者工作时间较长的现象，这在一定程度上影响着劳动者的身心健康，如果对这一现象管控不力或处理不当，很可能导致某些劳动纠纷与冲突。因此，本研究将重点把握我国劳动者超时工作的程度及其差异分布。其次，我们聚焦我国劳动者的非标准工作时间，即工作时点与普遍或法定的工作时间安排（例如朝九晚五、周末双休等）不同的工作时间状况。① 在这里，我们主要考察的是加班类型及其原因和多元化的排班方式。加班抑或是排班，都需要劳动者调整自己的作息去适应非标准的工作时间，并且对其家庭和社会参与均构成一定挑战。但从社会分工的角度来说，整个社会需要部分劳动者在非标准工作时间内从事某些工作以提供相应的服务或完成相关的生产活动，因此，识别这一群体并保障他们的基本权益成为关键。最后我们讨论的是弹性工作时间，其在制度安排

① 李中：《工作时间质量对员工的影响：理论路径与实证检验》，《中国劳动关系学院学报》2021 年第 3 期，第 81~94 页。

上的表现是弹性工作制，但对于劳动者来说，工作时间是否具有弹性最终体现在劳动者的主观感受上，即工作时间灵不灵活。综合制度安排与主观感受上的状况，我们可以了解我国社会中弹性工作时间在形式与实质上的普及程度。关于工作时间的操作化，具体见表 4-1。

表 4-1 工作时间的操作化

	变量	变量类型	题器	编码
工作时长	月工作天数	定比变量	上个月，您总共工作了多少天（包括周末加班）	/
	日工作时长	定比变量	上个月，您平均每天花多少时间从事下列活动（A. 正常上班，指的是合同规定、法定、单位规定的上班时间；B. 加班，指的是正常上班之外的额外工作时间）	/
非标准工作时间	加班行为	定类变量	上个月，您是否加班了	0-否 1-是
	加班类型	定类变量	上个月，您是否有下列加班情形（周一至周五延时加班/周末加班/法定节假日加班）	0-否 1-是
	加班原因	定类变量	上个月，您加班是单位安排还是个人选择	0-单位安排 1-个人选择
	排班制度	定类变量	上个月，您的排班状况属于下列哪一种	0-固定班 1-轮班/倒班
	夜班工作	定类变量	上个月，您是否上过夜班	0-否 1-是
	周末工作	定类变量	上个月，您是否在周末上过班（包括正常上班、加班、调班等）	0-否 1-是
弹性工作时间	弹性工作制	定类变量	您所在单位是否实行弹性工作制	0-否 1-是
	弹性工作时间感受	定类变量	下列说法，多大程度上符合您的实际情况？我的工作时间很灵活	1-很不符合 2-较不符合 3-一般 4-比较符合 5-完全符合

三 工作时间的现状分析

本次调查通过工作时间的三个方面，即工作时长、非标准工作时间和弹性工作时间，来了解我国城镇劳动者的工作时间状况。其中，工作时长主要关注的是劳动者所投入的工作时间量，非标准工作时间侧重于被特殊规训的工作时点，而弹性工作时间试图发现劳动者的工作时间在形式与实质上的灵活程度。具体的分析结果如下。

（一）工作时长

工作时长指的是劳动者工作所持续的时间，反映的是实际投入的工作时间量。为了合理安排劳动者的工作和休息，保护劳动者的休息权利，我国实行的是劳动者每日工作时间不超过八小时、平均每周工作时间不超过四十四小时的工时制度。① 然而，在实践领域中，这一工时制度似乎并没有得到有效执行，有关超时工作②的劳资冲突与纠纷频频发生，受到社会各界的广泛关注与讨论，以至于人力资源和社会保障部、最高人民法院联合发布超时加班劳动人事争议典型案例，一方面提示用人单位违法行为风险，促进依法规范用工；另一方面明确劳动者维权预期，引导劳动者依法理性维权。③ 基于此，本调查设计了相关题器，分别从月工作天数和日工作时长两

① 参见《中华人民共和国劳动法》，https://flk.npc.gov.cn/detail2.html? ZmY4MDgwODE2ZjEzNWY0NjAxNmYyMGYxNmVlMTE3Mzc%3D，最后访问日期：2024年1月8日。

② “超时工作体现在加班和加点两种情况中，职工根据行政的命令和要求，在法定节日和公休假日进行工作叫作加班，在标准工作日以外进行工作的时间叫作加点。”参见周国良、黎建飞、刘文华、陈特、邱琳、陈伟忠、黄振东《专家视点：加班和加班工资》，《中国劳动》2008年第12期，第6~17页。

③ 《劳动人事争议典型案例（第二批）》，https://www.chinacourt.org/article/detail/2021/08/id/6228920.shtml，最后访问日期：2024年1月8日。

个方面来刻画我国城镇劳动者的工作时长状况。

1. 月工作天数

就月工作天数而言，工作日与休息日呈现相对合理的比例，既可以使劳动者有充足的时间来恢复工作中所损耗的精力和体力，也给劳动者提供了参与家庭与社会事务的机会，工作与闲暇都是人所追求的。关于月工作天数，我们进一步考虑的是，在何种意义上，人们会放弃闲暇而持续工作？又在何种意义上，人们不得不处于一个“闲置”的状态，缺少工作的机会？

我们通过题器“上个月，您总共工作了多少天（包括周末加班）”来获知我国城镇劳动者的月工作天数情况。经过描述性分析可知：我国城镇劳动者的月平均工作天数为 25.14 天，中位数和众数均为 26.00，标准差为 4.70，直方图拟合的正态分布曲线呈现明显的左偏态和尖峰分布①，其偏度系数和峰度系数分别为 -2.30 和 11.96（见表 4-2 和图 4-1）。

表 4-2　月工作天数的描述性分析

	集中趋势		离散趋势		分布状况	
月工作天数	均值	25.14	标准差	4.70	偏度	-2.30
	众数	26.00	最大值	31.00	峰度	11.96
	中位数	26.00	最小值	0.00		

我们进一步考察月工作天数在人口学特征上的差异，可以发现不同群体月工作天数的差异分布，结果表明：月工作天数在性别、出生年代、受教育程度、婚姻状况②、户籍③和经济地区上均有显著差异（见表 4-3）。

① 峰度大于常峰度的分布叫作尖峰分布（峰度>3），拥有更陡峭的波峰；峰度小于常峰度的分布叫作平峰分布（峰度<3），拥有更平的波峰。

② 对婚姻状况的划分，我们将其分为 4 类，分别是未婚、已婚、离婚和丧偶。其中，未婚包括同居状态；已婚包括初婚、离婚再婚和丧偶再婚状态。

③ 对户籍的划分，我们根据被访者出生时和现在的户籍状态将其分为 4 类，分别是农村户口、城镇户口、农村转城镇户口和城镇转农村户口。

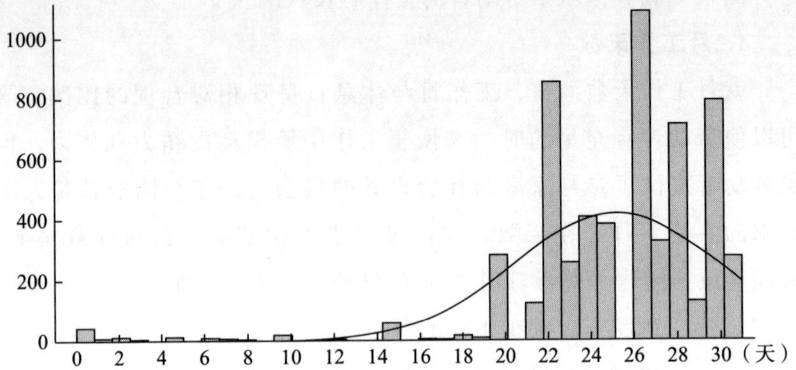

图 4-1　月工作天数的频数分布

表 4-3　月工作天数在人口学变量上的差异性分析

		均值	标准差	样本量	差异显著性
性别	女	24.95	4.81	2998	$T=-3.06$，$p=0.0022$
	男	25.33	4.58	2871	
出生年代	00 后	23.75	7.42	163	$F=7.11$，$p=0.0000$
	90 后	24.97	4.71	2232	
	80 后	25.10	4.29	2170	
	70 后	25.56	4.75	976	
	60 后	25.95	5.13	304	
	40/50 后	26.21	5.35	24	
受教育程度	文盲	25.75	5.03	16	$F=25.28$，$p=0.0000$
	小学	26.76	4.20	176	
	初中	26.37	4.76	746	
	高中等	25.80	4.63	1445	
	大专	24.75	4.83	1568	
	本科	24.32	4.49	1788	
	硕士	24.16	4.17	119	
	博士	25.33	3.77	9	
婚姻状况	未婚	24.81	5.18	1477	$F=3.55$，$p=0.0137$
	已婚	25.26	4.49	4244	

续表

		均值	标准差	样本量	差异显著性
婚姻状况	离婚	25.01	5.47	127	$F=3.55$，$p=0.0137$
	丧偶	24.35	6.86	20	
户籍	农村	25.38	4.87	2333	$F=3.79$，$p=0.0099$
	农村转城镇	24.96	5.01	1050	
	城镇转农村	25.79	5.66	28	
	城镇	24.97	4.37	2454	
经济地区	东部地区	24.76	4.63	3075	$F=21.90$，$p=0.0000$
	中部地区	25.71	4.25	1663	
	西部地区	25.81	4.72	668	
	东北地区	24.59	6.17	463	

就性别而言，男性劳动者的月工作天数相对多于女性劳动者，两者的均值分别为25.33和24.95；就出生年代而言，相较于年轻的劳动者，年长的劳动者的月工作天数相对较多，其中，40/50后的月工作天数最多，均值高达26.21；就受教育程度而言，小学学历劳动者的月工作天数最多，均值达26.76，硕士学历劳动者的月工作天数最少，均值为24.16，劳动者的受教育程度与月工作天数近似呈现“锯齿型”趋势；就婚姻状况而言，已婚劳动者的月工作天数最多，均值达25.26；就户籍而言，城镇转农村户口和农村户口劳动者的月工作天数相对较多，均值分别为25.79和25.38，城镇户口和农村转城镇户口劳动者的月工作天数相对较少，均值分别为24.97和24.96；就经济地区而言，东部地区和东北地区劳动者的月工作天数相对较少，均值分别为24.76和24.59，而中部地区和西部地区劳动者的月工作天数相对较多，均值分别为25.71和25.81。

月工作天数作为工作时长的一种侧面反映，是劳资双方博弈的结果，因此，组织与工作层面的特征或许对月工作天数有更为直接的影响。在行业方面，月工作天数存在显著的行业差异，结果如表4-4所示。在建筑业、餐饮业、以农产品为原料的制造业、手工业、服务业等行业中，劳动者的月工作天数相对较多；而在广告业、教育业、邮电通信业、粮食种植业等行业中，劳动者的月工作天数相对较少。其中，建筑业劳动者的月工作天数最多，均值达 26.19；广告业劳动者的月工作天数最少，均值仅为 21.39。

表 4-4　月工作天数在行业上的差异性分析

		均值	标准差	样本量
行业	粮食种植业	22.69	6.06	13
	其他农林牧渔水利业	23.97	5.50	37
	手工业	25.42	4.00	85
	采掘业	24.46	5.57	28
	以非农产品为原料的制造业	24.94	4.27	1022
	以农产品为原料的制造业	25.64	4.38	119
	建筑业	26.19	3.93	161
	文化艺术和体育	23.63	4.22	64
	邮电通信业	22.55	6.20	58
	信息产业	24.39	3.54	217
	商业	25.18	4.04	859
	对外贸易业	25.12	4.05	69
	餐饮业	25.73	4.74	188
	国家、政党机关和社会团体	23.82	3.63	135
	公用事业	24.06	3.71	71
	旅游娱乐业	24.15	7.47	46
	服务业	25.19	4.76	482
	房地产经营业	24.46	4.21	98
	咨询业	24.54	3.81	83
	卫生和社会福利事业	25.18	4.00	159
	交通运输业	22.96	4.83	170
	广告业	21.39	6.72	67
	科学研究和综合技术服务业	24.82	3.97	148
	金融保险业	24.25	3.72	222

续表

		均值	标准差	样本量
行业	教育	21.52	6.69	188
	居民自治组织	24.60	3.53	20
差异显著性		$F=9.91$，$p=0.0000$		

除行业之外，单位性质[①]、单位规模[②]以及工作性质[③]等组织和工作特征也可能与月工作天数有密切关联。因此，为了发现组织与工作特征对月工作天数的影响，我们将性别、出生年代、受教育程度、婚姻状况、户籍以及经济地区等人口学变量进行控制，得到以下多元线性回归模型，详见表 4-5。

表 4-5　关于月工作天数的多元线性回归模型

	模型 1 月工作天数	模型 2 月工作天数	模型 3 月工作天数	模型 4 月工作天数
控制变量	已控制	已控制	已控制	已控制
单位性质（以无单位为参照组）				
非公有单位		-2.216^{***}		
		(0.167)		
公有单位		-2.767^{***}		
		(0.195)		
单位规模（以微型单位为参照组）				
小型单位			-0.720^{+}	
			(0.389)	

① 对单位性质的划分，我们将其分为 3 类，分别是无单位、非公有单位和公有单位。其中，非公有单位包括个体户、私营企业、股份制企业、上市公司、合资企业、外资/侨商/台商独资企业等；公有单位包括国有事业单位、党政群体机构、国有企业、大集体企业、小集体企业、乡镇集体企业等。

② 对单位规模的划分，依据在职员工人数，我们将其分为 5 类。其中，微型单位的在职人数不超过 10 人，小、中、大型单位的在职人数分别在 10~100 人、100~300 人、300~1000 人的区间内，超大型单位的在职人数为 1000 人以上。

③ 对工作性质的划分，我们将其分为 5 类，分别是老板、正式工、临时工、零工和劳务派遣工。

续表

	模型 1 月工作天数	模型 2 月工作天数	模型 3 月工作天数	模型 4 月工作天数
中型单位			0.213	
			(0.406)	
大型单位			0.154	
			(0.405)	
超大型单位			-0.282	
			(0.443)	
工作性质（以正式工为参照组）				
临时工				0.367^{+}
				(0.187)
劳务派遣工				-0.278
				(0.348)
零工				-1.697**
				(0.522)
老板				3.043***
				(0.173)
截距	27.603***	29.274***	27.088***	27.270***
	(0.433)	(0.446)	(0.639)	(0.433)
F 值	30.10	51.89	10.80	53.54
R^2	0.0299	0.0662	0.0352	0.0838

注：①括号里的数字为标准误；②$^{+}p<0.1$，$^{*}p<0.05$，$^{**}p<0.01$，$^{***}p<0.001$；③模型 1 至模型 4 中的控制变量是性别、出生年代、受教育程度、婚姻状况、户籍和经济地区。

表 4-5 中的模型 1 是基准模型，只考察了控制变量对月工作天数的影响，这些控制变量共同解释了月工作天数 2.99%的差异。模型 2 在模型 1 的基础上加入了单位性质，考察单位性质对月工作天数的影响。结果显示，在 0.05 的显著性水平上，保持控制变量不变，非公有单位和公有单位劳动者均与无单位劳动者在月工作天数上存在显著差异，其中非公有单位的回归系数是-2.216，公有单位的回归系数是-2.767。该结果表明：在控制变量保持不变的情况下，

以无单位劳动者为参照组，非公有单位和公有单位劳动者的月工作天数分别平均少2.216天和2.767天。模型2显著解释了月工作天数6.62%的差异。模型3在模型1的基础上加入了单位规模，考察单位规模对月工作天数的影响。结果显示，在0.05的显著性水平上，保持控制变量不变，其他单位规模的劳动者均与微型单位的劳动者在月工作天数上没有显著差异。模型4在模型1的基础上加入了工作性质，考察工作性质对月工作天数的影响。结果显示，在0.05的显著性水平上，保持控制变量不变，零工和老板均与正式工在月工作天数上有显著差异，而临时工和劳务派遣工均与正式工在月工作天数上没有显著差异。零工和老板的回归系数分别为-1.697和3.043，该结果表明，在控制变量保持不变的情况下，零工相较于正式工，月工作天数平均少1.697天；而老板相较于正式工，月工作天数平均多3.043天。模型4解释了月工作天数8.38%的差异。

2. 日工作时长

如果月工作天数关注的是工作时长中周末、节假日加班的状况，那么对日工作时长的测度主要聚焦的是工作时长中超出日标准工时的加点状况。劳动者通常习惯的是标准的八小时工作制，当日工作时长过长时，劳动者容易陷入过劳的状态。某种意义上，“过劳工作”可能是一种负和博弈：一方面，劳动者的身心健康受到影响，并且休闲、睡眠等其他活动上的时间分配也受到挤压；另一方面，对于组织而言，长时间工作的劳动者更可能遭遇安全风险，其绩效产出也会降低。因此，我们试图进一步探究的是我国城镇劳动者在日工作时长上的状况与变化，并努力发现哪些人群更可能长时间工作。

对我国城镇劳动者平均每天在工作上投入的时间进行描述性分析可知：2019~2020年，我国城镇劳动者日工作时长平均为8.96小时，中位数和众数分别为8.50和8.00，标准差为1.93，直方图拟合的正态分布曲线呈现轻微的左偏态和尖峰分布，其偏度系数和峰度系数分别为-0.16和7.00（见表4-6和图4-2）。从最近几年的变化来看：在均值上，2018年相较于2017年，日工作时长的均值有明显的上升，但2019~2020年的时候又稍有回落；在标准差上，日工作时长的标准差逐年增加。可见，总体上，我国城镇劳动者的日工作时长偏长且有进一步分化的趋势。2019年伊始的“996”工作制大讨论与新冠肺炎疫情都对日工作时长的回落和进一步分化有影响，但这种影响究竟是权宜性的还是长期性的，需要进一步观察。公众对于超时工作及其影响的深入认识、讨论乃至集体抗争，某种程度上可以进一步规范我国的工时制度与制度执行过程。

表4-6　2017~2020年城镇劳动者日工作时长的描述性分析

	均值	中位数	众数	标准差	偏度	峰度	样本数
2017年	8.46	8.00	8.00	1.62	0.30	6.60	6888
2018年	9.10	9.00	8.00	1.79	0.53	6.96	8185
2019~2020年	8.96	8.50	8.00	1.93	-0.16	7.00	5869

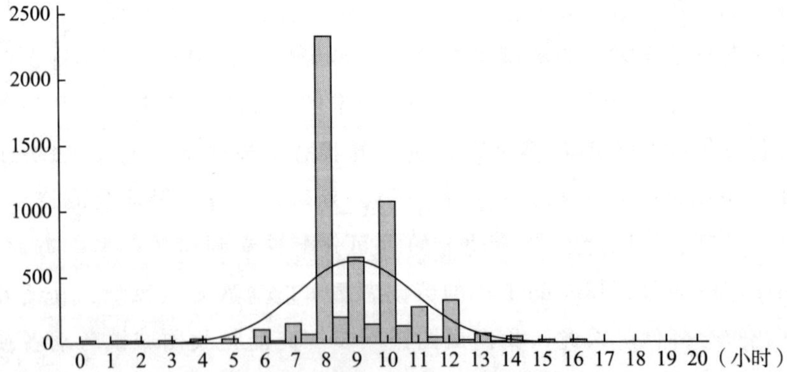

图4-2　日工作时长的频数分布

我们进一步考察日工作时长在人口学特征上的差异，探索不同群体日工作时长的差异分布，结果显示：日工作时长在性别、出生年代、受教育程度、婚姻状况、户籍和经济地区上均有显著差异（见表4-7）。

表 4-7　日工作时长在人口学变量上的差异性分析

		均值	标准差	样本量	差异显著性
性别	女	8.75	1.91	2998	$T=-8.90$，$p=0.0000$
	男	9.19	1.93	2871	
出生年代	00后	8.56	2.40	163	$F=7.64$，$p=0.0000$
	90后	8.83	1.76	2232	
	80后	9.01	1.93	2170	
	70后	9.23	1.98	976	
	60后	9.00	2.56	304	
	40/50后	9.05	2.38	24	
受教育程度	文盲	9.28	3.46	16	$F=14.10$，$p=0.0000$
	小学	9.39	2.55	176	
	初中	9.49	2.31	746	
	高中等	9.06	1.94	1445	
	大专	8.75	1.92	1568	
	本科	8.81	1.62	1788	
	硕士	9.05	1.62	119	
	博士	9.08	3.70	9	
婚姻状况	未婚	8.86	1.88	1477	$F=5.63$，$p=0.0007$
	已婚	8.99	1.94	4244	
	离婚	9.46	2.17	127	
	丧偶	8.13	3.30	20	
户籍	农村	9.07	2.07	2333	$F=7.98$，$p=0.0000$
	农村转城镇	9.07	1.90	1050	
	城镇转农村	8.75	1.49	28	
	城镇	8.82	1.80	2454	
经济地区	东部地区	9.02	1.88	3075	$F=6.38$，$p=0.0003$
	中部地区	8.94	1.83	1663	
	西部地区	9.04	2.15	668	
	东北地区	8.61	2.29	463	

就性别而言，男性劳动者的日工作时长相对长于女性劳动者，两

者的均值分别为9.19和8.75；就出生年代而言，其基本呈现“倒U型”，其中70后劳动者的日工作时长最长，均值高达9.23；就受教育程度而言，其近似呈现“锯齿型”，其中初中学历劳动者的日工作时长最长，均值达9.49，本科和大专学历劳动者的日工作时长相对较短，均值分别为8.81和8.75；就婚姻状况而言，离婚劳动者的日工作时长最长，均值达9.46；就户籍状况而言，城镇转农村户口和城镇户口劳动者的日工作时长相对较短，均值分别为8.75和8.82，农村户口和农村转城镇户口劳动者的日工作时长相近，均值都为9.07；就经济地区而言，东北地区劳动者的日工作时长均值为8.61，明显短于其他地区劳动者的日工作时长，中部地区、东部地区和西部地区劳动者的日工作时长均值分别为8.94、9.02和9.04。

日工作时长作为工作时长的另一个侧面反映，更直接地受到组织与工作特征的影响。从日工作时长在行业上的差异来看，在餐饮业、手工业、以农产品为原料的制造业、公用事业、交通运输业等行业中，劳动者的日工作时长相对较长；而在采掘业、粮食种植业、咨询业、教育业、居民自治组织等行业中，劳动者的日工作时长相对较短。其中，采掘业劳动者的日工作时长最短，均值仅为7.95；餐饮业劳动者的日工作时长最长，均值达9.55。不同行业之间劳动者的日工作时长有较大的差异（见表4-8）。

表4-8　日工作时长在行业上的差异性分析

		均值	标准差	样本量
行业	粮食种植业	8.14	2.44	13
	其他农林牧渔水利业	9.00	1.62	37
	手工业	9.45	2.10	85
	采掘业	7.95	2.28	28
	以非农产品为原料的制造业	8.85	2.00	1022
	以农产品为原料的制造业	9.30	1.62	119
	建筑业	9.15	1.88	161
	文化艺术和体育	8.74	1.99	64
	邮电通信业	8.54	1.30	58

续表

		均值	标准差	样本量
行业	信息产业	8.73	1.43	217
	商业	8.88	1.46	859
	对外贸易业	8.93	1.28	69
	餐饮业	9.55	1.74	188
	国家、政党机关和社会团体	8.76	1.71	135
	公用事业	9.25	2.24	71
	旅游娱乐业	8.54	1.80	46
	服务业	8.78	1.68	482
	房地产经营业	9.12	1.62	98
	咨询业	8.25	1.87	83
	卫生和社会福利事业	8.89	1.62	159
	交通运输业	9.20	2.55	170
	广告业	8.70	1.62	67
	科学研究和综合技术服务业	8.68	1.88	148
	金融保险业	8.88	1.65	222
	教育	8.25	2.27	188
	居民自治组织	8.33	0.86	20
差异显著性		$F=4.41$，$p=0.0000$		

为了进一步探索除行业以外的其他组织与工作特征（比如单位性质、单位规模以及工作性质）对日工作时长的影响，我们将性别、出生年代、受教育程度、婚姻状况、户籍以及经济地区等人口学变量进行控制，得到以下多元线性回归模型，详见表 4-9。

表 4-9　关于日工作时长的多元线性回归模型

变量	模型 1 日工作时长	模型 2 日工作时长	模型 3 日工作时长	模型 4 日工作时长
控制变量	已控制	已控制	已控制	已控制
单位性质（以无单位为参照组）				
非公有单位		-0.541***		
		(0.070)		

续表

变量	模型 1 日工作时长	模型 2 日工作时长	模型 3 日工作时长	模型 4 日工作时长
公有单位		-0.587***		
		(0.081)		
单位规模（以微型单位参照组）				
小型单位			-0.060	
			(0.144)	
中型单位			0.130	
			(0.150)	
大型单位			0.055	
			(0.150)	
超大型单位			0.416*	
			(0.164)	
工作性质（以正式工为参照组）				
临时工				0.039
				(0.078)
劳务派遣工				-0.045
				(0.146)
零工				-0.448*
				(0.219)
老板				0.725***
				(0.072)
截距	9.487***	9.907***	9.071***	9.427***
	(0.178)	(0.186)	(0.236)	(0.181)
F 值	29.63	30.97	10.13	29.52
R^2	0.0295	0.0406	0.0331	0.0480

注：①括号里的数字为标准误；②$^{+}p<0.1$，$^{*}p<0.05$，$^{**}p<0.01$，$^{***}p<0.001$；③模型 1 至模型 4 中的控制变量是性别、出生年代、受教育程度、婚姻状况、户籍和经济地区。

表 4-9 中的模型 1 是基准模型，只考察了控制变量对日工作时长的影响。这些控制变量共同解释了日工作时长 2.95%的差异。模型 2 在模型 1 的基础上加入了单位性质，考察单位性质对日工作时长的影响。结果显示，在 0.05 的显著性水平上，保持控制变量不

变，非公有单位和公有单位劳动者均与无单位劳动者在日工作时长上有显著差异，其中非公有单位的回归系数是-0.541，公有单位的回归系数是-0.587。这一结果表明，在控制变量保持不变的情况下，非公有单位劳动者相较于无单位劳动者，其日工作时长平均少0.541小时；公有单位劳动者相较于无单位劳动者，其日工作时长平均少0.587小时。模型2显著解释了日工作时长4.06%的差异。模型3在模型1的基础上加入了单位规模，考察单位规模对日工作时长的影响。结果显示，在0.05的显著性水平上，保持控制变量不变，超大型单位劳动者与微型单位劳动者在日工作时长上有显著差异，除此之外，其他单位规模的劳动者与微型单位劳动者在日工作时长上没有显著差异，超大型单位的回归系数为0.416。这一结果表明，在控制变量保持不变的情况下，超大型单位劳动者相较于微型单位劳动者，日工作时长平均多0.416小时。模型3显著解释了日工作时长3.31%的差异。模型4在模型1的基础上加入了工作性质，考察工作性质对日工作时长的影响。结果显示，在0.05的显著性水平上，保持控制变量不变，零工和老板与正式工在日工作时长上有显著差异，而临时工和劳务派遣工与正式工在日工作时长上没有显著差异，零工和老板的回归系数分别为-0.448和0.725。这一结果表明，在控制变量保持不变的情况下，相较于正式工，零工的日工作时长平均少0.448小时，老板的日工作时长平均多0.725小时。模型4解释了日工作时长4.80%的差异。

（二）非标准工作时间

根据工作时点与一般社会生活节律的协调性，可以将工作划分为标准时间工作和非标准时间工作。非标准时间工作是指工作时间安排与普遍或法定的工作时间安排（例如朝九晚五、周末双休等）不一致的工作。[①] 当劳动者个体的工作时间与普遍或法定的工作时间

① 李中：《工作时间质量对员工的影响：理论路径与实证检验》，《中国劳动关系学院学报》2021年第3期，第81~94页。

安排不同时，他的生活节奏就与人们在长期生活中形成并稳定下来的生理节奏和社会节奏不同，可能会因此陷入失调的状态，而这种失调不仅会影响个人的生理健康，也会阻碍劳动者参与家庭以及社会生活。个体生活与社会生活时间韵律之间的失调，部分是出于工作内容和特征的缘故，比如轻轨检修员必须错开运行时间在夜深人静的时候工作，但更多的是为追求剩余价值最大化的结果，这表现在两方面：一是延长工作时间以获得绝对剩余价值；二是使工作时间适应机器的运作以获得相对剩余价值。前者对应的是加班，后者对应的是轮班或倒班、夜班等多元排班方式。因此，本次调查设计了相关题器，从加班与排班两个方面来考察我国城镇劳动者的非标准工作时间状况。

1. 加班状况

加班作为一种非标准工作时间安排，是通过延长工作时间来超越常规的标准工作时间制度的，体现为节假日加班、周末加班和工作日延时加点等形式。与此同时，劳动者加班的原因也有较大的差异，至少可以分为自愿选择和单位安排两种类型。综合分析加班的类型和原因，可以更为全面地描述我国城镇劳动者的加班状况，进而为具体探索加班的生成机制与影响机制打下坚实的基础。

有关加班，我们通过题器“上个月，您是否加班了”来获知我国城镇劳动者的加班状况，并在加班群体中追问“上个月，您是否有下列加班情形（周一到周五延时加班/周末加班/法定节假日加班）”和“上个月，您加班是单位安排还是个人选择”来获知我国城镇劳动者加班的具体情形和原因。经分析可得：我国 42.73%的城镇劳动者在工作中有加班行为（见表 4-10）；在加班群体中，在工作日加点的占 65.73%，在周末加班的占 79.31%，在节假日加班的占 46.65%（见图 4-3）；这些加班行为中，出于劳动者个人选择的仅占 33.39%，而受单位安排的则达 66.61%（见表 4-11）。

表 4-10　加班行为的频数分布

	频数	占比（%）
未加班	3283	57.27
加班	2449	42.73
合计	5732	100.00

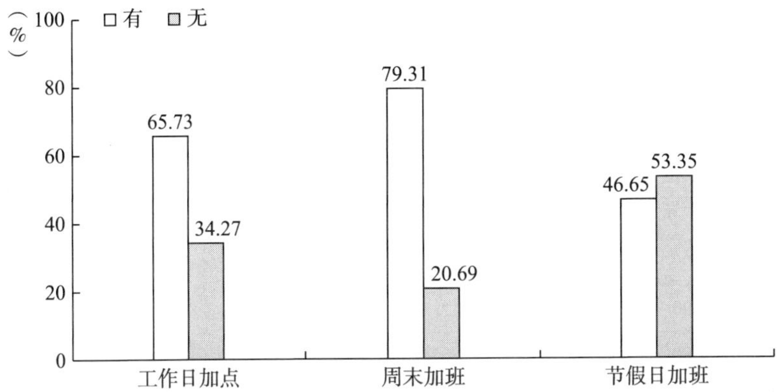

图 4-3　不同加班类型的占比

表 4-11　加班原因的频数分布

	频数	占比（%）
单位安排	1618	66.61
个人选择	811	33.39
合计	2429	100.00

为了更立体地展现我国城镇劳动者的加班状况，了解各种群体差异化的加班情况，我们分别考察了加班行为、加班类型以及加班原因在人口学特征上的差异分布。

就加班行为在劳动者人口学特征上的差异，我们发现：加班行为在出生年代和受教育程度上没有显著差异，但是在性别、婚姻状况、户籍和经济地区上有较大差异（见表 4-12）。其中，男性劳动者中加班的占比为 48.52%，高于女性劳动者中加班的占比（占比为 37.18%）；离婚劳动者中加班的占比为 46.40%，高于未婚和已婚劳动者中加班的占比（占比分别为44.53%和42.18%）；城镇户口劳动者中加班的占比为38.88%，低于农村转城镇户口劳动者中加班的占比，更低于农村户口劳动者中加班的占比；东北地区劳动者中加班的占比最低（占比为23.60%），而东部地区劳动者中加班的占比最高（占比达47.42%）。

表 4-12　加班行为在人口学变量上的差异性分析

单位：%

		未加班		加班		差异显著性
		频数	占比	频数	占比	
性别	女	1840	62.82	1089	37.18	Pearson $\chi^2=75.26$，$p=0.000$
	男	1443	51.48	1360	48.52	
出生年代	00后	94	60.26	62	39.74	Pearson $\chi^2=10.54$，$p=0.061$
	90后	1251	57.31	932	42.69	
	80后	1197	56.09	937	43.91	
	70后	539	57.10	405	42.90	
	60后	191	65.41	101	34.59	
	40/50后	11	47.83	12	52.17	
受教育程度	文盲	7	43.75	9	56.25	Pearson $\chi^2=13.62$，$p=0.058$
	小学	101	59.41	69	40.59	
	初中	417	58.24	299	41.76	
	高中等	806	57.41	598	42.59	
	大专	908	59.19	626	40.81	
	本科	984	55.85	778	44.15	
	硕士	55	46.22	64	53.78	
	博士	3	33.33	6	66.67	
婚姻状况	未婚	796	55.47	639	44.53	Pearson $\chi^2=18.02$，$p=0.000$
	已婚	2400	57.82	1751	42.18	
	离婚	67	53.60	58	46.40	
	丧偶	20	100.00	0	0.00	

续表

		未加班		加班		差异显著性
		频数	占比	频数	占比	
户籍	农村	1223	53.76	1052	46.24	Pearson $\chi^2 = 26.90$, $p = 0.000$
	农村转城镇	576	56.14	450	43.86	
	城镇转农村	14	51.85	13	48.15	
	城镇	1467	61.12	933	38.88	
经济地区	东部地区	1591	52.58	1435	47.42	Pearson $\chi^2 = 108.14$, $p = 0.000$
	中部地区	1003	61.69	623	38.31	
	西部地区	349	54.96	286	45.04	
	东北地区	340	76.40	105	23.60	

就加班类型在劳动者人口学特征上的差异，我们发现：性别方面，男性和女性劳动者在工作日加点和节假日加班上没有显著差异，但在周末加班上有显著差异，男性劳动者中周末加班的占比为81.36%，略高于女性劳动者中周末加班的占比。出生年代方面，不同出生年代的劳动者在工作日加点上没有显著差异，但在周末加班和节假日加班上有显著差异，年长的劳动者（40/50后、60后、70后）周末加班和节假日加班的占比相对大于年轻的劳动者（80后、90后、00后）周末加班和节假日加班的占比。受教育程度方面，周末加班并没有显著差异，而工作日加点和节假日加班有显著差异，具体表现为：受教育程度较高的劳动者（硕士、博士）工作日加点的占比相对较高；本科和硕士学历劳动者节假日加班的占比（占比分别为34.53%和23.81%）明显低于其他受教育程度劳动者节假日加班的占比。婚姻状况方面，工作日加点、周末加班和节假日加班均没有显著差异。户籍方面，工作日加点没有显著差异，但周末加班和节假日加班有显著差异，具体表现为：城镇户口劳动者周末加班和节假日加班的占比（占比分别为75.19%和43.36%）明显低于农村户口与农村转城镇户口的劳动者周末加班和节假日加班的占比。经济地区方面，工作日加点、周末加班和节假日加班均没有

显著差异。（见表 4-13）

表 4-13　加班类型在人口学变量上的差异性分析

单位：人，%

		工作日加点		周末加班		节假日加班	
		无	有	无	有	无	有
性别	女	374 (34.69)	704 (65.31)	252 (23.25)	832 (76.75)	560 (53.38)	489 (46.62)
	男	456 (33.93)	888 (66.07)	252 (18.64)	1100 (81.36)	698 (53.32)	611 (46.68)
差异显著性		Pearson $\chi^2=0.16$, $p=0.693$		Pearson $\chi^2=7.79$, $p=0.005$		Pearson $\chi^2=0.001$, $p=0.976$	
出生年代	00 后	20 (33.90)	39 (66.10)	14 (22.95)	47 (77.05)	31 (52.54)	28 (47.46)
	90 后	293 (31.78)	629 (68.22)	191 (20.67)	733 (79.33)	506 (55.91)	399 (44.09)
	80 后	327 (35.09)	605 (64.91)	217 (23.16)	720 (76.84)	487 (54.11)	413 (45.89)
	70 后	139 (34.92)	259 (65.08)	69 (17.12)	334 (82.88)	190 (49.35)	195 (50.65)
	60 后	44 (44.44)	55 (55.56)	12 (82.88)	87 (82.88)	40 (41.24)	57 (58.76)
	40/50 后	7 (58.33)	5 (41.67)	1 (8.33)	11 (91.67)	4 (33.33)	8 (66.67)
差异显著性		Pearson $\chi^2=10.53$, $p=0.062$		Pearson $\chi^2=12.35$, $p=0.030$		Pearson $\chi^2=12.74$, $p=0.026$	
受教育程度	文盲	5 (55.56)	4 (44.44)	1 (11.11)	8 (88.89)	4 (44.44)	5 (55.56)
	小学	34 (49.28)	35 (50.72)	13 (18.84)	56 (81.16)	30 (44.78)	37 (55.22)
	初中	99 (33.56)	196 (66.44)	55 (18.52)	242 (81.48)	112 (39.30)	173 (60.70)
	高中等	214 (36.27)	376 (63.73)	112 (18.79)	484 (81.21)	264 (46.40)	305 (53.60)

续表

		工作日加点		周末加班		节假日加班	
		无	有	无	有	无	有
受教育程度	大专	214 (63.73)	403 (65.32)	129 (20.67)	495 (79.33)	304 (50.17)	302 (49.83)
	本科	252 (32.64)	520 (67.36)	185 (23.99)	586 (76.01)	493 (65.47)	260 (34.53)
	硕士	11 (17.19)	53 (82.81)	8 (12.50)	56 (87.50)	48 (76.19)	15 (23.81)
	博士	1 (16.67)	5 (82.81)	1 (16.67)	5 (83.33)	3 (50.00)	3 (50.00)
差异显著性		Pearson $\chi^2 = 19.89$, $p = 0.006$		Pearson $\chi^2 = 10.62$, $p = 0.156$		Pearson $\chi^2 = 96.09$, $p = 0.000$	
婚姻状况	未婚	215 (34.18)	414 (65.82)	120 (18.96)	513 (81.04)	348 (56.04)	273 (43.96)
	已婚	599 (34.50)	1137 (65.50)	375 (21.50)	1369 (78.50)	885 (52.58)	798 (47.42)
	离婚	16 (28.07)	41 (71.93)	9 (15.52)	49 (84.48)	25 (46.30)	29 (53.70)
差异显著性		Pearson $\chi^2 = 1.02$, $p = 0.601$		Pearson $\chi^2 = 2.80$, $p = 0.246$		Pearson $\chi^2 = 3.28$, $p = 0.194$	
户籍	农村	342 (32.95)	696 (67.05)	197 (18.80)	851 (81.20)	516 (51.09)	494 (48.91)
	农村转城镇	150 (33.63)	296 (66.37)	74 (16.55)	373 (83.45)	222 (52.48)	201 (47.52)
	城镇转农村	4 (30.77)	9 (69.23)	3 (23.08)	10 (76.92)	4 (30.77)	9 (69.23)
	城镇	334 (36.15)	590 (63.85)	230 (24.81)	697 (75.19)	516 (56.64)	395 (43.36)
差异显著性		Pearson $\chi^2 = 2.40$, $p = 0.493$		Pearson $\chi^2 = 16.58$, $p = 0.001$		Pearson $\chi^2 = 8.83$, $p = 0.032$	
经济地区	东部地区	473 (33.43)	942 (66.57)	306 (21.46)	1120 (78.54)	729 (51.78)	679 (48.22)
	中部地区	210 (33.93)	409 (66.07)	129 (20.81)	491 (79.19)	312 (48.22)	266 (46.02)

续表

		工作日加点		周末加班		节假日加班	
		无	有	无	有	无	有
经济地区	西部地区	111 (39.22)	172 (39.22)	45 (15.79)	240 (84.21)	156 (58.43)	111 (58.43)
	东北地区	36 (34.29)	69 (65.71)	24 (22.86)	81 (77.14)	61 (58.43)	44 (58.43)
差异显著性		Pearson $\chi^2=3.56$, $p=0.313$		Pearson $\chi^2=4.99$, $p=0.173$		Pearson $\chi^2=5.21$, $p=0.157$	

就加班原因在劳动者人口学特征上的差异，我们发现：加班原因在性别和户籍上没有显著差异，但是在出生年代、受教育程度、婚姻状况和经济地区上有较大差异（见表 4-14）。其中，关于出生年代与加班原因：在加班群体中，00 后劳动者因单位安排而加班的占比最高（占比达 83.61%）；90 后劳动者因个人选择而加班的占比最高（占比为 38.31%）。这两代人在数据上有如此显著的差异或许是因为在本次调查中，00 后被访者多是低学历务工者，而本科及以上学历的 00 后城镇劳动者尚未就业，这也验证了随后谈及的受教育程度与加班原因之间的联系。关于受教育程度与加班原因：在加班群体中，高学历劳动者更倾向于出于个人选择而加班，博士学历劳动者因个人选择而加班的占比为 50.00%；低学历劳动者更倾向于受单位安排而加班，没读过书的劳动者受单位安排而加班的占比高达 88.89%。关于婚姻状况与加班原因：在加班群体中，相对于已婚和离婚劳动者，未婚劳动者因个人选择而加班的占比相对较高，因单位安排而加班的占比相对较低。关于经济地区与加班原因：在加班群体中，相对于其他地区的劳动者，西部地区劳动者因个人选择而加班的占比较高（占比为 54.77%）。

表 4-14　加班原因在人口学变量上的差异性分析

单位：%

<table>
<tr><th colspan="2" rowspan="2"></th><th colspan="2">单位安排</th><th colspan="2">个人选择</th><th rowspan="2">差异显著性</th></tr>
<tr><th>频数</th><th>占比</th><th>频数</th><th>占比</th></tr>
<tr><td rowspan="2">性别</td><td>女</td><td>727</td><td>67. 13</td><td>356</td><td>32. 87</td><td rowspan="2">Pearson $\chi^2=0.23$, $p=0.628$</td></tr>
<tr><td>男</td><td>891</td><td>66. 20</td><td>455</td><td>33. 80</td></tr>
<tr><td rowspan="6">出生年代</td><td>00 后</td><td>51</td><td>83. 61</td><td>10</td><td>16. 39</td><td rowspan="6">Pearson $\chi^2=24.43$, $p=0.000$</td></tr>
<tr><td>90 后</td><td>570</td><td>61. 69</td><td>354</td><td>38. 31</td></tr>
<tr><td>80 后</td><td>632</td><td>67. 88</td><td>299</td><td>32. 12</td></tr>
<tr><td>70 后</td><td>286</td><td>71. 32</td><td>115</td><td>28. 68</td></tr>
<tr><td>60 后</td><td>69</td><td>69. 00</td><td>31</td><td>31. 00</td></tr>
<tr><td>40/50 后</td><td>10</td><td>83. 33</td><td>2</td><td>16. 67</td></tr>
<tr><td rowspan="8">受教育程度</td><td>文盲</td><td>8</td><td>88. 89</td><td>1</td><td>11. 11</td><td rowspan="8">Pearson $\chi^2=22.47$, $p=0.002$</td></tr>
<tr><td>小学</td><td>47</td><td>68. 12</td><td>22</td><td>31. 88</td></tr>
<tr><td>初中</td><td>201</td><td>68. 14</td><td>94</td><td>31. 86</td></tr>
<tr><td>高中等</td><td>415</td><td>69. 75</td><td>180</td><td>30. 25</td></tr>
<tr><td>大专</td><td>437</td><td>70. 37</td><td>184</td><td>29. 63</td></tr>
<tr><td>本科</td><td>469</td><td>60. 91</td><td>301</td><td>39. 09</td></tr>
<tr><td>硕士</td><td>38</td><td>59. 38</td><td>26</td><td>40. 63</td></tr>
<tr><td>博士</td><td>3</td><td>50. 00</td><td>3</td><td>50. 00</td></tr>
<tr><td rowspan="3">婚姻状况</td><td>未婚</td><td>394</td><td>62. 05</td><td>241</td><td>37. 95</td><td rowspan="3">Pearson $\chi^2=8.27$, $p=0.016$</td></tr>
<tr><td>已婚</td><td>1183</td><td>68. 11</td><td>554</td><td>31. 89</td></tr>
<tr><td>离婚</td><td>40</td><td>71. 43</td><td>16</td><td>28. 57</td></tr>
<tr><td rowspan="4">户籍</td><td>农村</td><td>695</td><td>66. 83</td><td>345</td><td>33. 17</td><td rowspan="4">Pearson $\chi^2=0.63$, $p=0.890$</td></tr>
<tr><td>农村转城镇</td><td>291</td><td>65. 25</td><td>155</td><td>34. 75</td></tr>
<tr><td>城镇转农村</td><td>8</td><td>61. 54</td><td>5</td><td>38. 46</td></tr>
<tr><td>城镇</td><td>623</td><td>67. 06</td><td>306</td><td>32. 94</td></tr>
<tr><td rowspan="4">经济地区</td><td>东部地区</td><td>1024</td><td>71. 81</td><td>402</td><td>28. 19</td><td rowspan="4">Pearson $\chi^2=77.47$, $p=0.000$</td></tr>
<tr><td>中部地区</td><td>394</td><td>64. 07</td><td>221</td><td>35. 93</td></tr>
<tr><td>西部地区</td><td>128</td><td>45. 23</td><td>155</td><td>54. 77</td></tr>
<tr><td>东北地区</td><td>72</td><td>68. 57</td><td>33</td><td>31. 43</td></tr>
</table>

自从程序员群体自嘲“996. ICU”[①] 以后，关于加班议题的讨论热度不断攀升，某些行业的劳动者还自曝出“996”的升级版本，比如“8107”“715”[②] 等工作时间制度。各个行业的工作内容以及行业内部的竞争性有较大的差异，这显然也会影响该行业中劳动者的劳动过程与待遇。就加班来说，不同行业存在明显的差异，具体如下。

我国城镇劳动者的加班行为在行业上存在显著差异。其中，在以农产品为原料的制造业中，劳动者加班的占比最高（占比达60.50%）；在旅游娱乐业、房地产经营业等行业中，劳动者加班的占比也相对较高；而在粮食种植业、居民自治组织、教育业等行业中，劳动者加班的占比相对较低（见表4-15）。

表 4-15　加班行为在行业上的差异性分析

单位：%

		未加班		加班	
		频数	占比	频数	占比
行业	粮食种植业	10	76.92	3	23.08
	其他农林牧渔水利业	21	58.33	15	41.67
	手工业	51	60.71	33	39.29
	采掘业	16	59.26	11	40.74

① “一场名为‘996. ICU’的互联网从业者的劳动抗议，从程序员内部社区掀起，最终在整个网蔓延开来，让中国互联网公司习惯的加班成为全国乃至全球关注的焦点。‘996’指的是‘996’工作制，意味着每天早上9点到岗，晚上9点下班，一周工作6天。这种制度下，劳动者每周工作时间为最低72小时。高强度的工作让劳动者感到自己的健康及生活被严重剥夺，（他们）高呼‘今天996，明天ICU（指重症加护病房）’。”参见《996. ICU反击战：互联网行业寒冬催生的“新未来”?》，https://www.thepaper.cn/newsDetail_forward_3287571，最后访问日期：2024年1月8日。

② “8107”工作制指早上8点上班，晚上10点下班，并且一周工作7天的工作制度；“715”工作制指早上9点半上班、晚上12点半下班，总计工作15个小时，并且一周工作7天的工作制度。

续表

		未加班		加班	
		频数	占比	频数	占比
行业	以非农产品为原料的制造业	545	53.54	473	46.46
	以农产品为原料的制造业	47	39.50	72	60.50
	建筑业	84	52.50	76	47.50
	文化艺术和体育	33	53.23	29	46.77
	邮电通信业	34	60.71	22	39.29
	信息产业	108	50.23	107	49.77
	商业	455	53.28	399	46.72
	对外贸易业	41	59.42	28	40.58
	餐饮业	109	59.24	75	40.76
	国家、政党机关和社会团体	78	58.21	56	41.79
	公用事业	35	49.30	36	50.70
	旅游娱乐业	22	47.83	24	52.17
	服务业	297	62.53	178	37.47
	房地产经营业	48	48.98	50	51.02
	咨询业	56	67.47	27	32.53
	卫生和社会福利事业	78	49.68	79	50.32
	交通运输业	89	52.66	80	47.34
	广告业	39	60.00	26	40.00
	科学研究和综合技术服务业	87	59.18	60	40.82
	金融保险业	108	49.77	109	50.23
	教育	141	75.00	47	25.00
	居民自治组织	15	75.00	5	25.00
差异显著性		Pearson $\chi^2=82.03$，$p=0.000$			

在加班群体中，不同行业劳动者的各种具体加班情形有着显著差异。具体来说，在金融保险业、手工业、邮电通信业、咨询业等

行业中，劳动者工作日加点的占比相对较大，而在公用事业、采掘业、房地产经营业、以农产品为原料的制造业等行业中，劳动者工作日加点的占比相对较小（见图 4-4）；在粮食种植业、其他农林牧渔水利业、以农产品为原料的制造业以及国家、政党机关和社会团体等行业中，劳动者周末加班的占比相对较大，而在居民自治组织、邮电通信业、科学研究和综合技术服务业、咨询业、广告业、对外贸易业等行业中，劳动者周末加班的占比相对较小（见图 4-5）；在旅游娱乐业、采掘业以及国家、政党机关和社会团体、餐饮业等行业中，劳动者节假日加班的占比相对较大，而在粮食种植业、居民自治组织、信息产业、咨询业等行业中，劳动者节假日加班的占比相对较小（见图 4-6）。

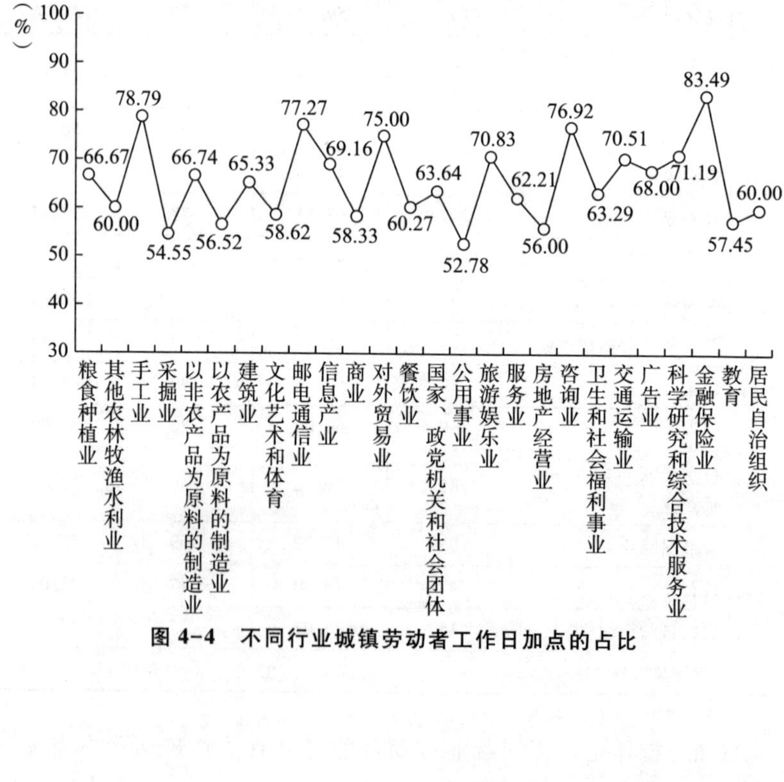

图 4-4　不同行业城镇劳动者工作日加点的占比

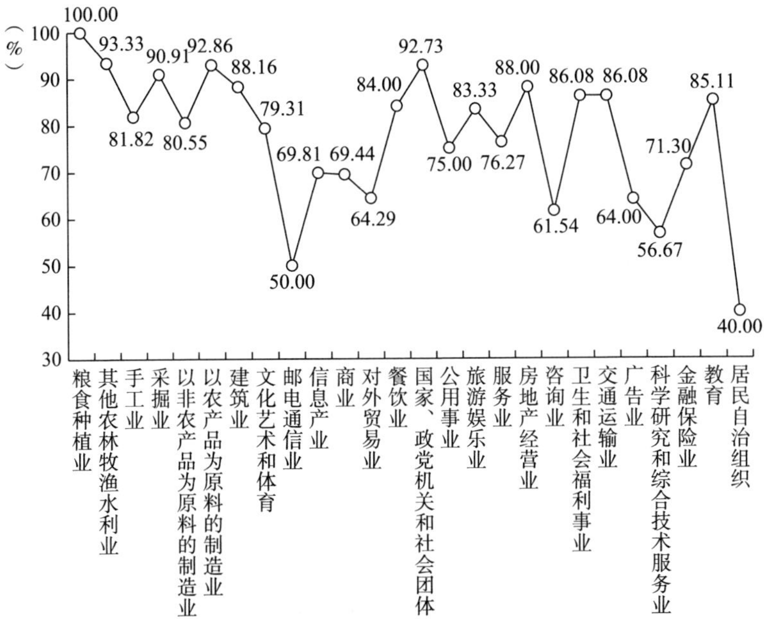

图 4-5 不同行业城镇劳动者周末加班的占比

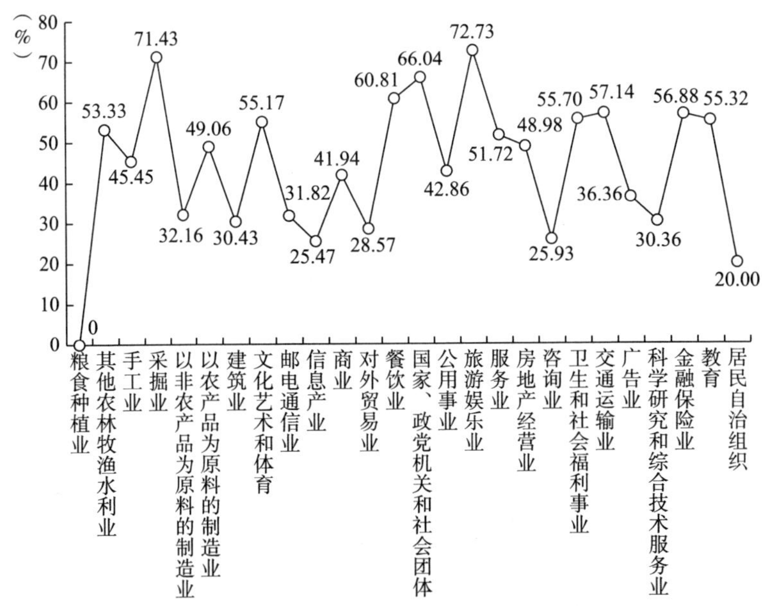

图 4-6 不同行业城镇劳动者节假日加班的占比

关于加班原因，不同行业的劳动者间同样存在显著差异：在其他农林牧渔水利业、手工业、邮电通信业、商业、采掘业、卫生和社会福利事业、金融保险业等行业中，劳动者更倾向于受单位安排而加班；在房地产经营业、对外贸易业、广告业、建筑业、科学研究和综合技术服务业、粮食种植业、信息产业等行业中，劳动者更倾向于因个人选择而加班（见表 4-16）。

表 4-16　加班原因在行业上的差异性分析

单位：%

		单位安排		个人选择	
		频数	占比	频数	占比
行业	粮食种植业	2	66.67	1	33.33
	其他农林牧渔水利业	14	93.33	1	6.67
	手工业	29	87.88	4	12.12
	采掘业	9	81.82	2	18.18
	以非农产品为原料的制造业	338	72.38	129	27.62
	以农产品为原料的制造业	57	80.28	14	19.72
	建筑业	47	62.67	28	37.33
	文化艺术和体育	22	75.86	7	24.14
	邮电通信业	18	85.71	3	14.29
	信息产业	75	70.09	32	29.91
	商业	325	81.86	72	18.14
	对外贸易业	16	57.14	12	42.86
	餐饮业	57	78.08	16	21.92
	国家、政党机关和社会团体	44	80.00	11	20.00
	公用事业	26	72.22	10	27.78
	旅游娱乐业	18	78.26	5	21.74
	服务业	125	70.62	52	29.38
	房地产经营业	27	54.00	23	46.00

续表

		单位安排		个人选择	
		频数	占比	频数	占比
行业	咨询业	19	70.37	8	29.63
	卫生和社会福利事业	63	81.82	14	18.18
	交通运输业	65	81.25	15	18.75
	广告业	15	57.69	11	42.31
	科学研究和综合技术服务业	40	66.67	20	33.33
	金融保险业	89	81.65	20	18.35
	教育	37	80.43	9	19.57
	居民自治组织	4	80.00	1	20.00
差异显著性		Pearson $\chi^2=61.17$，$p=0.000$			

加班与否、加班类型和加班原因不仅仅是劳动者的个体决策，也在很大程度上受到组织与工作特征的影响，组织与个人共同形塑加班的样态。因此，除行业以外，单位性质、单位规模与工作性质等组织和工作特征也很可能与加班状况有着密切的联系。

为了发现组织与工作特征对加班行为的影响，我们将性别、出生年代、受教育程度、婚姻状况、户籍以及经济地区等人口学变量进行控制，将“加班”编码为1，“未加班”编码为0，得到下列多元 logit 回归模型，详见表4-17。

表4-17　关于加班行为的多元 logit 回归模型

	模型1 加班行为	模型2 加班行为	模型3 加班行为	模型4 加班行为
控制变量	已控制	已控制	已控制	已控制
单位性质（以无单位为参照组）				
非公有单位		0.204*		
		(0.080)		

续表

	模型 1 加班行为	模型 2 加班行为	模型 3 加班行为	模型 4 加班行为
公有单位		0.465 ***		
		(0.091)		
单位规模（以微型单位为参照组）				
小型单位			0.302	
			(0.188)	
中型单位			0.674 ***	
			(0.194)	
大型单位			0.649 ***	
			(0.194)	
超大型单位			0.926 ***	
			(0.209)	
工作性质（以正式工为参照组）				
临时工				-0.055
				(0.087)
劳务派遣工				0.404 *
				(0.159)
零工				-0.354
				(0.257)
老板				-0.180 *
				(0.083)
截距	-0.049	-0.180	-0.531 +	-0.048
	(0.194)	(0.206)	(0.293)	(0.199)
LR chi2	175.20	203.24	113.86	189.15
Pseudo R^2	0.0224	0.0260	0.0282	0.0242

注：①括号里的数字为标准误；② $^{+}p<0.1$，$^{*}p<0.05$，$^{**}p<0.01$，$^{***}p<0.001$；③模型 1 至模型 4 中的控制变量是性别、出生年代、受教育程度、婚姻状况、户籍和经济地区。

表 4-17 中的模型 1 是基准模型，只考察了控制变量对加班行为的影响，这些控制变量共同解释了加班行为 2.24%的差异。模型 2 在模型 1 的基础上加入了单位性质，考察单位性质对加班行为的影响。结果显示，在 0.05 的显著性水平上，保持控制变量不变，非公有单位和公有单位的劳动者均与无单位的劳动者在加班行为上有显著差异。其中，非公有单位的 OR 值为 exp（0.204），即 1.23；公有单位的 OR 值为 exp（0.465），即 1.59。该结果表明，在控制变量保持不变的情况下，非公有单位劳动者和公有单位劳动者加班的几率分别是无单位劳动者加班的几率的 1.23 倍和 1.59 倍。模型 2 显著解释了加班行为 2.60%的差异。模型 3 在模型 1 的基础上加入了单位规模，考察单位规模对加班行为的影响。结果显示，在 0.05 的显著性水平上，保持控制变量不变，小型单位劳动者与微型单位劳动者在加班行为上没有显著差异，但其他单位的劳动者均与微型单位的劳动者在加班行为上有显著差异。其中，中型单位、大型单位和超大型单位的 OR 值分别为 exp（0.674）、exp（0.649）和 exp（0.926），即 1.96、1.91 和 2.52。结果表明，在控制变量保持不变的情况下，中型单位、大型单位和超大型单位劳动者加班的几率分别是微型单位劳动者加班的几率的 1.96 倍、1.91 倍和 2.52 倍。模型 3 显著解释了加班行为 2.82%的差异。模型 4 在模型 1 的基础上加入了工作性质，考察工作性质对加班行为的影响。结果显示，在 0.05 的显著性水平上，保持控制变量不变，临时工和零工与正式工在加班行为上没有显著差异，而劳务派遣工和老板与正式工在加班行为上有显著差异。其中，劳务派遣工的 OR 值为 exp（0.404），即 1.50；老板的 OR 值为 exp（-0.180），即 0.84。结果表明，在控制变量保持不变的情况下，劳务派遣工加班的几率是正式工加班的几率的 1.50 倍，而老板加班的几率是正式工加班的几率的 0.84 倍。模型 4 显著解释了加班行为 2.42%的差异。

就加班类型在组织与工作特征上的差异分布来说，我们发现：

在加班群体中，工作日加点、周末加班和节假日加班三种加班类型均在单位性质上有显著差异（见表4-18）。具体来说，无单位劳动者在三种加班类型中的加班占比均最高；非公有单位劳动者工作日加点的占比略高于公有单位劳动者工作日加点的占比，但其周末加班和节假日加班的占比都明显低于公有单位劳动者周末加班和节假日加班的占比。单位规模方面，在加班群体中，工作日加点和周末加班在单位规模上没有显著差异，但节假日加班在单位规模上有显著差异。具体来说，微型单位劳动者节假日加班的占比最高（占比达68.09%），然后依次是大型、小型和中型单位劳动者节假日加班的占比，超大型单位劳动者节假日加班的占比最低（占比为39.71%）。工作性质方面，在加班群体中，工作日加点、周末加班和节假日加班均在工作性质上有显著差异。具体来说，老板在三种加班类型中的加班占比均最高；临时工工作日加点和节假日加班的占比相对较高（占比分别为70.41%和47.50%）；劳务派遣工在三种加班类型中的加班占比均相对较低；零工工作日加点和节假日加班的占比相对较低，但周末加班的占比相对较高（占比达87.50%）。

表4-18　加班类型在组织与工作特征上的差异性分析

单位：人，%

		工作日加点		周末加班		节假日加班	
		否	是	否	是	否	是
单位性质	无单位	94 (28.75)	233 (71.25)	25 (7.62)	303 (92.38)	96 (30.09)	223 (69.91)
	非公有单位	502 (34.03)	973 (65.97)	383 (25.77)	1103 (74.23)	891 (61.20)	565 (38.80)
	公有单位	234 (37.74)	386 (62.26)	96 (15.43)	526 (84.57)	271 (46.48)	312 (53.52)
差异显著性		Pearson $\chi^2=7.78$, $p=0.020$		Pearson $\chi^2=68.01$, $p=0.000$		Pearson $\chi^2=116.37$, $p=0.000$	

续表

		工作日加点		周末加班		节假日加班	
		否	是	否	是	否	是
单位规模	微型单位	18 (37.50)	30 (62.50)	10 (20.83)	38 (79.17)	15 (31.91)	32 (68.09)
	小型单位	134 (34.36)	256 (65.64)	80 (20.36)	313 (79.64)	196 (54.29)	165 (45.71)
	中型单位	118 (39.07)	184 (60.93)	70 (22.88)	236 (77.12)	169 (55.78)	134 (44.22)
	大型单位	97 (29.85)	228 (70.15)	71 (21.71)	256 (78.29)	155 (49.36)	159 (50.64)
	超大型单位	57 (28.08)	146 (71.92)	35 (17.16)	169 (82.84)	123 (60.29)	81 (39.71)
差异显著性		Pearson $\chi^2=9.32$, $p=0.054$		Pearson $\chi^2=2.65$, $p=0.617$		Pearson $\chi^2=15.47$, $p=0.004$	
工作性质	正式工	609 (35.66)	1099 (64.34)	376 (21.89)	1342 (78.11)	962 (57.81)	702 (42.19)
	临时工	87 (29.59)	207 (70.41)	79 (26.78)	216 (73.22)	147 (52.50)	133 (47.50)
	劳务派遣工	45 (47.87)	49 (52.13)	25 (26.32)	70 (73.68)	54 (57.45)	40 (42.55)
	零工	10 (41.67)	14 (58.33)	3 (12.50)	21 (87.50)	14 (60.87)	9 (39.13)
	老板	79 (26.16)	223 (73.84)	21 (6.91)	283 (93.09)	81 (27.27)	216 (71.73)
差异显著性		Pearson $\chi^2=21.44$, $p=0.000$		Pearson $\chi^2=46.17$, $p=0.000$		Pearson $\chi^2=95.70$, $p=0.000$	

为了进一步探索组织与工作特征对加班原因的影响，我们同样将性别、出生年代、受教育程度、婚姻状况、户籍以及经济地区等人口学变量进行控制，将“个人选择”编码为1，“单位安排”编码为0，得到下列多元logit回归模型，详见表4-19。

表 4-19　关于加班原因的多元 logit 回归模型

	模型 1 加班原因	模型 2 加班原因	模型 3 加班原因	模型 4 加班原因
控制变量	已控制	已控制	已控制	已控制
单位性质（以无单位为参照组）				
非公有单位		-3.138***		
		(0.192)		
公有单位		-3.835***		
		(0.213)		
单位规模（以微型单位为参照组）				
小型单位			-0.747*	
			(0.330)	
中型单位			-1.176***	
			(0.343)	
大型单位			-1.406***	
			(0.347)	
超大型单位			-0.801*	
			(0.359)	
工作性质（以正式工为参照组）				
临时工				-0.402*
				(0.173)
劳务派遣工				-0.145
				(0.255)
零工				1.593***
				(0.438)
老板				4.139***
				(0.276)
截距	-1.387***	0.609	-1.798***	-2.056***
	(0.301)	(0.373)	(0.496)	(0.364)

续表

	模型 1 加班原因	模型 2 加班原因	模型 3 加班原因	模型 4 加班原因
LR chi2	61.94	601.13	44.33	670.45
Pseudo R^2	0.0200	0.1944	0.0317	0.2168

注：①括号里的数字为标准误；②$^{+}p<0.1$，$^{*}p<0.05$，$^{**}p<0.01$，$^{***}p<0.001$；③模型 1 至模型 4 中的控制变量是性别、出生年代、受教育程度、婚姻状况、户籍和经济地区。

表 4-19 中的模型 1 是基准模型，只考察了控制变量对加班原因的影响，结果显示，这些控制变量共同解释了加班原因 2.00%的差异。模型 2 在模型 1 的基础上加入了单位性质，考察单位性质对加班原因的影响。结果显示，在 0.05 的显著性水平上，保持控制变量不变，非公有单位和公有单位劳动者均与无单位劳动者在加班原因上有显著差异。其中，非公有单位和公有单位的 OR 值分别为 exp（-3.138）和 exp（-3.835），即 0.04 和 0.02。该结果表明：在控制变量保持不变的情况下，非公有单位和公有单位劳动者加班原因是个人选择的几率分别是无单位劳动者加班原因是个人选择的几率的 0.04 倍和 0.02 倍。模型 2 显著解释了加班原因 19.44%的差异。模型 3 在模型 1 的基础上加入了单位规模，考察单位规模对加班原因的影响。结果显示，在 0.05 的显著性水平上，保持控制变量不变，不同工作单位规模的劳动者均与微型单位的劳动者在加班原因上有显著差异。其中，小型、中型、大型和超大型单位的 OR 值分别为 exp（-0.747）、exp（-1.176）、exp（-1.406）和 exp（-0.801），即 0.47、0.31、0.25 和 0.45。该结果表明：在控制变量保持不变的情况下，小型、中型、大型和超大型单位劳动者加班原因是个人选择的几率分别是微型单位劳动者加班原因是个人选择的几率的 0.47 倍、0.31 倍、0.25 倍和 0.45 倍。模型 3 显著解释了加班原因 3.17%的差异。模型 4 在模型 1 的基础上加入了工作性质，考察工作性质对加班原因的影响。结果显示，在 0.05 的显著性水平上，保持控制变量不变，劳务派遣工与正式工在加班原因上没有显著差异，但临时工、零工和老板均

与正式工在加班原因上有显著差异。其中，临时工、零工和老板的OR值分别为exp（-0.402）、exp（1.593）和exp（4.139），即0.67、4.92和62.74。该结果表明：在控制变量保持不变的情况下，临时工和零工加班原因为个人选择的几率分别是正式工加班原因为个人选择的几率的0.67倍和4.92倍，而老板自愿加班的几率则高达正式工的62.74倍。模型4显著解释了加班原因21.68%的差异。

2. 排班状况

在排班状况上，非标准工作时间主要表现为排班制、上夜班和周末上班三种典型情况，我们分别通过题器"上个月，您的排班状况属于下列哪一种（固定班/轮班或倒班）"、"上个月，您是否上过夜班"和"上个月，您是否在周末上过班（包括正常上班、加班、调班等）"来进行测量。

通过分析可知：我国城镇劳动者中，排班状况为固定班的占77.23%，为轮班或倒班的占22.77%；有28.78%的城镇劳动者在上个月有过夜班工作的经历；有63.39%的城镇劳动者在上个月有过周末上班的经历（见图4-7）。

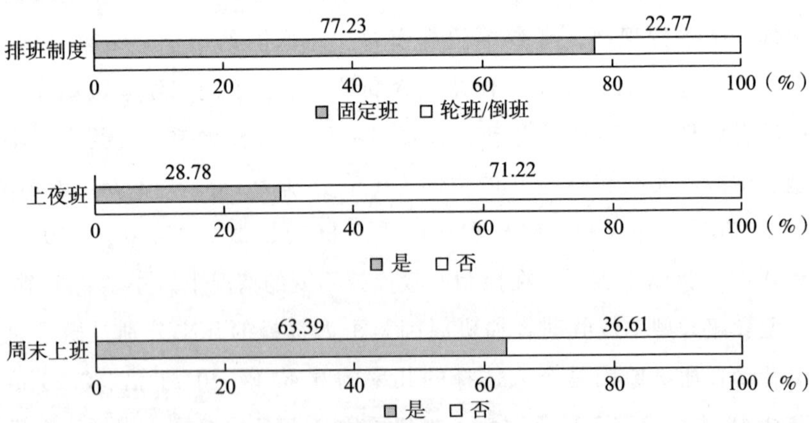

图4-7 排班状况的分布

为了更立体地呈现我国城镇劳动者的排班情况，了解各个群体差异化的排班状况，我们考察了排班制、上夜班和周末上班在人口学特征上的差异，结果如表 4-20 所示。

表 4-20　排班状况在人口学变量上的差异性分析

单位：人，%

		排班制		上夜班		周末上班	
		固定班	轮班/倒班	是	否	是	否
性别	女	1968 (79.81)	498 (20.19)	647 (21.89)	2309 (78.11)	1760 (59.50)	1198 (40.50)
	男	1740 (74.52)	595 (25.48)	1019 (35.98)	1813 (64.02)	1918 (67.44)	926 (32.56)
差异显著性		Pearson χ^2 = 19.07, p = 0.000		Pearson χ^2 = 140.16, p = 0.000		Pearson χ^2 = 39.40, p = 0.000	
出生年代	00 后	101 (70.63)	42 (29.37)	37 (22.98)	124 (77.02)	106 (66.25)	54 (33.75)
	90 后	1480 (78.47)	406 (21.53)	590 (26.82)	1610 (73.18)	1329 (60.33)	874 (39.67)
	80 后	1350 (76.23)	421 (23.77)	656 (30.51)	1494 (69.49)	1365 (63.37)	789 (36.63)
	70 后	596 (77.50)	173 (22.50)	295 (30.76)	664 (69.24)	655 (68.02)	308 (31.98)
	60 后	170 (78.70)	46 (21.30)	85 (28.72)	211 (71.28)	202 (67.79)	96 (32.21)
	40/50 后	11 (68.75)	5 (31.25)	3 (13.64)	19 (86.36)	21 (87.50)	3 (12.50)
差异显著性		Pearson χ^2 = 7.17, p = 0.209		Pearson χ^2 = 14.21, p = 0.014		Pearson χ^2 = 26.85, p = 0.000	
受教育程度	文盲	12 (92.31)	1 (7.69)	5 (35.71)	9 (64.29)	11 (68.75)	5 (31.25)
	小学	87 (69.60)	38 (30.40)	37 (21.51)	135 (78.49)	130 (73.86)	46 (26.14)
	初中	388 (70.67)	161 (29.33)	231 (31.60)	500 (68.40)	544 (74.93)	182 (25.07)
	高中等	797 (69.49)	350 (30.51)	470 (32.94)	957 (67.06)	1001 (70.00)	429 (30.00)
	大专	1007 (77.82)	287 (22.18)	429 (27.82)	1113 (72.18)	926 (59.78)	623 (40.22)

续表

		排班制		上夜班		周末上班	
		固定班	轮班/倒班	是	否	是	否
受教育程度	本科	1313 (84.38)	243 (15.62)	447 (25.21)	1326 (74.79)	992 (55.86)	784 (44.14)
	硕士	95 (87.96)	13 (12.04)	43 (36.44)	75 (63.56)	68 (57.63)	50 (42.37)
	博士	7 (100.00)	0 (0.00)	3 (33.33)	6 (66.67)	6 (66.67)	3 (33.33)
差异显著性		Pearson $\chi^2=113.01$, $p=0.000$		Pearson $\chi^2=34.80$, $p=0.000$		Pearson $\chi^2=131.01$, $p=0.000$	
婚姻状况	未婚	965 (79.88)	243 (20.12)	399 (27.52)	1051 (72.48)	907 (62.34)	548 (37.66)
	已婚	2653 (76.30)	824 (23.70)	1217 (29.04)	2974 (70.96)	2668 (63.51)	1533 (36.49)
	离婚	77 (75.49)	25 (24.51)	47 (37.30)	79 (62.70)	90 (72.00)	35 (28.00)
	丧偶	13 (92.86)	1 (7.14)	2 (10.00)	18 (90.00)	12 (60.00)	8 (40.00)
差异显著性		Pearson $\chi^2=8.66$, $p=0.034$		Pearson $\chi^2=9.17$, $p=0.027$		Pearson $\chi^2=4.81$, $p=0.186$	
户籍	农村	1515 (76.32)	470 (23.68)	667 (28.97)	1635 (71.03)	1506 (65.51)	793 (34.49)
	农村转城镇	631 (76.67)	192 (23.33)	357 (34.53)	677 (65.47)	718 (69.10)	321 (30.90)
	城镇转农村	17 (70.83)	7 (29.17)	7 (25.00)	21 (75.00)	16 (57.14)	12 (42.86)
	城镇	1544 (78.54)	422 (21.46)	632 (26.12)	1788 (73.88)	1434 (58.96)	998 (41.04)
差异显著性		Pearson $\chi^2=3.54$, $p=0.316$		Pearson $\chi^2=25.29$, $p=0.000$		Pearson $\chi^2=40.05$, $p=0.000$	
经济地区	东部地区	2208 (79.08)	584 (20.92)	897 (29.54)	2140 (70.46)	1898 (62.31)	1148 (37.69)
	中部地区	890 (70.80)	367 (29.20)	558 (33.94)	1086 (66.06)	1114 (67.68)	532 (32.32)

续表

		排班制		上夜班		周末上班	
		固定班	轮班/倒班	是	否	是	否
经济地区	西部地区	333 (80.83)	79 (19.17)	145 (22.10)	511 (77.90)	419 (64.17)	234 (35.83)
	东北地区	277 (81.47)	63 (18.53)	66 (14.63)	385 (85.37)	247 (54.05)	210 (45.95)
差异显著性		Pearson $\chi^2=41.48$, $p=0.000$		Pearson $\chi^2=80.50$, $p=0.000$		Pearson $\chi^2=31.93$, $p=0.000$	

性别方面，排班制、上夜班和周末上班均有显著差异。其中，相对于女性劳动者，男性劳动者轮班/倒班的占比相对较高（占比为25.48%），上夜班和周末上班的占比也相对较高（占比分别为35.98%和67.44%）。出生年代方面，排班制在出生年代上没有显著差异，上夜班和周末上班则在出生年代上有显著差异。具体来说，出生年代与上夜班的关联大体呈现“倒U型”，70后劳动者上夜班的占比最高（占比为30.76%）；出生年代与周末上班的关联大体呈现“U型”，90后劳动者周末上班的占比最低（占比为60.33%）。排班制、上夜班和周末上班均在受教育程度上有显著差异。总体上，受教育程度高的劳动者，其轮班/倒班的占比相对较低，而小学和高中等学历劳动者轮班/倒班的占比相对较高（占比分别为30.40%和30.51%）；小学和本科学历劳动者上夜班的占比相对较低（占比分别为21.51%和25.21%），而文盲和硕士学历劳动者上夜班的占比相对较高（占比分别为35.71%和36.44%）；大专、本科与硕士学历劳动者周末上班的占比分别为59.78%、55.86%和57.63%，明显低于其他受教育程度劳动者周末上班的占比，而初中学历劳动者周末上班的占比最高（占比达74.93%）。婚姻状况方面，排班制与上夜班有显著差异，周末上班则没有显著差异。具体来说，离婚劳动者轮班/倒班和上夜班的占比最大（占比分别为24.51%和37.30%），而丧偶劳动者轮班/倒班和上夜班的占比最小（占比分别为7.14%和10.00%）。户籍方面，排班制在户籍上没有显著差异，但上夜班和

周末上班在户籍上有显著差异。其中，农村转城镇户口劳动者上夜班和周末上班的占比最高（占比分别为34.53%和69.10%），农村户口劳动者上夜班和周末上班的占比相对较高（占比分别为28.97%和65.51%）。经济地区方面，排班制、上夜班和周末加班均有显著差异。具体来说，中部地区劳动者轮班/倒班的占比明显高于其他地区（占比达29.20%）；中部地区和东部地区劳动者上夜班的占比相对较高（占比分别为33.94%和29.54%）；东北地区劳动者周末上班的占比明显低于其他地区（占比为54.05%）。

与此同时，劳动者的排班状况带有其所处行业的特殊性，排班制、上夜班和周末上班均在行业上有显著差异，具体如表4-21所示。

表4-21　排班状况在行业上的差异性分析

单位：人，%

		排班制		上夜班		周末上班	
		固定班	轮班/倒班	是	否	是	否
行业	粮食种植业	6 (54.55)	5 (45.45)	5 (38.46)	8 (61.54)	7 (53.85)	6 (46.15)
	其他农林牧渔水利业	23 (65.71)	12 (34.29)	13 (35.14)	24 (64.86)	22 (61.11)	14 (38.89)
	手工业	62 (75.61)	20 (24.39)	24 (29.27)	58 (70.73)	43 (53.75)	37 (46.25)
	采掘业	14 (51.85)	13 (48.15)	13 (46.43)	15 (53.57)	23 (82.14)	5 (17.86)
	以非农产品为原料的制造业	806 (79.96)	202 (20.04)	300 (29.41)	720 (70.59)	592 (58.10)	427 (41.90)
	以农产品为原料的制造业	72 (63.16)	42 (36.84)	60 (50.42)	59 (49.58)	92 (77.31)	27 (22.69)
	建筑业	124 (87.94)	17 (12.06)	37 (23.13)	123 (76.88)	115 (71.88)	45 (28.13)
	文化艺术和体育	43 (75.44)	14 (24.56)	27 (42.19)	37 (57.81)	41 (64.06)	23 (35.94)
	邮电通信业	52 (89.66)	6 (10.34)	14 (24.14)	44 (75.86)	20 (34.48)	38 (65.52)

续表

		排班制		上夜班		周末上班	
		固定班	轮班/倒班	是	否	是	否
行业	信息产业	182 (87.08)	27 (12.92)	30 (13.95)	185 (86.05)	109 (50.46)	107 (49.54)
	商业	587 (69.55)	257 (30.45)	288 (33.61)	569 (66.39)	547 (63.98)	308 (36.02)
	对外贸易业	57 (87.69)	8 (12.31)	13 (18.84)	56 (81.16)	30 (43.48)	39 (56.52)
	餐饮业	122 (69.71)	53 (30.29)	38 (20.43)	148 (79.57)	145 (78.38)	40 (21.62)
	国家、政党机关和社会团体	113 (86.26)	18 (13.74)	29 (21.80)	104 (78.20)	67 (49.63)	68 (50.37)
	公用事业	58 (81.69)	13 (18.31)	24 (33.80)	47 (66.20)	45 (63.38)	26 (36.62)
	旅游娱乐业	33 (75.00)	11 (25.00)	9 (20.00)	36 (80.00)	26 (56.52)	20 (43.48)
	服务业	348 (75.82)	111 (24.18)	135 (28.18)	344 (71.82)	316 (65.97)	163 (34.03)
	房地产经营业	85 (94.44)	5 (5.56)	12 (12.50)	84 (87.50)	57 (58.76)	40 (41.24)
	咨询业	66 (84.62)	12 (15.38)	14 (17.07)	68 (82.93)	31 (38.27)	50 (61.73)
	卫生和社会福利事业	86 (54.78)	71 (45.22)	82 (51.90)	76 (48.10)	127 (79.87)	32 (20.13)
	交通运输业	119 (71.69)	47 (28.31)	78 (46.43)	90 (53.57)	115 (68.45)	53 (31.55)
	广告业	61 (93.85)	4 (6.15)	11 (16.92)	54 (83.08)	28 (41.79)	39 (58.21)
	科学研究和综合技术服务业	104 (72.22)	40 (27.78)	66 (44.90)	81 (55.10)	89 (60.54)	58 (39.46)
	金融保险业	199 (95.22)	10 (4.78)	60 (27.65)	157 (72.35)	126 (58.33)	90 (41.67)
	教育	170 (93.92)	11 (6.08)	10 (5.38)	176 (94.62)	60 (32.09)	127 (67.91)

续表

		排班制		上夜班		周末上班	
		固定班	轮班/倒班	是	否	是	否
行业	居民自治组织	16 (80.00)	4 (20.00)	4 (20.00)	16 (80.00)	5 (25.00)	15 (75.00)
差异显著性		Pearson $\chi^2=252.73$, $p=0.000$		Pearson $\chi^2=245.48$, $p=0.000$		Pearson $\chi^2=238.67$, $p=0.000$	

关于排班制，在采掘业、粮食种植业、卫生和社会福利事业等行业中，劳动者轮班/倒班的占比相对较大，而在金融保险业、房地产经营业、教育、广告业等行业中，劳动者轮班/倒班的占比相对较小。其中，采掘业劳动者轮班/倒班的占比最高（占比达 48.15%），而金融保险业劳动者轮班/倒班的占比最低（占比仅为 4.78%）。上夜班方面，卫生和社会福利事业劳动者上夜班的占比最高（占比达 51.90%）；在以农产品为原料的制造业、交通运输业、采掘业、科学研究和综合技术服务业等行业中，劳动者上夜班的占比也相对较高；教育业劳动者上夜班的占比最低（占比仅为 5.38%）；在房地产经营业、信息产业、广告业、咨询业等行业中，劳动者上夜班的占比也相对较低。周末上班方面，采掘业劳动者周末上班的占比最高（占比为 82.14%）；在卫生和社会福利事业、餐饮业、以农产品为原料的制造业等行业中，劳动者周末上班的占比相对较高；居民自治组织的劳动者周末上班的占比最低（占比为 25.00%）；在教育业、邮电通信业、咨询业等行业中，劳动者周末上班的占比相对较低。

显然，排班状况与组织和工作特征有更为直接的关联。接下来，我们进一步探索组织和工作特征对排班制、上夜班和周末上班的影响。首先，我们将性别、出生年代、受教育程度、婚姻状况、户籍以及经济地区等人口学变量进行控制，将“轮班”/“倒班”编码为 1，“固定班”编码为 0，得到下列关于排班制的多元 logit 回归模型，详见表 4-22。

表 4-22　关于排班制的多元 logit 回归模型

	模型 1 排班制	模型 2 排班制	模型 3 排班制	模型 4 排班制
控制变量	已控制	已控制	已控制	已控制
单位性质（以无单位为参照组）				
非公有单位		-0.716^{***}		
		(0.175)		
公有单位		-0.334^{+}		
		(0.182)		
单位规模（以微型单位为参照组）				
小型单位			-0.668^{***}	
			(0.200)	
中型单位			-0.387^{+}	
			(0.207)	
大型单位			-0.048	
			(0.205)	
超大型单位			0.120	
			(0.222)	
工作性质（以正式工为参照组）				
临时工				0.392^{***}
				(0.097)
劳务派遣工				0.346^{+}
				(0.177)
零工				0.918^{**}
				(0.297)
截距	0.193	0.899^{**}	0.771^{*}	-0.071
	(0.240)	(0.289)	(0.328)	(0.248)
LR chi2	125.12	159.77	102.95	150.99
Pseudo R^2	0.0243	0.0311	0.0321	0.0294

注：①括号里的数字为标准误；② $^{+}p<0.1$，$^{*}p<0.05$，$^{**}p<0.01$，$^{***}p<0.001$；③模型 1 至模型 4 中的控制变量是性别、出生年代、受教育程度、婚姻状况、户籍和经济地区。

表 4-22 中的模型 1 是基准模型，只考察了若干人口学变量对排班制的影响，这些控制变量共同解释了排班制 2.43%的差异。模型 2 在模型 1 的基础上加入了单位性质，考察单位性质对排班制的影响。结果显示，在 0.05 的显著性水平上，保持控制变量不变，非公有单位劳动者与无单位劳动者在排班制上有显著差异，而公有单位劳动者与无单位劳动者在排班制上没有显著差异，其中，非公有单位的 OR 值为 exp（-0.716），即 0.49。该结果表明：在控制变量保持不变的情况下，非公有单位劳动者轮班/倒班的几率是无单位劳动者轮班/倒班的几率的 0.49 倍。模型 2 显著解释了排班制 3.11%的差异。模型 3 在模型 1 的基础上加入了单位规模，考察单位规模对排班制的影响。结果显示，在 0.05 的显著性水平上，保持控制变量不变，小型单位劳动者与微型单位劳动者在排班制上有显著差异，而其他规模单位的劳动者与微型单位的劳动者在排班制上没有显著差异。其中，小型单位的 OR 值为 exp（-0.668），即 0.51。该结果表明：在控制变量保持不变的情况下，小型单位劳动者轮班/倒班的几率是微型单位劳动者轮班/倒班的几率的 0.51 倍。模型 3 显著解释了排班制 3.21%的差异。模型 4 在模型 1 的基础上加入了工作性质，考察工作性质对排班制的影响。结果显示，在 0.05 的显著性水平上，保持控制变量不变，临时工和零工与正式工在排班制上有显著差异，而劳务派遣工与正式工在排班制上没有显著差异（老板不适用于排班制）。其中，临时工和零工的 OR 值分别为 exp（0.392）和 exp（0.918），即 1.48 和 2.50。该结果表明：在控制变量保持不变的情况下，临时工和零工轮班/倒班的几率分别为正式工轮班/倒班的几率的 1.48 倍和 2.50 倍。模型 4 显著解释了排班制 2.94%的差异。

其次，我们探索单位性质、单位规模和工作性质等组织和工作特征对上夜班的影响。我们同样将性别、出生年代、受教育程度、婚姻状况、户籍以及经济地区等人口学变量进行控制，将“上过夜班”编码为 1，“没有上过夜班”编码为 0，得到下列关于上夜班的多元 logit 回归模型，详见表 4-23。

表 4-23　关于上夜班的多元 logit 回归模型

	模型 1 上夜班	模型 2 上夜班	模型 3 上夜班	模型 4 上夜班
控制变量	已控制	已控制	已控制	已控制
单位性质（以无单位为参照组）				
非公有单位		-0.174*		
		(0.086)		
公有单位		0.453***		
		(0.096)		
单位规模（以微型单位为参照组）				
小型单位			0.205	
			(0.217)	
中型单位			0.534*	
			(0.223)	
大型单位			0.920***	
			(0.220)	
超大型单位			1.061***	
			(0.235)	
工作性质（以正式工为参照组）				
临时工				0.143
				(0.094)
劳务派遣工				0.438**
				(0.163)
零工				-0.181
				(0.274)
老板				0.004
				(0.089)
截距	-0.703***	-0.495*	-0.863**	-0.814***
	(0.210)	(0.223)	(0.325)	(0.216)
LR chi2	192.10	267.97	164.46	201.66
Pseudo R^2	0.0277	0.0386	0.0454	0.0291

注：①括号里的数字为标准误；②$^{+}p<0.1$，$^{*}p<0.05$，$^{**}p<0.01$，$^{***}p<0.001$；③模型 1 至模型 4 中的控制变量是性别、出生年代、受教育程度、婚姻状况、户籍和经济地区。

表 4-23 中的模型 1 是基准模型，只考察了控制变量对上夜班的影响，这些控制变量共同解释了上夜班 2.77%的差异。模型 2 在模型 1 的基础上加入了单位性质，考察单位性质对上夜班的影响。结果显示，在 0.05 的显著性水平上，保持控制变量不变，非公有单位和公有单位劳动者均与无单位劳动者在上夜班上有显著差异。其中，非公有单位和公有单位的 OR 值分别为 exp（-0.174）和 exp（0.453），即 0.84 和 1.57。该结果表明：在控制变量保持不变的情况下，非公有单位和公有单位劳动者上夜班的几率分别是无单位劳动者上夜班的几率的 0.84 倍和 1.57 倍。模型 2 显著解释了上夜班 3.86%的差异。模型 3 在模型 1 的基础上加入了单位规模，考察单位规模对上夜班的影响。结果显示，在 0.05 的显著性水平上，保持控制变量不变，除小型单位的劳动者与微型单位的劳动者在上夜班上没有显著差异外，其他规模单位的劳动者均与微型单位的劳动者在上夜班上有显著差异。其中，中型、大型和超大型单位的 OR 值分别为 exp（0.534）、exp（0.920）和 exp（1.061），即 1.71、2.51 和 2.89。该结果表明：在控制变量保持不变的情况下，中型、大型和超大型单位劳动者上夜班的几率分别是微型单位劳动者上夜班的几率的 1.71 倍、2.51 倍和 2.89 倍。模型 3 显著解释了上夜班 4.54%的差异。模型 4 在模型 1 的基础上加入了工作性质，考察工作性质对上夜班的影响。结果显示，在 0.05 的显著性水平上，保持控制变量不变，劳务派遣工与正式工在上夜班上有显著差异，其他工作性质的劳动者则与正式工在上夜班上没有显著差异。其中，劳务派遣工的 OR 值为 exp（0.438），即 1.55。该结果表明：在控制变量保持不变的情况下，劳务派遣工上夜班的几率为正式工上夜班的几率的 1.55 倍。模型 4 显著解释了上夜班 2.91%的差异。

最后，我们探索单位性质、单位规模和工作性质等组织和工作特征对周末上班的影响，还是将性别、出生年代、受教育程度、婚姻状况、户籍以及经济地区等人口学变量进行控制，将“周末上过班”编码为 1，“周末没有上过班”编码为 0，得到下列关于周末上班的多元 logit 回归模型，详见表 4-24。

表 4-24　关于周末上班的多元 logit 回归模型

	模型 1 周末上班	模型 2 周末上班	模型 3 周末上班	模型 4 周末上班
控制变量	已控制	已控制	已控制	已控制
单位性质（以无单位为参照组）				
非公有单位		-0.876***		
		(0.087)		
公有单位		-0.808***		
		(0.098)		
单位规模（以微型单位为参照组）				
小型单位			-0.728***	
			(0.195)	
中型单位			-0.573**	
			(0.203)	
大型单位			-0.593**	
			(0.203)	
超大型单位			-0.604**	
			(0.218)	
工作性质（以正式工为参照组）				
临时工				0.304***
				(0.090)
劳务派遣工				0.289+
				(0.167)
零工				0.326
				(0.258)
老板				1.225***
				(0.097)
截距	1.780***	2.499***	2.251***	1.508***
	(0.201)	(0.216)	(0.307)	(0.208)
LR chi2	171.68	284.01	117.37	358.23
Pseudo R^2	0.0225	0.0373	0.0299	0.0471

注：①括号里的数字为标准误；②$^{+}p<0.1$，$^{*}p<0.05$，$^{**}p<0.01$，$^{***}p<0.001$；③模型 1 至模型 4 中的控制变量是性别、出生年代、受教育程度、婚姻状况、户籍和经济地区。

表4-24中的模型1是基准模型，只考察了控制变量对周末上班的影响，这些控制变量共同解释了周末上班2.25%的差异。模型2在模型1的基础上加入了单位性质，考察单位性质对周末上班的影响。结果显示，在0.05的显著性水平上，保持控制变量不变，非公有单位和公有单位的劳动者均与无单位的劳动者在周末上班上有显著差异。其中，非公有单位和公有单位的OR值分别为exp（-0.876）和exp（-0.808），即0.42和0.45。该结果表明：在控制变量保持不变的情况下，非公有单位和公有单位劳动者周末上班的几率分别是无单位劳动者周末上班的几率的0.42倍和0.45倍。模型2显著解释了周末上班3.73%的差异。模型3在模型1的基础上加入了单位规模，考察单位规模对周末上班的影响。结果显示，在0.05的显著性水平上，保持控制变量不变，其他规模单位的劳动者均与微型单位的劳动者在周末上班上有显著差异。其中，小型、中型、大型和超大型单位的OR值分别为exp（-0.728）、exp（-0.573）、exp（-0.593）和exp（-0.604），即0.48、0.56、0.55和0.55。该结果表明：在控制变量保持不变的情况下，小型、中型、大型和超大型单位劳动者周末上班的几率分别是微型单位劳动者周末上班的几率的0.48倍、0.56倍、0.55倍和0.55倍。模型3显著解释了周末上班2.99%的差异。模型4在模型1的基础上加入了工作性质，考察工作性质对周末上班的影响。结果显示，在0.05的显著性水平上，保持控制变量不变，临时工和老板与正式工在周末上班上有显著差异，但劳务派遣工和零工与正式工在周末上班上没有显著差异，其中，临时工的OR值为exp（0.304），即1.36，老板的OR值为exp（1.225），即3.40。该结果表明：在控制变量保持不变的情况下，临时工和老板周末上班的几率分别为正式工周末上班的几率的1.36倍和3.40倍。模型4显著解释了周末上班4.71%的差异。

（三）弹性工作时间

弹性工作时间，简称弹性时间，指的是现代化管理中对工作时间所作的比较灵活的规定。① 弹性工作时间这一说法起源于 20 世纪 60 年代，针对当时德国上下班高峰期的交通拥堵问题，经济学家哈勒（Wilhelm Haller）提出了这一概念，倡导企业改变原有的固定时间上下班的工作形式，合理采取错峰上下班的措施。② 自此，基于时间的弹性工作制迅速普及，发展出包括核心工时、压缩工作周、弹性信用工时等在内的多种形式。究其本质，弹性工作时间背后是对工作时间进行重组从而构建起来的一种新型的工作与雇佣模式。③ 如果说工作时长是从量的角度考察工作时间，而非标准工作时间关注工作时点与一般社会生活节律的协调性，那么弹性工作时间则侧重于工作时间上的自主与灵活程度，这一性质折射出劳动者对工作时间的控制。劳动者在工作时间上的适度自主和灵活调节，一方面能够使劳动者兼顾家庭和生活两方面的需求，另一方面也在解决劳动者工作和生活角色紧张甚至角色冲突问题的过程中提升劳动者的自我效能感，提高劳动者的工作绩效。不过，遗憾的是，在本土的管理实践中，部分组织所实行的基于时间的弹性工作制只具备制度形式，并没有真正将工作时间的自主权交给劳动者，反而试图制造认同，让劳动者主动加班并将加班行为合理化，这在一定程度上使得弹性工作制以一种负面形象被推上了舆论的风口浪尖。因此，本次调查既关注弹性工作时间的制度安排，也考察工作时间灵活度上的主观感受。

1. 弹性工作制

从制度安排出发，我们首先通过题器“您所在单位是否实行弹性工作制”来考察工作单位中弹性工作制的设置情况，分析结果显示：在有单位的城镇劳动者中，其所在单位实行弹性工作制的约占 37.52%，弹性工作制的普及率一般。

---

① 邓明、向洪、张来培主编《管理学辞典》，西南交通大学出版社，1992，第 273 页。

② 孙健敏、崔兆宁、宋萌：《弹性工作制的研究述评与展望》，《中国人力资源开发》2020 年第 9 期，第 69~86 页。

③ 孙健敏、崔兆宁、宋萌：《弹性工作制的研究述评与展望》，《中国人力资源开发》2020 年第 9 期，第 69~86 页。

为进一步立体地呈现我国弹性工作制的覆盖状况，我们考察了弹性工作制在人口学特征上的差异，以期发现弹性工作制在不同群体间的差异分布，结果表明：弹性工作制在性别、出生年代、受教育程度、户籍和经济地区上均存在显著差异，但在婚姻状况上没有显著差异（见表 4-25）。

表 4-25 弹性工作制在人口学变量上的差异性分析

单位：%

		无弹性工作制		有弹性工作制		差异显著性
		频数	占比	频数	占比	
性别	女	1379	64.62	755	35.38	Pearson $\chi^2 = 8.38$, $p = 0.004$
	男	1269	60.31	835	39.69	
出生年代	00 后	66	68.04	31	31.96	Pearson $\chi^2 = 41.26$, $p = 0.000$
	90 后	983	59.87	659	40.13	
	80 后	970	59.95	648	40.05	
	70 后	474	70.54	198	29.46	
	60 后	143	74.09	50	25.91	
	40/50 后	12	75.00	4	25.00	
受教育程度	文盲	4	33.33	8	66.67	Pearson $\chi^2 = 39.21$, $p = 0.000$
	小学	63	73.26	23	26.74	
	初中	300	69.44	132	30.56	
	高中等	632	63.97	356	36.03	
	大专	745	64.11	417	35.89	
	本科	829	57.29	618	42.71	
	硕士	70	68.63	32	31.37	
	博士	3	42.86	4	57.14	
婚姻状况	未婚	613	59.80	412	40.20	Pearson $\chi^2 = 5.58$, $p = 0.134$
	已婚	1969	63.19	1147	36.81	
	离婚	56	66.67	28	33.33	
	丧偶	10	76.92	3	23.08	

续表

<table>
<tr><th colspan="2" rowspan="2"></th><th colspan="2">无弹性工作制</th><th colspan="2">有弹性工作制</th><th rowspan="2">差异显著性</th></tr>
<tr><th>频数</th><th>占比</th><th>频数</th><th>占比</th></tr>
<tr><td rowspan="4">户籍</td><td>农村</td><td>989</td><td>60.09</td><td>657</td><td>39.91</td><td rowspan="4">Pearson $\chi^2 = 14.30$,
$p = 0.003$</td></tr>
<tr><td>农村转城镇</td><td>514</td><td>68.08</td><td>241</td><td>31.92</td></tr>
<tr><td>城镇转农村</td><td>14</td><td>58.33</td><td>10</td><td>41.67</td></tr>
<tr><td>城镇</td><td>1130</td><td>62.47</td><td>679</td><td>37.53</td></tr>
<tr><td rowspan="4">经济地区</td><td>东部地区</td><td>1535</td><td>63.12</td><td>897</td><td>36.88</td><td rowspan="4">Pearson $\chi^2 = 12.33$,
$p = 0.006$</td></tr>
<tr><td>中部地区</td><td>672</td><td>60.70</td><td>435</td><td>39.30</td></tr>
<tr><td>西部地区</td><td>218</td><td>57.67</td><td>160</td><td>42.33</td></tr>
<tr><td>东北地区</td><td>223</td><td>69.47</td><td>98</td><td>30.53</td></tr>
</table>

具体地说，就性别而言，男性劳动者所在单位实行弹性工作制的占比大于女性劳动者所在单位实行弹性工作制的占比（占比分别为 39.69%和 35.38%）；就出生年代而言，不同出生年代劳动者所在单位实行弹性工作制的占比大体呈现“倒 U 型”，90 后劳动者所在单位实行弹性工作制的占比最大（占比达 40.13%）；就受教育程度而言，小学和初中学历劳动者所在单位实行弹性工作制的占比相对较小（占比分别为 26.74%和 30.56%）；就户籍而言，农村转城镇户口劳动者所在单位实行弹性工作制的占比最低（占比为 31.92%）；就经济地区而言，西部地区劳动者所在单位实行弹性工作制的占比最高（占比达 42.33%），中部、东部和东北地区劳动者所在单位实行弹性工作制的占比分别为 39.30%、36.88%和 30.53%。

除此之外，弹性工作制作为一种组织制度，与行业、单位性质、单位规模和工作性质等组织和工作特征关联紧密。

就弹性工作制在行业上的差异来看，在不同的行业中，劳动者所在组织实行弹性工作制的情况存在显著差异。具体来说，在金融保险业、广告业、信息产业等行业中，劳动者所在组织实行弹性工作制的占比相对较大；而在居民自治组织、交通运输业、以农产品为原料的制造业以及国家、政党机关和社会团体等行业中，劳动者所在组织实行弹性工作制的占比相对较小，具体的差异分布见图 4-8。

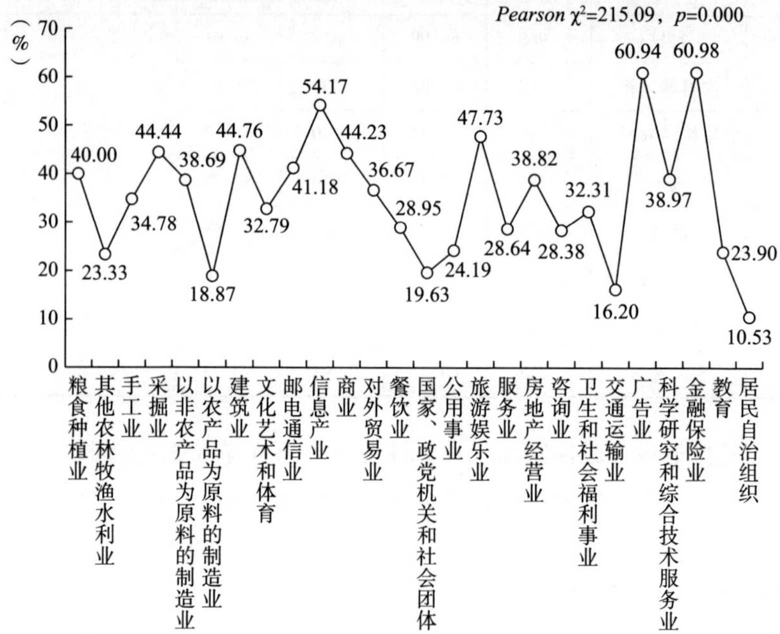

图 4-8　不同行业城镇劳动者所在单位实行弹性工作制的占比

为了探索单位性质、单位规模和工作性质与弹性工作制的关联，我们将性别、出生年代、受教育程度、婚姻状况、户籍以及经济地区等人口学变量进行控制，将“实行弹性工作制”编码为 1，“没有实行弹性工作制”编码为 0，得到下列多元 logit 回归模型，详见表 4-26。

表 4-26　关于弹性工作制的多元 logit 回归模型

	模型 1 弹性工作制	模型 2 弹性工作制	模型 3 弹性工作制	模型 4 弹性工作制
控制变量	已控制	已控制	已控制	已控制
单位性质（以公有单位为参照组）				
非公有单位		0.219**		
		(0.075)		

续表

	模型 1 弹性工作制	模型 2 弹性工作制	模型 3 弹性工作制	模型 4 弹性工作制
单位规模（以微型单位为参照组）				
小型单位			0.254	
			(0.210)	
中型单位			0.440*	
			(0.217)	
大型单位			0.952***	
			(0.214)	
超大型单位			0.749**	
			(0.229)	
工作性质（以正式工为参照组）				
临时工				-0.228*
				(0.101)
劳务派遣工				0.156
				(0.182)
零工				-0.412
				(0.417)
老板				0.085
				(0.258)
截距	-0.663**	-0.918***	-0.916**	-0.569*
	(0.229)	(0.245)	(0.328)	(0.235)
LR chi2	45.37	53.98	90.52	52.61
Pseudo R^2	0.0081	0.0096	0.0266	0.0094

注：①括号里的数字为标准误；② $^+p<0.1$，$^*p<0.05$，$^{**}p<0.01$，$^{***}p<0.001$；③模型 1 至模型 4 中的控制变量是性别、出生年代、受教育程度、婚姻状况、户籍和经济地区。

表 4-26 中的模型 1 是基准模型，只考察了控制变量对弹性工作制的影响，这些控制变量共同解释了弹性工作制 0.81%的差异。模型 2 在模型 1 的基础上加入了单位性质，考察单位性质对弹性工作制的影响。结果显示，在 0.05 的显著性水平上，保持控制变量不变，非公有单位的劳动者与公有单位的劳动者在弹性工作制上有显

著差异。其中，非公有单位的 OR 值为 exp（0.219），即 1.24。该结果表明：在控制变量保持不变的情况下，非公有单位劳动者所在组织实行弹性工作制的几率是公有单位劳动者所在组织实行弹性工作制的几率的 1.24 倍。模型 2 显著解释了弹性工作制 0.96%的差异。模型 3 在模型 1 的基础上加入了单位规模，考察单位规模对弹性工作制的影响。结果显示，在 0.05 的显著性水平上，保持控制变量不变，除小型单位劳动者与微型单位劳动者在弹性工作制上没有显著差异外，其他规模单位的劳动者均与微型单位的劳动者在弹性工作制上有显著差异。其中，中型单位、大型单位和超大型单位的 OR 值分别为 exp（0.440）、exp（0.952）和 exp（0.749），即 1.55、2.59 和 2.11。该结果表明：在控制变量保持不变的情况下，中型单位、大型单位和超大型单位劳动者所在组织实行弹性工作制的几率分别是微型单位劳动者所在组织实行弹性工作制的几率的 1.55 倍、2.59 倍和 2.11 倍。模型 3 显著解释了弹性工作制 2.66%的差异。模型 4 在模型 1 的基础上加入了工作性质，考察工作性质对弹性工作制的影响。结果显示，在 0.05 的显著性水平上，保持控制变量不变，临时工与正式工在弹性工作制上有显著差异，而其他工作性质的劳动者与正式工在弹性工作制上没有显著差异。其中，临时工的 OR 值为 exp（-0.228），即 0.80。该结果表明：在控制变量保持不变的情况下，临时工所在组织实行弹性工作制的几率是正式工所在组织实行弹性工作制的几率的 0.80 倍。模型 4 显著解释了弹性工作制 0.94%的差异。

2. 弹性工作时间感受

从主观感受出发，我们通过题器“下列说法是否符合您的实际情况：我的工作时间很灵活”来考察劳动者对弹性工作时间的主观感受，据描述性分析发现，我国城镇劳动者认为自己完全符合或比较符合“工作时间很灵活”的占 42.77%，很不符合或较不符合“工作时间很灵活”的占 23.18%（见表 4-27）。总体上，我国城镇劳动者在工作时间上的自主与灵活感受趋好。

表 4-27　弹性工作时间感受的频数分布

单位：%

	频数	占比	累积百分比
很不符合	545	9.71	9.71
较不符合	756	13.47	23.18
一般	1911	34.05	57.23
比较符合	1426	25.41	82.64
完全符合	974	17.36	100.00
合计	5612	100.00	

将弹性工作时间感受的五种程度分别赋值为1~5，值越高，表明工作时间越灵活。劳动者在弹性工作时间感受上的得分均值为3.27。具体考察弹性工作时间感受在人口学特征上的差异，我们发现：弹性工作时间感受在性别、出生年代和经济地区上有显著差异，但在受教育程度、婚姻状况和户籍上没有显著差异（见表4-28）。

表 4-28　弹性工作时间感受在人口学变量上的差异性分析

		均值	标准差	样本量	差异显著性
性别	女	3.20	1.20	2856	$T=-4.74$，$p=0.0000$
	男	3.35	1.15	2756	
出生年代	00后	3.24	1.10	156	$F=4.14$，$p=0.0009$
	90后	3.21	1.14	2146	
	80后	3.34	1.20	2082	
	70后	3.24	1.24	910	
	60后	3.31	1.24	295	
	40/50后	3.83	0.83	23	
受教育程度	文盲	3.21	1.53	14	$F=2.01$，$p=0.0504$
	小学	3.38	1.31	165	
	初中	3.35	1.27	702	
	高中等	3.21	1.21	1390	

续表

		均值	标准差	样本量	差异显著性
受教育程度	大专	3.24	1.14	1490	$F=2.01$, $p=0.0504$
	本科	3.29	1.13	1723	
	硕士	3.48	1.24	117	
	博士	3.44	1.01	9	
婚姻状况	未婚	3.21	1.14	1411	$F=2.29$, $p=0.0767$
	已婚	3.30	1.19	4059	
	离婚	3.17	1.31	121	
	丧偶	3.15	1.57	20	
户籍	农村	3.24	1.20	2233	$F=1.79$, $p=0.1470$
	农村转城镇	3.28	1.25	984	
	城镇转农村	3.61	1.10	28	
	城镇	3.30	1.14	2363	
经济地区	东部地区	3.20	1.15	2905	$F=10.58$, $p=0.0000$
	中部地区	3.29	1.17	1600	
	西部地区	3.48	1.23	650	
	东北地区	3.34	1.29	457	

具体来说，就性别而言，相较于女性劳动者，男性劳动者的弹性工作时间感受更好，男性和女性的弹性工作时间感受得分均值分别为 3.35 和 3.20；就出生年代而言，90 后劳动者的弹性工作时间感受最差（得分均值为 3.21），80 后劳动者的弹性工作时间感受相对较好（得分均值为 3.34）；就经济地区而言，西部地区劳动者的弹性工作时间感受最好（得分均值为 3.48），东部地区劳动者的弹性工作时间感受最差（得分均值为 3.20）。

与此同时，我们考虑弹性工作时间感受在何种程度上与组织和工作特征关联起来。就弹性工作时间感受在行业上的差异来看，不同行业劳动者的弹性工作时间感受有着显著差异：在房地产经营业、粮食种植业、信息产业、咨询业等行业中，劳动者的弹性工作时间感受相对较好，这些行业中劳动者的弹性工作时间感受得分均值分别为

3.47、3.46、3.35 和 3.34；而在卫生和社会福利事业、以农产品为原料的制造业、教育、交通运输业和采掘业等行业中，劳动者的弹性工作时间感受相对较差，这些行业中劳动者的弹性工作时间感受得分均值分别为 2.68、2.78、2.81、2.89 和 2.89（见表 4-29）。

表 4-29　弹性工作时间感受在行业上的差异性分析

		均值	标准差	样本量
行业	粮食种植业	3.46	1.39	13
	其他农林牧渔水利业	3.19	1.35	36
	手工业	3.23	1.18	83
	采掘业	2.89	1.50	28
	以非农产品为原料的制造业	3.27	1.11	989
	以农产品为原料的制造业	2.78	1.24	113
	建筑业	3.22	1.29	157
	文化艺术和体育	2.90	1.18	62
	邮电通信业	3.24	1.33	58
	信息产业	3.35	1.01	209
	商业	3.19	1.13	831
	对外贸易业	3.16	1.22	68
	餐饮业	2.98	1.23	177
	国家、政党机关和社会团体	2.95	1.19	128
	公用事业	3.26	1.16	62
	旅游娱乐业	3.09	1.39	43
	服务业	2.91	1.14	477
	房地产经营业	3.47	1.04	97
	咨询业	3.34	1.02	82
	卫生和社会福利事业	2.68	1.27	147
	交通运输业	2.89	1.20	142
	广告业	2.95	1.06	60
	科学研究和综合技术服务业	3.31	1.26	148
	金融保险业	3.30	1.03	216

续表

		均值	标准差	样本量
行业	教育	2.81	1.23	176
	居民自治组织	3.17	1.04	18
差异显著性		$F=5.16$，$p=0.0000$		

我们进一步考察单位性质、单位规模、工作性质等组织和工作层面的特征与劳动者弹性工作时间感受的关联，同样将性别、出生年代、受教育程度、婚姻状况、户籍以及经济地区等人口学变量进行控制，得到下列多元线性回归模型，详见表4-30。

表4-30　关于弹性工作时间感受的多元线性回归模型

	模型1 弹性工作时间感受	模型2 弹性工作时间感受	模型3 弹性工作时间感受	模型4 弹性工作时间感受
控制变量	已控制	已控制	已控制	已控制
单位性质（以无单位为参照组）				
非公有单位		−0.753***		
		(0.043)		
公有单位		−0.995***		
		(0.050)		
单位规模（以微型单位为参照组）				
小型单位			−0.039	
			(0.100)	
中型单位			−0.089	
			(0.104)	
大型单位			0.064	
			(0.104)	
超大型单位			0.303**	
			(0.113)	
工作性质（以正式工为参照组）				
临时工				−0.036
				(0.047)

续表

	模型 1 弹性工作时间感受	模型 2 弹性工作时间感受	模型 3 弹性工作时间感受	模型 4 弹性工作时间感受
劳务派遣工				-0.020
				(0.090)
零工				0.174
				(0.132)
老板				0.939***
				(0.044)
截距	2.845***	3.414***	2.688***	2.779***
	(0.113)	(0.114)	(0.165)	(0.111)
F 值	8.56	60.66	6.13	53.91
R^2	0.0091	0.0798	0.0210	0.0879

注：①括号里的数字为标准误；② $^{+}p<0.1$，$^{*}p<0.05$，$^{**}p<0.01$，$^{***}p<0.001$；③模型 1 至模型 4 中的控制变量是性别、出生年代、受教育程度、婚姻状况、户籍和经济地区。

表 4-30 中的模型 1 是基准模型，只考察了控制变量对弹性工作时间感受的影响，这些控制变量共同解释了弹性工作时间感受 0.91%的差异。模型 2 在模型 1 的基础上加入了单位性质，考察单位性质对弹性工作时间感受的影响。结果显示，在 0.05 的显著性水平上，保持控制变量不变，非公有单位和公有单位劳动者均与无单位劳动者在弹性工作时间感受上有显著差异。其中，非公有单位的回归系数是-0.753，公有单位的回归系数是-0.995。该结果表明：在控制变量保持不变的情况下，非公有单位劳动者相较于无单位劳动者，其弹性工作时间感受平均少 0.753 个单位；公有单位劳动者相较于无单位劳动者，其弹性工作时间感受平均少 0.995 个单位。模型 2 显著解释了弹性工作时间感受 7.98%的差异。模型 3 在模型 1 的基础上加入了单位规模，考察单位规模对弹性工作时间感受的影响。结果显示，在 0.05 的显著性水平上，保持控制变量不变，超大型单位劳动者与微型单位劳动者在弹性工作时间感受上有显著差异，而其他规模单位的劳动者与微型单位劳动者在弹性工作时间感受上

没有显著差异。其中，超大型单位的回归系数为 0.303。该结果表明：在控制变量保持不变的情况下，超大型单位劳动者相较于微型单位劳动者，其弹性工作时间感受平均多 0.303 个单位。模型 3 显著解释了弹性工作时间感受 2.10%的差异。模型 4 在模型 1 的基础上加入了工作性质，考察工作性质对弹性工作时间感受的影响。结果显示，在 0.05 的显著性水平上，保持控制变量不变，老板与正式工在弹性工作时间感受上有显著差异，而其他工作性质的劳动者与正式工在弹性工作时间感受上没有显著差异。其中，老板的回归系数为 0.939。该结果表明：在控制变量保持不变的情况下，老板相较于正式工，其弹性工作时间感受平均多 0.939 个单位。模型 4 显著解释了弹性工作时间感受 8.79%的差异。

四　工作时间的影响机制

在工作时间的现状分析中，我们描述了我国城镇劳动者在工作时长、非标准工作时间、弹性工作时间方面的总体状况和差异分布。其中，工作时间在个体、组织以及工作特征上均表现出较为明显的异质性。基于此，我们希望进一步探索的是：差异化的工作时间给劳动者所感受到的工作状态与工作氛围带来了怎样的实质性影响？

众所周知，劳动者的剩余劳动时间是创造剩余价值的源泉，劳资双方围绕工作时间展开了旷日持久的权力和权利的争夺活动。在这个意义上，工作时间问题本质上折射的是劳动关系的质量问题，可以具体表现为劳动者在工作时间上的付出能否得到应有的报酬、劳动者在工作中损耗的身体和情感资源能否得到充分的恢复等现实状况。在我们看来，一个有质量的工作环境，一方面要维持相对公平，让劳动者劳有所得，使其可以通过劳动创造价值，体验到获得感、成就感以及幸福感；另一方面也能够保护与包容劳动者，切实为劳动者的健康与可持续发展能力着想。因此，工作时间的影响机制大致指涉两个平衡，即投入—产出的平衡和损耗—恢复的平衡，前者事关劳动者的心态问题，后者事关劳动者的健康状况。两者都会进一步影响个体的行为，并可能对家庭或组织产生相应的影响。

与此同时，从时间分配的视角切入，劳动者在工作上的时间分配必然会影响他在其他活动上的时间分配，尤其是当劳动者处于工作时长较长、非标准工作时间过多而时间的弹性又相对不足的状态时，他在家庭、社会事务上的参与时间必然会被挤压，更不用说兴趣爱好的培养时间了。因此，我们认为，时间的分配和利用是一个关乎人的生存与发展的系统问题，工作时间的质量好坏所带来的影响必然会溢出到工作场域之外，对劳动者的整体生活产生基础性的影响。

在上述思路的启发下，我们将具体讨论工作时间的一些影响机制：一是探索工作时间在形塑劳动者离职倾向上的作用，以及这个过程在多大程度上受到劳动者所感知到的意义的调节；二是研究在不同的非标准工作时间状况下，工作自主性之于整体生活满意度的影响。

（一）日工作时长对离职倾向的影响

伴随体制改革，自主择业、双向选择以及竞聘上岗成为主流的就业方式，劳动者需要对自己的职业生涯全权负责。当劳动者在工作中积聚了较多的不满时，就很可能“用脚投票”，选择离职并寻找新工作；也有部分劳动者为了谋求更好的发展，主动选择在不同的组织间频繁流动。但无论如何，劳动者的离职行为都会给组织和其个人带来比较高昂的成本和代价。因此，业界和学界围绕着“离职-留职”展开了大量的理论和实证研究。

其中，离职倾向被公认为是离职行为的最佳预测变量。[①] 离职倾向作为实际离职行为前的最后一个步骤，是工作不满意、离职念头、

① 翁清雄、席酉民：《职业成长与离职倾向：职业承诺与感知机会的调节作用》，《南开管理评论》2010 年第 2 期，第 119~131 页。

寻找其他工作倾向与找到其他工作可能性的总和表现。① 关于离职倾向的既有研究非常丰富，形塑劳动者离职倾向的因素既涵盖经济报酬、转换成本等客观条件，也包括职业成长机会、个人-组织匹配、工作满意度等主观感受，而且相关研究越发注重劳动者对工作的主观感受之于离职倾向的影响。② 这种转向与整个社会对于工作的看法和认识上所发生的变化息息相关。有学者将人们对工作的看法和认识界定为工作意义，认为市场经济转型前后参加工作的两代人对工作意义的理解有很大的差异，即青年人对工作意义的理解带有明显的理想主义色彩，他们的父辈则更加关注工作作为谋生手段的现实意义。③ 新生代劳动者对工作意义的追求势必会影响这一批劳动者的劳动感受与行为。也就是说，在物质生活极大丰富的今天，人们对于工作的预期也在不断提升，离职原因也越来越多样化，这就要求组织不断改善工作环境，真正贯彻“以人为本”的发展理念。

在我们看来，一个高质量的组织工作环境，应该致力于良好的工作设计并且为劳动者提供工作重塑的氛围和条件，从而吸引劳动者在工作岗位上长期耕耘。在这个过程中，工作组织应充分支持和培养劳动者，通过促进劳动者成长来助推工作组织的发展。然而，现实的状况中，工作组织的用人方式通常是“竭泽而渔”的，其在

① William H. Mobley, “Intermediate Linkages in the Relationship Between Job Satisfaction and Employee Turnover,” *Journal of Applied Psychology* 62, no. 2 (1977): 237-240; William H. Mobley, Stanley Otis Horner & Abner Thomas Hollingsworth, “An Evaluation of Precursors of Hospital Employee Turnover,” *Journal of Applied Psychology* 63, no. 4 (1978): 408-414.

② 赵西萍、刘玲、张长征：《员工离职倾向影响因素的多变量分析》，《中国软科学》2003 年第 3 期，第 71~74 页；张勉、张德：《企业雇员离职意向的影响因素：对一些新变量的量化研究》，《管理评论》2007 年第 4 期，第 23~28 页；王忠、张琳：《个人—组织匹配、工作满意度与员工离职意向关系的实证研究》，《管理学报》2010 年第 3 期，第 379~385 页。

③ 风笑天：《工作的意义：两代人的认同与变迁》，《社会科学研究》2011 年第 3 期，第 83~90 页。

工作时间上的表现即普遍存在的超时工作。长时间工作的劳动者往往身心非常疲倦，如果工作本身还是无意义的，具体的工作内容重复、单调和枯燥，那么劳动者更容易滋生和积聚不满的情绪，导致其产生离职倾向；即使工作内容是非常有意义的，若长期处于身心俱乏的状态，也会影响劳动者对工作的积极态度。综上，我们提出如下假设。

假设 H4.1：其他因素保持不变，劳动者日工作时长越长，其离职倾向越强。

假设 H4.2：其他因素保持不变，相较于工作意义高的劳动者群体，在工作意义低的劳动者群体中，日工作时长对离职倾向的正向影响更强。

本研究中，我们通过题器“您有没有换一个工作的想法”来获得劳动者离职倾向的情况，回答分为 3 个程度，分别是从没有、偶尔有和经常有，赋值为 1~3。劳动者的离职倾向平均值为 1.70。关于工作意义，我们认为一份有意义的工作既会让劳动者体会到自身的收获，也会让劳动者感受到对他人乃至社会的贡献。我们将其具体操作化为 6 个题器。由 6 个题器构成的工作意义量表的 Cronbach's α 系数为 0.892，可见整个量表的信度良好（见表 4-31）。经 KMO 和巴特利特球形检验，得到 KMO 值为 0.881、巴特利特球形检验卡方为 18470.10（$p<0.001$），表明可以进一步做因素分析，验证工作意义量表的效度。因素分析的结果显示：6 个变量通过主成分因子法可以提取出 1 个共同因子，初始特征值为 3.90，能解释的方差比例为 65.08%，使用方差最大法对其进行正交旋转，得到各个变量具体的因子载荷（见表 4-32）。结果表明，6 个变量间确实存在信息上的共指，具有良好的结构效度。在因素分析的支撑下，本研究将上述 6 个变量进行算术平均，生成 1 个潜变量，用以表征被访者所感受到的工作意义，该变量的取值范围为 1~4，值越高，表明被访者所感受到的工作意义越大。工作意义的均值为 2.60。

表 4-31　工作意义的操作化

<table>
<tr><th></th><th>题器</th><th>变量类型</th><th>编码</th><th>Cronbach's α 系数</th></tr>
<tr><td rowspan="6">工作意义</td><td>这份工作在多大程度上增加了您的自豪感</td><td>定序变量</td><td rowspan="6">1-没有
2-较小
3-较大
4-很大</td><td rowspan="6">0.892</td></tr>
<tr><td>这份工作在多大程度上提升了您的名声或社会地位</td><td>定序变量</td></tr>
<tr><td>这份工作在多大程度上提高了您的技能或知识水平</td><td>定序变量</td></tr>
<tr><td>您做的这份工作对他人的帮助有多大</td><td>定序变量</td></tr>
<tr><td>您做的这份工作对他人的影响（改变态度、观念、生活、工作等）有多大</td><td>定序变量</td></tr>
<tr><td>您做的这份工作对社会的贡献有多大</td><td>定序变量</td></tr>
</table>

表 4-32　工作意义量表的验证性因素分析

	成分
	工作意义
a. 这份工作在多大程度上增加了您的自豪感	0.80
b. 这份工作在多大程度上提升了您的名声或社会地位	0.83
c. 这份工作在多大程度上提高了您的技能或知识水平	0.80
d. 您做的这份工作对他人的帮助有多大	0.79
e. 您做的这份工作对他人的影响（改变态度、观念、生活、工作等）有多大	0.83
f. 您做的这份工作对社会的贡献有多大	0.80
特征值	3.90
贡献率（%）	65.08
累积贡献率（%）	65.08

提取方法：主成分。

在建构回归模型验证上述假设时，我们设定了 3 个模型，分别控制了性别、受教育程度、出生年代、婚姻状况等人口统计学层面的特征，单位性质、单位规模、工作性质等组织类型和工作身份层面的特征，以及户籍、经济地区等社会身份层面的特征，具体结果如表 4-33 所示。

表 4-33 日工作时长对离职倾向的影响：工作意义的调节效应

	模型 1 离职倾向	模型 2 离职倾向	模型 3 离职倾向
控制变量	已控制	已控制	已控制
日工作时长		0.022 *** (0.006)	0.101 *** (0.022)
工作意义			0.051 (0.074)
工作意义×日工作时长			-0.032 *** (0.008)
截距	2.543 *** (0.093)	2.342 *** (0.109)	1.747 *** (0.215)
F 值	17.98	17.50	37.45
R^2	0.0518	0.0558	0.1318

注：①括号里的数字为标准误；② + $p<0.1$，* $p<0.05$，** $p<0.01$，*** $p<0.001$；③模型 1 至模型 3 中的控制变量是性别、受教育程度、出生年代、婚姻状况、单位性质、单位规模、工作性质、户籍和经济地区。

表 4-33 中的模型 1 是基准模型，只考察了控制变量对离职倾向的影响，这些控制变量共同解释了离职倾向 5.18%的差异。模型 2 在模型 1 的基础上加入了日工作时长，考察日工作时长对离职倾向的影响，其回归系数为 0.022（$p<0.001$），说明在 0.001 的显著性水平上，其他因素保持不变，劳动者的日工作时长每增加 1 个小时，其离职倾向随之增加 0.022 个单位。模型 2 显著解释了离职倾向 5.58%的差异。模型 3 在模型 1 的基础上加入工作意义与日工作时长的交互项，考察工作意义在日工作时长与离职倾向间是否起到调节作用。工作意义与日工作时长的交互项的回归系数为-0.032（$p<0.001$），说明在 0.001 的显著性水平上，日工作时长对离职倾向的正效应在工作意义更低的劳动者群体中更强，即：其他因素保持不变，工作意义每增加 1 个单位，日工作时长对离职倾向的正效应就

减少0.032个单位。模型3显著解释了离职倾向13.18%的差异。可见，假设H4.1和H4.2均得到验证。

从上述数据分析结果来看，工作时间过长确实会增加劳动者的离职意愿，同时这个过程受劳动者工作意义的调节。这启示我们，要尽可能避免离职行为给个人和组织带来的负面影响，组织需要保障劳动者在工作时间等方面的基本权益，同时致力于提升劳动者的工作意义。究其本质，这反映了整个社会对组织治理的要求发生了转变，即组织治理需要从过去的“零和博弈”思维转变成“正和博弈”思维，只有真正“以人为本”，才可能实现组织与个人的共赢，而工作时间及其体验正是切入与监测这种关系的重要观测点。

（二）工作自主性对生活满意度的影响：非标准工作时间的调节作用

随着社会经济的发展和教育的普及，人们的需求结构发生了历史性的转向，从“日益增长的物质文化需要”转向了“日益增长的美好生活需要”①。在这一时代背景之下，我们发现，工作之于人们的意义不仅局限于物质回报，还有非常重要的精神层面上的回报。也就是说，人们努力地工作，追求的不再仅仅是较高的社会经济地位，还将劳动过程中所体验到的良好的工作状态与工作氛围作为目标。在这个意义上，劳动过程的特征对劳动者生活满意度的影响越发重要。当劳动者在劳动过程中体验到良好的工作状态与工作氛围，如被信任、被尊重、有成就感与掌控感等，劳动者的生活满意度也通常会更高。

关于劳动过程，从马克思谈论劳动的“异化”伊始，到弗里德曼针对科学管理过程提出“去技能化”，再到之后布洛维等学者回到对劳动者主体性的关注，在整个理论与实证研究的脉络中，劳动者

① 习近平：《决胜全面建成小康社会 夺取新时代中国特色社会主义伟大胜利——在中国共产党第十九次全国代表大会上的报告》，https://www.gov.cn/zhuanti/2017-10/27/content_5234876.htm，最后访问日期：2024年1月8日。

对劳动过程的控制一直都是核心议题。而工作自主性正是衡量劳动者对劳动过程的控制程度的重要指标之一，有学者将其界定为“计划和设计工作的主要方面以及把意见付诸实施的能力”①，具体表现为工作时间的灵活性和工人拥有工作内容和进度的自主权。②

对于劳动者而言，工作过程中的自主性体验，能够反映出个体与组织之间良好的信任关系③，其对个体的效应至少体现在以下两个方面：其一，工作自主性能够提升劳动者在工作中的能力感知，激发出个体强烈的责任意识④以及职业认同感，使其在工作中感受到快乐和成就感；其二，拥有工作自主性意味着相对较少的组织约束和相对充分的自由与灵活度，这使得劳动者在胜任工作的同时，能够兼顾家庭中的职责。因此，我们认为，工作自主性越高的劳动者，其工作满意度和生活满意度也会越高。

然而，在知识经济全球化的趋势下，随着越来越多扁平化、灵活化的工作组织不断涌现，传统以控制为导向的管理模式逐渐向以参与为导向的管理模式演变。⑤ 在这个过程中，资本的微观权力运作试图深入劳动者的思想，实现控制方式的演进，即从“被管理的手”走向“被管理的心”。⑥ 因此，工作自主性也可能意味着劳动者将失

---

① 李路路、孙志祥：《透视不平等：国外社会阶层理论》，社会科学文献出版社，2002。转引自何晓斌、董寅茜《工作权威、工作自主性与主观阶层认同形成——基于创业者劳动过程的实证研究》，《社会学研究》2021 年第 5 期，第 180~202 页。

② Daniel Wheatley, “Autonomy in Paid Work and Employee Subjective Well-being,” *Work and Occupations* 44, no. 3 (2017): 296-328.

③ George P. Baker, Robert Gibbons & Kevin J. Murphy, “Subjective Performance Measures in Optimal Incentive Contracts,” *The Quarterly Journal of Economics* 109, no. 4 (1994): 1125-1156.

④ 任华亮、郑莹、张庆垒：《工作幸福感对员工创新绩效的影响——工作价值观和工作自主性的双重调节》，《财经论丛》2019 年第 3 期，第 94~103 页。

⑤ 范皑皑、丁小浩：《教育、工作自主性与工作满意度》，《清华大学教育研究》2007 年第 6 期，第 40~47 页。

⑥ 庄家炽：《从被管理的手到被管理的心——劳动过程视野下的加班研究》，《社会学研究》2018 年第 3 期，第 74~91 页。

去对自己工作的控制权、所有权和认同感[①]，进而模糊有偿工作与无偿生活之间的边界，使得劳动者的工作时间更加混乱，实际在工作上投入的时间与精力更多。值得研究的是，虽然这部分劳动者的工作时间更多了，但是他们仍旧因为工作自主性带来的灵活和自由，或者可以说是体面的感受而对工作相对满意。一方面，这种自由和灵活带来了体面的感受；另一方面，灵活安排工作时间、进度与工作内容确实能够更好地协调个体的工作和生活，因此我们认为，在非标准工作时间更多的劳动者群体中，工作自主性对于劳动者整体生活满意度的影响更大。综上，我们提出如下假设。

假设 H4. 3：其他因素保持不变，劳动者的工作自主性越大，其生活满意度越高。

假设 H4. 4：其他因素保持不变，在非标准工作时间更多的劳动者群体中，工作自主性对生活满意度的正效应更强。

本研究中，我们通过题器“您对您的总体生活水平满意程度如何”来获得劳动者生活满意度的情况，回答分为 5 个程度，分别是很不满意、较不满意、一般、较满意和很满意，赋值 1~5。劳动者的生活满意度均值为 3. 61。

关于非标准工作时间，我们分别询问劳动者上个月是否轮班或倒班/上夜班/周末上班/工作日加点/节假日加班，“是”编码为 1，“否”编码为 0，共生成 5 个虚拟变量，将其相加，生成 1 个潜变量，用以表征劳动者非标准工作时间的强度，该变量的取值范围为 0~5，值越高，表明劳动者非标准工作时间的情况越多、越复杂。劳动者的非标准工作时间均值为 1. 56。

关于工作自主性，我们将其操作化为工作中工作量、工作时间、工作节奏等 6 个方面的自主决定情况，由 6 个题器构成的工作自主

① 伊莎贝尔·道格林、克里斯多夫·德格里斯、菲利普·波谢：《平台经济与劳动立法国际趋势》，中国工人出版社，2020。转引自邓彤博、李敏《非正规就业人员工作自主性与体面劳动感知——情绪耗竭和超时劳动的视角》，《经济管理》2021 年第 11 期，第 104~120 页。

性量表的 Cronbach's α 系数为 0.891，可见整个量表的信度良好（见表 4-34）。经 KMO 和巴特利特球形检验，得到巴特利特球形检验卡方为 18135.77（$p<0.001$），KMO 值为 0.905，表明可以进一步做因素分析，验证工作自主性量表的效度。因素分析结果显示：6 个变量通过主成分因子法可以提取出 1 个共同因子，初始特征值为 3.91，能解释的方差比例为 65.09%，使用方差最大法对其进行正交旋转，得到各个变量具体的因子载荷（见表 4-35）。结果表明，6 个变量间确实存在信息上的共指，具有良好的结构效度。在因素分析的支撑下，我们将上述 6 个变量进行算术平均，生成 1 个潜变量，用以衡量劳动者工作自主性的高低，该变量的取值范围为 1~3，值越高，表明劳动者的工作自主性越大。劳动者在工作自主性上的均值为 1.97。

表 4-34　工作自主性的操作化

	题器	变量类型	编码	Cronbach's α 系数
工作自主性	您是否能够自主决定工作量的大小	定序变量	1-完全不自主 2-部分自主 3-完全自主	0.891
	您是否能够自主决定工作时间的长短	定序变量		
	您是否能够自主决定工作节奏的快慢	定序变量		
	您是否能够自主决定工作地点的选择	定序变量		
	您是否能够自主决定工作内容的取舍	定序变量		
	您是否能够自主决定工作进度的调整	定序变量		

表 4-35　工作自主性量表的验证性因素分析

	成分
	工作自主性
a. 您是否能够自主决定工作量的大小	0.84
b. 您是否能够自主决定工作时间的长短	0.83

续表

	成分
	工作自主性
c. 您是否能够自主决定工作节奏的快慢	0.79
d. 您是否能够自主决定工作地点的选择	0.74
e. 您是否能够自主决定工作内容的取舍	0.83
f. 您是否能够自主决定工作进度的调整	0.82
特征值	3.91
贡献率（%）	65.09
累积贡献率（%）	65.09

提取方法：主成分。

在建构回归模型验证上述假设时，我们设定了3个模型，分别控制了性别、受教育程度、出生年代、婚姻状况等人口统计学层面的特征，单位性质、单位规模、工作性质等组织类型和工作身份层面的特征，以及户籍、经济地区等社会身份层面的特征，具体结果如表4-36所示。

表4-36　工作自主性对生活满意度的影响：非标准时间的调节效应

	模型1 生活满意度	模型2 生活满意度	模型3 生活满意度
控制变量	已控制	已控制	已控制
工作自主性		0.355*** (0.029)	0.282*** (0.044)
非标准工作时间			-0.073* (0.036)
工作自主性×非标准工作时间			0.041* (0.019)
截距	1.971*** (0.131)	1.486*** (0.134)	1.624*** (0.150)
F值	37.60	50.48	42.50
R^2	0.1025	0.1456	0.1470

注：①括号里的数字为标准误；②$^+p<0.1$，$^*p<0.05$，$^{**}p<0.01$，$^{***}p<0.001$；③模型1至模型3中的控制变量是性别、受教育程度、出生年代、婚姻状况、单位性质、单位规模、工作性质、户籍和经济地区。

表 4-36 中的模型 1 是基准模型，只考察了控制变量对生活满意度的影响，这些控制变量共同解释了生活满意度 10.25%的差异。模型 2 在模型 1 的基础上加入了工作自主性，考察工作自主性对生活满意度的影响，其回归系数为 0.355（$p<0.001$），说明在 0.001 的显著性水平上，其他因素保持不变，劳动者的工作自主性每增加 1 个单位，其生活满意度随之增加 0.355 个单位，该模型显著解释了生活满意度 14.56%的差异。模型 3 在模型 1 的基础上加入了工作自主性与非标准工作时间的交互项，考察非标准工作时间在工作自主性与生活满意度间是否起到调节作用，工作自主性与非标准工作时间的交互项的回归系数为 0.041（$p<0.05$），说明在 0.05 的显著性水平上，工作自主性对生活满意度的正效应在非标准工作时间更多的劳动者群体中更强，即：其他因素保持不变，非标准工作时间每增加 1 个单位，工作自主性对生活满意度的正效应增加 0.041 个单位。模型 3 显著解释了生活满意度 14.70%的差异。可见，假设 H4.3 和 H4.4 均得到验证。

从上述数据分析结果来看，工作自主性越大，人们的生活满意度越高，而且非标准工作时间更多的劳动者群体中，工作自主性对生活满意度的正向影响更强。不难发现，工作自主性能够正向影响生活满意度的主要原因是，工作自主性较高的劳动者，通常更可能实现个体的工作—生活平衡，其中，非标准工作时间较多的劳动者通常实现工作—生活平衡的难度相对更大，因而对工作自主性的需求更大，工作自主性对生活满意度的正向影响才更强。这一现象启示我们，要切实提升劳动者的幸福感，必须保障劳动者在工作时间上的基本权益，避免或尽可能减少非标准工作时间，并让劳动者有一定程度的工作自主性。

第五章　工作报偿

工作环境指的是人们在组织中所感受到的一种工作氛围与工作状态，这种感受会对其在组织中的行为产生重要影响。工作环境本质上关涉的是个人与组织缔结的关系和持续互动的状况，组织的客观变化总能从人们对工作环境的主观感受中得到表现。工作报偿主要指的是人们在组织中付出劳动以后所得到的回报。劳有所获是人们最为基本的预期，也是创造良好工作环境的基本条件。工作报偿反映了组织对个人工作业绩和工作能力的认可与承认，也是组织“按劳分配”公平原则的体现，其状况能够呈现劳动者工作生活的真实景象。对工作报偿的描述及其影响分析有助于本研究从经济收益和保障的角度来了解我国城镇劳动者的工作环境状况。在此基础上，工作报偿成为工作环境研究的内在结构之一，它与工作时间、工作场所以及员工参与共同构成了工作环境研究的基本内容。

一　工作报偿：“劳有所得”的基本内涵

工作报偿是一个综合性的概念，涵盖了劳动者因完成工作而获得的多种形式的回报，对劳动者、组织及社会都具有重要作用。对劳动者而言，工作报偿具有最基础也最重要的经济保障功能，工资和福利待遇让劳动者个人及其家庭衣食住行和医疗等方面的基本生存需求得以满足，同时劳动者还可以将工资用于教育、娱乐等方面，满足更高层次的需求，因此工作报偿对劳动者的日常生活具有举足轻重的作用。对组织而言，工作报偿是组织激励劳动者发挥工作积极性、使其个人目标与组织目标有机结合的重要形式。以奖金、福利待遇等形式发放的工作报偿一定程度上体现了组织对劳动者工作的认可和肯定，体现了劳动者的个人价值和地位。很多研究都证实工作报偿对劳动者具有激励作用，表现为劳动者效率、工作满意度等的提高①，因此工作报偿无疑是影响劳动者工作行为的关键因素，对组织的内部团结和长远发展也具有重要影响。对社会而言，工作报偿能够起到对劳动力资源再分配的作用，在物质利益的驱动下，人们倾向于追求工作报偿更高的岗位，通过设置高薪引导劳动力流向，能够优化配置劳动力资源。

需求层次理论②强调每个人在不同的阶段会有一种占据最主要地位的需求，此时其他需求处于从属地位。从工作的角度来看，劳动者生理需求和安全需求的满足有很大一部分来源于工作报偿，并且工作报偿也是使劳动者拥有更高层次追求的基本保障，组织要对劳动者进行激励，最重要的就是要提供能够满足劳动者基本生存需求的工作报偿。同时双因素理论③提出工作报偿作为保健因素，是影响劳动者绩效的重要因素，起到了预防劳动者消极情绪的作用，因此是工作的必要条件。

劳动者作为组织的基本要素，担任实现组织生产目标的任务，是影响组织生产率的主要因素，如何激励劳动者更加敬业、提高工作效率是组织管理一直探讨的问题。工作报偿作为一种综合性的激励与保障手段，在激发劳动者积极性和防止劳动者产生不满情绪方

---

① 王红芳、杨俊青、李野：《薪酬水平与工作满意度的曲线机制研究》，《经济管理》2019 年第 7 期，第 105～120 页。

② 美国心理学家马斯洛从人类动机的角度提出了需求层次理论，他将人的需求分成五个层次，分别是生理需求、安全需求、归属与爱、尊重需求和自我实现，这些需求按照从低到高的层级逐级形成并依次被满足。

③ 美国心理学家赫茨伯格提出了双因素理论，其中划分了激励因素和保健因素。激励因素包括成就、晋升、工作意义等，当这些因素得到满足时，劳动者会得到极大的激励，但若没有满足也不会产生不满意，而保健因素指的是容易导致劳动者产生不满情绪和消极行为的因素，如工作报偿、劳动保护、人际关系等，保健因素的激励作用比较小。

面发挥着重要作用。它既能作为激励因素，促使劳动者追求更高的工作绩效和更长远的职业发展，又能作为保健因素，当工作报偿无法保障劳动者的经济安全和生活质量时，会导致劳动者的不满，甚至挫伤其劳动积极性。同时，工作报偿衡量了劳动者在组织中的工作付出，获得较高工作报偿的劳动者会感受到组织对其工作能力的认可和支持。通常来说，一份高薪的工作会被人们认为是好的工作，提供高薪的单位也会被认为是好的单位。工作报偿不仅是组织同劳动者间建立雇佣关系的基本前提，也是组织吸引、激励和留住劳动者的重要途径。从经济学的角度看，理性的“经济人”这一假设认为经济利益是驱动市场中的个体做出决策的唯一诱因，是工作的最终目的，虽然后来这一假设逐渐被推翻，证实了人并非纯粹理性的“经济人”，但经济利益仍旧是十分重要的工作动机之一。从社会学的角度看，互惠是社会交换的基础，布劳提出的结构主义交换理论认为社会交换的本质是相互吸引，而产生吸引的条件则为经济动机，人们总是趋向于能获得更高收益的行为，只有当交换双方的需要都得到满足时，才能维持良好的互动关系。劳动雇佣关系是市场经济中建立在提供工作机会的组织和提供劳动的个人间的一种交换关系，这种交换关系必定涉及利益和报酬，劳动者作为劳动力的供给方，通过向需求方的组织或雇主提供劳动以获取工作报偿，最直接体现在组织或雇主给付的经济利益上，这也是劳动关系建立的基本条件。若这种互惠失败，如组织拖欠劳动者工资，劳动者付出了劳动却没有得到预期的工作报偿，他们可能采取怠工或罢工的形式进行抵制、维护自身权益，引起劳资冲突，甚至爆发严重的群体事件。可见，工作报偿反映了劳资双方的互惠承诺和利益诉求。

综上所述，工作报偿意涵丰富，外延广泛，既满足了劳动者的基本物质需求，也满足了劳动者自我实现和发展的需求，属于工作环境中内在结构的核心要素之一。首先，工作报偿占有特殊的地位，是劳动者基本生活资料的来源和保障；其次，工作报偿中十分重要的工资本身是货币给付的，易于比较，从而劳动者可以清晰地判断和评价在该岗位上的回报获取状况；再次，工作报偿是劳动者的工作所得，其中包含了劳动者对组织“劳有所得”的期望，同时是组织“按劳分配”公平原则的体现。工作报偿反映了组织与劳动者间的社会交换关系，其状况能够呈现劳动者工作生活的真实景象，研究工作报偿对于创建良好的工作环境有着十分重要的意义。在此基础上，工作报偿成为工作环境研究的基本维度之一，它与工作时间、工作场所以及员工参与共同构成了工作环境的基本内容。

工作报偿在表达上经历了从 wage 到 salary，再到 compensation，最后演变为 total rewards 的过程。① 在 1920 年之前，工厂主实行计件工资制，工作报偿主要指按天发放的 wage，基本不包含福利和奖金。20 世纪 20 年代到 80 年代，主流从按月计酬的 salary 逐渐向 compensation 发展，工作报偿不再仅限于工资，其形式逐渐开始丰富，compensation 中包含了奖金和福利。到了 20 世纪 90 年代初，Tropman 提出了整体薪酬计划，他认为应该把基本工资、附加工资、福利工资、工作用品补贴保障、额外津贴、晋升机会、发展机会、心理收入、生活质量等因素作为一个整体来考虑。② 该理念的提出使得组织不再将工作报偿框定为经济上的收益，而是开始关注组织能够提供的、对劳动者有价值的各种资源。在该背景下，世界薪酬协会（World at Work，WAW）于 2000 年拓宽了工作报偿的范围，将其延伸为包含非经济性工作体验的 total rewards，国内学者多将其译为全面薪酬或总体报酬。③ 同时，美国薪酬协会界定了总体报酬模型的五个要素：薪酬、福利、工作生活平衡、绩效与认可、个人发展和职业机会，其中工作生活平衡、绩效与认可、个人发展和职业机会构成了工作

① 谭春平、景颖、安世民：《全面薪酬研究述评与展望：要素演变、理论基础与研究视角》，《外国经济与管理》2019 年第 41 卷第 5 期，第 101~113 页。

② 约翰·E. 特鲁普曼：《薪酬方案：如何制定劳动者激励机制》，胡零、刘智勇译，上海交通大学出版社，2002，第 12 页。

③ 文跃然、周欢：《从货币报酬思维走向总体报酬思维》，《中国人力资源开发》2015 年第 2 期，第 16~20 页。

体验的三方面。[①] 总体薪酬理念推进了薪酬模型的应用与实践，发展到现在，工作报偿包括了各种吸引、保障和激励劳动者的事物，不仅有经济和物质性的薪酬，还强调了非经济性的、基于劳动者内在需求的因素。美国学者马尔托奇奥（Joseph J. Martocchio）将薪酬定义为雇员因工作而得到的内在和外在的奖励，内在奖励主要指心理上的感受，外在奖励则是货币及非货币的奖励。[②]

结合国内外学者的观点[③]以及总体报酬模型，目前对薪酬的讨论涵盖了内在报酬和外在报酬两大部分：内在报酬包括劳动者因工作本身或工作交往产生的心理上的满足感或成就感，比如良好的工作环境、工作的趣味，或是劳动者获得了良好的工作前景、晋升机会及个人的成长发展等，主要指的是工作体验；外在报酬主要指经济性的报酬，包括基本工资、津贴、奖金等直接报酬和保险、休假、共享福利设施等间接报酬。从概念来看，广义上的薪酬包括劳动者提供劳动后得到的所有报偿，狭义上的薪酬主要包含劳动者劳动获取的经济性报偿，分为直接经济性报偿和间接经济性报偿，直接经济性报偿指的是因劳动者提供劳动和创造绩效而得到的货币性的薪酬，能满足劳动者的物质性需求，如岗位工资、绩效奖金、加班津贴等，间接经济性报偿主要指直接经济性报偿以外的其他经济回报，它可以是某种服务、便利或保障，如社会保险、休假等福利待遇。

亚当·斯密（Adam Smith）关于劳动交换的经济理论指出人们的行为动机是追求自身利益的最大化，货币具有较强的激励作用，因此组织需要通过金钱和物质使劳动者服从组织管理并维持效率。根据经济学的激励理论，金钱和奖酬是激励劳动者的主要因素，它

① 刘剑锋：《薪酬发展趋势考察》，《经济研究导刊》2008 年第 9 期，第 114~116 页。

② 约瑟夫·J. 马尔托奇奥：《战略薪酬管理》（第五版），杨东涛、钱峰译，中国人民大学出版社，2010，第 20 页。

③ “从国内研究的发展来看，由于世界薪酬协会第二版总体报酬模型的广泛传播，国内研究大都参照该模型设计量表。”摘自靳伟择、杨俊青《中国情境下总体报酬的内涵、结构与测量研究》，《北京联合大学学报》（人文社会科学版）2022 年第 3 期，第 111~124 页。

强调外在的经济性激励，如工资收入、工作的福利待遇等。[①] 同时从内容型激励理论出发，工资收入与福利待遇满足的是劳动者最基础的生理与安全需求，只有该层次的需求被满足后，劳动者才会追求更高级的归属、尊重及自我实现的需求，当组织不能提供足够的物质报酬满足劳动者的生存和安全需求时，人们会离开原来的工作而去寻求新的工作。基于此，本章所讨论的工作报偿主要分为工资收入和福利待遇两方面的外在报酬，而内在报酬作为一种覆盖广泛的积极工作环境体验，将在后续研究劳动者的工作付出回报感知的章节中继续讨论。

二 工作报偿的操作化与测量

工作报偿中最直接的货币性的报酬为工资收入，它具有多种表现形式和构成。自改革开放以来，市场经济的引入和企业改革的推进使我国工资结构发生了变化，传统的“铁饭碗”模式逐渐瓦解，基本工资在报酬中所占的比重逐渐减少，而绩效奖金等激励机制开始得到重视。随着市场经济的发展，劳动力市场供需关系发生了变化，劳动力的供给相对紧缺，企业为了吸引和留住人才，开始加强绩效奖金、津贴补贴保障等形式的激励作用。我国工资结构从以基本工资为主导的模式向强调绩效奖金、津贴补贴保障等激励机制转变，并逐渐形成包括基本工资、绩效工资、津贴、奖金、利润、加班费等的多元化的工资结构。

工资收入结构以及工资收入形式的多样性反映了组织不同的激励假设。具体而言，基本工资或岗位工资是企业定期定额为劳动者的日常劳动或所在岗位而支付的基本现金薪酬，但纯粹的岗位工资在吸引和激励劳动者方面存在局限，组织为了使劳动者的效用最大化，开始注重增加短期或长期的物质激励，如奖金、津贴、绩效工

① 俞文钊：《现代激励理论与应用》，东北财经大学出版社，2006，第 20~35 页。

资等。奖金指的是组织向劳动者支付的激励性的报酬，这与劳动者的绩效是挂钩的，体现了组织对劳动者未来行为的期望。津贴是组织为补偿劳动者的额外劳动付出或其他特殊情况支付的报酬，如高温津贴，它体现了劳动者所处工作环境和工作条件的差别。薪级工资和绩效工资是对劳动者过去的工作行为和取得的成就的认可，也反映了不同职称、不同绩效的劳动者之间的工资差异，体现了劳动者为组织所做贡献的多少。为了将劳动者的工资水平与组织的效益水平相联系，利润分红出现在工资构成中，员工持股计划①和股份分红制②也逐渐成为现代企业激励劳动者的重要方式。利润或分红主要针对组织中的中高层管理人员，如员工持股制就是组织针对劳动者的一种长期激励方式，它将劳动者个人利益与组织整体利益相结合，能增强劳动者的积极性与归属感。此外，还有加班费和外快，这是劳动者通过付出更多的工作时间来换取的额外报酬。工资各构成部分并非独立存在，大多是相辅相成的，如绩效工资和奖金通常会挂钩，优秀的绩效表现会为劳动者带来奖金奖励，从而提高劳动者的总收入。随着私营企业的逐步增加和兴盛，企业的薪酬管理模式逐渐多样化，发展到如今，劳动者的工资构成包含了基本工资或岗位工资、薪级工资、绩效工资、津贴、奖金、利润、加班费和外快等各种类型，并且产生了不同的工资收入形式，但不同的企业呈现不同的工资结构体系特点。私营企业更加重视劳动者的生产效率，因此多采用效益型或计时制、计件制的工资形式，其中多包含绩效工资、奖金等工资构成，而国有企业和事业单位的人才吸引战略则在于稳定与高福利，其工资结构大多不以绩效为主，因此岗位工资、

---

① 员工持股计划是指企业为劳动者提供购买公司股份的机会或将一部分股份赠予劳动者的计划。通过购买或赠与股份，劳动者成为公司的股东，拥有股权，并有权享受股权带来的收益。

② 股份分红制度是指企业根据利润分配政策，在企业盈利时向股东派发股息或利润红利的制度。在股份分红制度中，劳动者作为公司的股东，享有按比例分得分红的权益。

薪级工资在其工资构成中更加重要。

福利待遇是间接性的经济性报酬，包括了服务设施和保障。与工资不同，福利与技能、绩效、工作时间的长短没有直接关系，并且福利的种类和力度还受到国家法律法规的规定和雇主经济能力大小的限制。从是否有法律规定的角度，福利待遇分为国家法定福利待遇和企业自定福利待遇两部分，国家法定福利待遇是企业根据国家规定必须向劳动者提供的福利待遇，也是劳动者必须享有的劳动权利。根据《劳动法》[①] 和《住房公积金管理条例》[②]，单位必须为劳动者缴纳养老保险、医疗保险、失业保险、工伤保险、生育保险和住房公积金，通常称作"五险一金"。国家还规定了关于劳动者休假的福利，[③] 同时《劳动法》中还有关于女职工产假、哺乳假的规定，说明社会保险和休假都是劳动者依法应享有的福利待遇，用人单位若违背相关法律法规，要承担相应的法律责任。此外，国家对企业自定福利做出了说明，用人单位应当创造条件，改善集体福利，提高劳动者的福利待遇。[④] 企业自定福利取决于企业自身

---

① 《劳动法》第七十三条规定："劳动者在下列情形依法享受社会保险待遇：（一）退休；（二）患病、负伤；（三）因工伤残或者患职业病；（四）失业；（五）生育。"参见 https://www.gov.cn/banshi/2005-05/25/content_905.htm，最后访问日期：2024 年 1 月 8 日。

② 《住房公积金管理条例》规定："单位不办理住房公积金缴存登记或者不为本单位职工办理住房公积金账户设立手续的，由住房公积金管理中心责令限期办理…"，参见 https://www.gov.cn/zhengce/2020-12/26/content_5574273.htm，最后访问日期：2024 年 1 月 8 日。

③ 《劳动法》第五十一条规定："劳动者在法定休假日和婚丧假期间以及依法参加社会活动期间，用人单位应当依法支付工资。"参见 https://www.gov.cn/banshi/2005-05/25/content_905.htm，最后访问日期：2024 年 1 月 8 日。

④ 《劳动法》第七十六条："国家发展社会福利事业，兴建公共福利设施，为劳动者休息、休养和疗养提供条件。用人单位应当创造条件，改善集体福利，提高劳动者的福利待遇。"参见 https://www.gov.cn/banshi/2005-05/25/content_905.htm，最后访问日期：2024 年 1 月 8 日。《集体合同规定》第十三条："补充保险和福利主要包括：补充保险、基本福利制度和福利设施、医疗期延长及其待遇、职工亲属福利制度。"摘自《集体合同规定》，https://www.gov.cn/gongbao/content/2004/content_62937.htm，最后访问日期：2024 年 1 月 8 日。

的经济能力和管理策略，企业具有自主权，因此企业自定福利也具有内容和形式上的多样性，常见的企业自定福利包括包吃包住、定期体检、企业年金、商业保险等，此外还包括单位为劳动者提供的医务室、健身房、宿舍等共享福利设施。根据企业社会责任的四阶段扩展模型，[①] 企业为劳动者提供福利待遇保障，属于企业第二阶段的社会责任任务，对于提升劳动者的工作条件和保障，增加劳动者对企业的归属感具有重要意义，是企业履行社会责任的表现。

综上所述，本章从作为直接经济性报酬的工资收入和作为间接经济性报酬的福利待遇两方面对工作报偿开展研究。工资收入水平是学界经常研究的变量，表示劳动者工资收入的数额，研究发现它对城镇人均收入基尼系数[②]的解释程度较高，对于解释城镇劳动者的收入差距具有重要意义。[③] 工资收入满意度是劳动者对其工资水平的积极和消极情绪的总体感受[④]，有助于了解当前工资水平是否满足劳动者心理预期，这对于劳动者的工作态度及行为有着重要影响。此外，工资收入构成和工资收入形式体现了个人的横向工资结构，以岗位定薪、能力定薪或是绩效定薪体现了不同的理论假设，隐含了组织不同的薪酬管理策略，有助于了解我国各单位、各行业中薪酬管理的功能导向。因此在工资收入方面，本研究关注我国城镇劳动者的工资收入

---

① 美国管理学教授罗宾斯（Stephen P. Robbins）提出了企业社会责任的四阶段扩展模型，该模型认为在第一阶段，企业的主要任务是对其所有者负责，尽可能地将企业利润最大化；在第二阶段，企业应主要对劳动者负责，完善工作条件，营造良好的企业文化，以增加劳动者的归属感和敬业度；在第三阶段，企业应将社会责任涵盖到合作伙伴和顾客等利益相关者中；在第四阶段，企业应支持社会公共事务和福利事业。

② 基尼系数（Gini Coefficient）是一种衡量收入或财富分配不平等程度的指标，常用于描述一个国家、地区或群体的贫富差距。

③ 罗楚亮：《城镇劳动者工资不平等的变化：1995-2013 年》，《世界经济》2018 年第 11 期，第 25~48 页。

④ Miceli, M. P. & Lane M. C., "Antecedents of Pay Satisfaction: A Review and Extension," *Research in Personnel and Human Resources Management*, no. 9 (1991): 235-309.

水平、工资收入满意度、工资收入构成和工资收入形式（见表5-1）。

表 5-1 工资收入的操作化题器

	题器	编码
工资收入水平	您目前这份工作的工资收入大约是多少元？	/
工资收入满意度	您目前对这份工作的月收入是否满意？	1-很不满意 2-较不满意 3-一般 4-较满意 5-很满意
工资收入构成	您目前的月收入由下列哪几部分构成？（基本工资或岗位工资、薪级工资、绩效工资、津贴、奖金、利润、加班费、外快、其他）	0-无 1-有
工资收入形式	您目前的工资形式属于下列哪一种？	1-计时制 2-计件制 3-岗位工资 4-效益工资 5-保底提成 6-其他

在福利待遇方面，综合国家法定福利待遇以及企业自定福利待遇，从内容上可划分为保险、休假、补贴保障和共享福利设施四部分，因此本研究通过工资收入及福利待遇各因素来了解我国城镇劳动者在工作报偿上的获得情况，对福利待遇量表开展信度分析，详见表5-2。

表 5-2 福利待遇量表的信度分析

	题器	Cronbach's α 系数
保险	您是否享受到：	0.876
	a. 养老保险（包括退休金）	
	b. 工伤保险	
	c. 医疗保险	
	d. 生育保险	
	e. 失业保险	

续表

	题器	Cronbach's α 系数
休假	您是否享受到： a. 带薪年假 b. 法定节假日休假 c. 探亲假、婚假 d. 病假	0.736
补贴保障	您是否享受到： a. 住房公积金 b. 包吃包住 c. 住房补贴 d. 定期体检 e. 公费医疗 f. 企业年金	0.731
共享福利设施	单位是否设有： a. 医务室 b. 集体宿舍 c. 公共浴室 d. 食堂 e. 活动中心或休闲区 f. 图书室或资料室 g. 体育或健身设施	0.820

信度检验表明，保险、休假、补贴保障、共享福利设施四个分量表的克隆巴赫 α 系数介于 0.731～0.876 之间，均大于 0.7，这表明四个量表的信度可以接受，具有内部一致性、稳定性和可靠性，能够支持进一步的数据分析。

对保险量表进行 KMO 和巴特利特球形检验，得到 KMO 值为 0.856，巴特利特球形度检验卡方为 11138.08（$p<0.001$），表明可以进一步做因素分析。因素分析的结果显示：5 个题器通过主成分因子法可以提取 1 个共同因子，初始特征值为 3.36，能解释的方差比例为 67.22%，使用方差最大法对其进行正交旋转，得到各个变量具

体的因子载荷。结果表明，5 个题器确实存在信息上的共指，具有良好的结构效度。

对休假量表进行 KMO 和巴特利特球形检验，得到 KMO 值为 0.746，巴特利特球形度检验卡方为 3772.24（$p<0.001$），表明可以进一步做因素分析。因素分析的结果显示：4 个题器通过主成分因子法可以提取 1 个共同因子，初始特征值为 2.24，能解释的方差比例为 56.03%，使用方差最大法对其进行正交旋转，得到各个变量具体的因子载荷。结果表明，4 个题器确实存在信息上的共指，具有良好的结构效度。

对补贴保障量表进行 KMO 和巴特利特球形检验，得到 KMO 值为 0.804，巴特利特球形度检验卡方为 5225.24（$p<0.001$），表明可以进一步做因素分析。因素分析的结果显示：6 个题器通过主成分因子法可以提取 1 个共同因子，初始特征值为 3.65，能解释的方差比例为 64.19%，使用方差最大法对其进行正交旋转，得到各个变量具体的因子载荷。结果表明，6 个题器确实存在信息上的共指，具有良好的结构效度。

对共享福利设施量表进行 KMO 和巴特利特球形检验，得到 KMO 值为 0.804，巴特利特球形度检验卡方为 9784.25（$p<0.001$），表明可以进一步做因素分析。因素分析的结果显示：7 个题器通过主成分因子法可以提取 1 个共同因子，初始特征值为 2.84，能解释的方差比例为 54.07%，使用方差最大法对其进行正交旋转，得到各个变量具体的因子载荷。结果表明，7 个题器确实存在信息上的共指，具有良好的结构效度。福利待遇量表的验证性因素分析结果详见表 5-3。

表 5-3　福利待遇量表的验证性因素分析

	成分			
	保险	休假	补贴保障	共享福利设施
a. 养老保险（包括退休金）	0.83			

续表

	成分			
	保险	休假	补贴保障	共享福利设施
b. 工伤保险	0.82			
c. 医疗保险	0.83			
d. 生育保险	0.77			
e. 失业保险	0.84			
f. 带薪年假		0.73		
g. 法定节假日休假		0.69		
h. 探亲假、婚假		0.80		
i. 病假		0.77		
j. 住房公积金			0.69	
k. 包吃包住			0.77	
l. 住房补贴			0.78	
m. 定期体检			0.64	
n. 公费医疗			0.72	
o. 企业年金			0.70	
p. 医务室				0.75
q. 集体宿舍				0.71
r. 公共浴室				0.68
s. 单位是否设有食堂				0.70
t. 活动中心或休闲区				0.65
u. 图书室或资料室				0.68
v. 体育或健身设施				0.71

三　工作报偿的现状分析

接下来，本研究通过工资收入和福利待遇两个方面的描述性分析和差异性分析来了解我国城镇劳动者的工作报偿现状。

（一）工资收入

1. 工资收入的描述性分析

2019~2020年，我国城镇劳动者月工资收入均值为6127.74，2018年为6613.16，2017年为5645.68，工资收入在整体上呈现先升后降的趋势，2018年我国城镇劳动者的月均工资收入在三年中最高，较2017年提升近1000元，但在2019~2020年回落了一半（见表5-4）。具体来看，2017年我国城镇劳动者的月工资收入中位数是4000，小于当年月均工资收入5646.68元，呈现正偏态分布，其偏度为26.36，峰度为1198.97；2018年我国城镇劳动者的月工资收入中位数是5000，小于月均工资收入6613.16元，呈现正偏态分布，其偏度为45.44，峰度为2975.30；2019~2020年我国城镇劳动者工资收入的中位数是5000，小于月均工资收入6127.74元，呈现正偏态分布，其偏度为10.00，峰度为196.29。具体来看，我国城镇劳动者工资收入最低仅为百元，最高能达到几十万元，工资收入极差非常大，同时呈现正偏态分布，说明低收入的人群较多，而高收入的人群较少，很大一部分居民的工资收入不及均值，集中在低收入段，高收入段的人群分布离散程度较强。比较2017~2020年城镇劳动者月均工资收入状况发现，2019~2020年，工资收入的偏度和峰度最小，我国城镇劳动者收入分布的偏斜程度相对最小、最为平缓；月均工资收入的标准差为6477.07，其离散程度也是这几年中最小的，说明此时我国城镇劳动者总体工资收入差距也相对最小。2017年，工资收入分布的第一个十分位数为2000，第一个四分位数为3000；而2018年和2019~2020年的第一个十分位数分别为2600和2500，第一个四分位数分别为3500和3400，较2017年有所增加，说明我国城镇劳动者中低收入人群的工资收入在这几年有所提升。

表 5-4　2017~2020 年城镇劳动者月均工资收入的描述性分析

	2017 年	2018 年	2019~2020 年
均值	5645.68	6613.16	6127.74
最小值	94	200	100
最大值	500000	1000000	200000
标准差	9355.38	14211.66	6477.07
样本数	6878	8186	5867

本次调查结果显示，在我国城镇劳动者中，2019~2020 年月均工资收入 2000 元以下的低收入群体占比为 7.87%，月均工资收入 2000~4999 元的中等收入群体占比为 52.84%，月均工资收入 5000~9999 元的较高收入群体占比为 31.09%，而月均工资收入 10000 元及以上的群体占比为 8.20%，也就是说，90%以上的人，月均工资收入在 10000 元以下（见图 5-1）。[①] 对比 2017 年和 2018 年的调查结果，中等收入群体的占比下降，同时较高收入群体占比上升，低收入群体占比先降后升，高收入群体占比先升后降，总体上大多数人在向更高层次收入的群体迈进，中高等收入群体占比增加，中等收入群体成为城镇劳动者中的主体。

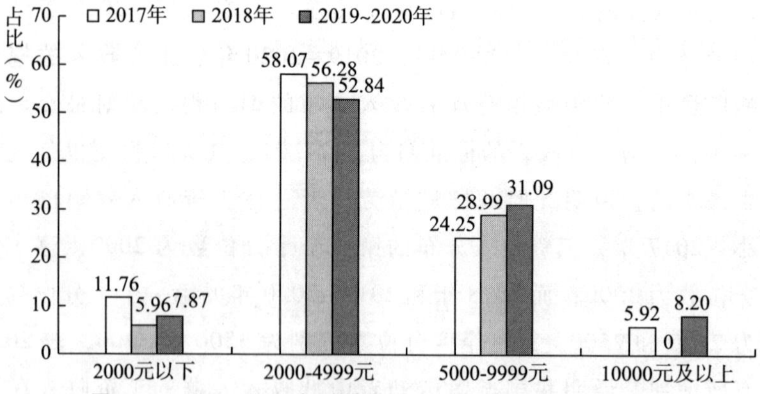

图 5-1　2017~2020 年城镇劳动者月均工资收入分布情况

① 《2018 年全国时间利用调查公报》，www.stats.gov.cn/sj/zxfb/202302/t20230203_1900224.html，最后访问日期：2024 年 1 月 8 日。

在工资收入满意度[①]上，满意度一般的劳动者占比最多，达到了41.01%，对工资收入较满意的劳动者有33.11%，很满意的劳动者有14.72%，较不满意的劳动者有7.34%，很不满意的劳动者有3.82%，整体上正向评价更多（见图5-2）。

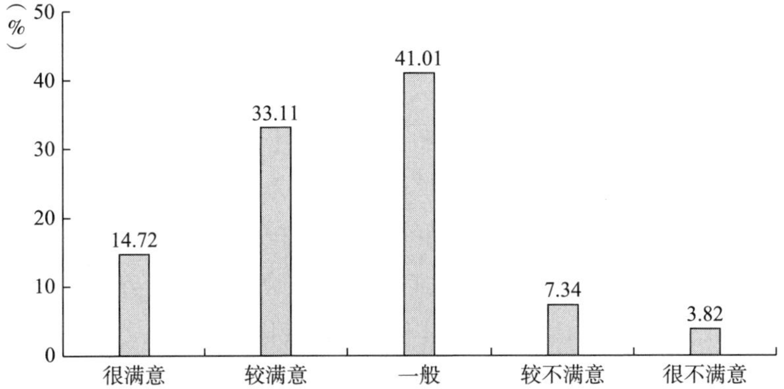

图5-2　工资收入满意度的频率分析

根据《中国统计年鉴》的数据，[②] 2019年中国各阶层收入人数占比如下：在全国城镇劳动者中，90%的人工资收入低于5000元，工资收入过万的人群在收入排行上占据了全国的前5%。同时，据国家统计局在2020年初发布的居民收入和消费支出情况[③]，2019年全国居民每人年均可支配收入为30733元，其中城镇劳动者每人年均可支配收入为42359元，农村居民每人年均可支配收入为16021元。

---

① 工资收入满意度取值1~5，分值越高代表满意度越高，均值为3.48，标准差为0.96，峰度为3.10，呈现负偏态分布。

② 工资收入在1000元以下的极低收入层有5.6亿人；工资收入在1000元到2000元之间的低收入层有3.1亿人；工资收入在2000元到5000元之间的低收入层有3.8亿人；工资收入在5000元到1万元之间的中等收入层有0.8亿人；工资收入在1万元到10万元之间的中等收入层有0.4亿人；在高收入层中，工资收入在10万元到50万元之间的有2500万人，工资收入在50万元到100万元之间的有500万人，工资收入在100万元到500万元之间的有100万人，工资收入在500万元以上的有10万人。摘自《中国统计年鉴—2020》，http://www.stats.gov.cn/sj/ndsj/2020/indexch.htm，最后访问日期：2024年1月8日。

③《2019年居民收入和消费支出情况》，http://www.stats.gov.cn/sj/zxfb/202302/t20230203_1900600.html，最后访问日期：2024年1月8日。

而据德国联邦国家统计局发布的数据[①]，2019 年德国居民家庭缴纳各种税费之后的每月家庭可支配工资收入为 3645 欧元，折合人民币 2.85 万元，居民每月人均可支配工资收入为 1822.5 欧元，折合人民币 1.43 万元；美国劳工部数据也显示，2019 年美国居民家庭的可支配年收入为 71487 美元，月均为 5957.25 美元，折合人民币约为 3.87 万元，居民每月人均可支配工资收入为 2383 美元，折合人民币约为 1.55 万元，比德国居民工资收入更高。相比之下，我国居民人均可支配年收入为 3 万元，而德国和美国等发达国家居民每月人均可支配工资收入达到了上万元，说明我国虽作为世界第二大经济体，国内生产总值位居全球前列，但在人均可支配收入上与发达国家相比仍有较大的差距，且从国内的人均可支配收入来看，城镇劳动者的人均可支配收入约为农村居民的 2.64 倍，说明我国城乡收入差距较大，在我国广大农村和中西部地区有相当一部分居民收入水平较低。

同时，本研究通过纵向对比，更为全面地分析了我国居民收入的发展态势。2013 年 11 月，习近平总书记在湖南考察时做出“实事求是、因地制宜、分类指导、精准扶贫”的重要指示，由此我国正式开启了中国特色的“精准扶贫”。到 2020 年，按照现行的绝对贫困标准（低于 2300 元/年），我国全面消除了绝对贫困，连续 7 年每年减贫 1000 万人以上，9899 万农村贫困人口全部脱贫。[②]这是人类反贫困史上的伟大实践，在消除绝对贫困后，我国将重心转向解决相对贫困。城乡区域发展不平衡是我国历来存在的问题，据国家统计局数据，城乡居民人均可支配收入比从 2010 年的 2.99 下降到 2020 年的 2.56。[③] 说明多年来，随着脱贫攻坚战取得

① “Private Consumption in Germany”, accessed January 8, 2024, https://www.destatis.de/En/Methods/WISTAScientificJournal/Downloads/private-consumption-germany-012020.html。

② 《〈人类减贫的中国实践〉白皮书》，https://www.gov.cn/zhengce/2021-04/06/content_5597952.htm，最后访问日期：2024 年 1 月 8 日。

③ 《〈中国的全面小康〉白皮书新闻发布会答记者问》，www.stats.gov.cn/xxgk/jd/zcjd/202109/t20210930_1822661.html，最后访问日期：2024 年 1 月 8 日。

重大成效，我国的城乡居民收入差距逐步缩小。但目前城乡区域发展仍有一定差距，解决这一问题对于我国实现现代化目标具有重大意义，在实现共同富裕的新征程中，最艰巨最繁重的任务仍然在农村。

为达到不同的激励效果，各单位通常使用多种多样的形式来丰富工资的构成，因此我国城镇劳动者的工资收入构成并不单一。具体来看，在我国城镇劳动者中，80.94%的劳动者拥有基本工资，这是工资发放最普遍的形式，它是单位为劳动者已完成的工作而支付的报酬，反映了工作和技能的价值，但同时基本工资也忽视了劳动者表现的差异。拥有绩效工资（56.93%）和奖金（53.44%）的劳动者占比过半，这是除基本工资以外，单位用于激励劳动者而发放工资的主要形式，绩效工资往往根据劳动者的业绩变化调整，而奖金是企业为奖励劳动者的成就或贡献发放的，两者都反映了劳动者之间的绩效水平差异。32.85%的劳动者拥有薪级工资，这体现了单位对劳动者技术职称及工作资历的重视，是人力资本价值的体现。42.13%的劳动者的工资构成中包含津贴，这是单位补偿劳动者在某些特殊岗位的劳动付出而支付的报酬。拥有利润分红的劳动者大多是参与了企业推出的劳动者持股计划或股票期权计划，这是将劳动者的个人利益与组织的整体利益相结合的一种中长期激励方式，目前有27.92%的劳动者拥有此项收入。除此之外，我国城镇劳动者的工资收入构成还包括加班费和外快，这是劳动者通过增加工作时间而换取的收入，拥有加班费的城镇劳动者占比为41.73%，拥有外快的城镇劳动者占比最少，为7.68%。在工资发放形式上，52.82%的劳动者拿的是岗位工资，18.52%的劳动者拿的是效益工资，10.22%的劳动者拿的是保底提成工资，其他劳动者拿的是计时或者计件工资。

可见，目前我国的劳动力市场设置岗位工资和基本工资等固定工资的情况较为普遍，对于绩效工资和薪级工资等弹性工资构成设置不多。研究发现，① 对于一般岗位的劳动者，当弹性工资比例在总体工资中占比达到50%到60%之间时，其忠诚度和投入度达到最大值，销售岗的劳动者则需要弹性工资比例达到70%以上，说明弹性工资对劳动者有重要的激励作用，企业仍需改革薪酬结构，通过弹性工资的设置提升劳动者的投入度。

2. 工资收入的差异性分析

为进一步了解我国城镇劳动者在工资收入获得上所具有的特点，本研究考察了工资收入在人口学变量上的差异。方差分析结果表明，在 0.05 的显著性水平上，不同性别、工龄、受教育程度和户籍的城镇劳动者，工资收入水平和工资收入满意度均存在差异（见表 5-5）。

表 5-5 工资收入水平与工资收入满意度在人口学变量上的差异性分析

人口学变量	类别	工资收入水平			差异显著性	工资收入满意度			差异显著性
		样本量	均值	标准差		样本量	均值	标准差	
性别	男性	2870	7123.79	7748.21	$F=5.92$, $p=0.0000$	2871	3.51	0.99	$F=5.64$, $p=0.0176$
	女性	2997	5173.89	4773.90		2998	3.45	0.92	
工龄	0~10年	2978	6048.76	5073.88	$F=8.81$, $p=0.0000$	2978	3.52	0.94	$F=10.93$, $p=0.0000$
	11~20年	1685	6773.03	8147.26		1685	3.47	0.95	
	21~30年	761	5763.06	7407.44		761	3.32	0.98	
	31~40年	261	4920.49	6452.36		262	3.23	1.06	
	41年及以上	41	3473.17	2698.98		41	3.61	0.94	
受教育程度	没有上过学	16	3955.00	3314.71	$F=32.30$, $p=0.0000$	16	2.94	1.57	$F=32.72$, $p=0.0000$
	小学	176	3939.60	6775.77		176	3.29	0.97	
	初中	746	4853.51	6061.74		746	3.27	0.93	
	高中、中专	1444	5527.87	7335.41		1445	3.38	0.94	

① 胡宁：《薪酬结构对劳动者工作行为影响实证研究》，《湖南社会科学》2012 年第 2 期，第 130~133 页。

续表

人口学变量	类别	工资收入水平			差异显著性	工资收入满意度			差异显著性
		样本量	均值	标准差		样本量	均值	标准差	
受教育程度	大专	1568	6003.94	6081.36	$F=32.30$, $p=0.0000$	1568	3.38	0.93	$F=32.72$, $p=0.0000$
	大学本科	1787	7045.80	4990.50		1788	3.71	0.95	
	硕士	119	12224.37	13208.15		119	4.00	0.91	
	博士	9	13899.22	9320.43		9	3.56	1.24	
户籍	农村	2361	5708.67	6116.63	$F=16.59$, $p=0.0000$	2361	3.36	0.94	$F=52.86$, $p=0.0176$
	城镇	3505	6410.20	6695.92		3507	3.55	0.96	

男女的工资收入水平差异是研究劳动力市场中性别不平等现象的重点内容。国内的研究发现，不同性别的城镇劳动者在改革开放前的工资收入水平差距很小，随着改革开放的推进，男女劳动者的工资收入水平差距在逐渐扩大。[①] 1988 年，城镇女性工资为城镇男性工资的 84%，2002 年这一数值为 79%，2007 年下降为 74%，说明该期间的性别收入差距呈现扩大趋势。[②] 也有研究发现在 2007 年至 2013 年间，性别工资收入水平差距有所缩小。[③] 本调查数据显示，男性月工资收入水平显著高于女性，男性的月均工资收入为 7123.79 元，女性的月均工资收入为 5173.89 元，其差距约 1950 元，女性月均工资收入均值为男性的 72.63%，性别工资收入水平差距明显，相较于 2007 年的 74%，性别工资收入水平差距有所扩大。在工资收入满意度上，男性（均值 3.51）相比于女性（均值 3.45）显著更为满意。

工龄代表了劳动者参加工作的年限，它是人力资本形成的重要条件，也是劳动者对单位忠诚度的体现，同时单位对于工龄工资的重视会增加雇佣关系中的固定成本，更有利于劳动者的留任，

① 李实、宋锦、刘小川：《中国城镇劳动者性别工资差距的演变》，《管理世界》2014 年第 3 期，第 53~65 页。

② 李春玲、李实：《市场竞争还是性别歧视——收入性别差异扩大趋势及其原因解释》，《社会学研究》2008 年第 2 期，第 94~117 页。

③ 罗楚亮、滕阳川、李利英：《行业结构、性别歧视与性别工资差距》，《管理世界》2019 年第 8 期，第 58~68 页。

减少劳动者流动率。那么工龄更长的劳动者的工资收入水平是否更高呢？本研究调查结果显示，11～20年工龄的劳动者的月均工资收入是最高的，为6773.03元，工作41年及以上的劳动者的月均工资收入是最低的，为3473.17元。在工作11年及以上的劳动者中，工龄长的劳动者相比工龄短的劳动者的月均工资收入更低。工龄为0～10年的劳动者月均工资收入仅低于11～20年工龄的劳动者，均值为6048.76，整体呈现当前我国城镇青壮年的劳动者工资收入水平较高，在刚进入劳动力市场时，劳动者通过工作年限的积累增加经验、提升人力资本质量，从而提高月均工资收入，这一趋势在工作11～20年间达到高峰，在工作21年及以上的城镇劳动者中，工龄长的劳动者的月均工资收入水平更低。在工资收入满意度上，41年及以上工龄的劳动者工资收入排名末尾，但满意度最高，其他工龄劳动者的工资收入满意度排名与月均工资收入排名相同，说明高工资收入的劳动者工资收入满意度也更高。

具体看各工龄劳动者月均工资收入存在的性别差异，本研究发现初入职场的劳动者性别收入差异最小，在工龄0～5年的劳动者中，男性月均工资收入比女性高出1500元左右，低于全国劳动者的性别收入差异值（1950元）。在工龄6～10年的劳动者中，男性月均工资收入高于女性2200元左右，而在工龄11～20年的劳动者中，男性月均工资收入高于女性2300元左右。说明工龄较长的劳动者在工资收入上的性别差异更大，这可能是因为女性面临婚育、家庭等多重因素，不利于其职业发展。工龄6～10年的男性比工龄0～5年的男性在收入上增长了17.12%，而工龄6～10年的女性比工龄0～5年的女性在收入上增长了8.40%，可以看出女性工作年限的薪酬回报率明显低于男性。

教育再生产理论认为，教育系统往往通过筛选机制来分配不同教育资源和机会，这种筛选机制导致了高学历人群的相对稀缺性，从而更可能使他们在就业市场上具备较高的竞争力。本章数据显示，学历高的劳动者的工资收入水平显著高于学历低的劳动者，从小学的3939.60元到博士的13899.22元，其月均工资收入差距接近1万元。增加幅度最大区间位于大学本科和硕士的劳动者之间，大学本科学历劳动者的月均工资收入为 7045.80 元，硕士劳动者的月均工资收入为 12224.37 元，其月均工资收入差距超过 5000 元。在工资收入满意度上，月均收入最高的博士学历劳动者（3.56），对工资收入的满意度低于硕士学历（4.00）和大学本科学历（3.71），硕士学历的劳动者收入满意度是最高的，没有上过学的劳动者工资收入满意度是最低的（2.94），除博士外，在其他学历的劳动者中，工资收入水平高的劳动者的工资收入满意度高于工资收入水平低的劳动者。

除了个体的人口学特征，本研究还关注工资收入在组织特征上的差异，主要从行业、产业和单位类型①来进行了解。经过方差分析，在 0.05 的显著性水平上，不同产业和单位类型的城镇劳动者，工资收入水平和工资收入满意度均存在差异（见表 5-6）。

表 5-6　工资收入水平与工资收入满意度在组织特征上的差异性分析

组织学变量	类别	工资收入水平			差异显著性	工资收入满意度			差异显著性
		样本量	均值	标准差		样本量	均值	标准差	
产业	第一产业	50	4187.60	2067.69	$F=34.53$, $p=0.0000$	50	3.28	1.16	$F=12.34$ $p=0.0000$
	第二产业	1415	6567.83	5915.65		1514	3.60	0.97	
	第三产业	3343	5378.69	4105.65		3344	3.46	0.95	
单位类型	个体户	458	4523.70	3271.42	$F=32.40$ $p=0.0000$	458	3.25	0.88	$F=29.50$, $p=0.0000$
	行政事业单位	522	4243.32	4629.96		522	3.28	1.00	
	国有企业	451	4787.79	3149.69		452	3.31	1.09	
	私营企业	1958	6190.90	4418.87		1958	3.53	0.93	
	集体企业	327	5265.02	6070.68		327	3.46	0.95	
	合资/独资/股份制/上市企业	1092	6588.27	5523.77		1092	3.74	0.89	

① 其中，个体户包括雇人和没有雇人的个体户，行政事业单位包括党政群团机构和国有事业单位，集体企业包括大集体企业、小集体企业和农村集体企业，合资/独资/股份制/上市企业具体包括合资企业、外资/侨商/台商独资企业、股份制或股份合作制企业和上市公司。

根据国家统计局《三次产业划分规定》和《国民经济行业分类》（GB/T 4754-2017）中的分类[①]对三次产业进行划分，本次调查数据显示，第二产业中的劳动者月均工资收入为 6567.83 元，是三次产业中最高的，其次为第三产业，月均工资收入为 5378.69 元，最后是第一产业，月均工资收入为 4187.60 元。工资收入满意度的高低与工资收入趋势相同，第二产业劳动者的工资收入满意度最高，第一产业劳动者的工资收入满意度最低。

在不同的行业中，人均月工资最高的行业为邮电通信业，达到了 8356.71 元，人均月工资收入最低的是居民自治组织，为 3155.00 元，不同行业间的最大收入差距超过 5000 元。此外，人均月工资收入超过 7000 元的行业有以非农产品为原料的制造业以及科学研究和综合技术服务业，人均月工资收入介于 6000 元到 7000 元之间的行业有采掘业、信息产业、对外贸易业、房地产经营业和金融保险业。人均月工资收入介于 4000 元到 5000 元的行业有粮食种植业、其他农林牧渔水利业、手工业、餐饮业、旅游娱乐业、服务业、卫生和社会福利事业、交通运输业及广告业。在工资收入满意度上，满意度最高的行业分别为工资收入排名前两位的邮电通信业与科学研究和综合技术服务业。满意度最低的行业有文化艺术和体育、旅游娱乐业及广告业，其中旅游娱乐业与广告业人均月工资收入较落后，而文化艺术和体育行业在各类行业中工资收入水平居中，满意度却最低（见图 5-3）。

总的来看，第一产业劳动者占比最少，工资收入水平较低；第二产业中的各行业工资收入水平接近全国平均线且差距较小，其整体工资收入均值在三次行业中最高；分布在第三产业中的劳动者最为广泛，占据了最大份额，第三产业中的各行业工资收入水平差距较大，所有行业中的工资收入最高值和最低值都位于第三产业中，

---

① 第一产业是指农、林、牧、渔业（不含农、林、牧、渔专业及辅助性活动）；第二产业是指采矿业（不含开采专业及辅助活动），制造业（不含金属制品、机械和设备修理业），电力、热力、燃气及水生产和供应业，建筑业；第三产业即服务业，是指除第一、第二产业以外的其他行业。

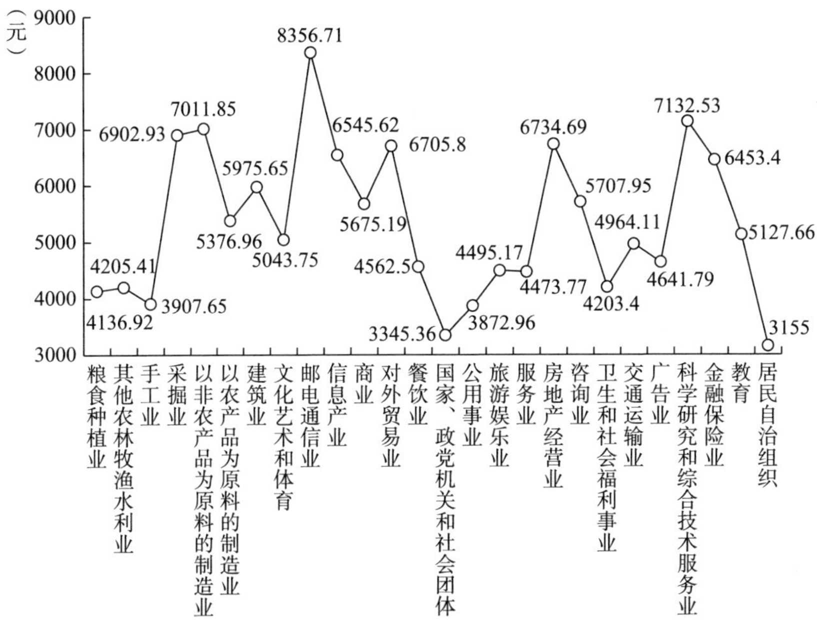

图 5-3　各行业的月均工资收入比较

整体上第三产业劳动者的工资收入水平不及第二产业。

表 5-6 的数据显示，在不同单位类型中，工资收入水平最高的是合资、独资、股份制和上市企业，月均达 6588.27 元，其工资收入满意度也是最高的；工资收入水平最低的是行政事业单位，月均工资收入为 4243.32 元。与城镇劳动者的月均工资收入 6127.74 元相比，高于此平均线的单位有合资、独资、股份制和上市企业，个体户、行政事业单位、国有企业和集体企业的工资收入水平都低于全国的平均线。在工资收入满意度上，各单位的满意度与其工资收入水平紧密关联，工资收入水平较高的单位，满意度更高，但需要注意的是个体户的工资收入水平相较于行政事业单位更高，但其工资收入满意度却是所有单位中最低的。具体地，在个体户中，没有雇人的个体户月均工资收入为 5667.17 元，高出雇人的个体户 1000 多元，但没有雇人的个体户对工资收入的满意度却显著低于雇人的个体户，相对于雇人的个体户，没有雇人的个体户在工作中事事需

要亲力亲为，工作付出更多，因而工资收入满意度不高。在大集体企业、小集体企业和农村集体企业中，大集体企业劳动者的收入最高、满意度最低，农村集体企业劳动者的收入最低、满意度却最高。

与此同时，本研究同样关注工作单位内部劳动者最主要的工作特征，探索工资收入在工作特征上的差异。方差分析结果显示，在0.05的显著性水平上，不同工作性质、技术职称以及劳动合同签订情况、不同工资收入形式的城镇劳动者，工资收入水平与工资收入满意度均存在差异（见表5-7）。

表5-7　工资收入水平与工资收入满意度在工作特征上的差异性分析

工作特征	类别	工资收入水平			差异显著性	工资收入满意度			差异显著性
		样本量	均值	标准差		样本量	均值	标准差	
工作性质	正式工	3914	5988.46	4518.57	$F=84.43$, $p=0.0000$	3915	3.53	0.96	$F=17.34$, $p=0.0000$
	临时工	761	3833.34	2761.36		761	3.30	0.94	
	劳务派遣工	177	4138.85	3214.62		177	3.24	0.92	
	零工	79	4225.32	2295.06		79	3.00	0.99	
	老板	936	9112.22	12443.22		937	3.47	0.95	
技术职称	高级	219	10763.96	13240.49	$F=42.43$, $p=0.0000$	219	3.73	1.02	$F=58.92$, $p=0.0000$
	中级	1020	7220.43	5103.04		1020	3.80	0.98	
	初级	1007	5694.83	4292.69		1008	3.60	0.93	
	未定级	2333	5712.67	5064.08		2333	3.35	0.91	
	非专业技术人员	1288	5564.38	8639.96		1289	3.32	0.96	
是否签订劳动合同	是	4120	5877.49	4368.69	$F=158.78$, $p=0.0000$	4121	3.54	0.96	$F=95.53$, $p=0.0402$
	否	758	3797.47	2918.59		758	3.17	0.93	
工资收入形式	计时制	502	5597.76	5565.06	$F=49.06$, $p=0.0000$	502	3.68	1.09	$F=17.34$, $p=0.0000$
	计件制	384	5456.87	4624.17		384	3.38	0.99	
	岗位工资	3099	5407.36	4421.73		3100	3.47	0.95	
	效益工资	1086	8422.48	10307.07		1087	3.55	0.92	
	保底提成	600	5518.31	5211.51		600	3.33	0.90	
	其他	196	9340.31	10227.00		196	3.25	1.02	

从工作性质的层面来看，老板的工资收入水平是最高的，月均9112.22元，临时工收入最低，月均3833.34元，不同工作性质的劳动者的最大月均工资收入差距超过5000元，正式工的月均工资收入为5988.46元，仅低于老板。在工资收入满意度上，正式工的满意度是最高的（均值为3.53，下同），老板略低（3.47），临时工（3.30）与劳务派遣工（3.24）满意度居中，零工的满意度最低（3.00），与正式工存在较大差距。需要注意的是，零工的月均工资收入为4225.32元，略高于劳务派遣工（4138.85元）和临时工（3833.34元），但对工资收入的满意度却显著低于临时工和劳务派遣工。原因可能在于，临时工和劳务派遣工都是具有工作单位的劳动者，虽然不比正式工稳定，但相比于没有工作单位、打零工的劳动者，在工资收入满意度上更强。

人力资本理论认为，工资体现了劳动者在劳动力市场上的价值，而这很大程度上取决于劳动者的工作经验与技能。本研究数据显示，职称高的劳动者，相应的工资收入水平更高。高级职称的劳动者月均工资收入为10763.96元，比中级职称高出3000多元，中级职称比初级职称高1500元左右。非专业技术人员的月均工资收入水平最低，为5564.38元，与未定级和初级职称的劳动者基本持平。在已评级的劳动者中，技术职称作为一种重要的人力资本，通过高工资收入水平体现了劳动者工作经验积累和技能水平提升的价值。

劳动合同是保护劳动者权益的主要支撑，也是处理劳动争议的合法依据。签订了劳动合同的劳动者月均工资收入为5877.49元，未签订劳动合同的劳动者月均工资收入为3797.47元，二者的工资收入差距超过2000元，同时签订劳动合同的劳动者在工资收入满意度上显著高于未签订合同的劳动者，签订劳动合同的劳动者与未签订劳动合同的劳动者之间存在显著的工资收入差异，而劳动合同的签订是否有助于提升劳动者的工资收入水平和满意度有待进一步的回归分析。

通过对工资收入形式不同的劳动者的工资收入水平进行比较，

我们可以发现工资收入水平在工资收入形式上具有显著差异（$F=49.06$，$p=0.0000$）。工资收入形式为计时制、计件制、岗位工资和保底提成的劳动者月均工资收入水平均低于全国平均线，拥有效益工资和其他工资收入形式（主要为利润收入）的劳动者的月均工资收入水平超8000元，其中利润收入形式最高。然而在工资收入满意度上，拥有利润收入形式的劳动者的工资收入满意度最低，前文差异分析发现自雇者和老板在工资收入满意度上低于拥有工作单位的正式工，而获得利润工资收入的一般是自雇者和老板。计时制和计件制的劳动者月均工资收入水平相对持平，然而计时制的劳动者工资收入满意度显著高于计件制劳动者的满意度，说明在同样的工作中，采用计时制的劳动者相对于采用计件制的劳动者更满意，这是由于在计时制的工资收入形式下，劳动者有更大空间自主调整工作效率。

此外，本研究还希望了解工资收入水平和满意度在工资收入构成上是否具有异质性。拥有保底工资的劳动者月均工资收入为5787.18元，低于全国平均线，没有保底工资的劳动者月均工资收入为7381.13元，有保底工资的劳动者月均工资收入显著高于没有保底工资的劳动者（$F=53.86$，$p=0.0000$）。拥有薪级工资的劳动者月均工资收入为7134.90元，没有薪级工资的劳动者月均工资收入为5704.54元，有薪级工资的劳动者月均工资收入显著高于没有薪级工资的劳动者（$F=57.24$，$p=0.0000$）。拥有绩效工资的劳动者月均工资收入为6825.71元，没有绩效工资的劳动者月均工资收入为5303.95元，有绩效工资的劳动者月均工资收入显著高于没有绩效工资的劳动者（$F=75.50$，$p=0.0000$）。拥有工资津贴的劳动者月均工资收入为7118.92元，没有工资津贴的劳动者月均工资收入为5502.27元，有工资津贴的劳动者月均工资收入显著高于没有工资津贴的劳动者（$F=81.85$，$p=0.0000$）。拥有奖金的劳动者月均工资收入为6804.69元，没有奖金的劳动者月均工资收入为5459.25元，有奖金的劳动者月均工资收入显著高于没有奖金的劳动者（$F=58.59$，$p=0.0000$）。拥有利润收入的劳动者月均工资收入为 8516.66 元，没有利润收入的劳动者月均工资收入为 5300.16 元，有利润收入的劳动者月均工资收入显著高于没有利润收入的劳动者（$F=272.92$，$p=0.0000$）。拥有加班费的劳动者月均工资收入为 6493.38 元，没有加班费的劳动者月均工资收入为 5905.05 元，有加班费的劳动者月均工资收入显著高于没有加班费的劳动者（$F=11.01$，$p=0.0012$）。拥有外快的劳动者月均工资收入为 8205.60 元，没有外快的劳动者月均工资收入为 5985.06 元，有外快的劳动者月均工资收入显著高于没有外快的劳动者（$F=44.18$，$p=0.0000$）。同时，工资收入满意度在工资收入构成上也具有显著差异，表现为拥有某项工资收入构成内容的劳动者的满意度高于缺失该项工资收入构成内容的劳动者，说明工资收入构成内容丰富的劳动者的满意度较高。整体上，只有拥有保底工资构成的劳动者的工资收入水平相较于没有保底工资构成的劳动者更低，拥有薪级工资、绩效工资、津贴、奖金、利润、加班费和外快收入的劳动者相较于没有该项工资收入的劳动者会有更高的工资收入水平和满意度，说明保底工资对于提升劳动者的收入水平较为局限，而拥有其他工资收入形式的劳动者工资来源丰富，有更高的工资收入水平，从而更加满意。

总之，工资收入在不同组织和群体中展现出显著差异，部分群体间的工资收入差异较大。根据社会冲突理论，冲突具有正功能，对社会与群体具有内部整合、稳定等功能。美国社会学家科塞（Lewis A. Coser）认为产生于社会报酬的分配不均只要不直接涉及基本价值观，那它对社会是有好处的，如适度的收入差距有利于调整利益关系，能促进社会经济的发展。但社会中较大的贫富差距体现出的则是人们对财产和生产资料占有的不平等，且不同的阶级必然为各自的利益而发生冲突和斗争，因此中国社会存在的较大的贫富差距可能导致底层收入人群心理失衡，从而导致社会各阶层的矛盾和冲突。我国生产力水平起点低、城乡二元结构由来已久，由于处于社会主义初级阶段，我国的生产力水平决定了不可能实现同步富裕，因此只能一部分人先富带动另一部分人后富，只有当国家生产力得到大幅度提高，才能调节贫富差距，从而实现共同富裕。

韦伯将经济、权力和声望作为社会分层中的三个标准，在当前社会中，经济收入对贫富差距的影响起到了举足轻重的作用，不同职业的劳动者在收入上的差距已经在社会分层上显示出多种影响，收入较高的群体有更多的途径用金钱实现某些资源的交换，如把自己的子女送到教学资源丰富的学校去上学，在此基础上可以促使下一代获得好的经济条件，在一定程度上维持其社会阶层。本章数据显示，高学历劳动者的工资收入更高，因此高收入者的子女也有更多机会留在该阶层甚至进入更高阶层，这时的贫富差距不仅是社会分层的一种结果，也进一步导致了社会分层。因此面对收入差距日益拉大的现状，政府应采取积极措施，调节收入财富的分配比例，增进社会公平和稳定。

（二）福利待遇

1. 福利待遇的描述性分析

福利待遇指企业支付给劳动者的除工资、奖金之外的间接性的经济性报酬，是社会和企业保障的重要体现，可通过物品、服务和福利设施等体现。美国商会对劳动者福利待遇的定义是：雇主基于雇佣关系提供给劳动者的直接工资以外任何形态的薪酬。具体内容可分为六类：根据国家法律法规支付的法定福利；对劳动者储蓄和退休计划的支付；对人身保险和死亡抚恤的支付；对医疗相关服务的支付；对劳动者不工作期间的支付如探亲假、产假、带薪休假等；还有其他福利待遇如教育培训、儿童照顾、便民设施等。[①] 从广义上理解福利待遇，劳动者福利待遇既包含了国家法定强制的福利待遇，如社会保障和其他公共项目，还包括雇主基于雇佣关系独立自主给付的福利待遇；狭义的劳动者福利待遇则不包括国家法定的那部分，

① Rosenbloom, J. S., *The Handbook of Employee Benefit* (New York: McGraw-Hill Professional, 2001), pp. 3-4.

主要指雇主在基于劳动者工作时长所付薪酬外的所有津贴和服务。[①]本章对福利待遇的定义为广义，既包括了国家法定福利待遇，如定期休假和前文提到过的“五险一金”，[②] 也包括了企业基于自身经营情况和能力自主提供给劳动者的、除直接工资以外的任何形态的福利待遇，特别要注意的是，企业提供给劳动者的资金补贴保障不同于工资收入中的奖金和津贴，奖金和津贴是基于劳动者岗位性质和绩效高低而给付的，与劳动者的工作付出量相关，属于工资收入的构成部分，但补贴保障是企业对劳动者所得工资收入之外的延伸，是为了提升劳动者的生活保障，与其工作付出程度不相关联。综合国家法定福利待遇和企业自定福利待遇两方面内容，根据其给付形式，本章将劳动者福利待遇分为保险、休假、补贴保障和共享福利设施四个部分，以此了解我国城镇劳动者的福利待遇现状。

首先，保险是我国社会保障体系的重要组成部分，分为社会保险和商业保险两种类型。社会保险是国家通过立法强制建立的社会保险基金，在一定范围内对社会保险基金实行统筹安排，能够在劳动者丧失劳动能力或遭遇劳动风险时给予必要的物质帮助，同时也为劳动者提供了基本生活保障，包括基本养老保险、基本医疗保险、工伤保险、失业保险和生育保险五个方面。商业保险则是企业自主决定为劳动者购买的保险，属于企业自定福利待遇。我国城镇劳动者的保险获得情况如图 5-4 所示。基本养老保险、基本医疗保险和工伤保险的覆盖范围最广，拥有这三类保险的城镇劳动者人数分别达到总体的 70%左右，有一半的劳动者拥有失业保险（53.77%）和生育保险（50.34%），相对于基本养老保险、基本医疗保险和工伤保险，失业保险和生育保险的覆盖面显然更为狭窄，说明在失业保险和生育保险上存在较突出的漏保、不保的现象。有 30%以上的劳

① Yohalem, M. R., “Employee Benefit Plans - 1975,” *Social Security Bulletin* 40, no. 11 (1977): 19-28.

② “五险一金”指的是基本养老保险、基本医疗保险、工伤保险、失业保险、生育保险和住房公积金。

动者通过单位参保了大病统筹保险和商业保险，这一数据表明，由于不具有强制性，只有少数的单位在社会保险的份额外为劳动者增添了大病统筹保险和商业保险。

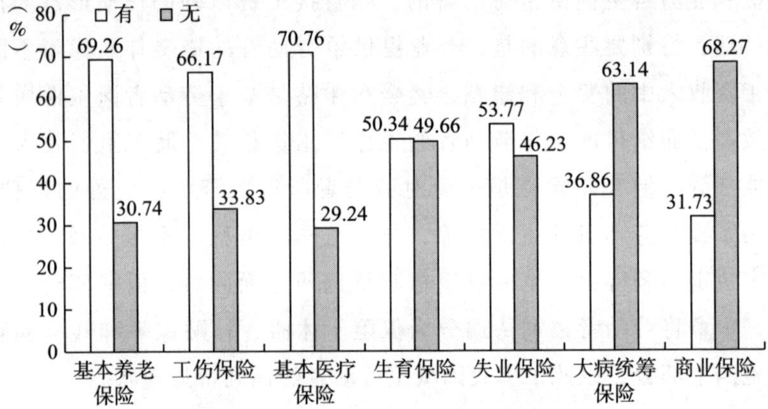

图 5-4 城镇劳动者的保险获得状况

从 2005 年到 2010 年，生育保险从养老保险全国参保人数的 30.9%增长到 62.3%，但在“五险”中的覆盖比例一直是最低的。[①] 这一现象在本次调查数据中也有所体现。根据国家统计局发布的报告，[②] 2019 年，女性参加生育保险的人数达 9343 万人，比上年增加 415.60 万人，增长 4.70%；与 2010 年相比，增加 3975.60 万人，增长 74.10%。2005 年，《中国妇女发展纲要》设立了 2010 年城镇劳动者生育保险覆盖率要达到 90%以上的目标，而本次调查数据显示，我国城镇劳动者的生育保险覆盖率仅为总体的 50.30%，说明当前生育保险缴纳仍与目标要求有较大差距。从社会性别的视角来看，目前生育保险的主体和重点仍旧是女性，体现出社会对于女性生育责任的重视。在劳动力市场上，对女性生育权的过分

---

① 蒋永萍：《社会性别视角下的生育保险制度改革与完善——从〈生育保险办法（征求意见稿）〉谈起》，《妇女研究论丛》2013 年第 1 期，第 47~52，71 页。

② 《中国妇女发展纲要（2011—2020 年）终期统计监测报告》，https://www.gov.cn/xinwen/2021-12/21/content_5663667.htm，最后访问日期：2024 年 1 月 8 日。

重视可能导致用人单位对女性生育的歧视和排斥，很多应在生育保险覆盖范围内的女职工可能因怀孕失去工作岗位，难以享受生育保险。

失业保险为面临失业风险的劳动者提供了必要的保障，对于维护社会稳定具有重要作用。根据人社部公布的《2019 年度人力资源和社会保障事业发展统计公报》[①]，2019 年末共有 461 万名失业人员领取了不同期限的失业保险金，而 2019 年末城镇登记失业人员为 945 万人，有一半的失业人员未领到失业保险金，反映出失业保险覆盖群体和失业高风险人群之间存在错位的问题，导致劳动者失业后未能领到失业保险金。失业保险与需要长期累积的养老保险不同，应该使其随着经济形势的波动而调整，尽量做到“费”尽其用，然而大量失业者未被纳入失业保险保障范围内，失业金领取率较低而结余率较高。

我国的社会保险制度经历了多次变迁和调整，“五险一金”是在“三险一金”[②] 的基础上发展而来，“五险一金”相比“三险一金”增加了工伤保险和生育保险。研究发现，目前职工享有的社保待遇包括“三险”“三险一金”“五险”“五险一金”等多种情况。[③] 本研究通过劳动者个人参保内容生成“三险”“三险一金”“五险”“五险一金”四个潜变量，如个体同时缴纳“五险一金”编码为 1，否则编码为 0，以此类推，生成四个二分变量。图 5-5 的数据显示，在我国城镇劳动者中，享有“三险”的城镇劳动者占比为 49.67%，享有“三险一金”的城镇劳动者比例比“三险”低 15.15%，享有“五险”的城镇劳动者比享有“三险一金”的城镇

① 《2019 年度人力资源和社会保障事业发展统计公报》，http://www.mohrss.gov.cn/SYrlzyhshbzb/zwgk/szrs/tjgb/202006/t20200608_375774.html，最后访问日期：2024 年 1 月 8 日。

② “三险一金”指的是基本养老保险、基本医疗保险、失业保险和住房公积金。

③ 王向东、张应敏、孙铁燕：《高校毕业生就业质量监测及其提升策略研究——以浙江省十年实证调查为例》，《现代大学教育》2022 年第 5 期，第 100~111 页。

劳动者更多，在总体中占比为 39.54%，享有“五险一金”的劳动者在总体中仅为 28.74%。这表明我国城镇劳动者的社保缴纳比例不高，有一半左右的劳动者同时参保了基本养老保险、基本医疗保险、失业保险这三项基本保险，参保“五险一金”的劳动者更少。在进一步完善和推进我国社会保险制度的过程中，政府和社会还需要关注社会保险覆盖的情况，以提高城镇劳动者的社会保障水平。

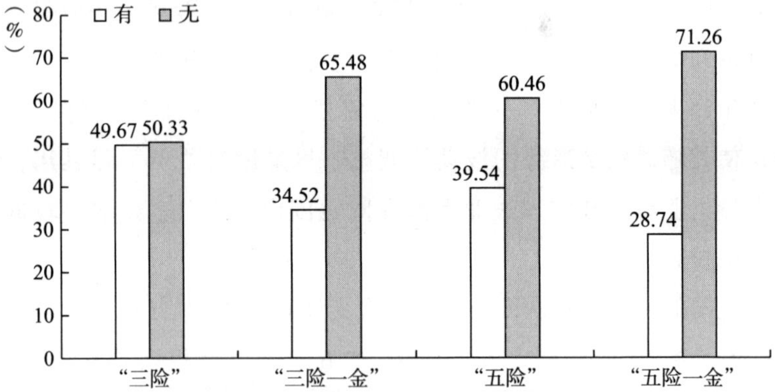

图 5-5　城镇劳动者的社保缴纳状况

我国城镇劳动者的福利待遇获得状况如图 5-6 所示。在休假方面，我国城镇劳动者中有 72.62% 的劳动者享有法定节假日休假，65.29%的劳动者享有病假，51.84%的劳动者享有探亲假和婚假，上述休假有超过一半以上的劳动者获得，而不到一半的劳动者享有带薪年假（46.25%）和女职工哺乳假（36.36%），享有度假疗养的劳动者比例最少，只有 16.51%。在补贴保障上，住房公积金是“五险一金”中的“一金”，因为其具有缴纳强制性被一起提及，但现实中却只有 47.60% 的劳动者用人单位为劳动者缴纳住房公积金，从“五险一金”的整体缴纳情况来看，其覆盖面仍较低，即便该福利具有强制性，但许多劳动者都处于五险一金的保障之外。定期体检是补贴保障项目中覆盖面最高的，但也只有 54.73%，对于包吃住、公费医疗、住房补贴和企业年金等其他项目，仅有 20%～30%的劳动者获得。福利待遇中还包括了共享福利设施，这是为满足劳动者的共同需要、方便生活并使劳动者获得优惠服务，以及增进劳动者身体健康和文化素质而建立的集体福利设施，包括食堂、浴室、体育馆等。超过一半劳动者所在单位设置有食堂（68.12%）和集体宿舍（55.76%），40%~50%的劳动者所在单位拥有医务室和活动中心，30%~40%的劳动者所在单位设置有图书资料室、体育健身设施和公共浴室等设施。

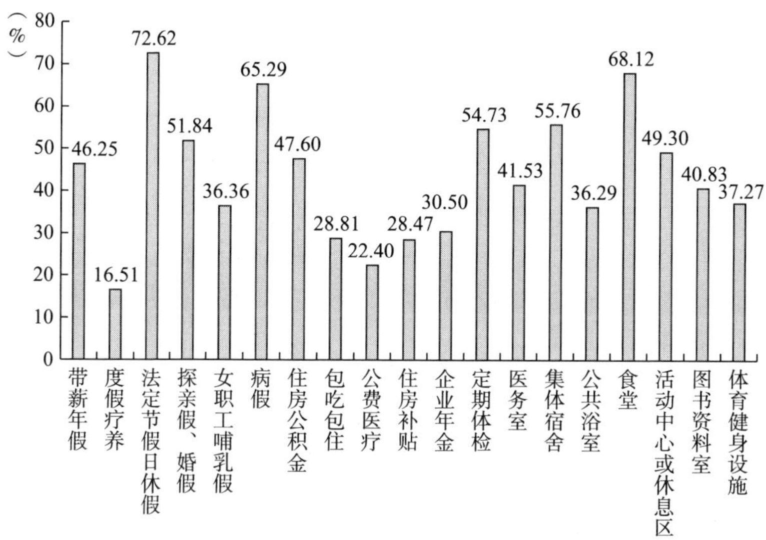

图 5-6 城镇劳动者的福利待遇获得状况

总的来看，当前企业自定的福利待遇涉及的项目种类丰富，但实施范围不广泛，其覆盖面较窄，而这也与我国的福利制度发展有关。最初在计划经济体制下，为了保障劳动者的日常生活，提升劳动生产效率，我国建立起了以国家为责任主体，覆盖国家机关、企事业单位劳动者生活的福利制度，这对于满足劳动者物质文化生活需要和促进生产发展发挥了重要作用[①]，各企事业单位的附属生活设

① 宋士云：《中国职工福利制度的回顾与展望》，《理论学刊》2013 年第 1 期，第 85~89 页。

施也是在此时兴建的。而后我国向市场经济转轨，为减轻用人单位的负担，集体福利设施开始社会化和产业化，从封闭福利变成了开放经营，如今除国家法定福利待遇外，企业完全可以根据自身经济效益状况来设置福利待遇水平，其覆盖面并不广泛。

2. 福利待遇的差异性分析

前文分析显示，工资收入在不同群体中呈现异质性，而福利待遇作为工作报偿的另一种重要形式必然在个体特征、组织特征或工作特征上存在异质性，接下来本研究将对福利待遇的四个维度——保险、休假、补贴保障和共享福利设施的覆盖程度进行差异性分析，以进一步了解其特征。

前文已经分析了我国城镇劳动者在各种保险上的缴纳情况，本研究还关注保险这一重要福利待遇在人口特征上的差异，分析不同特征的群体在“三险”“三险一金”“五险”“五险一金”等多种社保上的缴纳情况，并重点关注作为国家法律规定缴纳的“五险一金”在不同群体上的差异性。

表 5-8 的方差分析结果显示，在 0.05 的显著性水平上，缴纳“五险一金”的女性城镇劳动者比男性显著更多（$F=23.50$，$p=0.0000$）。进一步分析显示，“五险”缴纳情况也存在这样的性别差异，参保了“五险”的女性显著多于男性（$F=31.45$，$p=0.0000$）。但是，在“三险”（$F=0.32$，$p=0.5734$）和“三险一金”（$F=0.79$，$p=0.3738$）的缴纳情况上却不具有显著的性别差异。基于此，具体挖掘单项社会保险缴纳上的性别差异。卡方检验的结果表明，在基本养老保险（$F=7.38$，$p=0.0066$）、基本医疗保险（$F=7.65$，$p=0.0057$）、工伤保险（$F=32.18$，$p=0.0000$）和住房公积金（$F=17.98$，$p=0.0000$）上，男性参保者显著多于女性；而在生育保险上，女性参保者显著多于男性（$F=116.61$，$p=0.0000$）；另外，失业保险（$F=0.06$，$p=0.8050$）的缴纳上不存在显著性别差异。

表 5-8　“五险一金”覆盖程度在人口学变量上的差异性分析

人口学变量	类别	“五险一金”覆盖程度			差异显著性
		样本量	均值	标准差	
性别	男性	2352	0.28	0.45	$F=23.50$, $p=0.0000$
	女性	2387	0.30	0.46	
工龄	0~10 年	2497	0.28	0.45	$F=4.90$, $p=0.0006$
	11~20 年	1307	0.32	0.47	
	21~30 年	591	0.31	0.46	
	31~40 年	190	0.21	0.41	
	41 年及以上	29	0.14	0.35	
受教育程度	没有上过学	11	0.28	0.47	$F=66.70$, $p=0.0000$
	小学	112	0.03	0.16	
	初中	510	0.06	0.24	
	高中/技校/职高/中专	1122	0.17	0.37	
	大专	1304	0.32	0.47	
	大学本科	1565	0.41	0.49	
	硕士	106	0.60	0.49	
	博士	7	0.57	0.53	
户籍	农村	1956	0.24	0.43	$F=40.55$, $p=0.0000$
	城镇	2782	0.32	0.47	

在工龄层面，除去0~10年工龄的劳动者，工龄高的劳动者缴纳“五险一金”的比例更低，再通过卡方检验具体分析，各工龄阶段的劳动者分别在缴纳“五险一金”的程度上存在显著差异，工龄为11~30年的劳动者获得的各项保险保障最多，其次是0~10年工龄，工龄为41年及以上的劳动者获得的各项保险保障最少。缴纳“三险”（$F=7.49$，$p=0.0000$）、“三险一金”（$F=4.26$，$p=0.0019$）或“五险”（$F=7.75$，$p=0.0000$）的劳动者在工龄上的分布存在显著差异，体现出11~30年工龄的劳动者缴纳“三险”、“三险一金”或“五险”的比例都是最高的，其次是0~10年工龄的劳动者，工

龄为 41 年及以上的劳动者缴纳比例最低。

在受教育程度层面，从小学到硕士，受教育程度高的劳动者缴纳“五险一金”的比例更高，并且这一显著差异分别在“五险一金”各项内容上存在，同时学历高的劳动者在“三险”（$F=65.86$，$p=0.0000$）、“三险一金”（$F=78.66$，$p=0.0019$）和“五险”（$F=65.84$，$p=0.0000$）上的缴纳比例更高。

在户籍层面，城镇户籍劳动者缴纳“五险一金”的程度显著高于农村户籍的劳动者，并且这一显著差异体现在“五险一金”各项内容中，同时城镇户籍的劳动者在“三险”（$F=49.66$，$p=0.0000$）、“三险一金”（$F=61.32$，$p=0.0019$）和“五险”（$F=33.54$，$p=0.0000$）上的缴纳比例更高。

当前的劳动力市场中，外卖员、快递员和滴滴司机等零工经济从业人员成为社会热议话题之一。[①] 其原因在于信息技术的发展促使零工经济规模大幅扩张，未来可能会有更多的劳动者从传统的组织劳动者的劳动关系转变为与平台合作的零工经济劳动者，因此实现零工的社会保障对于社会和谐稳定和经济持续发展有着重要意义。本次调查发现，零工中有单位为其缴纳“五险”的情况很少，只有14.7%的零工拥有失业保险，26.5%的零工拥有养老、医疗和生育保险，29.4%的零工拥有工伤保险，说明零工经济平台相对其他保障更为重视对零工的“工伤”保障，但在各类保险的缴纳比例上，零工都远低于其他类型的劳动者。在整个社会保险体系中，零工的参保有三种选择：企业参保、职工社会保险或是参加居民社会保险[②]，个人参保负担较重，而零工的社保低缴纳比例可能是因为零工经济平台与零工间的劳动关系不同于传统的雇佣关系，是互联网飞速发展产生的一

① 《外卖小哥等群体劳动权益如何保障？国务院常务会说要这么办》，https://www.gov.cn/zhengce/2021-05/13/content_5606193.htm，最后访问日期：2024 年 1 月 8 日。

② 汪德华：《零工经济的社保难题与应对思路》，《探索与争鸣》2020 年第 7 期，第 20~22 页。

种新型劳动关系，因此国家还需推动零工的权益得到合法保护。

本章调查的休假种类包括带薪年假、度假疗养、法定节假日休假、婚假/探亲假、女职工哺乳假和病假，为更全面地展现我国城镇劳动者在休假这一重要福利待遇上的情况，本研究通过劳动者个人是否享有带薪年假、法定节假日休假、婚假/探亲假和病假来生成休假覆盖程度这一潜变量，其原因在于这四类休假都是我国《劳动法》中规定必须保障的劳动者休假权益[①]，通过这些指标可以更好评估劳动者在工作中的法定休假权益的保障情况。虽然女职工哺乳假也是法定休假权益，但其覆盖对象仅为女性劳动者，因此不将该项休假纳入潜变量中。劳动者享有该项休假编码为1，未享有则编码为0，变量取值范围为0~4，数值越高代表劳动者享有休假的覆盖程度越高。

方差分析结果显示，在0.05的显著性水平上，不同工龄、受教育程度、户籍的劳动者的休假覆盖程度存在显著差异（见表5-9）。男性和女性的休假覆盖程度不具有显著差异，通过卡方检验具体分析，探亲假和病假在男性中的覆盖程度显著高于女性。在工龄层面，从工龄10年以内到工龄41年及以上，劳动者的休假覆盖程度均值从2.43逐级降低到1.41，说明工龄高的劳动者获得的休假福利更少；再逐项对各项休假内容进行工龄上的卡方检验，各项休假内容的覆盖程度在工龄上同样呈现显著差异。在学历层面，从小学到硕士，学历高的劳动者，其休假覆盖程度更高，均值从1.14提升到3.42，并且这一差异在各项休假内容上均显著存在。在户籍层面，城镇户籍劳动者中的休假覆盖程度显著高于农村户籍的劳动者，并且这一显著差异体现在各项休假内容中。

---

① 根据《劳动法》第三十六条，员工在连续工作满一年后，享有带薪年假。根据《劳动法》第四十一条，员工应当在法定节假日享受休假，并按照国家规定支付加班费。根据《劳动法》第十四条和第十六条，员工在结婚时享有带薪婚假，一般为3天；员工因父母、配偶、子女等重病或严重生活困难需要回家探亲时，享有带薪探亲假。根据《劳动法》第三十九条，员工因病需要请假治疗时，享受带薪病假。

表 5-9 休假覆盖程度在人口学变量上的差异性分析

人口学变量	类别	休假覆盖程度			差异显著性
		样本量	均值	标准差	
性别	男性	2226	2.39	1.43	$F=0.96$，$p=0.3279$
	女性	2293	2.35	1.44	
工龄	0~10 年	2376	2.43	1.42	$F=8.41$，$p=0.0000$
	11~20 年	1259	2.37	1.46	
	21~30 年	563	2.32	1.47	
	31~40 年	174	1.92	1.41	
	41 年及以上	27	1.41	1.31	
受教育程度	没有上过学	10	1.50	1.35	$F=121.40$，$p=0.0000$
	小学	106	1.14	1.25	
	初中	486	1.30	1.29	
	高中/技校/职高/中专	1056	1.94	1.40	
	大专	1244	2.53	1.36	
	大学本科	1503	2.89	1.25	
	硕士	105	3.42	1.08	
	博士	7	2.29	1.89	
户籍	农村	1843	2.12	1.42	$F=94.65$，$p=0.0000$
	城镇	2675	2.54	1.42	

住房、医疗、养老是我国的重要民生领域，也是影响劳动者生活质量的重要因素。在许多单位中，员工的福利待遇通常包括三方面的补贴保障：住房方面如住房公积金、住房补贴、包吃包住；医疗方面如定期体检、公费医疗；养老方面如企业年金，这是一种单位自愿建立的补充性养老金计划。为更全面地展现我国城镇劳动者在补贴保障这一重要福利待遇上的获得情况，本研究通过上述住房、医疗、养老方面常见的六类补贴保障来生成补贴保障覆盖程度的潜变量，享有该项补贴保障编码为 1，未享有则编码为 0，变量取值范围为 0~6，数值越高代表劳动者获得补贴保障的覆盖程度越高。

方差分析结果显示，在 0.001 的显著性水平上，不同性别、工龄、受教育程度、户籍的劳动者的补贴保障覆盖程度存在显著差异（见表 5-10）。男性的补贴保障覆盖程度相比于女性显著更高，通过对各项补贴保障内容分别进行卡方检验，发现公费医疗补贴保障的覆盖程度不存在显著的性别差异，而住房公积金、包吃包住、定期体检、住房补贴保障和企业年金这五项补贴保障内容的覆盖程度均存在显著的性别差异，且男性覆盖程度更高，说明男性获得的补贴保障福利待遇普遍多于女性。在工龄层面，从工龄 0~10 年到 11~20 年，补贴保障覆盖程度的均值从 2.08 上升到 2.26，再到工龄 41 年及以上，均值逐渐下降到 1.28，呈现“倒 U 型”趋势；再逐项对各项补贴保障内容进行卡方检验，结果呈现同样的趋势。在受教育程度层面，从小学到硕士，学历高的劳动者的补贴保障覆盖程度更高，均值从 1.16 提升到 3.49，这一显著差异分别在各项补贴保障内容上存在。在户籍层面，城镇户籍劳动者中的补贴保障覆盖程度显著高于农村户籍的劳动者，同时这一显著差异体现在各项补贴保障内容中。

表 5-10　补贴保障覆盖程度在人口学变量上的差异性分析

人口学变量	类别	补贴保障覆盖程度			差异显著性
		样本量	均值	标准差	
性别	男性	2180	2.27	1.82	$F=29.37$, $p=0.0000$
	女性	2238	1.98	1.81	
工龄	0~10 年	2317	2.08	1.80	$F=5.17$, $p=0.0004$
	11~20 年	1221	2.26	1.90	
	21~30 年	553	2.12	1.78	
	31~40 年	176	1.76	1.66	
	41 年及以上	28	1.28	1.89	
受教育程度	没有上过学	11	1.73	1.79	$F=82.46$, $p=0.0000$
	小学	107	1.16	1.30	
	初中	469	1.17	1.47	
	高中/技校/职高/中专	1031	1.58	1.67	
	大专	1214	2.09	1.75	

续表

人口学变量	类别	补贴保障覆盖程度			差异显著性
		样本量	均值	标准差	
受教育程度	大学本科	1475	2.80	1.80	$F=82.46$, $p=0.0000$
	硕士	102	3.49	1.77	
	博士	7	3.00	2.71	
户籍	农村	1809	1.84	1.73	$F=76.84$, $p=0.0000$
	城镇	2608	2.32	1.86	

共享福利设施指的是单位为满足劳动者的共同需要、方便生活并使劳动者获得优惠服务，以及增进劳动者身体健康和文化素质而建立的集体福利设施，常见的共享福利设施包括医务室、集体宿舍、公共浴室、食堂、活动中心、图书室、健身设施，为更全面地展现我国城镇劳动者在常见的共享福利设施上的享有程度，本研究通过劳动者单位是否提供上述共享福利设施来生成共享福利设施覆盖程度的潜变量，对于每项内容，单位提供编码为1，不提供则编码为0，变量取值范围为0~7，数值越高代表劳动者享有共享福利设施的程度越高。

方差分析结果显示，在0.001的显著性水平上，不同性别、工龄、受教育程度、户籍的劳动者的共享福利设施覆盖程度存在显著差异（见表5-11）。在性别上，男性的共享福利设施覆盖程度显著高于女性。在工龄上，工龄为11~20年的劳动者享有的共享福利设施相对其他劳动者更多，均值为3.43，共享福利设施覆盖程度最低的工龄段为31~40年，均值为2.94。在受教育程度上，从小学到博士，高学历劳动者所在单位的共享福利设施覆盖程度更高，均值从2.26提升到5.17，全体城镇劳动者的均值为3.24，只有大学本科及以上劳动者的共享福利设施覆盖程度高于此平均线。在户籍上，城镇户籍劳动者的共享福利设施覆盖程度显著高于农村户籍的劳动者。

表 5-11 共享福利设施覆盖程度在人口学变量上的差异性分析

人口学变量	类别	共享福利设施覆盖程度			差异显著性
		样本量	均值	标准差	
性别	男性	2117	3.44	2.39	$F=32.19$, $p=0.0000$
	女性	2177	3.04	2.33	
工龄	0~10 年	2254	3.14	2.38	$F=3.73$, $p=0.0049$
	11~20 年	1189	3.43	2.43	
	21~30 年	542	3.19	2.23	
	31~40 年	178	2.94	2.16	
	41 年及以上	28	3.03	2.33	
受教育程度	没有上过学	11	4.36	2.62	$F=37.49$, $p=0.0000$
	小学	98	2.26	1.81	
	初中	445	2.61	2.09	
	高中/技校/职高/中专	1005	2.81	2.31	
	大专	1201	3.01	2.33	
	大学本科	1424	3.84	2.38	
	硕士	102	5.03	2.01	
	博士	6	5.17	2.40	
户籍	农村	1748	2.98	2.23	$F=35.71$, $p=0.0000$
	城镇	2545	3.41	2.44	

高福利待遇的单位通常会被人们认为是好单位，因此除人口学特征外，本研究还关心福利待遇在组织学特征和工作特征上的差异，以了解什么样的单位和行业会提供高福利待遇。

对“五险一金”的方差分析结果表明，在 0.05 的显著性水平上，不同产业、单位类型、工作性质和劳动合同签订情况的劳动者的“五险一金”缴纳程度均具有显著差异（见表 5-12）。在产业类别上，第一产业的劳动者缴纳“五险一金”的比例最高，其次是第二产业的劳动者，第三产业的劳动者缴纳比例相比第一、二产业较低，这一显著差异同样存在于缴纳“三险一金”的劳动者中（$F=11.37$，$p=0.0000$）。缴纳“三险”（$F=35.51$，$p=0.0000$）和“五险”（$F=13.12$，$p=0.0000$）的劳动者在不同产业类别的分布中也具有显著差异，表现为第二产业的劳动者缴纳比例最高，其次是第一产业的劳动者，第三产业劳动者缴纳比例较低。

表 5-12 “五险一金”覆盖程度在组织学变量上的差异性分析

组织学变量	类别	“五险一金”覆盖程度			差异显著性
		样本量	均值	标准差	
产业	第一产业	50	0.32	0.47	$F=3.00$，$p=0.0500$
	第二产业	1404	0.31	0.46	
	第三产业	3285	0.28	0.45	
单位类型	个体户	448	0.08	0.27	$F=44.84$，$p=0.0000$
	行政事业单位	521	0.47	0.50	
	国有企业	444	0.39	0.49	
	私营企业	1925	0.27	0.44	
	集体企业	326	0.24	0.43	
	合资/独资/股份制/上市企业	1075	0.29	0.45	
工作性质	正式工	3822	0.33	0.47	$F=48.93$，$p=0.0000$
	临时工	647	0.08	0.28	
	劳务派遣工	172	0.22	0.42	
	零工	34	0.03	0.17	
	老板	64	0.13	0.33	
是否签订劳动合同	是	4007	0.33	0.47	$F=198.37$，$p=0.0000$
	否	624	0.06	0.23	

具体在各行业中，劳动者“五险一金”缴纳比例最高的前五个行业分别为采掘业、国家党政机关、交通运输业、以非农产品为原料的制造业和邮电通信业，缴纳比例最低的前五个行业分别为手工业、服务业、餐饮业、金融业和房地产经营业。在单位类型上，相比于其他单位，个体户中劳动者缴纳“五险一金”的比例是最低的，由于个体户不存在单位，需要以个人方式缴纳保险，因此保险缴纳程度较低；劳动者缴纳“五险一金”比例最高的单位为行政事业单位。

对休假覆盖程度的方差分析结果表明，在0.05的显著性水平上，不同产业、单位类型、工作性质和劳动合同签订情况的劳动者的休假覆盖程度具有显著差异（见表5-13）。在产业上，第二产业的劳动者的休假覆盖程度（均值为2.50，下同）显著高于第一产业（2.42）和第三产业（2.31）。具体到各行业中，休假覆盖程度最高的前五个行业分别为信息产业（3.06）、文化艺术和体育业（2.88）、国家党政机关（2.84）、交通运输业（2.84）和邮电通信业（2.82），休假覆盖程度最低的前五个行业分别为餐饮业（1.61）、服务业（1.72）、手工业（1.75）、以农产品为原料的制造业（1.84）和建筑业（2.21）。在单位类型上，个体户的休假覆盖程度是最低的（1.57），休假覆盖程度最高的为行政事业单位（2.90），均值约为个体户的两倍，存在较大差距；其他单位间的休假覆盖程度差距不大。在工作性质层面，正式工的休假覆盖程度最高（2.58），临时工（1.19）和零工（1.00）的休假覆盖程度与正式工差距较大。在劳动合同签订情况层面，签订了劳动合同的劳动者休假覆盖程度（2.56）为未签订劳动合同劳动者（1.17）的两倍多，存在较大差距。

表5-13　休假覆盖程度在组织学变量上的差异性分析

组织学变量	类别	休假覆盖程度			差异显著性
		样本量	均值	标准差	
产业	第一产业	48	2.42	1.54	$F=7.55$，$p=0.0005$
	第二产业	1305	2.50	1.37	
	第三产业	3166	2.31	1.46	
单位类型	个体户	440	1.57	1.52	$F=49.27$，$p=0.0000$
	行政事业单位	501	2.90	1.22	
	国有企业	431	2.57	1.29	
	私营企业	1818	2.29	1.45	
	集体企业	310	2.24	1.43	
	合资/独资/股份制/上市企业	1019	2.53	1.37	

续表

组织学变量	类别	休假覆盖程度			差异显著性
		样本量	均值	标准差	
工作性质	正式工	3662	2.58	1.36	$F=144.12$, $p=0.0000$
	临时工	596	1.19	1.31	
	劳务派遣工	165	2.33	1.35	
	零工	34	1.00	1.41	
	老板	62	2.13	1.56	
是否签订劳动合同	是	3806	2.56	1.36	$F=546.07$, $p=0.0000$
	否	607	1.17	1.32	

对补贴保障覆盖程度的方差分析结果表明，在0.05的显著性水平上，不同产业、单位类型、工作性质和劳动合同签订情况的劳动者的补贴保障覆盖程度具有显著差异（见表5-14）。在产业上，第二产业的劳动者获得的补贴保障覆盖程度（均值为2.29，下同）显著高于第一产业（2.26）和第三产业（2.05）。具体在各行业中，补贴保障覆盖程度最高的前五个行业分别为邮电通信业（3.36）、科学研究和综合技术服务业（3.04）、采掘业（3.04）、交通运输业（3.03）和粮食种植业（2.61），补贴保障覆盖程度最低的前五个行业分别为服务业（1.17）、广告业（1.52）、金融业（1.56）、旅游娱乐业（1.57）和居民自治组织（1.63）。在单位类型上，个体户的补贴保障覆盖程度是最低的（1.11），其次为私营企业（1.98），补贴保障覆盖程度最高的为行政事业单位（2.83），均值是个体户的两倍多，存在较大差距。在工作性质层面，正式工的补贴保障覆盖程度最高（2.36），临时工（0.93）和零工（0.82）的补贴保障覆盖程度与正式工差距较大。在合同签订层面，签订了劳动合同劳动者的补贴保障覆盖程度（2.36）为未签订劳动合同劳动者（0.72）的三倍多，存在较大差距。

表 5-14　补贴保障覆盖程度在组织学变量上的差异性分析

组织学变量	类别	补贴保障覆盖程度			差异显著性
		样本量	均值	标准差	
产业	第一产业	49	2.26	2.08	$F=8.07$, $p=0.0003$
	第二产业	1295	2.29	1.77	
	第三产业	3074	2.05	1.83	
单位类型	个体户	438	1.11	1.65	$F=51.97$ $p=0.0000$
	行政事业单位	473	2.83	1.75	
	国有企业	416	2.51	1.93	
	私营企业	1785	1.98	1.75	
	集体企业	301	2.16	1.94	
	合资/独资/股份制/上市企业	1005	2.30	1.74	
工作性质	正式工	3581	2.36	1.81	$F=93.73$, $p=0.0000$
	临时工	584	0.93	1.35	
	劳务派遣工	157	1.81	1.69	
	零工	33	0.82	1.31	
	老板	63	1.27	1.62	
是否签订劳动合同	是	3716	2.36	1.80	$F=462.83$, $p=0.0000$
	否	599	0.72	1.25	

对共享福利设施覆盖程度的方差分析结果表明，在 0.001 的显著性水平上，不同产业、单位类型、工作性质和劳动合同签订情况的劳动者的共享福利设施覆盖程度具有显著差异（见表 5-15）。在产业上，第二产业的劳动者获得的共享福利设施覆盖程度（均值为 4.17，下同）显著高于第一产业（2.67）和第三产业（2.85）。具体在各行业中，共享福利设施覆盖程度最高的前五个行业分别为采掘业（6.30）、邮电通信业（4.62）、科学研究和综合技术服务业（4.59）、以非农产品为原料的制造业（4.53）和交通运输业（4.38）。共享福利设施覆盖程度最低的前五个行业分别为广告业（1.28）、金融保险业（1.72）、服务业（1.78）、信息产业（2.22）和房地产经

营业（2.22）。在单位类型上，个体户的共享福利设施覆盖程度是最低的（1.47），共享福利设施覆盖程度最高的为国有企业（3.94）和行政事业单位（3.81）。在工作性质层面，劳务派遣工（3.48）和正式工（3.42）的共享福利设施覆盖程度排名靠前，老板的共享福利设施覆盖程度最低（1.67）。在合同签订层面，签订了劳动合同劳动者的补贴保障覆盖程度（3.55）为未签订劳动合同劳动者（1.55）的两倍多，存在较大差距。

表 5-15 共享福利设施覆盖程度在组织学变量上的差异性分析

组织学变量	类别	共享福利设施覆盖程度			差异显著性
		样本量	均值	标准差	
产业	第一产业	45	2.67	2.48	$F=147.71$, $p=0.0000$
	第二产业	1251	4.17	2.04	
	第三产业	2998	2.85	2.38	
单位类型	个体户	432	1.47	1.82	$F=72.41$ $p=0.0000$
	行政事业单位	483	3.81	2.28	
	国有企业	398	3.94	2.53	
	私营企业	1740	3.18	2.33	
	集体企业	291	3.01	2.46	
	合资/独资/股份制/上市企业	950	3.63	2.18	
工作性质	正式工	3475	3.42	2.38	$F=38.96$ $p=0.0000$
	临时工	571	2.28	2.09	
	劳务派遣工	154	3.48	2.20	
	零工	30	2.13	2.40	
	老板	64	1.67	2.11	
是否签订劳动合同	是	3596	3.55	2.31	$F=399.72$ $p=0.0000$
	否	591	1.55	1.91	

综上所述，通过差异性分析，工作报偿的两大维度——工资收入水平和保险、休假、补贴保障及共享福利设施等福利待遇存在显著的个体特征和组织特征。本章总结了一些较为突出的特征。

第一，男性的工作报偿高于女性。在工资收入上，当经济地区、工龄、受教育程度和户籍等变量保持不变时，男性月均工资收入显著高于女性，差距约为1800元，在加入组织学变量和工作特征变量作为控制变量后，此时月均工资收入的性别差异约为1300元。对于福利待遇，只有在保险上不存在性别差异，在补贴保障以及共享福利设施上，男性的福利都显著高于女性，而女性在休假上的福利则高于男性。然而在控制单位类型、行业、工作性质等变量后，在工资收入及福利上的性别差异减少，这说明性别差异受到了不同性别劳动者在单位或行业分布情况的影响。在劳动力市场上，当一个群体内部的职业分布与其他群体内部的职业分布存在很大的差异时就可以说存在职业隔离。[①] 从性别的角度来看，当不同职业中某一职业的男性和女性所占比例与另一个职业男性和女性所占比例相差悬殊，就可以说存在职业性别隔离现象。据本研究调查结果，男性与女性在不同职业之间存在较大差异。在以非农产品为原料的制造业、采掘业和建筑业等第二产业中，男性数量占比更高，而在餐饮业、服务业、商业等第三产业中，女性数量占比更高。从收入的角度出发，邮电通信业、科学研究和综合技术服务业、房地产经营业、以非农产品为原料的制造业等行业在所有行业中属高收入行业，而对比男女劳动者在该行业中的比例可以发现，男性普遍在高收入行业中占据优势地位，说明当前劳动力市场上仍存在职业性别隔离现象，这不仅会打击女性的工作热情，也会给女性带来不公平的收入和福利待遇。

第二，教育仍是提升劳动者薪酬待遇的重要渠道。当控制劳动者的地区、性别、工龄和户籍不变时，每向上提升一个学历层次，劳动者的月均工资收入能显著增加892元，在加入组织学变量和工作特征变量作为控制变量后，每向上提升一个学历层次，劳动者的

① 杨伟国、陈玉杰、张成刚：《职业性别隔离的测度》，《中国人口科学》2010年第3期，第77~87、112页。

月均工资收入能够提升 925 元。并且在保险、休假、补贴保障和共享福利设施上，均呈现随着学历的提升劳动者的福利待遇也随之增加的趋势。根据筛选假设理论（screening hypothesis），雇主在招聘时希望找到更有能力的劳动者，但由于劳动力市场的信息不对称，雇主难以直接了解求职者的生产效率，而学历作为个人后天经过努力获得的东西，在雇主眼中成了一个重要的信号，因此高学历的人才更受劳动力市场青睐。如本章调查数据显示，高学历人才总能获得更加高薪的工作，因此教育仍然是提升劳动者薪酬待遇的重要渠道。

第三，临时工和零工缺乏收入和福利保障。工资收入在工作性质上具有显著差异，临时工和零工的月均工资收入与正式工差距在 2000 元以上，并且在收入满意度上也显著低于正式工。福利待遇在工作性质上也具有显著差异，临时工和零工在保险、休假、补贴保障和共享福利设施的保障上远低于正式工，甚至不到正式工的一半，说明临时工和零工缺乏应有的工作保障和福利。从二元制劳动力市场分割理论来看，正式工和组织之间具有稳定的雇佣关系，处于主要劳动力市场中，正式工获得的工作报偿较好，而临时工和零工的工资收入低、福利待遇差，位于次级劳动力市场。

第四，签订劳动合同的劳动者的工作报偿更高。在控制工作性质保持不变时，签订劳动合同相比于未签订劳动合同，能够给劳动者显著带来 1580 元月均工资收入的提升，而在控制人口学变量、组织学变量及工作性质后，签订劳动合同的劳动者在月均工资收入上比未签订劳动合同的劳动者显著高 560 元。在福利待遇上，签订了合同的劳动者的保险保障范围为未签订劳动者的三倍，签订了合同的劳动者的休假福利为未签订劳动者的两倍多，签订了合同的劳动者的补贴保障为未签订劳动者的三倍多，签订了合同的劳动者的共享福利设施覆盖率为未签订劳动者的两倍多，这说明未签订劳动合同的劳动者十分缺乏工作保障和福利，合同作为一种具有法律效力的协议，有助于规范组织为劳动者提供必要的工作保障和福利，因此劳动合同的签订有助于提升劳动者的薪酬待遇。

第五，不同行业的工作报偿差异显著。工资收入最高的行业为邮电通信业，月均工资收入为8356.71元，相比其他行业，其工资收入满意度最高；对于福利待遇，邮电通信业在保险、休假、补贴保障和共享福利设施保障程度方面皆排最高的前三名，调查结果说明邮电通信业是薪酬待遇相对最好的行业。采掘业的月均工资收入为6902.93元，在各行业中排名前五，并且在保险、休假、补贴保障和共享福利设施保障程度上也进入行业前五，整体看来，采掘业的薪酬待遇也较好。服务业和餐饮业的月均工资收入为4500元左右，居民自治组织的月均工资收入为3155.00元，服务业在保险、休假、补贴保障和共享福利设施保障程度上均处于行业倒数，而餐饮业和居民自治组织在保险、休假和补贴保障的获得上均处于行业倒数，说明服务业、餐饮业和居民自治组织的薪酬待遇较差。

第六，不同单位类型的工作报偿差异显著。工资收入最高的单位类型是外资/侨商/台商独资企业，月均达9107.30元，相比其他单位，其工资收入满意度是最高的；福利待遇方面，外资/侨商/台商独资企业在保险、休假、补贴保障和共享福利设施保障上均为各单位中拥有福利最多的，调查结果说明外资/侨商/台商独资企业是薪酬待遇相对最好的单位类型。而雇人的个体户在保险、休假、补贴保障和共享福利设施等各项福利上，均为各单位中保障程度最低的，尤其是在补贴保障和共享福利设施上，外资/侨商/台商独资企业的福利能达到雇人的个体户福利的四倍以上。

第七，体制内单位的收入不高，但福利待遇较好。在不同单位类型中，党政群团机构、国有事业单位及国有企业的工资收入都偏低，收入最低的是党政群团机构，月均工资收入为3218.73元，国有企业稍高一点，为4787.79元，但体制内单位劳动者的工资收入都不超5000元，低于全国平均工资收入线6127.74元。而在福利待遇上，体制内单位劳动者所享受福利保障相比于其他单位更为全面。具体到体制内各单位，国有事业单位享受的补贴保障和共享福利设施福利最好，党政群团机构的保险和休假福利也位居前列。

四　工作报偿的生成与影响机制

随着中国经济的快速发展和城市化进程的推进，中国城镇劳动者的工作报偿问题越来越受关注。工作报偿包括工资收入和福利待遇两个方面，它们是劳动者劳动所得的重要组成部分。然而，在研究工作报偿的影响机制时，本研究将重点放在工资收入上，而不关注福利待遇。这是因为工资收入与福利待遇相比，更直接地反映了劳动者的经济收入水平和劳动力市场的竞争机制。

工资收入作为劳动者的主要经济来源，是衡量劳动报酬的重要指标。它受到多种因素的影响，包括劳动者个体特征、职业与行业、地理位置以及劳动市场的供求关系等。个体特征如性别、年龄、受教育程度和工作经验等会直接或间接地影响工资收入水平。而不同职业和行业之间存在薪酬差异，高技能职业通常具有更高的工资收入。此外，地理位置、城市发展水平和区域经济发展差异也会对工资收入产生影响。最后，劳动市场的供求关系、工会组织以及就业形势等因素也可能对工资收入产生影响。相比之下，福利待遇更多地涉及政府的责任，包括社会保险、医疗保障、住房公积金等项目。尽管福利待遇对劳动者的生活质量有重要影响，但它们通常与市场竞争机制等因素相对独立。因此，本研究将重点放在工资收入上，以更直接地研究劳动力市场对劳动报酬的反应机制。此外，工资收入作为劳动者经济状况的重要指标，对个体的情绪和行为态度必然产生影响，深入了解这些机制有助于我们更好地理解工资收入如何塑造个体的内在和外在状态。

深入研究中国城镇劳动者工资收入的生成与影响机制，具有重要的理论和实践意义，这可以为政府制定相关政策提供科学依据，同时，对企业和劳动者来说，了解工资收入的生成与影响机制可以为他们提供有益的参考，促进劳动力市场的健康发展。

(一) 工资收入的生成机制

1. 性别工资差距的影响因素

在差异性分析中，本研究发现存在性别工资差距，[①] 为进一步探究影响性别工资差距的因素，将月均工资收入对数作为被解释变量，[②] 性别作为关键解释变量，本研究进行如下分析。

首先进行性别工资差距的基准回归分析，回归结果见表 5-16。为验证在不同控制变量下，性别工资差距是否显著，本研究在模型 1 至模型 5 中递增控制变量。模型 1 为没有控制其他影响因素的回归，性别变量的系数为-0.268，并且在 0.001 的显著性水平上显著，说明在不控制任何因素的情况下，相比于男性城镇劳动者，女性城镇劳动者的工资收入水平显著比男性低 26.80%。模型 2 控制了工龄和受教育程度变量。模型 3 继续控制了单位类型、行业和经济地区变量，此时性别工资系数为-0.213，其绝对值有所减小。模型 4 在此基础上控制了工作性质和技术职称变量，此时性别工资系数为-0.202，模型 5 进一步控制了婚姻状况和子女数量变量，在控制这些变量后，模型的解释能力进一步增强。性别回归系数为-0.215，说明在控制以上所有变量的情况下，女性城镇劳动者的工资收入水平比男性城镇劳动者工资收入水平低 21.50%，该模型能解释 24.63%工资收入变异的部分。通过逐步增加控制变量，本研究发现性别回归系数的绝对值始终大于 0.2，且一直在 0.001 的显著性水平上显著，这充分说明，在总体上，女性城镇劳动者的工资收入水平比男性城镇劳动者工资收入水平低 20.20%，即使

① 在本次调查中，男性城镇劳动者的月均工资收入为 7123.79 元，女性城镇劳动者的月均工资收入为 5173.89 元，其工资收入水平在 0.05 显著性水平上存在显著差异。

② 将工资收入取对数可以缩小高收入者和低收入者之间的差距，更好地反映收入变化的实际情况，同时使用对数转换后的工资收入，可以使模型中的解释变量之间的关系更加直观和易于解释。

在控制了一系列可能影响工资收入差距的因素之后，这一结论仍然成立。

表 5-16 关于性别工资差距的多元线性回归模型

变量	模型 1	模型 2	模型 3	模型 4	模型 5
	工资收入对数	工资收入对数	工资收入对数	工资收入对数	工资收入对数
控制变量	未控制	已控制	已控制	已控制	已控制
性别（以男性为参照组）					
女性	−0.268*** （0.016）	−0.254*** （0.015）	−0.213*** （0.015）	−0.202*** （0.015）	−0.215*** （0.015）
截距	8.636*** （0.011）	7.844*** （0.040）	7.633*** （0.052）	8.226*** （0.066）	7.968*** （0.072）
F 值	293.11	308.19	189.06	175.71	152.52
R^2	0.0476	0.1391	0.1954	0.2314	0.2463

注：①括号里的数字是标准误；②$^{+}p<0.1$，$^{*}p<0.05$，$^{**}p<0.01$，$^{***}p<0.001$；③模型 2 的控制变量是工龄和受教育程度，模型 3 的控制变量增加了单位类型、行业和经济地区，模型 4 的控制变量增加了工作性质和技术职称，模型 5 的控制变量增加了婚姻状况和子女数量。

性别工资差距作为一种普遍存在的社会现象，在某些领域呈现扩大的趋势。婚姻和子女在家庭生活中扮演着重要的角色，这两个因素与性别工资差距之间可能存在关联。婚姻对女性来说可能意味着在家庭和职业之间做出抉择，这可能会对女性的职业发展和收入产生影响。此外，子女的到来可能导致女性在职业生涯中暂时或长期地将重心放在育儿上，从而对她们的工资和晋升机会产生负面影响。[①] 早期研究表明，婚姻和子女确实对女性的职业发展和收入产生了不利影响，结婚和生育孩子的女性相比于未婚和无子女的女性，其就业率更低，工资收入也普遍较少。[②] 然而，随着社会观念和家庭

① Budig, M. J., Misra, J. & Boeckmann, I., "The Motherhood Penalty in Cross-national Perspective: The Importance of Work-family Policies and Cultural Attitudes," *Social Politics: International Studies in Gender, State & Society* 91, no. 19 (2012): 163-193.

② Goldin, C., "A Grand Gender Convergence: Its Last Chapter," *American Economic Review* 104, no. 4 (2014): 1091-1119.

结构的改变，近年来一些研究表明，婚姻和子女对性别工资差距的调节作用具有一定的复杂性，如一项对欧洲国家的研究发现，在某些情况下，婚姻对于女性的收入来说是有利的，尤其是在受教育程度较高、配偶收入较高的情况下。① 为了更好地了解婚姻和子女对性别工资差距的调节作用，需要进一步探索和研究。因此本研究希望发现婚姻和子女数量对性别工资差距是否具有调节作用，它们能否缩小或扩大这种差距。具体分析结果见表 5-17。

表 5-17　工资收入的性别差距：婚姻和子女的调节效应

	模型 1	模型 2	模型 3	模型 4	模型 5
	工资收入对数	工资收入对数	工资收入对数	工资收入对数	工资收入对数
控制变量	已控制	已控制	已控制	已控制	已控制
性别（以男性为参照组）					
女性	-0.198*** (0.015)		-0.148*** (0.029)		-0.162** (0.022)
婚姻状况（以未婚为参照组）					
已婚		0.147*** (0.019)	0.211*** (0.025)		
性别×婚姻状况（以男性×未婚为参照组）					
女性×已婚			-0.084* (0.033)		
子女数量（以没有子女为参照组）					
有子女				0.108*** (0.031)	0.149*** (0.046)
性别×子女数量（以男性×没有子女为参照组）					
女性×有子女					-0.076 (0.061)
截距	8.128*** (0.066)	7.939*** (0.068)	8.009*** (0.067)	7.894*** (0.084)	8.004*** (0.088)

① Ruhm, C. J., "The Economic Consequences of Parental Leave Mandates: Lessons from Europe," *The Quarterly Journal of Economics* 113, no. 1 (2014): 285-317.

续表

	模型 1	模型 2	模型 3	模型 4	模型 5
	工资收入对数	工资收入对数	工资收入对数	工资收入对数	工资收入对数
F 值	185.13	166.27	160.45	150.60	145.54
R^2	0.2413	0.2225	0.2568	0.257	0.2950

注：①括号里的数字是标准误；② $^{+}p<0.1$，$^{*}p<0.05$，$^{**}p<0.01$，$^{***}p<0.001$；③模型 1 至模型 5 的控制变量是工龄、受教育程度、单位类型、行业、经济地区、工作性质、技术职称。

表 5-17 中的模型 1 将工龄、受教育程度、单位类型、行业、经济地区、工作性质、技术职称等变量作为控制变量。结果显示，女性城镇劳动者的回归系数为-0.198，说明在保持控制变量不变的情况下，女性城镇劳动者的工资收入比男性城镇劳动者低 19.80%，模型 1 解释了 24.13%工资收入的差异。模型 2 在保留模型 1 的控制变量的情况下，加入了婚姻状况变量，考察婚姻状况对于工资收入的影响。结果显示，在 0.001 的显著性水平上，城镇劳动者的婚姻状况对工资收入有显著影响，已婚城镇劳动者的工资收入比未婚城镇劳动者高 14.7%，模型 2 解释了 22.25%工资收入的差异。

表 5-17 中模型 3 将婚姻状况作为调节变量，考察性别工资差距是否受到婚姻状况的调节。保持控制变量不变时，在 0.05 的显著性水平上，已婚劳动者的工资收入比未婚劳动者显著高 21.10%；对于未婚城镇劳动者，女性的工资收入比男性显著低 14.80%；对于已婚城镇劳动者，女性的工资收入比男性显著低 23.20%，模型 3 解释了 25.68%工资收入的差异。这说明相较于未婚城镇劳动者，已婚城镇劳动者中的性别工资差距扩大了，婚姻加剧了女性城镇劳动者的收入劣势。

表 5-17 中模型 4 加入了子女变量，考察子女对于工资收入的影响。结果显示，在 0.001 的显著性水平上，子女对工资收入有显著影响，有子女的城镇劳动者的工资收入比没有子女的城镇劳动者的工资收入高 10.8%，模型 4 解释了 25.7%工资收入的差异。模型 5 将子女作为调节变量，考察性别工资差距是否受到子女的调节。保持控制变量不变时，在 0.001 的显著性水平上，有子女的劳动者的

工资收入比没有子女的劳动者的工资收入显著高 14.9%；对于没有子女的城镇劳动者，女性的工资收入比男性显著低 16.2%，然而性别和子女的交互项在 0.05 的显著性水平上不显著，说明子女不能调节性别工资差距，生育并未显著影响性别工资差距，模型 5 解释了 29.50%工资收入的差异。

根据研究结果，已婚的女性城镇劳动者在收入上的劣势更明显，而是否生育子女并未显著影响性别收入差距。符号互动论可以帮助我们理解婚姻对女性收入劣势的影响，个人的行为和角色是通过社会互动中的符号意义构建和解释的。在婚姻关系中，传统的社会角色分工依然存在，女性往往被期望承担家庭和照顾子女的责任。这种预期意味着女性可能会放弃或减少工作时间，从而导致收入下降。此外，婚姻也可能加剧了职业性别歧视，给女性的就业和晋升机会造成了更大的限制，进一步加大了收入差距。

此外，结构功能主义理论提供了对婚姻与性别收入差距的另一种解释。据该理论，社会是由相互依存的部分组成的整体，每个部分都有特定的功能。在传统观念中，家庭的功能包括照顾子女、维持家庭稳定等，这些功能往往由女性来承担。然而，这种角色分工可能限制了女性在职场中的发展和机会，导致收入劣势的加剧。而生育子女对性别收入差距的影响不明显，可能是因为现代社会实施的如产假、育儿假和灵活工作安排等一系列友好政策帮助女性兼顾职业和家庭责任，减轻了女性生育对职业发展和收入的负面影响，此外，性别歧视也可能是导致生育对性别收入差距影响不明显的因素之一。性别歧视在职场中表现为晋升机会不均等、薪资不公平以及对女性职场需求的刻板印象等，导致女性即使没有生育子女，她们仍然会面临性别歧视的影响，从而导致性别收入差距的存在。无论如何，性别收入差距的现象提醒我们需要关注传统社会角色期望、职业性别歧视等问题，并制定相应的政策和措施来实现性别平等。

2. 人力资本对工资收入水平的影响

人力资本理论认为，提升个人的技能水平需要劳动者投入较高的学习成本和时间成本，因而高技能劳动人才在劳动力市场上往往是稀缺的，从供需的视角看，人才相对稀缺，而劳动力市场有大量需求时，就会导致劳动力市场提供给高技能人才的价格处于较高的水平，即高工作报偿。技术职称是劳动者人力资本的重要体现，雇主可以据此判断劳动者的技能水平，但这一指标对于进入劳动力市场不久的劳动者不适用，其技能水平通常难以被直接观测到，此时雇主会通过受教育年限、工作经验（如工龄）等进行衡量。此外，企业在进行招聘时，为了筛选出与岗位匹配的人才，设置了具体的招聘条件，如需要是党员、有从业经历，很多招聘也会限制求职者的年龄和学历，这些招聘条件体现了岗位所需的人力资本。在具体的测量中，本研究将工龄、受教育年限、技术职称、招聘门槛作为人力资本水平的体现，其中招聘门槛变量通过岗位设置的具体招聘条件数量来生成，变量取值 0~9，招聘条件数量越多，招聘门槛就越高，同时也说明该岗位要求的人力资本水平越高。据此，探究人力资本对劳动者工资收入水平变异的解释程度。

在回归模型中，本研究将性别、户籍、政治面貌、行业、单位性质作为控制变量。表 5-18 中的模型 1 的主要解释变量为工龄，在控制性别、户籍、政治面貌、行业、单位类型等变量保持不变时，在 0.01 的显著性水平上，工龄对工资收入水平有显著的负向影响，其回归系数为-23.508，说明工龄每增加一年，劳动者的月均工资收入减少 23.508 元，模型 1 解释了 6.17%工资收入水平的变异。模型 2 的主要解释变量为受教育年限，在控制变量保持不变时，在 0.001 的显著性水平上，受教育年限对工资收入水平有显著的正向影响，其回归系数为 375.513，说明受教育年限每增加一年，劳动者的月均工资收入提升 375.513 元，模型 2 解释了 10.06%的工资收入水平变异。模型 3 的主要解释变量为技术职称，在控制变量保持不变时，在 0.001 的显著性水平上，高级技术职称的劳动者工资收入水平比中级技术职称高 2415.610 元，比初级技术职称高 3680.806 元，比未定级人员高 4213.127 元，比非专业技术人员高 4693.951，工资收入水平随着技术职称的提升而逐渐增加，模型 3 解释了 10.59%的工资收入水平变异。模型 4 的主要解释变量为招聘门槛，在控制变量保持不变时，在 0.001 的显著性水平上，招聘门槛对工资收入水平有显著的正向影响，其回归系数为 249.708，说明每多增加一项招聘条件，劳动者的月均工资收入水平提升 249.708 元，模型 2 解释了 8.67%的工资收入水平变异。

表 5-18　人力资本对工资收入的影响

变量	模型 1	模型 2	模型 3	模型 4
	工资收入水平	工资收入水平	工资收入水平	工资收入水平
控制变量	已控制	已控制	已控制	已控制
工龄	-23.508** (7.670)			
受教育年限		375.513*** (25.004)		
技术职称（以高级技术支撑为参照组）				
中级技术职称			-2415.610*** (368.022)	
初级技术职称			-3680.806*** (367.388)	
未定级			-4213.127*** (353.455)	
非专业技术人员			-4693.651*** (369.038)	
招聘门槛				249.708*** (25.769)
截距	6706.995*** (429.527)	1609.499** (525.302)	10409.298*** (519.564)	5256.711*** (409.513)
F 值	51.24	89.49	63.15	71.52
R^2	0.0617	0.1006	0.1059	0.0867

注：①括号里的数字是标准误；② $^{+}p<0.1$, $^{*}p<0.05$, $^{**}p<0.01$, $^{***}p<0.001$；③模型 1 至模型 4 的控制变量是性别、户籍、政治面貌、行业、单位类型。

总的来看，受教育年限、技术职称、招聘门槛都对工资收入水平有显著正向影响，通过获得更高的学历和专业技能，个体可以拥有更广泛的知识储备和多样化的能力，提高了在劳动力市场上的竞争力。通过参加相关的培训和考试获得技术职称，可以证明个体在特定领域具备专业技能和经验，拥有技术职称的个体在劳动力市场上往往更受雇主青睐，享受更好的工作待遇和薪酬水平。而招聘门槛是指雇主对于应聘者的技能、学历、经验等方面提出的要求。较高的招聘门槛通常会筛选出更具竞争力的劳动者，这些劳动者往往具备较高的人力资本。这说明劳动者的人力资本提升有助于获取更高的工资收入，同时这样的信号也会激励社会成员接受更多的教育和培训。只有工龄对工资收入水平具有负向影响作用，通常较为年轻的、刚进入职场的劳动者活力更强，“向上”努力的意愿更高。

3. 工人力量[①]对工资收入水平的影响

前文讨论了受教育程度对工资收入水平的影响，这种属性是劳动者在进入劳动力市场之前所积累的，有另一种劳动者在进入劳动力市场之后获得的属性——工人力量（worker power），指的是劳动者以个人方式或集体方式所获得的某种属性，这种属性能够增强劳动者获取更高工作报偿的能力，工人力量主要来源于工作年限、职业技能和职业资格证书、阶级位置以及工会成员身份。[②] 为进一步了解工人力量对工资收入水平的解释力，本研究以工人力量的分维度作为解释变量建立回归模型，由于工龄和技术职称在人力资本影响部分已讨论过，这里就不再重复，最后将职业资格证书、组织地位感知、单位是否有工会作为三个主要解释变量。组织地位感知为劳动者对自己在组织中所处阶级地位的自评，数值介于1~10之间，1代表基层，数值越高表示劳动者在组织中所处地位越高；单位是否

① 此处将 worker power 译为工人力量，意在展现工人表达诉求和争取权益的能力，它与工人阶级在经济、社会、政治等多个领域中所展现出的影响力和支配力在内涵上的指涉比较一致，后文统一选用此概念。

② Kalleberg, Arne L., Wallace, Michael & Althauser, Robert P., “Economic Segmentation, Worker Power, and Income Inequality,” American Journal of Sociology 87, no. 3 (1981): 651-683.

有工会则衡量了劳动者是否有渠道获取工人力量。

在回归模型中，本研究将性别、户籍、政治面貌、行业、单位类型作为控制变量。表 5-19 中的模型 1 的主要解释变量为职业资格证书，在控制性别、户籍、政治面貌、行业、单位类型等变量保持不变时，在 0.001 的显著性水平上，有职业资格证书的劳动者的工资收入水平比没有职业资格证书的劳动者显著高 1928.506 元，模型 1 解释了 8.70%工资收入水平的变异。模型 2 的主要解释变量为组织地位感知，在控制变量保持不变时，在 0.001 的显著性水平上，组织地位感知对工资收入水平有显著的正向影响，其回归系数为 621.257，说明组织地位感知每提升一级，劳动者的月均工资收入水平增加 621.257 元，模型 2 解释了 11.13%工资收入水平的变异。模型 3 的主要解释变量为单位是否有工会，在控制变量保持不变时，在 0.01 的显著性水平上，单位中有工会的劳动者的工资收入水平比没有工会的劳动者显著高 495.027 元，模型 3 解释了 5.90%工资收入水平的变异。

表 5-19　工人力量对工资收入的影响

变量	模型 1	模型 2	模型 3
	工资收入水平	工资收入水平	工资收入水平
控制变量	已控制	已控制	已控制
职业资格证书（以无职业资格证书为参照组）			
有	1928.506*** (157.290)		
组织地位感知		621.257*** (40.070)	
工会（以单位无工会为参照组）			
有			495.027** (151.850)
截距	5003.029*** (430.704)	5612.032*** (416.945)	7353.432*** (473.602)
F 值	76.25	95.03	43.06
R^2	0.0870	0.1113	0.0590

注：①括号里的数字是标准误；② $^{+}p<0.1$，$^{*}p<0.05$，$^{**}p<0.01$，$^{***}p<0.001$；③模型 1 至模型 3 的控制变量是性别、户籍、政治面貌、行业、单位类型。

总之，有职业资格证书、较高的组织地位感知以及单位存在工会能显著提升劳动者的工资收入，说明工人力量确实能增加劳动者获取更高工作报偿的能力。持有职业资格证书的劳动者往往在特定领域中具备比其他劳动者更高级别的技能，这可以增加他们在工资谈判中的议价能力，并获得更高的工资水平。而工会作为代表劳动者权益的组织，可以通过集体协商和谈判来争取更好的工资和福利待遇。在组织中担任高级职位或管理层的劳动者往往享受较高的工资待遇，这是因为高级职位通常要求更高的技能、经验和责任，而且在组织中扮演着重要的决策和管理角色。

4. 工资收入形式、劳动合同、超时工作对工资收入的影响

基于前文分析，本研究关注到工资收入在工资收入形式、劳动合同的签订上有差异，工资收入形式对工资收入的影响是一个重要的研究方向。不同的工资收入形式直接影响劳动者收入的分配方式和公平性，进而影响他们的工作动力和积极性。劳动合同作为劳动关系的重要组成部分，具有约束雇佣双方权益和规范劳动关系的作用。通过研究劳动合同对工资收入的影响机制，可以更好地理解劳动者在劳动力市场中的地位和权益保护问题。此外，超时工作①对工资收入的影响也是一个重要的研究内容，工作时间的长短直接决定了劳动者的工时报酬，但超时工作增加了劳动者的工作强度和工作压力。研究超时工作对工资收入的影响，可以为劳动力市场的灵活性、工时管理以及劳动者福利保障等方面提供参考。

在表 5-20 中，为进一步观测工资收入形式对工资收入的影响，本研究建立了模型 1，将性别、受教育程度、户籍、政治面貌等个人特征和行业、单位类型等劳动组织性质作为控制变量纳入该回归模型，结果显示，在 0.05 的显著性水平上，以计时制工资作为参照，计件制、岗位工资、保底提成等形式与计时制不存在工资收入上的

---

① 超时工作指的是每天工作超过 8 小时的时间，以小时为单位。本次调查的结果显示，我国城镇劳动者超时工作时间均值为 0.96，标准差为 1.93，中位数为 0.5，峰度为 7.00，分布呈现正偏态。

显著差异，而效益工资与计时制工资存在显著差异，当保持控制变量不变时，工资收入形式为效益工资的劳动者的工资收入比计时制工资的劳动者高 2291.337 元，说明工资收入形式具有调节工资收入的功能，尤其是效益工资的形式对于工资收入有较大提升。前文还关注到劳动合同的签订对于劳动者工资收入也有着显著影响，因此本研究将是否签订劳动合同作为自变量建立了表 5-20 中的模型 2，可以发现在保持控制变量不变的情况下，未签订劳动合同的劳动者在工资收入上比签订了劳动合同的劳动者显著低 830.741 元，说明劳动合同对于劳动者的工资收入具有重要的保障作用，未签订劳动合同的劳动者面临着收入受损的风险。此外，在影响工资收入的因素上，工作时间是一个多次被提及的变量，通常认为工作时间的增加对于劳动者收入的提高有着正向影响，为进一步了解超时工作对于城镇劳动者工资收入的影响，本研究将超时工作作为自变量建立模型 3，结果显示，在控制其他变量后，超时工作对于工资收入有显著的正向影响，当劳动者每天工作满 8 小时后，每多工作 1 个小时，劳动者的月工资收入会提升 78.698 元。

表 5-20 工资收入形式、劳动合同、超时工作对工资收入的影响

变量	模型 1	模型 2	模型 3
	工资收入水平	工资收入水平	工资收入水平
控制变量	已控制	已控制	已控制
工资收入形式（以计时制为参照组）			
计件制	394.429 (334.150)		
岗位工作	-199.565 (225.404)		
效益工资	2291.337*** (286.632)		
保底提成	299.693 (283.068)		
其他	10714.246*** (1807.488)		

续表

变量	模型 1	模型 2	模型 3
	工资收入水平	工资收入水平	工资收入水平
是否签订劳动合同（以签订劳动合同为参照组）			
未签订劳动合同		−830.741*** （180.690）	
超时工作			78.698* （35.928）
截距	2137.446*** （441.478）	2580.295*** （383.709）	1444.630** （549.054）
F 值	78.55	118.46	98.91
R^2	0.1408	0.1318	0.1101

注：①括号里的数字是标准误；②$^{+}p<0.1$，$*p<0.05$，$**p<0.01$，$***p<0.001$；③模型 1 至模型 3 的控制变量是性别、受教育程度、户籍、政治面貌、行业、单位类型。

总的来说，工资收入形式、劳动合同签订和超时工作对劳动者的工资收入产生了显著影响。效益工资制度强调工作绩效和业绩，能够为劳动者带来较高的工资回报。劳动合同的签订可以确保劳动者获得合法的工资待遇，并提供权益保护。而超出正常工作时间的加班工作也可以带来额外的工资收入。这些因素都对劳动者的工资水平产生着积极的影响，同时也强调了劳动者的付出和努力在工资收入中的重要性。

（二）工资收入的影响机制

1. 工资收入水平对相对剥夺感、工作倦怠和工作满意度的影响

根据“理性人”假设，从事经济活动的劳动者们的行为是理性的，在经济活动中，其追求的目标是自身经济利益的最优化，因此高收入自然也是劳动者们所希望达成的目标。而现实情况与理想情况可能存在差异，这就导致了劳动者的现实状况会影响其心理活动和状态，同时劳动者的内在感受也是其对当前客观现实状况的反应和内在评价，工资收入作为我国城镇劳动者经济的主要来源，对劳动者及其家庭的生活质量和水平有着举足轻重的影响，因此本研究希望了解工资收入水平对劳动者心理感受的影响，这反映了劳动者

对工资收入的真实主观评价，对于本研究从经济层面了解我国城镇劳动者工作环境状况有着重要意义。

工资收入是劳动者“获得感”产生的重要基础，较低的工资收入可能使人们在与同辈群体或社会大多数群体比较时产生一种强烈的落差，即相对剥夺感，[①] 同时低收入难以给劳动者带来正向反馈，造成劳动者的工作倦怠。[②] 而较高的工资收入会给劳动者带来正面心理感受，提升其工作满意度。[③] 回归模型显示，表 5-21 中的模型 1 将性别、受教育程度、户籍等个人特征和行业、单位类型等劳动组织性质作为控制变量，在 0.05 的显著性水平上，工资收入对于相对剥夺感有显著的负向影响，每提升一万元的工资收入，劳动者的相对剥夺感会降低 0.503 个单位，模型 1 共解释了 18.02%的相对剥夺感差异；模型 2 结果显示，工资收入对于工作倦怠没有显著影响；模型 3 结果显示，工资收入对于工作满意度有显著的正向影响，每提升一万元的工资收入，劳动者的工作满意度会增加 0.236 个单位，这些变量共解释了 5.45%的工作满意度差异。

表 5-21　工资收入对相对剥夺感、工作倦怠和工作满意度的影响

变量	模型 1	模型 2	模型 3
	相对剥夺感	工作倦怠	工作满意度
控制变量	已控制	已控制	已控制
工资收入水平	-0.503*** (0.022)	-0.001 (0.014)	0.236*** (0.026)

① 相对剥夺感是将劳动者收入与朋友、同一所在地的人、以及同职业的人的收入做比较，进行算术平均后生成的潜变量。得分 1~5，值越高表示相对剥夺感越高，均值为 3.02，标准差 0.75，中位数为 3.00，峰度为 3.89，分布呈现左偏态。

② 工作倦怠将八个层面的工作倦怠内容进行算术平均生成潜变量，取值 1~3，值越高表示工作倦怠越高。均值为 1.37，标准差为 0.40，中位数为 1.25，峰度为 4.23，分布呈现正偏态。

③ 工作满意度是劳动者对工作及环境感受的整体评估，使用题器“您对这份工作是否感到满意”来测量，取值 1~5，值越高表示工作满意度越高。均值为 3.93，标准差为 0.82，中位数为 4，峰度为 2.79，分布呈现正偏态。

续表

变量	模型 1	模型 2	模型 3
	相对剥夺感	工作倦怠	工作满意度
截距	4.049*** (0.062)	1.396*** (0.039)	3.224*** (0.072)
F 值	175.73	8.36	46.10
R^2	0.1802	0.0119	0.0545

注：①括号里的数字是标准误；②$^{+}p<0.1$，$^{*}p<0.05$，$^{**}p<0.01$，$^{***}p<0.001$；③模型 1 至模型 3 的控制变量是性别、受教育程度、户籍、行业、单位类型。

综上，较低的工资收入水平会使人们在心理上产生负面影响和后果，当一个人的工资收入相对较低，特别是在与同事、朋友或社会平均水平相比较时，可能会产生相对剥夺感，而高工资收入往往与更好的物质回报和经济保障相关联，可以减轻相对剥夺感，提高个体的幸福感和工作满意度。然而，工资收入与工作倦怠之间没有显著的关联。工作倦怠是指个体对工作感到疲劳、无聊和缺乏动力的心理状态，尽管工资收入可以为个体提供经济回报和物质激励，但它并不是唯一影响工作倦怠的因素。工作倦怠可能受到诸多因素的影响，包括工作要求、工作压力等，并不仅限于工资收入的水平。因此，较高的工资收入并不能消除工作倦怠，其他因素同样重要。

2. 工资收入水平对参与决策、组织支持和工作意义的影响

当劳动者获得的工资收入越高时，越有可能加强组织和劳动者之间的联系，同时工资收入作为一种报偿，在一定程度上体现了组织对劳动者的认可，当劳动者获得较高的工资收入时，也会认为自己的付出是有意义的、值得肯定的，这可能会提高劳动者对工作意义的评价。因此本研究希望了解工资收入对员工参与决策①以及感知

① 参与决策通过将八个方面的参与决策程度进行算术平均生成一个潜变量来测量，进行百分制转换后得到结果。参与决策得分为 25~100，分值越大代表参与决策程度越高，均值为 42.27，标准差为 19.38，中位数为 34.38，峰度为 1.04，分布呈现正偏态。

到的组织支持[①]和工作意义[②]是否有影响。具体分析结果见表 5-22。

表 5-22 工资收入对参与决策、组织支持和工作意义的影响

变量	模型 1	模型 2	模型 3
	参与决策	组织支持	工作意义
控制变量	已控制	已控制	已控制
工资收入水平	0.415*** (0.026)	0.279*** (0.027)	0.298*** (0.022)
截距	0.927*** (0.079)	3.240*** (0.072)	1.422*** (0.063)
F 值	80.44	45.74	131.76
R^2	0.1255	0.0665	0.1415

注：①括号里的数字是标准误；② $^{+}p<0.1$, $^{*}p<0.05$, $^{**}p<0.01$, $^{***}p<0.001$；③模型 1 至模型 3 的控制变量是性别、户籍、受教育程度、行业、单位类型。

表 5-22 中模型 1 考察的是工资收入对参与决策的影响，保持控制变量不变时，在 0.05 的显著性水平上，工资收入对于劳动者的决策参与行为存在显著的正向影响，每增加一万元的工资收入，劳动者的决策参与行为提升 0.415 个单位，模型 1 对参与决策差异的解释程度为 12.55%。模型 2 考察的是工资收入对组织支持的影响，保持控制变量不变时，在 0.05 的显著性水平上，工资收入对于劳动者感知到的组织支持存在显著的正向影响，每增加一万元的工资收入，

① 组织支持通过“我的工作能力经常得到领导的肯定和赞扬”“我的工作能力经常得到同事的肯定和赞扬”“当工作上遇到困难的时候，我总能得到大家的支持和帮助”三个题器测量，赋值 1~5，分值越大代表组织支持越高；均值为 3.68，标准差为 0.73，中位数为 3.67，峰度为 2.71，分布呈现正偏态。

② 工作意义变量通过内在取向的工作意义的三个题器“这份工作在多大程度上增加了您的自豪感”“这份工作在多大程度上提升了您的名声或社会地位”“这份工作在多大程度上提高了您的技能或知识水平”与外在取向的工作意义三个题器“您做的这份工作对他人的帮助有多大”“您做的这份工作对他人的影响（改变态度、观念、生活、工作等）有多大”“您做的这份工作对社会的贡献有多大”来测量，选项从“没有”到“很大”赋值 1~4，分值越大表示工作意义越大；均值为 2.60，标准差为 0.74，中位数为 2.67，峰度为 2.42，分布呈现负偏态。

劳动者的组织支持提升 0. 279 个单位，模型 2 对组织支持差异的解释程度为 6. 65%。模型 3 考察的是工资收入对工作意义的影响，保持控制变量不变时，在 0. 05 的显著性水平上，工资收入对于工作意义存在显著的正向影响，每增加一万元的工资收入，劳动者感知的工作意义提升 0. 298 个单位，模型 3 对工作意义的解释程度为 14. 15%。

综上，工资收入水平对参与决策、组织支持和工作意义均有显著的正向影响。高工资收入的员工更有可能在组织的决策过程中发挥作用，他们被认为具备重要的知识和经验，能够为决策提供有价值的意见和建议。此外，高工资收入也意味着更高的地位和影响力，这使得员工更有机会参与重大决策并对其进行影响。同时，高工资收入不仅是对员工贡献的一种肯定，也是组织对员工的回报，这往往使他们感受到更多的组织支持。高工资收入也为员工提供了更多的机会和资源，使其能够实现个人价值并追求职业发展，进一步增强了工作的意义感。

第六章　员工参与

工作环境指的是人们在组织中所感受到的一种工作氛围与工作状态，这种感受对其在组织中的行为会产生重要影响。工作环境本质上关涉的是个人与组织缔结的关系与持续互动的状况，组织的客观变化总能从人们对工作环境的主观感受中得到表现。员工参与指的是组织成员在组织中一系列的利益表达、综合和实现的过程，组织在多大程度上鼓励、支持并切实回应员工的积极参与，反映的是组织制度对于员工的重视与尊重。人们在组织中是否有参与机会、是否能实现有尊严地参与，显著影响并建构了他们所感受到的工作状态与氛围。员工参与通过一种“共治”的方式，使工作环境得以不断创新和改善，组织发展也收获源源不断的充足动力。在此基础上，员工参与成为工作环境研究的内在结构之一，它与工作场所、工作时间以及工作报偿共同构成了工作环境的基本内容。

一　员工参与：组织成员的“共治”

随着企业民主、“以人为本”管理思想的传播及大量企业的实践与探索，如今民主管理已经拥有了深厚的理论支撑，在民主管理思想下实行的员工参与管理方式也逐步成为企业管理层的共识。在过去很长一段时间，改善物理工作环境是工人运动的重要目标，然而后来人们发现物理环境和物质条件的改善并非唯一影响工人工作态度和工作效率的因素，非物质因素也会影响工业效率，如霍桑实验这项经典研究发现非正式群体会对工人生产行为产生重要影响。梅奥通过霍桑实验提出了“社会人”的假设，认为社会活动中的劳动者是有社会性需求的，他们并非单独的个体，对群体和组织会产生归属感，这让人们开始关注“经济人”以外的社会和心理层面的需求，如关心工人的思想和心理状况、改善组织内部的沟通情况等。想要提升工人的生产效率，不仅要改善个人的物质工作条件，也要关注其社会心理层面的工作环境质量。员工参与则是工作环境研究中的重要内容，在一个良好的工作环境中，员工应该对涉及自身工作的内容有一定程度的自主权，并且能够参与组织内利益相关的事项。如果员工在劳动过程中只能完全服从命令、遵循上级指挥，没有任何参与权，这样的工作环境对组织和员工来说是不健康和不舒适的。

纵观员工参与的发展历史，员工参与表现出了丰富的内涵和形态，也反映了政治经济环境的变化。在工业化早期阶段，工人与雇主主要通过个体化的方式建立劳资关系，即工人与雇主直接协商，由市场进行劳资关系调节。工人个人力量弱小，面对资方总是处于弱势地位，逐渐地，工人聚集起来形成了工会以对抗资本，集体谈判成为调节劳资关系的重要形式，这造成了传统的企业管理制度的瓦解。工会作为工人的代表，参与企业中关于雇佣条件的决策，由此工人能够在利益相关的事务上进行参与，影响企业决策，这样的管理制度发挥了工人的主体性，促进了企业管理民主化，是民主管理思想的重要体现。学界也逐渐丰富了关于民主管理的制度措施，《美国劳工运动》① 一书阐述了员工代表制度的出现，在20世纪初的劳工运动中，工会组织起到了重要的作用，他们通过集体谈判和集体行动，代表员工与雇主协商工作条件、待遇和权益，这使得员工能够通过集体行动参与到雇佣条款、就业条件和劳资纠纷的处理

① Richard T. Ely, *The Labor Movement in America* (London: Thomas Y. Crowell Company, 1886)，转引自李友钟、王仁富《新时代国家治理现代化视域下的企业民主管理》，《上海师范大学学报》（哲学社会科学版）2021年第4期，第27~36页。

及决策中来。英国的韦伯夫妇在《工业民主》[1] 中提到可以在经济领域运用政治中的民主管理方法，传统的工业组织往往存在权力集中和决策不透明的问题，而这些问题可以通过引入更多的民主原则来解决。他们主张在工厂和企业内部建立工人代表组成的工人委员会或工会，这些代表将参与决策过程，并代表工人群体向雇主提出诉求。这种方法强调了工人参与决策的重要性，以实现更平等和公正的劳动关系。它试图在经济领域中借鉴政治中的民主原则，使工人能够影响工作条件、工资待遇和工作环境等方面的决策。可见，员工参与是实践民主管理思想的重要制度，它改变了传统的利益分配格局，赋予了工人自我决定权，这也成为解决劳资矛盾的重要途径。[2] 西方在管理实践中还发展出多种员工参与制度，如美国的工人自治小组[3]、瑞典的集体谈判制度[4]、英国的职工参股制度[5]及德国的劳资共决制度等[6]。在民主管理思想的影响下，员工参与得到了广泛传播，工人们通过工会代表参与企业管理，在一定程度上掌握了工作过程中的自主权，同时缓和了劳资矛盾，

---

① Sidney Webb & Beatrice Webb, *Industrial Democracy* (London: Longmans, Green and Co., 1920)，转引自李友钟、王仁富《新时代国家治理现代化视域下的企业民主管理》，《上海师范大学学报》（哲学社会科学版）2021 年第 4 期，第 27~36 页。

② 刘金祥：《论公司治理过程中和谐劳资关系的构建》，《中国行政管理》2007 年第 7 期，第 38~39 页。

③ 工人自治小组是一种基于合作和民主原则的组织形式，旨在促进员工的参与和自我管理。这些小组通常由工人自愿组成，共同讨论和解决工作相关的问题，例如生产流程、工作安排和团队合作等。

④ 瑞典的集体谈判制度建立在强大的工会组织基础上，强调雇主与工会之间的协商与合作。工会作为工人的代表通过与雇主进行集体谈判来确定工资待遇、工作条件和福利制度等方面的决策。

⑤ 英国的职工参股制度是一种将员工与企业所有权和决策权联系在一起的方案。通过购买公司股票或获得股份，员工成为公司的股东，并有权参与公司的决策过程，这种制度旨在激励员工更好地为公司利益工作。

⑥ 德国的劳资共决制度强调雇主和工会之间的合作和共同决策。在德国，工会在企业内部发挥重要作用，工人代表甚至可以占据董事会的席位。通过这种制度，工人能够参与制定公司的战略决策、工作条件、培训计划等，并与雇主进行协商，从而平衡劳资关系，增加员工的参与感和投入度。

促进了社会整合。

我国的企业民主管理传统是党的领导下企业管理的重要内容。我国的企业民主管理始于1933年4月中国共产党颁布的《苏维埃国有工厂管理条例》，其中确定了工人通过工会代表进行民主参与的制度。[①] 在我国确立社会主义制度后，“鞍钢宪法”作为20世纪60年代初总结出来的一套企业管理基本经验，提出了管理社会主义企业的原则，强调要“实行民主管理，实行干部参加劳动，工人参加管理，改革不合理的规章制度，工人群众、领导干部和技术员三结合”，即“两参一改三结合”的制度。[②] 1984年，第六届人大常委会二次会议的《政府工作报告》中正式提出“在国营企业中逐步实行厂长（经理）负责制。企业的生产指挥、经营管理由国家委托厂长（经理）全权负责”[③]，此时企业的管理者被赋予了更大的权利。20世纪90年代，《公司法》和《劳动法》先后出台，规定了公司制企业要坚持民主管理制度，实行董事会和监事会中的职工代表制，并设立以监督权为主要目标的厂务公开和职工董事、监事等。由此，我国建立起了基本的企业民主管理制度，并在内容上和形式上不断发展和完善。当前我国《公司法》和《劳动法》中的企业民主管理制度主要表现为三种形式：第一，职工代表大会制度，主要范围包括国有企业和集体企业；[④] 第二，设立职工董事、监事，公司的监督董事由被选举出的职工代表和股东代表担任，同时组成公司的最高权力实体即监事会，体现出员工参与是公司治理结构的一个重要

① 孙兆阳：《改革开放以来我国企业民主管理制度研究综述》，《中国劳动关系学院学报》2019年第3期，第69~77页。

② 张旭、王天蛟：《中国特色社会主义国有企业管理体制的形成、发展与超越》，《经济纵横》2020年第12期，第25~35页。

③ 《1984年政府工作报告——1984年5月15日在第六届全国人民代表大会第二次会议上》，https://www.gov.cn/test/2006-02/16/content_200834.htm，最后访问日期：2024年1月8日。

④ 《劳动法》第五十条规定，企业应当依法建立职工代表大会制度。

组成部分；[①] 第三，员工持股制度，通过赋予员工企业所有权，构建长效激励机制，从而成为员工参与企业管理的制度性保障。[②] 我国企业民主管理的历史沿革体现了我国一直以来对“民主”的重视，中国共产党在创立之初就努力构建企业民主管理体系，逐渐形成了一套独具特色的民主管理制度，这为我国广大劳动者进行员工参与提供了必不可少的制度保障，只有通过员工参与才能真正体现劳动者“当家作主”的地位。

现代社会生产力获得了巨大发展和进步，对生产上的要求也越来越高，一方面越来越要求管理人员具有专门的管理知识，另一方面越来越要求组织成员对管理的直接参与。如果企业经营缺少了那些直接进入到各个环节的生产和经营活动的劳动者的参与，就难以推动企业的高效益生产。随着企业现代化的不断推进，劳动形态发生了深刻的变化，从传统的体力劳动转向脑力劳动、知识密集型劳动。这一转变不仅提高了生产效率，也对企业的管理模式和组织架构提出了新的挑战和要求。在此背景下，让高素质的劳动者参与组织治理，实施民主管理，是企业持续健康发展的关键路径之一。

此外，我国的社会主义性质也决定了员工参与的必要性。从政治方面来看，工人阶级是国家的主人，享有管理权、参与权和监督权等民主权利；在经济上，劳动者是生产资料的占有者，员工参与使组织成员的权利在企业的生产经营和决策过程中表现了出来；在法律上，“人民依照法律规定，通过各种途径和形式管理国家事务，管理经济和文化事业，管理社会事务”，“国有企业依照法律规定，通过职工代表大会和其他形式，实行民主管理”，“集体经济组织实

---

① 根据《公司法》第一百二十六条和第一百三十八条的规定，股份有限公司可以设立职工董事和职工监事。《公司法》第一百三十八条规定，职工代表和股东代表组成的监事会是公司的最高权力机构，职工代表在监事会中可以担任监事职务，并通过监事会来行使对公司进行监督的职责。

② 《公司法》第九十五条规定：股份有限公司可以制定员工持股计划，鼓励员工购买、持有公司股票，并给予优惠待遇。

行民主管理，依照法律规定选举和罢免管理人员，决定经营管理的重大问题”。[①] 社会主义制度下企业的民主管理不仅仅是民主原则在管理中的具体运用，更重要的是体现了社会主义企业管理的根本制度和原则，即劳动者的主人翁地位。

总的来看，员工参与的作用有以下几个方面：第一，员工参与可以保证和加强员工在企业的主人翁地位。这有利于更好地保护员工的合法权益，调动员工的积极性和创造性，已有研究发现，员工参与可以增强组织内的沟通与协调，形成良好的组织氛围，提高员工满意度。[②] 第二，员工参与能够更实际地监督企业管理者，使得经营决策更科学。相互的监督制约，使企业中的每个成员既是管理者又是被管理者。第三，员工参与有利于企业长远发展。已有研究发现，员工参与有利于提高企业治理的效率以及缓和劳资关系。[③] 员工是企业的核心组成要素，只有员工真正认同企业文化，主动参与企业的事务，把企业的利益与自身利益相结合，才能够从根本上提高企业在市场上的竞争力，实现企业利益的最大化。

我国的社会主义性质决定了“人民当家作主”，员工参与是其内在要求。我国的法律为员工参与提供了制度性保障，如职工代表大会制度的推行、工会组织的确立等，都是企业应尽的职责。同时现代化生产不只要求员工参与组织治理，也为员工参与创造提供了越来越多的条件和机会，这是实行员工参与的重要前提。而对于企业来说，企业对于经济利益和长远发展的追求必然要求实行员工参与，只有动员员工参与到对组织的共同治理中来，通过参与加强员工对组织的认同和归属，提升员工对工作的积极性和主动性，才能保障组织和员工双方共同利益的实现。因此，员工参与体现出组织和员

① 参见《中华人民共和国宪法（2018 年修正）》第二条、第十六条和第十七条。

② 孙月琴、何龙山：《员工参与管理的作用机制及影响因素》，《科技与管理》2006 年第 2 期，第 139~142 页。

③ 宋红梅：《职工参与企业治理的理论基础与现实选择》，《经济问题》2006 年第 4 期，第 6~8、11 页。

工之间一种特殊的社会关系，也成为本研究从组织治理的角度来观测工作环境的重要维度。

二　员工参与的操作化与测量

有学者认为员工参与是指组织中的普通员工依据一定的规定和制度，通过一定的组织形式，直接或间接地参与管理决策的各种行为的总称。[①] 还有学者结合中国实际，认为员工参与包括员工参与管理，是通过强调员工在工作过程中的信息分享、自主工作权，让员工在提高自身技能的基础上参与工作场所的决策和管理及分享组织收益的过程。[②] 国外学者对员工参与的定义大多强调三个方面：参与过程、授权方式及交流形式。[③] 具体而言，员工参与是员工参与企业管理并影响管理行为的过程，在授权方式上属于管理者从上至下地向员工授权，给员工部分或全部自主决策权，员工参与在交流形式上与工作任务的实施及协商不同，还包括管理领域及日常事务等不同形式的交流。而本研究则更偏向于从组织治理过程的视角考察员工参与，将其定义为：组织成员通过在组织中一系列的利益表达、综合和实现的过程，参与组织中的事务，保障自身的权益，并在这个过程中不断加强对组织的认同感和满意度。与此同时，通过员工在组织中的积极参与，组织中的工作环境质量得以优化和提高。[④]

员工参与内涵的重点是“参与”，然而“参与”这一概念被提及时总是涉及广泛的管理活动，没有非常确切和精准的定义。麦

---

① 常凯：《劳动关系学》，中国劳动社会保障出版社，2005，第 298 页。

② 谢玉华、刘晓东、潘晓丽：《员工参与对员工忠诚度影响的实证研究》，《湖南大学学报》（社会科学版）2010 年第 5 期，第 52~56 页。

③ 李志、谢国洪：《企业员工参与管理研究综述》，《管理科学文摘》2007 年第 3 期，第 64~66 页。

④ 李汉林、吴建平：《组织团结过程中的劳动者参与》，中国社会科学出版社，2010，第 43 页。

克格雷格指出参与是人类关系研究领域非常容易被误解的概念，他认为参与就是在合适的条件下创造出影响人们与自身有关的决策的机会，并且参与通常还有在上级所负责的事务中下级有较高影响力的含义。[①] 从决策过程来看，参与指的是员工在影响自身工作的管理决策中发挥积极作用的过程，或是组织中下级由下至上合法地行使权力的过程。有学者对工业领域中的参与做出了界定，认为参与指的是在指定计划或决策过程中多方相互影响，并且只限定于对那些有权做决策和被委托的人产生影响的决策，其中强调了影响的重要性。[②] 参与式民主理论主张赋予普通工人直接参与企业决策过程的影响力，以此作为员工参与的根本内涵。具体而言，员工参与在工业领域中不仅是一种表面上的介入，而且是一种深度融入决策过程的实际行动，组织中的下级成员能够合法有效地向上级表达意见并影响决策，反映了一种自下而上的权力行使过程。

综上所述，员工参与绝非仅仅是一个参与渠道的设立，其核心在于员工能够自下而上对那些关系到自身工作的各项事务发挥实质性的影响力。换言之，真正的员工参与不仅意味着存在参与的途径或方式，更为关键的是，这些途径和方式必须能够有效地促进员工在决策过程中积极发声，确保他们的意见和建议能够被组织充分考虑，并最终融入组织决策之中。如果缺乏这种实质性的影响力，那么员工参与就成为空洞的名词。

从动机和效果的角度出发，员工参与可以分为意愿性参与和事实性参与，意愿性参与反映了组织和员工对参与组织治理事务的需求和愿望，并不一定伴有实际的参与行为，而事实性参与指的是员工在组织的实际事务和管理工作中发生的参与行为，强调的是事实

① 魏姝：《民主行政与行政民主——兼论中国行政改革的方向与困境》，《江苏行政学院学报》2012 年第 1 期，第 111~117 页。

② French, J. R. P., Kay, E. & Meyer, H. H., "Participation and the Appraisal System", *Human Relations* 19, no. 1 (1966): 3-20.

结果。[①] 其中，意愿性参与关注的是参与主体的意愿大小，员工参与涉及的主体包括组织和组织员工，当组织愿意并希望员工进行参与，且员工自身也愿意参与组织事务时，本研究认为这样的现象体现出了组织中一种良好的参与氛围。参与氛围是指组织内部所营造的一种特定文化和环境氛围，影响着员工对于参与和投入工作的整体感受，这种氛围是由组织的价值观、领导风格、互动方式、决策过程和员工行为等方面共同形塑而成的。而本研究关注组织中是否存在组织和员工进行良好互动的积极参与氛围，在互动过程中，具体来说，从两个层面来观察和分析这种“参与氛围”：一是组织层面，它体现为组织对员工参与所持的态度和营造的氛围，这种态度直接影响了整个组织内部对于员工参与的接纳度和支持度；二是“个体层面”，它关注的是员工个人的参与意愿，即员工是否愿意并积极投入到组织的各项活动中。因此本研究将参与氛围划分为个人参与意愿和组织参与态度两方面进行观测。

事实性参与强调参与决策的行为，本研究关注参与决策的两个面向，包括参与内容和参与决策程度，它们共同构建了员工参与决策的广度和深度。从参与内容的角度出发，员工参与决策的内容也至关重要，可能是那些与员工日常工作活动有关的管理决策，也有可能是关于企业在投资、销售、发展等大方向上的决策，不同内容的决策隐含了组织让员工参与治理的程度大小，对员工参与内容的了解有助于本研究发现员工参与事务的范围以及对企业影响的程度。从实际效果的角度出发，员工参与中必然包含了参与决策的维度，参与决策程度可以从完全不参与到部分参与再到充分参与。完全不参与指的是员工对该项决策的影响为零，只能受上级做出的决策的影响；部分参与指的是，员工能够参与到决策过程中去，并对决策做出影响，但最终的决策权仍处于管理者手中，员工没有参与决策

① 李汉林、吴建平：《组织团结过程中的劳动者参与》，中国社会科学出版社，2010，第 43 页。

的权利[1]；充分参与指的是在决策过程中的参与者不存在某一方具有更大的决策权，所有参与的劳动者都能够平等地决定工作的分配和实施等情况并享有决策的结果。

从参与形式的角度出发，员工参与必然还包含了参与渠道的维度，其中可以分为正式参与渠道和非正式参与渠道，如职工代表大会就是我国法律所规定的劳动者表达自身诉求、参与企业管理的正式渠道，非正式渠道则包括 QQ、钉钉、微信群等网络形式的参与渠道。谢玉华还提出了具有中国企业特征的劳动者参与形式。[2] 在各参与渠道中，本研究还关注事实性的参与，即进一步追问被访者是否使用过该渠道参与组织内部的信息沟通，以此考察组织工作环境中的参与率。

综上，员工参与被具体划分为参与渠道、参与氛围和参与决策三个维度。如表 6-1 所示，在参与渠道上，有党团组织、工会、职代会等组织设置的正式参与渠道，这些渠道能够为员工提供更加正式和权威的参与机会，召开组织会议或面谈活动，让员工可以向上级领导反映自己的问题和意见；对于股份制公司或上市公司，被称为"新三会"的股东大会、董事会和监事会是非常重要的制度性参与渠道，它们代表了公司的权力和决策监督机构，提供了股东参与公司决策和监督的机会，有助于维护企业的合法权益、提高公司的透明度和治理质量。除了上述正式参与渠道，还有一些比较便捷和灵活的沟通渠道，如意见箱、班组会、微信群等。这些不同类型的参与渠道，各自有其特点和优劣之处，组织根据自身的实际情况和需要来选择和设置合适的参与渠道，以便更好地满足员工的参与需

---

① Partridge, P. H., "Some Notes on the Concept of Power", *Political Studies* 11, no. 2 (1963): 107-125.

② "A. 向上司反映工作意见和建议；B. 合理化建议；C. 民主生活会或民主议事会；D. 员工持股；E. 自主工作团队；F. 工资集体谈判；G. 职工进入董事会、监事会；H. 职代会、工会；I. 意见箱或 BBS 等员工意见表达系统；J. 企务公开；K. 基层民意调查（或草根调查）；L. 民主评议领导者。"摘自谢玉华《中国工业民主和员工参与制度及功能：国企民企外企的比较——来自湖南的调查》，《社会经济体制比较》2009 年第 1 期，第 129~135 页。

求。对于以上参与渠道，若城镇劳动者所在单位中设有该参与渠道赋值为1，没有则赋值为0，对于沟通渠道，若劳动者所在单位设有该渠道赋值为1，没有则赋值为0，对于单位设有该渠道的劳动者，使用过赋值为1，没有使用过则赋值为0。

表6-1　参与渠道的操作化

<table>
<tr><th></th><th>维度</th><th>题器</th><th>编码</th></tr>
<tr><td rowspan="12">参与渠道</td><td rowspan="5">组织渠道</td><td>您所在单位是否设有：
党组织</td><td rowspan="12">0-无
1-有</td></tr>
<tr><td>团组织</td></tr>
<tr><td>工会</td></tr>
<tr><td>妇联</td></tr>
<tr><td>职代会</td></tr>
<tr><td rowspan="3">“新三会”</td><td>您所在单位是否设有：
股东大会</td></tr>
<tr><td>董事会</td></tr>
<tr><td>监事会</td></tr>
<tr><td rowspan="4">沟通渠道</td><td>您所在单位是否设有：
意见箱</td></tr>
<tr><td>班组会、部门会、通报会等</td></tr>
<tr><td>微信群或QQ群</td></tr>
<tr><td>宣传栏或告示牌</td></tr>
</table>

在参与氛围上，本研究关注员工参与意愿和组织参与态度两方面。员工参与意愿具体表现为员工是否关心单位中发生的事情，以及是否愿意对单位中发生的事情发表意见，当员工关心单位中发生的事情，并且愿意为单位的事务发声时，这种积极参与能够促进员工与单位之间的沟通和互动，有助于形成良好的参与氛围；组织参与态度指的是组织对员工参与的态度，具体表现为领导常常要求员工参与决策、员工常常有机会表达对工作的改进意见，以及员工和领导之间在工作上能够做到畅所欲言，这些组织的参与态度和行为有助于建立积极的组织文化和高效的团队合作，它们鼓励员工参与

决策和工作改进，增强了员工对组织的归属感和责任感，体现了良好的参与氛围。对员工参与意愿的各题器设置“不符合”“较符合”“很符合”选项，赋值1~3，分值越高代表员工的参与意愿越强；对组织参与态度的各题器设置“很不符合”到“完全符合”五个选项，赋值1~5，分值越高代表组织对劳动者参与的态度越积极。

在参与决策上，本研究关注参与内容和参与决策程度两个面向，参与内容包括了组织内涉及各类事项决策的内容，如分配工作任务、调整工资或选拔干部、决定单位的发展方向等多方面；对于每一项参与内容测量其参与决策程度，包括其他人决定且不征询意见、其他人决定并征询意见、和其他人一起决定、自己一个人决定，赋值1~4，分值越高代表参与决策的程度越高。由此，本研究将从上述几个方面出发了解员工参与的现状（见表6-2）。

表6-2　参与氛围和参与决策的操作化

	维度	题器	Cronbach's α 系数
参与氛围	员工参与意愿	关心单位中发生的事情	0.774
		愿意对单位中发生的事情发表自己的看法	
	组织参与态度	我的领导常常要求我参与决策	
		我常常有机会表达对工作的改进意见	
		在工作上，我和领导之间能够做到畅所欲言	
参与决策		如何决定分配工作任务	0.952
		如何决定调整工资	
		如何决定降职、升职	
		如何决定设置和变更岗位	
		如何决定颁布新的规章制度	
		如何决定单位的发展方向	
		如何决定选拔干部	
		如何决定辞退员工	

表 6-2 的信度检验表明，参与氛围、参与决策两个分量表的克隆巴赫 α 系数分别为 0.774 和 0.952，均大于 0.7，信度较好，表明本研究所选用的两个量表具有内部一致性、稳定性和可靠性，能够支持进一步的数据分析。

对参与氛围量表进行 KMO 和巴特利特球形检验，得到 KMO 值为 0.702，巴特利特球形检验卡方为 3118.06（$p<0.001$），表明可以进一步做因素分析。因素分析的结果显示：5 个题器通过主成分因子法可以提取 1 个共同因子，初始特征值为 2.20，能解释的方差比例为 44.00%，使用方差最大法对其进行正交旋转，得到各个变量具体的因子载荷。结果表明，5 个题器确实存在信息上的共指，具有较好的结构效度。

对参与决策量表进行 KMO 和巴特利特球形检验，得到 KMO 值为 0.962，巴特利特球形检验卡方为 37073.03（$p<0.001$），表明可以进一步做因素分析。因素分析的结果显示：8 个题器通过主成分因子法可以提取 1 个共同因子，初始特征值为 6.18，能解释的方差比例为 77.24%，使用方差最大法对其进行正交旋转，得到各个变量具体的因子载荷。结果表明，8 个题器确实存在信息上的共指，具有较好的结构效度。参与氛围和参与决策量表的验证性因素分析结果详见表 6-3。

表 6-3 参与氛围和参与决策量表的验证性因素分析

条目	成分	
	参与氛围	参与决策
a. 关心单位中发生的事情	0.61	
b. 愿意对单位中发生的事情发表自己的看法	0.68	
c. 我的领导常常要求我参与决策	0.69	
e. 我常常有机会表达对工作的改进意见	0.67	
f. 在工作上，我和领导之间能够做到畅所欲言	0.66	
g. 如何决定分配工作任务		0.79
h. 如何决定调整工资		0.89

续表

条目	成分	
	参与氛围	参与决策
i. 如何决定降职、升职		0.89
j. 如何决定设置和变更岗位		0.87
k. 如何决定颁布新的规章制度		0.88
l. 如何决定单位的发展方向		0.88
m. 如何决定选拔干部		0.89
n. 如何决定辞退员工		0.89

三　员工参与的现状分析

接下来，本研究通过对参与渠道、参与氛围和参与决策三个方面的描述性分析和差异性分析具体了解我国城镇劳动者的员工参与现状。

（一）参与渠道

在组织渠道上，党组织、团组织、工会、妇联和职代会等几个组织为员工提供参与机会，党组织、工会和职代会还被称为我国国有企业的“老三会”，是国企改革以前在企业中发挥重要作用的领导和决策部门。从党组织来看，党的十九大修订的《中国共产党党章》中规定：“非公有制经济组织中党的基层组织，贯彻党的方针政策，引导和监督企业遵守国家的法律法规，领导工会、共青团等群团组织，团结凝聚职工群众，维护各方合法权益，促进企业健康发展。”[①] 并且我国在《宪法》和《公司法》中赋予了党组织参与公司治理的主体资格，习近平总书记曾在国有企业党的建设工作会议上指出：“中国特色现代国有企业制度，‘特’就特在把党的领导融入

① 《中国共产党章程》，https://www.gov.cn/xinwen/2022-10/26/content_5721797.htm，最后访问日期：2024 年 1 月 8 日。

公司治理各环节，把企业党组织内嵌到公司治理结构之中。”① 说明党组织在国有企业及非公企业治理中应发挥决策及领导核心作用，并且对于促进企业员工参与有着重要作用。调查结果如图 6-1 所示，城镇劳动者所在单位中设有党组织的比例为 55.12%，设有团组织的比例为 44.41%。从单位性质来看，城镇劳动者所在党政群团机构、国有事业单位及国有企业中设有党组织的比例相较于城镇劳动者所在的其他单位较高，分别为 97.89%、91.50%和 91.20%；城镇劳动者所在的私营企业中设有党组织的比例较低，为 42.05%，说明在非公企业的发展实践中，党建工作仍存在组织覆盖范围不广的问题。从行业来看，城镇劳动者所在采掘业、国家党政机关和公用事业中设有党组织的比例相较于城镇劳动者所在的其他单位更高，分别为 96.00%、95.42 和 86.15%；广告业、服务业和餐饮业中设立党组织的比例最少，分别占该行业的 8.51%、19.95%和 21.37%。目前我国城镇劳动者所在的单位中一半左右设立有党团组织，非公企业由于所有制性质多样化，目前设立党团组织的比例不高，但越来越多的非公有企业开始重视党团组织建设，提高企业管理水平和服务质量，政府也鼓励并支持非公有制企业建立党团组织，让各类企业在党的领导下更好地发展壮大。

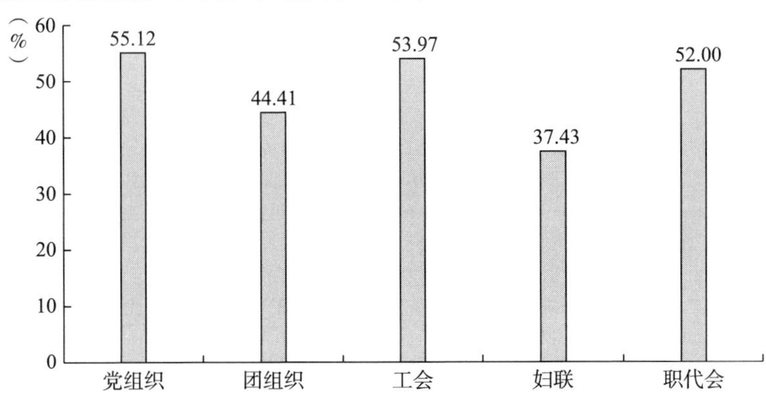

图 6-1　组织渠道的频率分析

① 《改革蹄疾步稳 国企活力更足》，https://www.gov.cn/xinwen/2022-06/13/content_5695418.htm，最后访问日期：2024 年 1 月 8 日。

习近平总书记在党的十九大报告中指出，“完善政府、工会、企业共同参与的协商协调机制，构建和谐劳动关系。”[①] 根据《企业法》[②] 和《劳动合同法》[③]，工会是企业员工进行民主参与、民主管理、民主决策和民主监督的重要组织。根据《工会法》[④]，职代会是非公企业员工进行民主参与的重要形式，同时妇联也是女性劳动者在组织内进行参与和维护自身权益的重要渠道和机构。本研究发现，对于有单位的城镇劳动者，其所在单位中设有工会的比例为53.97%，设有职代会的比例为52.00%，设有妇联组织的比例最少，为37.43%，所在单位中以上三个组织都未设立的劳动者占比为37.99%，说明有超过1/3的城镇劳动者所在的单位中缺乏员工参与的组织渠道。

工会是企业员工的代表，负责汇集和反映企业员工的要求，并代表企业员工与资方进行谈判，它与企业员工的集体福利紧密相关。根据《公司法》中的规定，[⑤] 工会的职能包括代表员工与企业签约，

---

① 胡乐明：《构建和谐劳动关系 扎实推动共同富裕》，http://www.qstheory.cn/qshyjx/2021-10/12/c_1127947808.htm，最后访问日期：2024年1月8日。

② “公司研究决定改制、解散、申请破产以及经营方面的重大问题、制定重要的规章制度时，应当听取公司工会的意见，并通过职工代表大会或者其他形式听取职工的意见和建议。”摘自《公司法》，https://www.gov.cn/yaowen/liebiao/202312/content_6923395.htm，最后访问日期：2024年1月8日。

③ “用人单位在制定、修改或者决定有关劳动报酬、工作时间、休息休假、劳动安全卫生、保险福利、职工培训、劳动纪律以及劳动定额管理等，直接涉及劳动者切身利益的规章制度或者重大事项时，应当经职工代表大会或者全体职工讨论，提出方案和意见，与工会或者职工代表平等协商确定”。摘自《劳动合同法》，https://www.gov.cn/jrzg/2007-06/29/content_667720.htm，最后访问日期：2024年1月8日。

④ “企业、事业单位、社会组织研究经营管理和发展的重大问题应当听取工会的意见；召开会议讨论有关工资、福利、劳动安全卫生、工作时间、休息休假、女职工保护和社会保险等涉及职工切身利益的问题，必须有工会代表参加。”摘自《工会法》，http://www.mohrss.gov.cn/xxgk2020/fdzdgknr/zcfg/fl/202011/t20201102_394624.html，最后访问日期：2024年1月8日。

⑤ “公司职工依照《中华人民共和国工会法》组织工会，开展工会活动，维护职工合法权益。公司应当为本公司工会提供必要的活动条件。公司工会代表职工就职工的劳动报酬、工作时间、福利、保险和劳动安全卫生等事项依法与公司签订集体合同。”摘自《公司法》，https://www.gov.cn/ziliao/flfg/2005-06/27/content_9736.htm，最后访问日期：2024年1月8日。

通过集体谈判的力量来解决劳资对立问题，保证员工权益。虽然《公司法》《劳动合同法》明确了职代会是所有企业民主管理基本形式的制度基础，并把职代会作为企业工会的工作机制和制度来规范，但本次调查结果显示，对于有单位的城镇劳动者，其所在的单位中有46.03%未设立工会，有48.00%未设立职工代表大会，说明当前在员工参与的渠道上存在不少缺陷，其原因也与立法监管有关。首先，涉及民主管理内容的法律规定不少，但没有一部系统全面的专门法；其次，法律中缺乏关于保护员工参与企业民主管理的可操作性条款，如“实行民主管理”没有进一步界定，因此也没有具体的对违反民主管理规定的行为设定法律责任和处罚，有单位的劳动者所在近半的单位中缺乏工会及职代会这一重要的劳动者参与渠道；最后，工会会费由企业拨付，且工会主席由管理层兼任，导致工会独立性不强、职责形式化。[①] 综上，说明在我国，工会与职代会等员工参与渠道还未能完全适应现代公司制度，在今后的发展中仍需要进一步提高民主管理在企业管理结构中的地位，保障员工参与的渠道及其畅通。

从单位类型来看，城镇劳动者所在外资/侨商/台商独资企业中设有工会的占比最高，为89.52%，其次是劳动者所在的国有事业单位（占比为81.23%）和国有企业（占比为78.71%），而其他组织内设有工会的比例较低，其中，劳动者所在私营企业中设有工会的比例为44.98%。就劳动者所在各单位来看，外资/侨商/台商独资企业设有职代会的比例最高，为92.50%，其次是国有企业（占比为72.77%）和国有事业单位（占比为71.86%），而其他组织内设有职代会的占比较低，其中，私营企业中设有职代会的比例为46.70%。说明非公企业中工会及职代会覆盖范围小，且反映出非公企业的劳动者组织参与渠道缺失问题。从行业来看，采掘业、

① 孙兆阳：《改革开放以来我国企业民主管理制度研究综述》，《中国劳动关系学院学报》2019年第3期，第69~77页。

交通运输业和以非农产品为原料的制造业内设有工会和职代会的比例均超过70%，而广告业、服务业和餐饮业内设有工会和职代会的占比均低于30%，表明这些行业中员工的组织参与渠道缺失。

在我国，企业员工参与的路径还包括参与股东大会、参加董事会、监事会[①]，也称为企业的“新三会”。当员工成为事实股东之后，依法取得了享有企业资产、参与企业决策等权利，从而实现了员工参与。《公司法》中还对董事会和监事会的成员作了规定，[②] 职工股东和职工监事在参与企业决策时需要充分反映职工的意愿和要求，维护企业和职工的利益，因此企业中设立的董事会、监事会以及股东大会是员工参与的重要渠道。而本研究调查结果如图6-2所示，当前只有不到一半的劳动者所在单位设立有董事会（占比为47.00%）、监事会（占比为39.58%）和股东大会（占比为43.69%），进一步分析发现，有46.99%的城镇劳动者所在单位中未设有“新三会”的任意“一会”，意味着近一半的单位都缺乏“新三会”的参与渠道。有学者认为，中国目前缺乏员工直接参与治理的社会环境和企业认同，没有所有权作为依托的劳动者参与制度很难得到私营企业的认同，导致职工董事、监事制度还无法全面普及。[③] 对于有单位的城镇劳动者而言，员工持股制目前在我国城镇劳动者所在单位中的分布范围较董事会、监事会和股东大会更低，只占17.90%，从而导致通过股份进行员工参与的渠道较为缺乏。中国的职工持股制度始于20世纪

① 刘银国、吴成凤：《国有企业员工参与公司治理问题研究》，《经济管理》2007年第24期，第15~19页。

② 《公司法》第45条规定：“两个以上的国有企业或者两个以上的其他国有投资主体设立的有限责任公司，其董事会成员中应当有职工代表；其他有限责任公司董事会成员中可以有职工代表。”第51条规定：“有限责任公司设监事会，其成员不得少于三人。股东人数较少或者规模较小的有限责任公司，可以设一至二名监事，不设监事会。监事会应当包括股东代表和适当比例的公司职工代表，其中职工代表的比例不得低于三分之一。”摘自《公司法》，https://www.gov.cn/ziliao/flfg/2005-06/27/content_9736.htm，最后访问日期：2024年1月8日。

③ 陈洁：《中国职工参与公司治理的本土路径选择》，载李林、（芬兰）尤拉·柳库恩、谢增毅编《法治发展与司法改革》，社会科学文献出版社，2016。

80年代中期国有企业的股份制改造，当时先从国有小型企业开始试点，而后向全国推行。其目的是实现企业股权结构多元化，在企业困难时期通过职工持股解决企业的资金危机以及职工福利问题。[①] 此种背景下的职工持股计划，其持股集资与获利的功能较强，作为激励机制推动职工参与公司治理的功能较弱。

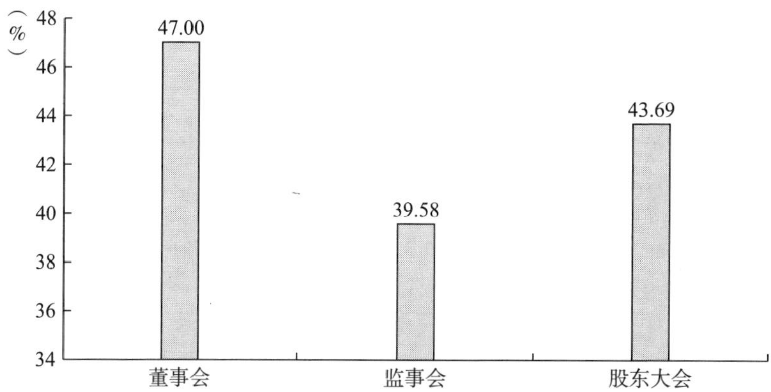

图 6-2 “新三会”的分布情况

从单位类型来看，对于有单位的城镇劳动者，其所在外资/侨商/台商独资企业及上市公司中设有至少一个“新三会”的比例超过80%，55.14%的劳动者所在的国有企业中未设有“新三会”的任何“一会”，59.87%的劳动者所在私营企业中未设置“新三会”的任何“一会”。此外，城镇劳动者所在各单位内实行员工持股制度的比例都较小，股份制企业中比例最高，为36.57%。

在参与渠道上，与其他沟通渠道相比，城镇劳动者所在单位中设有微信群或QQ群的比例最高，达到90.32%，有微信群或QQ群并使用该渠道进行参与的劳动者的占比达到了93.29%。而在意见箱、班组会或宣传栏等参与渠道上，城镇劳动者所在单位中设有该渠道占比均达到60%以上。在单位中设有该渠道的劳动者中，利用

① 陈洁：《中国职工参与公司治理的本土路径选择》，载李林、（芬兰）尤拉·柳库恩、谢增毅编《法治发展与司法改革》，社会科学文献出版社，2016，第174~189页。

班组会、部门会、通报会等进行参与的劳动者有 78.52%，利用意见箱进行参与的劳动者占比最低，为 49.74%（见表 6-4）。总体来看，当前在城镇劳动者中，使用 QQ 群或微信群进行参与最为广泛，其次是班组会、部门会或通报会等渠道，参与频率最低的为意见箱，说明目前网络参与更为广泛。

表 6-4　组织中沟通渠道的设立与参与情况

单位：%

沟通渠道	有	无	参与过	未参与
意见箱	62.10	37.90	49.74	50.26
班组会、部门会、通报会等	66.94	33.06	78.52	21.48
微信群或 QQ 群	90.32	9.68	93.29	6.71
宣传栏或告示牌	70.83	29.17	55.47	44.53

综上所述，在制度性参与渠道上，党组织、工会和职工代表大会的“老三会”，主要存在于国有企业和组织中，民营组织内占比较低，覆盖范围小。对于“新三会”，私营企业中该参与渠道最为缺乏，覆盖范围较小。在其他参与渠道上，意见箱、宣传栏、告示牌的参与频率最低，QQ 群、微信群等网络参与较为普遍。

通常来讲，工会是员工用以维护自身权益的重要渠道。由于历史发展阶段及政治经济体制等环境的不同，工会在中西方组织中又有不同的内涵和模式。在西方，工会是民间组织力量，是工人在同资本的对抗过程中逐渐发展起来的。在我国，工会表现为国家党政机关的从属，是企业中具有行政性质的机构，这也是城镇劳动者所在国有企业中设立工会的比例相比于其他类型的单位要高的原因。经济体制改革的深入，使员工脱离了单位的“保护”，被“放逐”到劳动力市场，工会的角色变得难以确定，此时的企业工会不再能同时代表企业和员工两大群体，而中国的工会作为由上至下产生的组织，既难以像西方工会作为单纯工人群体的代言人，又因其独特职能，不能只承担政府基层组织的角色。中国企业员工参与课题组对不同企业的各层级人员进行了访谈，研究结果显示，在私营企业中，工会职能大都被人力资源部或办公室所取代，企业中的党支部和工会与企业正式结构没有什么直接联系，实质作用发挥很有限。①

根据 2020 年中国统计年鉴②，2019 年集体劳动争议案件数为 9235 例，且该数值从 2017 年到 2019 年呈上升趋势，可以看出当前企业中仍频繁出现劳资冲突问题，而其原因可能在于工会等代表工人利益诉求的组织未充分发挥其职能。员工参与渠道缺失，会带来更为严重的集体劳动争议，甚至被非法组织机构煽动和利用，导致更大范围的冲突。③ 站在员工的角度看，如果在企业中难以表达自己的利益和要求，甚至在自己合法权益受到侵害时，得不到申诉的渠道和支持，最终可能导致员工的消极怠工、效率低下，甚至离职行为，或者导致集体劳动争议事件和工人集体事件。员工缺乏参与的渠道和机会，容易导致自身利益受损，就更难以在企业内实现自身的价值和长远发展，这对于劳资双方都是损失，人社部提到，“民营企业要坚持职工主体地位，以职工为本，让职工享有充分的民主权利，共同参与企业管理，共享企业发展成果。”④ 因此企业内的工会、职代会等组织应进一步深化改革，承担起维护员工利益、为员工谋求福利的职能。

（二）参与氛围

参与氛围反映了组织中的意愿性员工参与，本研究从员工个体参与意愿以及组织对员工参与的态度两方面进行描述。由于员工是参与中的主体，因此本研究首要关注员工个体的参与意愿，体现了个体层面的参与氛围。同时，组织对于员工参与决策的态度也十分

① 吴建平：《企业工会与企业组织团结》，社会科学文献出版社，2015，第 64 页。

② 《中国统计年鉴—2020》，http://www.stats.gov.cn/sj/ndsj/2020/indexch.htm，最后访问日期：2024 年 1 月 8 日。

③ 《深圳佳士公司工人“维权”事件的背后》，https://www.guancha.cn/society/2018_08_25_469536.shtml? s=zwyxgtjdt，最后访问日期：2024 年 1 月 8 日。

④ 《人社部副部长：民营企业要让职工参与企业管理》，https://www.rmzxb.com.cn/c/2018-09-19/2173206.shtml，最后访问日期：2024 年 1 月 8 日。

重要，它反映了组织是否支持员工参与，营造了组织层面的参与氛围。当组织愿意并希望员工进行参与，且员工自身也愿意参与组织事务时，本研究认为这种状况体现了组织中一种好的参与氛围，而本研究关注组织中是否存在这样的积极参与氛围。

关于员工个人的参与意愿，本研究认为参与意愿体现了员工对组织事务的关心程度和认同程度，只有员工真正地认同自己所在的组织，将自身发展与组织前景联系起来，积极参与组织内的事务，才能够从根本上促进员工对组织的认同、提升员工的工作积极性，实现员工和组织双方的利益最大化。反之，本研究认为，当一个组织内的成员认为自身的发展目标与组织的发展没有关联，对于组织内的事务漠不关心，缺乏参与动力，就代表员工对组织缺乏认同感，从而也会导致员工产生较多个体化行为。当一个组织的劳动者大多处于这样的状态时，我们就认为该组织内部是分崩离析的，缺乏组织团结。因此，只有员工关心组织、愿意积极参与到组织事务中来，才能够从根本上构成一个组织的社会基础，在劳动者层面体现出来的参与氛围才会越好。本研究选用两个题器表现员工的参与意愿："是否关心单位中发生的事情" 和 "是否愿意对单位中发生的事情发表看法"，选项为 "不关心/不愿意"、"较关心/较愿意" 和 "很关心/很愿意"，依次计 1~3 分。当员工越关心和越愿意参与组织事务，说明员工的参与意愿越积极，参与氛围越好。

从统计结果来看，我国城镇劳动者中 85.27%的劳动者较关心或很关心组织内的事情，77.01%的劳动者愿意对组织内发生的事情发表自己的看法。接下来本研究通过这两个题器分值的算术平均生成员工参与意愿的潜变量，并进行百分制的转换，得到结果如图 6-3 所示：其数值分布在 33.33~100，均值为 70.04，标准差为 20.64，偏度为-0.12，呈现负偏态分布，说明更多劳动者向积极意愿一方分布。峰度为 2.26，说明整体分布不如正态分布陡峭。总之，本研究认为这代表员工参与意愿整体是积极的，我国城镇劳动者在员工层面的参与氛围较好。

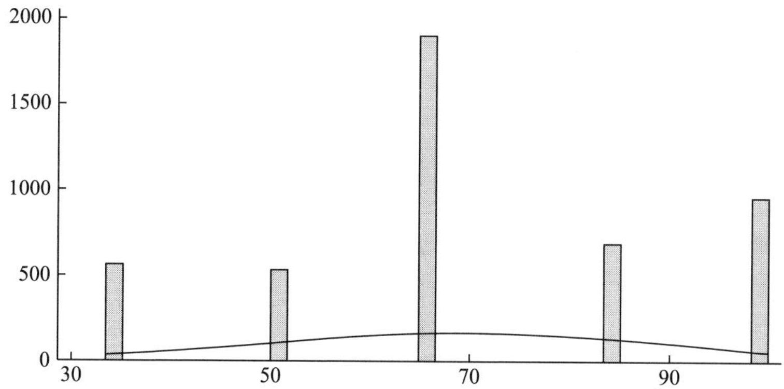

图 6-3　员工参与意愿的频数分析

关于组织对员工参与的态度，当组织愿意和希望员工积极参与组织事务决策时，会给员工提供反映问题和提供建议的机会，就能够在一定程度上促进员工进行参与行为，在这样的环境中，组织对员工参与的态度也越积极，组织层面体现出来的参与氛围也就越好。本调查所使用题器为“我的领导常常要求我参与决策”、“我常常有机会表达对工作的改进意见”和“在工作上，我和领导之间能够做到畅所欲言”，采用李克特五度量表法，选择从“很不符合”到“完全符合”依次计 1~5 分，越符合该描述，说明组织对员工参与的态度越积极。

从统计结果来看，我国城镇劳动者中有 31.29%的劳动者被领导要求参与决策，46.15%的劳动者和领导坦诚沟通，38.43%的劳动者有机会表达对工作的改进意见。接下来本研究通过这三个题器分值的算术平均生成组织对员工参与态度的潜变量，并进行百分制的转换，得到结果如图 6-4 所示：其数值分布在 20~100，均值为 64.79，标准差为 17.45，数值越大表示组织的态度越积极，越希望员工进行参与，当均值大于 50 时，本研究认为这代表组织对员工参与的态度是正向的，其分布的偏度为-0.01，呈现负偏态分布，峰度为 2.87，表明整体分布相对于正态分布而言略显扁平、分布范围更广，但分布的核心部分偏向于比较高的得分区间，这说明大多数城镇劳动者的组织参与态度是积极的。

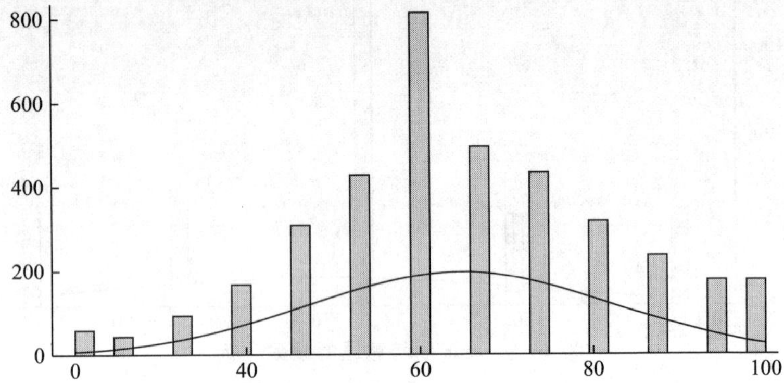

图 6-4　组织参与态度的频数分析

（三）参与决策

参与决策行为所涉及的具体事务是员工的参与内容，对各项参与内容的参与决策分析，不仅有助于本研究了解城镇劳动者参与组织各层面事务决策的范围，同时更重要的是可以了解城镇劳动者参与决策的程度，这反映了员工到底有多大的决策权。通过员工在分配工作任务、调整工资、降职升职、设置和变更岗位、颁布新规章制度、决策单位的发展方向、选拔干部和辞退员工八个方面决策上的参与，综合来看员工的参与决策行为。参与决策程度分为其他人决定且不征询意见、其他人决定并征询意见、和其他人一起决定、自己一个人决定，依次计 1~4 分，分值越高，代表员工参与决策的程度越深，对决策的影响越大。通过上述题器分值的算术平均生成参与决策的潜变量，进行百分制的转换得到结果如图 6-5 所示。数值分布在 25~100，均值为 42.27，标准差为 19.38，同时中位数为 34.38，峰度为 1.04，分布呈正偏态，参与决策分值低于均值的人较多，峰度为 3.15，较正态分布的离散程度更大，这意味着参与决策得分的分布整体上偏向于较低的数值端，较多的劳动者的参与决策程度不深，同时劳动者参与决策的程度存在较大的差异。

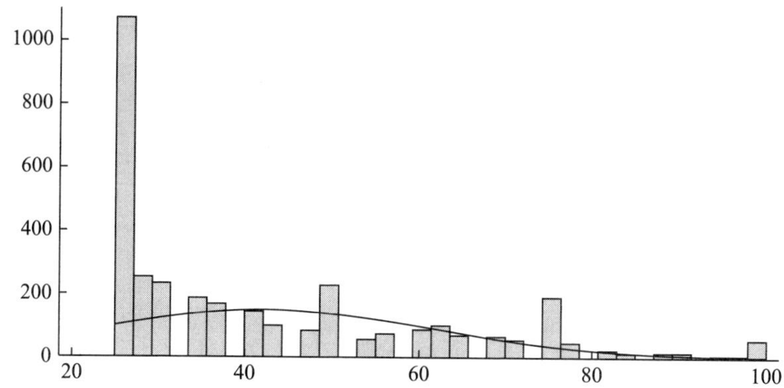

图 6-5　参与决策的频数分析

如图 6-6 所示，具体到各项参与内容，分配工作任务和设置变更岗位中的劳动者参与比例较高，58. 11%的劳动者在分配工作任务上提供了意见，49. 22%的劳动者在设置变更岗位上提供了意见。在辞退员工及单位的发展方向上，员工参与的比例较低，37. 63%的劳动者在辞退员工上提供了意见，39. 86%的劳动者在单位的发展方向上提供了意见。超过一半的劳动者在绝大多数的事务上都不进行参与，而是由其

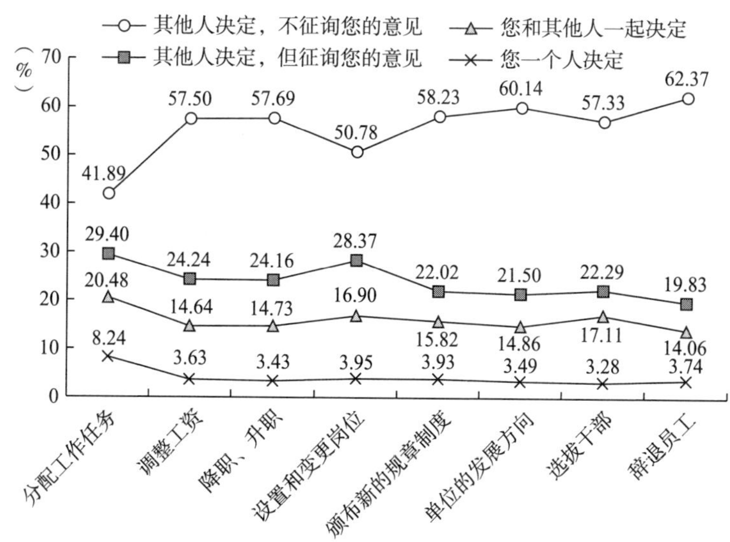

图 6-6　参与决策各项内容的分布状况

他人决定，20%到30%的劳动者会在决策时提供参与意见，10%到20%的劳动者和他人一起决策，不到10%的劳动者能够一个人做决策。整体上来看，我国城镇劳动者参与决策的程度较低，参与影响较小。更多员工能够参与的是日常工作任务分配等较基础的决策，而在辞退员工、决定单位发展方向等更高层次的事务中，员工能参与的范围较少。

大多数员工在分配工作任务、颁布新规章制度等事务上都只能听从组织安排，侧面反映了企业中员工参与决策的缺失。当前互联网公司的“996”工作制经常引起网络热议，2019年3月27日，在程序员熟知的代码托管平台 GitHub 上出现了一个名为“996. ICU”的项目，意为“工作996，生病 ICU”，“996”工作制意味着从早上9点工作到晚上9点，总计工作10小时以上，一周工作6天的工作制度，这也反映了一部分劳动者当前的工作状态。该项目收集了与这种工作制度相关的信息、报道、法律法规等，并提供了一些建议和资源来支持工作人员争取合理的工作时间和权益，旨在呼吁关注和改善这种过度加班的工作文化。此项目发起后，得到了大量程序员的回应，一起在网上抵制互联网公司的“996”工作制度。而该现象反映了当前社会存在过度加班，通过高人力成本投入换取企业的高速运转效率。然而这却是以员工的健康以及休息等权利为代价换来的，程序员们对于“996”制度的抵制也体现了员工对自身权益保障的追求，当员工只能通过网上发起抵制行动表达意见时，这也可能反映了他们在实际工作环境中没有足够的渠道来表达意见和参与决策，在很多情况下，员工只能被动地接受组织的安排，缺乏对工作任务分配、规章制度颁布等事务的参与和决策权。全国总工会组织开展了第八次全国职工队伍状况调查，调研结果显示一些职工思想状况产生了“三转变”，包括维权从被动向主动诉求转变，从对生存权益的追求转向对发展权益的追求，从对物质权益的追求转向对精神权益、民主权利的追求①。上述转变反映

① 王俊秀：《莫让“996”成为职场明规则》，《人民论坛》2019年第33期，第81~83页。

了员工对于民主参与管理的诉求，他们更加倾向于主动行动，积极争取自身权益，表达自己的声音和意见，也更加关注组织内的民主权利，希望能够参与决策、发表意见、享受公正的待遇。这些转变呼唤着企业和社会给予更多的重视和回应，通过建立有效的员工参与渠道、健全的员工维权机制，关注员工的精神需求和权益保护，创造一个积极健康的工作环境和良好的劳动关系。

员工参与意味着员工通过某种参与形式对利益相关事务进行决策以及介入企业管理活动，在此过程中，员工会对企业的决策施加影响，包括提供意见和进行决策，如若组织有参与渠道却没有员工的事实性参与行为，便说明组织内部不存在真正意义上的劳动者参与。因此员工参与的研究重点在于参与决策行为，只有员工在行动上真正参与了组织事务决策，才能证明员工具有一定程度的决策权。这种决策权的大小反映了员工参与决策的程度，当员工参与决策的范围越广、影响力越大，说明员工参与决策的程度越高。接下来，本研究从员工参与决策的人口特征、工作特征及组织特征等方面，分析群体和组织中的劳动者在参与决策上的差异，旨在揭示决策过程中可能存在的不平等现象，从而促进公平和包容的决策过程，提高决策质量和效果。参与决策在人口特征上的差异性分析结果见表 6-5。

表 6-5 参与决策在人口特征上的差异性分析

人口学变量	类别	参与决策		差异显著性
		均值	标准差	
性别	男性	43.65	20.14	$F=17.58$，$p=0.0000$
	女性	40.86	18.48	
工龄	0~10 年	42.16	19.31	$F=6.77$，$p=0.0000$
	11~20 年	42.76	19.50	
	21~30 年	42.97	19.81	
	31~40 年	34.87	15.47	
	41 年及以上	32.03	10.84	

续表

人口学变量	类别	参与决策		差异显著性
		均值	标准差	
受教育程度	没有上过学	60.71	34.89	$F=27.00$, $p=0.0000$
	小学	30.76	12.17	
	初中	35.75	16.84	
	高中/中专	39.68	18.93	
	大专	41.89	19.33	
	大学本科	45.82	19.07	
	硕士	54.96	21.62	
	博士	70.31	20.03	
户籍	农村	40.81	19.48	$F=12.22$, $p=0.0005$
	城镇	43.20	19.27	
政治面貌	共青团员	39.91	19.11	$F=35.44$, $p=0.0000$
	共产党员	48.42	19.89	
	民主党派	58.22	21.44	
	群众	40.73	18.84	

首先，本研究关注性别平等是否能体现在员工参与中，不论性别，每个员工都应该享有相同的权利和机会，有权参与到工作任务分配、制定政策规章等决策过程中。表 6-5 的数据分析表明，在 0.001 的显著性水平上，不同性别的员工在参与决策上存在显著差异，我国城镇劳动者参与决策程度的均值为 42.27，男性劳动者参与决策程度的均值为 43.65，比整体均值高 1.38，女性劳动者参与决策程度的均值为 40.86，比整体均值低 1.41，男性女性的参与决策程度均值相差 3 左右。具体到参与内容层面，在 0.05 的显著性水平上，男性在各项内容上的参与决策程度都显著高于女性。男性无论在日常普通事项决策还是单位重大发展决策中的参与程度都显著高于女性，呈现各方面的显著差异，反映了在员工参与中存在的性别不平等问题。

其次，随着工作年限的增加，劳动者会积累更多的经验和知识，这使得他们在组织内部的业务流程、工作规范和问题解决方法上更加熟悉，对行业和市场趋势的理解也更深入，可能在参与决策和解决问题时能够提供有价值的意见和建议。表 6-5 的数据结果显示工龄在 30 年以下的劳动者，参与决策的程度较其他工龄段的劳动者显著更高，在此群体中，工龄长的劳动者参与决策的程度更高，均值从 42.16 提升到 42.97，这个工龄段的劳动者一般是积累了不少工作经验且正处于青壮年时期的劳动者。以 30 年为节点，此后工龄长的劳动者参与决策的程度更低，均值从 34.87 下降到 32.03，尤其是工龄为 41 年及以上的劳动者，他们的年龄大于法定退休年龄，参与决策的程度也远低于其他阶段的劳动者。具体到参与内容层面，无论对于哪项参与内容，工龄超过 40 年的劳动者参与决策的程度都是最低的；在讨论单位的发展方向、选拔干部的事务上，工龄为 0~30 年的劳动者的参与程度相近；工龄为 21~30 年的劳动者在分配工作任务、设置和变更岗位、单位颁布新规章制度和辞退员工的事务上参与决策的程度最高；工龄为 11~20 年的劳动者在调整工资、职位升降的事务上参与决策的程度最高。总的来看，员工从刚参加工作到积累了一定工作经验的期间，其员工参与决策的程度逐渐提升并达到顶峰，后随着年龄的增加逐渐下降，呈现“U 型”曲线，同时刚参加工作的劳动者的参与决策高于退休年龄阶段的劳动者，青壮年员工的参与决策程度更高。随着时间的推移，行业和组织可能会面临各种变化，如技术、市场和制度等方面的变化。工龄为 41 年及以上的劳动者往往有稳定的工作习惯和传统观念，其变化适应能力可能相对较弱，对变革和创新的接受度较低，导致在组织事务上的决策参与程度较低。工龄为 21~30 年的劳动者已有较长时间的工作经验且正值壮年，他们对各项工作任务的需求和难度有着较为深入的了解，同时了解不同岗位之间的关联和协作，能就岗位设置和变更提供宝贵的意见和建议，并且由于他们已有一定的资历和地位，更容易被组织当作重要参与者，在制定新规章制度方面发挥积极的作用。

由于员工参与涉及组织不同层面的决策，本研究认为受教育程度较高的劳动者所具备的能力更强，在组织中的参与决策程度较高。表 6-5 的数据分析表明，受教育程度较高的劳动者的参与决策程度显著更高（$F=27.00$，$p=0.0000$），从小学学历的 30.76 逐级提高到博士学历的 70.31，高出了 39.55，足以说明其差距之大。具体到参与内容层面，在 0.001 的显著性水平上，不同受教育程度劳动者的参与决策程度存在显著差异，体现为在各项事务上，高学历的劳动者获得的参与决策权更大，参与程度更高。资源依赖理论认为，组织在运行过程中需要依赖各种外部资源，包括知识、信息和专业能力等。高学历的劳动者通常具备更完备的学科知识和更强的专业能力，能够提供高质量的意见和建议，满足组织对于知识和专业能力的需求。通过让高学历的劳动者参与决策，组织能够更好地利用他们的知识和能力，获取关键的信息和见解，从而提高组织的竞争力和适应能力。同时高学历的劳动者通常具有较高的自主性和能力感，希望在工作中发挥自己的专业知识和技能，参与决策过程能够满足他们的自主性需求。

在户籍上，城镇户籍的劳动者相较于农村户籍的劳动者在参与决策的程度上更高，存在显著的户籍差异（$F=12.22$，$p=0.0005$）。具体到参与内容层面，在 0.001 的显著性水平上，城镇户籍的劳动者和农村户籍的劳动者在选拔干部、调整工资的事务上不存在参与决策程度的显著差异，在分配工作任务、设置和变更岗位、单位颁布新规章制度、职位升降、辞退员工以及单位的发展方向等事务上，城镇户籍劳动者参与决策的程度显著高于农村户籍的劳动者。城镇户籍劳动者往往享有更高的社会经济地位和职业发展机会，可能更容易获得组织内的权力和资源，从而更有可能参与决策。

在政治面貌上，民主党派在参与决策的程度上最高（均值为 58.22），高出共产党员 9.80，群众和共青团员的参与决策程度较低，参与决策程度存在显著的政治面貌差异（$F=35.44$，$p=0.0000$）。具体到参与内容层面，在0.001的显著性水平上，不同政治面貌的劳动者的参与决策程度有着显著差异，在各项事务上体现出同样的趋势，民主党派的劳动者参与决策程度最高，其次是共产党员，共青团员的参与决策程度最低。对于有党派人士，党派内通常强调多元民主和广泛参与的原则，在组织内部倡导民主决策和党员的普遍参与。这种组织文化和价值观使得有党派的劳动者更容易参与决策过程。他们通常会有更多的机会表达意见、提出建议，并且积极参与集体讨论和决策活动。

劳动者工作性质的不同决定了劳动者身份的不同，如正式工就比临时工、零工所具有的工作待遇和工作保障更好，自然对组织的认同和归属感更强，因此本研究认为不同工作性质的劳动者在参与决策的程度上存在差异，表6-6的数据分析结果显示，不同工作性质劳动者的参与决策程度存在显著差异，首先是老板的参与决策程度显著高于其他员工，老板比零工的参与决策均值高43.00，甚至超过了零工得分的两倍，其次在员工参与状况上较好的是正式工，零工和临时工的参与决策程度较低，这也不难理解，零工的工作性质决定了他们的工作灵活且工作时间短，其个体特征更强，因此难以与工作单位间建立较深的联系，从而导致了零工的参与决策程度低。

表6-6 参与决策在工作特征上的差异性分析

工作特征	类别	参与决策		差异显著性
		均值	标准差	
工作性质	正式工	43.08	19.22	$F=67.24$，$p=0.0000$
	临时工	34.94	15.48	
	劳务派遣工	38.78	16.86	
	零工	33.50	16.70	
	老板	76.50	19.81	

续表

工作特征	类别	参与决策		差异显著性
		均值	标准差	
技术职称	高级/副教授及以上	57.21	21.49	$F=73.86$, $p=0.0000$
	中级/讲师	49.50	19.62	
	初级/助教	42.76	19.30	
	未定级	38.82	18.06	
	非专业技术人员	36.80	16.82	

拥有专业技术和较深厚知识的劳动者越来越成为社会各领域、各部门的中坚力量，他们对组织贡献颇多，是组织中的重要员工，因此本研究认为专业技术人员是单位组织存在和发展的主要参与对象。表6-6的数据分析结果也证实了这种现状，从未定级人员到高级技术职称人员，参与决策均值从38.82提升到57.21，极差达到18.39；专业技术职称较高的劳动者具有较高的参与决策程度，非专业技术人员的参与决策程度最低，均值为36.80，与高级职称人员的极差达到了20.41，方差分析的F统计值在0.001的显著性水平上通过了检验，证明这种员工参与的差异在技术职称上确实存在。具体到参与内容层面，在0.001的显著性水平上，不同技术职称劳动者的参与决策程度存在显著差异，并在各项参与内容中表现为非专业技术人员和未定级的劳动者参与决策的程度显著低于有技术职称的劳动者，高技术职称的劳动者无论在日常普通事项决策还是单位重大发展决策时的参与程度都显著更高。具备专业技术职称的劳动者通常具备更高水平的知识和专业技能，他们对相关领域有更深入的理解和更丰富的经验。这种专业知识和技能使得他们在日常普通事项决策和单位重大发展决策中能够提供资深性、专业性的意见和建议。持有高技术职称的劳动者在组织内部可能会被视为权威人士，并且他们的意见和建议往往受到更多的重视和采纳，这种认可和权威性使得高技术职称的劳动者更容易参与决策过程，并且他们的参与决策程度也更高。

单位类型的不同决定了单位组织中的制度、文化、管理模式和运作也具有较大差异，这可能影响到员工参与的状况，因此本研究关注员工参与情况在不同单位类型中的差异。数据分析结果表明，在 0.001 的显著性水平上，不同单位类型劳动者的参与决策程度存在显著差异，外资/侨商/台商独资企业员工（均值为 53.26）相较其他单位有着较高的参与程度，国有企业员工（均值为 37.18）和在雇人的个体户中工作的劳动者（均值为 36.58）的参与决策程度最低，极差达到 16.68。整体来看，外资/侨商/台商独资企业中的劳动者参与决策程度较高，党政群团机构、国有事业单位和国有企业中劳动者的参与决策程度较低。具体到参与内容层面，外资/侨商/台商独资企业的劳动者在各个事务上的参与决策程度都是最高的，党政群团机构、国有事业单位和国有企业等体制内的劳动者在分配工作任务、调整工资的参与决策程度上低于其他单位；在设置和变更岗位、讨论单位的发展方向、职位升降、辞退员工等事务上，国有企业劳动者的参与决策程度都是最低的。总的来看，本研究发现外资企业的劳动者在各项组织事务上的参与程度都位居前列。这说明外资企业比较强调员工的参与和沟通，会提供更多的机会让员工表达意见和提出建议。同时外资企业通常以利润最大化为目标，并以股东利益为导向，这种所有权结构和治理模式使得外资企业更注重效率和市场竞争力，需要借助员工的知识和经验来提高生产效率和创新能力。因此，外资企业更倾向于鼓励员工参与决策，以获取更多的智力资本。相反，国有企业的决策过程相对集中，员工的参与决策程度较低。具体分析结果详见表 6-7。

表 6-7 参与决策在组织特征上的差异性分析

组织学变量	类别	参与决策		差异显著性
		均值	标准差	
单位类型	雇人的个体户	36.58	19.99	$F=8.65$，$p=0.0000$
	国有事业单位	41.56	20.02	
	党政群团机构	41.33	18.61	

续表

组织学变量	类别	参与决策		差异显著性
		均值	标准差	
单位类型	国有企业	37.18	16.80	$F=8.65$, $p=0.0000$
	私营企业	44.32	20.31	
	大集体企业	42.77	17.39	
	小集体企业	47.66	23.34	
	农村集体企业	48.66	17.45	
	合资企业	44.08	17.46	
	外资/侨商/台商独资企业	53.26	17.24	
	股份制或股份合作制企业	48.03	21.24	
	上市公司	48.01	22.51	
行业	粮食种植业	49.37	28.06	$F=6.14$, $p=0.0000$
	其他农林牧渔水利业	42.97	21.67	
	手工业	35.60	16.46	
	采掘业	48.90	23.93	
	以非农产品为原料的制造业	45.99	18.83	
	以农产品为原料的制造业	41.30	19.97	
	建筑业	41.94	20.17	
	文化艺术和体育	40.62	19.42	
	邮电通信业	51.38	27.10	
	信息产业	47.77	22.81	
	商业	46.20	20.33	
	对外贸易业	45.36	23.28	
	餐饮业	41.76	21.62	
	国家、政党机关和社会团体	43.81	19.73	
	公用事业	40.09	17.42	
	旅游娱乐业	39.45	21.31	
	服务业	35.80	16.76	
	房地产经营业	46.59	20.08	
	咨询业	53.01	21.36	

续表

组织学变量	类别	参与决策		差异显著性
		均值	标准差	
行业	卫生和社会福利事业	39.93	21.16	$F=6.14$, $p=0.0000$
	交通运输业	36.31	20.19	
	广告业	38.16	16.66	
	科学研究和综合技术服务业	53.86	19.23	
	金融保险业	39.04	18.28	
	教育	38.31	17.75	
	居民自治组织	32.29	8.03	
单位成立时间	1949年及以前	34.33	16.79	$F=5.53$, $p=0.0009$
	1950~1978年	43.97	20.97	
	1979~2000年	43.74	20.18	
	2001年至今	44.63	20.47	
经济地区	东北	36.57	18.27	$F=18.74$, $p=0.0000$
	东部	45.49	20.89	
	中部	41.20	18.95	
	西部	46.13	19.89	

员工参与决策在不同行业中也具有不同的表现，表6-7的数据分析结果表明，在0.001的显著性水平上，不同行业劳动者的参与氛围和参与决策存在显著差异。科学研究和综合技术服务业劳动者的参与决策程度最高（均值为53.86），其次是咨询业（均值为53.01）和邮电通信业（均值为51.38），员工参与决策程度最低的行业是居民自治组织（均值为32.29），此外较低的还有手工业（均值为35.60）、服务业（均值为35.80）和交通运输业（均值为36.31），参与决策分值极差为21.57。具体到参与内容层面，采掘业劳动者对分配工作任务的参与决策程度最高，粮食种植业劳动者对组织中职位升降事务的参与决策程度最高，科学研究和综合技术服务业劳动者对组织中设置和变更岗位、颁布新规章制度、辞退员工决策的参与决策程

度最高，咨询业劳动者对组织中职位升降事务的参与决策程度最高，邮电通信业劳动者对组织中选拔干部决策的参与决策程度最高。总的来看，科学研究和综合技术服务业、咨询业和邮电通信业的领导者无论在参与日常普通事项决策还是在参与单位重大发展决策时的参与决策程度都比较高，居民自治组织、手工业和服务业的劳动者在各项组织事务的参与决策程度都较低。科学研究和综合技术服务业、咨询业和邮电通信业这些行业中，劳动者往往需要具备较高的专业技能和知识背景，从事的工作内容相对较为复杂和专业化，通过员工参与，能够更好地发挥他们的专业能力。相反，居民自治组织、手工业和服务业这些行业的工作内容相对较为简单，劳动者在专业化程度方面普遍较低，并且组织文化和价值观相对保守和传统，劳动者往往以执行为主，缺乏主动参与和创新的动力，导致他们的参与程度相对较低。

此外，本研究预判员工参与状况可能会和单位成立时间的早晚有关。数据分析结果表明，2000 年以后建立的组织内的劳动者参与决策程度最高（均值为 44.63），新中国成立前建立的组织员工参与决策程度最低（均值 34.33），极差为 10.30。在 0.001 的显著性水平上，方差分析的 F 统计值达到了统计显著性。总体上数据显示出越年轻的组织中的劳动者参与决策程度越高，这可能是因为成立时间较长的组织已经形成了自己独有的组织制度、结构文化，当引进员工参与制度，可能会对原有的组织结构和文化造成改变，使得组织面临着改变成本和来自组织成员的压力。①

最后，我国社会经济发展水平在区域上仍有较大差异，这是否会影响处于不同经济发展区域的组织的劳动者参与状况呢？表 6-7 的数据分析结果表明，参与决策程度排名依次为西部、东部、中部和东北地区，参与决策极差约为 10，在 0.001 的显著性水平上，方

① Casey Ichniowski, Kathryn Shaw & Robert W. Crandall, "Old Dogs and New Tricks: Determinants of the Adoption of Productivity-Enhancing Work Practices", *Brookings Papers on Economic Activity. Microeconomics* 26, no. 1995 (1995): pp. 1-65.

差分析的 F 统计值达到了统计显著性。同时本研究在进行参与氛围的地区差异分析时发现中部地区员工的参与意愿最强烈，东北地区员工参与意愿最消极，从高到低排名为中部、东部、西部和东北，员工参与意愿存在显著的地区差异（$F=19.49$，$p=0.0000$）；而组织的参与态度则不存在显著的地区差异（$F=1.61$，$p=0.1838$）。可以看出，总体上东部地区组织的参与氛围更好、员工参与决策程度相对较高，东北地区组织的参与氛围较薄弱、员工参与决策程度较低，而西部地区组织的参与氛围相对较弱，但员工参与决策程度较高。由于东部地区相对于东北和西部地区具有更先进的经济发展水平和更为多元化的产业结构，东部地区的企业通常面临更加激烈的竞争和市场压力，普遍具有开放、活跃和包容的文化氛围，因此更加注重员工的创新和参与决策行为，更加注重个人的自主性和创新能力，鼓励员工参与决策并提供意见和建议，以提高企业的竞争力。相比之下，东北地区受制于资源型经济结构的制约，企业发展相对滞后，组织参与氛围相对薄弱。西部地区虽然组织参与氛围较弱，在国家政策支持下，积极吸引外来投资和发展民营企业，更加注重建立良好的员工参与机制。

四　员工参与的影响机制

在描述性分析部分，我们了解到组织内目前设立的参与渠道、组织的参与氛围以及员工参与决策的现状。在差异性分析部分，本研究重点关注员工参与行为，分析了员工参与决策的程度存在的一些个体特征和组织差异。参与决策关注的是行为，而行为与环境中的氛围息息相关，因此本研究还关注参与氛围反映了组织对员工参与的态度以及员工的参与意愿，积极的参与氛围能够激发员工的积极参与意愿，并形成良性循环，有利于打造良好的工作环境。在探索员工参与影响机制时，参与氛围是一个重要的面向。员工参与决策的程度体现了其决策权的大小，直接关联到他们在涉及自身利益的事务中能够发挥的影响力大小。当员工享有较高程度的参与决策权，能够在工作过程中有更大的自主性，必然会带来相应主观心理环境上的变化。而组织内的参与渠道包含多种类别，如组织渠道、沟通渠道，这些因素往往较难测量，因此在员工参与的影响机制分析中，本研究关注参与氛围和参与决策两个维度。

（一）参与氛围的影响机制

1. 组织参与态度对员工参与意愿的影响：人际信任的中介作用

参与氛围从员工和组织双方的角度观测他们对员工参与的意愿和态度，在员工参与中，组织拥有更大的话语权，并且组织是提供制度化参与渠道的主体，当组织对员工参与的态度较为积极，鼓励员工参与到组织事务决策中来，组织内的参与渠道会更开放，此时员工的参与意愿也极有可能因为组织的积极态度而更加强烈。同时员工有更多机会通过各种方式参与到组织的事务中去，组织与员工间的互动更多。根据卢曼（Luhmann）的信任理论，熟悉产生信任，卢曼将信任划分为人际信任和制度信任，而组织对员工参与的积极态度能够让员工感受到人际信任。[①] 组织对员工参与的积极性使员工有了更多机会进行参与，更容易熟悉组织并产生归属感，而这可能进一步影响员工的参与意愿，而组织对员工参与的积极态度主要是通过员工与领导、同事间的互动体现的，因此本研究提出以下假设。

假设 H6.1：组织参与态度对员工参与意愿有正向影响。

假设 H6.2：组织参与态度对人际信任有正向影响。

假设 H6.3：人际信任在组织参与态度对员工参与意愿的影响中

---

① 人际信任采用 3 个题器，分别是“在本研究单位中大多数人仍然可以坦诚相待”、“总的来说我对本研究单位领导很信任”和“总的来说我单位的同事是可信的”，选项从“很不符合”到“完全符合”，依次编码 1~5 分，数值越高，表示人际信任的水平越高。其均值为 3.76，标准差为 0.70，中位数为 3.67，峰度为 0.53，分布呈现负偏态。

起中介作用。

具体的回归分析结果见表 6-8。

表 6-8　组织参与态度对员工参与意愿的影响：人际信任的中介效应

变量	模型 1	模型 2	模型 3
	员工参与意愿	人际信任	员工参与意愿
控制变量	已控制	已控制	已控制
组织参与态度	0.552*** (0.017)	0.019*** (0.001)	0.421*** (0.019)
人际信任			7.127*** (0.460)
截距	24.706*** (2.429)	2.558*** (0.084)	6.577* (2.644)
F 值	210.03	170.25	224.63
R^2	0.2842	0.2430	0.3290

注：①括号里的数字是标准误；② $^{+}p<0.1$，$^{*}p<0.05$，$^{**}p<0.01$，$^{***}p<0.001$；③模型 1 至模型 3 的控制变量是性别、受教育程度、户籍、政治面貌、单位类型和行业。

在模型 1 中，以组织参与态度为自变量，员工参与意愿为因变量，控制性别、受教育程度、户籍、政治面貌、单位类型和行业保持不变，组织参与态度对员工参与意愿有显著的正向影响。组织对员工参与的态度越积极，员工的参与意愿会更强烈。其回归系数为 0.552，说明在 0.001 的显著性水平上，组织参与态度的积极性每提升 1 个单位，员工参与意愿会提升 0.552 个单位，模型 1 解释了 28.42%员工参与意愿的变异，假设 H6.1 成立。

模型 2 显示，控制性别、受教育程度、户籍、政治面貌、单位类型和行业保持不变，以组织参与态度为自变量，人际信任为因变量，在 0.001 的显著性水平上，组织参与态度对人际信任具有显著的正向影响。组织对员工参与的态度越积极，员工感受到的人际信任水平越高。模型 2 解释了 24.30%员工参与意愿的变异，假设 H6.2 成立。

模型 3 将人际信任作为中介变量，保持控制变量不变，在 0.001

的显著性水平上，人际信任水平对员工参与意愿有显著的正向影响。模型3较模型1的解释力提升了4.48%。同时组织参与态度的回归系数为0.421，说明在0.001的显著性水平上，组织参与态度对员工参与意愿影响显著，其直接效应为0.421，因此可以继续采用bootstrap方法检验人际信任的中介效应。

结果显示，直接效应和间接效应的bootstrap在95%置信区间内均不包含0，说明直接效应和间接效应都显著，也就是组织参与态度不仅能够直接正向影响员工的参与意愿，同时通过对人际信任水平的正向中介作用影响员工参与意愿。通过计算，中介效应占比23.95%，说明有23.95%组织参与态度对员工参与意愿的影响被人际信任水平中介了，假设H6.3成立。员工所在组织对员工参与的态度越积极，员工对人际信任水平的感受也会越强，从而提升员工的参与意愿。

人际信任在员工参与意愿形成过程中起到了关键的中介作用。组织参与态度作为组织对员工参与的积极态度和支持，通过引发员工对组织的信任感，进而促使员工产生更强的参与意愿。人际信任能够建立在组织管理者与员工之间的互相信任和共同理解基础上，增强员工对组织的认同感和归属感，从而激发员工参与的内在动力。因此，人际信任在传递组织参与态度的同时，也在激励员工参与的过程中发挥了重要的中介角色，这一结果对于理解员工参与意愿的形成过程具有启示意义，同时也为组织管理者提供了指导和改进员工参与策略的依据。由于人际信任在组织参与态度和员工参与意愿之间发挥着重要的中介作用，组织管理者应注重培养和建立良好的人际信任关系，为员工参与创造有利的环境。例如，组织可以通过加强员工与管理者之间的沟通和互动，提高信息透明度，确保决策公正和员工的贡献得到充分认可，增强员工对组织的信任感。这种信任感对于增强员工参与的实际效果至关重要，但组织必须审慎把握方式。提高员工参与的关键在于营造一种适度的民主氛围与深厚的信任基础，包括但不限于实施必要的投票程序以确保透明度，及时发布公告以维护员工的知情权，同时建立畅通的参与渠道，重视员工在决策过程中的建议权，让员工感受到组织的积极态度。这些措施相辅相成，将更有效地激发员工的参与意愿，促进组织的和谐发展。

2. 参与氛围对参与决策和主观心理环境的影响

参与氛围[①]从组织和员工双方的角度观测他们对员工参与的意愿和态度，当组织愿意并希望员工获得决策权，员工自身也愿意参与，表明组织中的参与氛围是浓厚的，此时组织会赋予员工参与决策权，员工也会积极主动参与到组织事务中去。本研究认为组织中参与氛围越浓厚，员工的决策参与程度也会越高，因此本研究提出以下假设。

假设 H6.4：参与氛围对参与决策程度有正向影响。

良好的参与氛围不仅能对员工的外在行为如参与决策产生影响，而且还会带来员工主观心理环境的变化。主观心理环境是指个体内部的思想、情感和意识的总和，是个体对外界事物的主观认知和主观体验，关注主观心理环境需要了解个体的内在体验和感受。本研究希望探寻的主观心理环境因素包括工作满意度、工作意义、人际信任和制度信任[②]，它们直接涉及个体在工作环境中的认知、情感和体验。有研究指出工作满意度来源于个体对工作环境、任务要求、个人成就等多种因素的感知，这些感知可以影响个体是否表现出积极的组织行为。[③]

---

① 参与氛围变量通过组织参与态度与员工参与意愿两个变量的算术平均生成，取值 26.67~100，均值为 67.57，标准差为 16.59，中位数为 66.67，峰度为 2.53，分布呈现负偏态。

② 制度信任采用 4 个题器，分别是“只要合情理的事情，不符合单位规章制度也无所谓”“在单位中办事，熟人比规章制度更管用”“少数人把持着单位，其他人对此无能为力”“兢兢业业的人在我们单位根本不吃香”，选项从“很不符合”到“完全符合”，赋值 1~5，反向计分，分值越高代表制度信任越高。其均值为 2.46，标准差为 0.87，中位数为 2.5，峰度为 2.89，分布呈现正偏态。

③ Dennis W. Organ & Katherine Ryan, “A Meta-analytic Review of Attitudinal and Dispositional Predictors of Organizational Citizenship Behavior,” *Personnel Psychology* 48, no. 4 (1995): 775-802.

工作意义是个体在工作中感受到的内在满足和价值认同，而这种认知也可以成为员工投入和满意度的重要预测因素。[①] 组织信任是个体在工作环境下对组织中的信息共享、合作和信守承诺等行为的判断。[②] 选取工作满意度、工作意义、人际信任和制度信任作为主观心理环境的维度是为了全面了解员工在工作中的心理感受和态度。这些维度可以帮助组织了解员工对工作的满意程度、对工作的价值认同、与他人的关系质量以及对组织制度和管理的信任程度。

工作满意度是评估员工对工作总体满意程度的指标，可以了解员工对工作的态度和情感。工作满意度体现了员工对工作本身及环境所具有的一种综合感受，员工所处的参与氛围越积极，意味着员工与组织间的参与互动也越多，员工越有可能对组织产生认同感和归属感，当员工处于一个参与氛围较好的组织环境中时，员工的满意度也会随之提升。工作意义是评估员工对工作的认同和价值感的指标，当员工认为自己的工作有意义，并能够为组织和社会做出贡献时，他们所在的工作环境才是良好的。当所处工作环境的参与氛围越好，员工越有可能通过各种渠道与领导或同事进行交流，表达自己的意见和想法，从而越有可能感受到自我的价值和社会意义，因此本研究提出以下假设。

假设 H6.5：参与氛围对工作满意度有正向影响。

假设 H6.6：参与氛围对工作意义有正向影响。

组织信任体现了员工对组织是否信赖的感受和评价，当员工能够信赖组织时，这样的工作环境才是良性的、和谐的。本研究根据卢曼（Luhmann）的信任理论从员工的人际交往层面和组织制度层面对组织信任进行观测。人际信任是评估员工对他人的信任程度的

---

① Bunderson, J. S. & Thompson, J. A., "The Call of the Wild: Zookeepers, Callings, and the Double-edged Sword of Deeply Meaningful Work," *Administrative Science Quarterly* 54, no. 1 (2009): 32-57.

② McEvily, B. & Tortoriello, M., "Measuring Trust in Organizational Research: Review and Recommendations," *Journal of Trust Research* 1, no. 1 (2011): 23-63.

指标，包括同事间的信任和上下级间的信任。人际信任是组织内部良好合作和沟通的基础，也是共享知识和协同工作的重要前提，当员工之间存在高水平的人际信任时，他们更愿意分享信息、支持彼此，并且更有可能形成团队合作的氛围。制度信任是评估员工对组织制度和管理的信任程度的指标。当员工对组织的制度和管理具有信任感时，他们更愿意接受和遵守组织制定的规则和政策，也更有信心和安全感去投入工作并为组织作出贡献。人际信任主要体现的是员工对领导、同事等群体的信任程度，组织信任体现的是一个组织所采取的管理运作方式和文化，如“在单位中办事，熟人比规章制度更管用”，这体现了一种不为员工所信任的制度文化，而积极的参与氛围容易使员工与组织之间建立起互相信赖的关系，有助于提升员工感知到的组织信任，因此本研究提出以下假设。

假设 H6.7：参与氛围对人际信任有正向影响。

假设 H6.8：参与氛围对制度信任有正向影响。

在控制性别、受教育程度、技术职称、单位类型和行业等变量不变的前提下，将参与氛围作为自变量，参与决策作为因变量，分析结果详见表 6-9。

表 6-9 参与氛围对参与决策和主观心理环境的影响

变量	模型 1	模型 2	模型 3	模型 4	模型 5
	参与决策	工作满意度	工作意义	人际信任	制度信任
控制变量	已控制	已控制	已控制	已控制	已控制
参与氛围	0.460*** (0.019)	0.023*** (0.001)	0.024*** (0.001)	0.022*** (0.001)	0.008*** (0.001)
截距	11.127*** (2.515)	2.080*** (0.087)	0.874*** (0.076)	2.457*** (0.084)	3.130*** (0.124)
F 值	180.56	266.18	506.35	241.64	23.12
R^2	0.2796	0.3106	0.4505	0.2833	0.0391

注：①括号里的数字是标准误；② $^{+}p<0.1$, $^{*}p<0.05$, $^{**}p<0.01$, $^{***}p<0.001$；③模型 1 至模型 5 的控制变量是性别、受教育程度、技术职称、单位类型和行业。

模型1显示，在0.001的显著性水平上，参与氛围对于员工参与决策存在显著的正向影响，参与氛围每提升1个单位，员工的决策参与提升0.460个单位，模型1能够解释参与决策的变异程度为27.96%，假设H6.4成立。

模型2考察参与氛围对工作满意度的影响，结果显示，保持控制变量不变时，在0.001的显著性水平上，参与氛围对于工作满意度存在显著的正向影响，参与氛围每提升1个单位，员工的工作满意度提升0.023个单位，模型2能够解释工作满意度的变异程度为31.06%，假设H6.5成立。

模型3显示，保持控制变量不变时，在0.001的显著性水平上，参与氛围对于员工的工作意义存在显著的正向影响，参与氛围每提升1单位，员工的工作意义提升0.024个单位，模型3对工作意义的解释程度为45.05%，假设H6.6成立。

模型4显示，保持控制变量不变时，在0.001的显著性水平上，参与氛围对于员工的人际信任存在显著的正向影响，参与氛围每提升1个单位，员工的人际信任程度提升0.022个单位，模型4对人际信任的解释程度为28.33%，假设H6.7成立。模型5显示，保持控制变量不变时，在0.001的显著性水平上，参与氛围对于员工的制度信任存在显著的正向影响，参与氛围每提升1个单位，员工的制度信任程度提升0.008个单位，模型4对制度信任的解释程度仅为3.91%。总体上，模型4和模型5的统计结果表明好的参与氛围对于提升员工的人际信任和制度信任是有帮助的，假设H6.8成立。

研究结果表明良好的参与氛围不仅能够提升员工的参与决策程度，还有助于营造积极的主观心理环境。根据社会认知理论，人们在评估一个决策是否值得参与时，会考虑自己对决策过程的知情能力和对决策结果的控制程度。一个积极的参与氛围提供了良好的信息共享机会，使员工相信他们的意见和建议能够得到重视。因此员工更有动力参与决策，提出自己的观点和建议，从而提高决策的质量和可接受程度。同时积极的参与氛围使员工感到自己的意见和贡献被重视，他们对组织目标和决策结果能够产生更高的认同度，这种认同感可以提高工作满意度，并使员工感到自己的工作对个人和社会具有意义。积极的参与氛围鼓励开放的沟通和信息共享，增加员工之间的互动和合作，增强了员工间的信任，并通过鼓励员工参与决策，增强了员工对组织制度的信任。

3. 参与氛围与工作满意度：工作意义的中介作用

通过上述分析，本研究验证了参与氛围对工作满意度和工作意义都具有显著的正向影响，然而目前对参与氛围和工作满意度之间作用机制的研究仍然有一些不足。当员工所感受到的工作意义较强时，此时员工认为自己的工作是有价值的，对社会也是有意义的，这能够给劳动者带来正向的工作体验和内心感受，因此参与氛围有可能通过工作意义提升员工的工作满意度。探究工作意义的中介作用不仅能使我们了解员工参与影响满意度的路径，还能够启示组织更好地优化其管理实践以提高员工的满意度。本研究提出以下假设。

假设 H6.9：工作意义在参与氛围对工作满意度的影响中起中介作用。

表 6-10 的统计结果显示，在模型 3 中，加入了工作意义作为中介变量，模型 3 较模型 1 的解释力提升了 2.93%。参与氛围的回归系数为 0.017，说明在 0.001 的显著性水平上，参与氛围对于工作满意度的影响显著，其直接效应为 0.017，且工作意义对工作满意度具有显著影响，其回归系数为 0.231，因此可以继续采用 bootstrap 方法检验工作意义的中介效应。

表 6-10　参与氛围对工作满意度的影响：工作意义的中介效应

变量	模型 1	模型 2	模型 3
	工作满意度	工作意义	工作满意度
控制变量	已控制	已控制	已控制
参与氛围	0.023*** (0.001)	0.024*** (0.001)	0.017*** (0.001)

续表

变量	模型 1	模型 2	模型 3
	工作满意度	工作意义	工作满意度
工作意义			0.231*** (0.018)
截距	2.080*** (0.087)	0.874*** (0.076)	1.882*** (0.087)
F 值	266.18	506.35	260.57
R^2	0.3106	0.4505	0.3399

注：①括号里的数字是标准误；②*** $p<0.001$；③模型 1 至模型 3 的控制变量是性别、受教育程度、技术职称、单位类型和行业。

为了检验工作意义在参与氛围与工作满意度之间的中介作用，本研究采用 bootstrap 方法在原始数据进行 1000 次的样本抽样，95%置信区间不包含 0 表明效应显著。结果显示，直接效应和间接效应的 bootstrap 在 95%置信区间内均不包含 0，说明直接效应和间接效应都显著，也就是参与氛围不仅能够直接正向影响员工的工作满意度，同时通过工作意义的中介作用正向影响工作满意度，假设 H6.9 成立。通过计算，中介效应占比 24.68%，说明工作意义部分中介参与氛围对工作满意度的影响。因此当组织中体现出积极的参与氛围，鼓励员工参与决策、沟通时，员工会发展出对工作的意义感，这种意义感进一步影响着他们的工作满意度，使其呈现正向关联。换句话说，参与氛围通过提升工作意义，间接地增强员工的工作满意度。

虽然工作意义在参与氛围对工作满意度的影响中起到中介作用，但可能还存在其他中介机制。未来的研究可以考虑其他潜在的中介变量，如工作投入、工作认同等，以更全面地揭示参与氛围对工作满意度的影响路径。此外，本研究得到的结论主要集中在个体水平，未来的研究可以将研究扩展到组织层面，考虑组织在营造参与氛围方面的作用，分析组织层面上参与氛围的形成机制，并探讨参与氛围对工作意义和工作满意度在组织水平上的影响。

（二）参与决策的影响机制

1. 参与决策对主观心理环境的影响

参与决策是本研究对组织中员工的事实性参与进行观测的指标，不同于意愿性参与，参与决策是员工在组织的实际事务和管理工作中发生的决策参与行为，强调的是事实结果，同样地，本研究试图通过研究参与决策的行为对员工的主观心理环境的影响加深对员工行为及其心理过程的理解。员工参与决策是一种积极的组织行为，它涉及员工与组织之间的相互作用，通过研究参与决策对员工主观心理环境的影响，可以了解员工在参与决策过程中的认知和情感反应，以及参与程度对员工心理状态的影响，这有助于组织了解员工的需求和期望，优化组织管理和决策过程。本研究选取工作满意度、工作意义、人际信任和制度信任作为员工主观心理环境的观测维度，以全面了解员工在工作中的心理感受和态度。

表 6-11 为统计结果。模型 1 考察参与决策对工作满意度的影响，在 0.05 的显著性水平上，参与决策对工作满意度存在显著的正向影响，参与决策每提升 1 个单位，员工的工作满意度提升 0.009 个单位，模型 1 能够解释工作满意度的变异程度为 15.23%。

模型 2 考察参与决策对工作意义的影响，员工的参与决策行为表现在员工经常与主管领导沟通和协商，并且通过各种制度化渠道与领导和同事进行信息交流，如果通过工作参与能帮助组织做出相关决策，那么员工就能通过实际的参与决策行为体会到自己在工作上的价值感。模型 2 显示，保持控制变量不变时，在 0.001 的显著性水平上，参与决策对员工的工作意义存在显著的正向影响，参与决策每提升 1 个单位，员工的工作意义提升 0.011 个单位，模型 2 对工作意义的解释程度为 28.65%。

模型 3 和模型 4 考察参与决策对组织信任的影响，模型 3 显示，保持控制变量不变时，在 0.001 的显著性水平上，参与决策对于员工的人际信任存在显著的正向影响，参与决策每提升 1 个单位，员工的人际信任程度提升 0.004 个单位，模型 3 对人际信任的解释程度为 6.53%。模型 4 显示，保持控制变量不变时，在 0.001 的显著性水平上，参与决策对于员工的制度信任存在显著的正向影响，参与氛围每提升 1 个单位，员工的制度信任程度提升 0.007 个单位，模型 4 对制度信任的解释程度为 3.48%。总的来看，员工的决策参与程度越深，员工在人际信任和制度信任上的信任水平也越高。

表 6-11　参与决策对主观心理环境的影响

变量	模型 1	模型 2	模型 3	模型 4
	工作满意度	工作意义	人际信任	制度信任
控制变量	已控制	已控制	已控制	已控制
参与决策	0.009*** (0.001)	0.011*** (0.001)	0.004*** (0.001)	0.007*** (0.001)
截距	3.231*** (0.093)	2.045*** (0.084)	3.830*** (0.098)	2.329*** (0.120)
F 值	97.37	225.05	33.32	18.51
R^2	0.1523	0.2865	0.0653	0.0348

注：①括号里的数字是标准误；②$^{+}p<0.1$，$^{*}p<0.05$，$^{**}p<0.01$，$^{***}p<0.001$；③模型 1 至模型 4 的控制变量是性别、受教育程度、技术职称、单位类型和行业。

研究结果表明高程度的参与决策能够给员工营造积极的主观心理环境。自决理论认为，人们有一种内在的驱动力，追求自主、能力和归属。参与决策可以满足员工的自主和能力的内在需要，从而提升个体的主观心理环境。当员工能够参与决策并发表自己的意见时，他们感到自身的价值得到体现，这可以增强他们对工作的满意度。而公平理论认为，人们对公平和正义有一种自然的追求。参与决策可以被视为一种公平的行为，因为它给予了员工合理的话语权。根据公平理论，当员工认为自己受到公正对待时，他们更容易感到满意，并对组织和他人建立起信任。因此组织应该赋予员工更多的责任和自主权，让他们有机会参与决策，从而让这种赋权优化员工的主观心理环境。

2. 参与决策与工作满意度：参与氛围的中介作用

上述分析显示参与决策对工作满意度具有显著的正向影响，同时参与氛围也对工作满意度具有显著的正向影响，而本研究试图回答在作为实际行为的参与决策对工作满意度的影响过程中，参与氛围作为员工的心理感受是否会在其中起作用。由于前文已经发现参与氛围和参与决策都对工作满意度有显著的正向影响，进一步做参与氛围的中介效应分析有助于我们探究参与氛围和参与决策哪一个因素更直接地影响工作满意度。首先，员工参与决策的程度越高，员工就有更多的机会表达观点、提供建议和参与决策过程，这意味着组织也愿意接纳并尊重他们的意见，体现出积极的参与氛围。其次，通过参与决策的行为，员工被赋予了更高的决策权和责任感，他们感到自己被认可并作为组织决策重要的一部分参与其中，员工能够感受到充满支持、尊重和合作的参与氛围，此时他们更容易感到满意，因此本研究提出以下假设。

假设 H6.10：参与决策对参与氛围有正向影响。

假设 H6.11：参与氛围在参与决策对工作满意度的影响中起中介作用。

表 6-12 的统计结果显示，在模型 2 中，在 0.001 的显著性水平上，保持控制变量不变，将参与决策作为自变量，参与氛围作为因变量，参与决策对参与氛围具有显著正向影响，回归系数为 0.369，表明参与决策每提升 1 个单位，参与氛围提升 0.369 各单位，即参与决策越多，员工感知到的参与氛围就越好，模型 2 解释了参与氛围 30.82%的差异，假设 H6.10 成立。

模型 3 加入了参与氛围作为中介变量，模型 3 较模型 1 的解释力提升了 18.02%。参与氛围对工作满意度具有显著影响，其回归系数为 0.023，然而参与决策对于工作满意度的影响变得不显著，此时继续采用 bootstrap 方法检验参与氛围的中介效应。

为了检验参与氛围在参与决策与工作满意度之间的中介作用，采用 bootstrap 方法在原始数据进行 1000 次的样本抽样，95%置信区间不包含 0 表明效应显著。结果显示，间接效应的 bootstrap 在 95%置信区间内均不包含 0，说明间接效应显著，而直接效应不显著，这说明参与氛围在参与决策对工作满意度的影响过程中起到了完全中介作用，假设 H6. 11 成立。

表 6-12　参与决策对工作满意度的影响：参与氛围的中介效应

变量	模型 1	模型 2	模型 3
	工作满意度	参与氛围	工作满意度
控制变量	已控制	已控制	已控制
参与决策	0. 009 *** (0. 001)	0. 369 *** (0. 015)	0. 001 (0. 001)
参与氛围			0. 023 *** (0. 001)
截距	3. 231 *** (0. 093)	49. 450 *** (2. 060)	2. 088 *** (0. 100)
F 值	97. 37	207. 31	193. 10
R^2	0. 1523	0. 3082	0. 3325

注：①括号里的数字是标准误；② *** $p<0.001$；③模型 1 至模型 3 的控制变量是性别、受教育程度、技术职称、单位类型和行业。

研究结果表明，参与氛围在参与决策对工作满意度的影响过程中起到了完全中介作用，这表明参与决策的行为虽然对工作满意度有显著正向影响，但其影响机制是通过工作环境中的参与氛围这一中介产生影响的。当员工参与决策时，他们将有机会与组织管理层进行双向的交流和互动，他们可以表达自己的观点、提出建议，并了解组织的决策过程和目标。这种参与决策促进了良好的参与氛围，当员工感到组织重视并尊重他们的意见时，他们会更加满意并对工作产生积极的评价。因此在增进工作满意度上，营造良好的参与氛围也许比实际的参与行为更有效。

丛书由信阳师范学院资助出版

中国工作环境研究丛书

迈向高质量发展的工作

中国工作环境调查数据分析

（下 册）

WORK TOWARDS HIGH-QUALITY DEVELOPMENT

Data Analysis of Chinese Working Conditions Survey

吴 爽　宋争辉　李 俊　张 彦　等　著

社会科学文献出版社
SOCIAL SCIENCES ACADEMIC PRESS (CHINA)

目 录

上 册

下　册

第七章　工作要求

前面的章节已经从工作时间、工作场所、工作报偿和员工参与四个观测点对工作环境进行了研究。其中，工作时间和工作场所主要侧重于组织制度的规范层面，分别从时间和空间维度来讨论员工是如何受到制度规范的；工作报偿和员工参与则侧重于组织制度的回报层面，工作报偿反映的是组织对员工工作业绩的认可，员工参与则意味着组织中权力的分享和让渡。这四个观测点共同构成了工作环境的内在结构，勾勒出了客观工作环境的轮廓。工作时间、工作场所、工作报偿和员工参与作为组织的制度规范和回报，其设计都是基于工作要求而来的。工作要求是指由工作的性质、岗位以及组织的特征共同带来的对员工的要求，是组织对员工工作认知和行为的制度规范，也是组织对于员工的工作能否实现产出的一种控制。组织既定的产出目标能否实现，一方面取决于员工的工作能否达到工作要求，另一方面取决于工作环境（工作时间、工作场所、工作报偿和员工参与）的营造能否支持组织对员工提出的工作要求。虽然工作要求是一种客观的制度规范，但是员工在受到工作要求这一制度规范的过程中，会对其所处的工作环境的状态与氛围产生相应的感受，而这些感受将反过来影响员工的行为，进而影响组织既定产出目标的实现。因此，组织对工作要求的设计必须要考虑到员工的主观感受及其基本的合理需求，并提供与之相适应的制度支持与保障，比如安全的工作场所、合理的工作时间和工作报偿，以及切实的员工参与机会，如此才可能使员工更好地遵循工作要求、实现工作产出。正是在这种意义上，我们才会说工作时间、工作场所、工作报偿和员工参与的制度设计是基于工作要求而来的；也正是在这种意义上，工作要求才会成为工作时间、工作场所、工作报偿和员工参与之外，研究工作环境的新的、重要的观测点。

一 发展变迁中的工作要求研究

工作要求研究是在工作压力、工作倦怠研究的基础上发展起来的。20世纪中后期，西方世界出现经济滞胀等社会危机，许多企业不得不进行调整和改革。与此同时，工业生产专业化程度不断提高，工业内部各企业和行业逐渐分离，形成了新的独立的企业和行业。这些企业和行业有的专门生产成品或零部件，有的只完成生产过程中的某一工艺或工业性作业；同类产品的分散生产逐渐转变为集中生产，小批量生产逐渐转变为大批量生产。大批量、集中生产和专业化程度的提高对劳动者提出了相比以往来说更高的工作要求，组织需要更有力地约束和规范劳动者在工作过程中的认知和行为，这导致部分劳动者感受到极大的工作压力，不仅身体上产生过度消耗，而且心理上持续紧张焦虑。在这一结构性背景下，工作倦怠现象高发、频发，成为一个亟须解决的问题，从而推动了关于工作压力和工作倦怠的学术研究。其中，哈克曼（J. Richard Hackman）和奥尔德姆（Greg R. Oldham）基于工作诊断调查（Job Diagnostic Survey，JDS），提出了工作特征模型（Job Characteristics Model，JC 模型），以诊断和重新设计工作。卡拉塞克（Robert A. Karasek Jr.）针对工作压力研究提出了工作要求-控制模型（Job Demand-Control Model，JD-C 模型），他认为工作环境中的个体压力来源于工作要求和工作控制两个方面，"高工作要求"和"低工作控制"将会给员工造成较高的工作压力。[①] 与此同时，随着对工作倦怠的研究逐渐深入，对

① Robert A. Karasek Jr.，"Job Demands，Job Decision Latitude，and Mental Strain：Implications for Job Redesign，" *Administrative Science Quarterly* 24，no. 2（1979）：285-308.

与工作倦怠相关的工作特征的研究也从医护等助人行业拓展到了其他行业，这标志着工作要求及其可能导致的倦怠成了各个行业都需要关注的普遍问题。此后，德梅鲁蒂（Evangelia Demerouti）等提出了工作要求-资源模型（Job Demand-Resources Model，JD-R 模型），指出工作要求主要与工作倦怠中的耗竭成分（exhaustion）有关，而工作资源的缺乏主要与工作倦怠中的解离（disengagement）有关。① JD-C 模型和 JD-R 模型的提出均建立在传统的 JC 模型之上，从工作特征出发，对工作压力和工作倦怠作出解释和预测，其中就包括对工作要求的讨论。接下来，我们将比较不同模型对工作要求的讨论及其发展变化，梳理出工作要求研究的发展脉络，从而得出工作要求的概念内涵和维度划分。

（一）工作特征模型：工作要求研究初具雏形

20 世纪 70 年代的美国社会中，组织的生产力低和员工对工作的疏离感强的问题越来越突出，工作的重新设计（the redesign of work）成为越来越多的组织选择的组织变革战略。关于工作特征的研究由此发展起来。1975 年，哈克曼和奥尔德姆基于工作诊断调查②提出了 JC 模型，旨在诊断现有工作，以确定是否需要对现有工作进行重新设计以及如何设计，从而提高员工的生产力和积极性，进而被用于评估工作变动对员工的影响。模型背后的理论逻辑是：当处于三种“关键心理状态”时，员工可以获得积极的个人和工作成果。三

① Evangelia Demerouti, Arnold B. Bakker, Friedhelm Nachreiner & Wilmar B. Schaufeli, “The Job Demands-Resources Model of Burnout,” *Journal of Applied Psychology* 86, no. 3 (2001): 499-512.

② 此调查所使用的量表包含 18 个题器，分别是技能多样性、任务标识、任务重要性、工作自主性、工作反馈、代理商的反馈、与他人打交道、激励潜能得分（MPS）、工作的经验意义、经验丰富的工作责任、对结果的了解、一般满足、内部工作动机、社会满意度、监督满意度、成长满意度、增长需要力量（希望格式）、成长需要力量（工作选择格式）。参见 J. Richard Hackman & Greg R. Oldham, “Development of the Job Diagnostic Survey,” *Journal of Applied Psychology* 60, no. 2 (1975): 159-170。

种“关键心理状态”分别是“对工作的意义有体验”、“对工作结果有责任感”和“对工作活动的结果有了解”。影响这些关键心理状态的工作维度包括技能多样性、任务标识、任务重要性、工作自主性和工作反馈。技能多样性是指一项工作在多大程度上需要开展各种不同的活动，包括使用员工的多种不同技能和才能；任务标识是指需要完成一项完整且可识别的工作，也就是说，要从头到尾完成一项工作，并取得明显的结果；任务重要性是指工作对其他人的生活或工作产生重大影响的程度，无论是在直接组织中还是在外部环境中；工作自主性是指工作在安排和确定执行程序时为员工提供实质自由、独立和自由裁量权的程度；工作反馈是指执行工作要求的工作活动使员工获得有关其绩效有效性的直接和明确的信息。

在此模型中，工作特征是指工作的属性或与工作相关的因素，这也是我们理解工作要求的重要性质。JC 模型提出的五个核心工作维度是对工作特征的一种探讨，其中提到的技能多样性可以看作后期工作要求中的技能要求的雏形。此外，基于 JC 模型开展的工作诊断调查已经关注到了工作特征对员工积极性和生产力的影响，这对于我们讨论工作要求具有重要借鉴意义，即工作要求的结果变量除工作压力和工作倦怠等影响职业健康的变量之外，还可能包括员工积极性和生产力等组织结果变量。

（二）工作要求-控制模型：工作要求概念正式提出

卡拉塞克在 1979 年针对工作压力研究提出了 JD-C 模型，认为影响个体职业心理健康的工作特征应该分为两类：一类是“工作要求”，指的是员工个体感知到的工作压力源，包括工作负担、时间压力等；另一类是“工作控制”，指的是员工控制工作和技能运用的水平。[①] JD-C 模型主要通过工作要求和工作控制的不同组合来预测员工的心理

① Robert A. Karasek Jr.，“Job Demands，Job Decision Latitude，and Mental Strain：Implications for Job Redesign，” *Administrative Science Quarterly* 24，no. 2（1979）：285-308.

健康状况、身体健康状况和组织结果等。具体而言：在低工作要求和低工作控制的组合下，预测员工会有消极的工作表现；在高工作要求和低工作控制的组合下，预测员工会有较高的压力感；在高工作要求和高工作控制的组合下，预测员工会有积极的工作表现；在低工作要求和高工作控制的组合下，预测员工感知到的工作压力较低。

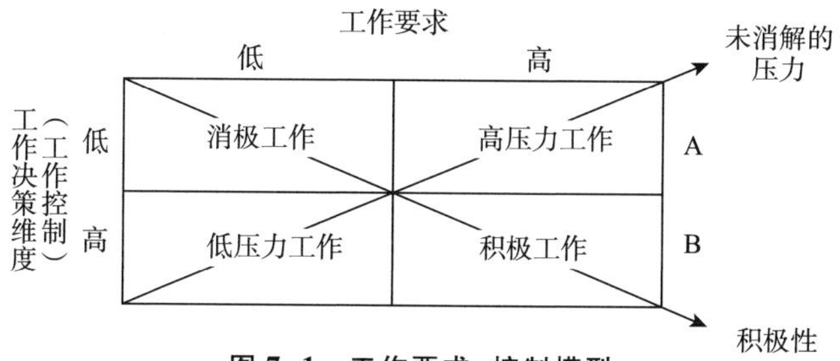

图 7-1　工作要求-控制模型

资料来源：Robert A. Karasek Jr.，"Job Demands，Job Decision Latitude，and Mental Strain：Implications for Job Redesign，" *Administrative Science Quarterly* 24，no. 2（1979）：285-308.

相较于 JC 模型对工作特征的笼统讨论，JD-C 模型在理论层面和操作化中把工作特征区分为工作要求和工作控制，首次正式地提出了工作要求这一说法，并解释了工作要求的具体内涵，将工作要求与其他工作特征区分开来。此外，JD-C 模型通过工作要求和工作控制两个维度之间的不同组合来预测员工的健康状况和组织表现，启发了研究者关注工作特征之间的复杂关系对员工的影响，这对于我们讨论工作要求的启示意义在于：在探讨工作要求的影响机制时，还要注意其他工作特征在这一影响过程中所发挥的作用。

（三）工作要求-资源模型：工作要求研究细化发展

在 JC 模型和 JD-C 模型的研究基础上，德梅鲁蒂等在 2001 年提出了更具影响力的 JD-R 模型，深化了关于工作倦怠的研究。这一模型假设各个行业都有其影响工作倦怠的因素，而所有的影响因素可以归为工作要求和工作资源两类。工作要求指的是工作在物质、心理、社会和组织方面对员工的要求，这些要求需要员工为工作付出持续不断的身体或心理上的努力，因此会带来一定程度的生理和心理上的消耗，操作化指标包括物理工作环境、时间压力、工作量、情绪要求、人际要求、工作家庭冲突等。[①] 工作资源指的则是工作在物质、心理、社会和组织方面为员工提供的资源，有助于员工达成工作目标、减少工作要求带来的身心消耗，从而促进员工的个人成长发展，操作化指标有工作控制、社会支持、工作反馈、职业机会、组织公正等。[②]

JD-R 模型的发展大致可以分为三个阶段。第一个阶段只关注工作倦怠以及工作要求、工作资源各自对工作倦怠的影响，提出工作要求正向预测工作倦怠，工作资源负向预测工作倦怠。[③] 第二个阶段除了关注工作倦怠，还开始探讨工作要求和工作资源的关系，提出工作资源在工作要求与工作倦怠的关系中起到了缓冲作用。[④] 第三阶段关注范围更广，发展出了更为完善的模型，把工作要求和工作资源对员工的影响分为两个过程。[⑤] 其中，工作要求对员工产生的影响主要是负向的，即工作要求需要员工在身心方面的持续付出可能会导致员工的身心消耗，从而带来焦虑等健康问题以及低绩效、高离职率等不良的组织结果；工作资源对员工产生的影响主要是正向的，有助于员工投入工作，并带来高绩效、低离职率等良性的组织结果。除解释工作要求和工作资源影响员工的主效应之外，JD-R 模型还提出了两者之间的交互效应，主要表现在两方面：一方面，工作资源

① 吴亮、张迪、伍新春：《工作特征对工作者的影响——要求-控制模型与工作要求-资源模型的比较》，《心理科学进展》2010 年第 2 期，第 348~355 页。

② Evangelia Demerouti, Arnold B. Bakker, Friedhelm Nachreiner & Wilmar B. Schaufeli, "The Job Demands-Resources Model of Burnout," *Journal of Applied Psychology* 86, no. 3 (2001): 499-512.

③ Evangelia Demerouti, Arnold B. Bakker, Friedhelm Nachreiner & Wilmar B. Schaufeli, "The Job Demands-Resources Model of Burnout," *Journal of Applied Psychology* 86, no. 3 (2001): 499-512.

④ Arnold B. Bakker, Evangelia Demerouti & Martin C. Euwema, "Job Resources Buffer the Impact of Job Demands on Burnout," *Journal of Occupational Health Psychology* 10, no. 2 (2005): 170-180.

⑤ Arnold B. Bakker & Evangelia Demerouti, "The Job Demands-Resources Model: State of the Art," *Journal of Managerial Psychology* 22, no. 3 (2007): 309-328.

能够缓冲工作要求给员工带来的焦虑等负向影响；另一方面，高工作要求在某种程度上能够增强工作资源对员工工作投入的促进作用，带来良性的组织结果。JD-R 模型的双过程假设得到了较好的实证支持[①]，相对于 JD-C 模型将工作要求和工作控制作为所有职业的关键工作特征，JD-R 模型启示研究者要更具体地关注特定职业中的关键工作特征，并考虑个体变量的调节作用。

在 JD-R 模型的初期假设中，工作要求被认为是工作倦怠的主要预测变量。但随着研究的深入，之后的研究者发现不是所有的工作要求都会导致工作倦怠，有些工作要求也有可能促进工作投入。[②] 于是，布鲁克（Anja Van den Broeck）等在 2010 年借鉴把压力区分为积极压力与消极压力的做法，将工作要求分为阻碍性工作要求和挑战性工作要求。[③] 前者是会导致消极后果的工作要求，如情绪要求，这类工作要求有可能对劳动者的职业健康造成负面影响，导致工作倦怠；后者则是可能给员工个体带来成长和益处的工作要求，如工作量、时间压力和认知需求等，这类工作要求在消耗员工精力的同时，也会激发员工的好奇心和斗志，从而促使其在工作中付出努力。在前文对工作要求的研究脉络梳理中，我们知道，工作要求研究是

---

① 国外研究者关于教师群体工作倦怠与工作投入的实证研究发现：工作要求与职业健康显著相关，且工作倦怠在工作要求对职业健康的影响中起中介作用；工作资源与组织承诺显著相关，且工作投入在工作资源对组织承诺的影响中起中介作用。此外，工作资源的缺乏也可能通过工作倦怠的中介作用影响工作投入。研究结果较好地支持了 JD-R 模型的双过程假设。参见 Jari J. Hakanen, Arnold B. Bakker & Wilmar B. Schaufeli, "Burnout and Work Engagement Among Teachers," *Journal of School Psychology* 43, no. 6 (2006), pp. 495–513.

② Anja Van den Broeck, Nele De Cuyper, Hans De Witte & Maarten Vansteenkiste, "Not All Job Demands Are Equal: Differentiating Job Hindrances and Job Challenges in the Job Demands-Resources Model," *European Journal of Work and Organizational Psychology* 19, no. 6 (2010): 735–759.

③ Anja Van den Broeck, Nele De Cuyper, Hans De Witte & Maarten Vansteenkiste, "Not All Job Demands Are Equal: Differentiating Job Hindrances and Job Challenges in the Job Demands-Resources Model," *European Journal of Work and Organizational Psychology* 19, no. 6 (2010): 735–759.

伴随着工作压力研究和工作倦怠研究发展起来的，阻碍性工作要求和挑战性工作要求的区分也是基于波得萨阔夫（Nathan P. Podsakoff）等人对压力的积极感受和消极感受的区分。[①] 能够带来积极感受的压力（eustress）代表着一种激励的力量，有可能激发个体以问题为中心进行应对、参与，甚至取得成就；相反，带来消极感受的压力（distress）可能会扰乱个体的平衡，引发负面情绪，导致个体的回避行为等。布鲁克等的研究发现，阻碍性工作要求对工作倦怠有正向预测作用，对工作投入有负向预测作用；挑战性工作要求对工作倦怠没有预测作用，但可以正向预测工作投入。对工作要求的细分有利于明晰不同类型的工作要求在 JD-R 模型中对工作倦怠和工作投入的作用机制。

JD-R 模型在 JC 模型和 JD-C 模型的研究基础上进一步细化和发展了有关工作要求的研究，赋予工作要求更详细的内涵解释和更具体的操作化指标，并在后期研究中探索了工作要求的两面性影响，有利于我们更加全面地理解工作要求及其可能带来的结果变量。

综合上述关于工作要求的研究，我们整理出工作要求的内涵在不同模型中的发展变化，并进行对比分析，以得出我们对工作要求的概念界定（见表 7-1）。

表 7-1　工作要求在不同模型中的概念内涵

	提出背景	工作要求概念内涵
JC 模型	工作设计研究	影响员工积极性和生产力的工作维度
JD-C 模型	工作压力研究	个体感知到的工作压力源
JD-R 模型	工作倦怠研究	工作中会带来生理、心理消耗的要求

在最初的 JC 模型中，研究者尚未提出“工作要求”的概念，而是提出了“工作特征”，这些工作特征会影响员工工作的关键心态。

① Nathan P. Podsakoff, Jeffery A. LePine & Marcie A. LePine, “Differential Challenge Stressor-hindrance Stressor Relationships with Job Attitudes, Turnover Intentions, Turnover, and Withdrawal Behavior: A Meta-analysis,” *Journal of Applied Psychology* 92, no. 2 (2007): 438-454.

JC 模型对工作特征的界定偏向积极的一面，而且对不同的工作特征没有做出区分，难以探寻工作积极性或者工作压力的真正来源，这一缺憾在后来的研究中得到了弥补。JD-C 模型是基于对工作压力的研究发展而来的，在 JC 模型的基础上对工作特征做出了细分，提出了“工作要求”（job demand）这一概念，将工作要求界定为员工感知到的工作压力源，但这一界定比较模糊。JD-R 模型则在前人研究的基础上对工作要求的内涵做出了更为清晰的界定，将其定义为“工作在物质、心理、社会和组织方面对员工的要求”，并且“这些要求需要员工为工作付出持续不断的身体或心理上的努力，因此会带来一定程度的生理和心理上的消耗”，但其对工作要求的界定偏向负面，不够全面。在 JD-R 模型后续的研究发展中，布鲁克等又基于压力源的区别将工作要求分为阻碍性工作要求和挑战性工作要求两种类型，兼顾了工作要求可能带来的正向或负向影响，丰富了工作要求的内涵。

从 JC 模型到 JD-C 模型再到 JD-R 模型，有关工作要求的研究不断深入、细化。为全面把握工作要求的内涵，我们综合工作要求在三个模型中分别具有的压力属性、对身体和心理的消耗以及有可能带来的阻碍性或挑战性影响来全面地理解工作要求的概念。我们将工作要求界定为：由工作的性质、岗位及组织特征共同带来的对员工的要求，这些要求需要员工在身体或心理上付出持续不断的努力，可能会给员工带来一定的生理和心理消耗，也可能激励员工学习进步和自我发展。这样，工作要求就不仅仅局限于对职业健康的讨论，还能扩展到对个体态度和行为变量以及组织结果变量的预测和讨论，对于观测工作环境是一个有益的补充。

二 工作要求的操作化和测量

不同模型对工作要求的操作化与该模型对工作要求的内涵界定紧密相关。在 JD-C 模型中，工作要求被界定为个体感知到的压力源，其操作化也是从压力源出发的，主要分为工作负荷和时间压力两个维度。

JD-R 模型初期由工作倦怠研究发展而来，该模型对工作要求的操作化也自然与倦怠的构成有关。马斯拉赫（Christina Maslach）将倦怠描述为一种情绪衰竭、人格解体和个人成就降低的综合征。[①] 其中，情绪衰竭指的是因工作中的情绪要求而精疲力竭的感觉，这与工作压力研究中的疲劳等压力反应非常相似。于是，情绪要求被纳为工作要求的维度之一，是一种会给员工的心理带来消耗的要求。除此之外，初期的 JD-R 模型中，工作要求的维度还包括人际要求、工作量、时间压力、工作职责、角色冲突、工作家庭冲突、工作物理环境等。[②] 后期关于 JD-R 模型的研究中，布鲁克等将工作要求分为障碍性工作要求和挑战性工作要求。不同研究中工作要求的操作化维度和题器见表 7-2。

表 7-2　不同研究中工作要求的操作化

	维度	题器
卡拉塞克（1979）[①]	工作负担	1. 工作很辛苦
		2. 工作量大
		3. 过多的工作
	时间压力	1. 快节奏工作
		2. 没有足够的时间
		3. 没有时间完成
德梅鲁蒂等（2001）[②]	体力劳动	我的工作对我的体力没有太大的负担
	时间压力	我总是有足够的时间来完成任务
	要求与服务或工作产品的接受者联系	我与我必须向其提供服务的人的联系要求很高
	对身体健康、家庭和社会生活不利的轮班工作时间表	适应我的工作时间对我来说是体力上的负担
	物理环境	我的物理工作条件、气候、光线、噪音、工作场所的设计和材料都很好

① Christina Maslach, "Understanding Burnout: Definitional Issues in Analyzing a Complex Phenomenon," in Whiton S. Paine (ed.), *Job Stress and Burnout* (Beverly Hills. CA: Sage, 1982), pp. 29-40.

② 吴亮、张迪、伍新春：《工作特征对工作者的影响——要求-控制模型与工作要求-资源模型的比较》，《心理科学进展》，2010 年第 2 期，第 348~355 页。

续表

	维度	题器
布鲁克等(2010)[③]	阻碍性工作要求	1. 我的工作在情感上要求很高
		2. 我在工作中面临情绪紧张的情况
		3. 你的工作日程安排让你难以履行家庭义务的情况经常发生吗
	挑战性工作要求	1. 我的工作需要非常努力
		2. 我的工作要求我工作非常快
		3. 我的工作需要高度专注

注：①Robert A. Karasek Jr., "Job Demands, Job Decision Latitude, and Mental Strain: Implications for Job Redesign," *Administrative Science Quarterly* 24, no. 2 (1979), pp. 285-308. ②Evangelia Demerouti, Arnold B. Bakker, Friedhelm Nachreiner & Wilmar B. Schaufeli, "The Job Demands-Resources Model of Burnout," *Journal of Applied Psychology* 86, no. 3 (2001), pp. 499-512. ③Anja Van den Broeck, Nele De Cuyper, Hans De Witte & Maarten Vansteenkiste, "Not All Job Demands Are Equal: Differentiating Job Hindrances and Job Challenges in the Job Demands-Resources Model," *European Journal of Work and Organizational Psychology* 19, no. 6 (2010), pp. 735-759.

参考不同研究对于工作要求的操作化维度，我们发现在早期的研究发展中，时间压力和体力劳动是研究工作要求的重要操作化指标，后期逐渐增添了情绪上的要求和“专注”等认知上的要求。结合工作要求的定义来看，时间压力会带来快节奏工作，体力劳动有可能带来工作者身体上的消耗，而时间压力作为压力源之一，与情绪要求、认知要求共同给工作者带来心理上的消耗。因此，问卷在设计时将时间要求、体力要求、情绪要求、认知要求均纳入工作要求的维度当中。

除此之外，欧洲工作环境研究也为我们提供了参考。随着时代的发展变化，工作也发生了相应的变化，为适应这种变化，会有新的工作要求出现。2006 年欧洲工作环境第四次调查报告就用一个章节来单独描述“工作性质”（nature of work）。由上文对工作要求研究脉络的梳理可知，工作要求是工作特征的一种，工作要求可以表示与工作相关的属性或因素。欧洲工作环境调查报告中的工作性质则是指工作特征在时代发展中的变化和表现，包含工作地点、工作中信息技术的使用、在职学习的可能性三个维度。工作地点的变化和工作中信息技术的使用都是现代科技尤其是信息技术发展带来的新的工作特征。现代通信技术的发展使远程办公、居家办公得以实现，工作地点不再局限于以往固定的场所，而是有了多种多样的选择和可能性，这一切则依赖于工作者对信息技术的使用能力。不仅是远程办公和居家办公需要使用信息技术，当今工作中的信息交流和传递以及许多工作任务的完成都已经高度信息化。因此，对信息技术的使用是当今时代背景下讨论工作要求必须要看的工具要求。在快速发展的信息时代，对工作者在工作中学习新知识、新事物的要求越来越高，在职学习是工作者在工作中取得进步、提高就业能力、获得就业保障的重要手段。因此，欧洲工作环境调查将在职学习的可能性列为工作性质的维度之一。欧洲工作环境调查中的信息技术工作要求和学习要求对工作要求的维度操作化具有启示和借鉴意义。

结合上文对工作要求操作化维度的梳理，我们将工作要求操作化为时间要求、体力要求、情绪要求、认知要求、工具要求和学习要求六个维度。时间要求主要指工作对员工的工作节奏要求和期限要求；体力要求为工作对员工体力劳动的要求，是一种会给员工的生理带来消耗的要求；情绪要求则是指员工需要在工作中付出情绪劳动，是一种会给员工的心理带来消耗的要求；认知要求指的是对员工在认识、处理工作过程中的要求，包括感觉、知觉、思维等方面；工具要求主要是指信息化时代背景下对员工使用互联网的要求；学习要求是指员工需要在工作中学习新事物、新知识等，是一种可能激励员工实现自我发展的要求。具体的操作化题器见表 7-3。

表 7-3　工作要求的操作化

	题器	编码	Cronbach's α 系数
时间要求	这份工作是否需要快节奏工作	0-否 1-是	0.649
	这份工作是否需要按期完成任务		
	这份工作是否需要签到或打卡		

续表

<table>
<tr><th></th><th>题器</th><th>编码</th><th>Cronbach's α 系数</th></tr>
<tr><td rowspan="2">体力要求</td><td>这份工作是否需要干重体力活</td><td rowspan="2">0-否
1-是</td><td rowspan="14">0.649</td></tr>
<tr><td>这份工作是否需要不停地来回运动</td></tr>
<tr><td rowspan="3">情绪要求</td><td>这份工作是否需要处理他人的投诉或抱怨</td><td rowspan="3">0-否
1-是</td></tr>
<tr><td>这份工作是否需要面带笑容</td></tr>
<tr><td>这份工作是否需要按要求着装</td></tr>
<tr><td rowspan="4">认知要求</td><td>这份工作是否需要重复、单调的劳动</td><td>1-否
0-是</td></tr>
<tr><td>这份工作是否需要长时间集中注意力</td><td>0-否
1-是</td></tr>
<tr><td>这份工作是否需要细心和耐心</td><td>0-否
1-是</td></tr>
<tr><td>这份工作是否需要创造力</td><td>0-否
1-是</td></tr>
<tr><td>工具要求</td><td>这份工作是否需要使用互联网</td><td>0-否
1-是</td></tr>
<tr><td rowspan="3">学习要求</td><td>我的工作要求我不断学习新知识</td><td rowspan="3">0-否
1-是</td></tr>
<tr><td>我的工作要求我不断掌握新技能</td></tr>
<tr><td>我的工作要求我不断熟悉新流程</td></tr>
</table>

注：①“这份工作是否需要重复、单调的劳动”这一题器为反向测量，为保证测量方向的统一，改变此题器的赋值方向，“否”赋值为1，“是”赋值为0。②学习要求所包含的三个题器在问卷中原本采用李克特五度量表法测量，“很不符合”、“较不符合”、“一般”、“比较符合”和“完全符合”从低到高依次赋值为“1~5”；为与工作要求其他维度的题器保持统一，此处将学习要求的题器处理为二分变量，具体操作是“很不符合”“较不符合”“一般”重新赋值为“0”，“比较符合”和“完全符合”重新赋值为“1”。

我们采用 Cronbach's α 系数来检验工作要求量表的信度。结果显示，工作要求量表的 Cronbach's α 系数为 0.649，表明测量结果是比较稳定的。

本工作要求量表参考借鉴了五次“欧洲工作环境调查”中的题器设置，并从2014年开始进行实地调研考察，访问了各类组织的管理者和一线工作人员以及劳动行政部门的公职人员，充分了解了我国的业态，归纳出各行各业中具有普遍意义和代表性的工作要求，经由课题组多位专家学者的多次研讨，直至2017年才形成最终的测量量表。该量表在投入使用的过程中也不断进行修订，具有良好的结构效度和内容效度。与此同时，为了进一步对工作要求量表的效度进行检验，以查看所设计量表的有效性，我们用本调查中的工作压力量表①与工作要求量表进行效标效度关联。因为根据前文的论述，可知工作要求研究的发展与工作压力研究的发展息息相关，如果工作要求量表的测量结果与人们对工作压力的感知状况相一致，我们就可以认为所设计的量表具有较好的效度。方差分析结果显示，F值为4.42，且在0.001的显著性水平上显著，说明工作要求较高的劳动者对工作压力的感知也相对较高，从而证明了工作要求量表的外部效标效度较好。

我们将这些题器进行算术平均处理后，加总得到工作要求的潜变量，其取值范围为0~6分，分值越高，表示工作要求越高。②

工作要求是随着时代的发展变化而不断更新的。当下，创新已然成为发展的第一驱动力。在整体创新和技术更迭的时代浪潮下，各类组织只有不断地创新、进步才能更好地生存和发展，而组织的创新进步就要求员工不断学习新知识、掌握新技能、熟悉新流程，这样才能适应时代和组织的发展变化，才有可能在工作中取得进步，进而谋求更好的职业发展。因此，学习要求是最具有时代性的工作要求，值得我们在观测整体的工作要求的同时将其单独列出。学习要求的操作化见表7-4。

---

① 本调查中的工作压力量表用于测量职工在工作环境中受各种因素影响所感受到的心理方面的承压情况。该量表由八个题器组成，分别是“工作十分劳累，提不起精神”、“工作压力大，总有做不完的事”、“对工作越来越提不起兴趣”、“工作上出差错”、“对自己失去信心，越来越没有自信”、“感到困难太大，再怎么努力也不行”、“在单位不开心，看什么都不顺眼”和“工作拖拖拉拉”，所有题器均采用三度测量，“1”代表“从不”，“2”代表“偶尔”，“3”代表“经常”。

② 以时间要求为例，算术平均处理的具体操作是将时间要求所包含的三个题器加起来再除以3，得到时间要求的潜变量，其取值范围为0~1分；以此类推，得到体力要求、情绪要求、认知要求、工具要求和学习要求的潜变量，再将六个维度的潜变量加总得到工作要求的潜变量，其取值范围为0~6分。

表 7-4 学习要求的操作化

	题器	编码	Cronbach's α 系数
学习要求	我的工作要求我不断学习新知识 我的工作要求我不断掌握新技能 我的工作要求我不断熟悉新流程	1-很不符合 2-较不符合 3-一般 4-比较符合 5-完全符合	0.811

我们采用 Cronbach's α 系数来检验学习要求量表的信度。结果显示，学习要求量表的 Cronbach's α 系数为 0.811，表明测量结果是比较稳定的。

对学习要求量表进行 KMO 和巴特利特球形检验，结果表明，KMO 值为 0.710，即量表很适合进行因子分析；同时，巴特利特球形检验统计量的相应概率 p 为 0.000，可以认为相关系数矩阵与单位矩阵有显著差异。据此，本研究采用结构效度（construct validity）来考察量表的效度。结构效度的检验结果如表 7-5 所示。

表 7-5 学习要求量表的验证性因素分析

	成分
	学习要求
a. 我的工作要求我不断学习新知识	0.84
b. 我的工作要求我不断掌握新技能	0.86
c. 我的工作要求我不断熟悉新流程	0.84
特征值	2.14
贡献率（%）	71.45
累积贡献率（%）	71.45

信效度检验的结果表明，学习要求量表具有较高的稳定性和一致性，能够较为可靠地测量本研究所预设的学习要求状况。基于此，我们通过算术平均处理，即将三个题器的得分加总再除以 3，得到学习要求的潜变量，取值范围为 1~5 分，分值越高代表学习要求越高。

三 工作要求的现状分析

（一）工作要求的描述性分析

本次调查结果显示，我国城镇劳动者在工作要求上的得分均值为3.50，标准差为1.09，最大值为6，最小值为0，偏度系数为-0.35，峰度系数为2.67，整体呈现负偏态、扁平峰，具体数据分布见图7-2。总体上，我国城镇劳动者所从事的工作具有相对较高的工作要求。

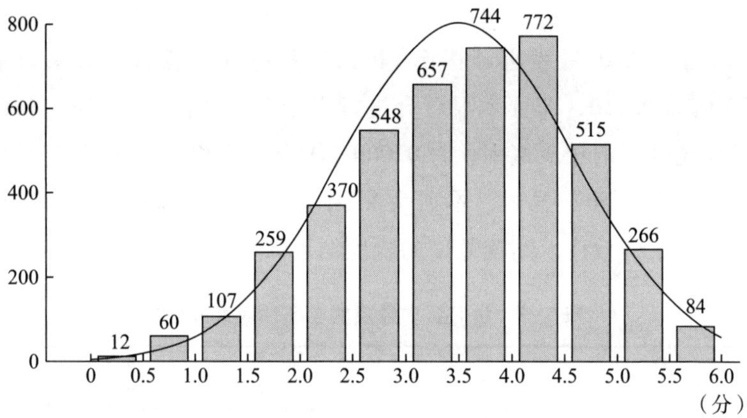

图7-2 工作要求的频数分布

随着社会的发展与进步，工作要求也发生了具有时代特性的变化。总体来说，工作要求随着时代的发展日益丰富和完善，岗位任职者的工作内容和工作职责更为清晰和明确。而较高的工作要求也是对员工的一种鞭策，用外部客观的要求作为考评的标准，可以规范员工的工作认知和行为，使之与组织目标更加契合。

在了解工作要求的总体分布之后，我们进一步来看工作要求的各个维度。前文中已经生成了时间要求、体力要求、情绪要求、认知要求、工具要求和学习要求六个维度各自对应的潜变量，并且都通过取算术平均值的方法将其处理成取值范围为0~1的连续变量。为了更好地观测工作要求的现状，我们将工作要求各个维度上得分为 0 分的情况视作在该项工作要求上对劳动者无要求，将得分为 0 分以上的视为有要求，得到不同维度工作要求的得分情况（见图 7-3）。

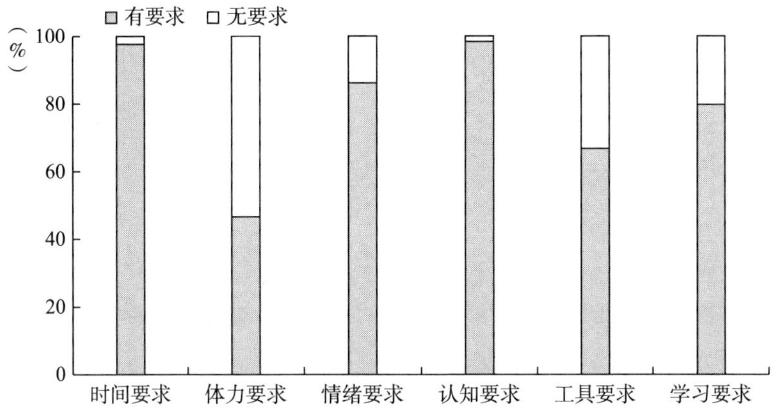

图 7-3　工作要求各维度的得分情况

由图 7-3 可知，时间要求和认知要求对于我国城镇劳动者来说是最为普遍的两项工作要求，有时间要求的占比达 97.54%，有认知要求的占比达 98.35%，情绪要求和学习要求次之，最后才是工具要求和体力要求。进一步来看，时间要求主要表现为在上班的时候单位要求签到或打卡，其次是要求按期完成任务，最后才是快节奏工作；认知要求则主要表现为工作需要细心和耐心；情绪要求主要是要求劳动者面带笑容和按要求着装，需要处理他人的投诉或抱怨的劳动者占比较小；学习要求中，被要求学习新知识、掌握新技能、熟悉新流程的劳动者占比相当；工具要求主要指会使用互联网；体力要求主要体现为不停地来回运动，需要干重体力活的劳动者占比较小。

我们在前文中论述过，学习要求是最具时代性的工作要求。因此，在把握工作要求各维度现状的基础之上，我们再针对学习要求进行频数分析。结果显示，我国城镇劳动者在学习要求上的得分均值为 3.82，标准差为 0.90，最大值为 5，最小值为 1，偏度系数为-0.62，峰度系数为 3.24，整体呈现负偏态、扁平峰（见图 7-4）。

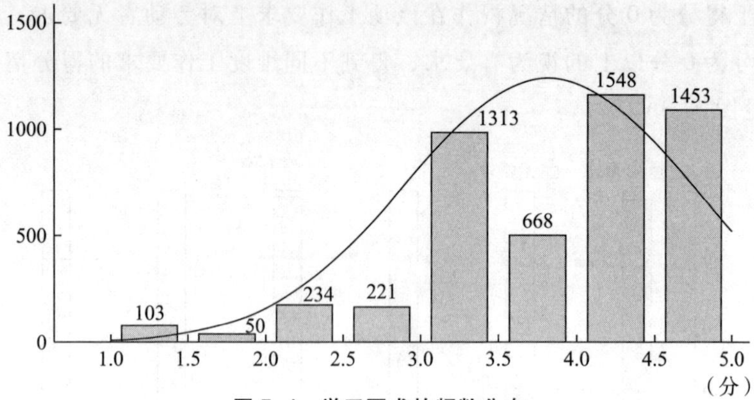

图 7-4　学习要求的频数分布

这些数据表明，科学技术飞速发展的今天对劳动者提出了较高的学习要求。与科学技术的发展需求共生的是对脑力劳动尤其是复杂脑力劳动的需求，脑力劳动日益成为技术进步和生产力发展的最重要源泉[①]，这就对劳动者提出了更高的学习要求。在学习上的要求，也可以理解为创新的要求，即劳动者需要不断学习新的知识、技能，掌握新的工作流程，推动组织创新，助力组织在激烈的竞争环境中更好地谋求生存与发展。

（二）工作要求的差异性分析

根据前文对工作要求的定义，工作要求指的是由工作性质、岗位及组织特征共同带来的对员工的要求，这些要求需要员工在身体或心理上付出持续不断的努力，可能会给员工带来一定的生理和心理上的消耗，也可能激励员工学习进步和自我发展。工作要求是劳动者在工作过程中所受到的认知和行为上的制度规范，工作特征和组织特征的不同会导致工作要求的差异。

从工作特征来看，其主要考察的是劳动者与工作单位建立的工作关系的性质，以及劳动者在工作单位中的技术职称。不同性质的工作

① 宗寒：《话说体力劳动及向脑力劳动转换》，《求是》2003 年第 17 期，第 43~45 页。

关系（如是否受雇于某个用人单位、是否有稳定的雇主以及有没有和单位签署正式的劳动合同）下，劳动者所受到的工作要求的规范和约束程度是不同的；技术职称则反映了专业技术人员的技术水平、工作能力，工作单位中不同技术职称的劳动者因技术水平和工作能力的差异，对其相应的工作要求可能在不同维度上存在差异。基于此，我们选取工作性质①、是否签订劳动合同和技术职称②三个变量来进行工作要求在不同工作特征上的差异分析。

从组织特征来看，不同类型的组织在发展目标、管理制度等方面均存在差异，因此，不同类型的组织对任职于其中的员工会提出不同的工作要求。在进行工作要求的差异性分析时，我们将对产业③、单位类型④、组织地位感知和月收入的讨论纳入进来。

---

① 本调查中，工作性质包括五个类别，分别是正式工、临时工、劳务派遣工、零工和老板。其中，“零工”指每次工作以任务为指向，任务结束，工作关系随即结束的劳动者。“劳动派遣工”指受雇于专门的劳务公司、其工作或岗位是劳务公司和用人单位协商决定的劳动者。“正式工”、“临时工”和“劳务派遣工”都有稳定的雇主，而“零工”则没有稳定的雇主。同时，“正式工”和“临时工”是与用人单位正式签署了劳动合同的员工。

② 本调查中，技术职称分为高级、中级、初级、未定级和非专业技术人员五个类别。

③ 即三次产业。根据2018年国家统计局新颁布的《国民经济行业分类》进行划分，第一产业是指农、林、牧、渔业（不含农、林、牧、渔专业及辅助性活动）。第二产业是指采矿业（不含开采专业及辅助性活动），制造业（不含金属制品、机械和设备修理业），电力、热力、燃气及水生产和供应业，建筑业。第三产业即服务业，是指除第一产业、第二产业以外的其他行业，包括：批发和零售业，交通运输、仓储和邮政业，住宿和餐饮业，信息传输、软件和信息技术服务业，金融业，房地产业，租赁和商务服务业，科学研究和技术服务业，水利、环境和公共设施管理业，居民服务、修理和其他服务业，教育，卫生和社会工作，文化、体育和娱乐业，公共管理、社会保障和社会组织，国际组织，以及农、林、牧、渔业中的农、林、牧、渔专业及辅助性活动，采矿业中的开采专业及辅助性活动，制造业中的金属制品、机械和设备修理业。参见《三次产业是怎样划分的》，http://www.stats.gov.cn/zs/tjws/tjbz/202301/t20230101_1903768.html，最后访问日期：2024年1月8日。

④ 本调查中，单位类型包括十三个类别，分别是没有雇人的个体户、雇人的个体户、国有事业单位、党政群团机构、国有企业、私营企业、大集体企业、小集体企业、农村集体（乡镇）企业、合资企业、外资/侨商/台商独资企业、股份制或股份合作制企业和上市公司。

除了上述内容中提到的工作特征变量和组织特征变量，个体变量也是工作要求讨论中不可忽视的，本章主要讨论性别、出生年代、受教育程度和经济地区四个人口学变量。男性劳动者和女性劳动者由于生理性别和社会性别的差异，对二者的工作要求可能在不同维度上存在差异。受教育程度是不同层次人才的重要标识之一，不同层次人才所具备的能力和所受到的要求也会有所不同。此外，工作要求的发展变化是与社会环境息息相关的，社会经济发展状况、社会发展时代背景的差异等都会导致工作要求的差异。具体来说，表现为年龄差异和经济地区差异带来的工作要求差异。所以，我们在讨论工作要求的差异时，要讨论性别、出生年代①、受教育程度②和经济地区③的差异。

基于上述内容，我们先通过方差分析了解工作要求在人口学变量、工作特征和组织特征上的差异，描绘出不同群体工作要求得分均值的概况；再以工作要求及其六个维度④作为因变量，分别以人口学变量（性别、出生年代、受教育程度、经济地区）、工作特征

① 本章根据劳动者的年龄来划分不同受访者所处的年代，以每十年为一代，分为“50后”、“60后”、“70后”、“80后”、“90后”和“00后”。

② 本章中，受教育程度分为“初中及以下”、“高中/技校/职高/中专”、“大专”、“大学本科”和“研究生”五个类别。其中，研究生包括硕士研究生和博士研究生两类。

③ 本章中的经济地区根据2011年国家统计局发布的《东西中部和东北地区划分方法》进行划分：东部地区包括北京、天津、河北、上海、江苏、浙江、福建、山东、广东和海南10个省份；中部地区包括山西、安徽、江西、河南、湖北和湖南6个省份；西部地区包括内蒙古、广西、重庆、四川、贵州、云南、西藏、陕西、甘肃、青海、宁夏和新疆12个省份；东北地区包括辽宁、吉林和黑龙江3个省份。参见《东西中部和东北地区划分方法》，http://www.stats.gov.cn/zt_18555/zthd/sjtjr/dejtjkfr/tjkp/202302/t20230216_1909741.htm，最后访问日期：2024年1月8日。

④ 工作要求的六个维度分别是时间要求、体力要求、情绪要求、认知要求、工具要求和学习要求，除了学习要求的题器采用的是李克特五度量表法测量，其余五个维度的题器都是二分变量。前文生成工作要求潜变量时，曾将学习要求处理为二分变量，此处为更好地将学习要求在不同群体中的差异显现出来，使用学习要求通过李克特五度量表法测量并做算术平均处理后得到的潜变量进行分析，其余五个维度则是通过加权平均处理生成潜变量来进行分析。

（工作性质、是否签订劳动合同、技术职称）和组织特征（产业、单位类型、组织地位感知、月收入）作为自变量进行三组多元线性回归分析，讨论分析工作要求及其各维度在这些变量上的差异。

1. 工作要求在人口学变量上的差异性分析

首先，考察工作要求在人口学变量（性别、出生年代、受教育程度、经济地区）上的差异。方差分析结果显示，工作要求在出生年代、受教育程度和经济地区三个人口学变量上存在显著差异，但其性别差异不显著（见表7-6）。

表7-6　工作要求在人口学变量上的差异性分析

	类别	工作要求		差异显著性
		均值	标准差	
性别	男	3.52	1.11	$T=1.15$，$p=0.2497$
	女	3.48	1.08	
出生年代	50后	2.64	1.22	$F=19.28$，$p=0.0000$
	60后	3.04	1.24	
	70后	3.48	1.13	
	80后	3.62	1.06	
	90后	3.47	1.03	
	00后	3.35	1.15	
受教育程度	初中及以下	2.92	1.22	$F=97.60$，$p=0.0000$
	高中/技校/职高/中专	3.26	1.10	
	大专	3.54	1.04	
	大学本科	3.81	0.95	
	研究生	4.08	0.89	
经济地区	东部地区	3.48	1.09	$F=5.93$，$p=0.0005$
	中部地区	3.47	1.09	
	西部地区	3.72	1.08	
	东北地区	3.48	1.09	

从性别来看，方差分析结果表明男性劳动者和女性劳动者的工

作要求得分均值分别是 3.52 和 3.48，性别差异并不显著。

从受教育程度来看，受教育程度更高的劳动者，其工作要求得分均值也显著更高。如前文所述，受教育程度是各类组织甄选人才时的一个重要参考指标，是能力的一种表征，学历高的求职者更有机会进入更好的工作平台，而更好的工作平台同时也意味着更高的工作要求。

从经济地区来看，东部地区、中部地区和东北地区劳动者的工作要求得分均值基本持平，反而是西部地区劳动者的工作要求得分均值显著高于其他地区，超过了工作要求总体的均值（3.50），达到 3.72。东部、中部、西部和东北地区的划分不是行政划分也不是地理概念上的划分，而是出于不同发展政策进行划分的。东部地区是指最早实行沿海经济开放政策并且经济发展水平较高的省份；中部地区是指经济次发达的省份；西部地区则是指经济欠发达的省份。然而，西部地区劳动者的工作要求得分均值却显著高于其他地区的劳动者，这与西部地区正在实行的发展战略不无关系。1999 年 9 月，中共十五届四中全会提出，国家要实施西部大开发战略，总体规划分为三个阶段：2001～2010 年是奠定基础阶段；2011～2030 年是加速发展阶段；2031～2050 年是全面推进现代化阶段。2017 年 1 月，国家发展改革委印发《西部大开发“十三五”规划》，提出这一时期西部大开发的总目标是，到 2020 年如期全面建成小康社会，西部地区综合经济实力、人民生活水平和质量、生态环境状况再上新台阶。2019 年是实现 2020 年如期全面建成小康社会的关键之年，在这一年中，西部地区的劳动者相比其他地区的劳动者所受到的高工作要求正是西部地区努力推动经济增长的重要映射，从高工作要求的规范指向高工作产出。

从出生年代来看，我们观测出生年代实际上是想观测不同年龄段的劳动者群体所受到的工作要求存在怎样的差异。在本章中，出生年代以每十年为一代来划分，根据受访者的年龄来划分不同受访者所处的年代，即当今日常生活中人们常说的“50 后”、“60 后”、

“70后”、“80后”、“90后”和“00后”。① 表7-6显示，高工作要求集中体现在“70后”、“80后”和“90后”三代劳动者群体中，三代人的工作要求得分均值分别为3.48、3.62和3.47，都接近工作要求总体的得分均值（3.50）；“00后”的工作要求得分均值次之，为3.35；“60后”的工作要求得分均值较低，为3.04；“50后”的工作要求得分均值最低，仅为2.64。不同年龄段的劳动者在工作要求得分均值上的差异显示出“70后”、“80后”和“90后”是当今劳动者群体的中坚力量，受到了相对较高的工作要求；“00后”初进职场，改革开放走过四十余年，诸如主播等新业态不断涌现，工作形式、工作场所更加多样化，工作时间更加弹性化，工作要求相对以往也应该发生了变化，需要研究者探索出更具时代特征的工作要求维度。

然而，不同群体的劳动者在工作要求得分均值上的差异具体体现在哪些维度上，需要进一步把工作要求展开来讨论，由此，我们得出以工作要求及其六个维度作为因变量，以人口学变量（性别、出生年代、受教育程度、经济地区）作为自变量的多元线性回归结果（见表7-7）。

表7-7　关于工作要求及其各维度的多元线性回归模型（一）

	模型1	模型2	模型3	模型4	模型5	模型6	模型7
	工作要求	时间要求	体力要求	情绪要求	认知要求	工具要求	学习要求
性别（以“男性”为参照组）							
女性	-0.051 (0.032)	-0.026*** (0.008)	-0.069*** (0.009)	0.053*** (0.009)	-0.015* (0.006)	0.053*** (0.011)	-0.044*** (0.010)

① 本次中国城镇居民工作环境调查的对象是雇主、雇员或自雇者，即生活在城市的、16岁及以上、居住在家庭户中的就业人口。其中，16岁及以上的做生意者、自由职业者也是本调查的适合访问对象，但是没有再就业或延聘、返聘的离退休人员不是本调查的适合访问对象。在本次调查中，“30后”和“40后”劳动者已经超过了法定退休年龄，不属于本调查的对象，因此本章谈及的出生年代都是从“50后”开始，直至“00后”。

续表

	模型 1	模型 2	模型 3	模型 4	模型 5	模型 6	模型 7
	工作要求	时间要求	体力要求	情绪要求	认知要求	工具要求	学习要求
出生年代（以“50 后”为参照组）							
60 后	0.306 (0.200)	0.038 (0.049)	-0.004 (0.055)	0.050 (0.053)	0.014 (0.038)	-0.034 (0.070)	0.218*** (0.065)
70 后	0.555** (0.195)	0.102* (0.048)	0.005 (0.054)	0.076 (0.052)	0.030 (0.037)	0.072 (0.069)	0.243*** (0.063)
80 后	0.563** (0.194)	0.087+ (0.048)	-0.030 (0.053)	0.112* (0.052)	0.033 (0.037)	0.120+ (0.069)	0.232*** (0.063)
90 后	0.384* (0.195)	0.073 (0.048)	-0.040 (0.054)	0.085 (0.052)	0.010 (0.037)	0.103 (0.069)	0.136* (0.063)
00 后	0.479+ (0.245)	0.096 (0.059)	0.037 (0.068)	0.186** (0.066)	0.040 (0.047)	0.011 (0.087)	0.079 (0.080)
受教育程度（以“初中及以下”为参照组）							
高中/技校/职高/中专	0.331*** (0.056)	0.032* (0.013)	-0.093*** (0.014)	0.089*** (0.014)	0.055*** (0.010)	0.196*** (0.018)	0.084*** (0.017)
大专	0.603*** (0.056)	0.080*** (0.013)	-0.170*** (0.015)	0.088*** (0.014)	0.109*** (0.010)	0.364*** (0.019)	0.163*** (0.018)
大学本科	0.861*** (0.055)	0.107*** (0.013)	-0.245*** (0.015)	0.093*** (0.014)	0.176*** (0.010)	0.485*** (0.019)	0.240*** (0.017)
研究生	1.113*** (0.110)	0.142*** (0.027)	-0.259*** (0.032)	0.067* (0.031)	0.298*** (0.022)	0.546*** (0.041)	0.313*** (0.037)
经济地区（以“东部地区”为参照组）							
中部地区	0.026 (0.038)	0.004 (0.009)	0.070*** (0.010)	0.036*** (0.010)	-0.046*** (0.007)	-0.064*** (0.013)	0.014 (0.012)
西部地区	0.226*** (0.056)	-0.016 (0.014)	0.117*** (0.014)	0.101*** (0.014)	-0.006 (0.010)	0.064*** (0.018)	-0.041* (0.017)
东北地区	0.107+ (0.061)	0.025 (0.015)	0.022 (0.017)	0.020 (0.016)	-0.035** (0.012)	-0.042+ (0.022)	0.029 (0.020)
截距	2.442*** (0.192)	0.589*** (0.047)	0.467*** (0.053)	0.333*** (0.052)	0.503*** (0.037)	0.258*** (0.068)	0.317*** (0.062)
F 值	34.78	11.75	50.24	14.86	47.12	100.37	27.88
R^2	0.0936	0.0317	0.1019	0.0327	0.0974	0.1834	0.0611

注：①括号里的数字为标准误；② $^{+}p<0.10$，$^{*}p<0.05$，$^{**}p<0.01$，$^{***}p<0.001$。

由表 7-7 的模型 1 结果可知，就性别来看，男性劳动者所受到的工作要求要高于女性劳动者，这种性别差异在总体的工作要求上并不显著。但是，综合模型 2 至模型 7 的统计结果来看，工作要求内在的各个维度上却存在不同程度的显著性别差异，具体表现为：在 0.05 的显著性水平上，女性劳动者在工作中所受到的时间要求、体力要求、认知要求和学习要求显著低于男性劳动者，而情绪要求和工具要求则显著高于男性劳动者。在控制其他变量保持不变的情况下，女性劳动者在工作中所受到的时间要求、体力要求、认知要求和学习要求分别比男性劳动者低了 0.026、0.069、0.015 和 0.044 个单位，而情绪要求和工具要求则均比男性劳动者高出 0.053 个单位。就出生年代来说，不同出生年代的劳动者在学习要求上的差异最为显著。在 0.05 的显著性水平上，控制住其他变量不变，“60 后”、“70 后”、“80 后”和“90 后”在工作中所受到的学习要求分别显著高于“50 后”0.218、0.243、0.232 和 0.136 个单位。就受教育程度来说，在 0.05 的显著性水平上，不同学历的劳动者在工作要求及其各维度上均存在显著差异。在控制其他变量保持不变的情况下，拥有高中/技校/职高/中专以及大专、大学本科、研究生学历的劳动者所受到的工作要求分别显著高于初中及以下学历劳动者 0.331、0.603、0.861、1.113 个单位。进一步看工作要求的各个维度，对更高学历的劳动者的时间要求、情绪要求、认知要求、工具要求和学习要求都显著高于初中及以下学历的劳动者，尤其是工具要求和学习要求的差异程度更大，只有体力要求低于初中及以下学历的劳动者。如前文所述，受教育程度是各类组织甄选人才时的一个重要参考指标，是能力的一种表征，拥有更高能力的劳动者往往会被给予更高的期待并受到更高的工作要求，尤其是学习要求这样更注重更新迭代、符合快速发展背景下的工作要求会在高学历的劳动者群体中有更明显的体现。就经济地区而言，以东部地区为参照组，西部地区劳动者总体上受到的工作要求更高。在 0.05 的显著性水平上，控制住其他变量不变，对西部地区劳动者的工作要求显著高于东部地区劳动者 0.226 个单位。进一步看各个维度，不同地区的劳动者在时间要求上的差异并不显著，说明时间要求是一个较为普遍的制度规范，劳动者都需要遵循相应的工作时间制度，把握工作节奏。此外，对西部地区劳动者的认知要求和学习要求均低于东部地区的劳动者，但是工具要求却显著高于东部地区劳动者 0.064 个单位，说明在经济和发展水平欠发达的西部地区，工具要求（即使用互联网的要求）已经成为一个更为显见的要求，这也是西部地区适应快速发展的信息时代的一个表征。

2. 工作要求在工作特征上的差异性分析

其次，考察工作要求在工作特征（工作性质、是否签订劳动合同、技术职称）上的差异。方差分析结果显示，工作要求在工作性质、是否签订劳动合同和技术职称三个工作特征的变量上均存在显著差异（见表 7-8）。

表 7-8　工作要求在工作特征上的差异性分析

<table>
<tr><th rowspan="2"></th><th rowspan="2">类别</th><th colspan="2">工作要求</th><th rowspan="2">差异显著性</th></tr>
<tr><th>均值</th><th>标准差</th></tr>
<tr><td rowspan="5">工作性质</td><td>正式工</td><td>3.55</td><td>1.07</td><td rowspan="5">$F=13.71$,
$p=0.0000$</td></tr>
<tr><td>临时工</td><td>3.25</td><td>1.14</td></tr>
<tr><td>劳务派遣工</td><td>3.36</td><td>1.14</td></tr>
<tr><td>零工</td><td>2.91</td><td>1.44</td></tr>
<tr><td>老板</td><td>3.75</td><td>0.95</td></tr>
<tr><td rowspan="2">是否签订劳动合同</td><td>是</td><td>3.10</td><td>1.16</td><td rowspan="2">$T=-9.58$,
$p=0.0000$</td></tr>
<tr><td>否</td><td>3.56</td><td>1.07</td></tr>
<tr><td rowspan="5">技术职称</td><td>高级</td><td>3.94</td><td>1.19</td><td rowspan="5">$F=42.93$,
$p=0.0000$</td></tr>
<tr><td>中级</td><td>3.77</td><td>0.98</td></tr>
<tr><td>初级</td><td>3.64</td><td>1.00</td></tr>
<tr><td>未定级</td><td>3.36</td><td>1.11</td></tr>
<tr><td>非专业技术人员</td><td>3.25</td><td>1.14</td></tr>
</table>

由表 7-8 可知，就工作性质来说，工作性质不同的劳动者之间

的工作要求得分均值差异显著，老板的工作要求得分均值最高，达到 3.75；正式工的工作要求得分均值次之，为 3.55；零工的工作要求得分均值最低，仅为 2.91。签订了劳动合同的劳动者的工作要求得分均值为 3.10，显著低于没有签订劳动合同的劳动者的工作要求得分均值（3.56）。就技术职称来说，技术职称不同的劳动者之间的工作要求得分均值差异显著，技术职称更高的劳动者的工作要求得分均值也更高。技术职称是专业技术人员技术水平、工作能力的反映，越高的技术职称对应的是复杂性和挑战性越高的工作内容和岗位，相应的，工作要求也就更高。

为进一步讨论不同工作特征的劳动者群体在工作要求上的具体差异，我们以工作要求及其六个维度作为因变量，以工作特征（工作性质、是否签订劳动合同、技术职称）作为自变量进行多元线性回归（见表 7-9）。

表 7-9　关于工作要求及其各维度的多元线性回归模型（二）

	模型 1 工作要求	模型 2 时间要求	模型 3 体力要求	模型 4 情绪要求	模型 5 认知要求	模型 6 工具要求	模型 7 学习要求
工作性质（以“正式工”为参照组）							
临时工	-0.040 (0.055)	0.044*** (0.013)	0.125*** (0.016)	0.052** (0.016)	-0.023* (0.011)	-0.161*** (0.021)	0.008 (0.018)
劳务派遣工	-0.107 (0.086)	0.044*** (0.021)	0.033 (0.027)	0.009 (0.026)	-0.023 (0.019)	-0.065 (0.035)	0.028 (0.030)
零工	-0.247 (0.192)	-0.061 (0.046)	0.274*** (0.040)	-0.012 (0.040)	-0.003 (0.028)	-0.286*** (0.054)	-0.089 (0.048)
是否签订劳动合同（以“是”为参照组）							
否	-0.372*** (0.054)	0.063*** (0.013)	0.005 (0.016)	0.052*** (0.016)	0.093*** (0.011)	0.080*** (0.021)	-0.100*** (0.018)
技术职称（以“高级”为参照组）							
中级	-0.210* (0.091)	-0.033 (0.022)	-0.076** (0.029)	-0.031 (0.028)	-0.034 (0.020)	-0.029 (0.038)	-0.007 (0.033)
初级	-0.318*** (0.091)	-0.040 (0.022)	-0.067* (0.028)	-0.031 (0.028)	-0.063** (0.020)	-0.048 (0.038)	-0.060 (0.032)

续表

	模型 1 工作要求	模型 2 时间要求	模型 3 体力要求	模型 4 情绪要求	模型 5 认知要求	模型 6 工具要求	模型 7 学习要求
未定级	-0.596*** (0.088)	-0.050* (0.021)	-0.048 (0.027)	-0.042 (0.027)	-0.113*** (0.019)	-0.180*** (0.037)	-0.154*** (0.031)
非专业技术人员	-0.676*** (0.092)	-0.057** (0.022)	-0.007 (0.029)	-0.046 (0.028)	-0.146*** (0.020)	-0.239*** (0.038)	-0.209*** (0.033)
截距	4.014*** (0.084)	0.791*** (0.020)	0.298*** (0.026)	0.582*** (0.026)	0.724*** (0.018)	0.842*** (0.035)	0.767*** (0.030)
F 值	31.73	11.56	21.47	2.47	41.41	50.22	30.81
R^2	0.0559	0.0199	0.0347	0.0041	0.0658	0.0769	0.0494

注：①此处工作性质的类别不包含“老板”是因为“工作性质”和“是否签订劳动合同”两个题器之间存在逻辑跳转关系，无法在同一个回归模型中呈现出来；②括号里的数字为标准误；③ $^+p<0.10$, $^*p<0.05$, $^{**}p<0.01$, $^{***}p<0.001$。

由表 7-9 中模型 1 至模型 7 的结果可知，就工作性质来看，临时工、劳务派遣工和零工总体所受到的工作要求分别比正式工要低 0.040、0.107、0.247 个单位，但是这种差异并不显著。这说明虽然正式工、临时工、劳务派遣工和零工的工作性质不同，但是一旦与雇方建立了工作关系，就都需要在工作过程中受到相应的工作要求的规范。就是否签订劳动合同来说，没有签订劳动合同的劳动者在总体的工作要求以及学习要求上分别显著低于签订了劳动合同的劳动者 0.372、0.100 个单位，但是在时间要求、情绪要求、认知要求和工具要求上分别显著高于签订了劳动合同的劳动者 0.063、0.052、0.093、0.080 个单位。就技术职称来说，拥有高级职称的劳动者无论在总体的工作要求上还是具体的各个维度上都要高于中级、初级和未定级的劳动者以及非专业技术人员，这种差异在未定级的劳动者和非专业技术人员与高级职称劳动者之间比在中级职称劳动者、初级职称劳动者与高级职称劳动者之间要更为显著。

3. 工作要求在组织特征上的差异性分析

最后，考察工作要求在组织特征（行业[①]、产业、单位类型、组织地位感知、月收入）上的差异。方差分析结果显示，不同单位、不同行业的工作要求存在显著差异。

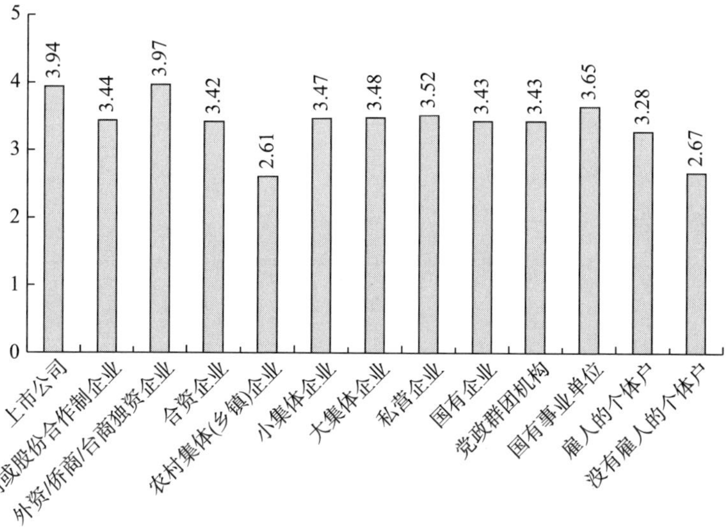

图 7-5　不同单位的工作要求均值比较

如图 7-5 所示，不同类型单位劳动者的工作要求得分均值之间的差异显著（$F=7.51$，$p=0.0000$），国有事业单位、私营企业、外资/侨商/台商独资企业及上市公司的劳动者的工作要求得分均值分别为 3.65、3.52、3.97 和 3.94，超过了总体工作要求的均值（3.50）。其中，外资/侨商/台商独资企业的劳动者的工作要求得分均值是最高的。在全球化背景下，生产、贸易和资本的流动更加迅速和广泛，竞争也日益激烈，要在这样激烈的竞争环境中谋求生存与发展，各类企业就需要不断地推动创新和发展。外资/侨商/台商独资企业相较于其他类型的企业来说全球化程度更深，因此会对组

① 为了全面地了解不同行业工作要求的差异，我们对问卷中所涉及的二十六个行业进行方差分析。

织中的员工有更高的工作要求和学习要求，这样才能适应组织的发展需求。

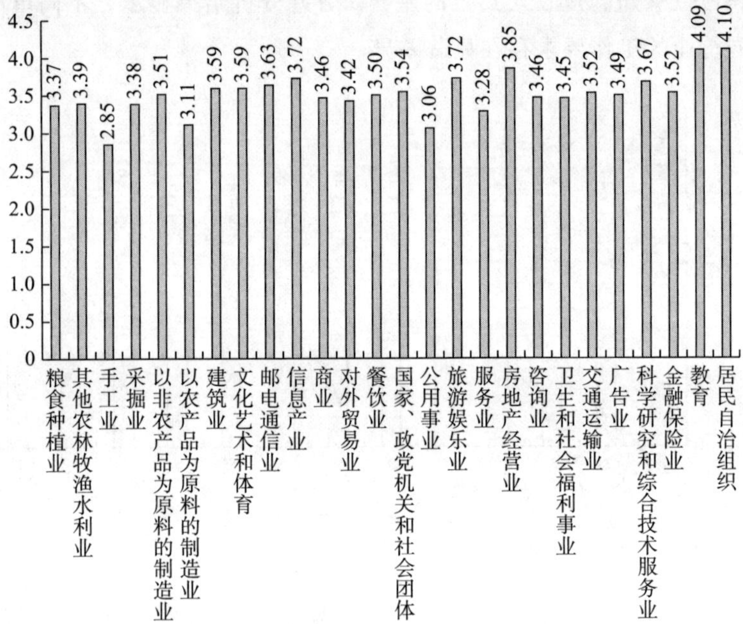

图 7-6　不同行业的工作要求均值比较

如图 7-6 所示，不同行业劳动者的工作要求得分均值之间的差异显著（$F=6.46$，$p=0.0000$），手工业劳动者的工作要求得分均值最低，仅有 2.85；居民自治组织的工作要求得分均值最高，达 4.10。

为进一步讨论不同组织特征的劳动者群体在工作要求上的具体差异，我们以工作要求及其六个维度作为因变量，以组织特征（产业、单位类型、组织地位感知、月收入）作为自变量进行多元线性回归（见表 7-10）。[①]

① 需要说明的是，在此多元线性回归模型中，产业的类别根据行业进行再次分类得到，单位类型的类别也整合为公有单位和非公有单位两类。“公有单位”包括国有事业单位、党政群团机构、国有企业、大集体企业、小集体企业、农村集体（乡镇）企业，“非公有单位”包括没有雇人的个体户、雇人的个体户、私营企业、合资企业、外资/侨商/台商独资企业、股份制或股份合作制企业和上市公司。

表 7-10　关于工作要求及其各维度的多元线性回归模型（三）

	模型 1 工作要求	模型 2 时间要求	模型 3 体力要求	模型 4 情绪要求	模型 5 认知要求	模型 6 工具要求	模型 7 学习要求
产业（以“第一产业”为参照组）							
第二产业	-0.121 (0.159)	0.040 (0.039)	-0.032 (0.049)	-0.010 (0.047)	-0.024 (0.035)	-0.101 (0.065)	-0.003 (0.056)
第三产业	0.039 (0.157)	0.024 (0.038)	-0.094 (0.049)	0.128** (0.046)	-0.045 (0.034)	0.060 (0.064)	-0.060 (0.055)
单位类型（以“非公有单位”为参照组）							
公有单位	0.136*** (0.037)	0.008 (0.009)	-0.016 (0.012)	0.007 (0.011)	0.021* (0.008)	0.102*** (0.015)	0.031* (0.013)
组织地位感知	0.073*** (0.011)	-0.001 (0.003)	0.000 (0.003)	0.017*** (0.003)	0.017*** (0.002)	0.021*** (0.004)	0.015*** (0.004)
月收入	0.502*** (0.032)	0.086*** (0.008)	-0.044*** (0.010)	0.012 (0.010)	0.098*** (0.007)	0.192*** (0.013)	0.155*** (0.011)
截距	-0.965** (0.303)	-0.029 (0.074)	0.719*** (0.096)	0.323*** (0.092)	-0.225*** (0.066)	-1.044*** (0.126)	-0.669*** (0.109)
F 值	82.76	29.87	9.89	40.65	76.22	81.78	60.89
R^2	0.0901	0.0325	0.0109	0.0438	0.0795	0.0830	0.0641

注：①括号里的数字为标准误；②$^{+}p<0.10$，$^{*}p<0.05$，$^{**}p<0.01$，$^{***}p<0.001$。

由表 7-10 中模型 1 至模型 7 的结果可知，就产业类型来说，除第三产业在情绪要求上显著高于第一产业 0.128 个单位之外，第二、第三产业在总体的工作要求和各维度上与第一产业并没有显著的差异。就单位类型来说，公有单位的劳动者在总体的工作要求以及认知要求、工具要求和学习要求上显著高于非公有单位的劳动者 0.136、0.021、0.102 和 0.031 个单位。就组织地位感知来说，组织地位感知越高的劳动者所受到的工作要求也往往越高。在 0.001 的显著性水平上，控制住其他变量不变，组织地位感知每升高一个单位，总体的工作要求、情绪要求、认知要求、工具要求和学习要求就分别显著提升 0.073、0.017、0.017、0.021、0.015 个单位。就月收入来说，月收入越高的劳动者所受到的工作要求也越高。在 0.001 的显著性水平上，控制住其他变量不变，月收入每提高一个单位，总体的工作要求、时间要求、认知要求、工作要求和学习要求就分别显著提高0.502、0.086、0.098、0.192和0.155个单位，体力要求则显著降低0.044个单位。

四 工作要求的影响机制分析

（一）工作要求对工作满意度的影响

在工作要求的概念沿革部分我们就梳理过工作要求的发展，它是伴随对工作压力和工作倦怠的研究发展起来的，从传统的工作特征模型（JC模型）开始，逐步发展出工作要求-控制模型（JD-C模型）和工作要求-资源模型（JD-R模型）。这些模型的提出丰富了职业健康领域的研究，它们的结果变量不仅涉及诸多身心健康指标，如心血管疾病、情绪衰竭等[①]，还涉及工作绩效、离职率和组织承诺等组织结果[②]。

传统的JD-R模型认为工作要求对员工的影响是负向的，工作要求因其对员工生理和心理上的消耗，被认为会带来焦虑等职业心理健康问题和低绩效、高离职率等不良的组织结果。许多研究曾表明，工作要求可以正向预测工作倦怠，负向预测工作投入。[③] 但随着研究的不断深入，研究者发现并非所有工作要求都会引起工作倦怠，有些工作要求非但不会导致工作倦怠，反而能够增加工作投入。研究者尝试将工作要求分为两类：一类是可以正向预测工作投入、负向预测工作倦怠的工作要求，即挑战性工作要求；另一类是可以正向

---

① Arnold B. Bakker & Evangelia Demerouti, "The Job Demands-Resources Model: State of the Art," *Journal of Managerial Psychology* 22, no. 3 (2007): 309-328.

② Robert A. Karasek Jr., "Job Demands, Job Decision Latitude, and Mental Strain: Implications for Job Redesign," *Administrative Science Quarterly* 24, no. 2 (1979): 285-308.

③ Evangelia Demerouti, Arnold B. Bakker, Friedhelm Nachreiner & Wilmar B. Schaufeli, "The Job Demands-Resources Model of Burnout," *Journal of Applied Psychology* 86, no. 3 (2001): 499-512.

预测工作倦怠、负向预测工作投入的工作要求，即阻碍性工作要求。[①] 这一分类的理论基础是对压力源作用性质的分类，即压力源可以分为阻碍性压力源和挑战性压力源，前者不利于个人的发展和目标实现，后者则可能促进个人的成长发展。[②] 本章对工作要求进行的维度操作化，是基于工作要求可能包含的内容维度、参考以往研究中使用的维度生成的，而对于挑战性工作要求和阻碍性工作要求的区分还有待进一步检验。并且，挑战性工作要求和阻碍性工作要求的区分并不是绝对的，也就是说，某一种工作要求对于工作者来说，有可能是挑战性工作要求，也有可能是阻碍性工作要求，工作要求的积极影响或消极影响的发挥受到个体变量以及其他因素的影响。工作要求的细化发展带给我们的启示是，工作要求也有可能带来积极影响，比如增加员工的工作投入，但目前关于此方面的实证研究还不是那么充分。

工作投入（work engagement）则是基于工作倦怠研究发展而来的，其概念最早由卡恩（William A. Kahn）提出，他认为工作投入是“员工自我与工作角色的结合”，并从生理（physical）、认知（cognitive）和情绪（emotional）三个维度来表达和展现自我。后来，肖费里（Wilmar B. Schaufeli）等学者进一步发展了关于工作投入的研究，将工作投入定义为“一种个体充满持久的、积极的情绪，竭力来完成工作的状态”，分为活力（vigor）、奉献（dedication）和专注（absorption）三个维度[③]，成为学界公认的较为权威的维度划分。

① Anja Van den Broeck, Nele De Cuyper, Hans De Witte & Maarten Vansteenkiste, “Not All Job Demands Are Equal: Differentiating Job Hindrances and Job Challenges in the Job Demands-Resources Model,” *European Journal of Work and Organizational Psychology* 19, no. 6 (2010): 735-759.

② Nathan P. Podsakoff, Jeffery A. LePine & Marcie A. LePine, “Differential Challenge Stressor-hindrance Stressor Relationships with Job Attitudes, Turnover Intentions, Turnover, and Withdrawal Behavior: A Meta-analysis,” *Journal of Applied Psychology* 92, no. 2 (2007): 438-454.

③ Wilmar B. Schaufeli, Marisa Salanova, Vicente González-romá & Arnold B. Bakker, “The Measurement of Engagement and Burnout: A Two Sample Confirmatory Factor Analytic Approach,” *Journal of Happiness Studies* 3, no. 1 (2002): 71-92.

本问卷通过“我总把工作放在第一位”、“我尽可能把工作做得又快又好”和“下班之后，我仍然惦记着工作中的事情”三个题器来测量工作投入，采用李克特五度量表法，“1”代表很不符合，“5”代表完全符合。关于工作投入的研究发现，工作投入常常关联着积极的结果，比如身心健康和工作满意度。[①]

前文所梳理的工作要求相关模型的结果变量和工作投入的结果变量都包括了工作满意度。工作满意度是指“个体对其工作的情感反应、情绪体验和态度，是一种重要的员工态度变量，源自对其从事工作或工作经历的评价”[②]。本问卷通过“您对这份工作是否感到满意”来测量受访者的工作满意度，采用李克特五度量表法，“1”代表很不满意，“5”代表很满意。工作满意度作为员工态度变量，也是员工对工作环境整体感知的一种反映。因此，把工作满意度作为工作要求的结果变量来探索工作要求的影响机制，有利于我们更充分地通过工作要求的视角来观测工作环境。工作要求是组织为实现产出目标对员工的认知和行为提出的制度规范，需要员工有相应的付出和投入，在这种意义上，工作要求尤其是具有激励性和挑战性的工作要求可能会正向影响工作投入和工作满意度。

综合上述内容，我们提出三个研究假设。

假设 H7.1：工作要求对工作满意度具有显著影响。

假设 H7.2：工作要求对工作投入具有显著影响。

假设 H7.3：工作投入在工作要求对工作满意度的影响中起中介作用。

---

① Wilmar B. Schaufeli, Arnold B. Bakker & Marisa Salanova, “The Measurement of Work Engagement with A Short Questionnaire-A Cross-national Study,” *Educational and Psychological Measurement* 66, no. 4 (2006): 701-716; A. Shimazu, W. B. Schaufeli, K. Kamiyama & N. Kawakami, “Workaholism vs. Work Engagement: The Two Different Predictors of Future Well-being and Performance,” *International Journal of Behavioral Medicine* 22, no. 1 (2015): 18-23.

② 陆雄文主编《管理学大辞典》，上海辞书出版社，2013，第 39 页。

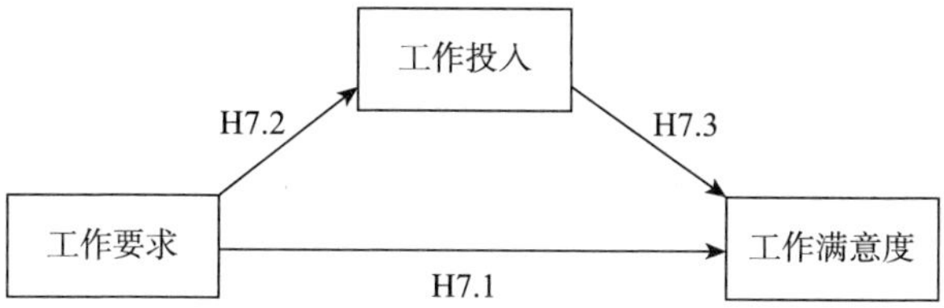

图 7-7　工作要求、工作投入与工作满意度的关系假设

根据上述内容，我们将工作要求作为自变量，工作满意度作为因变量，工作投入作为中介变量，控制住性别、年龄、受教育程度、婚姻状况、产业、组织地位感知、月收入七个变量进行回归分析。

本章对中介变量模型的分析采用巴伦（Reuben M. Baron）和肯尼（David A. Kenny）提出的因果逐步回归检验法（也称三步法），其检验步骤分为三步：第一步，分析自变量 X 对因变量 Y 的回归，检验自变量回归系数的显著性；第二步，分析自变量 X 对中介变量 M 的回归，检验中介变量回归系数的显著性；第三步，分析加入中介变量 M 后自变量 X 对因变量 Y 的回归，检验自变量回归系数和中介变量回归系数的显著性。要验证中介作用的假设必须满足三个条件：第一步中，自变量的回归系数必须显著；第二步中，自变量的回归系数必须显著；第三步中，中介变量的回归系数必须显著，自变量的回归系数可以不显著，或是自变量的回归系数显著但比第一步中自变量的回归系数弱。根据此方法，得到以下回归模型（见表 7-11）。

表 7-11　工作要求对工作满意度的影响：工作投入的中介效应

	模型 1	模型 2	模型 3	模型 4
	工作满意度	工作满意度	工作投入	工作满意度
性别（以“男性”为参照组）				
女性	0.036 （0.024）	0.033 （0.024）	-0.034^{+} （0.021）	0.038 （0.024）
年龄	0.006*** （0.002）	0.007*** （0.002）	0.006*** （0.001）	0.005** （0.002）

续表

	模型 1	模型 2	模型 3	模型 4
	工作满意度	工作满意度	工作投入	工作满意度
受教育程度（以“初中及以下”为参照组）				
高中/技校/职高/中专	0.101* (0.040)	0.057 (0.043)	-0.079* (0.036)	0.074+ (0.042)
大专	0.107** (0.041)	0.041 (0.043)	-0.038 (0.036)	0.049 (0.043)
大学本科	0.284*** (0.042)	0.215*** (0.045)	0.020 (0.038)	0.213*** (0.044)
研究生	0.269** (0.086)	0.181* (0.087)	-0.175* (0.073)	0.222** (0.086)
婚姻状况（以“未婚”为参照组）				
初婚/已婚	0.185*** (0.033)	0.150*** (0.033)	0.159*** (0.028)	0.111*** (0.033)
离婚	0.007 (0.089)	-0.022 (0.093)	0.121 (0.078)	-0.051 (0.091)
离婚后再婚	0.320* (0.138)	0.231 (0.148)	0.543*** (0.123)	0.104 (0.145)
丧偶	0.027 (0.218)	0.016 (0.216)	0.424* (0.180)	-0.085 (0.211)
同居	-0.603* (0.234)	-0.322 (0.242)	0.007 (0.202)	-0.325 (0.237)
产业（以“第一产业”为参照组）				
第二产业	-0.098 (0.113)	-0.125 (0.117)	0.091 (0.098)	-0.147 (0.115)
第三产业	-0.119 (0.111)	-0.167 (0.116)	-0.039 (0.097)	-0.155 (0.113)
组织地位感知	0.082*** (0.007)	0.092*** (0.008)	-0.004 (0.007)	0.093*** (0.008)
月收入	0.168*** (0.024)	0.119*** (0.025)	0.036+ (0.021)	0.109*** (0.025)
工作要求		0.083*** (0.012)	0.278*** (0.010)	0.020 (0.012)

续表

	模型 1	模型 2	模型 3	模型 4
	工作满意度	工作满意度	工作投入	工作满意度
工作投入				0.233*** (0.018)
截距	1.954*** (0.232)	2.148*** (0.238)	2.244*** (0.199)	1.639*** (0.237)
F 值	36.34	37.58	73.85	46.02
R^2	0.1071	0.1261	0.2228	0.1596

注：①括号里的数字为标准误；②$^{+}p<0.10$，$^{*}p<0.05$，$^{**}p<0.01$，$^{***}p<0.001$；③模型 1 至模型 4 中的控制变量为性别、年龄、受教育程度、婚姻状况、产业、组织地位感知和月收入。其中，月收入做了取对数和缩尾处理。

表 7-11 中的模型 1 为基准模型，说明了性别、年龄、受教育程度、婚姻状况、产业、组织地位感知和月收入七个控制变量对因变量工作满意度的影响，F 值为 36.34（$p=0.0000$），显著解释了工作满意度 10.71%的差异。模型 2 中，在控制了性别、年龄、受教育程度、婚姻状况、产业、组织地位感知和月收入的情况下，以工作满意度为因变量，工作要求为自变量，工作要求的回归系数为 0.083，且 p 值小于 0.001，说明在控制上述变量保持不变的情况下，对个体的工作要求每提升 1 个单位，其对工作满意度的感知就显著提高 0.083 个单位。该模型显著解释了工作满意度 12.61%的差异，假设 H7.1 成立。模型 3 中，在控制了性别、年龄、受教育程度、婚姻状况、产业、组织地位感知和月收入的情况下，以工作投入为因变量，工作要求为自变量，工作要求的回归系数为 0.278，且 p 值小于 0.001，说明在控制上述变量保持不变的情况下，对个体的工作要求每提升 1 个单位，其对工作的投入程度就显著提高 0.278 个单位。该模型显著解释了工作投入 22.28%的差异，假设 H7.2 成立。模型 4 中，在控制了性别、年龄、受教育程度、婚姻状况、产业、组织地位感知和月收入的情况下，工作要求的回归系数为 0.020，但不显著，工作投入的回归系数为 0.233，依然显著（$p=0.0000$），同时，

与模型 2 相比，工作要求的回归系数由 0.083 降低为 0.020，且模型的 R^2 由 12.61%上升到了 15.96%，bootstrap 检验结果显示间接效应系数为 0.066，且 p 值显著（$Z = 12.05$，$p = 0.0000$）。由此可以看出，工作投入完全中介了工作要求对工作满意度的正向影响，假设 H7.3 成立。

回归结果显示，工作要求对工作满意度有显著的正向影响，而这种影响是通过工作投入的中介作用达到的。在前文对工作要求的定义和内涵论述中，我们知道工作要求是组织对员工提出的客观制度规范，是组织对员工实现工作产出的控制。工作要求深深地受到工作本身的特征以及组织特征的影响，组织在用工作要求来规范员工的认知和行为的同时，也要为员工提供与工作要求相匹配的制度支持和保障。基于这一认识，我们可以得知高工作要求往往对应着复杂性更高的工作以及制度设计更为规范和完善的组织，而受到高工作要求的员工就相应地处于需要更高胜任力的职业和岗位，并更有可能获得来自组织更为丰厚的制度馈赠和保障，比如更高的工作报偿和更多的员工参与机会。在这个意义上，我们才可能去理解为什么工作要求越高、工作满意度越高。然而，值得我们注意和讨论的是，工作满意度是员工对工作产生的一种主观情感反应、情绪体验和态度，工作要求作为一种客观的制度规范是无法直接对工作满意度产生影响的。也就是说，员工不会直接因为受到工作要求的规范而感到满意，这中间必定存在传导机制，这也正是我们讨论工作投入在其中起到中介作用的意义。高工作要求促使员工更多地付出和投入，同时这也是对员工的一种挑战和激励，具有挑战性和激励性的工作要求更有可能激发员工持久的、积极的情绪和竭力来完成工作的状态，当这种状态得到组织的承认和与之相匹配的馈赠及保障时，员工就可能产生较高的工作满意度。于是，工作投入在工作要求对工作满意度的影响中发挥中介作用的假设得以成立。

由表 7-11 的回归结果可知，工作要求对工作投入具有显著的正向影响，为进一步探索其中的过程机制，我们进一步展开工作要求的具体内容，把工作要求包含的六个维度（时间要求、体力要求、情绪要求、认知要求、工具要求、学习要求）与工作投入做皮尔逊相关分析（见表 7-12），探讨哪些工作要求才是与工作投入关联最紧密的。

表 7-12　工作要求各维度与工作投入的相关矩阵

	工作投入	时间要求	体力要求	情绪要求	认知要求	工具要求	学习要求
工作投入	1.0000						
时间要求	0.2115***	1.0000					
体力要求	0.0632***	0.1433***	1.0000				
情绪要求	0.1262***	0.1656***	0.1470***	1.0000			
认知要求	0.2541***	0.2618***	-0.0865***	0.1227***	1.0000		
工具要求	0.1522***	0.2129***	-0.2115***	0.1903***	0.3330***	1.0000	
学习要求	0.5613***	0.2535***	-0.0113	0.1389***	0.3677***	0.2433***	1.0000

+ $p<0.10$，* $p<0.05$，** $p<0.01$，*** $p<0.001$。

由表 7-12 可知，工作要求的六个维度与工作投入的相关系数都很显著，但其中相关系数最高的是学习要求，即受到较高学习要求的劳动者，工作投入也会相对较高。

（二）学习要求对工作投入的影响

在整体创新和技术更迭的时代浪潮下，各类组织只有不断地创新、进步才能更好地生存和发展，这要求员工不断学习新知识、掌握新技能、熟悉新流程，这样才能适应时代和组织的发展变化，才有可能在工作中取得进步，进而谋求更好的职业发展。因此，学习要求是最具有时代性的工作要求。学习要求相较于其他工作要求更具有挑战性和激励性，更有利于促进员工的成长、发展，使员工感受到工作的意义，增强他们的工作动机，进而更愿意为工作投注时间和精力，保持一种充沛持久的、积极的情绪以及竭力完成工作的状态。关于工作投入的影响因素，有实证研究表明工作的意义性

（meaningfulness）对工作投入有着显著影响①。而学习要求所具有的挑战性和激励性能够使员工感受到工作的意义，进而更愿意投入工作。

综合上述内容，我们提出三个研究假设。

假设 H7.4：学习要求对工作投入具有显著影响。

假设 H7.5：学习要求对工作意义具有显著影响。

假设 H7.6：工作意义在学习要求对工作投入的影响中起中介作用。

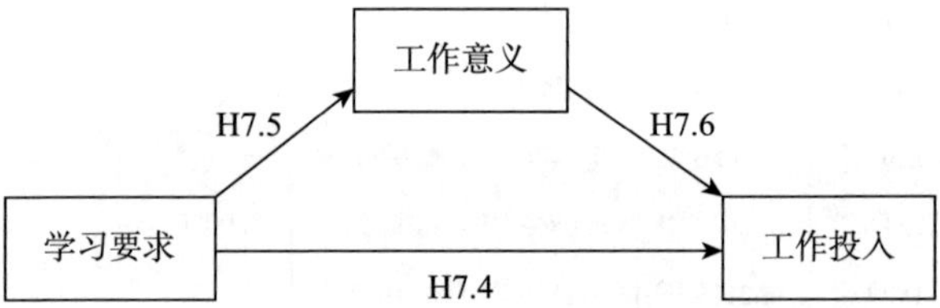

图 7-8　学习要求、工作意义与工作投入的关系假设

根据上述内容，我们把学习要求作为自变量，工作投入作为因变量，工作意义作为中介变量，性别、年龄、受教育程度、婚姻状况、月收入和人际关系②作为控制变量，仍然用因果逐步回归检验法进行回归分析，得到以下回归模型（见表 7-13）。

① William A. Kahn, "Psychological Conditions of Personal Engagement and Disengagement at Work," *Academy of Management Journal* 33, no. 4 (1990): 692-724; Nathan P. Podsakoff, Jeffery A. LePine & Marcie A. LePine, "Differential Challenge Stressor-hindrance Stressor Relationships with Job Attitudes, Turnover Intentions, Turnover, and Withdrawal Behavior: A Meta-analysis," *Journal of Applied Psychology* 92, no. 2 (2007): 438-454.

② 人际关系对于劳动者的工作意义感知和工作投入都有很大的影响，和谐的人际关系能使人们对于工作意义有更好的感知和工作投入，人际关系的消耗则会给工作意义和工作投入都带来消极影响。本调查中，人际关系通过“我的工作能力经常得到同事的肯定和赞扬”、“当有人欺负我时，总有同事替我仗义执言”、“我在单位中有很好的人缘”和“当工作上遇到困难的时候，我总能得到大家的支持和帮助”四个题器来进行测量，所有题器均采用李克特五度量表法测量，从低到高依次赋值 1~5，“1”代表很不符合，“5”代表完全符合，通过算术平均处理生成人际关系的潜变量。

表 7-13　学习要求对工作投入的影响：工作意义的中介效应

	模型 1	模型 2	模型 3	模型 4
	工作投入	工作投入	工作意义	工作投入
性别（以“男性”为参照组）				
女性	-0.029 (0.019)	-0.016 (0.017)	0.015 (0.018)	-0.018 (0.017)
年龄	0.005*** (0.001)	0.005*** (0.001)	0.004** (0.001)	0.004*** (0.001)
受教育程度（以“初中及以下”为参照组）				
高中/技校/职高/中专	-0.011 (0.032)	-0.073* (0.029)	0.151*** (0.030)	-0.087** (0.028)
大专	0.100** (0.033)	-0.010 (0.029)	0.214*** (0.031)	-0.031 (0.029)
大学本科	0.146*** (0.033)	0.003 (0.030)	0.439*** (0.031)	-0.040 (0.030)
研究生	-0.037 (0.068)	-0.209*** (0.059)	0.656*** (0.064)	-0.274*** (0.060)
婚姻状况（以“未婚”为参照组）				
初婚/已婚	0.117*** (0.027)	0.083*** (0.023)	0.139*** (0.025)	0.070** (0.023)
离婚	0.058 (0.071)	0.095 (0.062)	-0.181** (0.067)	0.113+ (0.062)
离婚后再婚	0.407*** (0.114)	0.318** (0.101)	0.354*** (0.107)	0.282** (0.100)
丧偶	0.251 (0.183)	0.457** (0.159)	0.229 (0.171)	0.434** (0.159)
丧偶后再婚	-0.351 (0.646)	-0.615 (0.562)	1.131+ (0.603)	-0.726 (0.559)
同居	0.133 (0.196)	0.202 (0.171)	-0.008 (0.183)	0.204 (0.170)
月收入	0.061** (0.019)	0.018 (0.017)	0.133*** (0.018)	0.004 (0.017)
人际关系	0.405*** (0.014)	0.215*** (0.013)	0.257*** (0.014)	0.189*** (0.013)

续表

	模型 1	模型 2	模型 3	模型 4
	工作投入	工作投入	工作意义	工作投入
学习要求		0.398*** (0.010)	0.206*** (0.011)	0.378*** (0.011)
工作意义				0.100*** (0.014)
截距	1.457*** (0.163)	1.135*** (0.143)	−0.708*** (0.152)	1.204*** (0.142)
F 值	88.81	205.21	153.92	197.95
R^2	0.2072	0.3957	0.3266	0.4026

注：①括号里的数字为标准误；② $^+p<0.10$, $^*p<0.05$, $^{**}p<0.01$, $^{***}p<0.001$；③模型 1 至模型 4 中的控制变量为性别、年龄、受教育程度、婚姻状况、月收入和人际关系。其中，月收入做了取对数和缩尾处理。

表 7-13 中的模型 1 为基准模型，说明了性别、年龄、受教育程度、婚姻状况、月收入和人际关系六个控制变量对因变量工作投入的影响，F 值为 88.81（$p=0.0000$），显著解释了工作投入 20.72% 的差异。模型 2 中，在控制了性别、年龄、受教育程度、婚姻状况、月收入和人际关系的情况下，以工作投入为因变量，学习要求为自变量，学习要求的回归系数为 0.398，且 p 值小于 0.001，说明在上述控制变量保持不变的情况下，对个体的学习要求每提升 1 个单位，其工作投入就显著提高 0.398 个单位。该模型显著解释了工作投入 39.57%的差异，假设 H7.4 成立。模型 3 中，在控制了性别、年龄、受教育程度、婚姻状况、月收入和人际关系的情况下，以工作意义为因变量，学习要求为自变量，学习要求的回归系数为 0.206，且 p 值小于 0.001，说明在上述控制变量保持不变的情况下，对个体的学习要求每提升 1 个单位，其体会到的工作意义就显著提高 0.206 个单位。该模型显著解释了工作意义 32.66%的差异，假设 H7.5 成立。模型 4 中，在控制了性别、年龄、受教育程度、婚姻状况、月收入和人际关系的情况下，学习要求和工作意义的回归系数仍然显著（$p=0.0000$），同时，与模型 2 相比，学习要求的回归系数由 0.398 降

低为 0.378，且模型的 R^2 由 39.57%上升到了 40.26%，boostrap 检验结果显示间接效应系数为 0.021，p 值显著（$Z=6.07$，$p=0.0000$）。由此可以看出，工作意义部分中介了工作要求对工作投入的正向影响，假设 H7.6 成立。

学习要求对于劳动者来说是较高层次的工作要求，需要劳动者不断学习新知识、新技能，不断熟悉新的工作流程，这对于劳动者来说具有较高的挑战性，劳动者在工作中对于学习要求的实现和突破有利于促进他们的成长进步以及工作意义的实现，从而使他们愿意为工作更多地投入和付出。

第八章　组织环境

一　与工作环境相嵌的组织环境

高质量的工作环境是走向高质量发展的重要基础，组织成员所处的组织氛围及其工作状态会影响个人能否产生更积极的工作行为。社会学理论认为，个体的组织行为总是嵌入组织结构之中，在工作质量研究中，工作环境是测量组织员工行为的结构性因素。[①] 我们认为，工作场所、工作时间、工作报偿和员工参与是工作环境的基本结构，前面的章节中我们已经对其展开了现状分析和相关机制讨论。其中，工作场所一章考察了城镇劳动者现处的物理工作环境状况，展现了个人与组织在外部条件上达成的认同。通常情况下，组织提供工作场所，个人综合考虑后决定是否与组织签订书面承诺，这是一种双向选择，也是组织环境建立的基础，为组织员工的内部互动提供物质基础和条件，形塑着组织环境的样态。同时，组织环境也会影响工作环境，二者不是静态独立的，而是彼此互动、相互作用的。组织环境的变化，比如组织结构调整、领导对员工的支持或企业文化的转变等都影响着劳动者的工作行为，进而为工作环境提供了必要的支持和保障，确保其稳定性和有序性。在这个意义上，我们认为，有必要考察劳动者作为组织成员所感受到的组织状态与氛

① 张彦、李汉林：《治理视角下的组织工作环境：一个分析性框架》，《中国社会科学》2020 年第 8 期，第 87～107 页。

围，即组织环境。

在展开组织环境分析前，我们还需要对组织研究发展进行简单梳理。组织研究历经三个阶段。第一个阶段的代表研究是20世纪20年代的霍桑实验，其为解释组织现象中的非正式组织结构提供了理论支持，说明积极的人际互动结果有利于组织发展。第二个阶段包含两个“黄金时期”。[①] 第一个黄金时期是20世纪50年代后，以帕森斯为代表的学者将韦伯的大量著作引入美国社会学界，这个时期组织研究领域形成了两个重要的流派：哥伦比亚学派和卡耐基-梅隆学派。哥伦比亚学派发展了科层制，在功能主义背景下剖析了科层制的优劣；卡耐基-梅隆学派提出了“有限理性”，并从这个角度去研究组织行为。另一个黄金时期是20世纪70年代到90年代初，这时期的研究集中在“组织与环境之间的关系”主题上，强调组织与制度环境互动中合法性机制的重要性，这是新制度主义学派的中心命题，说明组织在发展的过程中不仅要适应其所处的技术环境，也受制度环境的影响。[②] 第三个阶段是20世纪90年代以来社会网络学派的发展[③]，它补充了第二个阶段的研究空白，以格兰诺维特的嵌入理论为代表，延续了波兰尼的观点，将嵌入性分为关系嵌入性和结构嵌入性两类，说明了政治嵌入给组织发展带来的影响。综合看来，以上组织研究的发展为本章理解组织环境提供了重要的理论支持，也可以发现组织研究在发展过程中一直都在关注组织环境，不管是政治嵌入的合法性问题、非正式组织结构中的同事关系还是理性的组织行为与氛围，都反映出组织环境与工作环境的相互影响塑造着组织成员之间的互动。

---

① 周雪光：《组织社会学十讲》，社会科学文献出版社，2009，第19~21页。

② 张永宏：《组织社会学的新制度主义学派》，上海人民出版社，2007，序言第4页。

③ 周雪光：《组织社会学十讲》，社会科学文献出版社，2009，第17~23、69~74页。

二　组织环境的操作化与测量

组织环境在经济学、社会学、心理学、政治学、人类学等诸多学科中因为研究角度不同而产生了多元的概念类型，其含义可分为广义和狭义两种：广义的组织环境是指一切影响组织结构发展的条件，包括 PEST，即政治（policy）、经济（economy）、社会（social）和技术（technology）四种宏观的外部环境因素；狭义的组织环境是指组织成员生存的具体环境。需要注意的是，组织环境与物理工作环境不同，后者是工作场所，是将人们的物理距离区隔开的制度安排，而组织环境是影响组织成员工作行为与状态的外部规范，并且这种外部规范是在一定工作场所范围内形成的组织氛围和人际互动，随组织成员的互动状态发生改变。迈耶（John Meyer）认为组织环境是组织成员所处文化期待、社会规范和制度背景的总和，一个组织当中若仅有技术的东西便不能在社会中持久生存①，可见组织环境研究是不可忽略的重要部分。本章所指的组织环境是组织成员在工作环境中感受到的组织状态，会给个人行动带来潜移默化的影响。这只“看不见的手”受岗位环境和制度环境等的影响，塑造了社会中不同活力类型的组织。②

在我国，政府的政策导向、法律法规、监管机制等直接塑造了组织的外部运营环境和内部治理结构，因此政治嵌入必然成为我们了解中国组织的出发点。这就要求组织必须密切关注政治环境的变化，及时调整战略和策略，从而获得合法性支持和资源保障。所以，

① 周雪光：《组织社会学十讲》，社会科学文献出版社，2009，第 69~74 页。

② 与组织环境并列的其他四大圈层环境包括岗位环境、制度环境、互动环境、物理环境。四大环境是一个共同体，各自作用又相互联系。其中，岗位环境和制度环境都是刚性的外界条件，对组织环境的影响表现在组织对工作中角色的要求上；互动环境与员工的日常生活互动息息相关，本章内的人际互动以同事支持和领导交换为主；物理环境即员工工作时所处物理空间的状况。

分析组织环境时，政治嵌入是一个不可忽视的重要维度。此外，组织氛围也是组织环境的重要组成部分，反映了组织的文化特色和价值取向。良好的组织氛围能够激发员工的积极性和创造力，提高组织的凝聚力和向心力。相反，消极的组织氛围则可能导致员工士气低落、工作效率下降。除此之外，作为组织内部运作的润滑剂，人际互动在促进知识传播、资源共享及决策制定中起着关键作用，反映了组织成员之间的信任和归属感状况，是我们分析组织环境不可忽视的一部分。

（一）组织环境的内在结构

1. 政治嵌入

政治嵌入（political embeddedness）在我国社会高质量发展过程中起着至关重要的作用。为了明确本研究的研究范围，我们有必要先对新中国成立之后的组织形态进行简单梳理。我国的组织形态历经三个阶段。先是单位制。这是一个高度集中和低度分化的社会结构状态[①]，组织内成员全面依赖其所属单位，财政资源分配表现出总体性支配的特征[②]，单位与个人的关系就像一张网，基本上每个人都在单位中，便于统筹管理。改革开放之后，国家鼓励建立和培育新组织，此阶段的经济结构为“双轨制”[③]，即市场中存在国有和非国有两种组织形态。20 世纪 80 年代起，劳动市场全面改革，我国经济起飞并进入高速发展阶段，组织形态逐步多样化，出现了乡镇企业和私有企业等。[④] 梳理国内组织发展的背景后我们可以发现，对我国各类组

---

① 李汉林：《变迁中的中国单位制度：回顾中的思考》，《社会》2008 年第 3 期，第 31~40 页。

② 孙立平、王汉生、王思斌、林彬、杨善华：《改革以来中国社会结构的变迁》，《中国社会科学》1994 年第 2 期，第 47~62 页。

③ 渠敬东、周飞舟、应星：《从总体支配到技术治理——基于中国 30 年改革经验的社会学分析》，《中国社会科学》2009 年第 6 期，第 104~127 页。

④ 毛丹、张志敏、冯钢：《后乡镇企业时期的村社区建设资金》，《社会学研究》2002 年第 6 期，第 72~81 页。

织的讨论不能脱离政治制度变革背景，在单位制基础上发展起来的组织是我国市场经济中的主要动力。在此基础上，我们进一步梳理国内外关于政治嵌入的研究，并结合国外研究者对政治嵌入的理解对其进行本土化定义。

政治嵌入研究离不开“嵌入”，嵌入（embeddedness）[①] 是指社会网络结构对人们行动的制约作用。[②] 波兰尼在《大转型：我们时代的政治与经济起源》（*The Great Transformation*：*The Political and Economic Origins of Our Time*）一书中表达的是一种理念，即经济并非自给自足的，而是受政治、经济和社会关系交互作用的影响。[③] 波兰尼认为，经济并非像现代主流经济学所描述的那样是一个自足的、由相互联系的市场组成的体系，而是嵌在社会这个复杂体之中的。这里的嵌入是动态的相互关联，放在不同的时期表现形式不同，波兰尼将重点放在非经济的制度嵌入经济体系中。格兰诺维特同样认可经济行为嵌在社会结构之中，但他的理解更加侧重于人际互动和社会网络。他认为个体不是脱离社会结构、社会关系像原子式地进行决策和行动的，而是有目的地嵌于具体的社会结构、社会关系网络中，并受到社会关系的影响。[④] 在《经济行动与社会结构：嵌入性问题》一文中，格兰诺维特展开了系统分析，建立了嵌入性理论的分析框架。他将嵌入看作人际互动，反驳有关“低度社会化”和“过度社会化”的观点。“低度社会化”指个人排除其他因素后的最大理性化行为；“过度社会化”则指个人的行动完全受社会结构影响，没有了主观能动性。嵌入性则调和了低度和过度社会化的观点。格兰诺维特认为行动者不会按照社会限制和外在规则形式规范自己，

① 嵌入，也称作镶嵌、内嵌。本书统一使用“嵌入”。

② 周雪光：《组织社会学十讲》，社会科学文献出版社，2009，第 119~123 页。

③ 卡尔·波兰尼：《大转型：我们时代的政治与经济起源》，冯钢、刘阳译，浙江人民出版社，2007，导言第 15 页。

④ Mark Granovetter, “Economic Action and Social Structure: The Problem of Embeddedness,” *American Journal of Sociology* 91, no. 2 (1985): 481–510.

关键是在社会背景中追寻自己的目标。除了将经济行动放在社会制度中去解释，他还引入社会网络的观点，提出行动产生的前提是信任，并提出“嵌入性”一词，但他本人并没有对“嵌入性”给出一个明确的概念解释，只是用它来强调一种具体的能“产生信任、防止欺诈”的关系结构，表明行动者的行动嵌入了社会关系系统中。

格兰诺维特将嵌入性的类型分为关系嵌入性和结构嵌入性两种。“关系嵌入性”是指行为主体嵌入个人关系中，强调的是互惠预期发生的双向关系，根据“互动频率”、“感情力量”、“亲密程度”和“互惠交换”等将“关系”分为强关系和弱关系。[①] 在强关系的网络中，人际互动具有高度同质性。比如，在中国乡土社会中，强关系网络发挥着更大的作用，不仅家族成员间有血缘联系，家族还承担着经济功能，强关系能帮助其获得更多的资源，但缺点是不能有效促进个人在社会各阶层的信息交换和流动。弱关系是指在组织环境中，人际互动是异质性信息交流的互动链，信息对行动者的社会交往与流动更有效。比如，现代社会的单位组织内多是弱关系，人与人之间的互动建立在制度基础上，这意味着企业内部的业缘关系占据主导地位。“结构嵌入性”则以一种更广泛和内化的方式出现，是指行动者嵌入社会网络中的状态。结构嵌入性聚焦的是社会网络中行动者相互联系的总体性结构，一方面强调网络的整体功能和结构，另一方面关注组织作为网络节点在社会网络中的结构位置。国内关于“结构嵌入性”的研究主要集中在社区工作实践[②]、制度治理[③]、企业创新绩效[④]等领域，总体上是以政治嵌入组织的形式展开的。

---

① 肖鸿：《试析当代社会网研究的若干进展》，《社会学研究》1999年第3期，第3~13页。

② 王思斌：《中国社会工作的嵌入性发展》，《社会科学战线》2011年第2期，第206~222页。

③ 赵海星、孙钦军：《结构性嵌入和功能性融入——党建引领基层社会治理的双重逻辑》，《湖北行政学院学报》2020年第4期，第84~98页。

④ 杨震宁、吴剑峰、乔璐：《企业研发伙伴的多样性、政治嵌入与技术创新绩效的关系研究》，《经济管理》2016年第38期，第51~61页。

以上两种“嵌入性”类型侧重不同。关系嵌入性偏向行动主体在网络中活跃获取信息和整合资源的能力，建立在主体间相互信任和信息共享的基础之上[①]，相对独立和灵活；结构嵌入性是行动主体嵌入社会网络之中，其对网络成员获取内部资源起到决定性的作用，也关系到网络总体的正常运行。我们在政治嵌入中探讨的是中国特色社会主义制度在单位组织中的结构嵌入性，“坚持和加强党的全面领导，关系党和国家的前途命运，我们的全部事业都建立在这个基础之上”[②]。在新中国成立初期，正式的、制度化的政治嵌入离不开单位制，单位制在当时是国家与个人之间的关系纽带，能在短时间内有效地实现社会整合。[③] 如今，虽早已没有单位制及单位制下的单位组织与成员之间的全面依附关系，但这种制度带来的影响是深远的，单位制的“政治功能无法彻底消除”[④]，形塑着中国的组织环境。

党组织的嵌入可以使社会组织成员更了解国家的发展趋势，这不仅是一个被动调试的过程，也是一个主动学习的过程。社会网络中的经济行动离不开政策的引导，从这个角度来看，各种类型的组织是息息相关的利益共同体，这符合结构嵌入性的核心概念。因此，结构嵌入性更适合解释现有的政治嵌入。

结构嵌入性的研究较为丰富。祖金（Zukin）和迪马乔（Dimaggio）在嵌入性的概念上进行拓展，把嵌入性分为结构嵌入、认知嵌入、文化嵌入和政治嵌入四种类型。[⑤] 其中，结构嵌入仍然沿用格兰

① 谭云清、翟森竞：《关系嵌入、资源获取与中国 OFDI 企业国际化绩效》，《管理评论》2020 年第 32 期，第 29~39 页。

② 《坚持和加强党的全面领导——深入学习领会“十个明确”的精神实质和丰富内涵②》，http://www.qstheory.cn/qshyjx/2022-03/24/c_1128498540.htm，最后访问日期：2024 年 1 月 8 日。

③ 孙立平：《转型与断裂——改革以来中国社会结构的变迁》，清华大学出版社，2004，第 42 页。

④ 李汉林：《变迁中的中国单位制度：回顾中的思考》，《社会》2008 年第 3 期，第 31~40 页。

⑤ Sharon Zukin & Paul Dimaggio, *Structures of Capital: The Social Organization of the Economy* (Cambridge: Cambridge University Press, 1990), pp. 1-37.

诺维特的概念，指企业嵌入社会网络中的位置，组织需要融入的网络类型决定了其可能获得的潜在机遇。认知嵌入是指个人的认知极易受到周边环境的影响，从而限制其经济行动。文化嵌入是指行动者在进行经济活动时受到宗教、传统价值观等的影响，从而限制了其利益行动。政治嵌入指围绕国家和社会阶层的权力斗争展开的经济制度与决策，涉及经济行动者和组织。与本研究所关注的政治嵌入相似，这里的政治嵌入亦关注制度对组织发展的影响，与组织的发展前景相连。国内研究者将结构嵌入性再细分维度。赵辉将结构嵌入性分为“网络结构”和“网络地位”两个部分，用来分析企业多方合作开展公益性活动对企业绩效的作用。① 赵海星将党建与嵌入性理论相结合，将结构嵌入性分为组织嵌入、资源嵌入和规制嵌入三类，用于解释党组织在基层治理之中的重要作用。② 以上结构嵌入性的研究都偏向于解释企业发展，这与格兰诺维特本身给的定义范围有关，即指向一种更广泛的总体性嵌入状态。同时，祖金和迪马乔也认为单位内部的社会组织关系——比如同事之间的互动——过滤和塑造了制度，他们通过对美国和英国企业的政治经济发展做比较分析，发现美国政府与企业之间的关系是间接嵌入，英国则是直接嵌入，英国企业通过与其他舆论界人物保持经济来往、获得更多的政界支持来恢复企业经济受损的状况。不同国家的组织以不同的方式嵌入政治中，可见政治嵌入是结构嵌入性不可或缺的一种表现形式。

不同学者对政治嵌入的概念有不同的理解，他们都以国家-组织为轴心向外拓展研究。麦宜生（Michelson Ethan）认为政治嵌入是政府及其工作人员之间存在的科层式的、工具性的、情感的联系，这种联系可以看成是企业组织为了获取社会资源、形成企业政治资

① 赵辉：《伙伴关系、结构嵌入与绩效：对公益性 CSR 项目实施的多案例研究》，《管理世界》2014 年第 6 期，第 142～156 页。

② 赵海星、孙钦军：《结构性嵌入和功能性融入——党建引领基层社会治理的双重逻辑》，《湖北行政学院学报》2020 年第 4 期，第 84～89 页。

本所做出的努力。[①] 组织把国家与组织之间的互动看作一种保护，当政治嵌入组织的经济行为时会构建网络，并决定资源的种类和数量。普雷歇尔（Prechel）把政治嵌入看作组织与政府之间的联系，认为组织结构是政府赋予的，政府制定的一系列政策决定了组织成员的社会行动，政府和组织不能分离。[②] 如此看来，政治嵌入在一定程度上通过组织结构影响经济行动。值得注意的是，不同国家的政治背景不同，不能直接采用西方理论解释中国特有的政治嵌入现状。

中国共产党领导的多党合作和政治协商制度是有中国特色的社会主义政党制度，我国社会各类组织的发展离不开党组织的领导。有学者将社会组织的政治参与纳入"嵌入性治理"[③]，以保证党组织嵌入各层级单位，实现单位与政府各级科层组织之间的有效互动，促进组织社会地位的提升和可持续发展。郑军南沿用祖金和迪马乔的概念，认为政治嵌入是指政治环境、政治体制、权力结构等对组织成员行为决策造成的影响。[④] 宋洋从社区治理的角度将政治嵌入看作党组织打造社区共同体的必经之路。[⑤] 可见，宏观的政治环境营造、中观的组织发展、微观的组织成员行动都离不开党建工作。

---

① Michelson Ethan, "Lawyers, Political Embeddedness, and Institutional Continuity in China's Transition from Socialism," *American Journal of Sociology* 113, no. 2 (2007): 352-414.

② Harland Prechel, "The Effects of Organizational and Political Embeddedness on Financial Malfeasance in the Largest U. S. Corporations: Dependence, Incentives, and Opportunities," *American Sociological Review* 75, no. 3 (2010): 331-354.

③ 程熙：《嵌入式治理：社会网络中的执政党领导力及其实现》，《中共浙江省委党校学报》2014 年第 30 期，第 50~56 页。赵海星、孙钦军：《结构性嵌入和功能性融入——党建引领基层社会治理的双重逻辑》，《湖北行政学院学报》2020 年第 4 期，第 84~89 页。

④ 郑军南：《社会嵌入视角下的合作社发展——基于一个典型案例的分析》，《农业经济问题》2017 年第 38 期，第 69~77 页。

⑤ 宋洋：《老旧社区治理的创新之道及其内在逻辑——以北京市 HC 社区治理经验为例》，《学习与探索》2021 年第 11 期，第 43~50 页。

综上所述，在我国，研究结构嵌入性离不开党建工作这一背景。我们将政治嵌入定义为一种在政府与单位组织之间展开的总体性网络关系，是政府与各类型组织展开互动的渠道，由此产生的网络关系也是组织高质量、可持续发展的源动力，主要表现为党组织在单位内部的组织、文化和人员的嵌入。组织环境中的政治嵌入是组织发展不可或缺的重要因素，特别是在中国政治历史背景下与社会治理高度相关，有利于社会团结。

在此基础上，我们对政治嵌入的操作化研究进行梳理。已有的政治嵌入社会组织的研究大多把党组织看作“外部嵌入”，代表一种指导性思想，组织网络中的成员依靠党组织，实际也是结构嵌入性。[①] 不同学者对政治嵌入有不同的理解，比如杨震宁等的测量集中在政治支持，采用“政府对本行业的技术进步和发展提供有力支持的力度”测量政治嵌入。[②] 何轩从党建的角度去探索民营企业中的党组织嵌入情况，并将其分为具有党员身份、有入党意愿和设立党组织三类进行测量。[③] 李健也从党建的角度解释了党组织嵌入情况，不同的是这种嵌入是能动的，包括认知嵌入、人员嵌入和业务嵌入三个维度。[④] 认知嵌入是指社会组织内的党员带头学习上级党组织指定的报纸刊物、视频资料、马克思主义相关著作以及党的各种会议文件。人员嵌入是指社会组织当中的优秀党员占总人数的比例，分为三个层面：①通过党建工作获得新政治身份进入体制内的负责人；②党组织积极吸收的优秀人才；③依靠组织内部的党建活动吸收外部的优秀人才加入组织，成为名誉党员。业务嵌入是党建工作的主

① 郑军南：《社会嵌入视角下的合作社发展——基于一个典型案例的分析》，《农业经济问题》2017 年第 38 期，第 69~77 页。

② 杨震宁、吴剑峰、乔璐：《企业研发伙伴的多样性、政治嵌入与技术创新绩效的关系研究》，《经济管理》2016 年第 38 期，第 51~61 页。

③ 何轩：《党建也是生产力——民营企业党组织建设的机制与效果研究》，《社会学研究》2018 年第 3 期，第 1~24 页。

④ 李健：《资源依赖、政治嵌入与能力建设——理解社会组织党建的微观视角》，《探索》2017 年第 5 期，第 121~127 页。

要部分，是指组织在实际活动中落实党中央制定方针的过程。总的来说，杨震宁等人对政治嵌入的操作化更多地考虑了政府为社会组织的经济效益提升带来的积极影响，但维度过于单一。何轩较多地考虑了组织中开展党建的要求，但忽略了党组织的文化建设。相比之下，李健对政治嵌入的构建更为全面，包括了党建工作的内容和党组织吸纳人才的方式，更符合我们在前文中对政治嵌入的界定和理解。因此，我们对政治嵌入的操作化沿用李健所设计的测量维度，将政治嵌入划分为人员嵌入、认知嵌入和业务嵌入。我们选用“您所在单位是否定期或不定期地开展政治学习活动、传达和学习党和政府文件”来测量认知嵌入。选用“您有没有当选过‘劳动模范、人大代表、政协代表、优秀党员、优秀团员’”测量人员嵌入。在业务嵌入这一维度上，我们通过组织成员的政治面貌和单位中是否有党团组织来进行测量，因为业务嵌入是以党员和党团组织为载体的，只有这样才能确保在实际活动中党中央指定的方针被落实，因此组织成员的政治面貌和单位中是否有党团组织是业务嵌入的关键。我们选用“在招聘时，您单位是否对这个工作岗位提出过下列要求？（政治面貌）”、“您所在单位中，有没有下列团体或组织？（党组织）”和“您所在单位中，有没有下列团体或组织？（团组织）”三题来测量“业务嵌入”。①

2. 组织氛围

组织氛围（organizational climate）的定义目前并没有统一，但研究者们较为认同组织氛围是组织环境内可塑性极强的部分，同时这

① 本研究将问卷中的5道有关政治嵌入的题器统一处理成虚拟变量，用算数平均值的大小表示政治嵌入的程度。其中，“认知嵌入”将“定期开展”和“不定期开展”归于“1”，将“从没有”归于“0”；“业务嵌入”将“有”和“是”归于“1”，“无”和“否”归于“0”；将“业务嵌入”的三个题器生成一个潜变量，分值为0~1分，用以表示组织中的业务嵌入水平，分值越高表示组织中党政组织嵌入越深。

是一个多维度的概念。[①] 研究者通常从意义建构的角度将其看作一种共同感受（the shared meaning）。[②] 该术语的使用可以追溯到心理学领域的研究，托马斯（Tomas）用“认知地图”（cognitive map）概括个体理解周围环境而形成的内部图示，主要用于解释心理环境；勒温（Lewin）用“团体氛围”（group climate）解释员工在组织内部环境中的共同感知，且提出了组织氛围的概念，指不同员工对内部环境有相同的认知或共同的知觉。[③] 19 世纪 60 年代，工业心理学领域关注到组织氛围，并发展出了个人、组织和整体三个层面的研究。个体层面的研究集中在心理学。詹姆士（James）和乔恩斯（Jones）梳理了“多维度测量-组织属性”、“感知测量-组织属性”以及“感知测量-个体属性”后认为，组织氛围研究的概念与测量方法并不统一，从个体角度出发应该将其定义为“心理氛围”，强调干预心理的过程，用来探讨外部环境对个人行动的影响，是个人对工作环境的共同感知。[④] 除此之外，个体层面的研究还集中在知觉上，认为组织氛围是劳动者在工作环境内表达的个人感受，包括成员对组织文化的认知。[⑤] 组织层面的研究从群体知觉出发解释共同感受，群体知觉

① 陈维政、李金平：《组织气候研究回顾及展望》，《外国经济与管理》2005 年第 8 期，第 18~25 页。

② Christian Hoßbach, *Organizational Climate for Creativity: Exploring the Influence of Distinct Types of Individual Differences* (Fachmedien: Wiesbaden, Springer, 2019), pp. 5-6.

③ 段锦云、王娟娟、朱月龙：《组织氛围研究：概念测量、理论基础及评价展望》，《心理科学进展》2014 年第 12 期，第 1964~1974 页。

④ “多维度测量-组织属性”将组织氛围看作与其他组织区分的并影响组织成员行为的一系列特征，包括组织规模、组织系统的复杂性、领导风格以及目标等；“感知测量-组织属性”是通过态度和期望展现出来的结果，将组织氛围看作个人对组织的感知，这种感知会影响行为；“感知测量-个体属性”是个体对组织环境的一种综合感知，是个体和组织相互作用后产生的。参见 Lawrence R. James & Allan P. Jones, “Organizational Climate: A Review of Theory and Research”, *Psychological Bulletin* 81, no. 12 (1974): 1096。

⑤ Daniel R. Denison, “What Is the Difference Between Organizational Culture and Organizational Climate? A Native's Point of View on a Decade of Paradigm Wars,” *The Academy of Management Review* 21, no. 3 (1996): 619-654.

简单来说就是组织内大部分成员的感知。组织氛围概念的提出者勒温认为组织内部成员的共同看法形成了组织氛围，这是成员对其所处环境产生的共同感知，同时也是一种主观感受。总的来说，个体知觉角度的解释偏向于个人在组织中获得的文化认同，仍停留在心理层面；群体知觉角度重在解释组织内部所有成员共同的心理氛围。心理氛围向组织氛围的跨越在于研究对象把对外界环境的感知纳入对个人的影响之中。心理氛围的测量仅停留在个人层面，忽略了所处环境对个人行动的牵引；组织氛围的概念则增添了组织内部人与人互动的影响，所以组织氛围不再仅停留在个人心理层面，而是把对整体层面的感知纳入进来。在上述研究基础上，有学者开始关照整体性的组织氛围，此时组织氛围的研究向单位（unit）层面进行转变，研究中加入了组织文化，关注组织成员在工作中面对的政策、行为实践、工作流程、工作奖励以及组织支持等。[①] 也有学者认为组织氛围是组织受到外部社会期待的影响后有别于其他组织的一种特征，包括“与其他组织区分”、“相对持久性”和“能影响组织成员行为”三个部分。[②] 与个人层面和组织层面的研究相比较，可以发现整体层面的组织氛围关注的是互动对组织成员行为的影响。[③] 这里，我们将组织氛围定义为员工对内部环境产生的相似认知或共同知觉，即组织内部成员形成的综合主观感受。

社会交互作用理论认为，组织成员进入组织之后有继续社会化的过程，即在与新同事交流、相处的过程中熟悉组织的运作流程，明晰组织对自己的角色期待和职业规范要求等。组织成员在这个过程中体验和塑造组织氛围。该理论视角下的相关研究通常将组织氛

---

① Benjamin Schneider & Karen M. Barbera, *The Oxford Handbook of Organizational Climate and Culture* (New York: Oxford University Press, 2014), pp. 4-5.

② Henry P. Sims & LaFollette William, "An Assessment of the Litwin and Stringer Organization Climate Questionnaire," *Personnel Psychology* 28, no. 1 (1975): 19-38.

③ 段锦云、王娟娟、朱月龙：《组织氛围研究：概念测量、理论基础及评价展望》，《心理科学进展》2014 年第 12 期，第 1964～1974 页。

围作为前因变量，将组织成员的行为作为结果变量。除此之外，涌现理论（emergence theory）认为个体的感知和行动能够通过交互作用上升到组织层面、形成共享氛围。心理学的个人感知模型为这种跃升做出了较大贡献。当组织成员的个人感知普遍具有较高水平时就会产生较强的组织氛围，反之，当组织成员的个人感知水平较低时就会产生较弱的组织氛围。

除不同的理论对组织氛围有不同的理解外，测量组织氛围的维度也各有侧重。20 世纪 60 年代，勒温和斯特林格（Stringer）将组织氛围分为组织结构、个人责任、奖励、风险和冒险、温暖和支持、容忍与冲突六个维度。施耐德（Schneider）和巴特利特（Bartlett）则以人寿保险机构为研究对象，划分出了管理支持、管理结构、对新员工的关注、机构内冲突、代理独立性、总体满意度六个维度。到了 20 世纪 70 年代，坎贝尔（Campbell）将组织氛围分为个人自主性、组织奖励、同事间的温暖和职位的结构程度四个维度。[①] 可以看出，早期组织氛围的操作化多从组织的角度去描述个体的感知，偏向于心理学。[②] 后来，有学者为组织环境“量体裁衣”，认为传统的测量方式过于宽泛，转而将目光集中在组织中的特定现象和行为上。施耐德（Schneider）和芭芭拉（Berbera）提出“特定氛围”，将组织氛围的测量维度集中在公平、安全等与组织结果相关的层面，并用算数平均数的数值大小来表示组织氛围的积极程度。[③] 21 世纪初，博克（Bock）等把组织

---

① David P. Lepak, Hui Liao, Yunhyung Chung & Erika E. Harden, “A Conceptual Review of Human Resource Management Systems in Strategic Human Resource Management Research,” *Research in Personnel and Human Resources Management* 25, no. 4 (2006): 217-271.

② Benjamin Schneider & Karen M. Barbera, *The Oxford Handbook of Organizational Climate and Culture* (New York: Oxford University Press, 2014), pp. 4-6.

③ Benjamin Schneider, “Organizational Climates: An essay 1,” *Personnel Psychology* 28. no. 4 (1975): 447-479; Benjamin Schneider & Karen M. Barbera, *The Oxford Handbook of Organizational Climate and Culture* (New York: Oxford University Press, 2014), pp. 220-229.

氛围分为三个维度，包括人际关系氛围、公平氛围、创新氛围。[①] 帕特森（Patterson）等将组织氛围的测量建立在组织层面上，认为组织氛围是有行为导向的，能够激发员工的创造力，推动员工的创新行为。[②] 积极的组织氛围离不开组织环境的公平氛围，因而组织氛围可以通过分配公平来测量，包括四个方面：工资水平（pay level）、工作进度（work schedule）、工作量（work load）和工作职责（job responsibility）。[③] 另外，组织氛围作为能影响组织结果的变量，离不开创新教育作为发展动力。由此，在以上文献梳理后，本研究认为良好的组织氛围应该满足劳动者创新的需求，并为其提供学习专业领域新知识的机会，这不仅可以激发员工的创造力，也是高质量工作发展的需求。另外，公平氛围是保持组织成员满意度不下降的因素，只有当劳动者感觉到工作资源分配公平才能增加工作投入，因此本研究将组织氛围分为“创新教育”和“分配公平”两个维度。[④]

3. 人际互动

人际互动表现出来的是社会交往行为，隐含的是组织内部的信任和公平。在这个意义上，考察组织成员的行为如何塑造了组织环境是必要的。

具体来看，组织中有两种主要的人际互动类型，一种是上下级互

---

① Gee-Woo Bock, Robert W. Zmud, Young-Gul Kim & Jae-Nam Lee, “Behavioral Intention Formation in Knowledge Sharing: Examining the Roles of Extrinsic Motivators, Social-Psychological Forces, and Organizational Climate,” *MIS Quarterly* 29, no. 1 (2005): 87-111.

② Malcolm G. Patterson, Michael A. West & Viv J. Shackleton, “Validating the Organizational Climate Measure: Links to Managerial Practices, Productivity and Innovation,” *Journal of Organizational Behavior* 26, no. 4 (April 2005): 379-408.

③ Brian P. Niehoff & Robert H. Moorman, “Justice as A Mediator of the Relationship Between Methods of Monitoring and Organizational Citizenship Behavior,” *Academy of Management Journal* 36, no. 3 (November 1993): 527-556.

④ 生成的两个潜变量中，我们将“分配公平”反向赋值处理，最大值为5，最小值是1，值越高表明组织氛围中的分配公平程度越高。“创新教育”最大值为5，最小值是1，值越高表示组织给员工提供的学习机会越多。

动，即纵向人际互动；另一种是同事互动，即横向人际互动。两种方式构成了组织差序互动，从而影响成员在组织中的行为表现。[①] 有研究者认为，人际互动在组织中有积极作用，有助于提高组织绩效[②]；人际互动也可能产生消极作用，阻碍成员之间的相互合作和信任[③]。根据互动的对象和效果，本研究整理了组织内可能存在的人际互动类型，以及可能出现的组织行为（见图 8-1）。

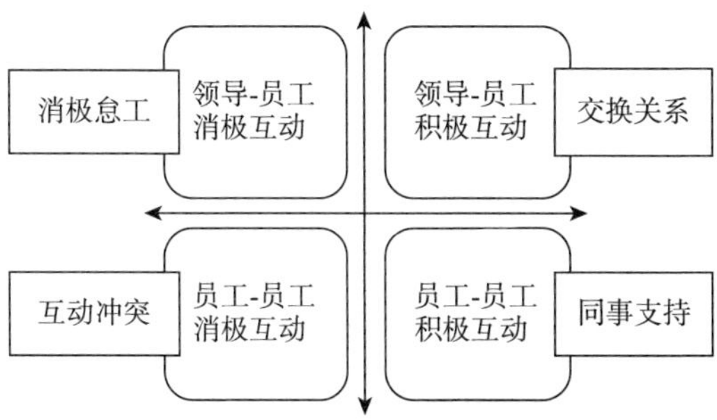

图 8-1　组织内的人际互动类型及相应的组织行为

组织内的人际互动类型共有四种，根据效果来区分，积极的人际互动关系集中在图 8-1 的右半部分，消极的人际互动关系集中在图 8-1 的左半部分。结合组织中的互动角色来看：纵向的人际互动集中在图 8-1 的上半部分，既会出现积极的交换关系，也会产生消极怠工；横向的人际互动集中在图 8-1 的下半部分，既会出现同事支持，也会产生互动冲突。本研究探讨的是如何促进与塑造组织内部的积极人际互动关系，因此暂时不探讨两种消极的人际互动类型。首先，在积极的纵向互动层面，已有研究用 LMX（leader-member exchange，LMX 理论）解释领导-员工的积极人际互动。该理论强调领

① 沈伊默、诸彦含、周婉茹、张昱城、刘军：《团队差序氛围如何影响团队成员的工作表现？——一个有调节的中介作用模型的构建与检验》，《管理世界》2019 年第 12 期，第 104~115 页。

② 汤超颖：《积极情绪的社会功能及其对团队创造力的影响：隐性知识共享的中介作用》，《南开管理评论》2011 年第 4 期，第 129~137 页。

③ 薛亦伦、张骁、丁雪、沙开庆：《高政治技能的员工如何规避工作场所排斥？——基于中国文化情境的研究》，《管理世界》2016 年第 7 期，第 98~108 页。

导者在与不同下属的互动过程中，会建立起差异化的交换关系：领导者可能将下属中的少部分人视为“圈内人”，给予他们更多的信任、支持和特权；而大多数下属则成为“圈外人”，与领导的关系相对疏远。其次，员工-员工积极互动是工作环境中另一种常见的人际互动类型。符号互动论强调个体在互动过程中通过解释和赋予符号意义来影响彼此的行为和认知。在组织中，同事间的支持行为可以被视为一种积极的符号，这种符号传递了关心、信任、合作等正面信息，是员工-员工积极互动的一个重要表征。有研究表明，同事支持会对人际互动体验产生重要影响，组织成员之间的支持会根据组织环境和组织背景的差异产生不同效果。[①]

布兰尼克（Brannick）等开发的“团队互动量表”中，人际互动维度包括相互信任、协调、沟通的能力等。[②] 摩根森（Morgenson）等采用六个题器来测量“同事支持”，如“我有机会在工作中发展亲密的友谊”“和我一起工作的人是友好的”等。[③] 参考上述量表，我们选取调查问卷中的相关题器来观测人际互动，并生成潜变量“员工-员工积极互动”，表示同事之间的支持，以及“领导-员工积极互动”，表示领导对组织成员的支持。以下数据分析中，本研究仅关注积极的人际互动类型，为避免表述赘余，将“员工-员工积极互动”简称为“员工-员工”，将“领导-员工积极互动”简称为“领导-员工”。采用 1~5 进行赋值，最大值为 5，最小值为 1，值越高表明人际互动的积极程度越高。

---

① 卫武、黄昌洋、张琴：《消极情绪对组织公民行为和反生产行为的影响：自我控制视角》，《管理评论》2019 年第 31 期，第 146~158 页。

② Michael T. Brannick, Regina M. Roach & Eduardo Salas, “Understanding Team Performance: A Multimethod Study,” *Human Performance* 6, no. 4 (1993): 287-308.

③ Frederick P. Morgeson & Stephen E. Humphrey, “The Work Design Questionnaire (WDQ): Developing and Validating a Comprehensive Measure for Assessing Job Design and the Nature of Work,” *Journal of Applied Psychology* 91, no. 6 (2006): 1321-1339.

表 8-1　组织环境的操作化

	维度	题器	编码
政治嵌入	人员嵌入	您有没有当选过“劳动模范、人大代表、政协代表、优秀党员、优秀团员”	0-本人没有当选过 1-本人当选过
	认知嵌入	您所在单位是否定期或不定期地开展政治学习活动，传达、学习党和政府文件	1-从没有 2-不定期开展 3-定期开展
	业务嵌入	在招聘时，您单位是否对这个工作岗位提出过下列要求？（政治面貌）	0-否 1-是
		您所在单位中，有没有下列团体或组织？（党组织）	
		您所在单位中，有没有下列团体或组织？（团组织）	
组织氛围	创新教育	我的工作要求我不断学习新知识	1-完全符合 2-比较符合 3-一般 4-较不符合 5-很不符合
		我的工作要求我不断掌握新技能	
		我的工作要求我不断熟悉新流程	
	分配公平	少数人把持着单位，其他人对此无能为力	
		在单位中办事，熟人比规章制度更管用	
		我得不到工作必需的资料、信息、工具	
		兢兢业业的人在我们单位根本不吃香	
人际互动	员工-员工	我的工作能力经常得到同事的肯定和赞扬	1-完全符合 2-比较符合 3-一般 4-较不符合 5-很不符合
		当有人欺负我时，总有同事替我仗义执言	
		我在单位中有很好的人缘	
		当工作上遇到困难的时候，我总能得到大家的支持和帮助	
	领导-员工	我的工作能力经常得到领导的肯定和赞扬	
		总的来说，我对我们单位领导很信任	
		我的领导常常要求我参与决策	
		在工作上，我和领导之间能够做到畅所欲言	

（二）组织环境量表的信效度检验

本研究将组织环境量表操作化为两个维度：组织氛围和人际互动。政治嵌入是在中国组织发展背景中考察宏观制度对组织环境的影响，并不属于组织环境量表的内部结构，因此，政治嵌入量表没有展开信效度检验。

在操作化的基础上，本研究对组织氛围量表以及人际互动量表进行信效度检验。其中，我们将组织氛围操作化为分配公平和创新教育两个维度。分配公平包括 4 个题器，创新教育包括 3 个题器。组织氛围量表的 Cronbach's α 系数为 0.836，可见其信度较好。经 KMO 和巴特利特检验，得到 KMO 值为 0.764，巴特利特球形检验卡方为 10509.582（$p<0.001$），表明可以进一步做因素分析，验证组织氛围量表的结构。因素分析结果显示，7 个变量通过主成分因子法可以提取出一个共同因子，组织氛围的初始特征值为 2.52，能解释的方差比例为 67.17%，使用方差最大法对其进行正交旋转，得到各个变量具体的因子载荷（见表 8-2）。结果表明 7 个变量间存在信息上的共指，具有良好的结构效度。在因素分析的支撑下，本研究将以上 7 个变量进行算术平均，生成一个潜变量，该变量的取值范围为 1~5 分，分值越高表明组织氛围越好。

表 8-2　组织氛围量表的验证性因素分析

	成分	
	分配公平	创新教育
a. 少数人把持着单位，其他人对此无能为力	0.77	
b. 在单位中办事，熟人比规章制度更管用	0.80	
c. 我得不到工作必需的资料、信息、工具	0.77	
d. 兢兢业业的人在我们单位根本不吃香	0.82	
e. 我的工作要求我不断学习新知识		0.82
f. 我的工作要求我不断掌握新技能		0.84
g. 我的工作要求我不断熟悉新流程		0.81

续表

	成分	
	分配公平	创新教育
特征值	2.52	2.18
贡献率（%）	35.96	31.21
累积贡献率（%）	35.96	67.17

提取方法：主成分。

我们将人际互动操作化为两个维度：员工-员工互动和领导-员工互动，各包括4个题器。人际互动量表的Cronbach's α系数为0.860，可见量表的信度较好。经KMO和巴特利特检验，得到KMO值为0.876，巴特利特球形检验卡方为11373.723（$p<0.001$），表明可以进一步做因素分析，验证人际互动量表的结构。因素分析结果显示，8个变量通过主成分因子法可以提取出一个共同因子，人际互动的初始特征值为2.60，能解释的方差比例为64.01%，使用方差最大法对其进行正交旋转，得到各个变量具体的因子载荷（见表8-3）。结果表明8个变量间存在信息上的共指，具有良好的结构效度。在因素分析的支撑下，本研究将以上8个变量进行算术平均，生成一个潜变量，用以表征劳动者在组织环境中感受到的同事支持与领导支持。该变量的取值范围为1~5分，分值越高表明劳动者的人际互动水平越高。

表8-3　人际互动量表的验证性因素分析

	成分	
	员工-员工	领导-员工
a. 我的工作能力经常得到同事的肯定和赞扬	0.77	
b. 当有人欺负我时，总有同事替我仗义执言	0.80	
c. 我在单位中有很好的人缘	0.77	
d. 当工作上遇到困难的时候，我总能得到大家的支持和帮助	0.82	
e. 我的工作能力经常得到领导的肯定和赞扬		0.60
f. 总的来说，我对我们单位领导很信任		0.54

续表

	成分	
	员工-员工	领导-员工
g. 我的领导常常要求我参与决策		0.77
h. 在工作上，我和领导之间能够做到畅所欲言		0.71
特征值	2.52	2.60
贡献率（%）	32.45	31.56
累积贡献率（%）	32.45	64.01

提取方法：主成分。

三　组织环境的现状分析

本节，我们先对政治嵌入进行整体性描述，并进一步选取四类具有代表性的组织进行各个维度的比较，努力将其与社会现象结合并进行分析。接着，对组织氛围和人际互动现状进行描述，在人口学变量差异中发现改善组织环境现状的方向。

（一）政治嵌入现状

1. 政治嵌入的总体情况

政治嵌入看似与经济行动无关，但实际上，其在社会、经济和文化组织的发展过程中对组织成员社会角色的塑造以及行为规范起着约束作用。若制度设置得合理且成功地嵌入了社会结构环境中，就会产生一定的效益，为社会带来长久的稳定和发展。[①] 因此，了解我国政治嵌入的现状是必要的。

描述性分析结果显示，政治嵌入总体水平较高，最大值为 1，最小值为 0，均值为 0.71，标准差为 0.41，偏度为-0.37，峰度为 2.14，这意味着城镇劳动者与政治环境之间有着的紧密关联和高度互动性。

① 李汉林、渠敬东、夏传玲、陈华珊：《组织和制度变迁的社会过程——一种拟议的综合分析》，《中国社会科学》2005 年第 1 期，第 94~108 页。

具体来看，人员嵌入均值为0.19，标准差为0.40，偏度为1.54，峰度为3.38，这表明本次受访的劳动者中，少有人在其组织中担任关键职务或拥有政治称号，进而实现政治因素与行为主体的直接关联。认知嵌入均值为0.78，标准差为0.41，偏度为-1.37，峰度为2.89，这些数据表明，单位中党史学习教育机会越多，劳动者越容易在认知层面对政治环境、政治制度和政治权力产生认同。业务嵌入均值为0.42，标准差为0.36，显示出在我国基层单位和企业中均有党团组织设立，这有利于党团活动在这些单位组织中的开展（见表8-4）。

表8-4 政治嵌入及其各维度的描述性分析

	样本量	均值	标准差	最小值	最大值	偏度	峰度
政治嵌入	3369	0.71	0.41	0	1	-0.37	2.14
人员嵌入	4415	0.19	0.40	0	1	1.54	3.38
认知嵌入	4279	0.78	0.41	0	1	-1.37	2.89
业务嵌入	3830	0.42	0.36	0	1	0.13	1.70

注：为了便于对政治嵌入及其各维度进行差异性分析，此处将政治嵌入的三个维度都处理为连续变量。

2. 不同类型企业中政治嵌入的差异性分析

在我国，政治嵌入的方向是党组织嵌入不同的组织单位，但组织的目标、机构及规范不同①，各类组织的政治嵌入程度必然存在差异。首先，改革开放打破了原有的人民公社制②，改革建立了家庭联产承包责任制，农村集体（乡镇）企业的发展是历史和人民关注的焦点。其次，外资/侨商/台商独资企业在社会主义市场经济中发挥着重要作用。2019年，我国新设立外商投资企业40910家，规模居全球第二③。庞大的数量和服从政策的特殊性把外资企业推向一个显

① 吴康宁：《教育社会学》，人民教育出版社，2014年，第290页。

② 渠敬东、周飞舟、应星：《从总体支配到技术治理——基于中国30年改革经验的社会学分析》，《中国社会科学》2009年第6期，第104~127页。

③ 〈中国外资统计公报2020〉发布——中国成跨国投资“稳定器”》，https://www.gov.cn/xinwen/2020-11/06/contenc_5557756.htm，最后访问日期：2024年1月8日。

著的位置。再次，国有企业作为参照组，一方面被用来衡量不同单位政治嵌入的水平；另一方面，国企的发展关乎国家的发展活力，是不可或缺的关注对象。最后，党的十九大报告指出要加快完善社会主义市场经济体制，改革开放以后，中国的私营企业表现形式越来越正规化：一方面，组织趋向结构化；另一方面，细化了组织的内部管理结构，开始设立股东大会、董事会和监事会等。在本次调查中，私营企业的占比最大。下面，我们将分别从三个维度继续讨论我国四类代表性企业存在的政治嵌入差异。

首先是人员嵌入。从测量角度来看，本研究关注的是不同类型企业内部获得劳模、人大代表、政协代表、优秀党员或优秀团员这些称号的组织成员的占比，这些优秀组织成员是组织生产力的活力源泉。从历史经验来看，中国共产党表达出对人才的重视和需求，建党之初有陈独秀、李大钊等先进知识分子积极投身革命，新中国成立后有钱学森、袁隆平、屠呦呦等科学家积极投身科学事业。表彰组织中的优秀人才既能够提升组织士气，也能激励组织中的其他员工砥砺前行。图 8-2 是经方差数据分析整理出的四类企业在人员嵌入维度上的差异。

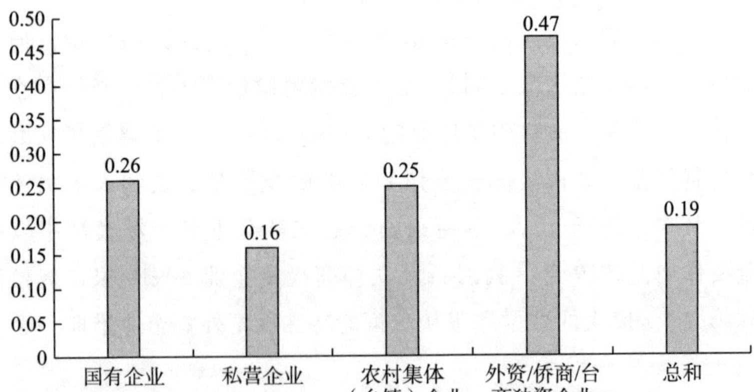

图 8-2　不同类型企业中人员嵌入的均值

结果显示，四类企业在人员嵌入维度上有显著差异（$F=10.13$，$p=0.0000$）。四类企业中，“外资/侨商/台商独资企业”人员嵌入的程度最高，均值为 0.47，标准差为 0.50。这表明在当今中国，外资/侨商/台商独资企业与当地政府、商业伙伴和社会各界的联系和互动非常紧密，他们通过单位中有政治身份或职务的员工直接与政府部门建立起了正式或非正式的联系。此外还可以看出，时代变迁背景下，政党入企是国家与社会的双向选择[①]；从结构嵌入性的角度来看，党组织的嵌入有利于企业治理、社会治理，也有利于政府维护市场公平竞争。[②] 反观私营企业，其人员嵌入均值仅为 0.16，标准差为 0.37。深入分析可知，私营企业往往以追求经济效益为主要目标，其组织结构和管理体系可能更加注重业务发展和市场竞争。在这样的环境下，私营企业员工可能更加关注个人职业发展和经济利益，而政治参与意识相对较弱，这种意识上的差距势必导致员工在追求政治身份方面动力不足。在此基础上，本研究进一步筛选企业内部拥有“共产党员”身份的组织成员，比较四类企业的党员覆盖率，见图 8-3。

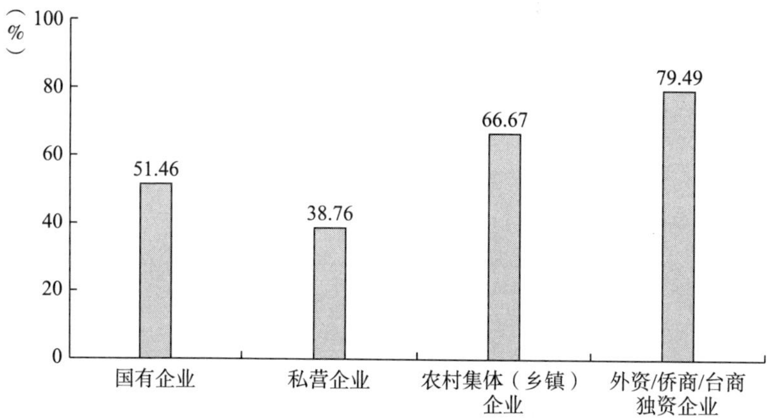

图 8-3　不同类型企业中党员的占比

由图 8-3 可知，外资/侨商/台商独资企业的党员覆盖率最高，

① 姚靖：《政党入企：国家与社会双向赋能的中国实践》，《党政研究》2021 年第 4 期，第 58~66 页。

② 苏昕、张辉、周升师：《结构嵌入、动态能力与组织绩效：一个混合模型》，《科技进步与对策》2019 年第 36 期，第 99~107 页。

为79.49%，相较于其他三类企业，该类型企业内部的党员人数最多；而市场中发展空间较大的“私营企业”的党员覆盖率最低，仅为38.76%。由于党员是成为优秀党员和人大代表、政协代表的重要基础，党员比例低自然会导致拥有优秀组织成员身份的人数较少。

接下来是认知嵌入。本次调查主要采用组织定期或不定期开展的政治学习情况来测量认知嵌入。这种中国特有的认知嵌入形式不仅可以有效加强组织成员对党和政府的认同和信任[①]，而且通过这种集体学习和交流，组织成员可以增进彼此之间的了解和信任，形成和谐的组织文化氛围，为组织的长远发展奠定坚实基础。描述性分析结果显示，企业的总体认知嵌入水平较高，均值为0.78。本研究进一步整理发现，认知嵌入水平在不同类型的企业中存在差异（$F=41.37$，$p=0.0000$）。

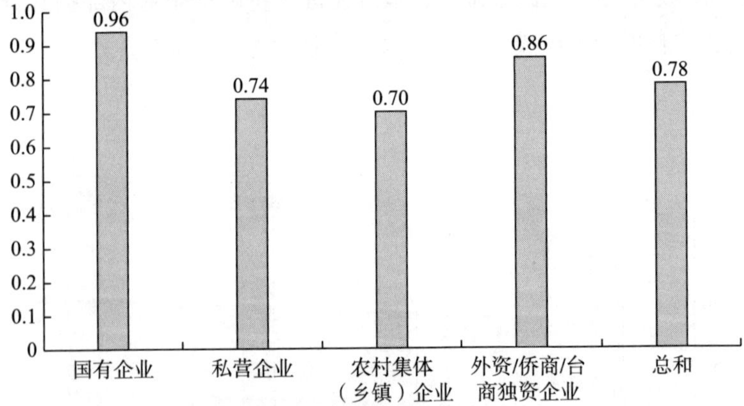

图8-4　不同类型企业中认知嵌入的均值

结合图8-4对比各类型企业情况：国有企业的认知嵌入水平最高，均值达0.96；其次是外资/侨商/台商独资企业，认知嵌入的均值为0.86；最后是私营企业和农村集体（乡镇）企业，二者的认知嵌入均值都低于0.75。这种差异反映出不同所有制结构下企业对政治嵌入的不同理解和响应。国有企业作为国家所有或控股的企业，

① 李健、郭薇：《资源依赖、政治嵌入与能力建设——理解社会组织党建的微观视角》，《探索》2017年第5期，第121~127页。

往往承担着国家重大战略任务和社会责任，因此需要通过政治学习来确保企业的发展方向与国家整体战略保持一致。虽然外资/侨商/台商独资企业的所有权结构不同于国有企业，但在中国的经营环境中，这些企业也需要遵循中国的政治体制和法律法规，它们可以通过政治学习更好地理解中国的政治文化和社会规范，减少因文化差异和制度差异带来的经营风险。但是，私营企业和农村集体（乡镇）企业在所有制结构上相对独立，其经营管理和战略决策更多地受市场因素和自身发展需求的影响，因此通过政治学习这一形式进行认知嵌入的程度相对较低。然而，这并不意味着它们完全脱离政治嵌入的影响。

最后是业务嵌入。我们认为，要求员工的党员身份意味着企业更倾向于招聘具有特定政治信仰和价值观的员工，这有助于形成与企业文化和政治导向相契合的员工队伍。同时，党组织和团组织不仅在企业内部发挥着政治引领、组织协调和监督保障等作用，还通过参与企业决策、推动企业文化建设等方式影响企业的业务活动。因此，本研究中的业务嵌入包括组织成员的政治面貌和组织内是否存在党团组织两个方面，通过党员和党团组织的覆盖率来间接反映业务嵌入的程度。不同类型单位的业务嵌入程度存在显著差异（$F=83.21$，$p=0.0000$）。图 8-5 显示，“外资/侨商/台商独资企业”的

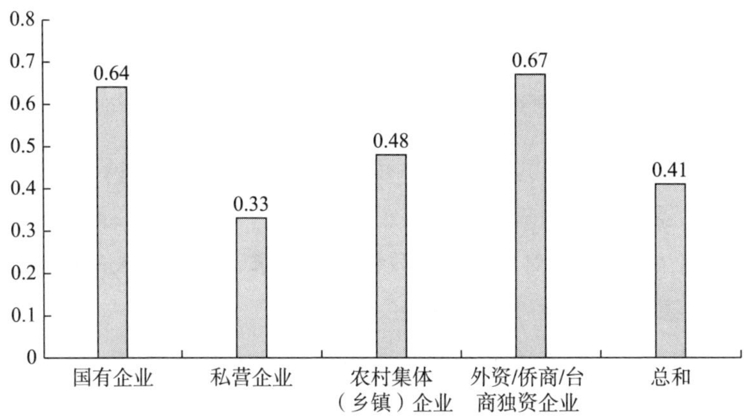

图 8-5　不同类型企业中业务嵌入的均值

业务嵌入水平最高，均值为0.67，标准差为0.29，说明该类型企业非常重视党建工作，其分值甚至超过国有企业。国有企业的均值为0.64，标准差为0.29。均值最低的是私营企业，为0.33，标准差为0.34，说明私营企业的党建工作还有待提升。

2021年，中国共产党党员总数为9514.8万名，比2019年底增加了3.5%，企业基层党组织占比为45.16%[①]，加上其他社会组织和单位，基本实现“应建尽建”。若以常理来推断，国有企业内部的党建工作应是做得最好的，但比较的结果却显示“外资/侨商/台商独资企业”分值更高。

具体来看，比较四类企业在组织成员入职时对其政治面貌的要求，结果如图8-6所示。

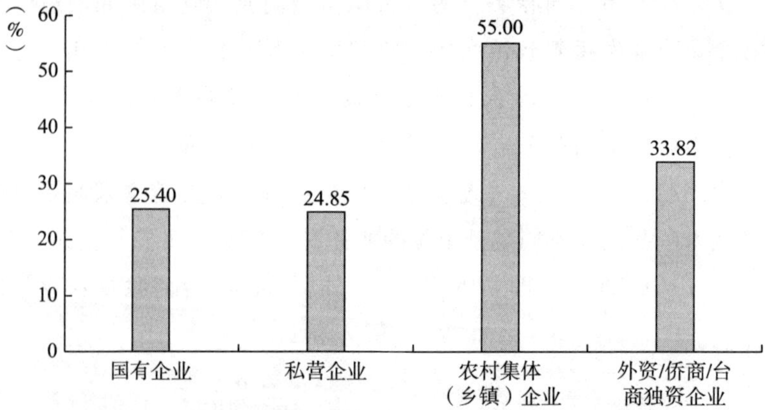

图8-6　不同类型企业对组织成员有政治面貌要求的占比

“农村集体（乡镇）企业”和“外资/侨商/台商独资企业”对员工有更高的政治面貌要求，前者有55.00%对应聘者有政治面貌要求，后者有33.82%对应聘者有政治面貌要求，说明个人的政治面貌与岗位匹配之间存在一定联系。

此外，业务嵌入还离不开党团组织这一平台的建立。比较不同

① 《中国共产党党内统计公报》，http://www.qstheory.cn/yaowen/2021-06/30/c_1127611921.htm，最后访问日期：2024年1月8日。

类型企业中设立党团组织的情况，结果如表 8-5 所示。

表 8-5　不同类型企业中党团组织的建立情况

	有党团组织	有党组织 无团组织	有团组织 无党组织	无党团组织
国有企业	74.17%	17.14%	2.05%	6.65%
私营企业	28.05%	12.00%	6.00%	53.95%
农村集体（乡镇）企业	31.25%	18.75%	6.25%	43.75%
外资/侨商/台商独资企业	75.68%	7.21%	5.41%	11.71%

注：百分比是以该类企业中有无党团组织选项的频数除以该类企业中有无党团组织选项的总数所得。

由表 8-5 可知，国有企业和外资/侨商/台商独资企业的党团组织嵌入程度较高，国有企业中“无党团组织”的仅占 6.65%，外资/侨商/台商独资企业中“无党团组织”的仅占 11.71%。但私营企业和农村集体（乡镇）企业的党团组织嵌入程度较低，私营企业中仍有 53.95%没有党团组织，农村集体（乡镇）企业有 43.75%没有党团组织。从单位所有制的角度来看，国有企业直接由国家所有，所以与政府和党团组织的关系更为密切；外资/侨商/台商独资企业为了在中国市场稳定运营，往往也需要密切与政府保持良好的关系；农村集体（乡镇）企业比较特殊，更多受地方性影响，这使得党组织的嵌入缺乏资源支持和动力；私营企业以市场导向和利益最大化为目标，因此政治参与的积极性相对较低。但实际上，对农村集体（乡镇）企业和私营企业这类非公组织来说，党组织嵌入不仅有利于其提升资源获取能力，也有利于其在组织治理的过程中更好地发挥经济主体性。①

（二）组织氛围现状

1. 组织氛围的总体情况

描述性分析结果显示，组织氛围均值为 3.68，标准差为 0.66，

① 李中、张彦：《政治约束与经济理性的平衡——党组织嵌入对非公企业福利保障制度建设的影响研究》，《社会学评论》2023 年第 1 期，第 107~123 页。

偏度为0.04，峰度为2.74，整体呈现轻微的正偏态分布，具体分布如图8-7所示。总体上，我国的组织氛围较好。

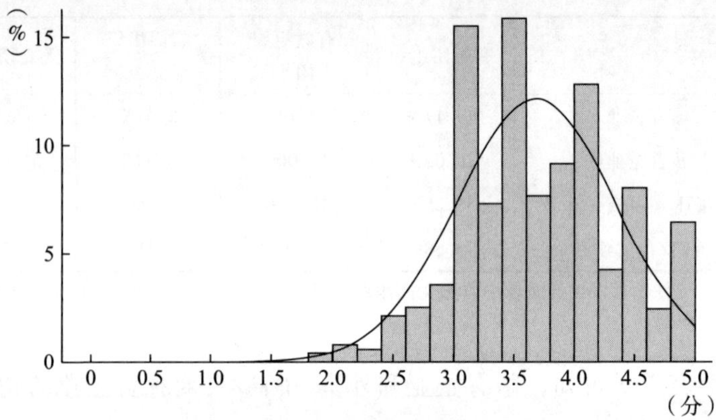

图8-7　组织氛围的频率分布

我们进一步关注组织氛围各维度的具体情况及差异分布。当组织氛围均值为3及以下时，表明劳动者的组织氛围感知较差；当组织氛围均值为3以上时，表明劳动者的组织氛围感知较好。各个题器中，均值为3及以下的累计百分比分布如图8-8所示。

根据图8-8，“创新教育”三个题器测量的是组织为其所属成员提供新知识、新技能和新流程的学习氛围，被访者在三个题器上选择“一般”及以下的占比都相对较低，说明我国组织积极投入塑造学习型组织、保持自身知识体系与时俱进的意识较强。在“分配公平”维度，对四个题器进行反向赋值，得分越高表示组织成员感受到的组织氛围越趋于公平；各题均值为3及以下的人数都在40%以上，说明现有组织环境中可能存在资源分配不均的现象，其中有56.92%的人都认为“在单位中办事，熟人比规章制度更管用”，这类现象一定程度上是“熟人”文化渗透科层制度的结果，反映出组织成员对组织分配与公平的隐忧，组织有待进一步提升信息的透明度和公平性，增进员工对组织制度的信任，在组织中营造积极的分配公平氛围。

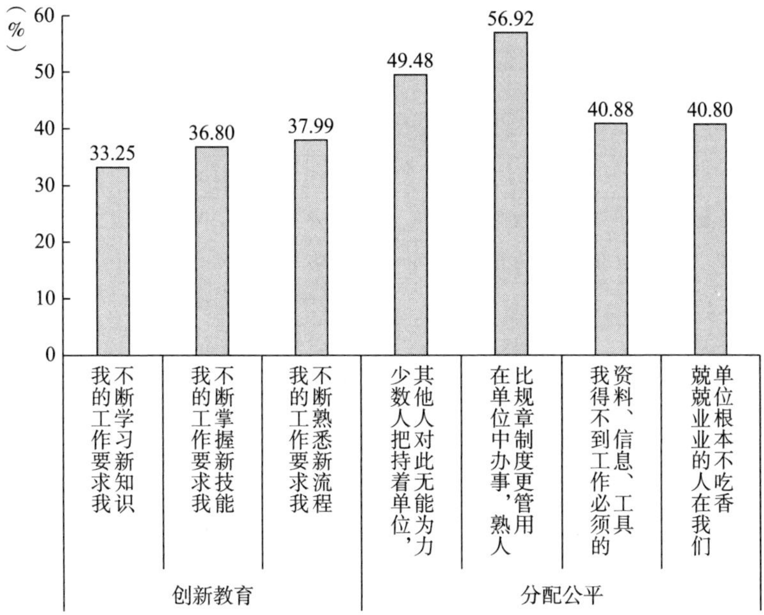

图 8-8　组织氛围各题器均值为 3 分及以下的占比

2. 组织氛围的差异性分析

基于此，我们试图探索不同类型组织中组织氛围的差异，方差分析结果如表 8-6 所示。

表 8-6　不同类型组织中组织氛围的差异性分析

	类别	均值	标准差	差异显著性
产业	第一产业	3. 58	0. 64	$F=37.47$ $p=0.0000$
	第二产业	3. 82	0. 67	
	第三产业	3. 63	0. 65	
单位类型	雇人的个体户	3. 69	0. 60	$F=4.66$ $p=0.0000$
	国有事业单位	3. 72	0. 66	
	党政群团机构	3. 70	0. 68	
	国有企业	3. 75	0. 71	
	私营企业	3. 73	0. 66	
	大集体企业	3. 53	0. 59	

续表

	类别	均值	标准差	差异显著性
单位类型	小集体企业	3.52	0.62	$F=4.66$ $p=0.0000$
	农村集体（乡镇）企业	3.42	0.59	
	合资企业	3.57	0.70	
	外资/侨商/台商独资企业	3.64	0.70	
	股份制或股份合作制企业	3.58	0.64	
	上市公司	3.77	0.60	
	其他	3.65	0.62	
单位规模	微型	3.67	0.58	$F=9.63$ $p=0.0000$
	小型	3.66	0.61	
	中型	3.67	0.69	
	大型	3.61	0.70	
	超大型	3.88	0.74	

首先，不同产业的组织氛围存在显著差异（$F=37.47$，$p=0.0000$）。比较而言，第二产业的组织氛围最佳，均值为3.82；其次是第三产业（均值为3.63）；最后是第一产业（均值为3.58）。从产业结构划分来看，第二产业包括手工业、采掘业、以非农产品为原料的制造业、以农产品为原料的制造业和建筑业。一方面，这些工作对劳动者的专业化要求较高，更强调实际工作中同事之间的密切配合；另一方面，其中的生产过程往往高度标准化和流程化，这种规范化的操作模式有利于形成统一的工作标准和团队文化。因此，长时间的规范化操作和团队合作一定程度上增强了劳动者对组织氛围的积极感受。与此不同的是，包含各种服务行业的第三产业因较大的行业差异性，组织氛围更加参差不齐，影响了行业整体的均值。同时囊括农业、林业、畜牧业和渔业的第一产业，其生产活动多依赖于自然条件，如天气、土壤等，这些不可控因素可能导致工作环境相对不稳定，且从业人员相对分散、技能水平参差不齐，难以形成统一高效的工作团队，进而了影响组织氛围。

其次，不同类型单位的组织氛围也存在显著差异（$F=4.66$，$p=0.0000$）。值得注意的是，国有企业、国有事业单位和党政群团机构这三类单位的组织氛围均值都超过了 3.70，且差距不大，这是因为国有企业、国有事业单位和党政群团机构往往拥有较为完善的管理体系和规章制度，能够有效确保员工获得相对公平的待遇；同时，它们还比较注重员工的培训和发展，会提供较多的学习机会和资源，鼓励创新和学习，这些制度安排必然有助于形成积极的组织氛围。与之相比，农村集体（乡镇）企业的组织氛围均值最低，仅为 3.42。同时，大集体企业和小集体企业的组织氛围均值也不高，分别为 3.53、3.52。受规模和管理方式的限制，这些企业可能更注重传统生产方式的维持，而非创新和学习，这在一定程度上抑制了创新教育氛围的形成；资源的有限也让他们在资源分配、人事管理等方面存在较大的差异性和不确定性，进而降低了组织氛围的整体水平。值得一提的是，本次调查中上市公司员工感知到的组织氛围是最好的，均值达 3.77，这或许得益于上市公司丰富的资源投入、对创新文化的培养、规范的薪酬与福利体系以及完善的绩效考核与激励机制等优越的组织条件。一般情况下，上市公司往往设有股东大会和严格的监控部门，透明的管理方式增强了内部的公平感。另外，上市公司在面临激烈的市场竞争和股东的绩效压力时，往往会鼓励创新思维和团队合作。在这些组织因素的影响下，其更易形成积极的组织氛围。

最后，我们发现，不同规模的单位中，组织氛围也存在显著差异（$F=9.63$，$p=0.0000$）。微型单位和中型单位的组织氛围均值相同，都是 3.67；小型单位的组织氛围均值为 3.66；大型单位的组织氛围均值为 3.61；超大型单位的组织氛围均值为 3.88。比较而言，超大型单位的组织氛围最佳。相对于其他规模的单位，超大型单位拥有更充足的资源、更加规范化和制度化的管理以及更广泛的职业发展机会，因此能够带给员工更多的积极感受，形成较积极的组织氛围。

（三）人际互动现状

综合以上对组织氛围的现状分析，我们发现组织氛围存在群体差异，但从中看不到个人的能动性，在此基础上我们继续探索人际互动的作用。

1. 人际互动的总体情况

描述性分析结果显示，我国积极的员工-员工互动均值为3.67，标准差为0.71，偏度为0.16，峰度为2.70，说明我国工作环境中员工间的积极互动情况整体较好。积极的领导-员工互动均值为3.49，标准差为0.80，偏度为-0.001，峰度为2.92，说明领导与组织成员之间的积极互动尚可，但水平略低于员工与员工的积极互动（见表8-7）。对此，我们认为，在员工-员工互动中，由于双方地位相对平等，互动更多基于相互帮助、信息共享和社交支持，这种交换往往是平等、互惠的，因此容易形成积极的互动关系。相比之下，领导-员工互动中可能涉及更多的权力和资源分配，导致互动中的不平等感增加。员工可能感到在与领导的互动中处于劣势地位，这种不平等感影响了互动的积极性和质量。

表8-7 人际互动的描述性分析

	均值	标准差	最小值	最大值	偏度	峰度
人际互动	3.59	0.68	1.25	5.00	0.21	2.68
员工-员工	3.67	0.71	1.00	5.00	0.16	2.70
领导-员工	3.49	0.80	1.00	5.00	-0.00	2.92

注：领导-员工的偏度保留三位小数时是-0.001，表中我们统一保留两位小数，因此此处显示为-0.00。

2. 不同组织结构中人际互动的差异

T检验结果表明，所在单位中设有党组织（$T=-8.75$，$p=0.0000$）、团组织（$T=-11.82$，$p=0.0000$）、工会（$T=-12.52$，$p=0.0000$）、妇联（$T=-15.50$，$p=0.0000$）、职代会（$T=-17.66$，$p=$

0.0000）的劳动者，感受到组织中人际互动明显更积极一些。另外，图 8-9 显示，单位中设有上述群团组织的劳动者感受到的积极人际互动水平均值均超过 3.70。涂尔干认为，社会团结是社会秩序和稳定的基础，它依赖于社会成员之间的共同信仰、价值观和情感纽带。单位中的党团组织、工会、妇联、职代会等群团组织往往承载着特定的意识形态和价值观，通过组织活动、学习和交流，成员之间的共同信仰和价值观得到强化，实现了有机团结，形成了更为紧密的社会联系。这种共同信仰和价值观的强化，有助于减少成员间的分歧和冲突，促进更积极的人际互动，同时，他们可以从组织中获得情感支持和帮助，缓解自身的工作压力和负面情绪，进而提升人际互动的积极性。

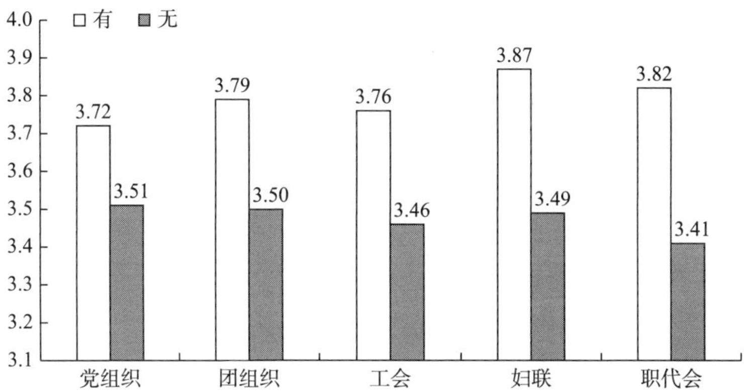

图 8-9　群团组织的人际互动差异

T 检验结果表明，所在单位中设有班组会、部门会、通报会等线下工作交流平台的劳动者的人际互动明显更积极（$T=-15.58$，$p=0.0000$），均值为 3.70（见图 8-10）。线下交流的劳动者有更多面对面互动的方式，能够更全面准确地理解对方的目的和情绪，以及更及时地作出反馈，这样的直接互动能够有效增强人与人之间的相互信任并且减少误解。同时，有无微信群或 QQ 群等线上交流平台的劳动者在人际互动上也存在显著差异（$T=-5.18$，$p=0.0000$）。有微信群或 QQ 群的劳动者在人际互动上的均值明显较高，为 3.61。

线上交流可以有效加强领导-员工、员工-员工之间的非正式沟通，有助于增强成员之间的凝聚力。同时，线上交流群增加了互动过程的灵活性，使成员之间的信息交流更加及时和丰富，让团队能够在不同的时间和空间协同工作、保持联系，从而增强对人际互动的感受。根据社会网络理论，线上线下这些交流平台和社群构成了复杂的社会关系网络。在这个网络中，员工与员工之间、领导与员工之间通过频繁的互动和交流，更容易建立起紧密的联系和信任关系。这种联系和信任是社会资本的重要组成部分，有助于促进资源的共享和信息的流通，从而提高组织的整体效能。

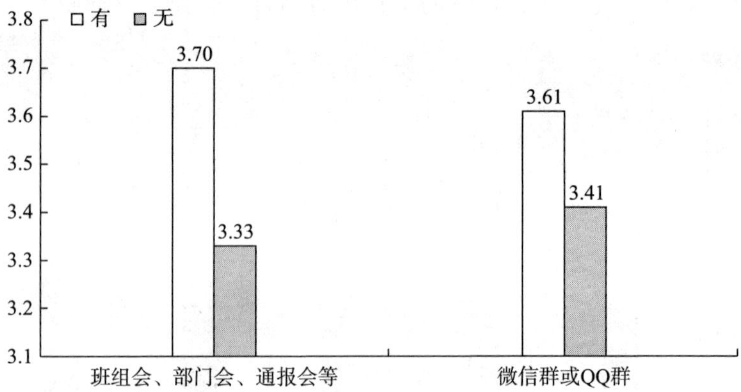

图 8-10　不同工作交流平台上人际互动的差异

3. 员工-员工互动的差异性分析

员工之间的互动是组织运作的基石。它不仅关乎日常任务的执行，还深刻影响着组织文化、团队协作以及员工个人的工作满意度和职业发展。因此，把握员工-员工互动的整体情况之后，有必要继续探究组织中员工之间人际互动的差异，这为我们提供了一个更加全面和深入的视角来审视和管理组织内部的员工关系。

首先，方差分析结果表明，不同受教育程度的员工体验到的积极员工-员工互动水平存在显著差异（$F=12.79$，$p=0.0000$），受教育程度较高的员工在组织中与其他员工之间的互动更为积极。其中，值得注意的是，具备研究生学历（均值为 3.95）和大学本科学历

（均值为 3.78）的员工体验到的积极员工-员工互动均值都超过了 3.75，但二者差距较大（见图 8-11）。这是因为受教育程度相似的员工更有可能形成稳定的社交群体，这种群体归属感增强了群体内部的互动频率和互动质量。另外，教育背景不同的员工可能在单位中担任不同的岗位，受教育程度更高的员工可能承担更为复杂的任务或担任管理角色，而受教育程度较低的员工可能更多从事操作性或技术性较强的工作，职责的差异导致员工在组织中的互动机会不同，因此人际互动的感知存在较大差异。

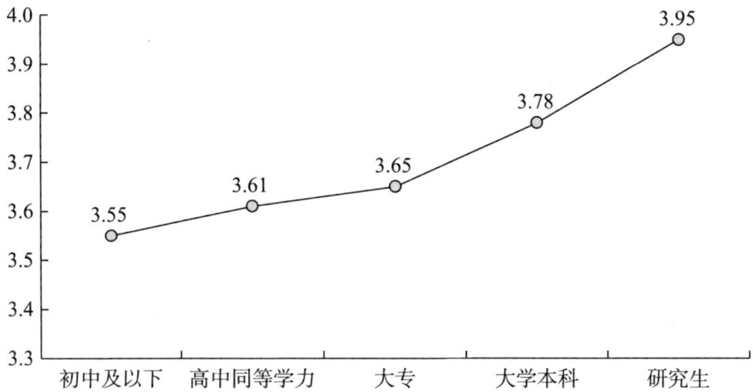

图 8-11　不同受教育程度的员工在员工-员工互动上的差异

其次，工作在一线的基层员工处于单位的第一层，最大领导处于最高层，在单位中处于不同社会地位的员工在员工-员工互动上存在显著差异（$F=25.58$，$p=0.0000$）。具体来看，组织层级高的员工产生的员工-员工互动体验更多，特别是处于组织中上层（第七层）的员工，其感受到的员工-员工互动均值最高，为 4.28；处于组织上层（第八层、第九层、第十层）的员工，即单位中的领导层，他们感受到的员工-员工互动的积极水平反而有所降低（见图 8-12）。这样的差异与组织内部信息的复杂性有一定关系，层级越高的员工在组织中的权力越大，他们通常是组织信息流通的关键节点，承担着协调部门工作的职责，联系更多的人，拥有更好的人缘。而组织层级较低的员工相比组织层级较高的员工更加缺乏跨层级和跨部门的互动，加上较少拥有组织资源和决策权，因此对员工-员工互动的积极感知较弱。另外，从实际沟通频率来看，高层员工属于组织中的决策层，他们的日常工作任务不再集中于简单的上传下达，而是参与到组织发展战略的决策过程中，与其他层级员工的交流更多围绕决策，而非具体执行，因此与其他层级员工互动的频率下降，员工-员工互动的积极感受较弱。

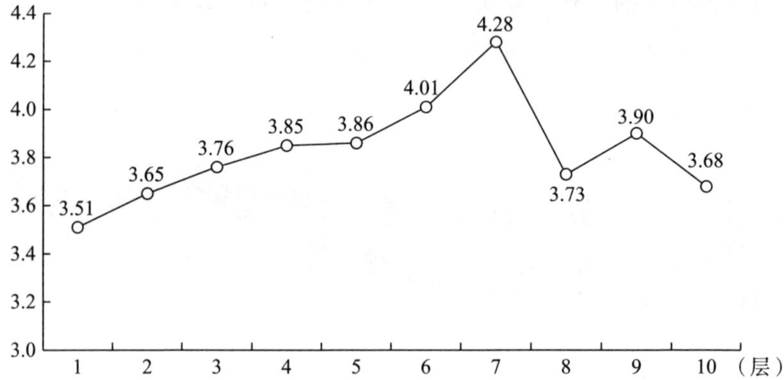

图 8-12　处于不同组织社会地位的员工在员工-员工互动上的差异

最后，为了深入理解员工-员工互动模式和组织文化、识别共同兴趣和关注点，我们进一步分析了员工之间经常讨论的话题，以期更加全面和深入地审视组织内部的员工关系。统计结果如图 8-13 所示，在员工与员工互动交流时，单位的发展前途是他们谈论的焦点（占比最高，为 19.36%）。这表明组织未来的发展是员工最为关切的事情。一方面，员工希望了解组织的目标、战略以及未来的发展方向，以便更好地规划自己的职业生涯和发展路径；另一方面，员工也希望通过关注组织的发展前途，获得更多关于组织稳定性和成长性的信息，从而评估自己在组织中的长期发展前景。此外，单位规章制度也是员工们经常讨论的话题，占比为 17.86%。员工们通过了解和讨论单位的规章制度，确保自己的行为和工作符合组织的要求，进而更好地维护自己的权益和利益，避免违规行为带来的不良后果。也正是由于这个原因，单位内的违章行为和事故也是员工们讨论的热点，占比为10.35%。在组织中，单位出现违章行为和事故会打破组织的日常秩序，带来安全隐患或经济损失，在客观上必然成为一段时间内员工互动的话题。员工通过讨论违章行为和事故，可以获取更多的信息和知识，提高自己的安全意识和防范能力。同时，这种讨论也是一种情绪宣泄的方式，员工可以通过分享自己的经历和感受来缓解工作压力和负面情绪。

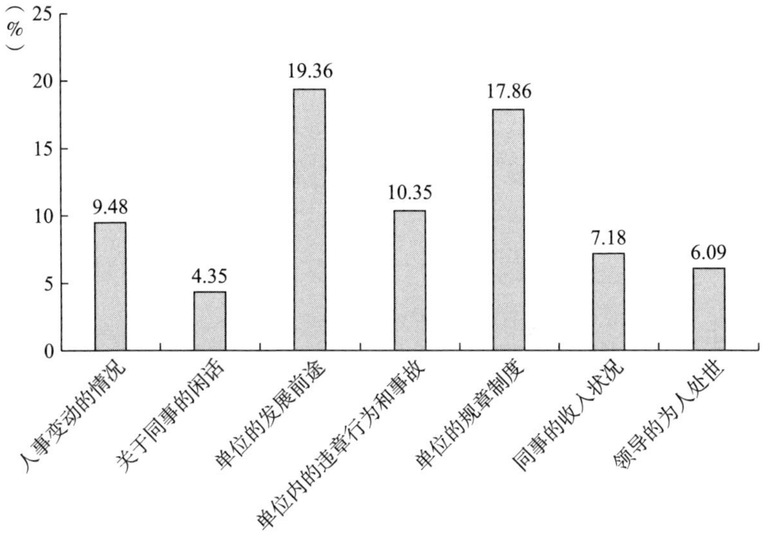

图 8-13 员工-员工互动时经常谈论话题的占比

4. 领导-员工互动的差异性分析

在组织中，领导与员工之间的互动并非单一模式，而是因员工特质、组织社会地位等多种因素而异。

方差分析发现，不同技术职称的员工在领导-员工互动上存在显著差异（$F=61.17$，$p=0.0000$）。具体来看，具备较高技术职称的员工体验到的领导-员工互动更积极（见图8-14）。技术职称反映的是员工掌握的专业知识和技能水平，具备较高技术职称的员工往往拥有更多的专业知识和技能，在单位中也往往担任重要职责，因此，他们与领导直接沟通的机会也会更多，互动内容更专业化，更可能得到领导更多的关注、尊重和支持，这种正向的互动循环进一步加强了领导与这些员工之间的关系，使得他们体验到的领导-员工互动更好。相反，非专技人员、未定级专技人员和初级专技人员在领导-员工互动上的均值都明显偏低，分别为3.34、3.35和3.52。这些技术职称较低的员工与领导之间的互动更多局限于操作性任务，互动的深度不如中高级职称员工。同时，技术职称较低的员工在与领导的互动过程中可能更易出现信息不对称和理解偏差，从而影响互动质量，对领导-员工互动的积极感知不强。

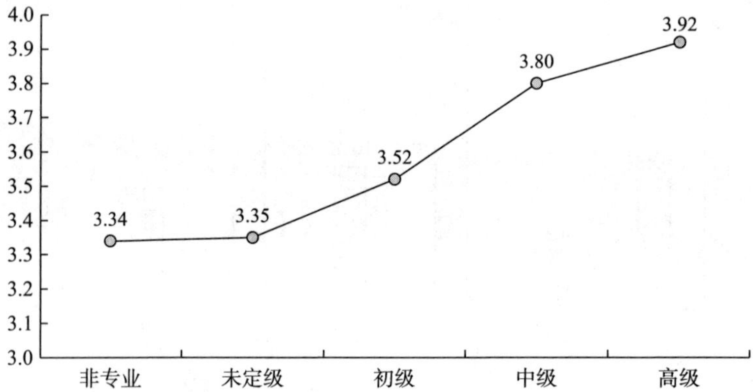

图 8-14　不同技术职称的员工在领导-员工互动上的差异

此外，工作在一线的基层员工处于单位的第一层，最大领导处于最高层，在单位中处于不同组织社会地位的员工在领导-员工互动上存在显著差异（$F=82.51$，$p=0.0000$）。具体来看，在组织中社会地位越高的员工，积极的领导-员工互动体验越多；特别是在组织中处于中上层（第七层）的员工，其体验到的积极领导-员工互动水平达到最高点，均值为4.58；处于组织上层（第八层和第九层）的员工实质上已是单位的领导，故而他们体验到的领导-员工互动的积极水平反而有所降低（见图8-15）。这样的差异与处于不同组织社会地位的员工在单位中扮演的角色不无关系。在一个组织中，中层干部（如处于组织社会地位第七层的员工）往往负责将组织的战略和目标传达给基层员工，并确保其正确理解和有效实施，在决策层与执行层中间具有桥梁作用。在传达过程中，他们很可能已经建立了较为稳固的“圈内人”关系网络，这些关系基于高度的信任、相互支持和忠诚，因此能够体验到较高水平的积极互动。与之不同的是，处于组织社会地位顶层的领导者可能面临更多的组织战略发展决策和外部环境压力，导致其与直接下属的互动减少，进而影响了内部领导-员工互动的体验。

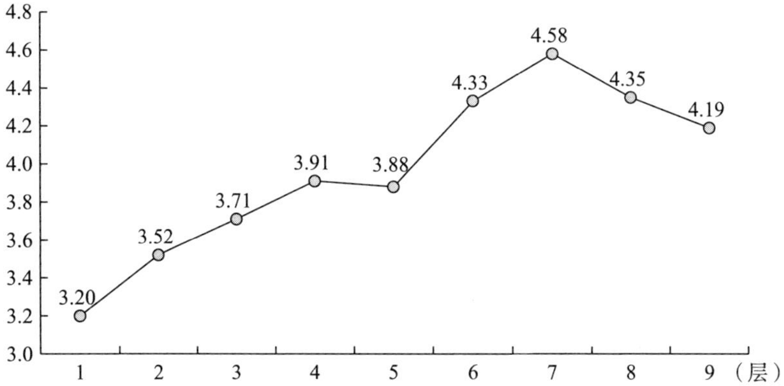

图 8-15　处于不同组织社会地位的员工在领导-员工互动上的差异

四　组织环境的影响机制

前文中，我们梳理和界定了组织环境的内涵。不同于工作时间、工作场所、工作报偿和员工参与所刻画的组织制度规范，组织环境更像是一种“软”规范，是一种看不见摸不着的感受，却能实实在在地影响员工态度和行为，它体现为一种氛围，弥散在组织里的人际互动中。我们从政治嵌入、组织氛围、人际互动三个角度来观测组织环境，通过测量员工个体对组织环境的综合感受来捕捉组织环境，勾勒出我国劳动者所感知到的组织环境的现状，分析组织环境在不同组织特征上的差异。在这一部分，我们将进一步讨论组织环境的影响机制。

就组织环境的三个观测角度来说，政治嵌入体现的是具有中国特色的制度安排，它嵌植于中国的组织环境当中，是许多组织运行的底色。相较于政治嵌入而言，组织氛围和人际互动更能体现组织中人与人互动、人与组织互动所营造的组织环境，更关注组织以及组织中的人作为行动者的能动性，具有更大的讨论空间。因此，我们将主要围绕组织氛围和人际互动来展开对组织环境的影响机制的讨论。

（一）组织氛围对组织承诺的影响：组织认同的中介效应

组织氛围是组织中的员工对组织环境产生的相似认知或共同知觉，主要包括创新教育和分配公平两个维度，这两个维度反映了组织中的创新氛围和公平氛围。改革开放后，中国的市场经济蓬勃发展，各种不同所有制性质的企业形式并存，这为企业和劳动者的发展都带来了更多的发展机遇和更广阔的发展空间，但也带来了许多新问题。一是市场经济体制下的竞争更加激烈，组织需要不断创新才能更好地生存和发展，而组织的创新发展依赖员工的创新来推动，因此，劳动者需要不断地学习、创新才能增强自身的职业竞争力。二是市场经济体制下各种不同所有制性质的企业内部的分配制度千差万别，企业不再像计划经济时期那样给予员工“从摇篮到坟墓”的多方面福利待遇，员工对组织的依赖性大大减小，拥有了更大的择业自由①，员工对于组织的分配感到不满意或者不公平就有可能选择离职。在这种状况下，企业对于分配公平的考虑和制度设计将影响组织中的人员流动和组织的稳定发展。这样的时代背景是我们考虑组织中的创新氛围和公平氛围的重要原因。

组织中良好的创新氛围和公平氛围对于员工的心理状态、工作表现以及组织整体的发展都有深远的意义。具体来说，良好的创新氛围能够为员工的持续学习提供包容和支持，让员工感到心理安全，愿意表达观点，尝试新事物，有助于提升员工的创造力和自信心；

① 凌文辁、张治灿、方俐洛：《中国职工组织承诺研究》，《中国社会科学》2001年第2期，第90~102页。

公平的氛围能够增强员工对组织的信任，当员工相信组织中的奖励、晋升和认可机制是公平的，他们就更有动力去努力工作，实现更高的绩效。所以，良好的组织氛围有助于组织中形成一种相互信任、尊重和支持的文化，使员工更加认同组织的价值观和使命，产生归属感，进而提升员工的忠诚度[①]，帮助组织留住人才，在促进员工的职业成长的同时也促进组织的稳定发展。据此，我们提出如下假设。

假设 H8.1：组织氛围对组织承诺[②]具有显著影响。

假设 H8.2：组织氛围对组织认同[③]具有显著影响。

假设 H8.3：组织认同在组织氛围对组织承诺的影响中起中介作用。

综合上述三个假设，得到如图 8-16 所示的关系假设。

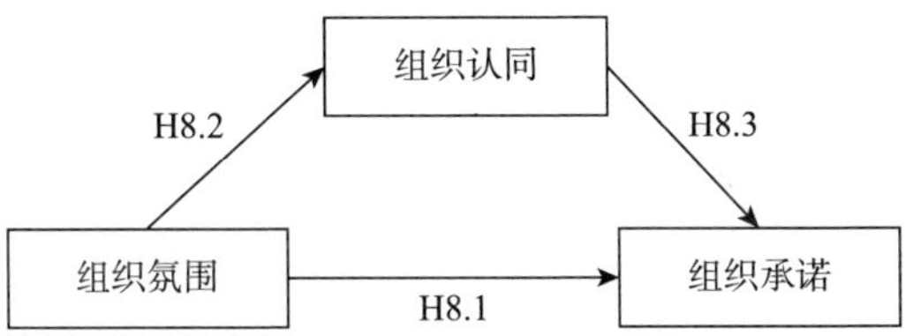

图 8-16　组织氛围、组织认同与组织承诺的关系假设

① 魏钧、陈中原、张勉：《组织认同的基础理论、测量及相关变量》，《心理科学进展》2007 年第 6 期，第 948~955 页。

② 组织承诺是员工和组织之间关系的一种心理状态，也是检验员工对组织忠诚程度的一种指标，高组织承诺的员工会有更加积极的工作态度和工作行为。本章通过“我总把工作放在第一位”、“工作中，领导怎么说我就怎么做”和“我尽可能把工作做得又快又好”三个题器来测量组织承诺，三个题器均采用李克特五度量表进行测量，“1”代表“很不符合”，“2”代表“较不符合”，“3”代表“一般”，“4”代表“比较符合”，“5”代表“完全符合”。我们将三个题器加总再做算术平均处理，得到组织承诺的潜变量，取值范围为 1~5，得分越高代表组织承诺越高。

③ 组织认同指的是员工在观念和行为等诸多方面与其所加入的组织具有一致性，对组织有责任感和归属感。本章通过“您是否愿意介绍自己的亲朋好友来单位工作”来测量组织认同，我们采用四度量表进行测量，“1”代表“很不愿意”，“2”代表“较不愿意”，“3”代表“较愿意”，“4”代表“很愿意”，分值越高代表组织认同程度越高。

根据上述内容，我们以组织承诺为因变量，组织氛围为自变量，组织认同为中介变量，性别、年龄、受教育程度、户籍、婚姻状况、经济地区为控制变量，采用因果逐步回归检验法（也称三步法）①进行回归分析，得到以下回归模型（见表 8-8）。

表 8-8　组织氛围对组织承诺的影响：组织认同的中介效应

	模型 1 组织承诺	模型 2 组织承诺	模型 3 组织认同	模型 4 组织承诺
性别（以女性为参照组）				
男性	0.035+ (0.019)	0.029 (0.018)	-0.062* (0.025)	0.027 (0.019)
年龄	0.012*** (0.001)	0.011*** (0.001)	0.000 (0.002)	0.011*** (0.001)
受教育程度（以没有上过学为参照组）				
小学	0.140 (0.197)	0.058 (0.239)	0.057 (0.315)	0.012 (0.237)
初中	0.203 (0.191)	0.012 (0.234)	0.042 (0.306)	0.029 (0.230)
高中/技校/职高/中专	0.154 (0.191)	-0.059 (0.233)	0.080 (0.304)	-0.063 (0.229)
大专	0.204 (0.191)	-0.044 (0.233)	0.078 (0.305)	-0.051 (0.229)

① 本章对中介变量模型的分析采用巴伦（Baron）和肯尼（Kenny）提出的因果逐步回归检验法（也称三步法），其检验步骤分为三步：第一步，分析自变量 X 对因变量 Y 的回归，检验自变量回归系数的显著性；第二步，分析自变量 X 对中介变量 M 的回归，检验中介变量回归系数的显著性；第三步，分析加入中介变量 M 后，自变量 X 对因变量 Y 的回归，检验自变量回归系数和中介变量回归系数的显著性。要验证中介作用的假设必须满足三个条件：第一步中，自变量的回归系数必须显著；第二步中，自变量的回归系数必须显著；第三步中，中介变量的回归系数必须显著，自变量的回归系数可以不显著，或是自变量的回归系数显著但比第一步中自变量的回归系数弱。参见 Reuben M. Baron & David A. Kenny, "The Moderator-mediator Variable Distinction in Social Psychological Research: Conceptual, Strategic, and Statistical Considerations," *Journal of Personality and Social Psychology* 51, *no*. 6 (1986): 1173。

续表

	模型 1 组织承诺	模型 2 组织承诺	模型 3 组织认同	模型 4 组织承诺
大学本科	0.253 (0.191)	−0.052 (0.233)	0.329 (0.305)	−0.068 (0.229)
硕士	0.316 (0.201)	−0.165 (0.241)	0.363 (0.316)	−0.186 (0.238)
博士	0.007 (0.307)	−0.304 (0.329)	0.513 (0.447)	−0.284 (0.336)
户籍（以农村为参照组）				
城镇	−0.031 (0.021)	−0.031 (0.020)	0.019 (0.027)	−0.024 (0.021)
婚姻状况（以未婚为参照组）				
已婚	0.101*** (0.025)	0.041+ (0.024)	0.322*** (0.033)	0.021 (0.025)
经济地区（以东部地区为参照组）				
中部地区	−0.016 (0.023)	−0.027 (0.022)	0.050 (0.030)	−0.001 (0.023)
西部地区	−0.155*** (0.032)	−0.134*** (0.032)	−0.157*** (0.045)	−0.115*** (0.034)
东北地区	0.099** (0.035)	0.061+ (0.034)	−0.113* (0.048)	0.120** (0.037)
组织氛围		0.435*** (0.014)	0.260*** (0.019)	0.414*** (0.015)
组织认同				0.072*** (0.012)
截距	3.297*** (0.196)	2.019*** (0.241)	1.673*** (0.316)	1.879*** (0.238)
F 值	17.01	79.86	35.15	74.62
R^2	0.0435	0.2103	0.1136	0.2262

注：①括号里的数字为标准误；②$^{+}p<0.10$，$^{*}p<0.05$，$^{**}p<0.01$，$^{***}p<0.001$；③模型 1 至模型 4 中的控制变量为性别、年龄、受教育程度、户籍、婚姻状况、经济地区。

表 8-8 中的模型 1 为基准模型，说明了性别、年龄、受教育程度、户籍、婚姻状况、经济地区六个控制变量对因变量组织承诺的

影响，模型的 F 值为 17.01（$p=0.0000$）。模型 2 中，在控制了性别、年龄、受教育程度、户籍、婚姻状况和经济地区的情况下，以组织承诺为因变量，组织氛围为自变量，组织氛围的回归系数为 0.435（$p<0.001$），说明在保持控制变量恒定不变的情况下，个体所感知到的组织氛围每提升 1 个单位，其组织承诺就显著提高 0.435 个单位，假设 H8.1 成立。模型 3 中，在控制了性别、年龄、受教育程度、户籍、婚姻状况和经济地区的情况下，以组织认同为因变量，组织氛围为自变量，组织氛围的回归系数为 0.260（$p<0.001$），说明个体所感知到的组织氛围每提升 1 个单位，其组织认同就显著提高 0.260 个单位，假设 H8.2 成立。模型 4 中，在控制了性别、年龄、受教育程度、户籍、婚姻状况和经济地区的情况下，以组织承诺为因变量，组织氛围和组织认同的回归系数依然显著（$p<0.001$），同时，与模型 2 相比，组织氛围的回归系数由 0.435 降低为 0.414，且模型的决定系数由 21.03%上升至 22.62%。并且，bootstrap 检验结果显示总效应系数为 0.420（$Z=23.27$，$p=0.000$），直接效应系数为 0.402，（$Z=21.82$，$p=0.000$），间接效应系数为 0.018，（$Z=3.03$，$p=0.002$）。由此，可以看出组织认同部分中介了组织氛围对组织承诺的影响，假设 H8.3 成立。

数据结果表明组织认同在组织氛围与组织承诺之间起着中介作用。这说明良好的组织氛围能够通过提升员工的组织认同，进一步增强他们的组织承诺。组织通过创建创新和公平的组织氛围能够增强员工对组织的信任和认同，从而将自己的职业发展前途和组织的发展紧密联系在一起，自愿投入更多的努力，并愿意长期留在组织中。

（二）工作强度对工作倦怠的影响：人际互动的调节效应

组织环境体现为员工的一种综合主观感受，看不见摸不着，却能实实在在地影响员工的工作态度和工作行为，它弥散在组织里边的人际互动中。良好的人际互动是组织的“黏合剂”，能够促进组织成员形成一个融洽的、相互协作的团队，共同应对工作中的困难和挑战，缓解个体在工作中所产生的消极感受。

当今的职场环境中，人们普遍面临竞争激烈、工作强度大的境况，很容易产生工作倦怠的感受。工作倦怠描述的是工作中的个体所体验到的诸如情感耗竭、身体疲劳和工作成就感降低等一系列负面的感受。[①] 工作强度则是影响工作倦怠的重要因素，它反映了员工个体的身心负荷程度。[②] 在竞争激烈、工作强度大、工作倦怠频发的背景下，许多组织都在积极探索调适员工的工作强度、缓解工作倦怠的方法和策略，通过积极的人际互动为员工提供关怀和支持就是其中之一。[③] 组织中积极的人际互动能够给员工提供来自同事、领导和团队的支持，包括工作内容和情感上的支持，帮助员工更好地应对工作压力，缓解因高工作强度带来的倦怠。据此，我们提出如下假设。

假设 H8.4：工作强度[④]对工作倦怠[⑤]具有显著影响。

假设 H8.5：人际互动能够调节工作强度对工作倦怠的影响。

---

① 李永鑫：《工作倦怠及其测量》，《心理科学》2003 年第 3 期，第 556~557 页。

② 李广、盖阔：《中小学教师工作强度调查》，《教育研究》2023 年第 44 期，第 54~65 页。

③ 田宝、李灵：《学校组织气氛对教师工作倦怠的影响》，《心理科学》2006 年第 1 期，第 189~193 页。

④ 本章通过“干重体力活”、“快节奏工作”、“处理他人的投诉或抱怨”、“面带笑容”、“使用互联网”、“不停地来回运动”、“按要求着装”、“按期完成任务”、“重复、单调的劳动”、“长时间集中注意力”、“细心和耐心”、“创造力”、“长时间保持一个姿势（如久坐）”、“高空作业”和“使用高频振动的工具（如电钻）”共 15 个题器来测量工作强度，15 个题器均为二分变量，选择“1”计 1 分，选择“0”不计分，我们将 15 个题器加总得到工作强度的潜变量，取值范围为 1~15，得分越高代表工作强度越高。

⑤ 本章通过“工作十分劳累，提不起精神”、“工作压力大，总有做不完的事”、“对工作越来越提不起兴趣”、“工作上出差错”、“对自己失去信心，越来越没有自信”、“感到困难太大，再怎么努力也不行”、“在单位不开心，看什么都不顺眼”和“工作拖拖拉拉”共 8 个题器来测量工作倦怠，8 个题器均采用三度量表测量，“1”代表“从不”，“2”代表“偶尔”，“3”代表“经常”，我们将 8 个题器进行算术平均处理，生成工作倦怠的潜变量，其取值范围为 1~3，得分越高代表工作倦怠的程度越高。

综合上述两个假设，得到如图 8-17 所示的关系假设。

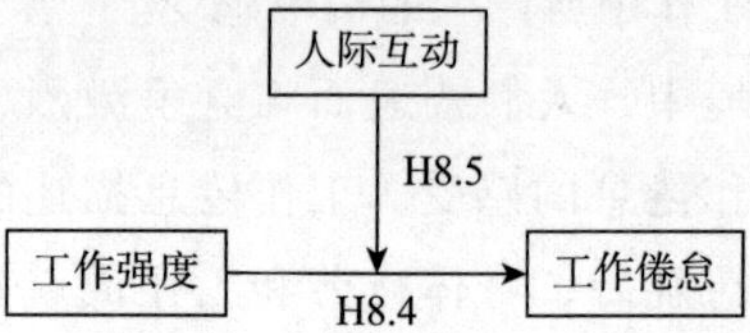

图 8-17　工作强度、人际互动与工作倦怠的关系假设

根据上述内容，我们以工作倦怠为因变量，工作强度为自变量，人际互动为调节变量，性别、年龄、受教育程度、户籍、婚姻状况、经济地区为控制变量，进行回归分析，得到以下回归模型（见表 8-9）。

表 8-9　工作强度对工作倦怠的影响：人际互动的调节效应

	模型 1 工作倦怠	模型 2 工作倦怠	模型 3 工作倦怠
性别（以女性为参照组）			
男性	0. 021^{+} (0. 011)	0. 021 (0. 013)	0. 021 (0. 013)
年龄	-0. 003*** (0. 001)	-0. 003*** (0. 001)	-0. 003*** (0. 001)
受教育程度（以没有上过学为参照组）			
小学	-0. 209^{+} (0. 121)	-0. 260 (0. 171)	-0. 248 (0. 171)
初中	-0. 234* (0. 118)	-0. 274 (0. 167)	-0. 258 (0. 167)
高中/技校/职高/中专	-0. 209^{+} (0. 118)	-0. 241 (0. 166)	-0. 223 (0. 166)
大专	-0. 225^{+} (0. 118)	-0. 260 (0. 167)	-0. 243 (0. 166)
大学本科	-0. 225^{+} (0. 118)	-0. 262 (0. 167)	-0. 245 (0. 166)
硕士	-0. 300* (0. 124)	-0. 340* (0. 172)	-0. 318^{+} (0. 172)

续表

	模型 1 工作倦怠	模型 2 工作倦怠	模型 3 工作倦怠
博士	-0.282 (0.175)	-0.086 (0.234)	-0.077 (0.234)
户籍（以农村为参照组）			
城镇	-0.053*** (0.012)	-0.046** (0.015)	-0.046** (0.014)
婚姻状况（以未婚为参照组）			
已婚	-0.031* (0.014)	0.004 (0.017)	0.003 (0.017)
经济地区（以东部地区为参照组）			
中部地区	-0.056*** (0.013)	-0.060*** (0.016)	-0.055*** (0.016)
西部地区	0.066*** (0.018)	0.034 (0.024)	0.040+ (0.024)
东北地区	-0.182*** (0.020)	-0.165*** (0.024)	-0.166*** (0.024)
工作强度		0.031*** (0.003)	-0.027+ (0.014)
人际互动		-0.100*** (0.011)	-0.220*** (0.030)
工作强度×人际互动			0.016*** (0.004)
截距	1.747*** (0.122)	1.896*** (0.173)	2.306*** (0.197)
F 值	16.33	22.53	22.43
R^2	0.0436	0.1042	0.1095

注：①括号里的数字为标准误；②$^{+}p<0.10$，$^{*}p<0.05$，$^{**}p<0.01$，$^{***}p<0.001$；③模型 1 至模型 3 中的控制变量为性别、年龄、受教育程度、户籍、婚姻状况、经济地区。

表 8-9 中的模型 1 为基准模型，说明了性别、年龄、受教育程度、户籍、婚姻状况、经济地区六个控制变量对因变量工作倦怠的影响，模型的 F 值为 16.33（$p=0.0000$）。模型 2 中，在控制了性别、年龄、受教育程度、户籍、婚姻状况和经济地区的情况下，以

工作倦怠为因变量，工作强度和人际互动为自变量，工作强度的回归系数为 0.031（$p<0.001$），人际互动的回归系数为 -0.100（$p<0.001$），说明在保持控制变量恒定不变的情况下，个体的工作强度每提升 1 个单位，其工作倦怠就显著提高 0.031 个单位，而人际互动每提升 1 个单位，其工作倦怠就显著降低 0.100 个单位，假设 H8.4 成立。模型 3 在模型 2 的基础上加入工作强度与人际互动的交互项，交互项的回归系数为 0.016 且显著（$p<0.001$），自变量工作强度的系数变为负数，这表明，人际互动作为调节变量在不同水平上改变了工作强度对工作倦怠的影响方式，当人际互动处于低水平时，工作强度对工作倦怠有正向影响，但当人际互动提升至一定水平时，工作强度对工作倦怠的影响就变为负向影响，这种情况说明人际互动确实起到了调节作用，改变了工作强度与工作倦怠之间的关系，假设 H8.5 成立。

数据结果表明积极的人际互动在工作强度与工作倦怠之间起到了重要的调节作用。工作强度是一把双刃剑，它有可能成为阻碍性的压力源，正向预测工作倦怠，也有可能变成挑战性的压力源，激发员工的斗志，促进员工的工作投入，从而负向预测员工的工作倦怠。[①] 而组织中积极的人际互动就是把握这把双刃剑的重要力量，它能够通过提供工作内容和情感的反馈及支持，减弱高工作强度给员工带来的情感耗竭、身体疲劳和成就感低等消极影响，从而缓解员工的工作倦怠。

通过讨论组织环境的影响机制，我们知道组织环境对员工的成长和组织的发展具有深远的意义，它既是员工成长的重要土壤，能够推动员工的职业发展，也构成了组织发展不可或缺的背景条件，为组织带来持续的动力和竞争优势。

① 吴国强、郭亚宁、黄杰、鲍旭辉、李越：《挑战性—阻碍性压力源对工作投入和工作倦怠的影响：应对策略的中介作用》，《心理与行为研究》2017 年第 15 期，第 853~859 页。

第九章　安全感

——工作安全感

如今，中国经济已经由高速增长阶段转向高质量发展阶段，习近平总书记在党的二十大报告中强调，“高质量发展是全面建设社会主义现代化国家的首要任务”[①]。“高质量发展不只是一个经济要求”[②]，还是一种综合式发展，它以经济高质量发展为起点，逐步跨越经济领域，向社会生活的各领域渗透。二十大报告所提及的“人民群众获得感、幸福感、安全感更加充实、更有保障、更可持续”[③]就是对于高质量发展最凝练的表达和最直观的要求，从得失与变化、满不满意、安不安全等主观感受出发关注和考察高质量发展的微观基础和过程十分重要，只有人民真正感觉到有所收获、幸福和安全的时候，我们的社会发展才是高质量的发展，人民的生活才是高质量的生活。工作环境是我们观察高质量发展的微观基础的重要载体，人们的行为与感受总是嵌入其工作组织的结构之中，在这个意义上，工作环境作为一个相对稳定的结构性因素，能够较为客观地反映社会质量和人民的生活质量，也就是说，好的工作环境质量对于社会的高质量发

① 何立峰：《高质量发展是全面建设社会主义现代化国家的首要任务》，https://www.gov.cn/xinwen/2022-11/14/content_5726817.htm，最后访问日期：2024 年 1 月 8 日。

② 尹俊：《必须牢牢把握高质量发展主题》，www.qstheory.cn/qshyjx/2022-01/07/c_1128240710.htm，最后访问日期：2024 年 1 月 8 日。

③ 习近平：《高举中国特色社会主义伟大旗帜 为全面建设社会主义现代化国家而团结奋斗——在中国共产党第二十次全国代表大会上的报告》，http://www.qstheory.cn/yaowen/2022-10/25/c_1129079926.htm，最后访问日期：2024 年 1 月 8 日。

展起着十分重要的作用。基于此，我们在工作环境既有的较为完整的理论框架上，将获得感、幸福感、安全感作为工作环境质量的测量指标，通过监测工作环境质量为助推社会高质量发展贡献力量。

其中，安全感作为工作环境质量的一个重要评价指标，是本章所要研究的主题。我们认为，研究安全感的重要性凸显在以下两个方面：第一，安全感是社会生活质量的基本要求，一个高质量发展的社会以安全感为底线，我们首先需要保障安全感的实现，才能够在此基础上拥有获得感和幸福感；第二，获得感和幸福感都是主观测量指标[①]，像获得感、幸福感这样的主观感受只有嵌入客观的工作条件中时才具有实在的意义，基于此，我们提炼出安全感这样一个兼具主客观的测量指标，与主观指标获得感、幸福感进行对话，旨在把主观感受投射到人们工作的客观环境里面，实现对主观性和客观性指标的优化。在此意义上，本研究认为，研究工作环境质量首先要关注的应该是工作环境中的安全感问题，一个高质量的工作环境必定是能给劳动者带来较强安全感的工作环境。由于本研究聚焦于工作环境这一特定范围，因此我们将安全感操作化为工作安全感。通过此研究，我们不但可以对工作环境整体内在结构的质量加以监测和评价，还能够以管窥豹，洞见整个社会的安全感状态。

从相关研究来看，工作安全感极强的现实意义和极富张力的内涵和作用机制，使其成为一个越来越受学者和公众关注的话题。[②] 本研究认为，作为评价工作环境质量的重要依据，工作安全感一方面受到工作环境内部不同维度——工作场所、工作时间、工作报偿和员工参与等工作环境的客观现实和内在要求的影响[③]；另一方面，工作安

① 在我们的研究中，获得感、幸福感的主观测量指标对应的概念分别是付出回报不平衡感、工作满意度。

② 马冰、杨蓉、马贵梅：《工作不安全感国际研究热点及趋势：基于可视化分析》，《武汉理工大学学报》（信息与管理工程版）2022 年第 1 期，第 137~144 页。

③ 张彦、李汉林：《治理视角下的组织工作环境：一个分析性框架》，《中国社会科学》2020 年第 8 期，第 87~107 页。

全感的差异也会对劳动者的工作满意度等结果变量产生影响，进而影响整个工作环境和社会的景气。通过对工作安全感及其内部机制的测量和分析，本研究可以深度了解现有的工作环境所形成的工作安全感对劳动者的主观感受和客观行为产生了怎样的影响，进而从工作安全感的角度来探究工作环境质量及其内在形成机理，为推动高质量发展积蓄有效力量。基于此，本章我们将讨论工作安全感的内涵、群体差异以及生成、影响机制，试图为工作环境质量的优化、发展提供建议。

一 工作安全感：工作环境质量的主客观评价指标

从马斯洛的需求层次理论来看，人类的需求是分层的，从低层次到高层次可分为生理需求、安全需求、社交需求、尊重需求和自我实现需求五级。其中，安全需求是缺失需要①，对于每一个个体来说都尤为重要。安全意味着人们需要稳定、安全、受到保护、有秩序，能免除恐惧和焦虑等，而这种安全突出体现在工作领域。安全主要来自于工作的保障，一个有着稳定工作并且能够享受到工作所带来的各种福利和保障制度的人，其安全需求能够得到很好的满足，这为其后续实现社交需求、尊重需求和自我实现需求奠定了重要的基础。由此看来，工作安全感作为人的基本心理需要是十分重要的；工作安全感并不仅仅发自我们的内心，更是我们的内心对客观存在的一种投射。工作安全感是安全感在工作领域的具体表现，为了研究工作安全感，我们首先要了解安全感的内涵。作为一种主观感受，安全感是动态变化的，在不同时代、不同场域，不同个体对于安全感的认知和感受都是不同的，与安全感内涵相关的研究也十分丰富。本研究将在回溯安全感的研究缘起、内涵和分类的基础上，进一步厘清工作安全感的内涵。

① 缺失需要（deficiency need）直接关系个体的生存，也叫低级需要，当这种需要得不到满足时会直接危及生命。参见蔡继红《马斯洛需要层次学说述评》，《理论界》2011 年第 5 期，第 86~88 页。

（一）安全感：研究缘起、内涵与分类

随着“风险社会”的到来，安全问题逐渐受到公众的重视。安全是一个相对的概念，社会对于我们的安全需求的满足是有限的，“多安全才算安全?”玛丽·道格拉斯（Mary Douglas）的这一提问使得我们对于安全的理解和关注从对客观社会安全状况的描述扩展到人们的主观“安全感”（security）上来了。[①] 基于此，我们尝试通过了解安全感研究的由来和不同学派的研究脉络，结合时代背景来梳理随着社会现实的不断发展与变化而不断发生变化的安全感的内涵，为研究工作安全感提供本体论的支持。

安全感作为人最基础的心理需要，一直受到各个理论学派的重视。心理学把安全感理解为个体的一种人格特点，其中，精神分析理论和人本主义心理学这两个经典流派都十分关注安全感这一概念：在精神分析理论中，弗洛伊德（Sigmund Freud）和弗洛姆（Erich Fromm）等人都将安全感和个人幼时的心理发展联系起来[②]；英国精神病学家罗纳德·大卫·莱因（Ronlad David Laing）提出了本体安全感（ontological security）的概念，强调安全感对于个体存在的日常感知的影响，更为关注个人与社会发展的关系[③]。人本主义理论则强调人的基本需求之一就是安全感，作为一种人格特质，安全感是决定心理健康与否的重要因素。总之，这些心理学学者有关安全感的讨论都从个体的心理机制出发，或强调对个体幼年时期发展的重视，

---

① Mary Douglas, *Risk and Blame*: *Essays in Cultural Theory* (London: Routledge, 1992)，转引自王俊秀《面对风险：公众安全感研究》，《社会》2008年第4期，第206~221页。

② 弗洛伊德认为个人幼年及成年阶段在某种欲望的控制与满足方面缺乏安全感会激发人的冲突、焦虑、防御机制；弗洛姆注重人类心理的发展过程，认为现代社会自由的扩大使得现代人日益缺乏归属感，经常体验到孤独和不安全感。此外，沙利文、埃里克森等学者都在精神分析理论的范畴内讨论了安全感问题。

③ Karl Gustafsson & Nina C. Krickel-Choi, "Returning to the Roots of Ontological Security: Insights from the Existentialist Anxiety Literature," *European Journal of International Relations* 26, no. 3 (2020): 875-895.

或凸显对身体、心理机能的关注。心理学家威廉·布列茨（William Blatz）认为安全感是一种心理状态，是个体在把控自己的行为并对最终结果负责的过程中形成的。从精神分析学派到人本主义学派，再到安全感研究的集大成者威廉·布列茨（William Blatz），安全感都被当作心理健康的必要前提，不安全感则被当作诱发心理疾病或适应不良的重要因素之一。[①] 从心理学视角出发，学者们对于安全感进行了定义，马斯洛从精神分析理论出发，直接将安全感认定为一种心理感受，由此提出“心理安全感”：心理的安全（psychological security）是“一种从恐惧和焦虑中脱离出来的信心、安全和自由的感觉，特别是满足一个人现在（和将来）各种需要的感觉”[②]。我国学者安莉娟、丛中对精神分析理论、人本主义心理学理论中的安全感理论进行总结，认为安全感是对可能出现的对身体或心理的危险或风险的预感，以及个体在应对处置时的有力或无力感，主要表现为确定感和可控制感[③]，这是目前在国内认可度较高的一种定义。此外，他们还编制了安全感量表，将安全感的维度划分为确定控制感和人际安全感，以期应用于心理治疗和精神医学临床实践。显而易见，安全感研究对于心理学的相关理论和实践进展都产生了较好的效应。心理学领域的研究引发了学界和社会对于个体心理安全状态的关注，为安全感研究奠定了较为坚实的基础。但是我们都生活在社会之中，对于安全感的关注以及测量不能不考虑社会结构、社会文化以及社会互动等方面的影响，所以安全感研究从心理学延伸到社会学的讨论范畴也成为一种必然的趋势。

而第一个从社会学视角关注安全感的学者当属英国社会学家安

① 相鹏：《不安全感：空气污染的心理体验》，博士学位论文，南京大学社会学系，2019，第 24 页。

② 阿瑟·S. 雷伯：《心理学词典》，李伯黍译，上海译文出版社，1996，第 765 页。

③ 安莉娟、丛中：《安全感研究述评》，《中国行为医学科学》2003 年第 6 期，第 698~699 页；丛中、安莉娟：《安全感量表的初步编制及信度、效度检验》，《中国心理卫生杂志》2004 年第 2 期，第 97~99 页。

东尼·吉登斯（Anthony Giddens），他在莱因的基础上对本体安全感进行了全新的定义，实现了安全感研究的社会学转向。他在《现代性的后果》一书中指出："本体安全感是大多数人对自我认同的连续性以及对周围社会环境稳定性的信心，是人类的一种基本需要，也是对基本存在问题的回答，所有人类生活都以某种方式解决了这一问题。"[①] 相较于莱因，吉登斯更关注社会中的个体，关注个体行动与社会结构的联系，而非个体的心理构成。在此基础上，吉登斯把安全定义为特定的危险被消除或降低到最低限度的情境[②]，外在于个体的长期的威胁会带来不安全感，这种不安全感强调的是环境的变化，如社会变迁、市场结构调整所造成的结果，而非个体因素。尽管强调客观的因素，但是作为主体的一种感受，安全感仍然是一种对于客观状况的主观表达，只是对于社会学来说，这种感受是去个体化的，是在群体中所形成的具有结构性的主观感受。一些国内研究者则更为聚焦，认为安全感是一种对社会状况的综合心理反应，如"对社会治安状况的主观感受和评价""对一定时期和空间下的社会治安破坏力和控制力状况的综合主观心理感受"，这些研究事实上都延续了吉登斯的思想，强调社会意义上的安全感。[③] 社会学多从宏观层面看待安全感问题，关注的是社会群体的安全感，对于安全感的探索也主要着眼于外在的社会环境、社会结构和社会互动，脱离了内在于个体的心理范畴，由此可见，社会学所谈的安全感在现

---

① Anthony Giddens, *The Consequences of Modernity* (Redwood City: Stanford University Press, 1990), pp. 92-93.

② 参见安东尼·吉登斯《社会的构成》，李康、李猛译，生活·读书·新知三联书店，1998，第120页；安东尼·吉登斯：《现代性的后果》，田禾译，译林出版社，2000，第30~132页。

③ 参见姚本先、汪海彬《整合视角下安全感概念的探究》，《江淮论坛》2001年第5期，第149~153页；公安部"公众安全感指标研究与评价"课题组：《中国公众安全感现状调查及分析》，《社会学研究》1989年第6期，第35~41页；王娟：《公众安全感指标体系的构建与评价方法研究——以社会治安秩序为视角》，《政法学刊》2009年第5期，第104~107页；林荫茂：《公众安全感及指标体系的建构》，《社会科学》2007年第7期，第61~68页。

代社会中更具有普遍的关注意义，因为它涉及我们日常生活中的每一个面向，我们的环境、社会关系、社会行动等结构性因素共同塑造了我们的安全感。

此外，犯罪学的研究者“充分考虑到犯罪的影响包括了生理与身体损害、经济损失、有关的附带损失，也特别包括了引发恐惧、疑虑等消极的心理现象，这些心理现象随着社会进步、人们对自身价值的进一步确认，反过来影响了自身的安全感”①。在这个意义上，犯罪学认为安全感是一种对犯罪的恐惧。

作为一个“舶来品”，安全感研究较为丰富，研究者们有的基于国外既有的定义展开探索，有的则致力于探索本土的安全感维度，对安全感进行操作化。但至今，关于安全感并没有形成一个统一的说法，学者们对其概念有着各自的理解，针对这一情况，本研究对安全感的相关研究进行归纳，试图形成关于安全感研究的分类总结，详见表 9-1。

表 9-1　安全感研究的分类归纳

	划分类别
学科	心理学：安全感是个体的一种人格特质
	社会学：以集体焦虑和普遍的社会不安全感为标志的新的社会形态或“风险社会”
	犯罪学：安全感是一种对犯罪的恐惧
研究领域	社会领域：工作不安全感、空间安全感、社区安全感、旅游安全感、食品安全感、生态环境安全感、总体经济形势安全感、公共安全感
	个人领域：个人信息安全感、财产安全感、产权安全感、职业稳定、情绪安全感、健康安全感、婚恋安全感

从表 9-1 可见，除了从不同学科视角加以研究，随着研究的不断深入，安全感被不断细化，分类也越来越多。约翰·维尔（John

① 王大为、张潘仕、王俊秀：《中国居民社会安全感调查》，《统计研究》2002 年第 9 期，第 23~29 页。

Vail）从总体上研究安全感，他认为安全感可以从个人、经济、社会、政治和环境等几个方面来加以描述。[①] 更多的学者是从某一具体的领域对安全感加以研究，这些研究主要集中于社会领域和个人领域[②]。王大为等从社会层面加以理解，认为安全感在很大程度上反映了社会的总体治安状况，安全感是衡量社会运行是否平稳和人们生活是否安定的重要依据[③]。在个人领域的研究中，对于安全感的关注也细分到了各个不同的方面。其中，王明忠等从个体情绪方面对安全感加以研究，认为情绪安全感是人们在客观事物能够满足安全需要的情况下所感受到的来自自身的情感体验[④]；在婚姻和恋爱方面，李昌俊等在已有研究的基础上，结合中国的本土状况，将婚恋安全感定义为个体试图长期、稳定维持婚恋关系的主观体验与心理、行为需要。[⑤] 此外，还有个人信息安全感、财产安全感、产权安全感等各个方面的安全感研究。综上，我们发现安全感已经成为一个被广泛关注的概念，被各个学派、领域的学者加以研究并应用于实践之中，这些研究为我们进一步研究工作安全感奠定了较好的基础。

---

① 维尔认为，安全感或不安全感可以从个人、经济、社会、政治和环境等几个方面来描述，每个方面都有像光谱的两极，分别代表安全和不安全。个人安全感或不安全感是对健康、充足的食物，以及家庭、工作场所和社区等环境的安全或不安全感受；经济安全感或不安全感包括金融是否安全、工作是否安全以及个人财产权利、土地使用和投资是否受到保护；社会安全感或不安全感强调的是对政府提供的最低生活保障等社会保障的感受；政治安全感或不安全感包括公共秩序是否得到保障、政治组织的合法性是否能得到保护、国家安全与否等；环境安全感或不安全感主要是指社会成员与自然环境之间相互作用产生的安全或不安全的感受。参见 John Vail, "Insecure Times: Conceptualizing Insecurity and Security," in Michael Hill, John Vail & Jane Wheelock, *Insecure Times: Living with Insecurity in Contemporary Society* (New York: Routledge, 1999), pp. 1-3.

② 万浩东、安莉娟：《安全感研究综述及展望》，《健康研究》2022 第 2 期，第 198~203 页。

③ 王大为、张潘仕、王俊秀：《中国居民社会安全感调查》，《统计研究》2002 年第 9 期，第 23~29 页。

④ 王明忠、范翠英、周宗全、陈武：《父母冲突影响青少年抑郁和社交焦虑——基于认知-情境理论和情绪安全感理论》，《心理学报》2014 年第 1 期，第 90~100 页。

⑤ 李昌俊、贾贺男、贾东立、赵伍、陆紫欣、武迪、涂燊：《青年婚恋安全感问卷的编制及效度和信度》，《中国心理卫生杂志》2021 年第 8 期，第 670~675 页。

综合来说，安全感的研究取向和内涵会随着社会的发展和人们观念的变化而发生变迁和扩展。学者们对于安全感的理解是多学科、多领域的，但至今尚未形成成熟的、通用的定义。作为指涉社会群体的研究，本研究在综合既有文献的基础上，更倾向于从社会学的角度来定义安全感。本研究认为，安全感是对于当下和未来的一种确定性和稳定性感受，是客观的社会条件在个体的主观心理上的投射和反映。这一定义反映了安全感的主客观两方面属性：一方面，安全感反映的是个体行动与社会结构的关系，这体现了其客观的一面；另一方面，安全感是一种落到个体身上的感受，这又体现了其主观性。这一双重属性既是安全感这一概念的突出特征，也是我们后续聚焦工作安全感的概念操作化的关键之处。

（二）工作安全感的界定

在本章，我们将聚焦于工作安全感。从理论来看，作为工作环境质量的评价指标，工作安全感是工作环境的各个面向中酝酿的一些潜在的社会矛盾和冲突具体到人们的安全感方面的反映，这切实影响着个体、组织与社会的可持续发展。可以说，工作安全感是“工作环境质量”的“晴雨表”，通过及时地观测劳动者在工作环境中的安全感受，可以帮助我们更好地把握劳动者对现有工作环境的体验和评价，有利于我们进一步从宏观上改善工作环境的质量。从社会现实来看，随着社会不断发展，传统的“单位制”不断变革、社会不断市场化发展、新的劳动形式和业态不断涌现，人们在工作中的体验较以往发生了翻天覆地的变化。对于个体来说，一种“模糊的不安”弥漫在对于工作的感受中。近年来，人们倾向于追求“编制”“铁饭碗”，企业生产经营困难，吸纳就业能力有所下降，“求职难”与“招工难”并行①，加剧了供需的矛盾，这些都极大地

① 彭瑶：《国家统计局：600 多万青年失业 “求职难”“招工难”并存》，http://news.china.com.cn/2023-06/15/content_87582870.html，最后访问日期：2024 年 1 月 8 日。

影响着人们的工作安全感。在此现状之下，研究工作安全感具有极强的现实意义，深入探究工作安全感的内涵、现状以及生成和影响机制，进而提升劳动者在工作环境中的安全感势在必行。

关于工作安全感，国内目前已有的相关研究更多地局限于安全生产领域。[①] 如前所述，社会领域的工作不安全感和个人领域所提及的职业稳定性也与工作安全感有所关联，但是与此相关的研究均浅尝辄止，并没有对工作安全感进行较为明确的定义和操作化，也缺乏相关的深层机制探讨。工作是生活的重要组成部分，工作状况对社会稳定和人民幸福都具有重要的意义。《2018 年全国时间利用调查公报》显示，人的一生除了睡觉，花费时间最多的活动便是工作，占据个人18.3%的生命时间。[②] 此外，工作还是人们维持生活的重要经济来源。因此，关注工作安全感，不仅对于个人的工作环境改善和工作质量提升有较大的意义，对社会的稳定和高质量发展也起着重要的作用。工作安全感与整个国民经济的高质量发展息息相关，也是绝大多数中国人安全感的重要来源。基于此，工作安全感是我们如今谈及工作质量和工作环境需要重点关注的指标之一，也是本研究所要重点探讨的内容。聚焦到工作环境中，我们需要进一步厘清在社会变迁之下现有的工作安全感的研究脉络，从纵向深入把握工作安全感的内核。

从源头来看，学者们最先关注的不是工作安全感，而是工作不安全感。这大致有两方面原因：其一，这是社会现实的需要。自 20 世纪 80 年代以来，伴随全球化的到来，组织经营环境发生了翻天覆地的变化，企业通常采用节约成本、创新技术以及加强管理等方式来提升竞争优势，具体措施如精减人员、外包等。[③] 这些变革措施剧

① 朱运清：《广东地区企事业员工工作安全感及其对组织承诺、离职倾向的影响》，硕士学位论文，华南师范大学心理学系，2007，第 9 页。

② 《2018 年全国时间利用调查公报》，https://www.gov.cn/xinwen/2019-01/25/content_5361065.htm，最后访问日期：2024 年 1 月 8 日。

③ 胡三嫚：《工作不安全感的研究现状与展望》，《心理科学进展》2007 年第 6 期，第 938~947 页。

烈地影响着劳动者的工作性质甚至个人生活，推动劳动者们产生一种不断增长的对工作以及整体未来发展的缺乏安全的感受。[①] 其二，这与研究的价值观有关。最初对于工作安全感的研究是消极视角的。卢西亚·泽德纳（Lucia Zedner）认为，既有与安全相关的讨论无法提供一个明确的定义，安全成了一种理想的状态，难以界定和量化；最有效的方法是“反其道而行之”，也就是界定不安全感。[②] 这说明，要研究工作安全感，我们首先得从工作不安全感的研究中总结经验。目前，在西方的职业心理健康以及组织行为研究领域中，“工作不安全感”（job insecurity）已经成了一项重要的研究内容。马格努斯·斯沃克（Magnus Sverke）和约翰尼·赫尔格伦（Johnny Hellgren）认为工作不安全感是劳动者对于其工作在风险中的存续性的预期，是建立在劳动者自身对于当前环境的解释基础上的，工作不安全感被看作一种主观心理现象，它与实际的丢失工作是两回事，不同的人的工作不安全感会由于他们的个体背景和认知以及行为方式的不同而存在差异。[③] 这类解释认为工作不安全感作为一种心理现象，主要受个体差异的影响。此外，还有一些学者关注工作不安全感的客观性。西伦纳德·格林哈尔（Leonard Greenhalgh）和泽哈瓦·罗森布拉特（Zehava Rosenblatt）提出“工作不安全感是处于带有威胁性的工作情境中的劳动者继续推动工作发展的一种无力感”[④]，他们认为工作不安全感来源于客观的威胁情境，强调的是一种主观对客观的反映，这是关于工作不安全感的开创性研究。杰弗

① Magnus Sverke, Johnny Hellgren & Näswall Katharina, “No Security: A Meta-analysis and Review of Job Insecurity and Its Consequences,” *Journal of Occupational Health Psychology* 7, no. 3 (2002): 242-264.

② Lucia Zedner, “The Pursuit of Security,” in Tim Hope & Richard Sparks, *Crime, Risk and Insecurity* (New York: Routledge, 2000), pp. 195.

③ Magnus Sverke & Johnny Hellgren, “The Nature of Job Insecurity: Understanding Employment Uncertainty on the Brink of A New Millennium,” *Applied Psychology: An International Review* 51, no. 1 (2002): 23-42.

④ Leonard Greenhalgh & Zehava Rosenblatt, “Job Insecurity: Toward Conceptual Clarity,” *Academy of Management Review* 9, no. 3 (1984): 438-448.

里·H. 拉森（Jeffry H. Larson）等学者将工作不安全感定义为一种客观的状态、一种区别于个体体验的情境现象，他们列举出了工作不安全感的客观指标，包括临时雇佣形式、组织变革和社会中的失业水平等。[①] 由此可见，研究者开始将主观的安全感受与客观的指标勾连起来，用更为客观的指标来说明工作不安全感。吉塞拉·B. 默尔（Gisela B. Mohr）讨论了四种不同类型的工作不安全感，包括高水平的社会失业状况、组织中的缺乏保障和不稳定、劳动者感到雇佣不安全的主观感受和组织变迁所带来的对失业的预期，可见他的视角更为整合，以主客观相结合的视角来界定工作不安全感。[②] 他认为，工作不安全感既可以基于个人的情感体验，也可以归结于客观的情境。除此之外，工作不安全感这一概念还存在认知性和情感性的争议。绝大多数学者把工作不安全感看作一个认知性概念，但是仍有相关学者关注不安全感的情感性，并探讨认知性和情感性两个维度之间的低相关性水平[③]，还有学者强调关注二者之间的差异对于工作不安全感的理论研究进展的重要性。这些有关"工作不安全感"的概念解读和维度划分为本研究探究工作安全感的本体论概念提供了强大的支撑。

本研究试图从积极视角对工作安全感进行定义和研究。关注工

---

① Jeffry H. Larson, Stephan M. Wilson & Rochelle Beley, "The Impact of Job Insecurity on Marital and Family Relationships," *Family Relations: An Interdisciplinary Journal of Applied Family Studies* 43, no. 2 (2002): 138-143; Jone L. Pearce, *Job Insecurity Is Important, but Not for the Reasons You Might Think: The Example of Contingent Workers* (Chichester: Trends in Organizational Behavior, 1998), pp. 31-46; Magnus Sverke, Johnny Hellgren & Näswall Katharina, "Job Insecurity: A Literature Review," January 2006, https://www.researchgate.net/publication/255649626_Job_Insecurity_A_Literature_Review，转引自胡三嫚《工作不安全感及其对组织结果变量的影响机制》，博士学位论文，华中师范大学心理学系，2008，第5页。

② Gisela B. Mohr, "The Changing Significance of Different Stressors after the Announcement of Bankruptcy: A Longitudinal Investigation with Special Emphasis on Job Security," *Journal of Organizational Behavior* 21, no. 3 (2000): 337-359.

③ Ingwer Borg & Dov Elizur, "Job Insecurity: Correlates, Moderators and Measurement," *International Journal of Manpower* 13, no. 2 (1992): 13-26.

作安全感而非工作不安全感，反映了我们新的研究价值观，这是积极心理学研究浪潮推动下的人文社科研究大趋势，从积极视角研究社会问题，可以更加直接地促进问题的改善和社会的发展。现有的关于工作安全感的研究从不同层面讨论了工作安全感的内涵。威廉·A. 卡恩（William A. Kahn）从个体层面出发，将工作安全感定义为个体在展现自我时，不用害怕个人形象、职业地位、职业生涯受到消极评价的体验。[①] 艾米·埃德蒙森（Amy Edmondson）从团队层面出发，将工作安全感聚焦于个体在团队中的人际关系安全，并认为其能够促进个体在团队中的积极表现。[②] 史蒂文·P. 布朗（Steven P. Brown）和托马斯·李（Thomas Leigh）从组织层面出发，认为工作安全感是劳动者对组织环境是否安全的察觉。[③] 这些研究从个体、人际与环境等不同层次丰富了我们对于工作安全感的理解。在国内的研究中，不同学者分别从组织行为学、心理学和生产过程视角对工作安全感加以研究[④]，但都只聚焦于某一方面，没有对工作安全感进行综合、全面的定义和考查。基于上述内容的整合，本研究认为，工作安全感是一个兼具主客观测量的指标，既关注个体的主观感受，又关注这些感受的客观来源，以及这些感受与外在结构之间的联系；工作安全感是一个极具现实意义的概念，我们不仅要认识到工作安全感的内涵，还需要关注安全感对于个体和社会的影响。对于工作安全感的概念界定需要强调主观与客观、

① William A. Kahn, "Psychological Conditions of Personal Engagement and Disengagement at Work," *Academy of Management Journal* 33, no. 4 (1990): 692–724.

② Amy Edmondson, "Psychological Safety and Learning Behavior in Work Teams," *Administrative Science Quarterly* 44, no. 2 (1999): 350–383.

③ Steven P. Brown & Thomas Leigh, "A New Look at Psychological Climate and Its Relationship to Job Involvement, Effort, and Performance," *Journal of Applied Psychology* 81, no. 4 (1996): 358–368.

④ 参见李勇泉《饭店从业人员的职业不安全感研究》，博士学位论文，华侨大学管理学系，2012，第 69 页；胡三嫚：《工作不安全感的研究现状与展望》，《心理科学进展》2007 年第 6 期，第 938~947 页；王春雪、吕淑然：《建筑施工作业安全感影响因素研究》，《中国安全科学学报》2016 年第 5 期，第 13~18 页。

认知与情感相结合的视角。由此，本研究进行以下定义：工作安全感是指劳动者在工作过程和工作环境中所产生的安全与否的感受。这种感受主要可以通过关注劳动者的内部安全感和外部安全感加以测量。在内部安全感方面，我们倾向于关注劳动者在工作过程和工作环境中的身心安全感受，即工作健康，这是最基本的工作安全感，主要从生理方面的安全感和心理方面的安全感两方面体现出来；外部安全感即工作在社会意义上带给劳动者的安全感受，我们倾向于关注工作稳定性，一个稳定的工作意味着较少的失业、较少的离职倾向等，这些都是工作安全感的表征。作为工作环境质量评价指标之一，工作安全感对于工作中的个人、群体和组织都具有重要的意义。在本章，我们将从这一概念出发对工作安全感进行深入分析，探究我国城镇居民工作环境中的工作安全感状况，进而衡量工作环境质量。

二　工作安全感的操作化与测量

（一）工作安全感的操作化

基于本研究的定义，我们认为工作安全感包含了工作健康和工作稳定性两个维度，前者代表劳动者个体在工作过程和工作环境中的身心安全感受，后者代表工作的客观稳定状态所带来的安全感受。为了对工作安全感的这两个维度加以测量，本研究进一步对工作健康和工作稳定性进行操作性定义。在此需特别说明，相关研究常常混淆“职业”和“工作”这两个概念，职业健康和工作健康、职业稳定和工作稳定常被看作类似的概念而被混合使用。本研究认为，“职业”更多指的是劳动者所从事的工作的内容和类别，如“教师”“医生”都属于一种职业，而工作指的是针对个体而言的工作岗位。人们可能有相同的职业，但工作却是独一无二的。不同的个体、组织和工作性质决定了每个人工作的差异。我们所研究的工作安全感关注的是不同个体在工作过程和工作环境中的安全感受，观察的单位是每个岗位而非每个职业，所以在本研究中，我们统一使用“工作”而非“职业”一词。[①]

工作稳定性（work stability）目前在学界并未形成统一的概念，不同学者对其有着不同的说法。孙龙和风笑天将工作稳定性看作个体愿意继续任职的主观意愿，将其界定为“社会成员在特定职业以及该职业所提供的工作岗位上继续就职的意愿或倾向性”。[②] 宋健和白之羽将工作稳定性界定为“从业过程中劳动者是否工作变动及变动次数”，用客观事实来衡量工作稳定性。[③] 刘欣兼顾主客观两个方面，从客观指标“寻找机会”和主观指标“流动意愿”两个维度对工作稳定性加以测量。[④] 我们认为，工作稳定性是组织变革、工作变动等客观因素影响下所形成的劳动者认为工作是否稳定的一种主观感受。具体来说，我们认为工作稳定性是可以从两个方面加以探究的。一是岗位本身的稳定性，即是否有失业风险。根据王金营的研究，失业风险是指在一定时期内具有劳动能力的某一人群失业事件发生的可能性。是否在业并不能反映劳动者的工作稳定性，因为即使现在的就业状况稳定，也不一定说明在未来的一段时期，由于客观或主观因素，劳动者不会面临失业，而失业风险却可以直接反映一个人的就业状况是否稳定。[⑤] 二是指劳动者本身的稳定性，主要考察的是劳动者自身维持目前这份稳定性的意愿，因为导致工作

① 既有一些研究采用了职业安全感、职业健康和职业稳定性的概念，与本研究所要讨论的内容——工作安全感、工作健康和工作稳定性在称呼上有所混淆，但相关研究者在讨论时并未强调二者的差异，这是因为“职业”或“工作”在既有研究中并未被明确加以区分，二者的意涵较为相似。为了统一表达，本研究在文献回顾中对相关概念加以引用时统一采用“工作”的说法，在此处特别说明。

② 孙龙、风笑天：《青年白领的职业稳定性及其影响因素——对武汉 H 证券公司 620 名青年的调查研究》，《青年研究》2000 年第 6 期，第 10~16 页。

③ 宋健、白之羽：《城市青年的职业稳定性及其影响因素——基于职业生涯发展阶段理论的实证研究》，《人口研究》2012 年第 6 期，第 46~56 页。

④ 刘欣：《高校中青年教师的职业稳定性研究》，《社会学研究》1995 年第 6 期，第 67~75 页。

⑤ 王金营：《浅析人力资本、职业选择与失业风险》，《人口学刊》2001 年第 4 期，第 7~10 页。

不稳定的因素除了来自外在，还有很大一部分来自劳动者自身，在这方面，我们可以通过测量离职倾向来加以考察。离职倾向指的是“一个从企业领取货币性报酬的人中断作为企业成员关系的过程”，说明了劳动者与组织雇佣关系的中断。[①] 张再生和赵丽华在关于就业稳定性的讨论中，认为依据离职倾向可以较好地预测离职行为，并对劳动者就业的稳定性进行定量分析。[②] 本研究同样从这一维度对工作稳定性加以测量。[③]

工作健康（work health）指的是劳动者在工作过程和工作环境中的身心安全感受，关注工作过程和组织环境，以及工作中的各种因素对个体的生理、心理方面的影响。早期研究更多着眼于物理工作环境和工作所固有的一些特征对劳动者生理上的伤害，如高工作强度、加班等导致的工作负荷是工作健康关注的重点。[④] 除此之外，工作环境中的有害物质也是产生工作健康问题的重要原因之一。工业化不断发展，各类化学品被大量引入现代生产过程，在工作过程中出现了大量化学物质，劳动者长期接触危险物质、吸入有毒烟雾和粉尘，患癌症和呼吸道疾病的风险会极大地增加，这对于劳动者

---

① William H. Mobley, *Employee Turnover: Causes, Consequences, and Control* (New York: Addison-Wesley, 1982)，转引自李桦、黄蝶君《新生代农民工离职类型及其影响因素研究》，《经济与管理》2012 年第 4 期，第 36~41 页。

② 张再生、赵丽华：《国内外关于就业稳定性研究评述》，《理论与现代化》2011 年第 6 期，第 118~127 页。

③ 需要说明的是，此处对工作稳定性的研究包括总体感受和具体的离职倾向、失业风险两个大的面向，其中对工作稳定性总体评价的研究是为了在描述性分析部分从总体上把握城镇劳动者的工作稳定性情况；为了进一步了解工作稳定性的差异及其内部更为复杂的生成和影响机制，我们在后续的差异分析和回归分析中都采用的是离职倾向和失业风险两个面向的题器，而不直接使用代表总体评价的工作稳定性的题器。

④ 参见 Leonard C., Fanning N., Attwood J. & Buckley M., “The Effect of Fatigue, Sleep Deprivation and Onerous Working Hours on the Physical and Mental Wellbeing of Pre-Registration House Officers,” *Irish Journal of Medical Science* 167, no. 1 (1998): 22-25; Shigeru Sokejima & Sadanobu Kagamimori, “Working Hours as a Risk Factor for Acute Myocardial Infarction in Japan: Case-Control Study,” *British Medical Journal* 317, no. 7161 (1998): 775-780.

来说是巨大的威胁。[①] 朱玲认为，工作健康指的是工作岗位的物理健康风险，她探究了有毒、噪音和粉尘环境下的工作对劳动者身心状况的影响，关注的是生理方面的工作健康。[②] 还有一些有关工作健康的研究关注由工作导致的疾病，如李涛讨论了职业病的防治措施，着重对物理层面的工作健康问题加以关注。[③] 此外，随着劳动条件的改善和社会经济水平的发展，心理方面的工作健康问题也越来越值得被重视。既有的物理工作环境已经逐渐得到改善，工作条件也得到了较大的提升，但是劳动者在工作场域中的心理健康却常常被忽视。工作中的负荷和冲突会给个人的心理健康带来负面影响，工作中产生的工作紧张对心理健康的损害最大，这些问题最终都会影响劳动者在工作环境中所体验到的工作安全感。1950 年，世界卫生组织和国际劳工组织对工作健康进行了说明[④]，也表明社会对工作健康的关注范围从传统的物理层面拓展到了心理层面。基于此，本研究拟从生理和心理两方面对工作健康的状况加以分析，针对工作环境中生理方面的健康状况，我们通过"健康风险"加以测量。相关资料指出，健康风险是指存在的若干风险中作用于人的身体、影响人的健康的一种风险。具体来说，健康风险是指在人的生命过程中，

---

① 参见 Carola T. M. Schrijvers, H. Dike van de Mheen, Karien Stronks & Johan P. Mackenbach, "Socioeconomic Inequalities in Health in the Working Population: The Contribution of Working Conditions," *International Journal of Epidemiology* 27, no. 6 (1998): 1011-1018; Xueyan Zhang, Zhongxu Wang, Tao Li, "The Current Status of Occupational Health in China," *Environmental Health and Preventive Medicine* 15, no. 5 (2010): 263-270.

② 朱玲：《农村迁移工人的劳动时间和职业健康》，《中国社会科学》2009 年第 1 期，第 133~149 页。

③ 李涛：《新时期职业病防治形势分析及对策建议》，《中国职业医学》2018 年第 5 期，第 537~542 页。

④ 该说明的主要内容为：工作健康应以促进并维持各行业职工的生理、心理及社交处在最好状态为目的，并防止职工的健康受工作环境影响；保护职工不受健康危险因素伤害，并将职工安排在适合他们的生理和心理的工作环境中。（摘自牛胜利：《国际职业卫生法规发展历程》，https://niohp.chinacdc.cn/sndt/201210/t20121004_69939.htm，最后访问日期：2024 年 7 月 15 日。）

自然、社会和人自身发展的诸多因素，导致人出现疾病、伤残以及造成健康损失的可能性。在此处，我们将健康风险定义为劳动者在工作过程和工作环境中所面临的对身体有害的物理风险。[①] 针对工作环境中心理方面的健康状况，我们通过“工作倦怠”来加以测量。赫伯特·J. 弗罗伊登贝格尔（Herbert J. Freudenberger）第一个采用“倦怠”来描述工作中的个体所体验到的如工作投入低、对待客户态度不佳、工作成就感较低，以及长期的情感耗竭、身体疲劳等消极症状[②]，李永鑫和吴明证结合国内外文献对工作倦怠的结构加以研究，探索出了本土化的工作倦怠量表，从耗竭、人格解体和成就感降低三个维度对工作倦怠加以测量。[③] 综上，我们认为工作倦怠指的是劳动者在工作过程和工作环境中由于主客观因素的影响所形成的一种消极的心理体验。通过剖析工作倦怠的核心内涵，我们认为这一概念可以较为准确地把握劳动者的负向心理健康状况。因此，我们从健康风险和工作倦怠两个维度来分别对生理和心理两个方面的工作健康状况加以测量。

（二）工作安全感量表及其信效度检验

基于上述对文献的厘清和操作化，本研究初步定义了工作环境中的工作安全感概念，并形成了可操作化的概念结构，我们进一步针对各个维度选择合适的题器，生成工作安全感量表并对其进行信度、效度检验，进而对工作安全感展开具体测量和分析。

1. 工作安全感量表

根据本研究的定义，工作安全感主要包含工作稳定性和工作健

① 参见《MBA 智库·百科》中“健康风险”的定义，https://wiki.mbalib.com/wiki/%E5%81%A5%E5%BA%B7%E9%A3%8E%E9%99%A9，最后访问日期：2024 年 1 月 8 日。

② Herbert J. Freudenberger, “Staff Burn-Out,” *Journal of Social Issues* 30, no. 1 (1974): 159-165.

③ 李永鑫、吴明证：《工作倦怠的结构研究》，《心理科学》2005 年第 2 期，第 454~457 页。

康两个维度。

在工作稳定性方面，我们一方面从工作稳定性的总体评价出发，对其进行总体测量，通过直接询问“您的这份工作是否稳定”来反映劳动者对于当前工作的稳定性评价，赋值为“1”和“0”，分别代表“是”和“否”，并将其作为工作稳定性的外部校标；另一方面，我们着重从劳动者的离职倾向和失业风险两个方面对工作稳定性进行测量，具体的题器选择和赋值见表9-2。离职倾向赋值为1~3，值越大表示离职倾向越大；失业风险赋值为1~5，值越大表示失业风险越大。

在工作健康方面，我们从健康风险和工作倦怠两个方面分别测量劳动者生理和心理方面的健康水平，具体的题器选择和赋值同样见表9-2。健康风险和工作倦怠都包含若干题器，每个题器赋值为“1”和“0”，分别代表“是”和“否”，我们将题器进行算术平均处理，生成了健康风险和工作倦怠两个连续变量，取值范围分别为0~1和1~3，值越大表示所对应的健康风险和工作倦怠越高。

表9-2　工作安全感的操作化

	观测点	题器	编码
工作稳定性	离职倾向	您有没有换一个工作的想法	1-从没有 2-偶尔有 3-经常有
	失业风险	在未来的12个月内，您会不会丢掉现在这份工作	1-肯定不会 2-大概不会 3-不确定 4-大概会 5-一定会
工作健康	健康风险	在过去的三个月里，您是否有下列身体不适？ 四肢疼痛、背痛等肌肉酸痛； 头痛、头晕； 浑身乏力； 皮肤过敏、灼伤等皮肤问题； 耳鸣、听力下降等听力问题； 失眠； 喉咙沙哑、疼痛等咽喉问题	0-否 1-是

续表

	观测点	题器	编码
工作健康	工作倦怠	在工作中，您是否经常有下列感受或状况？ 工作十分劳累，提不起精神； 工作压力大，总有做不完的事； 对工作越来越提不起兴趣； 工作上出差错； 对自己失去信心，越来越没有自信； 感到困难太大，再怎么努力也不行； 在单位不开心，看什么都不顺眼； 工作拖拖拉拉	1-从不 2-偶尔 3-经常

2. 信效度检验

本研究采用克隆巴赫内部一致性系数来检验工作安全感量表的信度。结果显示，其内部一致性系数为 0.836，大于 0.700，表明测量结果是较为稳定的，信度较为理想。

本研究量表的效度主要从内容效度和结构效度两个方面来保证。由于工作稳定性的总体评价、离职倾向、失业风险三个变量均为成熟的概念，可以直接通过一个题器加以测量，在结构效度方面，我们就只针对工作健康的两个维度（即健康风险和工作倦怠）量表进行效度分析。

对健康风险内部题器进行 KMO 和巴特利特球形检验，结果显示：KMO 值为 0.853，大于 0.800，表明健康风险的题器非常适合进行因子分析；同时，巴特利特球形检验统计量为 7916.154（$p<0.001$），因此可认为相关系数矩阵与单位矩阵存在显著差异。据此，本研究采用结构效度（construct validity）来考察健康风险量表的效度。其因素分析结果显示：7 个变量通过主成分因子法可以提取出 1 个共同因子，这符合本研究的预设；初始特征值为 2.98，能解释的方差比例为 42.55%。使用方差最大法对其进行正交旋转，得到各个变量具体的因子载荷（见表 9-3）。结果表明，因子相关系数介于 0.50~0.73 之间，较好地反映了健康风险量表所要测量的内容，具有较好的结构效度。

表 9-3　健康风险的验证性因素分析

	成分
	健康风险
a. 四肢疼痛、背痛等肌肉酸痛	0.69
b. 头痛、头晕	0.72
c. 浑身乏力	0.73
d. 皮肤过敏、灼伤等皮肤问题	0.50
e. 耳鸣、听力下降等听力问题	0.61
f. 失眠	0.64
g. 喉咙沙哑、疼痛等咽喉问题	0.65
特征值	2.98
贡献率（%）	42.55
累计贡献率（%）	42.55

提取方法：主成分。

对工作倦怠内部题器进行 KMO 和巴特利特球形检验，结果显示：KMO 值为 0.927，大于 0.900，表明工作倦怠的题器非常适合进行因子分析；同时，巴特利特球形检验统计量为 16625.148（$p<0.001$），因此可认为相关系数矩阵与单位矩阵存在显著差异。据此，本研究采用结构效度来考察工作倦怠量表的效度。其因素分析结果显示：8 个变量通过主成分因子法可以提取出 1 个共同因子，这符合本研究的预设；初始特征值为 4.39，能解释的方差比例为 54.89%。使用方差最大法对其进行正交旋转，得到各个变量具体的因子载荷（见表 9-4）。结果表明，因子相关系数介于 0.64～0.79 之间，较好地反映了工作倦怠量表所要测量的内容，具有较好的结构效度。

表 9-4　工作倦怠的验证性因素分析

	成分
	工作倦怠
a. 工作十分劳累，提不起精神	0.75
b. 工作压力大，总有做不完的事	0.70
c. 对工作越来越提不起兴趣	0.79

续表

	成分
	工作倦怠
d. 工作上出差错	0.64
e. 对自己失去信心，越来越没有自信	0.79
f. 感到困难太大，再怎么努力也不行	0.77
g. 在单位不开心，看什么都不顺眼	0.78
h. 工作拖拖拉拉	0.71
特征值	4.39
贡献率（%）	54.89
累计贡献率（%）	54.89

提取方法：主成分。

从内容上来看，我们认为本研究涉及的题器具有较好的内容效度。我们的调查问卷在成型之前经过了五年的定性调查和文献研究，在综合了欧洲和国内与工作相关的有关报告和量表的基础上，在全国范围内开展实地调查，形成了基本的调查研究框架和初稿。此后，在每年一度的全国性工作环境调查之前，我们都会召集国内数十位相关专家进行会谈，在对前一年的调查结果进行总结分析的基础上，对调查问卷的题器进行数据清理和分析，对相关概念和理论进行斟酌，对问卷进行进一步修改完善，使得问卷的测量更为准确有效。我们认为，在这样的质量把控下，本研究题器的内容效度良好。

三　工作安全感的现状分析

根据本研究的定义，我们将对工作稳定性和工作健康两个方面分别进行现状分析，进而对中国城镇居民在工作环境中的工作安全感进行整体描述性分析和差异性分析。在分析之前，我们先对所涉及的数据进行了缺失值处理、生成潜变量等基本操作，以便进行统一的观察与分析。

在描述性分析部分，我们主要对工作安全感的两大维度即工作稳定性和工作健康内部的各个变量的频数分布或均值情况进行描述和分析，试图说明城镇劳动者工作安全感各个维度的内部情况以及总体的工作安全感状况。

在差异性分析部分，本研究主要探究工作安全感的各维度是否存在不同人口学以及工作和组织特征上的差异。我们选取了一些人口学变量进行差异性分析：把握性别差异对工作安全感的影响并展开相应的思考，有利于推动工作安全感在性别上的公平发展；探寻不同年龄群体之间的工作安全感是否存在差异，可以使我们从历史维度上把握我国城镇居民工作安全感状况的发展以及工作健康政策法规的变迁；除此之外，我们还关注工作安全感在不同受教育程度群体之间的差异。[①] 关注工作安全感在不同人口学变量上的差异，有助于我们发掘提升工作安全感的更多结构性切入点。在此处，本研究考虑从常用的人口学变量：性别、年龄、婚姻状况、受教育程度和家庭收入等方面进行探索。[②] 除了人口学变量，本研究还需要探究工作安全感是否在工作和组织特征上存在差异，这有利于我们更为深入地把握工作安全感的特征和具体表现。不同的单位类型具有不同的结构性特征以及组织环境、组织氛围和组织文化，关注所有制性质的差异性可以使我们更好地把握不同类型组织的特点，并有针对性地对工作环境进行优化。此外，本研究还关注单位规模、工作

---

① 相关研究认为，受教育程度和健康之间是存在显著关系的，人的受教育程度越低，就越容易疾病缠身，生命也会更加短暂（people with less education are living sicker, shorter lives than ever before），参见 Lauren K. Williams, Nick Andrianopoulos, Verity Cleland, David Crawford & Kylie Ball, "Associations Between Education and Personal Income With Body Mass Index Among Australian Women Residing in Disadvantaged Neighborhoods," *American Journal of Health Promotion* 28, no. 1 (2013): 59–65。

② 性别为虚拟变量，"1"代表男性，"0"代表女性；年龄为连续变量；婚姻状况为类别变量，分为未婚、已婚、离婚、丧偶四种类别，分别用数字 1、2、3、4 表示；受教育程度为定序变量，数字 1~8 代表着从"没有上过学"到"博士"的学历递升；家庭收入被我们处理成数值变量，并且去掉异常值，形成新的连续变量。

性质、经济地区、产业等变量①，探索工作安全感在这些变量上的差异有利于我们挖掘影响工作安全感的组织特征，并以此为着眼点提升城镇劳动者的工作安全感。从以上特征差异中，我们可以看出工作安全感在不同的工作群体中存在怎样的差异，从而更为深入、客观地了解和分析工作环境中的工作者所感知到的工作安全感，并进一步思考如何在现有的客观基础上发挥主观能动性，建构更强的工作安全感。

（一）工作稳定性

1. 工作稳定性的描述性分析

为了便于从整体上了解我国城镇劳动者的工作稳定性，本研究首先对工作稳定性的总体评价以及离职倾向、失业风险进行描述性分析。

根据统计结果，从工作稳定性的总体评价来看，4603 人认为自己当前的工作具有“稳定”的特点，占总体样本的 79.89%，可见大多数城镇劳动者在主观上从工作中体验到了稳定的感觉。

从离职倾向来看，通过题器“您有没有换一个工作的想法”可知：我国城镇劳动者离职倾向的均值为 1.70，标准差为 0.60，偏度为 0.24，峰度为 2.38，呈正偏态分布。由此可以看出，工作环境中城镇劳动者的离职倾向整体上处于一个较高的水平。从失业风险来看，通过题器“在未来的 12 个月内，您会不会丢掉现在这份工作”可知：我国城镇劳动者失业风险的均值为 2.15，标准差为 1.06，偏度为 0.54，峰度为 2.57，呈正偏态分布。由此可以看出，工作环境中城镇劳动者的失业风险整体上处于一个较高的水平。综合来看，

---

① “单位性质”为分类变量，“1”代表无单位，“2”代表非公有单位，“3”代表公有单位；“单位规模”为分类变量，“1”代表微型单位，“2”代表小型单位，“3”代表中型单位，“4”代表大型单位，“5”代表超大型单位；工作性质为分类变量，“1”代表正式工，“2”代表临时工，“3”代表劳务派遣工，“4”代表零工，“5”代表老板；经济区域为分类变量，“1”代表东部地区，“2”代表中部地区，“3”代表西部地区，“4”代表东北地区；产业划分为分类变量，“1”代表第一产业，“2”代表第二产业，“3”代表第三产业；所有制性质为分类变量，“1”代表非公有，“0”代表公有。

城镇劳动者对于工作稳定性的总体评价较为积极，但从离职倾向和失业风险两个方面来看，均值都相对较高。针对这一现状，我们可以结合社会背景加以解释。新冠肺炎疫情给劳动力市场造成了较大的创伤，劳动者的就业状况产生了很大的波动。全球范围内，由新冠肺炎疫情所导致的“就业缺口”在 2021 年达到了 7500 万。[①] 在新冠肺炎疫情影响下，劳动者的离职倾向和失业风险都处在比较高的水平，这在我们的数据中得到了证实。但是，劳动者对于工作稳定性的总体感受仍然较为积极，这与我国一直以来在宏观政策方面的不断努力和推进落实是分不开的。2018 年 7 月，中共中央政治局会议要求，做好“稳就业、稳金融、稳外贸、稳外资、稳投资、稳预期工作”，其中，“稳就业”被提到重要位置。[②] 2019 年，《政府工作报告》在宏观政策层面首次提及就业优先政策，目的在于强化各方面重视就业、支持就业的导向。[③] 此外，面对新冠肺炎疫情，相关部门不断强化“稳就业”举措，通过更好实施就业优先政策、拓宽高校毕业生就业渠道、加强困难人员兜底保障等手段将疫情的影响降到最低，强大的国家政策支持为民众提供了较强的信心。

从城镇劳动者对于“您的这份工作是否稳定”这一问题的调查结果，我们可以了解劳动者对于工作稳定性的总体感知。通过历时性比较，我们可以从时间维度上来观察城镇劳动者的工作稳定性在较长时间段内的变化趋势。基于此，我们将 2019～2020 年的数据与 2017 年、2018 年的数据进行对比，结果显示，2017 年认为工作“稳

① International Labor Organization, “Report: World Employment and Social Outlook: Trends 2021,” June 2, 2021, accessed January 8, 2024, https://www.ilo.org/global/research/global-reports/weso/2021/WCMS_795453/lang--en/index.htm.

② 《中共中央政治局召开会议——分析研究当前经济形势和经济工作 审议〈中国共产党纪律处分条例〉中共中央总书记习近平主持会议》，https://www.chinacourt.org/article/detail/2018/07/id/3438623.shtml，最后访问日期：2024 年 1 月 8 日。

③ 李克强：《政府工作报告——2019 年 3 月 5 日在第十三届全国人民代表大会第二次会议上》，https://www.gov.cn/zhuanti/2019qglh/2019lhzfgzbg/index.htm，最后访问日期：2024 年 1 月 8 日。

定”的人占总体的43.85%，这一比例在2018年飞跃至80.13%，在2019~2020年逐渐稳定下来，为79.89%（见图9-1）。工作稳定性总体性评价的大幅上升和渐趋平稳体现出我国近几年对于“稳就业”的重视和做出的切实努力产生了实际的效果。

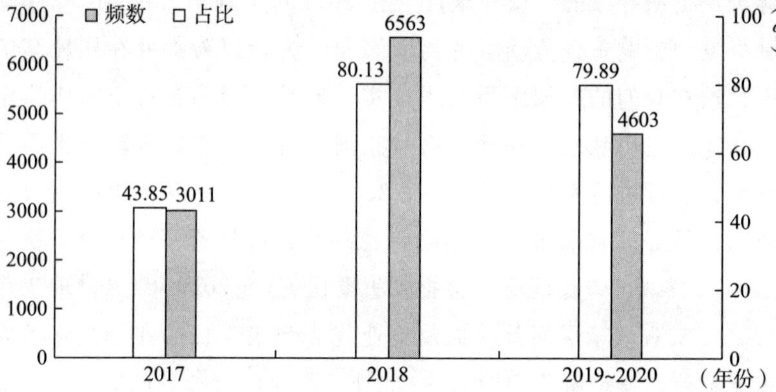

图9-1　2017~2020年城镇劳动者工作稳定性的频数和占比

2. 工作稳定性的差异性分析

一方面，我们关注工作稳定性在人口学变量上的差异。本研究将代表工作稳定性的“离职倾向”“失业风险”题器与人口学变量即性别、年龄、婚姻状况、受教育程度和家庭收入建立模型进行多元回归分析，各变量的工作稳定性差异数据分析结果如表9-5所示。

表9-5　关于离职倾向和失业风险的多元线性回归模型（一）

	模型1	模型2
	离职倾向	失业风险
性别（以男性为参照组）		
女性	−0.026+ (0.016)	0.096*** (0.027)
年龄	−0.011*** (0.001)	−0.015*** (0.002)
婚姻状况（以未婚为参照组）		
已婚	−0.043* (0.022)	−0.291*** (0.038)

续表

	模型 1	模型 2
	离职倾向	失业风险
离婚	0.023 (0.057)	−0.206* (0.099)
丧偶	−0.404** (0.137)	−0.211 (0.239)
受教育程度（以没有上过学为参照组）		
小学	−0.285+ (0.155)	−0.419 (0.270)
初中	−0.335* (0.150)	−0.520* (0.262)
高中/技校/职高/中专	−0.345* (0.150)	−0.545* (0.261)
大专	−0.346* (0.150)	−0.650* (0.262)
大学本科	−0.437** (0.150)	−0.769** (0.262)
硕士	−0.586*** (0.159)	−0.783** (0.278)
博士	−0.311 (0.247)	−0.961* (0.431)
家庭收入	−0.016 (0.010)	−0.065*** (0.018)
截距	2.632*** (0.182)	4.098*** (0.317)
F 值	16.32	24.10
R^2	0.0350	0.0508

注：①括号里的数字是标准误；②$^{+}p<0.1$，$^{*}p<0.05$，$^{**}p<0.01$，$^{***}p<0.001$；③为减弱模型的异方差性和数据极端值对回归结果的影响，对家庭收入取对数，并在 1%～99% 的水平上进行 winsorize 缩尾处理。

关于离职倾向与人口学变量的关系，由回归结果可知，在表 9-5 的模型 1 中，F 值为 16.32，p 值为 0.0000，模型显著，该模型解释了离职倾向 3.50%的差异。我们可以看到，在 0.05 的显著性水平上，在众多人口学变量中，年龄、婚姻状况和受教育程度的差异均会显著影响城镇劳动者的离职倾向。具体而言，在控制了其他人口学变量的情况下，年龄每增加 1 岁，城镇劳动者的离职倾向就会显著减少 0.011 个单位。与未婚群体相比，已婚的城镇劳动者的离职倾向显著低 0.043 个单位；丧偶的城镇劳动者的离职倾向显著低 0.404 个单位，差异更为明显；未婚城镇劳动者与离婚城镇劳动者的离职倾向在统计学上不存在显著差异。除小学和博士学历这两个城镇劳动者群体之外，其他学历的城镇劳动者的离职倾向都在 0.05 的显著性水平上低于未受过教育的城镇劳动者。其中，硕士学历城镇劳动者群体与未受过教育的城镇劳动者群体的离职倾向差异最大，显著低 0.586 个单位，硕士学历城镇劳动者所体现出来的工作稳定性显著更高。可见，年龄增加、组建家庭、受教育程度高等因素会促使劳动者更倾向于追求工作稳定性。

关于失业风险与人口学变量的关系，由回归结果可知，在表 9-5 的模型 2 中，F 值为 24.10，p 值为 0.0000，模型显著，该模型解释了失业风险 5.08%的差异。我们可以看到，在 0.05 的显著性水平上，在众多人口学变量中，性别、年龄、婚姻状况、受教育程度和家庭收入的差异均会显著影响城镇劳动者的失业风险。具体而言，在控制了其他人口学变量的情况下，男性城镇劳动者的失业风险比女性显著低 0.096 个单位。年龄每增加 1 岁，城镇劳动者的失业风险将减少 0.015 个单位。与未婚群体相比，已婚城镇劳动者的失业风险显著低 0.291 个单位，离婚城镇劳动者的失业风险显著低 0.206 个单位，而未婚城镇劳动者与丧偶城镇劳动者的失业风险在统计学上不存在显著差异。以未受过教育的城镇劳动者群体为参照组，除小学学历城镇劳动者群体之外，其他学历的城镇劳动者的失业风险都在 0.05 的显著性水平上低于未受过教育的城镇劳动者。其中，博士学历城镇劳动者群体与未受过教育的城镇劳动者群体的失业风险差异最大，显著低 0.961 个单位，博士学历城镇劳动者所体现出来的工作稳定性显著更高。在受教育程度上，总体呈现学历越高、失业风险越低的趋势。家庭收入每提升 1 个单位，失业风险则显著降低 0.065 个单位。结果表明，男性的未来工作预期更好，更不容易被“炒鱿鱼”；年龄越大，失业风险越小；已婚和离婚的城镇劳动者相比未婚者更不容易失业；受教育程度和家庭收入的提升都有利于减少失业风险。

另一方面，我们关注工作稳定性在工作和组织特征变量上的差异。本研究将代表工作稳定性的“离职倾向”“失业风险”题器与工作和组织特征变量即单位规模、工作性质、经济地区、产业和所有制性质建立模型进行多元回归分析，各变量的工作稳定性差异数据分析结果如表 9-6 所示。

表 9-6　关于离职倾向和失业风险的多元线性回归模型（二）

	模型 1	模型 2
	离职倾向	失业风险
单位规模（以微型单位为参照组）		
小型单位	-0.019 (0.051)	-0.052 (0.088)
中型单位	0.040 (0.054)	0.024 (0.093)
大型单位	0.014 (0.054)	-0.002 (0.093)
超大型单位	-0.121* (0.060)	-0.311** (0.103)
工作性质（以正式工为参照组）		
临时工	0.153*** (0.032)	0.248*** (0.055)
劳务派遣工	0.138* (0.056)	0.246* (0.097)
零工	0.305** (0.110)	0.176 (0.189)
老板	-0.251** (0.086)	-0.353* (0.149)
经济地区（以东部地区为参照组）		
中部地区	-0.022 (0.028)	-0.138** (0.049)

续表

	模型 1	模型 2
	离职倾向	失业风险
西部地区	-0.001 (0.039)	0.067 (0.067)
东北地区	-0.265*** (0.040)	-0.413*** (0.070)
产业（以第一产业为参照组）		
第二产业	0.007 (0.109)	0.106 (0.188)
第三产业	0.013 (0.107)	0.272 (0.185)
所有制性质（以非公有制为参照组）		
公有制	-0.083*** (0.025)	-0.273*** (0.043)
截距	-0.083*** (0.025)	-0.273*** (0.043)
F 值	7.73	11.45
R^2	0.0352	0.0513

注：①括号里的数字是标准误；②$^{+}p<0.1$，$^{*}p<0.05$，$^{**}p<0.01$，$^{***}p<0.001$。

关于离职倾向与工作和组织特征变量的关系，由回归结果可知，在表 9-6 的模型 1 中，F 值为 7.73，p 值为 0.0000，模型显著，该模型解释了离职倾向 3.52%的差异。我们可以看到，在 0.05 的显著性水平上，在众多工作和组织特征变量中，单位规模、工作性质、经济地区和所有制性质的差异均会显著影响城镇劳动者的离职倾向。具体而言，在控制了其他工作和组织特征变量的情况下，与微型单位相比，超大型单位中的城镇劳动者的离职倾向显著低 0.121 个单位，而小、中、大型单位中的城镇劳动者与微型单位中的城镇劳动者的离职倾向在统计学上不存在显著差异；与正式工相比，工作性质为临时工、劳务派遣工和零工的城镇劳动者的离职倾向都显著更高，其中零工表现出的差异最明显，其离职倾向比正式工显著高 0.305 个单位，而老板的离职倾向比正式工显著低 0.251 个单位；从经济地区来看，与东部地区相比，东北地区城镇劳动者的离职倾向显著低 0.265 个单位，而中部和西部地区城镇劳动者的离职倾向没有显著差异；与第一产业相比，处于第二、三产业的城镇劳动者的离职倾向不存在显著差异；与非公有制单位相比，公有制单位中的城镇劳动者的离职倾向显著低 0.083 个单位。

关于失业风险与工作和组织特征变量的关系，由回归结果可知，在表 9-6 的模型 2 中，F 值为 11.45，p 值为 0.0000，模型显著，该模型显著解释了失业风险 5.13%的差异。我们可以看到，在 0.05 的显著性水平上，在众多工作和组织特征变量中，单位规模、工作性质、经济地区和所有制性质的差异均会显著影响城镇劳动者的失业风险，这一结果与离职倾向模型一样。具体而言，在控制了其他工作和组织特征变量的情况下，与微型单位相比，超大型单位中的城镇劳动者的失业风险显著低 0.311 个单位，而小、中、大型单位中的城镇劳动者与微型单位中的城镇劳动者的失业风险在统计学上不存在显著差异；除零工外，临时工、劳务派遣工和老板的失业风险都与正式工存在显著差异，临时工和劳务派遣工的失业风险显著比正式工高 0.248 和 0.246 个单位，而老板的失业风险显著比正式工低 0.353 个单位；与东部地区相比，中部地区和东北地区城镇劳动者的失业风险显著更低，尤其是东北地区显著低 0.413 个单位；与第一产业相比，处于第二、三产业的城镇劳动者的失业风险不存在显著差异；与非公有制单位相比，公有制单位中的城镇劳动者的失业风险显著低 0.273 个单位。

综上，我国城镇劳动者的工作稳定性的两个维度在不同人口学以及工作和组织特征变量上存在显著差异性。总体来说，性别、年龄、婚姻状况、受教育程度和家庭收入等人口学变量均会影响城镇劳动者的工作稳定性。相较而言，男性劳动者、年纪更大的劳动者、已婚劳动者、高学历劳动者、特大型单位中的劳动者、正式工或老板、东北地区的劳动者、公有制单位中的劳动者所体现出来的工作稳定性更高，具体表现为这些群体的离职倾向和失业风险总体来说相对较低。我们可以发现，男性的工作稳定性显著高于女性，这与现在不同性别的劳动者在职场中的工作体验、人际交往、晋升渠道等方面的差异有着千丝万缕的联系；相比其他工作性质的劳动者，正式工的离职倾向和失业风险都相对较低，因为正式工拥有更为完善的社会保障，并且其重新选择工作存在更大的沉没成本。

（二）工作健康

1. 工作健康的描述性分析

为了便于从整体上了解城镇劳动者的工作健康状况，本研究首先对工作健康的两个维度——健康风险和工作倦怠进行描述性分析。根据统计结果，我国城镇劳动者的健康风险均值为 0.22，标准差为 0.26，偏度为 1.15，峰度为 3.4，呈正偏态分布。从调查结果看来，在工作过程和工作环境中，城镇劳动者存在健康风险问题的情况并不是个例，而是已经成为较普遍的存在。如图 9-2 所示，具体观察健康风险的各个方面，有将近三分之一的城镇劳动者存在失眠问题；27.59%的城镇劳动者存在头痛、头晕问题；存在四肢疼痛、背痛等肌肉酸痛问题的城镇劳动者的占比为 27.32%；存在喉咙沙哑、疼痛等咽喉问题的城镇劳动者的占比为 23.98%，以上问题较为突出。此外，存在皮肤过敏、灼伤等皮肤问题和耳鸣、听力下降等听力问题的城镇劳动者的占比较低，分别为 8.87%和 10.02%，但是其仍然值得注意，因为这些健康风险落到每一个个体身上都是具体可见的伤害和疼痛，会对每位劳动者的身体甚至心理状态造成消极影响，进而影响整个组织的效率。因此无论是政策还是组织层面，都应该积极采取措施将这些风险降到最低。通过以上分析可以发现，如今人们的健康风险表现越来越多元化，除传统的健康问题之外，与心理、情绪相关的健康风险逐渐凸显。在我们的研究结果中表现得最突出的一项健康风险——失眠实质上是一种睡眠障碍，而大多数失眠是由情绪或心理原因引起的，如突发事件造成的情绪变化等，因此我们要尤为关注隐藏在生理健康问题背后的心理健康问题。

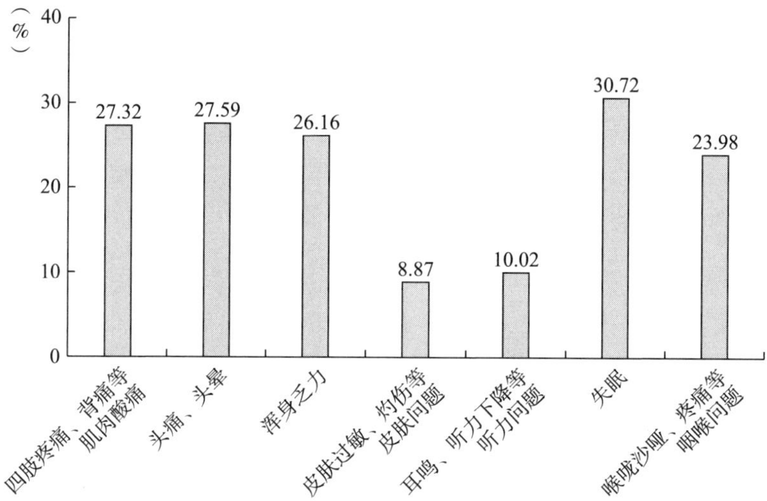

图 9-2　存在不同健康风险问题的城镇劳动者占比

此外，我们还分析了城镇劳动者的工作倦怠情况。通过分析得出，工作倦怠的均值为 1.37，标准差为 0.40，偏度为 1.21，峰度为 4.23，呈正偏态分布。如图 9-3 所示，具体观察“工作倦怠”的各个方面，存在“工作压力大，总有做不完的事”情况的城镇劳动者占总数的 45.55%，该项的均值为 1.53；存在“工作上出差错”情况的城镇劳动者占总数的 44.25%，该项均值为 1.46，与其他方面相比较为突出；“工作拖拖拉拉”和“在单位不开心，看什么都不顺眼”的均值相对较低，为 1.22 和 1.28。这从总体上说明，城镇劳动者的工作倦怠主要体现为工作内容无法完成或完成不好所形成的消极情绪，但是个人对于工作的消极行为或消极态度总体而言相对较少，这为我们进一步思考工作倦怠的解决路径提供了方向。

综上所述，我国城镇劳动者的工作健康状况总体呈现较为积极的状态，但是我们仍应该关注劳动者在一些工作健康方面的问题。生理方面，我们要尤其关注“失眠”等新兴职业病，这些看似较小的不适中潜藏着巨大的工作健康风险；同时，我们要注重心理方面

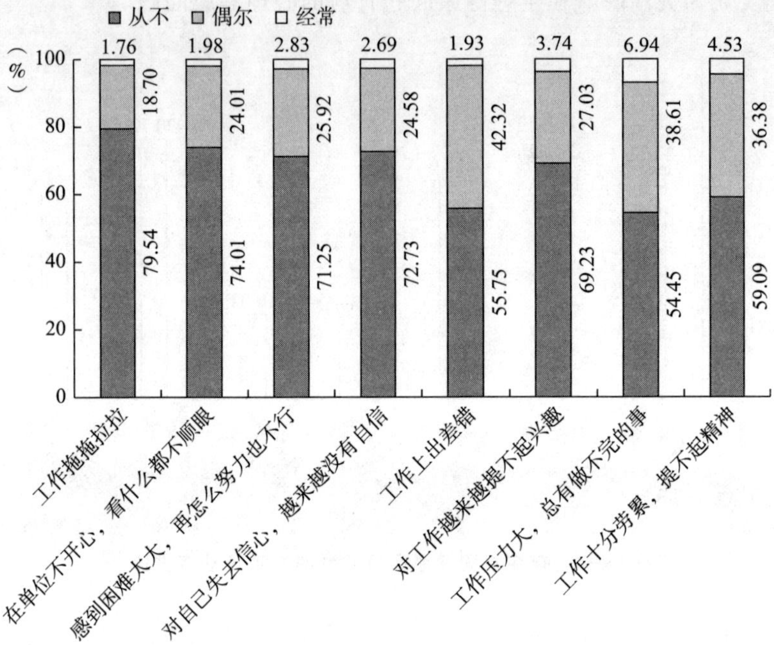

图 9-3　存在不同工作倦怠情况的城镇劳动者占比

的健康状况，随着时代的发展，劳动的类型也与时俱进地变得多元化和复杂化，除了最基本的体力劳动、脑力劳动，随着第三产业的发展，情绪劳动[①]作为“第三种劳动”在劳动中占据越来越重要的位置，在这种新型劳动业态的发展过程中，我们的工作内容和工作特征势必发生相应的变化，工作对于人们的要求也渐渐发生转变。更具综合性、复杂性的工作出现，对人们的精神、心理层面的劳动提出了更多的要求，对心理方面的工作健康也势必造成更多的影响[②]，组织和

① 情绪劳动是指劳动者在工作中遵循组织的要求对自己的情绪进行管理，以便更好地服务于顾客，参见 Arlie Russell Hochschild，*The Managed Heart：Commercialization of Human Feeling*（Berkeley，California：University of California Press，1983），p. 90。

② 随着互联网经济的深入发展，网络电商、直播行业已经成功占据了很大的市场份额。这些网络服务行业的从业者通过在直播间与粉丝、顾客进行良好的互动获得“打赏”和销售额，劳动者的情绪劳动在劳动过程中占据主导地位。此外，网络作为一个“匿名化”的空间，会助长群众的集体无意识行为，极有可能诱发一些不当行为从而对网络从业者的心理健康造成较大的影响。

个人都要采取合适的方式来疏解工作压力，进而提高工作环境质量，促进社会经济高质量发展。就工作健康的关注现状来看，《国家职业病防治规划（2021—2025年）》提出，“职业健康是健康中国建设的重要基础和组成部分，事关广大劳动者健康福祉与经济发展和社会稳定大局”[①]。党中央、国务院高度重视职业健康工作，深入实施健康中国行动，进一步扩大职业病及其危害因素监测范围，提高救治救助和工伤保险保障水平，不断完善职业病防治法规标准体系，切实保障劳动者的职业健康权益。现阶段对于工作健康的关注仍然集中于环境因素和生理范围，工作环境中的物理保护措施已经渐趋完善，工作所带来的身体上的直接伤害如皮肤问题、听力问题[②]等已经被控制在一个很小的范围内，劳动者的身体健康得到了基本的保障。但是，劳动者的精神和心理层面的问题却没有得到足够的重视，这是新型业态之下普遍存在的新型工作健康问题，需要得到相关部门的关注并推动改善。除此之外，我们还需要特别关注可能存在工作健康风险的一些行业和组织，进行宏观调控和中观干预，切实保障劳动者的工作健康。

2. 工作健康的差异性分析

我们关注工作健康在人口学变量上的差异。本研究将代表工作健康的“健康风险”和“工作倦怠”题器与人口学变量即性别、年龄、婚姻状况、受教育程度和家庭收入建立模型进行多元线性回归分析，各变量的工作健康差异数据分析结果如表9-7所示。

---

① 《国家职业病防治规划（2021—2025年）》，https://view.officeapps.live.com/op/view.aspx? src=https%3A%2F%2Fwww.gov.cn%2Fzhengce%2Fzhengceku%2F2021-12%2F18%2F5661756%2Ffiles%2F5484ff06b7e743db83a516b1188ef7d6.docx&wdOrigin=BROWSELINK，最后访问日期：2024年1月8日。

② 研究结果显示，存在皮肤过敏、灼伤等皮肤问题和耳鸣、听力下降等听力问题的城镇劳动者占比较低，分别为8.87%和10.02%。

表 9-7 关于健康风险和工作倦怠的多元线性回归模型（一）

	模型 1	模型 2
	健康风险	工作倦怠
性别（以男性为参照组）		
女性	0.005 (0.007)	-0.025* (0.011)
年龄	0.001** (0.001)	-0.004*** (0.001)
婚姻状况（以未婚为参照组）		
已婚	-0.018+ (0.010)	-0.040* (0.015)
离婚	0.069** (0.025)	0.006 (0.040)
丧偶	0.041 (0.061)	-0.135 (0.099)
受教育程度（以没有上过学为参照组）		
小学	0.070 (0.074)	-0.227+ (0.123)
初中	0.085 (0.072)	-0.269* (0.120)
高中/技校/职高/中专	0.068 (0.071)	-0.247* (0.120)
大专	0.084 (0.071)	-0.262* (0.120)
大学本科	0.097 (0.072)	-0.262* (0.120)
硕士	0.108 (0.075)	-0.320* (0.126)
博士	0.014 (0.113)	-0.307+ (0.178)
家庭收入	0.003 (0.005)	-0.006 (0.008)
截距	0.063 (0.086)	1.854*** (0.143)

续表

	模型 1	模型 2
	健康风险	工作倦怠
F 值	2.56	6.00
R^2	0.0059	0.0153

注：①括号里的数字是标准误；② $^+p<0.1$，$^*p<0.05$，$^{**}p<0.01$，$^{***}p<0.001$；③为减弱模型的异方差性和数据极端值对回归结果的影响，对家庭收入取对数，并在 1%～99% 的水平上进行 winsorize 缩尾处理。

关于健康风险与人口学变量的关系，由回归结果可知，在表 9-7 的模型 1 中，F 值为 2.56，p 值为 0.0016，模型显著，该模型显著解释了健康风险 0.59%的差异。我们可以看到，在 0.05 的显著性水平上，在众多人口学变量中，年龄、婚姻状况差异均会显著影响城镇劳动者的健康风险。具体而言，在控制了其他人口学变量的情况下，年龄每增加 1 岁，城镇劳动者的健康风险就会显著增加 0.001 个单位；与未婚群体相比，离婚城镇劳动者的健康风险显著高 0.069 个单位，而未婚群体与已婚或丧偶城镇劳动者的健康风险却在统计学上不存在显著差异。

关于工作倦怠与人口学变量的关系，由回归结果可知，在表 9-7 的模型 2 中，F 值为 6.00，p 值为 0.0000，模型显著，该模型显著解释了工作倦怠 1.53%的差异。我们可以看到，在 0.05 的显著性水平上，在众多人口学变量中，性别、年龄、婚姻状况、受教育程度上的差异均会显著影响城镇劳动者的工作倦怠。具体而言，在控制了其他人口学变量的情况下，相比于男性，女性城镇劳动者的工作倦怠显著低 0.025 个单位；年龄每增加 1 岁，城镇劳动者的工作倦怠显著减少 0.004 个单位；与未婚群体相比，已婚城镇劳动者的工作倦怠显著低 0.040 个单位，而未婚群体与离婚或丧偶城镇劳动者的工作倦怠在统计学上不存在显著差异；以未受过教育的群体为参照组，除小学和博士学历城镇劳动者群体之外，其他学历城镇劳动者的工作倦怠都显著低于未受过教育的城镇劳动者，硕士学历城镇劳动者群体体现出来的工作倦怠相对较少。

综上，我们可以发现，年龄的增加对于工作健康是一把“双刃剑”：一方面，年龄增长所带来的身体的自然衰退导致劳动者的风险抵御能力变弱，健康风险增加；另一方面，年龄增长所带来的劳动者与工作岗位的“互嵌”程度加深以及社会经验的增长会促使劳动者的工作倦怠减少。此外，受教育程度的提升同样可以起到减少工作倦怠的作用。

本研究还关注工作健康在工作和组织特征变量上的差异。我们将工作健康的两个维度与工作和组织特征变量建立模型，进行多元线性回归分析，各工作和组织特征变量上的工作健康差异数据分析结果如表 9-8 所示。

表 9-8　关于健康风险和工作倦怠的多元线性回归模型（二）

	模型 1	模型 2
	健康风险	工作倦怠
单位规模（以微型单位为参照组）		
小型单位	0. 057* （0. 023）	0. 127*** （0. 034）
中型单位	0. 104*** （0. 024）	0. 161*** （0. 037）
大型单位	0. 037 （0. 024）	0. 196*** （0. 037）
超大型单位	0. 051^{+} （0. 027）	0. 060 （0. 041）
工作性质（以正式工为参照组）		
临时工	0. 049*** （0. 014）	−0. 027 （0. 022）
劳务派遣工	0. 060* （0. 025）	0. 090* （0. 038）
零工	0. 040 （0. 048）	0. 040 （0. 072）
老板	−0. 010 （0. 039）	0. 059 （0. 060）

续表

	模型 1	模型 2
	健康风险	工作倦怠
经济地区（以东部地区为参照组）		
中部地区	-0.022⁺ (0.013)	-0.046* (0.020)
西部地区	-0.001 (0.017)	0.002 (0.026)
东北地区	-0.088*** (0.018)	-0.191*** (0.028)
产业（以第一产业为参照组）		
第二产业	0.087⁺ (0.049)	-0.112 (0.077)
第三产业	0.071 (0.048)	-0.051 (0.076)
所有制性质（以非公有制为参照组）		
公有制	0.027* (0.011)	-0.012 (0.017)
截距	0.080 (0.051)	1.345*** (0.080)
F 值	5.57	9.47
R^2	0.0265	0.0476

注：①括号里的数字是标准误；② $^{+}p<0.1$，$^{*}p<0.05$，$^{**}p<0.01$，$^{***}p<0.001$。

关于健康风险与工作和组织特征变量的关系，由回归结果可知，在表 9-8 的模型 1 中，F 值为 5.57，p 值为 0.0000，模型显著，该模型显著解释了健康风险 2.65%的差异。我们可以看到，在 0.05 的显著性水平上，在众多工作和组织特征变量中，单位规模、工作性质、经济地区和所有制性质的差异均会显著影响城镇劳动者的健康风险。具体而言，在控制了其他工作和组织特征变量的情况下，与微型单位相比，小型和中型单位中的城镇劳动者的健康风险显著更高，分别高 0.057 个单位和 0.104 个单位，而大型和超大型单位与微型单位中的城镇劳动者的健康风险在统计学上不存在显著差异；与正式工相比，临时工和劳务派遣工的健康风险显著更高，分别高

0.049 个单位和 0.060 个单位，而零工和老板与正式工的健康风险在统计学上不存在显著差异；与东部地区相比，东北地区城镇劳动者的健康风险显著低 0.088 个单位，而中部和西部地区与东部地区城镇劳动者的健康风险在统计学上不存在显著差异；公有制单位中的城镇劳动者的健康风险比非公有制单位中的城镇劳动者显著高 0.027 个单位。

关于工作倦怠与工作和组织特征变量的关系，由回归结果可知，在表 9-8 的模型 2 中，F 值为 9.47，p 值为 0.0000，模型显著，该模型显著解释了工作倦怠 4.76%的差异。我们可以看到，在 0.05 的显著性水平上，在众多工作和组织特征变量中，单位规模、工作性质和经济地区差异均会显著影响城镇劳动者的工作倦怠。与微型单位相比，小型、中型和大型单位中的城镇劳动者的工作倦怠显著更高，分别高 0.127、0.161 和 0.196 个单位，总体上呈现单位规模越大、工作倦怠越强的趋势，而超大型单位与微型单位中的城镇劳动者的工作倦怠在统计学上不存在显著差异；与正式工相比，劳务派遣工的工作倦怠显著高 0.090 个单位，而临时工、零工和老板与正式工的工作倦怠在统计学上不存在显著差异；与东部地区相比，中部地区城镇劳动者的工作倦怠显著低 0.046 个单位，东北地区城镇劳动者的工作倦怠显著低 0.191 个单位，而西部地区与东部地区城镇劳动者的工作倦怠在统计学上不存在显著差异。

综上，我们可以看到，与微型单位相比，小型和中型单位中的城镇劳动者的健康风险和工作倦怠都显著更高，这可能是因为微型单位中个体的存在感更强，管理者对劳动者的工作过程管理和工作环境中的人际交往的关照更为直接有效；相比劳务派遣工，正式工的健康风险和工作倦怠都显著更低，这说明正式工的工作环境总体来说更有利于劳动者的生理健康，也拥有更好的、让劳动者充分发挥个人能力的氛围。东北地区劳动者的健康风险和工作倦怠都显著低于东部地区劳动者，说明地区间工作环境、劳动政策、经济发展水平等状况的不同会形塑不同地区劳动者在工作中的不同稳定性感受，东北地区劳动者相对来说表现出了更强的工作稳定性。

四 工作安全感的生成与影响机制

除了把握工作安全感的群体差异和组织差异，我们在这一部分将进一步探讨工作安全感这一工作环境质量评价指标的生成和影响机制。在生成机制方面，本研究讨论工作安全感的总体感受是由哪些组织因素引起的，工作安全感和工作环境的四大维度[①]（工作场所、工作时间、员工参与和工作报偿）之间存在哪些具体的联系？基于此，本研究将就工作安全感的两大维度即工作稳定性和工作健康与工作环境的各个维度展开回归分析并加以讨论。在影响机制方面，本研究以工作安全感作为工作环境质量评价指标，关注其对于工作环境的相关重要概念有何影响。基于此，我们回顾文献和相关社会事实，挑选与工作环境相关的重要概念，来探讨工作安全感对这些概念的影响。

（一）工作安全感的生成机制

1. 工作环境内部维度的题器选取

在这一部分，本研究分别选取工作环境四大维度中较为直观、测量较为敏感的题器并将其聚集在一起，与工作安全感的测量指标进行回归分析，探索工作安全感的具体生成机制。在工作场所方面，我们挑选了“物理工作环境风险”[②]来测量工作场所中生态环境的状况。它不仅直接作用于劳动者当下的劳动过程和状态，还对劳动者的安全与健康构成威胁，影响着劳动者未来的工作能力。在这一概念的操作化上，我们将有关风险源的五个虚拟变量相加，生成一

① 张彦、李汉林：《治理视角下的组织工作环境：一个分析性框架》，《中国社会科学》2020年第8期，第87~107页。

② 本次调查的结果显示，我国城镇劳动者在物理工作环境中可能遭遇一种甚至多种风险的情况占总体的20.70%，且两种及多种物理风险叠加的情况占总体的9.88%，极少数劳动者甚至面对着物理风险极为复杂的工作环境，风险源的数量高达四五种，这种情况约占总体的1.17%。

个潜变量，取值范围为 0~5，值越高，说明劳动者在工作环境中遭遇的物理风险越多，物理工作环境越恶劣。在工作时间方面，因为其最直观的测量内容即劳动者的工作时长，而我国社会普遍存在超时工作的现象，严重影响了劳动者的身心健康，并引发诸多劳动纠纷与冲突，所以我们选取“加班”① 这一比较具有代表性的变量进行测量。加班是一个虚拟变量，“0” 表示否，“1” 表示 “是”。在员工参与方面，我们选取“参与决策”② 进行测量。参与决策是指员工参与组织内部各种事项决策的程度。参与决策从行为方面和事实上体现了劳动者的实质性参与，是员工参与中最重要的一环，测量参与决策的程度能够最直观地反映员工参与现状。我们将八个方面的参与决策程度进行算术平均，生成一个潜变量，再进行百分制转换得到结果。在工作报偿方面，我们采取最直观的 “月收入”③ 来加以测量，因为工资收入水平是学界常用于研究的变量，对于解释城镇居民收入差距具有重要意义，而月收入正是测量工资收入最为直接的题器。我们对月收入进行分层编码，将其划分为由低到高的四个层次，分别赋值为 1~4，值越高，月收入层次越高。工作环境内部四个维度选取的题器和对应编码详见表 9-9。

表 9-9　工作环境的操作化

	观测点	题器	编码
工作场所	物理工作环境风险	您工作环境中是否含有下列物质？ 各种粉尘，如煤尘、石墨尘、石棉尘、水泥尘、陶瓷尘、电焊烟尘、铸造粉尘等； 放射性物质，如 X 射线、放射性物品或器具等；	0-否 1-是

① 本次调查的结果显示，我国 42.73%的城镇劳动者在工作中有加班行为。

② 参与决策得分分布在 25~100，均值为 42.27，标准差为 19.38，同时中位数为 34.38，峰度为 1.04，呈现正偏态分布。

③ 本次调查的结果显示，我国城镇劳动者月均工资收入水平为 6127.74 元，呈现正偏态分布，其偏度为 10.00，峰度为 196.29。

续表

	观测点	题器	编码
工作场所	物理工作环境风险	有毒化学品，如铅铬等重金属、毒气、毒液等； 物理危害，如高温严寒、噪声、激光、电磁辐射、高空坠物、交通意外等； 有害生物，如各种病毒、病菌、猛兽等	0-否 1-是
工作时间	加班	上个月，您是否加班了	0-否 1-是
员工参与	参与决策	在您的单位中，以下事情是如何决定的？ 分配工作任务； 调整工资； 降职、升职； 设置和变更岗位； 颁布新的规章制度； 单位的发展方向； 选拔干部； 辞退员工	1-其他人决定且不征询意见 2-其他人决定并征询意见 3-和其他人一起决定 4-自己一个人决定
工作报偿	月收入	您目前这份工作的月收入大约是多少元	1-0~2000 元 2-2000~5000 元 3-5000~10000 元 4-10000~500000 元

2. 工作稳定性的生成

在探究工作稳定性的生成机制时，本研究选定了离职倾向这一关键变量。离职倾向反映了劳动者在工作过程和工作环境中的综合体验，较为直观地投射出劳动者的主观意愿，而失业风险则更多地反映了较为客观的结构化社会事实。我们倾向于选择体现劳动者主观意愿的离职倾向作为工作稳定性的测量概念，是因为测量工作环境各个面向对劳动者主观稳定感受的影响对于我们研究工作稳定性的生成机制较为敏感和直接，其结果也能够直接作用于工作组织，促使其提出相应措施，进一步优化工作环境以改善劳动者的工作稳定性感受。因此，我们从离职倾向着手进行工作稳定性的生成机制探究。

我们认为，工作环境内部的各个方面与工作稳定性感受的形成密不可分。基于此，本研究探索工作环境的四个面向对离职倾向的影响。同时，我们对年龄、婚姻状况、工作性质、经济地区这几个对离职倾向有显著影响的变量进行控制，得到关于离职倾向的多元线性回归模型，详见表 9-10。

表 9-10　工作环境对离职倾向的影响

	模型 1	模型 2	模型 3	模型 4	模型 5
	离职倾向	离职倾向	离职倾向	离职倾向	离职倾向
控制变量	已控制	已控制	已控制	已控制	已控制
物理工作环境风险		0.061*** (0.010)	0.058*** (0.010)	0.072*** (0.013)	0.073*** (0.013)
加班（以加班为参照组）					
不加班			-0.062*** (0.017)	-0.057** (0.022)	-0.064** (0.022)
参与决策				-0.002** (0.001)	-0.001 (0.001)
月收入（以收入 0~2000 元为参照组）					
2000~5000 元					0.015 (0.043)
5000~10000 元					-0.033 (0.046)
10000~500000 元					-0.183** (0.058)
截距	2.030*** (0.032)	2.041*** (0.033)	2.084*** (0.034)	2.175*** (0.052)	2.168*** (0.069)
F 值	24.36	24.53	23.39	13.67	12.67
R^2	0.0438	0.0504	0.0532	0.0565	0.0632

注：①括号里的数字是标准误；② $^+p<0.1$，$^*p<0.05$，$^{**}p<0.01$，$^{***}p<0.001$；③模型 1 至模型 5 中的控制变量是年龄、婚姻状况、工作性质、经济地区。

表 9-10 的模型 1 为基准模型，只考察了控制变量对工作稳定性的影响，结果显示，在 0.05 的显著性水平上，这些控制变量共同解

释了离职倾向4.38%的差异。模型2在模型1的基础上加入了物理工作环境风险，考察物理工作环境风险对离职倾向的影响。结果显示，在0.001的显著性水平上，控制其他变量不变，物理工作环境风险对离职倾向有显著影响。其回归系数为0.061，表明物理工作环境风险每增加一个单位，离职倾向增加0.061个单位。也就是说，物理工作环境风险越大，城镇劳动者的离职倾向越明显。模型2显著解释了离职倾向5.04%的差异。模型3在模型2的基础上加入了“加班”这一变量，考察加班对离职倾向的影响。结果显示，在0.001的显著性水平上，控制其他变量不变，加班与不加班的城镇劳动者的离职倾向存在显著差异，不加班的回归系数为-0.062，表明不加班的城镇劳动者的离职倾向比加班者显著低0.062个单位，也就是说，加班会增强城镇劳动者的离职倾向，模型3显著解释了离职倾向5.32%的差异。模型4在模型3的基础上加入了“参与决策”这一变量，考察参与决策对离职倾向的影响。结果显示，在0.01的显著性水平上，控制其他变量不变，参与决策对离职倾向有显著影响。参与决策的回归系数为-0.002，表明参与决策程度每增加1个单位，离职倾向则减少0.002个单位，也就是说，劳动者参与决策程度越高，离职倾向越低，模型4显著解释了离职倾向5.65%的差异。模型5在模型4的基础上加入了“月收入”这一变量，考察月收入对离职倾向的影响。结果显示，在0.01的显著性水平上，控制其他变量不变，月收入为10000~500000元与月收入为0~2000元的城镇劳动者群体的离职倾向存在显著差异，月收入为10000~500000元的回归系数为-0.183，表明与月收入为0~2000元的城镇劳动者群体相比，月收入为10000~500000元的城镇劳动者群体的离职倾向显著低0.183个单位，说明在高月收入的影响下，离职倾向会变得更低，模型5显著解释了离职倾向6.32%的差异。综上，在工作环境的各个维度中，代表工作场所的物理工作环境风险、代表工作时间的加班、代表工作报偿的月收入和代表员工参与的参与决策都对工作安全感中的离职倾向有显著的影响作用。物理工作环境风险和加班都会增加劳动者的离职倾向，这说明一个环境好的工作场所和合理的工作时间有助于降低劳动者的离职意愿，即有利于提高劳动者的工作稳定性；参与决策和月收入的增加会显著降低劳动者的离职倾向，说明组织中的员工参与“共治”和较好的员工工作报偿都有利于减少其离职倾向，提升其工作稳定性。这些结果对于我们从工作环境内部结构的改善来增强工作安全感，以及从总体上提升工作环境质量具有重要的意义和作用。

3. 工作健康的生成

我们认为，一个好的工作环境有利于劳动者的身心健康发展，而不好的工作环境会在长期工作过程中对城镇劳动者的身体、心理等各方面造成损害或形成潜在的风险，不利于工作健康。基于此，本研究对工作环境与工作健康的关系展开进一步探索。国内外的一些研究已经表明一些身心健康问题与工作环境有关。① 本研究意在探索工作场所、工作时间、员工参与、工作报偿对于工作健康的生成作用机制。我们选定了测量工作健康的关键变量——工作倦怠作为我们的研究变量。工作倦怠测量的是劳动者的心理健康状况。相比之下，生理方面的健康问题较为直观，可以通过一些外在的防治措施加以预防和缓解，而心理方面的健康状况往往更为隐蔽，但是其对于劳动者的整体健康状况而言又尤为重要，劳动者的心理状态极大地影响着整个组织的工作效率和发展。基于此，我们选取了工作倦怠这一变量代表工作健康来加以观测。

本研究探索工作环境的四大面向对工作健康中工作倦怠的影响，对年龄、婚姻状况、单位规模、经济地区这几个变量进行控制，得

① 参见聂伟、风笑天《“996”在职青年的超时工作及社会心理后果研究——基于CLDS数据的实证分析》，《中国青年研究》2020年第5期，第76~84页；Eiji Yoshioka, Yasuaki Saijo, Tomonori Fukui, Mariko Kawaharada & Reiko Kishi, “Association Between Duration of Daily Visual Display Terminal Work and Insomnia among Local Government Clerks in Japan,” *American Journal of Industrial Medicine* 51, no. 2 (2008): 148-156.

到关于工作倦怠的多元线性回归模型，详见表 9-11。

表 9-11　工作环境对工作倦怠的影响

	模型 1	模型 2	模型 3	模型 4	模型 5
	工作倦怠	工作倦怠	工作倦怠	工作倦怠	工作倦怠
控制变量	已控制	已控制	已控制	已控制	已控制
物理工作环境风险		0.059*** (0.009)	0.052*** (0.009)	0.054*** (0.010)	0.053*** (0.011)
加班（以加班为参照组）					
不加班			-0.116*** (0.016)	-0.112*** (0.018)	-0.112*** (0.018)
参与决策				0.003*** (0.000)	0.003*** (0.000)
月收入（以收入 0~2000 元为参照组）					
2000~5000 元					-0.058+ (0.035)
5000~10000 元					-0.039 (0.037)
10000~500000 元					-0.047 (0.051)
截距	1.404*** (0.043)	1.425*** (0.042)	1.492*** (0.043)	1.377*** (0.052)	1.434*** (0.063)
F 值	12.87	15.90	18.78	16.86	14.08
R^2	0.0506	0.0689	0.0871	0.1108	0.1123

注：①括号里的数字是标准误；②$^{+}p<0.1$，$^{*}p<0.05$，$^{**}p<0.01$，$^{***}p<0.001$；③模型 1 至模型 5 中的控制变量是年龄、婚姻状况、单位规模、经济地区。

表 9-11 的模型 1 为基准模型，只考察了控制变量对工作倦怠的影响，结果显示，在 0.05 的显著性水平上，这些控制变量共同解释了工作倦怠 5.06%的差异。模型 2 在模型 1 的基础上加入了物理工作环境风险，考察物理工作环境风险对工作倦怠的影响。结果显示，在 0.001 的显著性水平上，控制其他变量不变，物理工作环境风险对工作倦怠有显著影响，其回归系数为 0.059，表明物理工作环境风险每增加一个单位，工作倦怠增加 0.059 个单位。也就是说，物理

工作环境风险越大，城镇劳动者的工作倦怠越强，模型2显著解释了工作倦怠6.89%的差异。模型3在模型2的基础上加入了“加班”这一变量，考察加班对工作倦怠的影响。结果显示，在0.001的显著性水平上，控制其他变量不变，加班与不加班的城镇劳动者的工作倦怠存在显著差异，不加班的回归系数为-0.116，表明不加班的城镇劳动者的工作倦怠比加班者显著低0.116个单位，也就是说，加班会增强城镇劳动者的工作倦怠，模型3显著解释了工作倦怠8.71%的差异。模型4在模型3的基础上加入了“参与决策”这一变量，考察参与决策对工作倦怠的影响。结果显示，在0.001的显著性水平上，控制其他变量不变，参与决策对工作倦怠有显著影响。参与决策的回归系数为0.003，表明参与决策程度每增加1个单位，城镇劳动者的工作倦怠增加0.003个单位，也就是说，劳动者参与决策会增加其工作倦怠；模型5在模型4的基础上加入了代表工作报偿的“月收入”这一变量，考察月收入对工作倦怠的影响。结果显示，在0.05的显著性水平上，控制其他变量不变，不同层次月收入的城镇劳动者之间的工作倦怠不存在显著差异。

综上，在工作环境的各个维度中，代表工作场所的物理工作环境风险、代表工作时间的加班和代表员工参与的参与决策对工作倦怠有着显著的影响作用，而代表工作报偿的月收入对工作倦怠的影响不太显著。为了使劳动者处于健康、稳定的工作状态中，相关的宏观层面的工作场所安全制度和工时制度亟须进一步规范和落实。其中尤其值得关注的是，劳动者参与决策会正向影响其工作倦怠，这在一定程度上说明，现有情况下的员工参与决策没有达到这一制度本身的理想效果，这与在执行过程中的“形式化”有关，劳动者参与决策的内容设置需要更加站在劳动者的角度上，为其提供公平有效的参与渠道，让他们真正参与到与其自身利益相关的事务中来。

4. 工作性质对工作健康的影响

除了对工作安全感的生成和影响机制加以分析，我们还试图探寻工作性质对工作安全感的影响。相较于正式员工，非正式员工没有与工作单位签署正式的劳动合同，没有确定正式的劳动关系，所以无法享有正式员工的待遇。我们将临时工、劳务派遣工和零工统称为非正式工。非正式员工是社会主义市场经济不断发展的产物。随着劳动和用工制度的变化，用工形式变得多样，除正式用工之外，各种新的雇佣方式、新型工作群体也在日益发展壮大。正式工与非正式工的用工方式不同，正式工主要从事管理和技术岗位，辅之以技能和辅助岗位，而非正式工通常从事临时性、辅助性、可替代的岗位。除此之外，正式工的薪酬待遇往往高于非正式工，即使现在很多非正式工与正式工“同工同酬”，但是其福利待遇仍然远不及正式工。还有，正式工在企业中的晋升空间要比非正式工更大一些，非正式工主要是一线工人，受工作内容和工作岗位的限制，很难在企业获得晋升。通过对现实的观察和这些结构性差异的分析，我们认为，正式工的工作环境，包括工作场所、工作时间、员工参与和工作报偿都优于非正式工，正式工在工作中会有更好的体验。通过差异性分析我们已经知道，与正式工相比，临时工、劳务派遣工的健康风险显著更高，我们也知道，年长的城镇劳动者面临的健康风险显著高于年轻的城镇劳动者。那么，城镇劳动者的工作性质对健康风险的影响会不会受到年龄的调节作用呢?

基于此，本研究将工作性质作为自变量，并将其处理成二分变量（“1”代表正式工；“2”代表非正式工，包括临时工、劳务派遣工和零工①)，将“健康风险”作为因变量，“年龄”作为调节变量来加以探究。

综上，本研究提出如下假设。

假设 H9.1：其他因素保持不变，正式工的健康风险显著比非正式工要低。

假设 H9.2：其他因素保持不变，年龄在工作性质对健康风险的影响中起调节作用。

---

① 老板不属于我们此处讨论的这两种情形，被我们当作缺失值加以处理。

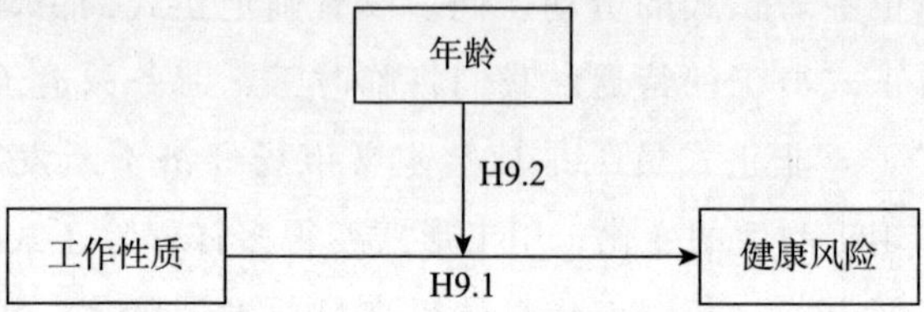

图 9-4　工作性质、年龄与健康风险的关系假设

在验证上述假设时，本研究设定了 3 个回归模型，具体结果如表 9-12 所示。

表 9-12　工作性质对健康风险的影响：年龄的调节效应

	模型 1	模型 2	模型 3
	健康风险	健康风险	健康风险
单位规模（以微型单位为参照组）			
小型单位	0.060** (0.022)	0.066** (0.023)	0.061** (0.023)
中型单位	0.106*** (0.023)	0.110*** (0.024)	0.107*** (0.024)
大型单位	0.044^{+} (0.023)	0.049* (0.024)	0.044^{+} (0.024)
超大型单位	0.053* (0.025)	0.059* (0.026)	0.055* (0.026)
经济地区（以东部地区为参照组）			
中部地区	-0.017 (0.013)	-0.031* (0.013)	-0.030* (0.013)
西部地区	0.009 (0.017)	0.002 (0.017)	0.002 (0.017)
东北地区	-0.077*** (0.018)	-0.095*** (0.018)	-0.094*** (0.018)
工作性质（以正式工为参照组）			
非正式工		0.046*** (0.013)	0.146*** (0.044)
年龄		0.002*** (0.001)	-0.000 (0.001)

续表

	模型 1	模型 2	模型 3
	健康风险	健康风险	健康风险
工作性质×年龄			0.003* (0.001)
截距	0.167*** (0.021)	0.159*** (0.023)	0.064 (0.046)
F 值	7.46	8.51	8.23
R^2	0.0178	0.0264	0.0284

注：①括号里的数字是标准误；②$^{+}p<0.1$，$^{*}p<0.05$，$^{**}p<0.01$，$^{***}p<0.001$；③模型 1 至模型 3 中的控制变量是单位规模和经济地区；④对年龄这一变量进行了对中化处理。

其中，模型 1 只考察了控制变量对健康风险的影响，在 0.05 的显著性水平上，保持其他变量不变，单位规模、经济地区对健康风险均有显著影响，模型 1 显著解释了健康风险 1.78%的差异。模型 2 在模型 1 的基础上加入了工作性质和年龄，考察这两个变量对健康风险的影响。结果显示，在 0.001 的显著性水平上，控制其他变量不变，工作性质和年龄对健康风险均有显著影响。二者的回归系数分别为 0.046 和 0.002，表明正式工比非正式工的健康风险显著低 0.046 个单位；年龄每增加一岁，健康风险增加 0.002 个单位。也就是说，非正式工的健康风险高于正式工，年长的城镇劳动者的健康风险高于年轻的城镇劳动者，该模型显著解释了健康风险 2.64%的差异，假设 H9.1 成立。模型 3 在模型 2 的基础上加入工作性质和年龄的交互项，考察年龄在工作性质与健康风险之间是否起调节作用。结果显示，在 0.05 的显著性水平上，控制其他变量不变，年龄在工作性质和健康风险之间的调节作用显著，截距为 0.064，工作性质和年龄的交互项的回归系数为 0.003，表明当年龄为平均年龄时，非正式工比正式工的健康风险多 0.064 个单位，此后年龄每增加一岁，非正式工与正式工的健康风险差异就会增加 0.003 个单位，假设 H9.2 成立。这一结果显示，随着年龄的增长，正式工相对于非正式工在健康风险方面的保障优势会越来越明显。结合社会现实，拥有编制的正式工除了在工作中享受更好的福利待遇，还拥有更强的组织归属感和社会地位。退休后，正式工还可以享受到更加高额的养老金、职业年金和其他保障。而非正式工随着年龄增长，生产力衰减，却无法获得相应的保障，更不用说享受单位的福利。显而易见，是这些因素的综合作用导致了劳动者的健康风险差异。相关部门应该进一步健全对非正式工的保障制度，提升劳动者的工作健康水平。

5. 加班对工作稳定性的影响

根据前文的研究结果可知，加班对于工作稳定性有着负向影响：不加班的城镇劳动者的离职倾向比加班者显著低 0.062 个单位，加班会增强城镇劳动者的离职倾向。根据张一弛等的研究可知，个人与组织匹配度在员工离职倾向决定过程中具有明显的调节效应[①]。而根据查尔斯·A. 欧莱利（Charles A. O'Reilly）和詹妮弗·查特曼（Jennifer Chatman）的观点，组织认同是指个人信服于组织的价值观，并且个人会因为成为组织的一分子而感到光荣。[②] 那么，组织是否可以通过提高员工的组织认同来弱化加班对劳动者离职倾向的影响呢？基于此，我们想探寻组织认同是否在加班对离职倾向的影响中起中介作用。本研究的假设如下。

假设 H9.3：加班对离职倾向有显著正向影响。

假设 H9.4：加班对组织认同有显著负向影响。

假设 H9.5：组织认同在加班与离职倾向的关系中起部分中介作用。

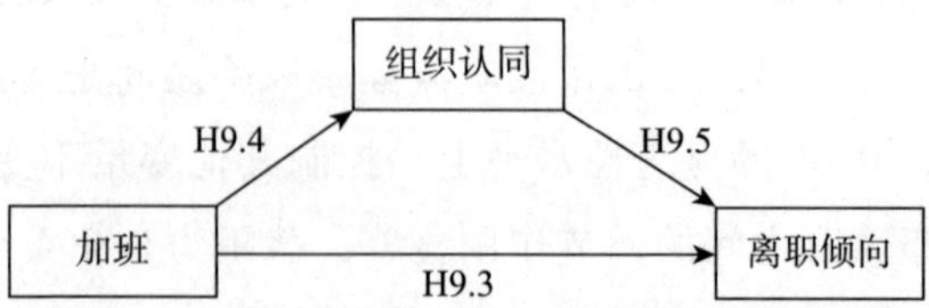

图 9-5　加班、组织认同与离职倾向的关系假设

① 张一弛、高莹、刘鹏：《个人—组织匹配在外资医药企业员工离职倾向决定中的调节效应研究》，《南开管理评论》2005 年第 3 期，第 37~41 页。

② Charles A. O'Reilly & Jennifer Chatman, "Organizational Commitment and Psychological Attachment: The Effects of Compliance, Identification, and Internalization on Prosocial Behavior," *Journal of Applied Psychology* 71, no. 3 (1986): 492-499.

我们根据巴伦（Baron）和肯尼（Kenny）提出的中介效应检验程序[①]，对组织认同在加班与离职倾向之间的可能中介效应进行分析。检验需要满足三个要求：在第一个回归方程中，自变量“加班”显著影响因变量“离职倾向”；在第二个回归方程中，自变量“加班”显著影响中介变量“组织认同”；在第三个回归方程中，自变量“加班”和中介变量“组织认同”必须显著影响因变量“离职倾向”。

本研究采用层次回归分析并控制人口学变量建立回归方程。在分析过程中，我们对所有的预测变量进行了标准化处理，并控制了城镇劳动者的年龄、受教育程度等变量，得到以下三个线性回归模型，具体如表 9-13 所示。

表 9-13　加班对离职倾向的影响：组织认同的中介效应

	模型 1	模型 2	模型 3	模型 4
	离职倾向	离职倾向	组织认同	离职倾向
年龄	-0.009*** (0.001)	-0.010*** (0.001)	0.011*** (0.002)	-0.009*** (0.001)
婚姻状况（以未婚为参照组）				
已婚	-0.059** (0.022)	-0.057** (0.022)	0.133** (0.043)	-0.039+ (0.024)
离婚	0.002 (0.056)	0.001 (0.057)	-0.220+ (0.116)	-0.058 (0.064)
丧偶	-0.406** (0.135)	-0.373** (0.135)	0.282 (0.300)	-0.398* (0.164)
受教育程度（以没有上过学为参照组）				
小学	-0.264+ (0.154)	-0.265+ (0.154)	0.778* (0.309)	-0.187 (0.170)
初中	-0.295* (0.149)	-0.274+ (0.149)	0.925** (0.297)	-0.081 (0.163)

① R. M. Baron & D. A. Kenny, “The Moderator-mediator Variable Distinction in Social Psychological Research: Conceptual, Strategic, and Statistical Considerations,” *Journal of Personality and Social Psychology*, no. 51 (1986): 1173-1182.

续表

	模型 1	模型 2	模型 3	模型 4
	离职倾向	离职倾向	组织认同	离职倾向
高中/技校/职高/中专	−0.309* (0.149)	−0.294* (0.148)	0.914** (0.295)	−0.096 (0.162)
大专	−0.310* (0.149)	−0.298* (0.148)	0.889** (0.295)	−0.113 (0.162)
大学本科	−0.403** (0.149)	−0.393** (0.148)	1.129*** (0.295)	−0.193 (0.162)
硕士	−0.563*** (0.158)	−0.559*** (0.157)	1.242*** (0.311)	−0.324+ (0.171)
博士	−0.241 (0.245)	−0.253 (0.244)	1.027* (0.494)	0.141 (0.271)
工作性质（以正式工为参照组）				
临时工	0.094*** (0.024)	0.100*** (0.025)	0.011 (0.046)	0.096*** (0.025)
劳务派遣工	0.023 (0.045)	0.024 (0.046)	−0.015 (0.082)	0.019 (0.045)
零工	0.142* (0.068)	0.171* (0.069)	−0.110 (0.180)	0.324** (0.099)
老板	−0.141*** (0.023)	−0.131*** (0.023)	0.273* (0.132)	−0.233** (0.072)
经济地区（以东部地区为参照组）				
中部地区	0.018 (0.019)	0.020 (0.019)	0.035 (0.037)	−0.019 (0.020)
西部地区	−0.018 (0.026)	−0.018 (0.026)	−0.127* (0.055)	−0.011 (0.030)
东北地区	−0.161*** (0.030)	−0.154*** (0.031)	0.248*** (0.062)	−0.188*** (0.034)
加班（以加班为参照组）				
不加班		−0.072*** (0.016)	0.102*** (0.031)	−0.063*** (0.017)
组织认同				−0.089*** (0.008)

续表

	模型 1	模型 2	模型 3	模型 4
	离职倾向	离职倾向	组织认同	离职倾向
截距	2.427*** (0.154)	2.461*** (0.153)	1.558*** (0.304)	2.512*** (0.167)
F 值	17.93	17.79	9.32	20.66
R^2	0.0523	0.0559	0.0360	0.0801

注：①括号里的数字是标准误；② $^{+}p<0.1$，$^{*}p<0.05$，$^{**}p<0.01$，$^{***}p<0.001$；③模型 1 至模型 4 中的控制变量是年龄、婚姻状况、受教育程度、工作性质、经济地区。

本研究分析加班与离职倾向、组织认同的关系，并探寻组织认同在两者关系中的中介效应。表 9-13 的模型 1 只考察了控制变量对离职倾向的影响，在 0.05 的显著性水平上，保持其他变量不变，年龄、婚姻状况、受教育程度、工作性质、经济地区对离职倾向均有显著影响，该模型显著解释了离职倾向 5.23%的差异。模型 2 在模型 1 的基础上加入了加班，考察加班对离职倾向的影响。结果显示，在 0.001 的显著性水平上，控制其他变量不变，加班对离职倾向有显著影响，不加班的回归系数为-0.072，表明不加班的城镇劳动者的离职倾向比加班者显著低 0.072 个单位。也就是说，加班会正向影响劳动者的离职倾向，该模型显著解释了离职倾向 5.59%的差异，假设 H9.3 成立。模型 3 考察加班对组织认同的影响。结果显示，在 0.001 的显著性水平上，控制其他变量不变，加班对组织认同有显著影响，不加班的回归系数为 0.102，表明不加班的城镇劳动者的组织认同比加班者显著高 0.102 个单位，也就是说，加班对组织认同有显著负向影响。基于此，假设 H9.4 得到了支持。在假设 H9.3 和 H9.4 被证实的基础上，本研究在模型 4 中将组织认同和加班同时作为自变量，考查这二者对离职倾向的共同影响。结果显示，在 0.001 的显著性水平上，控制其他变量不变，加班和组织认同对离职倾向均有显著影响，该模型显著解释了离职倾向 8.01%的差异。从模型的结果来看，组织认同对离职倾向的影响显著，又因为假设 H9.3 “加班对离职倾向有显著正向影响” 和假设 H9.4 “加班对组织认同有显著负向影响”都成立，可证明组织认同在加班对离职倾向的影响中起中介效应成立；而加班对离职倾向的影响也是显著的，说明组织认同在其中起部分中介效应，该结果证实了假设 H9.5。根据模型 1、2、3 的回归系数计算可得，中介效应为 0.125，表明 12.50%的加班对离职倾向的效应被组织认同中介了。

上述步骤采用因果逐步回归检验法，简单易懂，容易理解和解释，因而此法得到了广泛的应用，但有学者认为其检验效能较低。因此，本研究利用系数乘积法中的 bootstrap 抽样法[①]对该过程进行检验，验证组织认同的中介效应是否显著。根据 bootstrap 两项结果指标可知，乘积项结果显著，标准误为 0.003，95%置信区间为 0.002~0.013，并不包括数字 0，说明组织认同在加班对离职倾向的影响中具有中介效应，本研究的假设 H9.5 得以被检验。通过以上分析结果我们可以知道，加班会增强劳动者的离职倾向，而组织认同中介了这种倾向。企业要高质量发展，就需要营造良好的工作环境，优化工作时间，增强组织认同，进而取得良好的效益。

（二）工作安全感的影响机制

除了探讨工作安全感的生成机制，本研究还试图进一步把工作安全感的各维度作为自变量，观其对与工作环境相关的其他因素的影响。许多研究者都对工作安全感的结果变量加以讨论，如工作绩效、组织公民行为、组织承诺等都被学者们纳入讨论范畴之中。[②] 内森·P. 波德萨科夫（Nathan P. Podsakoff）等的实证研究结果显示，工作不安全感与工作绩效、工作满意度和组织承诺呈负相关关系，与工作退缩（离职行为）和组织退缩（缺勤、懒散）行为呈正相

① bootstrap 抽样法检验是指回归系数 a 和回归系数 b 的乘积项（a×b）的 95%置信区间是否包括数字 0：如果 95%置信区间不包括数字 0，则说明具有中介作用；如果 95%置信区间包括数字 0，则说明没有中介作用。

② 王益宝、姚宁：《工作不安全感研究综述》，《北方经济》2012 年第 8 期，第 11~13 页。

关关系。[①] 为了探讨工作安全感的影响，本研究在结合已有文献的基础上，分析工作安全感对一些与工作行为和态度相关的重要概念的影响。

1. 工作安全感对工作满意度的影响

早在20世纪30年代，美国学者最早对工作满意度进行了定义，将其解释为“劳动者生理和心理两个方面对环境因素的满意感受”。[②] 从组织层面看，工作满意度的评价指标可以帮助企业进行组织诊断并影响企业的未来绩效，以及保障劳动者的心理健康，提高劳动者的工作质量。工作满意度可以被看作组织中的一个“警示器”，帮助企业进行管理和决策。基于此，本研究试图对工作安全感与工作满意度的关系加以讨论。从既有研究来看，较多研究者将工作稳定性作为工作安全感的测量指标，讨论其对工作满意度的影响。例如，兰尼斯特·狄奥多西（Ioannis Theodossiou）和埃弗罗塞尼·瓦西里奥（Effrossyni Vasileiou）采用失去工作的主观预期来表示工作稳定性，探讨其对工作满意度的影响。研究发现，一旦控制了工作稳定性和工作满意度的内生性，劳动者的工作稳定性会正向影响其工作满意度。[③] 弗德丽卡·欧瑞格（Federica Origo）和劳拉·帕加尼（Laura Pagani）也用工作稳定性来代表工作安全感，发现劳动者的工作安全感作为主要影响因素，对工作满意度产生了较大的影响。[④] 还有学者进行了更为深入的机制挖掘，他们发现，工作稳定性

---

① Nathan P. Podsakoff, Jeffery A. LePine & Marcie A. LePine, “Differential Challenge Stressor-hindrance Stressor Relationships with Job Attitudes, Turnover Intentions, Turnover, and Withdrawal Behaviour: A Meta-analysis,” *Journal of Applied Psychology* 92, no. 2 (2007): 438-454.

② Robert Hoppock, *Job Satisfactions* (New York: Harper, 1935). 转引自邱雅静《欧洲工作质量研究的新进展：发展与挑战》，《社会发展研究》2015年第3期，第209~231页。

③ Ioannis Theodossiou & Effrossyni Vasileiou, “Making the Risk of Job Loss a Way of Life: Does it Affect Job Satistaction?” *Research in Economics* 61, no. 2 (2007): 71-83.

④ Federica Origo & Laura Pagani, “Flexicurity and Satisfaction in Europe: The Importance of Perceived and Actual Job Stability for Well-being at Work,” *Labor Economics* 16, no. 5 (2009): 547-555.

能够正向影响收入预期的稳定性，降低生活质量下降的风险，还能提高企业对于劳动者的培训动机，助推劳动者人力资本提升①，进而提升工作满意度。过去的这些研究多关注工作安全感中的工作稳定性，此外，也有部分研究关注工作满意度对工作健康的影响②，但忽略了工作健康作为自变量对工作满意度的影响，而这二者之间的关系对于我们全面掌握工作安全感对劳动者、组织乃至社会的重要意义是不可或缺的。因此，本研究将在既有研究的基础上，探讨工作安全感的两个维度——工作稳定性和工作健康各自对工作满意度的影响机制。我们选取了测量工作满意度的题器，将劳动者对“月收入”“工作时间”“工作设施”“岗位培训”“单位奖励”“工作安全”“工作强度”“工作自主性”“单位福利待遇”9个方面工作要求的满意度进行算术平均，合成一个工作满意度的潜变量，值域为1~5，值越大，工作满意度越高③。通过回归分析，得到四个模型，如表9-14所示。

表9-14　工作稳定性对工作满意度的影响

	模型1	模型2	模型3	模型4
	工作满意度	工作满意度	工作满意度	工作满意度
婚姻状况（以未婚为参照组）				
已婚	0.166*** (0.031)	0.079** (0.029)	0.110*** (0.030)	0.062* (0.029)
离婚	-0.110 (0.093)	-0.154+ (0.087)	-0.143 (0.090)	-0.165+ (0.087)
丧偶	0.280 (0.233)	-0.009 (0.220)	0.198 (0.227)	-0.013 (0.218)

① 周闯、郭付银：《谁增加了工作满意度：长期合同还是工作安全感?》，《宏观质量研究》2018年第2期，第87~98页。

② 刘冬莹：《96名知识分子心身健康及职业满意度、生活满意度的相关研究》，《中国全科医学》2003年第12期，第1009~1011页。

③ 本研究结果显示，工作满意度的均值为3.70，标准差为0.71，最小值为1，最大值为5，偏度为0.10，峰度为2.66。

续表

	模型 1	模型 2	模型 3	模型 4
	工作满意度	工作满意度	工作满意度	工作满意度
单位规模（以微型单位为参照组）				
小型单位	0.016 (0.063)	0.018 (0.060)	0.013 (0.062)	0.016 (0.059)
中型单位	0.160* (0.067)	0.187** (0.062)	0.165* (0.065)	0.186** (0.062)
大型单位	0.128+ (0.066)	0.151* (0.062)	0.129* (0.064)	0.149* (0.062)
超大型单位	0.416*** (0.071)	0.395*** (0.067)	0.376*** (0.070)	0.378*** (0.067)
工作性质（以正式工为参照组）				
临时工	-0.216*** (0.038)	-0.141*** (0.036)	-0.167*** (0.037)	-0.126*** (0.036)
劳务派遣工	-0.016 (0.067)	0.017 (0.063)	0.011 (0.065)	0.026 (0.063)
零工	-0.294* (0.133)	-0.156 (0.125)	-0.253+ (0.130)	-0.153 (0.125)
老板	0.383*** (0.109)	0.295** (0.103)	0.349** (0.106)	0.289** (0.102)
经济地区（以东部地区为参照组）				
中部地区	-0.025 (0.034)	-0.019 (0.032)	-0.042 (0.033)	-0.028 (0.031)
西部地区	0.105* (0.046)	0.096* (0.043)	0.100* (0.045)	0.095* (0.043)
东北地区	0.241*** (0.048)	0.144** (0.045)	0.182*** (0.047)	0.127** (0.045)
离职倾向		-0.407*** (0.021)		-0.355*** (0.022)
失业风险			-0.155*** (0.012)	-0.077*** (0.013)
截距	3.396*** (0.065)	4.145*** (0.072)	3.782*** (0.070)	4.243*** (0.073)
F 值	15.95	42.14	26.08	42.26
R^2	0.0741	0.1848	0.1230	0.1952

注：①括号里的数字是标准误；② $^{+}p<0.1$，$^{*}p<0.05$，$^{**}p<0.01$，$^{***}p<0.001$；③模型 1 至模型 4 中的控制变量是婚姻状况、单位规模、工作性质、经济地区。

本模型考查工作稳定性的两个维度即离职倾向和失业风险对工作满意度的影响。其中，表 9-14 的模型 1 只考察了控制变量对工作满意度的影响，在 0.05 的显著性水平上，保持其他变量不变，婚姻状况、单位规模、工作性质、经济地区对工作满意度均有显著影响，该模型显著解释了工作满意度 7.41%的差异。模型 2 在模型 1 的基础上加入了离职倾向，考察离职倾向对工作满意度的影响。结果显示，在 0.001 的显著性水平上，当控制变量不变时，离职倾向对工作满意度有显著影响。离职倾向的回归系数为-0.407，表明离职倾向每增加 1 个单位，工作满意度就减少 0.407 个单位。也就是说，离职倾向对工作满意度存在消极影响。该模型显著解释了工作满意度 18.48%的差异。模型 3 考察了失业风险对工作满意度的影响。结果显示，在 0.001 的显著性水平上，当控制变量不变时，失业风险对工作满意度有显著影响。失业风险的回归系数为-0.155，表明失业风险每增加 1 个单位，工作满意度就减少 0.155 个单位，该模型显著解释了工作满意度 12.30%的差异。模型 4 将离职倾向和失业风险同时纳入回归，考查工作稳定性的两个维度对工作满意度的共同作用。结果显示，在 0.001 的显著性水平上，控制其他变量不变，离职倾向和失业风险对工作满意度的影响显著。离职倾向的系数为-0.355，说明控制失业风险和其他变量不变，离职倾向每增加 1 个单位，工作满意度降低 0.355 个单位；失业风险的系数为-0.077，说明控制离职倾向和其他变量不变，失业风险每增加 1 个单位，工作满意度降低 0.077 个单位。该模型显著解释了工作满意度 19.52%的差异。该结果表明，离职倾向和失业风险都会负向影响工作满意度，换句话说，劳动者的客观失业风险大、主观离职倾向高，是导致劳动者工作满意度降低的重要原因。工作满意度对于劳动者的个人健康、工作质量以及组织的绩效、社会的稳定都起着重要的作用，因此，相关部门需要从减少离职倾向、降低失业风险出发，全面提升劳动者的工作稳定性，进而提升其工作满意度，实现工作环境的高质量发展。

此外，我们对工作健康与工作满意度进行回归分析，具体结果如表 9-15 所示。

表 9-15　工作健康对工作满意度的影响

	模型 1	模型 2	模型 3	模型 4
	工作满意度	工作满意度	工作满意度	工作满意度
婚姻状况（以未婚为参照组）				
已婚	0.166*** （0.031）	0.174*** （0.031）	0.132*** （0.031）	0.135*** （0.031）
离婚	-0.110 （0.093）	-0.080 （0.092）	-0.110 （0.094）	-0.100 （0.094）
丧偶	0.280 （0.233）	0.279 （0.232）	0.181 （0.226）	0.186 （0.226）
单位规模（以微型单位为参照组）				
小型单位	0.016 （0.063）	0.057 （0.063）	0.087 （0.062）	0.101 （0.062）
中型单位	0.160* （0.067）	0.224*** （0.067）	0.246*** （0.066）	0.262*** （0.066）
大型单位	0.128^{+} （0.066）	0.155* （0.066）	0.207** （0.066）	0.209** （0.066）
超大型单位	0.416*** （0.071）	0.453*** （0.071）	0.421*** （0.071）	0.431*** （0.072）
工作性质（以正式工为参照组）				
临时工	-0.216*** （0.038）	-0.187*** （0.039）	-0.188*** （0.039）	-0.182*** （0.040）
劳务派遣工	-0.016 （0.067）	0.016 （0.068）	0.038 （0.066）	0.045 （0.067）
零工	-0.294* （0.133）	-0.270* （0.133）	-0.240^{+} （0.129）	-0.234^{+} （0.129）
老板	0.383*** （0.109）	0.428*** （0.111）	0.422*** （0.110）	0.473*** （0.113）
经济地区（以东部地区为参照组）				
中部地区	-0.025 （0.034）	-0.046 （0.034）	-0.054 （0.034）	-0.060^{+} （0.035）
西部地区	0.105* （0.046）	0.111* （0.046）	0.111* （0.045）	0.116* （0.046）

续表

	模型 1	模型 2	模型 3	模型 4
	工作满意度	工作满意度	工作满意度	工作满意度
东北地区	0.241*** (0.048)	0.193*** (0.048)	0.141** (0.049)	0.133** (0.049)
健康风险		-0.456*** (0.051)		-0.131* (0.056)
工作倦怠			-0.469*** (0.034)	-0.446*** (0.037)
截距	3.396*** (0.065)	3.451*** (0.065)	3.998*** (0.078)	3.982*** (0.079)
F 值	15.95	20.12	25.90	24.84
R^2	0.0741	0.1004	0.1334	0.1380

注：①括号里的数字是标准误；② $^{+}p<0.1$，$^{*}p<0.05$，$^{**}p<0.01$，$^{***}p<0.001$；③模型中 1 至模型 4 中的控制变量是婚姻状况、单位规模、工作性质、经济地区。

本模型考查工作健康的两个维度即健康风险和工作倦怠对工作满意度的影响。其中，模型 1 只考察了控制变量对工作满意度的影响，在 0.05 的显著性水平上，保持其他变量不变，婚姻状况、单位规模、工作性质、经济地区对工作满意度均有显著影响，该模型显著解释了工作满意度 7.41%的差异。模型 2 在模型 1 的基础上加入了健康风险，考察健康风险对工作满意度的影响。结果显示，在 0.001 的显著性水平上，当控制变量不变时，健康风险对工作满意度有显著影响。健康风险的回归系数为-0.456，表示健康风险每增加 1 个单位，工作满意度就降低 0.456 个单位。也就是说，健康风险对劳动者的工作满意度有负向影响，该模型显著解释了工作满意度 10.04%的差异。模型 3 考察了工作倦怠对工作满意度的影响，结果显示，在 0.001 的显著性水平上，控制其他变量不变，工作倦怠对工作满意度有显著影响。工作倦怠的回归系数为-0.469，表明劳动者的工作倦怠每增加 1 个单位，其工作满意度就降低 0.469 个单位，该模型显著解释了工作满意度 13.34%的差异。模型 4 将健康风险和工作倦怠同时纳入回归，考查工作健康的两个维度对工作满意度的共同作用。结果显示，在 0.05 的显著性水平上，当控制变量不变时，健康风险和工作倦怠对工作满意度的影响显著。健康风险的系数为-0.131，说明控制工作倦怠和其他变量不变，健康风险每增加 1 个单位，工作满意度就降低 0.131 个单位；工作倦怠的系数为-0.446，说明控制健康风险和其他变量不变，工作倦怠每增加 1 个单位，工作满意度就降低 0.446 个单位，该模型显著解释了工作满意度 13.80%的差异。该结果表明，无论是生理还是心理方面的工作健康问题都会显著影响劳动者的工作满意度，这启示我们，要想提升劳动者的工作满意度，需要关注劳动者的工作健康，既不能忽视常见的生理问题和继而引发的职业病，也需要关注劳动者的心理健康和精神状态，全面呵护劳动者在工作中的良好健康状态。

综上，工作安全感的两个维度——工作稳定性和工作健康对工作满意度均有显著的影响作用。在工作稳定性方面，离职倾向和失业风险都会影响工作满意度，其中，离职倾向的变化对工作满意度的影响更显著；在工作健康方面，健康风险和工作倦怠都会影响工作满意度。工作安全感是工作满意度高低的重要影响因素，在宏观层面，我们需要进一步完善相关的制度以从顶层设计上保障劳动者的工作稳定性和工作健康；在中观层面，组织管理者需要将相关政策落实到位，并完善相应的劳动保护措施等；在微观层面，组织中的工会、社会工作者等也应该运用专业的方法，及时发现劳动者的新问题，加以系统性地解决。

2. 工作安全感对情感承诺的影响

随着社会结构的深度调整，人们的职业结构也经历了动态的发展过程。一方面，随着生产力水平的提高与劳动分工的发展，职业种类与内涵发生着变化，职业的技能与要求、劳动工具等职业内在因素也发生变动。另一方面，经济体制和产业政策等外在制度因素也对职业结构进行调整，在职业结构的不断变化下，劳动者的工作内容也随之更迭，新型工作种类和工作方式如雨后春笋般层出不穷。处于时代洪流中的个体所面临的变化较大，不确定性的增强会给其带来极大的工作不安全感。而情感承诺作为劳动者对组织的一种“心理契约”和情感参与，是劳动者和组织建立的一种较为长久和稳固的联结，对于劳动者自身的工作投入和对组织的忠诚感都能够起到正向作用。基于此，我们意图探究，工作安全感的变化是否会影响劳动者的情感承诺呢？在此，我们需要对情感承诺进行内涵界定和操作化。情感承诺源于组织承诺，组织承诺（organizational commitment）这一当代组织行为学中的概念由美国社会学家贝克（Becker）于 20 世纪 60 年代初首次提出，他将组织承诺定义为劳动者随着对组织的“单方投入”的增加而产生的一种全心全意地参与组织中的各项工作的感情。① 到了 20 世纪 70 年代，组织行为学家布坎南（Buchanan）、波特（Porter）等对其概念进行了再定义，强调“承诺”的情感性而非经济性，实现了研究的转向。② 在前人的研究基础上，梅耶（Meyer）和阿伦（Allen）提出了三成分模型，将组织承诺分为情感承诺、持续承诺和规范承诺。③ 其中，情感承诺属于三种成分中的态度成分，体现了组织承诺的核心内涵，也能最灵敏地测量组织承诺，最能体现劳动者与组织的“联结”。因此，本研究根据情感承诺的定义选取 3 道代表情感承诺的题器，分别为“我总把工作放在第一位”、“工作中，领导怎么说，我就怎么做”和“我尽可能把工作做得又快又好”。这 3 个题器均采用李克特五

---

① Howard S. Becker, “Notes on the Concept of Commitment,” *American Journal of Sociology* 66, no. 1 (1960): 32-40.

② 参见 Bruce Buchanan II, “Building Organizational Commitment: The Socialization of Managers in Work Organizations,” *Administrative Science Quarterly* 19, no. 4 (1974): 533-546; Lyman W. Porter, William J. Crampon & Frank J. Smith, “Organizational Commitment and Managerial Turnover: A longitudinal Study,” *Organizational Behavior & Human Performance* 15, no. 1 (1976): 87-98; 凌文辁、张治灿、方俐洛：《中国职工组织承诺研究》，《中国社会科学》2001 年第 2 期，第 90~102 页。

③ 在梅耶和阿伦提出的三成分模型中，情感承诺体现为对组织价值观和目标的认同；持续承诺体现为劳动者由于对组织不断增加投入产生了沉没成本，因此倾向于留在组织中；规范承诺体现为劳动者认可对待职业的一般道德标准，认为有责任留在组织中，参见 John P. Meyer & Natalie J. Allen, “A Three-component Conceptualization of Organizational Commitment,” *Human Resource Management Review* 1, no. 1 (1991): 61-89。

度量表法，数字1~5分别代表很不符合、较不符合、一般、较符合和很符合，将其进行算术平均后生成连续变量，赋值为1~5，值越大，代表情感承诺越强。① 探究工作安全感对情感承诺的影响机制，对于研究组织氛围营造、组织团结等都具有很好的启发作用。

下面，我们对工作稳定性与情感承诺的题器进行回归分析，具体结果如表9-16所示。

表9-16　工作稳定性对情感承诺的影响

	模型1	模型2	模型3	模型4
	情感承诺	情感承诺	情感承诺	情感承诺
年龄	0.012*** (0.002)	0.011*** (0.002)	0.010*** (0.002)	0.010*** (0.002)
婚姻状况（以未婚为参照组）				
已婚	0.098** (0.035)	0.084* (0.035)	0.064+ (0.035)	0.062+ (0.035)
离婚	0.205* (0.089)	0.201* (0.088)	0.201* (0.086)	0.200* (0.086)
丧偶	-0.008 (0.207)	-0.070 (0.206)	-0.061 (0.202)	-0.078 (0.202)
单位规模（以微型单位为参照组）				
小型单位	-0.041 (0.057)	-0.042 (0.057)	-0.050 (0.056)	-0.049 (0.056)
中型单位	-0.013 (0.060)	-0.004 (0.060)	-0.008 (0.059)	-0.005 (0.059)
大型单位	-0.100+ (0.060)	-0.094 (0.060)	-0.102+ (0.058)	-0.100+ (0.058)
超大型单位	0.144* (0.065)	0.135* (0.065)	0.102 (0.064)	0.102 (0.064)
工作性质（以正式工为参照组）				
临时工	-0.028 (0.035)	-0.003 (0.035)	0.022 (0.035)	0.027 (0.035)

① 研究结果显示，情感承诺均值为3.98，标准差为0.70，偏度为-0.36，峰度为2.79。

续表

	模型 1	模型 2	模型 3	模型 4
	情感承诺	情感承诺	情感承诺	情感承诺
劳务派遣工	0. 126 * (0. 063)	0. 136 * (0. 063)	0. 146 * (0. 062)	0. 148 * (0. 062)
零工	−0. 173 (0. 125)	−0. 123 (0. 124)	−0. 136 (0. 122)	−0. 121 (0. 122)
老板	−0. 099 (0. 104)	−0. 123 (0. 103)	−0. 132 (0. 101)	−0. 139 (0. 101)
经济地区（以东部地区为参照组）				
中部地区	−0. 026 (0. 032)	−0. 022 (0. 032)	−0. 037 (0. 031)	−0. 035 (0. 031)
西部地区	−0. 099 * (0. 043)	−0. 100 * (0. 043)	−0. 099 * (0. 042)	−0. 099 * (0. 042)
东北地区	0. 235 *** (0. 046)	0. 205 *** (0. 045)	0. 181 *** (0. 045)	0. 174 *** (0. 045)
离职倾向		−0. 136 *** (0. 021)		−0. 047 * (0. 022)
失业风险			−0. 148 *** (0. 012)	−0. 138 *** (0. 013)
截距	3. 505 *** (0. 073)	3. 788 *** (0. 084)	3. 923 *** (0. 078)	3. 993 *** (0. 085)
F 值	14. 45	16. 35	24. 06	22. 93
R^2	0. 0693	0. 0825	0. 1168	0. 1181

注：①括号里的数字是标准误；②$^{+}p<0.1$，$^{*}p<0.05$，$^{**}p<0.01$，$^{***}p<0.001$；③模型1至模型 4 中的控制变量是年龄、婚姻状况、单位规模、工作性质、经济地区。

本模型考查工作稳定性的两个维度——离职倾向和失业风险对情感承诺的影响。其中，模型 1 为基准模型，只考察了控制变量对情感承诺的影响。在 0. 05 的显著性水平上，保持其他变量不变，年龄、婚姻状况、单位规模、工作性质、经济地区对情感承诺均有显著影响，该模型显著解释了情感承诺 6. 93%的差异。模型 2 在模型 1 的基础上加入了离职倾向，考察离职倾向对情感承诺的影响。结果显示，在 0.001 的显著性水平上，当控制变量不变时，离职倾向对情感承诺有显著影响。离职倾向的回归系数为-0.136，表明离职倾向每增加 1 个单位，情感承诺就减少 0.136 个单位。也就是说，离职倾向对情感承诺存在消极影响，该模型显著解释了情感承诺 8.25%的差异。模型 3 考察了失业风险对情感承诺的影响，结果显示，在 0.001 的显著性水平上，控制其他变量不变，失业风险对情感承诺有显著影响。失业风险的回归系数为-0.148，表明劳动者的失业风险每增加 1 个单位，其情感承诺就减少 0.148 个单位。该模型显著解释了情感承诺 11.68%的差异。模型 4 将离职倾向和失业风险同时纳入回归，考查工作稳定性的两个维度对情感承诺的共同作用。结果显示，在 0.05 的显著性水平上，当控制变量不变时，离职倾向和失业风险对情感承诺的影响显著。离职倾向的系数为-0.047，说明控制失业风险和其他变量不变，离职倾向每增加一个单位，情感承诺减少 0.047 个单位；失业风险的系数为-0.138，说明控制离职倾向和其他变量不变，失业风险每增加 1 个单位，情感承诺减少 0.138 个单位。该模型显著解释了情感承诺 11.81%的差异。该结果表明，离职倾向和失业风险都会负向影响劳动者的情感承诺。也就是说，工作稳定性下降，劳动者与组织的情感联结也会减弱。工作稳定性的下降无论是对劳动者的个体感受和工作质量还是对组织的凝聚力和工作绩效都具有消极的影响。从这一角度看，提升劳动者的工作稳定性是重要且必要的。

对工作健康与情感承诺的题器进行回归分析，具体结果如表 9-17 所示。

表 9-17 工作健康对情感承诺的影响

	模型 1	模型 2	模型 3	模型 4
	情感承诺	情感承诺	情感承诺	情感承诺
年龄	0.012*** (0.002)	0.012*** (0.002)	0.011*** (0.002)	0.010*** (0.002)

续表

	模型 1	模型 2	模型 3	模型 4
	情感承诺	情感承诺	情感承诺	情感承诺
婚姻状况（以未婚为参照组）				
已婚	0.098** (0.035)	0.104** (0.036)	0.083* (0.036)	0.086* (0.036)
离婚	0.205* (0.089)	0.207* (0.088)	0.216* (0.090)	0.218* (0.089)
丧偶	-0.008 (0.207)	0.000 (0.206)	-0.060 (0.201)	-0.050 (0.200)
单位规模（以微型单位为参照组）				
小型单位	-0.041 (0.057)	-0.044 (0.057)	-0.012 (0.056)	-0.024 (0.056)
中型单位	-0.013 (0.060)	-0.012 (0.060)	0.027 (0.060)	0.011 (0.060)
大型单位	-0.100+ (0.060)	-0.096 (0.060)	-0.032 (0.060)	-0.034 (0.060)
超大型单位	0.144* (0.065)	0.189** (0.065)	0.186** (0.066)	0.182** (0.066)
工作性质（以正式工为参照组）				
临时工	-0.028 (0.035)	-0.016 (0.036)	0.030 (0.037)	0.021 (0.037)
劳务派遣工	0.126* (0.063)	0.132* (0.064)	0.152* (0.063)	0.148* (0.064)
零工	-0.173 (0.125)	-0.172 (0.124)	-0.156 (0.121)	-0.158 (0.121)
老板	-0.099 (0.104)	-0.135 (0.106)	-0.097 (0.104)	-0.134 (0.106)
经济地区（以东部地区为参照组）				
中部地区	-0.026 (0.032)	-0.026 (0.032)	0.011 (0.033)	0.022 (0.033)
西部地区	-0.099* (0.043)	-0.121** (0.043)	-0.084* (0.043)	-0.098* (0.043)
东北地区	0.235*** (0.046)	0.244*** (0.046)	0.183*** (0.046)	0.197*** (0.046)

续表

	模型 1	模型 2	模型 3	模型 4
	情感承诺	情感承诺	情感承诺	情感承诺
健康风险		0.016 (0.047)		0.211*** (0.053)
工作倦怠			-0.223*** (0.032)	-0.284*** (0.036)
截距	3.505*** (0.073)	3.520*** (0.073)	3.811*** (0.085)	3.893*** (0.087)
F 值	14.45	14.57	16.08	16.44
R^2	0.0693	0.0764	0.0893	0.0977

注：①括号里的数字是标准误；②$^+p<0.1$，$^*p<0.05$，$^{**}p<0.01$，$^{***}p<0.001$；③模型 1 至模型 4 中的控制变量是年龄、婚姻状况、单位规模、工作性质、经济地区。

本模型考查工作健康的两个维度——健康风险和工作倦怠对情感承诺的影响。其中，模型 1 为基准模型，只考察了控制变量对情感承诺的影响。在 0.05 的显著性水平上，保持其他变量不变，年龄、婚姻状况、单位规模、工作性质、经济地区对情感承诺均有显著影响，模型显著解释了情感承诺 6.93%的差异。模型 2 在模型 1 的基础上加入了健康风险，考察健康风险对情感承诺的影响。结果显示，在 0.05 的显著性水平上，当控制变量不变时，健康风险对情感承诺没有显著影响。模型 3 考察了工作倦怠对情感承诺的影响，结果显示，在 0.001 的显著性水平上，控制其他变量不变，工作倦怠对情感承诺有显著影响。工作倦怠的回归系数为-0.223，表明劳动者的工作倦怠每增加 1 个单位，其情感承诺减少 0.223 个单位，该模型显著解释了情感承诺 8.93%的差异。模型 4 将健康风险和工作倦怠同时纳入回归，考查工作健康的两个维度对情感承诺的共同作用。分析结果显示，在 0.001 的显著性水平上，当控制变量不变时，健康风险和工作倦怠对情感承诺的影响显著。健康风险的系数为 0.211，说明控制工作倦怠和其他变量不变，健康风险每增加 1 个单位，情感承诺增加 0.211 个单位；工作倦怠的系数为-0.284，说明控制健康风险和其他变量不变，工作倦怠每增加 1 个单位，情感承诺降低 0.284 个单位，该模型显著解释了情感承诺 9.77%的差异。该结果表明，工作倦怠对劳动者的情感承诺具有负向影响，也就是说，如果不能很好地平衡好劳动者在工作中的心理状态，劳动者对于组织的投入和认同就有可能会受到影响。尤其需要被关注的是，健康风险的增加对于劳动者的情感承诺有正向影响，结合现实情况我们初步认为，这种情况里面可能存在更多更加复杂的中介或调节机制，不能简单地认为健康风险越大，劳动者的组织承诺越强。这也是我们需要进一步研究的内容之一。

综上，工作安全感两个维度——工作稳定性和工作健康对情感承诺均有显著的影响作用。在工作稳定性方面，离职倾向和失业风险都会影响情感承诺，工作组织中的劳动者离职倾向和失业风险越大，其与组织的“联结”——组织承诺就越低，进而影响到劳动者的表现和整个组织的绩效。在工作健康方面，健康风险和工作倦怠都会影响情感承诺。其中，健康风险的消极发展会增强劳动者对组织的依赖；而工作倦怠会削弱劳动者与组织的情感联结。

第十章　幸福感

——工作满意度

2023 年联合国发布的《世界幸福报告》中，中国的幸福感排名虽然在世界上处于相对靠后的位置，但相比十年前的幸福感排名有了较大提升，且每一年都在稳定上升。[①] 党的十八大以来，我国提出了一系列可持续发展的新理念、新部署和新要求，并通过增进民生福祉的方式使发展成果更多更公平地惠及全体人民，由此增强安全感、幸福感和获得感。[②] 本研究将安全感、幸福感和获得感看作测量工作环境的“晴雨表”。其中，安全感是城镇劳动者主客观一体的评价，包括工作健康和工作稳定性；获得感是通过劳动者在工作中付出和回报是否平衡来测量的，付出回报不平衡感较低说明个人在工作过程中拥有较积极的体验，获得感较高[③]；幸福感更多的是测量劳动者在工作过程中收获的积极主观感受和工作态度。[④] 工作态度是测

① John F. Helliwell, Haifang Huang, Max Norton, Leonard Goff & Shun Wang, “World Happiness, Trust and Social Connections in Times of Crisis,” in John Helliwell & Richard Layard, eds., *World Happiness Report 2023*, Sustainable Development Solutions Network, 2023, p. 35.

② 《使人民获得感、幸福感、安全感更加充实、更有保障、更可持续》，https://www.gov.cn/guowuyuan/2021-12/03/content_5655541.htm，最后访问日期：2024 年 1 月 8 日。

③ 本研究认为安全感是劳动者在工作过程和工作环境中所产生的安全与否的感受。获得感是劳动者基于客观工作付出与工作回报产生的内在主观感知。关于安全感的具体描述与分析请见本书第九章，获得感见第十一章。

④ 颜爱民、胡仁泽、徐婷：《新生代员工感知的高绩效工作系统与工作幸福感关系研究》，《管理学报》2016 年第 13 期，第 542~550 页。

量幸福感的重要指标，研究者们常常用满意度来衡量工作场所中的态度，测量员工对工作环境多方面的积极评价。① 如今，“常态化加班”、“996 工作制”和“考公热”等社会现象引发了广泛关注和热议，很大程度上反映了人们的职业选择倾向以及工作环境中塑造的偏差行为，促使“什么样的工作才是令人满意的”这一工作话题再次活跃在公众视线。②

既往研究对工作满意度的界定都锚定在员工的主观评价上，但不同学者的观点各有侧重，工作满意度的概念和内在结构尚不统一。本研究认为工作满意度作为一种态度，在工作氛围和工作状态中既受工作环境的影响，也参与到劳动者工作行为的塑造过程中。

一　激励理论下的多构面工作满意度

关于工作满意度的研究最早源自管理学，现在多为组织行为学的核心问题。泰勒（Talor）在研究对员工进行机械化管理以提高生产效率时，首次关注到员工的感受，他认为最好的管理应该是劳资双方的互相依赖，但其关注点停留在制度，尚未提出“工作满意度”一词。③ 后来梅奥用霍桑实验证明了员工对环境的主观感知对工作绩

① 斯蒂芬·罗宾斯、蒂莫西·贾奇：《组织行为学（第 16 版）》，孙健敏、王震、李原译，中国人民大学出版社，2016，第 63 页。

② 之所以说工作满意度是再次活跃在公众视线，是因为赫茨伯格等在 20 世纪 50 年代就已经提出了疑问：“人们到底想从工作中得到什么”，并且用满意度作为测量指标进行了回答，由此设计出量表测量员工的工作态度，改善工作结果。（参见弗雷德里克·赫茨伯格、伯纳德·莫斯纳、巴巴拉·斯奈德曼《赫茨伯格的双因素理论》，张湛译，中国人民大学出版社，2009，第 9 页。）如今我们再次用工作满意度测量工作态度，想呈现的不仅是工作态度和结果，还想表现出社会情绪的整体状态。

③ Robert Hoppock, *Job Satisfacton* (Harper & Row, Oxford: Harper and Brothers, 1935)，转引自冯缙、秦启文《工作满意度研究述评》，《心理科学》2009 年第 4 期，第 899~902 页。

效的显著影响，即工人对周围环境的评价会影响他们的工作效率。[①]这是一次具有里程碑意义的尝试，明确指出了工作满意度与生产率的高度相关关系。罗伯特·霍波克（Robert Hoppock）在《工作满意度》（*Job Satisfaction*）中首次阐述了工作满意度在人口学变量上的差异。[②] 此后，工作满意度逐渐发展为一个专门的研究领域，得到了大量研究者的关注。

（一）工作满意度概念的不同构面

工作满意度[③]（job satisfaction）的概念目前并不统一，但都指向员工的主观评价。学者们尝试对工作满意度的定义进行梳理，尽可能厘清对该概念的认识。黄春生将工作满意度的诸多定义整理成了三类，即综合性的定义、期望差距性的定义以及参考架构性的定义。[④] 综合性的定义是指单一概念的整体测量；期望差距性的定义是指员工在工作环境中的期望与实际情况的比较中产生的整体评价；参考架构性的定义是指员工对工作环境不同构面（facets）的情感反应，即多面性的满意度特征。张黎莉也将工作满意度的定义分为三类，包括整体型定义、原因型定义和要素型定义。整体型定义是指对概念的一般性解释，把工作满意度当作单一概念；原因型定义侧重于工作满意度形成的前因；要素型定义是指工作满意度是多种要素的集合，有多少要素取决于个体的认知评价和情感反应。[⑤] 实际上学者们对工作满意度定义的分类方式具有共通之处。综合性与整体型定义都认为工

① 刘凤瑜：《员工工作满意度调查问卷的有效性及民营企业员工工作满意度影响因素研究》，《南开管理评论》2004 年第 3 期，第 98～104 页。

② Robert Hoppock, *Job Satisfaction* (Harper & Row, Oxford: Harper and Brothers, 1935).

③ 工作满意度可以称作满意度、员工满意度或员工工作满意度，在这里我们统一称为工作满意度。参见弗雷德里克·赫茨伯格、伯纳德·莫斯纳、巴巴拉·斯奈德曼《赫茨伯格的双因素理论》，张湛译，中国人民大学出版社，2009，第 9 页。

④ 黄春生：《工作满意度、组织承诺与离职倾向相关研究》，博士学位论文，厦门大学企业管理系，2004，第 40～41 页。

⑤ 张黎莉：《员工工作满意度研究综述》，《企业经济》2005 年第 2 期，第 29～30 页。

作满意度是一个单一概念，不涉及工作满意度的成因和过程，重点只在劳动者对于工作和工作环境的态度，表 10-1 中“认知态度”一栏的定义即属于这一类型；期望差距性和原因型定义旨在探寻劳动者的需求以及需求满足状况，这是生成工作满意度的原因，表 10-1 中“单构面评价”一栏的定义就说明了这种整体的工作态度；参考架构性和要素型定义认为工作满意度是从多构面、细致地构成了对工作环境的态度，表 10-1 中“多构面评价”一栏的定义就整理了不同学者界定的构面。

总的来说，对工作满意度的概念解释主要包括两方面。其一，工作满意度是一种态度，是劳动者对工作和工作环境的主观评价或情感反馈①。其二，根据不同构面的定义，工作满意度的定义大体可以划分为两类：一是将工作满意度视为单构面评价，指城镇劳动者对工作环境的一般性、综合性态度，表现为一个概括化的问题；二是将工作满意度看作多构面评价，用来观测劳动者对工作的态度，包括工资待遇、同事关系、工作条件等不同测量方面的工作满意度。

表 10-1 中梳理的定义表现出国内外学者对工作满意度的定义并不统一，但共性在于：不管是单构面还是多构面的评价，都是劳动者对工作环境的主观感受，是一种情绪表达。单构面的工作满意度能从整体上较好地测量城镇劳动者对工作环境的综合态度，多构面的工作满意度有利于进一步回答人们到底满意什么样的工作。本研究不仅关注我国城镇劳动者在工作满意度上的综合水平，也努力探索工作满意度的生成机制与影响机制。因此，我们基于多构面定义，将工作满意度看作城镇劳动者对工作和工作环境不同方面的主观评价。

---

① 袁声莉、马士华：《员工满意度实证研究》，《技术经济与管理研究》2002 年第 3 期，第 22~24 页；张黎莉：《员工工作满意度研究综述》，《企业经济》2005 年第 2 期，第 29~30 页。

表 10-1　工作满意度定义一览表

	学者	年份	概念
认知态度	罗伯特·霍波克（Robert Hoppock）	1935	工作满意度是员工在心理和生理层面对周围工作环境变量的满意程度，指的是员工主观上对工作环境的一种认知程度①
	斯蒂芬·P. 罗宾斯（Stephen P. Robbins）	1997	工作满意度是员工对其所从事工作的一种态度②
	保罗·E. 斯佩克特（Paul E. Spector）	2022	工作满意度是一种态度，是人们对自己的工作以及工作的不同方面的感觉，反映了人们对工作的评价从满意到不满意的状态③
	曾明、秦璐	2003	工作满意度是员工对自己的工作所抱有的一般性的满足与否的态度④
	袁声莉、马士华	2002	工作满意度是员工对工作的一般态度，它是员工工作积极性的一个重要衡量指标⑤
单构面评价	弗兰克·E. 席尔和帕特里克·A. 奈特（Frank E. Seal & Patrick A. Knighgt）	1988	工作满意度是工作者对其工作本身的一种情绪或是评价上的整体反应⑥
	弗兰克·J. 兰迪（Frank J. Landy）	1989	工作满意度是员工对其工作与所从事职业，以及工作条件与状况的一种总体的、带有情绪色彩的感受与看法⑦
	阿恩·L. 卡勒伯格（Arne L. Kalleberg）	1977	工作满意度是一个单一概念，员工能将不同工作构面的满意与不满意予以平衡，而对整个工作形成集体的满意⑧
多构面评价	维克托·H. 弗鲁姆（Victor H. Vroom）	1962	工作满意度是一个人对目前工作角色的正向取向，包括 7 个构面⑨
	帕特里夏·史密斯等（Patricia Cain Smith et. al）	1969	工作满意度是一个人根据其参考构面对于工作特征加以解释所得到的结果⑩

注：①Robert Hoppock, *Job Satisfaction* (Harper & Row, Oxford: Harper and Brothers, 1935)，转引自冯缙、秦启文《工作满意度研究述评》，《心理科学》2009 年第 4 期，第 900 页。②Stephen P. Robbins, *Essentials of Organizational Behavior* (Canada, Prentice Hall, 1997), pp. 34-41. ③Paul E. Spector, *Job Satisfaction: From Assessment to Intervention* (New York, Routledge, 2022), pp. 2-3. ④曾明、秦璐：《工作满意度研究综述》，《河南教育学院学报（哲学社会科学版）》2003 年第 1 期，第 101~104 页。⑤袁声莉、马士华：《员工满意度实证研究》，《技术经济与管理研究》2002 年第 3 期，第 22~24 页。⑥Frank E. Seal &

Patrick A. Knight, *Industrial/Organizational Psychology*: *Science and Practice* (California, Brooks/Cole Pub, 1988)，转引自黄春生《工作满意度、组织承诺与离职倾向相关研究》，博士学位论文，厦门大学企业管理系，2004，第 38~39 页。⑦Frank J. Landy, "Psychology of Work Behaviorin", in Alexander J. Matejko eds., *Relations Industrielles/Industrial Relations* (Départment des Relations Industrielles, Université Laval), pp. 896-898. ⑧Arne L. Kalleberg, "Work Values and Job Rewards: A Theory of Job Satisfaction," *American Sociological Review* 42, no. 1 (1977): 124-143. ⑨Victor H. Vroom, "Egoinvolvement, Job Satisfaction, and Job Performance," *Personnel Psychology* 15, no. 2 (1962): 159-177. ⑩Patricia Cain Smith, Lorne M. Kendall & Charles L. Hulin, *The Measurement of Satisfaction in Work and Retirement*: *A Strategy for the Study of Attitudes* (Chicago, Rand McNally & Company, 1969), p. 100.

（二）激励理论与工作满意度

近年来，工作满意度研究多采用激励理论进行分析，如马斯洛需求层次理论和赫茨伯格的双因素理论。[①] 这两个理论都是从管理学层面上来分析如何提升员工绩效，对后来研究者理解员工激励有重要的指导意义。激励理论中的激励因子是"能够维持长久的态度和满意的因素"[②]，工作本身的因素、公平的待遇和良好的工作环境都是让员工产生高工作满意度的重要原因。[③] 自霍波克后的工作满意度研究中有几种常见理论，都是从激励因子的角度研究工作满意度的影响因素：一是马斯洛需求层次理论，二是双因素理论，三是 ERG 理论。

马斯洛需求层次理论认为，工作满意度是员工在工作中逐步满足其从低到高不同层次需求的结果。这些需求包括生理需求、安全需求、社交需求、尊重需求和自我实现需求。[④] 根据这一理论，工作

① 曾明、秦璐：《工作满意度研究综述》，《河南教育学院学报（哲学社会科学版）》2003 年第 1 期，第 101~104 页；胡蓓：《脑力劳动者工作满意度实证研究》，《科研管理》2003 年第 4 期，第 139~144 页。

② 曾明、秦璐：《工作满意度研究综述》，《河南教育学院学报（哲学社会科学版）》2003 年第 1 期，第 101~104 页。

③ Edwin A. Locke, "The Nature and Causes of Job Satisfaction," *Handbook of Industrial and Organizational Psychology* (Sheldon Zedeck, Chicago: Rand McNally, 1976), pp. 1297-1343.

④ Abraham H. Maslow, "The Instintoid Nature of Basic Needs," *Journal of Personality* 22, no. 3 (1954): 326 -347.

满意度是一个动态且多层次的过程，随着员工在不同层次需求的满足而逐步提升。它强调了需求的层次性和递进性，以及这些需求满足对于工作满意度的核心作用。

赫兹伯格双因素理论区分了工作满意度中的激励因素和保健因素。激励因素如成就、晋升机会、工作本身、责任和成长等，若得到满足，能显著提升员工的工作满意度和积极性；而保健因素如工资、人际关系和工作条件等，若处理不当则会导致不满，但改善这些因素并不一定能直接提升工作满意度。赫兹伯格的理论揭示了工作满意度中的激励与保健双重机制，强调了工作的内在动机因素对于提升工作满意度的关键作用。

ERG 理论作为对马斯洛需求层次理论的简化与修正，将需求归纳为生存（existence needs）、关系（relatedness needs）和成长（growth needs）三个方面。[①] 它强调不同需求之间的共存性和灵活性，即员工可能同时追求多个层次的需求，且当某一需求得不到满足时，可能会转而追求其他需求。ERG 理论还指出，某些需求在满足后可能转化为新的激励因素，持续推动员工追求更高的满意度。这一理论为理解工作满意度的复杂性和动态性提供了新的视角。

这些理论启示我们，工作满意度是一个复杂而多维的概念，它不仅仅取决于单一因素或层面的满足，而是涉及员工在工作中的多个需求和体验。因此，在界定工作满意度时，需要综合考虑员工的生理、心理、社交、尊重和自我实现等多方面的需求，以及这些需求在不同阶段和情境下的变化。同时，还需要关注到激励因素和保健因素的不同作用，以及它们对工作行为的作用和影响。只有这样，才能更准确地把握工作满意度的内涵，为提升员工的工作满意度和整体绩效提供有效的指导。

---

① Clayton P. Alderfer, "An Empirical Test of A New Theory of Human Needs," *Organizational Behavior and Human Performance* 4, no. 2 (1969): 142-175.

二　工作满意度的操作化与测量

工作满意度是一个多层次、多维度的概念，在这个共识的基础上，国内外学者通过实证研究编制了不同的工作满意度测量量表，进而探讨了工作满意度的内在结构。

（一）工作满意度的内在结构

工作满意度的测量维度与定义相对应，包括单一整体评估法（global rating）和工作要素综合评价法（summation score）两种测量方式[①]，有的研究者将其分为单构面和多构面的测量方式。虽然表述不同，但方法内容基本一致。单一整体评估法或单构面的测量方式通常以单个笼统的问题表述。[②] 工作要素综合评价法或多构面的测量方式指向的是与工作和工作环境相关的要素，进而从不同方面对工作满意度进行测量，采用这种定义的研究通常先确定不同的关键要素，再设计问卷，要素较集中在工作本身、工作强度、工作回报、人际关系等方面。[③] 两种测量方式各有优势，单一整体评估法或单构面测量方式的题器能直接反映工作满意度的本质，但不利于管理者的进一步判断。工作要素综合评价法或多构面测量方式能够进一步测量工作满意度的表现，有的学者在多构面的基础上将工作满意度划分为内在因素和外在因素两类：内在因素是与人相关的人际互动，外在因素是与工作本身和工作结果相关的价值体现。[④] 这种划分本质

---

① 斯蒂芬·罗宾斯、蒂莫西·贾奇：《组织行为学（第16版）》，孙健敏、王震、李原译，中国人民大学出版社，2016，第67~71页。

② 与之相对应的量表有MOAQ（Michigan Organizational Assessment Questionnaire，密西根组织评估问卷）。其中，对工作满意度的测量问题为“总的来说，我不喜欢这份工作”，这就属于单一整体评估法或单构面的测量方式。

③ 王怀明：《员工工作满意度研究述评》，《商业研究》2003年第9期，第43~45页。

④ Knoop Robert, “Work Values and Job Satisfaction,” *Journal of Psychology* 128, no. 6 (1994): 683-690.

也是多构面评价，本研究将其归于一类。

关于工作满意度的测量，国外有两个使用较为广泛的量表。一是MSQ量表（Minnesota Satisfaction Questionnaire，明尼苏达满意度量表），这份量表包括长式量表（含21个分量表、100个题器）和短式量表（含3个分量表：内在满意度、外在满意度和一般满意度）。[①] 二是史密斯（Smith）等人设计的JDI量表（Job Description Index，工作描述指数量表），包括工作本身、升迁、薪酬、管理及同事关系五部分。[②] 虽然MSQ量表和JDI量表是发展得较早和较为成熟的工作满意度量表，但不一定适用于我国的工作环境，在我国展开工作满意度调查还需要结合具体情境。另外，我国工作满意度量表的测量方式包括在国外量表的基础上设计本土化测试问卷[③]和根据田野经验设计问卷两类。前者的研究结果多证明在中国工作环境中单构面题器具有较高的应用性；后者多针对职业群体开发得出。不难看出，国内研究者们多从多构面来观测工作满意度，即以工作要素综合评价法来测量工作满意度。基于多个理论和研究基础的考量，本研究认为员工对工作的满意度主要源于两个方面：一是工作要求，即员工在工作中所面临的各种条件和任务特性，这些条件和特

① 卢嘉、时勘、杨继锋：《工作满意度的评价结构和方法》，《中国人力资源开发》2001年第1期，第15~17页。

② Patricia C. Smith，Lorne M. Kendall & Charles L. Hulin，*The Measurement of Satisfaction in Work and Retirement: A Strategy for the Study of Attitudes*（Chicago，Rand McNally，1969），转引自黄春生《工作满意度、组织承诺与离职倾向相关研究》，博士学位论文，厦门大学企业管理系，2004，第20页；胡蓓：《脑力劳动者工作满意度实证研究》，《科研管理》2003年第4期，第139~144页。

③ 这类量表包括舒睿和梁建的测量题器；源于霍克曼（Hackman）面对民营企业的三道单构面题器，涂红伟等翻译了西肖尔（Seashore）“密歇根组织评价问卷”的三道单构面题器等。这些量表虽不如MSQ量表和JDI量表两种国际量表使用广泛，但在本土文化背景下信度较高，其克隆巴赫α系数均大于0.7。参见舒睿、梁建《基于自我概念的伦理领导与员工工作结果研究》，《管理学报》2015年第7期，第1012~1020页；涂红伟、严鸣和周星：《工作设计对知识型员工和体力工作者的差异化影响：一个现场准实验研究》，《心理学报》2011年第7期，第810~820页。

性直接影响员工的工作体验和感受；二是工作回报，即组织为员工提供的各种形式的回报和激励，这些回报和激励旨在满足员工的物质和精神需求，从而提升员工的工作满意度和忠诚度。由此，本研究中工作满意度由工作要求的满意度和工作回报的满意度两个维度构成。一方面，霍克曼（Hackman）和奥尔德姆（Oldham）的工作特征模型（Job Characteristics Model，JCM）指出，工作本身具有一些能够影响员工工作满意度和工作绩效的核心特征，因而工作要求的满意度包括员工对工作设施、工作安全、工作强度、工作自主性和工作时间五个工作特征的积极态度。另一方面，亚当斯的公平理论认为，员工会将自己的投入（如努力、技能、经验等）与所获得的回报（如薪酬、晋升、认可等）进行比较，以判断自己的回报是否公平。因此，我们将岗位培训、单位奖励、单位福利待遇和月收入作为工作回报满意度的因子，它们有助于我们了解员工对组织提供的回报是否感到公平和满意（见表 10-2）。

表 10-2 工作满意度的操作化

	题器	编码
工作要求的满意度	工作设施	5-非常满意 4-较满意 3-一般 2-较不满意 1-很不满意
	工作安全	
	工作强度	
	工作自主性	
	工作时间	
工作回报的满意度	岗位培训	
	单位奖励	
	单位福利待遇	
	月收入	

（二）工作满意度量表的信效度检验

信度是指测量的一致性，即对同一概念进行多次测量后产生同样的结果，反映的是测量数据的可靠程度。[①] 我们对筛选出的 9 个题器进行内在一致性信度检验。结果显示，Cronbach's α 系数为 0.918，大于 0.7，说明量表可信度较好，能相对稳定地测量工作满意度。

接着，我们对工作满意度量表进行效度检验，效度检验包括内容效度、结构效度和效标关联效度三种。本研究选用校标关联效度检验，也称为实证效度（criterion-related validity）检验，一般通过检验测量变量与外部校标的一致性分数来表明效度，用二者的相关系数来表示。[②] 外部校标一般是一个综合性问题。本研究通过“您对这份工作是否感到满意”来测量劳动者对工作满意度的整体评估，采用李克特五度量表法，从很不满意到很满意分别赋值为 1～5。该题器在研究中通常被用作综合分数测量[③]，我们以此作为外部校标。我们认为，当上述工作满意度两个维度各因子上的得分与工作满意度这一综合性题器上的得分存在显著关联时，则说明由工作要求满意度和工作回报满意度构成的工作满意度测量量表具有较高的效度。

表 10-3　工作满意度的校标关联系数

	变量	均值	标准差	校标关联系数
工作要求的满意度	工作设施	3.94	0.82	0.42***
	工作安全	3.97	0.81	0.45***
	工作强度	3.93	0.82	0.38***
	工作自主性	3.94	0.82	0.41***
	工作时间	3.93	0.82	0.41***

① 唐启明：《量化数据分析：通过社会研究检验想法》，任强译，社会科学文献出版社，2012，第 332 页。

② 朱德全：《教育测量与评价》，高等教育出版社，2016，第 90 页。

③ J. Richard Hackman, "Work Redesign and Motivation," *Professional Psychology* 11, no. 3 (1980): 445；曾明、秦璐：《工作满意度研究综述》，《河南教育学院学报（哲学社会科学版）》2003 年第 1 期，第 101～104 页。

续表

	变量	均值	标准差	校标关联系数
工作回报的满意度	岗位培训	3.97	0.81	0.41***
	单位奖励	3.93	0.82	0.37***
	单位福利待遇	3.96	0.81	0.46***
	月收入	3.93	0.82	0.54***

$^{+}p<0.1$，$^{*}p<0.05$，$^{**}p<0.01$，$^{***}p<0.001$。

表10-3结果显示，工作满意度两个维度的各个因子与外部校标均显著正相关，相关系数在0.37～0.54之间，说明工作满意度量表的校标关联效度较高，即上述两个维度多因子的工作满意度量表能较好地测量劳动者对工作环境各个方面的主观感受。

除此之外，本研究采用验证性因子（CFA）的方法对工作满意度量表进行结构效度检验。结果显示，由这9个题器构成的工作满意度量表的KMO值为0.919，巴特利特球形检验卡方为28024.37（$p<0.001$），表明可以进一步作因素分析以验证工作满意度量表的可行性。因素分析的结果显示，9个变量通过主成分因子法可以提取出一个共同因子，初始特征值为5.63，能解释的方差比例为62.64%。使用方差最大法对其进行正交旋转，得到各个变量具体的因子载荷，结果表明9个变量之间存在信息上的共指，具有良好的结构效度（见表10-4）。在因素分析的支撑下，本研究将以上9个变量进行算数平均，生成一个潜变量，用以表示城镇劳动者对工作和工作环境的态度，该变量的取值范围为1～5分，分值越高表明人们越满意。

表10-4　工作满意度的验证性因素分析

	成分	
	工作要求的满意度	工作回报的满意度
a. 工作时间	0.84	
b. 工作设施	0.83	

续表

	成分	
	工作要求的满意度	工作回报的满意度
c. 工作安全	0.80	
d. 工作强度	0.85	
e. 工作自主性	0.81	
f. 岗位培训		0.82
g. 单位奖励		0.89
h. 单位福利待遇		0.89
i. 月收入		0.73
特征值	3.41	2.78
贡献率（%）	68.31	69.45
累计贡献率（%）	68.31	69.45

提取方法：主成分。

对工作满意度以及工作满意度的各维度做相关分析，得到表 10-5。结果表明，工作满意度量表各维度之间均为正相关，相关系数介于 0.79~0.96 之间，说明各维度之间具有一定的独立性。

表 10-5 工作满意度及其各维度的相关矩阵

	工作满意度	工作要求的满意度	工作回报的满意度
工作满意度	1		
工作要求的满意度	0.96 ***	1	
工作回报的满意度	0.94 ***	0.79 ***	1

$^{+}p<0.1$, $^{*}p<0.05$, $^{**}p<0.01$, $^{***}p<0.001$。

三 工作满意度的现状分析

作为幸福感的观测点，工作满意度反映的是城镇劳动者的工作态度。通过对工作满意度的研究梳理，我们将工作满意度分为工作要求的满意度与工作回报的满意度两个维度。在本次调查中，我们以此了解目前我国城镇劳动者所持的工作满意度水平，以及存在的群体差异。

（一）工作满意度的描述性分析

1. 工作满意度的总体情况

依据上述对工作满意度的理论构想，本研究对“工作满意度”及其两个维度“工作要求的满意度”和“工作回报的满意度”进行描述性分析，统计结果整合为表 10-6。

表 10-6　工作满意度的描述性分析

	观察值	均值	标准差	最小值	最大值	偏度	峰度
工作满意度	4955	3.70	0.71	1	5	0.10	2.66
工作要求的满意度	5603	3.77	0.73	1	5	-0.03	2.70
工作回报的满意度	4990	3.62	0.77	1	5	-0.00	2.78

注：工作回报的满意度的偏度为-0.003，我们统一保留两位小数，因此显示为-0.00。

结果显示，工作满意度的均值为 3.70，标准差为 0.71，最小值为 1，最大值为 5，偏度为 0.10，峰度为 2.66，说明工作满意度的整体评价较高，我国城镇劳动者普遍对自己的工作较为满意。具体来看，工作要求的满意度均值为 3.77，标准差为 0.73，最小值为 1，最大值为 5，偏度为-0.03，峰度为 2.70，说明我国城镇劳动者对工作设施等保健因素较满意；工作回报的满意度均值为 3.62，标准差为 0.77，最小值为 1，最大值为 5，偏度为-0.003，峰度为 2.78，说明我国城镇劳动者对工作收入和相关福利等激励因素的满意度较高。从两个维度的均值得分比较中可以发现，工作回报的满意度得分相对较低。分析内在因子可见，工作回报中的岗位培训、单位奖励、单位福利待遇和月收入，不同程度上与员工的直接经济利益相关。员工在进入职场时，往往对这些方面的工作回报有着较为明确的期望。当这些期望在现实中得到一定程度的满足时，员工会感到相对满意。而工作要求方面，虽然组织会努力提供安全的工作环境、合理的工作强度和自主性，但员工的个人感受和需求可能因人而异，且更容易受到外部环境和内部心理状态的影响，从而导致工作满意度在两个维度上的差异。

2. 工作满意度两个维度上的具体情况

综合描述现状后，为了进一步解释城镇劳动者对工作和工作环境的具体评价，本研究对工作回报的满意度和工作要求的满意度进行对比，由此筛选出高工作满意度的群体，便于具体情况具体分析（见图 10-1）。

由图 10-1（a）可知，在工作要求的满意度维度上，城镇劳动者对“工作强度”和“工作自主性”满意度较低，其中，只有 52.23%的城镇劳动者满意自己目前工作的工作强度。这一定程度上反映出目前市场竞争的“内卷化”。适当的“卷”能推进工作进程，过度的“卷”则抑制组织发展，甚至使人们进入“躺平”的工作状态。[①]

由图 10-1（b）可知，城镇劳动者在月收入上的满意度最低（占

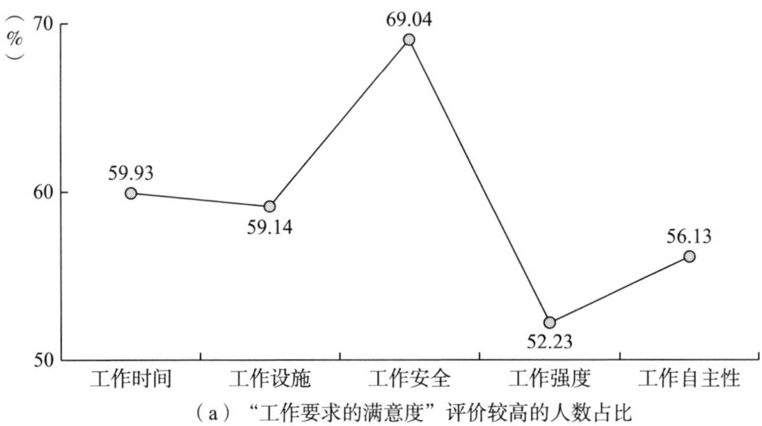

（a）“工作要求的满意度”评价较高的人数占比

① “内卷”源于格尔茨对农业农村问题的关注，后指劳动者在工作状态中为争夺资源呈现出的一种思想和行为向上的表现；“躺平”是指劳动者在竞争环境中因压力过大表现出的主动或被动随遇而安的工作状态。参见李国仓《“内卷”抑或“躺平”：高校激励治理中的教师工作投入选择》，《江苏高教》2022 年第 12 期，第 107~114 页。

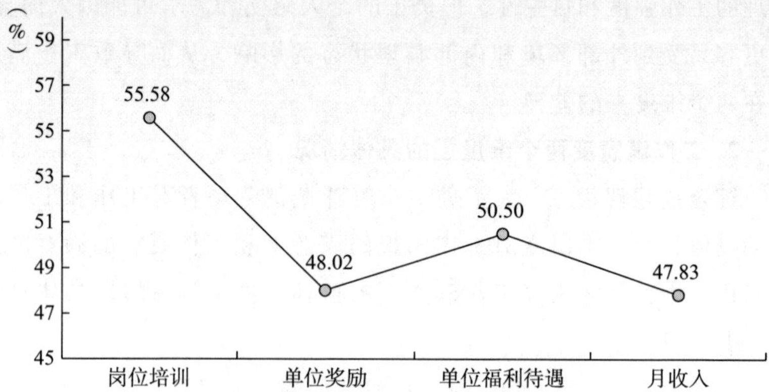

（b）“工作回报的满意度”评价较高的人数占比

图 10-1　工作满意度各维度评价较高的人数占比

比为 47.83%），在岗位培训上的满意度最高（占比为 55.58%）。这与其他研究结果基本一致，即使细化到行业，满意度较低的仍是收入[①]，这一统计结果反映了劳动者在工作回报方面的多元化需求和期望。岗位培训的高满意度表明目前劳动者对用人单位为其个人成长所提供的发展机会较为满意，而月收入的低满意度则一定程度上揭示了劳动者在经济方面的压力和不满。

（二）工作满意度的差异性分析

1. 工作满意度在人口学变量上的差异

本研究对工作满意度在一些人口学变量上的差异进行了验证，具体结果见表 10-7。

表 10-7　工作满意度在人口学变量上的差异性分析

	选项	均值	标准差	差异显著性
性别	男	3.72	0.74	$T=-2.17$ $p=0.0300$
	女	3.68	0.68	

① 刘彩茵：《基层医务人员的家庭医生签约服务政策响应度及工作满意度研究》，《中国全科医学》2019 年第 10 期，第 1160~1164 页。

续表

	选项	均值	标准差	差异显著性
年龄	16~20岁	3.51	0.71	$F=13.90$ $p=0.0000$
	21~30岁	3.63	0.68	
	31~40岁	3.80	0.74	
	41~50岁	3.68	0.69	
	51~60岁	3.60	0.70	
	61岁及以上	3.35	0.63	
受教育程度	没有上过学	3.54	0.86	$F=30.91$ $p=0.0000$
	小学	3.45	0.60	
	初中	3.48	0.68	
	高中/技校/职高/中专	3.62	0.70	
	大专	3.64	0.69	
	大学本科	3.86	0.71	
	硕士	4.10	0.67	
	博士	3.47	1.00	
婚姻状况	未婚	3.59	0.72	$F=10.62$ $p=0.0000$
	初婚/已婚	3.75	0.70	
	离婚	3.43	0.70	
	离婚后再婚	3.67	0.64	
	丧偶	3.62	0.80	
	丧偶后再婚	3.00	0.00	
	同居	3.45	0.98	
户籍	农村	3.63	0.02	$T=-5.52$ $p=0.0000$
	城镇	3.75	0.01	

T检验结果显示，工作满意度存在显著的性别差异（$T=-2.17$，$p=0.0000$），具体表现为男性的工作满意度（均值为3.72）高于女性的工作满意度（均值为3.68）。此外，方差结果显示，不同婚姻状况劳动者的工作满意度有显著差异（$F=10.62$，$p=0.0000$），初婚/已婚和离婚后再婚两类群体对其目前的工作和工作环境较为满意，工作满意度的均值分别是3.75和3.67。

另外，表 10-7 还显示，工作满意度在年龄（$F = 13.90$，$p = 0.0000$）与受教育程度（$F = 30.90$，$p = 0.0000$）上存在显著差异。从年龄上来说，“21~30 岁”城镇劳动者的工作满意度稍低，均值为 3.63；“31~40 岁”城镇劳动者的工作满意度最高，均值为 3.80，该群体对工作现状相对更满意。但有研究者发现，年龄在工作满意度上呈现的差异为“U 型”，工作满意度在“26~31 岁”时最低，此后上升。[①] 本研究的结论与我国的社会文化背景相符，“三十而立”说明了个人事业、家庭都处于相对稳定的状态，因此“31~40 岁”的工作满意度更高。当城镇劳动者“五十知天命”，即处于“51~60 岁”的年龄阶段时，大部分人都即将结束职业生涯，对工作及工作环境的期望降低；另外，随着年龄的增长，劳动者在工作环境中更加重视良好的工作关系，不那么重视薪酬和有趣的工作[②]，因此从测量的角度来看工作满意度相对低于年轻人。同时，老龄城镇劳动者的工作满意度由于老龄社会化的到来更值得被关注，我国退休年龄规定为：男性年满 60 周岁，女工人年满 50 周岁，女干部年满 55 周岁，基本说明 60 岁以上劳动者已经处于退休状态。表 10-7 数据显示，工作满意度在“61 岁及以上”最低，均值为 3.35，表示老龄城镇劳动者的再就业质量是个问题。从组织绩效的角度出发，老龄劳动者的再生产能力相比年轻人更弱，但实际上在老龄化社会背景下，关注老年人的工作满意度水平有助于老龄劳动者更好地扮演工作角色，保持与提升对工作环境的评价，拥有积极的工作体验，实现“老有所为”，如此也能减缓人口结构不平衡带来的社会冲击。[③] 同时，受教育程度不同的城镇劳动者的工作满意度具有显著差异（$F = 30.91$，

① Paul E. Spector, *Job Satisfaction: From Assessment to Intervention* (New York: Routledge, 2022), pp. 37.

② Paul E. Spector, *Job Satisfaction: From Assessment to Intervention* (New York, Routledge, 2022), pp. 37-38.

③ 郭江：《人口老龄化背景下城市老年人的工作状态研究》，《西安财经学院学报》2018 年第 6 期，第 107~112 页。

$p=0.0000$)。统计数据显示，从“小学”到“硕士”，受教育程度较高的劳动者，其工作满意度也相对较高。其中，硕士城镇劳动者的工作满意度最高，均值为 4.10，但博士劳动者的工作满意度出现转折，均值仅为 3.47，不仅低于硕士劳动者，甚至低于初中学历的城镇劳动者。双因素理论认为，高学历的城镇劳动者有自我实现的能力和需求，满意度仍然不高的原因是工作环境中的激励因素不够，达不到当前自我期望值。当前，我国已不再区分户籍①，但统计结果显示，工作满意度仍存在城乡差异（$T=-5.52$，$p=0.0000$），城镇劳动者的工作满意度（均值为 3.75）高于农村劳动者的工作满意度（均值为 3.63），城镇劳动者比农村劳动者的工作满意度高 0.12 分，说明我国农村就业人口的工作满意度目前仍存在较大提升空间。

从上述内容中，我们了解到工作满意度在性别、年龄、受教育程度、婚姻状况和户籍五个人口学变量上均存在显著差异，为进一步探讨工作满意度的性别差异是否受到婚姻状况的调节，我们将工作满意度作为因变量，性别作为自变量，婚姻状况②作为调节变量，年龄、受教育程度、户籍作为控制变量进行回归分析。结果如表 10-8 所示。

表 10-8　工作满意度的性别差异：婚姻状况的调节效应

	模型 1 工作满意度	模型 2 工作满意度	模型 3 工作满意度
性别（以女性为参照组）			
男性		0.042* (0.020)	-0.084** (0.037)

① 2016 年 9 月，我国大陆 31 个省份全部出台了户籍制度改革，取消城乡二元户籍制度。参见《中国告别城乡二元户籍制度》，http://www.gov.cn/xinwen/2016-09/23/content_5111083.htm，最后访问日期：2024 年 1 月 8 日。

② 此处将婚姻状况归纳为“已婚”和“未婚”两类，“已婚”赋值为“1”，“未婚”赋值为“0”。其中，“已婚”包括“初婚/已婚”、“离婚后再婚”和“丧偶后再婚”三种状况；“未婚”包括“未婚”、“离婚”、“丧偶”和“同居”四种状况。

续表

	模型 1 工作满意度	模型 2 工作满意度	模型 3 工作满意度
婚姻状况（以未婚为参照组）			
已婚		0.156*** (0.027)	0.067+ (0.034)
性别×婚姻状态（以女性×未婚为参照组）			
男性×已婚			0.178*** (0.044)
年龄（以16~20岁为参照组）			
21~30岁	0.054 (0.070)	-0.012 (0.070)	-0.003 (0.070)
31~40岁	0.232** (0.070)	0.092 (0.073)	0.099 (0.073)
41~50岁	0.186* (0.072)	0.040 (0.076)	0.045 (0.076)
51~60岁	0.200* (0.083)	0.053 (0.087)	0.046 (0.086)
61岁及以上	-0.005 (0.183)	-0.151 (0.183)	-0.160 (0.183)
受教育程度（以没有上过学为参照组）			
小学	-0.104 (0.240)	-0.139 (0.239)	-0.163 (0.239)
初中	-0.064 (0.233)	-0.110 (0.233)	-0.138 (0.233)
高中/技校/职高/中专	0.096 (0.234)	0.053 (0.232)	0.020 (0.232)
大专	0.131 (0.233)	0.092 (0.232)	0.057 (0.232)
大学本科	0.343 (0.233)	0.307 (0.232)	0.267 (0.232)
硕士	0.568* (0.241)	0.524 (0.240)	0.479* (0.240)
博士	-0.037 (0.327)	-0.053 (0.326)	-0.090 (0.326)

续表

	模型 1 工作满意度	模型 2 工作满意度	模型 3 工作满意度
户籍（以农村为参照组）			
城镇	0.014 (0.021)	0.008 (0.021)	0.007 (0.021)
截距	3.363*** (0.242)	3.385*** (0.241)	3.479*** (0.242)
F 值	22.50	22.16	21.88
R^2	0.0559	0.0631	0.0662

注：①括号里的数字为标准误；②$^{+}p<0.1$，$^{*}p<0.05$，$^{**}p<0.01$，$^{***}p<0.001$。

表 10-8 中模型 3 结果显示，性别与婚姻状况交互项的回归系数显著，即调节效应存在，意味着工作满意度的性别不平等在不同婚姻状况中存在差异。具体来看，未婚男性劳动者的工作满意度比未婚女性平均低 0.084 个单位；已婚女性的工作满意度比未婚女性平均高 0.067，但这一差异并不显著。性别与婚姻状况交互项的回归系数为 0.178，这表明在已婚群体中，工作满意度的性别差异大小是 0.094 个单位，即已婚劳动者中工作满意度的性别差异更大。由此可知，工作满意度的性别不平等受到婚姻状况的调节，已婚劳动者工作满意度的性别不平等更大。

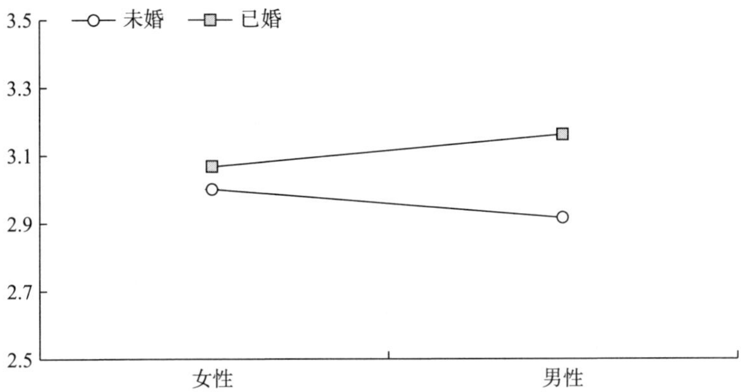

图 10-2　不同婚姻状况男女劳动者的工作满意度均值差异

我们进一步绘制调节效应图，以便更清晰地看到不同婚姻状况中工作满意度的性别差异。由图 10-2 可知，未婚女性的工作满意度显著高于未婚男性，而已婚女性的工作满意度却显著低于已婚男性。并且，已婚劳动者工作满意度的性别不平等比未婚劳动者更大。这可能是因为相比职场男性，职场女性步入婚姻之后，除了承受职场中的工作压力，还承担了大部分的家庭责任和压力，更容易面临工作家庭冲突。这时候，如果所在的组织不能够提供充分的制度支持和保障，就很容易使得这部分职场女性的工作满意度下降。

2. 工作满意度在工作和组织特征上的差异

本研究中的工作环境差异检验变量有三个，首先是工龄。问卷中的工龄是连续变量，为了与其他研究进行比较，本研究将工龄处理成定序变量，每 5 年划分为一个阶段，0~5 年为第一阶段，以此类推，生成 5 个工龄阶段。其次是单位类型。① 最后是经济地区。本研究将全国分成东部地区、中部地区、西部地区和东北地区。② 分析结果见表 10-9。

表 10-9　工作满意度在工龄、单位类型和经济地区上的差异性分析

	选项	均值	标准差	差异显著性
工龄	5 年以下	3.66	0.69	$F=7.42$ $p=0.0000$
	6~10 年	3.80	0.79	
	11~15 年	3.79	0.75	

① 研究者们认为单位是指具有行政特质的社会团体组织，所以排除了“没有雇人的个体户”、“雇人的个体户”及“其他”。参见赵慧娟《个人-组织匹配与工作满意度——价值观匹配、需求匹配与能力匹配的比较研究》，《工业工程与管理》2009 年第 3 期，第 113~117 页。

② 本研究根据国家统计局对经济地带的划分，将地区划分为东部地区、中部地区、西部地区和东北地区四类。东部地区包括北京、福建、广东、海南、河北、江苏、山东、上海、天津、浙江；中部地区包括安徽、河南、湖北、湖南、江西、山西；西部地区包括陕西、四川、云南、重庆、广西；东北地区包括辽宁、吉林和黑龙江。参见《经济地带是如何划分的?》，http://www.stats.gov.cn/zt_18555/zthd/lhfw/2021/rdwt/202302/t20230214_1903926.html，最后访问日期：2024 年 1 月 8 日。

续表

	选项	均值	标准差	差异显著性
工龄	16~20 年	3.75	0.70	$F=7.42$ $p=0.0000$
	21 年及以上	3.69	0.70	
单位类型	国有事业单位	3.65	0.72	$F=9.73$ $p=0.0000$
	党政群团机构	3.62	0.66	
	国有企业	3.59	0.72	
	私营企业	3.74	0.70	
	大集体企业	3.53	0.67	
	小集体企业	3.63	0.75	
	农村集体（乡镇）企业	3.66	0.79	
	合资企业	3.89	0.60	
	外资/侨商/台商独资企业	3.94	0.83	
	股份制或股份合作制企业	3.65	0.69	
	上市公司	3.81	0.79	
经济地区	东部地区	3.68	0.72	$F=3.57$ $p=0.0174$
	中部地区	3.72	0.69	
	西部地区	3.62	0.65	
	东北地区	3.75	0.72	

结果显示，不同工龄阶段城镇劳动者的工作满意度有显著差异（$F=7.42$，$p=0.0000$）。其中，“5 年以下”工龄的城镇劳动者工作满意度最低，均值为 3.66。城镇劳动者工作满意度最高的时期为工龄处于“6~10 年”时，工作满意度均值为 3.80，此后，工龄更高的城镇劳动者没有表现出更高的工作满意度，反而有所下降。根据舒伯的职业发展阶段理论，工龄较低的劳动者（5 年以下）大多处于探索阶段向建立阶段的过渡时期。在这个阶段，他们正在逐渐明确自己的职业兴趣和方向，尝试不同的工作角色和任务。这个过程中，他们可能会遇到职业选择的不确定性、技能水平的不足以及工作环境的适应问题等，这些因素都可能导致他们的工作满意度较低。而 6~10 年工龄的劳动者则大多已经度过了探索阶段，进入了建立阶

段的稳定期。在这个阶段，他们对自己的职业有了清晰的认识和定位，能够熟练掌握工作技能，并承担起更多的责任和任务。这种对工作的掌控感和成就感会提升他们的工作满意度。然而，对于工龄超过10年的劳动者来说，他们可能已经进入了职业发展的高原期或衰退期。在这个阶段，他们可能感到工作缺乏挑战性和新鲜感，或者面临职业晋升的瓶颈，这些因素都可能导致他们的工作满意度下降。此外，我国城镇劳动者的工作满意度具有显著的单位类型差异（$F=9.73$，$p=0.0000$）。其中，满意度最高的是“外资/侨商/台商独资企业”，均值为3.94。相较而言，“大集体企业”的工作满意度均值比“外资/侨商/台商独资企业”低0.41，是目前我国单位类型中工作满意度最低的。最后，方差分析结果显示，工作满意度有显著的地区差异（$F=3.57$，$p=0.0174$）。西部地区城镇劳动者的工作满意度最低，均值为3.62；东北地区城镇劳动者的工作满意度最高，均值为3.75。

从上述内容中，我们了解到工作满意度在单位类型和经济地区上均存在显著差异。不同类型单位的所有制性质不同，而所有制性质的差异会影响组织中的激励机制和员工成长发展的方式。并且，这种差异可能会在不同的经济地区被放大或者缩小。为进一步探讨工作满意度的所有制类型差异是否受到经济地区的调节，我们将单位类型按照所有制性质进行归类，分为“公有”和“非公有”两类[①]，以工作满意度作为因变量，所有制类型作为自变量，经济地区作为调节变量，年龄、受教育程度、户籍、婚姻状况作为控制变量进行回归分析。结果如表10-10所示。

---

① 此处将所有制类型分为“非公有”和“公有”两类，“非公有”赋值为“1”，“公有”赋值为“0”。其中，“非公有”包括“没有雇人的个体户”、“雇人的个体户”、“私营企业”、“合资企业”、“外资/侨商/台商独资企业”、“股份制或股份合作制企业”和“上市公司”；“公有”包括“国有事业单位”、“党政群团机构”、“国有企业”、“大集体企业”、“小集体企业”和“农村集体（乡镇）企业”。

表 10-10 不同类型所有制单位中工作满意度的差异：经济地区的调节效应

	模型 1 工作满意度	模型 2 工作满意度	模型 3 工作满意度
经济地区（以东部地区为参照组）			
中部地区		0.062** (0.025)	0.242*** (0.052)
西部地区		-0.063 (0.038)	-0.001 (0.055)
东北地区		0.128** (0.040)	0.447*** (0.047)
所有制类型（以公有为参照组）			
非公有		0.135*** (0.024)	0.223*** (0.030)
经济地区×所有制类型（以东部地区×公有为参照组）			
中部地区×非公有			-0.233*** (0.058)
西部地区×非公有			-0.081 (0.077)
东北地区×非公有			-0.421*** (0.093)
性别（以女性为参照组）			
男性	-0.040* (0.020)	0.049** (0.021)	0.047** (0.023)
年龄	0.003* (0.001)	0.004** (0.002)	0.004** (0.016)
受教育程度（以没有上过学为参照组）			
小学	-0.138 (0.239)	-0.216 (0.240)	-0.189 (0.240)
初中	-0.091 (0.232)	-0.132 (0.231)	-0.112 (0.231)
高中/技校/职高/中专	0.083 (0.232)	0.087 (0.230)	0.105 (0.300)

续表

	模型 1 工作满意度	模型 2 工作满意度	模型 3 工作满意度
大专	0.126 (0.232)	0.125 (0.231)	0.142 (0.230)
大学本科	0.346 (0.232)	0.369 (0.231)	0.385 (0.230)
硕士	0.561** (0.240)	0.593** (0.240)	0.603** (0.239)
博士	-0.008 (0.326)	0.304 (0.347)	0.329 (0.326)
户籍（以农村为参照组）			
城镇	-0.007 (0.021)	0.002 (0.022)	0.002 (0.022)
婚姻状况（以未婚为参照组）			
已婚	-0.180*** (0.026)	-0.174*** (0.027)	0.173*** (0.027)
截距	3.279*** (0.238)	3.109*** (0.239)	3.043*** (0.239)
F 值	28.91	25.81	23.37
R^2	0.0605	0.0795	0.0858

注：①括号里的数字为标准误；② $^{+}p<0.1$，$^{*}p<0.05$，$^{**}p<0.01$，$^{***}p<0.001$。

表 10-10 中模型 3 结果显示，经济地区和所有制类型的交互项显著，即经济地区对不同类型所有制单位中劳动者的工作满意度起到显著调节作用。该模型中，所有制类型的回归系数为 0.223，这表明在东部地区，非公有制单位员工比公有制单位员工的工作满意度均值高 0.223 个单位。将所有制类型的回归系数与中部地区和所有制类型的交互项系数相加得到-0.010，说明在保持其他控制变量恒定不变的情况下，在中部地区，非公有制单位员工的工作满意度均值比公有制单位员工低 0.010 个单位；将所有制类型的回归系数与

东北地区和所有制类型的交互项系数相加得到-0.198，说明保持其他控制变量恒定不变时，在东北地区，非公有制单位员工的工作满意度均值比公有制单位员工低 0.198 个单位。由此可见，东部地区不同所有制类型员工的工作满意度均值差异是最大的，东北地区次之，中部地区最弱。

根据调节效应的结果，我们可以说东部地区不同所有制类型中员工的工作满意度差异与中部地区、东北地区之间的差异均显著，东部地区不同所有制类型中员工的工作满意度差异与西部地区之间的差异不显著。从社会经济发展的角度来看，东部地区相较于其他地区来说，整体的发展平台更大，尤其是东部地区的非公有制单位，发展的机会更多，空间更大，因此东部地区非公有制单位员工的工作满意度高于公有制单位员工。中部地区和东北地区的经济发展平台则相对有限，在这两个地区中，相对于非公有制单位，公有制单位的员工所面临的风险和竞争更小，更为稳定，因此工作满意度更高。

四　工作满意度的生成与影响机制

虽然目前我国城镇劳动者普遍拥有较高的工作满意度，但不可否认，我们仍然在从高速发展走向高质量发展的路上，特别是在提升民生福祉方面还有很长一段路要走，实现人民对美好生活的向往在未来很长一段时间内还是发展的主要任务，因此，探索工作满意度的生成与影响机制具有一定的现实意义。

（一）工作满意度的生成机制

探索影响工作满意度的因素的研究较多，这些因素大致分为三个层面：个人背景层面、社会和经济层面、文化和政治层面。本章已经讨论了个人背景层面中不同性别、年龄、工龄、受教育程度、婚姻状况等劳动者群体的工作满意度具有显著差异，并存在一定影响。有学者还发现社会和经济层面的薪水、晋升机会、工作自主性、单位内的人际互动、上下级关系等都会影响工作满意度。[①] 文化和政治层面的因素主要是组织氛围。总的来说，以上三个层面的因素都是在工作环境和组织环境中生成并产生影响的。本研究中工作环境的四个基本观测点是工作场所、工作时间、工作报偿和员工参与。组织环境是影响组织成员工作行为与状态的外部规范，并且这种外部规范是在一定工作场所范围内形成的组织氛围和人际互动，随组织成员的互动状态发生改变。在前面的章节中我们也已经验证了工作环境和组织环境会对不同的工作态度产生影响，包括工作倦怠、离职倾向等，但并未将工作态度的焦点放在工作满意度上。下面，我们将采用工作环境与组织环境的基本维度探索工作满意度的生成机制。

在选择模型时，考虑到工作满意度是连续变量[②]，根据“基本模型选择示意图”[③]，本研究选择了 OLS 模型。图 10-3 所示的模型包括两个复杂的方程，表达式如下。

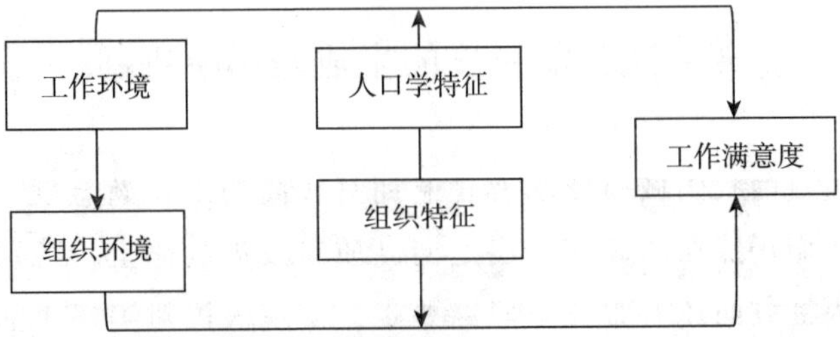

图 10-3　工作满意度的生成机制

① 冯伯麟：《教师工作满意及其影响因素的研究》，《教育研究》1996 年第 2 期，第 42~49 页。

② 需要说明的是，工作满意度是全部 9 个因子的算术平均值，并不是“工作回报的满意度”与“工作要求的满意度”两个维度的均值总和。

③ “基本模型选择示意图”应用概率理论梳理了研究过程中选择数据分析模型的准则。参见杨菊华《数据管理与模型分析：STATA 软件应用》，中国人民大学出版社，2012，第 141~177 页。

$$\begin{cases} JS_1 = \beta_{01} + \beta_{11}\text{工作场所} + \beta_{21}\text{工作时间} + \beta_{31}\text{工作报偿} + \beta_{41}\text{员工参与} + \gamma_1 Z + \varepsilon_1 & ① \\ JS_2 = \beta_{02} + \beta_{12}\text{政治嵌入} + \beta_{22}\text{组织氛围} + \beta_{32}\text{人际互动} + \gamma_2 Z + \varepsilon_2 & ② \end{cases}$$

方程①代表的是工作环境对工作满意度的影响，因变量用 JS_1 表示；方程②代表的是组织环境给工作满意度带来的影响，因变量用 JS_2 表示。根据模型图可知，工作环境和组织环境都会对工作满意度产生影响。β 表示的是回归系数，用以分析不同变量对工作满意度的影响程度。为了避免其他因素的干预，我们在回归分析时加入了控制变量组 Z，包括人口学变量以及工作和组织特征变量[①]，γ 值为这些控制变量的回归系数。ε 是方程中存在的其他研究中未发现的对工作满意度产生影响的误差项。

拟合回归模型中，自变量之间难免存在共线性问题，但当自变量之间的关联度不超过 0.80 时就不存在多重共线性问题，这是建立联立方程的条件。[②] 从表 10-11 可知，本研究选定的工作满意度的前因变量之间存在显著相关关系，因此以上两个方程组可能成立。接下来，我们通过三组回归模型进行验证。

表 10-11 影响工作满意度的变量间的相关系数矩阵

	工作满意度	工作场所	工作时间	工作报偿	员工参与	组织氛围	人际互动	政治嵌入
工作满意度	1							
工作场所	-0.120***	1						
工作时间	-0.075***	0.101***	1					

① 人力资本理论认为经验的积累、更好的教育背景、工作任期等个体特征都会给工作态度带来正向影响，本研究在差异性分析基础上加入的变量包括性别、年龄、受教育程度、户籍、婚姻状况、经济地区、工龄和单位类型。

② 杨菊华：《数据管理与模型分析：STATA 软件应用》，中国人民大学出版社，2012，第 141~177 页。

续表

	工作满意度	工作场所	工作时间	工作报偿	员工参与	组织氛围	人际互动	政治嵌入
工作报偿	0.230***	-0.014	-0.033**	1				
员工参与	0.263***	-0.026	-0.000	0.033***	1			
组织氛围	0.059***	-0.058***	0.048***	-0.000	-0.023	1		
人际互动	0.621***	-0.039**	0.017	0.428***	0.300***	-0.024	1	
政治嵌入	0.349***	0.083***	0.023	0.023***	0.193***	-0.074***	0.313***	1

+ $p<0.1$，* $p<0.05$，** $p<0.01$，*** $p<0.001$。

1. 工作环境对工作满意度的影响

工作环境是个体在工作中产生的主观态度，包括工作场所、工作时间、工作报偿和员工参与四个观测点。结构主义理论强调社会结构对个体行为的影响，认为个体的思想和行为是由其所处的社会结构决定的。在工作环境中，制度安排作为组织结构的重要组成部分，直接塑造了员工工作的工作场所、工作时间、工作报偿和员工参与的内容与形式。基于此，本研究将分别从工作环境四个观测点中选取制度安排的客观指标来分析工作环境对员工工作环境的影响。首先，工作场所是指员工的物理办公条件，即人工设施及其陈列布局等方面的状况。生命安全对员工来说是最为重要的，因此我们通过物理工作环境风险来观测工作场所对工作满意度的影响。其次，大部分的员工排斥“996”工作制，但随着社会的高速发展，工作的时间和空间界限模糊，部分单位要求员工“24-hours on call”①，工作场所虽然更灵活，但工作时间更长、工作强度更大，“隐性工时”普

① “996”是指员工上班的时间，上午9点上班，晚上9点下班，一周工作6天。“24-hours on call”是指员工手机24小时待机工作，最开始用于医疗等关乎个人安全的行业，现在用于描述员工生活中也要处理工作事务。

遍影响员工的主观态度，因此本研究通过“每日工作时长”（正常上班与加班时长之和）来观测城镇劳动者的工作满意度。再次，工作回报是劳动者参与劳动的根本动力，不少研究都发现了工作报偿对工作满意度的重要性，其在很大程度上决定了员工的幸福感。① 在描述性分析部分我们发现，我国有52.17%的城镇劳动者在月收入上的工作满意度较低，说明工作报偿是工作满意度中不可忽视的重要影响因素。最后，教师群体的工作满意度研究中经常用“在学校决策中的参与度”“课程改革参与”等作为前因变量，参与的重要前提是存在参与渠道且有参与，这里我们将通过“参与渠道”观测员工参与。②

为了回答工作环境的四个观测点哪个对工作满意度影响程度更大的问题，我们首先检验方程①。以下是研究假设。

假设H10.1：工作环境对工作满意度有显著正向影响。

假设H10.1.1：工作环境对工作回报的满意度有显著正向影响。

假设H10.1.2：工作环境对工作要求的满意度有显著正向影响。

---

① 斯蒂芬·罗宾斯、蒂莫西·贾奇：《组织行为学（第16版）》，孙健敏、王震、李原译，中国人民大学出版社，2016，第70页。

② 在工作满意度的生成机制中，我们选用“您工作环境中是否含有下列物质？a. 各种粉尘，如煤尘、石墨尘、石棉尘、水泥尘、陶瓷尘、电焊烟尘、铸造粉尘等；b. 放射性物质，如X射线、放射性物品或器具等；c. 有毒化学品，如铅铬等重金属、毒气、毒液等；d. 物理危害，如高温、严寒、噪声、激光、电磁辐射、高空坠物、交通意外等；e. 有害生物，如各种病毒、病菌、猛兽等”，并将五个选项合成一个潜变量“物理工作环境风险”，用以测量工作场所，其Cronbach's α系数为0.651，KMO值为0.705，说明该量表可以较好地测量物理工作环境风险；选用“上个月，您平均每天花多少时间从事下列活动？a. 正常上班（如合同规定、法定、单位规定的上班时间）；b. 加班（正常上班之外的额外工作时间）”并将两个选项加总，将单位换算成小时后生成一个潜变量“每日工作时长”，用以测量工作时间；选用“您目前这份工作的月收入大约是多少元”测量工作报偿，为减弱模型的异方差性和数据极端值对回归结果的影响，对报偿进行取对数操作，并在1%～99%的水平上进行winsorize缩尾处理；选用“您所在单位中有没有下列沟通渠道？a. 意见箱；b. 班组会、部门会、通报会等；c. 微信群或QQ群；d. 宣传栏或告示牌”生成一个潜变量“参与渠道”，用以测量员工参与。

结果如表 10-12 所示，假设 H10.1、H10.1.1 和 H10.1.2 均成立。表中系数为标准化[①]后的回归系数。具体看来，模型 2 在基准模型 1 基础上加入工作场所、工作时间、工作报偿和员工参与进行检验，结果发现在控制变量保持恒定不变的情况下，工作场所和工作时间对工作满意度有显著的消极影响，而工作报偿和员工参与对工作满意度则有显著的积极影响。由此得到以下拟合回归方程公式：

$$JS_1 = 0.755 + 0.497 \times 员工参与 + 0.332 \times 工作报偿 - 0.048 \times 工作时间 - 0.350 \times 工作场所$$

工作报偿和员工参与对工作满意度有显著正向影响。工作报偿作为经济因素，直接影响个体的生活水平、消费能力和社会地位。较高的月收入意味着更好的生活质量、更多的选择权以及更高的社会地位，这些因素都能显著提升个体的工作满意度。另外，参与渠道为员工提供了表达意见、参与决策和贡献力量的机会。较多的参与渠道增强了员工的归属感和社会认同感，使他们感到自己是组织不可或缺的一部分，这种归属感和社会认同感也是工作满意度的重要来源。而工作时间和工作场所对工作满意度有显著负向影响，这是从统计数据上进行的判断，实际从工作家庭平衡的角度来说，更长的工作时间意味着工作事务侵入生活，当劳动者的组织社会化程度较低、还未形成组织认同时就更容易产生消极工作态度。当劳动者处在物理工作场所风险较高的环境时，高风险的工作环境可能导致员工受伤、生病或产生心理压力，其工作满意度必然较低。

进一步探索工作环境对工作满意度两个维度的影响。在基准模型 3 的基础上，模型 4 结果显示，是否存在员工参与渠道对工作回报的满意度影响最大，其次是工作报偿。在基准模型 5 的基础上，模型 6 结果同样显示员工参与渠道对工作要求的满意度影响最大。

① 在回归方程中为了方便比较得出各变量的“首要因素”和“次要因素”，需要将回归系数标准化以忽略各变量原有测量单位的影响，从而增加可比性。

由此可见，员工参与渠道的畅通在维持劳动者积极工作体验上具有重要作用。根据互动仪式链理论，共同的参与和互动能够加强群体成员之间的情感联系和认同。畅通且多样的参与渠道为员工提供了更多的机会与同事、管理层或其他利益相关者进行交流和互动。这种交流可以是面对面的，也可以是通过线上平台进行的，无论哪种方式，都能让员工感受到彼此的存在和关注，从而增强共同在场感。通过参与渠道，员工可以分享工作中的喜悦、挑战和成功，这种共享的情感体验也有助于增强员工之间的情感联系和认同感。这种积极的互动和反馈机制必然有助于建立良好的工作关系，提升员工的工作满意度。

表 10-12　工作环境对工作满意度的影响

	模型 1 工作满意度	模型 2 工作满意度	模型 3 工作回报的满意度	模型 4 工作回报的满意度	模型 5 工作要求的满意度	模型 6 工作要求的满意度
控制变量	已控制	已控制	已控制	已控制	已控制	已控制
工作场所		−0.350*** (0.079)		−0.350*** (0.081)		−0.337*** (0.085)
工作时间		−0.048*** (0.008)		−0.062*** (0.008)		−0.036*** (0.008)
工作报偿		0.332*** (0.029)		0.239*** (0.029)		0.443*** (0.031)
员工参与		0.497*** (0.043)		0.499*** (0.044)		0.482*** (0.047)
截距	2.951*** (0.124)	0.755** (0.260)	2.950*** (0.126)	1.595*** (0.266)	2.933*** (0.133)	−0.203*** (0.279)
F 值	22.79	43.16	24.69	35.47	18.64	46.93
R^2	0.0779	0.1930	0.0833	0.1591	0.0623	0.2056

注：①括号里的数字为标准误；② $^+p<0.1$，$^*p<0.05$，$^{**}p<0.01$，$^{***}p<0.001$；③模型 1 至模型 6 的控制变量为性别、年龄、受教育程度、户籍、婚姻状况、工龄、技术职称、单位类型和经济地区。

2. 组织环境对工作满意度的影响

除了工作环境，组织环境也是影响工作满意度的重要变量。我们在研究组织环境时已经验证了其对组织行为的影响，但并没有展开研究其对工作态度的影响。组织环境是城镇劳动者在工作中感受到的组织氛围与人际互动。政治嵌入是研究我国单位组织的特殊背景，本研究在组织环境中将政治嵌入看作党组织在社会组织中的结构嵌入。政治嵌入有三个维度：人员嵌入、认知嵌入和业务嵌入。[①] 人员嵌入是二分变量，指员工是否拥有优秀政治身份；认知嵌入是定类变量，指组织内部学习党政知识的频率；业务嵌入是社会团体组织中有无党团组织嵌入，以及单位对入职员工的身份要求。此外，组织氛围是指各员工对内部工作环境的相似感知，这种主观感受是由内部权力资源的分配公平以及劳动者职业社会化的创新教育过程决定的。人际互动包括横向互动和纵向互动两部分，横向互动指同事支持，即员工-员工互动；纵向互动指领导支持，即领导-员工互动。同事关系和领导关系一直是影响工作满意度的核心前因变量，但是少有研究将其整合在一起，观测其对城镇劳动者工作满意度的

① 组织环境包括组织氛围和人际互动两个维度，且都是在政治嵌入背景下实现的。组织氛围是组织成员在组织社会化过程中感知到的组织文化，用以描述组织成员在工作环境中的综合感受。人际互动是员工与其共事的人，包括与同事、领导一起工作时感受到的支持与信任。组织氛围量表的 Cronbach's α 系数为 0.836，KMO 值为 0.764，取值范围为 1~5，值越高表示组织氛围越好；人际互动量表的 Cronbach's α 系数为 0.860，KMO 值为 0.876，取值范围为 1~5，值越高表示人际互动越积极。政治嵌入是不可或缺的外部条件，为了分析的完整性，我们也将其纳入分析中，将“您有没有当选过‘劳动模范、人大代表、政协代表、优秀党员、优秀团员’”、“您所在单位是否定期或不定期地开展政治学习活动，传达和学习党和政府文件”、“在招聘时，您单位是否对这个工作岗位提出过下列要求？（政治面貌）”、“您所在单位中，有没有下列团体或组织？（党组织）”和“您所在单位中，有没有下列团体或组织？（团组织）”处理成虚拟变量，并由此合成一个潜变量“政治嵌入”，表示党团组织在社会、文化和经济等组织中的嵌入程度。政治嵌入量表的 Cronbach's α 系数为 0.856，KMO 值为 0.678，取值范围为 0~1，值越大表示政治嵌入水平越深。

影响。[1] 同时，从组织规模、组织氛围、人际关系、工作压力、职业声望等方面出发探究其对工作满意度影响的研究较多[2]，但都没有结合政治嵌入以及对工作满意度的生成机制进行分析。以下，我们将从组织环境的三个观测点出发建立拟合回归方程，检验这些维度对工作满意度的影响。模型的研究假设如下。

假设 H10.2：组织环境对工作满意度有显著正向影响。

假设 H10.2.1：组织环境对工作回报的满意度有显著正向影响。

假设 H10.2.2：组织环境对工作要求的满意度有显著正向影响。

表 10-13 结果显示，假设 H10.2、H10.2.1 和 H10.2.2 均成立。具体看来，检验一共包括 6 个模型，所有的回归系数为了进行影响大小的比较均采用标准化系数。模型 2 在基准模型 1 基础上加入组织氛围、人际互动和政治嵌入，结果显示这三个变量对工作满意度均存在显著正向影响（$F=97.74$，$p=0.0000$）。由此得出以下拟合回归公式：

$$JS_2=0.584+0.572\times\text{人际互动}+0.188\times\text{组织氛围}+0.436\times\text{政治嵌入}$$

由此可见，在控制变量恒定不变的情况下，组织环境中对工作满意度影响最大的是人际互动，其次是政治嵌入，影响最小的是组织氛围。本研究为了进一步探讨组织环境对工作满意度的具体影响，在模型 4 和模型 6 中分别检验了组织氛围、人际互动和政治嵌入三者对工作回报的满意度和工作要求的满意度的影响。结果与模型 2 一致，即在组织环境的三个观测点中，人际互动对城镇劳动者工作回报满意度和工作要求满意度的影响都是最大的。

① 王爱英：《工作满意度影响因素的最优尺度回归分析》，《中国卫生统计》2008 年第 5 期，第 523~525 页。

② 武向荣：《哪些关键因素影响了乡村教师工作满意度》，《教育与经济》2022 年第 2 期，第 62~69 页。

表 10-13 组织环境对工作满意度的影响

	模型 1 工作满意度	模型 2 工作满意度	模型 3 工作回报的满意度	模型 4 工作回报的满意度	模型 5 工作要求的满意度	模型 6 工作要求的满意度
控制变量	已控制	已控制	已控制	已控制	已控制	已控制
组织氛围		0.188*** (.026)		0.190*** (0.027)		0.176*** (0.028)
人际互动		0.572*** (0.022)		0.582*** (0.024)		0.566*** (0.024)
政治嵌入		0.436*** (0.062)		0.539*** (0.068)		0.361*** (0.066)
截距	2.952*** (0.124)	0.584*** (0.155)	2.950*** (0.133)	0.529*** (0.170)	2.933*** (0.126)	0.650*** (0.166)
F 值	22.79	97.74	24.69	92.59	18.64	78.38
R^2	0.0779	0.4476	0.0833	0.4332	0.0623	0.3891

注：①括号里的数字为标准误；② $^{+}p<0.1$，$^{*}p<0.05$，$^{**}p<0.01$，$^{***}p<0.001$；③模型 1 到模型 6 的控制变量为性别、年龄、受教育程度、婚姻状况、户籍、单位类型、工龄、经济地区。

方程②结果表明组织环境的三个观测点对工作满意度存在显著影响。人际互动是领导与员工的交换行为和员工之间的支持行为，人际互动每提升 1 个单位，工作满意度就提升 0.572 个单位。在工作中，人际互动为员工提供了情感支持、实际帮助和归属感等社会支持资源。这些支持资源有助于缓解工作压力、提升工作积极性，并增强员工对组织的认同感和忠诚度。因此，人际互动越频繁、质量越高，员工感受到的社会支持就越多，从而提高了他们的工作满意度。随着时间的推移，员工在组织环境中会形成一定的人际关系网络，内部和谐关系的形成也有利于降低离职倾向。[①] 另外，组织氛围每提升 1 个单位，工作满意度就提升 0.188 个单位，这与姜勇发现的组织氛围对教师工作满意度有显著影响的研究结果

① 程骏骏：《能力匹配、可雇佣性和离职倾向：工作满意度的中介作用》，《当代财经》2015 年第 2 期，第 66~75 页。

相一致。[1] 认知嵌入和人员嵌入分别指党务知识的学习过程以及单位内部拥有新政治身份的先进劳动者。中国社会从高速发展到高质量发展的过程离不开党组织的引领。政治嵌入每提升 1 个单位，工作满意度就提升 0.436 个单位。党建工作、党的创造性政治活动可以实现政治身份认同，从而达到社会组织塑造社会群体、塑造共同体意识的目的。[2]

3. 工作环境、组织环境与工作满意度

为了进一步探究组织环境嵌入工作环境对城镇劳动者工作满意度的影响，本研究验证上述两个方程中影响力最大的两个因素，即工作环境中的员工参与，以及组织环境中的人际互动，探讨其对工作满意度的影响路径。我们将人际互动看作员工参与对工作满意度影响的中介变量并进行检验。下面是研究假设。

假设 H10.3：员工参与对工作满意度有显著影响。

假设 H10.4：员工参与对人际互动有显著影响。

假设 H10.5：人际互动在员工参与对工作满意度的影响中起中介作用。

表 10-14 结果显示，假设 H10.3、H10.4 和 H10.5 均成立。模型 2 考察员工参与对工作满意度的影响。在控制变量恒定不变的情况下，相比未设定员工参与渠道的单位，那些设有此类渠道的单位中，劳动者的工作满意度平均高出 0.528 个单位。模型 3 考察员工参与对组织中人际互动的影响。在控制变量恒定不变的情况下，相比未设立员工参与渠道的单位，那些设有此类渠道的单位中的人际互动平均高出 0.480 个单位。模型 4 是将人际互动和员工参与同时作为自变量，考察其对工作满意度的影响，结果显示，人际互动和员工参与的回归系数均在 0.001 显著性水平上显著，且对工作满

① 姜勇：《教师工作满意度的影响因素结构模型研究》，《心理科学》2006 年第 1 期，第 162~164 页。

② 王杨：《党如何塑造社会群体？——以社会组织孵化器党建为例》，《社会主义研究》2022 第 1 期，第 130~138 页。

意度产生正向影响。对比模型 4 和模型 3 可以发现，模型 4 中员工参与的回归系数与模型 3 相比有所下降，且模型的解释力度也从 13.06%上升到 41.41%，说明员工参与对工作满意度的影响被人际互动部分中介了，间接效应大小为 0.392。采用 bootstrap 检验其中介效应，结果发现人际互动产生的中介效应较大，中介了 57.72%员工参与对工作满意度的影响，且 Z 值为 11.92，在 0.05 显著性水平上显著，说明在工作环境中同事支持和领导支持与劳动者是否拥有积极的工作体验息息相关。

表 10-14　员工参与对工作满意度的影响：人际互动的中介效应

	模型 1 工作满意度	模型 2 工作满意度	模型 3 人际互动	模型 4 工作满意度
控制变量	已控制	已控制	已控制	已控制
员工参与（以无参与渠道为参照组）				
有参与渠道		0.528*** (0.036)	0.480*** (0.037)	0.228*** (0.339)
人际互动				0.613*** (0.015)
截距	2.656*** (0.079)	2.529*** (0.1503)	2.141*** (0.086)	1.078*** (0.083)
F 值	39.04	59.86	55.86	228.58
R^2	0.0617	0.1131	0.1306	0.4141

注：①括号里的数字为标准误；② $^{+}p<0.1$，$^{*}p<0.05$，$^{**}p<0.01$，$^{***}p<0.001$；③模型 1 至模型 4 的控制变量包括：性别、年龄、受教育程度、婚姻状况、户籍、单位类型、工龄、经济地区。

同时，在工作场所中，人际互动不仅仅是简单的信息交流，更是通过语言、非语言符号以及行为传递的复杂意义交换。工作报偿作为组织对员工贡献的认可，其意义不仅在于物质价值，更在于员工从中感受到的尊重、价值和归属感。我们认为，人际互动的质量会直接影响员工对这些报偿所赋予的意义，进而影响其工作满意度。因此，本研究进一步探讨人际互动在工作报偿和工作满意度之间的中介效应，有助于揭示这些符号和意义如何在员工心中构建并影响其工作体验。

假设 H10.6：工作报偿对工作满意度有显著影响。

假设 H10.7：工作报偿对人际互动有显著影响。

假设 H10.8：人际互动在工作报偿对工作满意度的影响中起中介作用。

具体分析结果见表 10-15。

表 10-15　工作报偿对工作满意度的影响：人际互动的中介效应

	模型 1 工作满意度	模型 2 工作满意度	模型 3 人际互动	模型 4 工作满意度
控制变量	已控制	已控制	已控制	已控制
工作报偿		0.472*** (0.009)	0.276*** (0.011)	0.364*** (0.010)
人际互动				0.435*** (0.014)
截距	2.655*** (0.079)	1.586*** (0.065)	1.614*** (0.084)	0.729*** (.070)
F 值	39.04	391.48	108.39	449.23
R^2	0.0617	0.4261	0.2222	0.5774

注：①括号里的数字为标准误；② $^{+}p<0.1$，$^{*}p<0.05$，$^{**}p<0.01$，$^{***}p<0.001$；③模型 1 至模型 4 的控制变量包括：性别、年龄、受教育程度、婚姻状况、户籍、单位类型、工龄、经济地区。

结果显示，假设 H10.6、H10.7 和 H10.8 均成立。模型 3 是在基准模型 1 基础上考察工作报偿对组织中人际互动的影响。在控制变量恒定不变的情况下，工作报偿每增加 1 个单位，人际互动就提升 0.276 个单位。对比模型 4 与模型 2 可以发现，模型 4 中工作报偿的回归系数相比模型 2 有所下降，且模型的解释力度也从 42.61%上升到 57.74%，说明工作报偿对工作满意度的影响被人际互动部分中介了，间接效应大小为 0.137。采用 bootstrap 检验其中介效应，结果发现人际互动产生的中介效应较大，中介了 27.35%工作报偿对工作满意度的影响，Z 值为 16.27，且在 0.001 显著性水平上显著。结合表 10-14 与表 10-15 的模型可以说明，在员工参与和工作报偿对工作满意度的影响中，人际互动都存在中介作用。综合以上的中介效应可得到图 10-4。

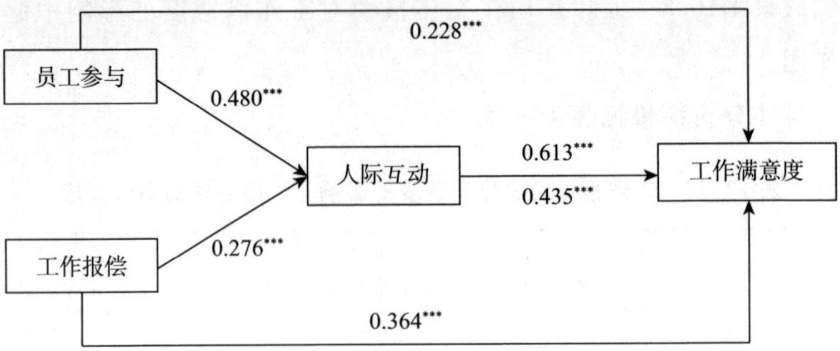

图 10-4　工作环境对工作满意度的影响：人际互动的中介效应

（二）工作满意度的影响机制

1. 工作满意度对员工工作行为的影响

当员工面对工作不满意时，往往会出现一些不利于组织的行为反应。对此，赫希曼（Hirschman）提出的 EVLN 模型有两个员工行为的方向[①]，如表 10-16 所示。

表 10-16　赫希曼员工工作行为的类型划分

	建设性（constructive）	破坏性（destructive）
积极性（active）	建言（voice）	退出（exit）
消极性（passive）	忠诚（loyalty）	怠工（neglect）

EVLN 模型中的“积极性—消极性”和“破坏性—建设性”两个行为维度是对员工在面对不满或问题时可能采取的行为反应方式的深层次划分。这两个维度相互交织，形成员工工作行为的四种类型：工作满意度极低时，员工可能会选择离开组织，即退出（Ex-

① Dan Farrell, “Exit, Voice, Loyalty, and Neglect as Responses to Job Dissatisfaction: A Multidimensional Scaling Study,” *Academy of Management Journal* 26, no. 4 (1983): 596-607.

it)。这种行为是员工对工作不满意的一种极端反应，表明他们已经无法忍受当前的工作环境或条件。当员工对工作不满但尚未达到无法忍受的程度时，他们可能会选择通过建言（Voice）来试图改变现状。忠诚行为（Loyalty）则通常发生在员工对工作不满但出于某种原因（如责任感、对组织的承诺等）而选择保持沉默和忍耐的情况下。这种行为可能是暂时的，也可能是长期的，取决于员工对组织状况改善的预期和信心。在员工对工作不满且认为无法通过建言或退出等方式改变现状时，怠工行为（Neglect）则会出现。它是员工对工作不满的一种消极反应形式，表现为减少投入、降低工作积极性等。

同时，有研究者对以上员工工作行为进行了操作化。杰·J. 考伦（Jay J. Caughron）把这些伤害组织和组织成员利益的行为叫作工作场所偏差行为（workplace deviance behavior，WDB）[①]，主要指代四象限表中的“怠工”。丽贝卡·J. 班尼特（Rebecca J. Bennett）编制的“工作场所偏差行为量表”[②] 中包含两个维度：组织偏差量表和人际偏差量表。前者中包括对组织直接有害的偏差行为，后者中包括对组织内的其他个人的直接偏差行为。我们在这里主要关注会对组织产生有害影响的偏差行为，因而参照组织偏差量表生成了一个潜变量“工作场所偏差行为”。[③]

---

① Jay J. Caughron, Michael D. Mumford & Edwin A. Fleishman, “The Fleishman Job Analysis Survey: Development, Validation, and Applications”, in Mark Alan Wilson, Winston Bennett Jr., Shanan Gwaltney Gibson & George Michael Alliger, eds., *The Handbook of Work Analysis* (New York: Routledge, 2013), pp. 263-278.

② Sandra L. Robinson & Rebecca J. Bennett, “Workplace Deviance: Its Definition, Its Manifestations, and Its Causes,” *Research on Negotiation in Organizations* 6 (1997): 3-27.

③ 我们在本次“中国城镇居民工作环境调查问卷”中选取“有意放慢工作节奏”、“上班时间聊天”、“上班时间干私活”和“借故不上班”四题合成潜变量“工作场所偏差行为（WDB）”，最大值为3分，最小值为1分，分值越高表明员工的工作场所偏差行为越多。统计数据分析结果显示，工作场所偏差行为量表的Cronbach's α 系数为0.705，KMO值为0.740，四个变量通过主成分因子分析法可以提取出一个共同因子，即四个变量间存在信息上的共指，具有结构效度，可以生成一个潜变量。

员工对工作不太满意时，他们可能会通过各种方式提出建设性意见来试图改变现状或改善组织环境。这类有益于组织的组织公民行为（organization citizenship behaviors，OCB）属于四象限表中的“建言”。① 相反，若劳动者在工作中的付出与获得不对等，就会出现相对剥夺感，甚至产生离职意愿和行为，即雇员流失（employee turnover），这就是四象限表中的“退出”。② 以下将进行工作满意度对工作场所偏差行为、组织公民行为和雇员流失的影响机制的讨论。

工作满意度的两个维度与以上三个潜变量的相关系数如表 10-17 所示，工作满意度各维度与工作场所偏差行为、组织公民行为和雇员流失存在共变关系，工作满意度的影响机制可能成立。

表 10-17　工作满意度与员工工作行为的相关矩阵

	工作满意度	工作要求的满意度	工作回报的满意度	工作场所偏差行为	组织公民行为	雇员流失
工作满意度	1					
工作要求的满意度	0.956***	1				
工作回报的满意度	0.936***	0.791***	1			
工作场所偏差行为	-0.153***	-0.136***	-0.138***	1		
组织公民行为	0.499***	0.458***	0.485***	-0.025	1	
雇员流失	-0.008	-0.041***	0.024*	0.151***	0.028*	1

$^{+}p<0.1$，$^{*}p<0.05$，$^{**}p<0.01$，$^{***}p<0.001$。

① 本研究用“我常常有机会表达对工作的改进意见”、“我的领导常常要求我参与决策”和“在工作上，我和领导之间能够做到畅所欲言”三题，去除“不适用”选项后合成潜变量“组织公民行为”。组织公民行为最大值为 5 分，最小值为 1 分，得分越高说明城镇劳动者的组织社会化程度越高，越容易产生较多有益于组织发展的行为。数据分析结果显示，组织公民行为量表的 Cronbach's α 系数为 0.736，KMO 值为 0.675，三个变量通过主成分因子分析法可以提取出一个共同因子，即三个变量间存在信息上的共指，具有结构效度，可以生成一个潜变量。

② 本研究用“您有没有换一个工作的想法”、“如果能够从头再来一次，您还会不会选择现在这份工作”和“如果您想再找一份工作，收入、福利和现在这份工作差不多或更好，难不难”三题合成潜变量“雇员流失”来测量员工的主动离职意愿，最大值为 3 分，最小值为 1 分，得分越高表示员工越容易产生离职倾向。

2. 工作满意度对工作场所偏差行为的影响

工作满意度是员工对周围环境的多维态度评价，包括刚性的工作要求和弹性的工作回报。赵君和蔡翔将性别、年龄、受教育程度、工龄、单位类型、单位规模等人口学变量和地区变量作前因变量，考察它们对工作场所偏差行为的影响，结果发现这 6 个变量都对工作场所偏差行为有显著影响。[①] 本研究将以上变量和经济地区作为控制变量，考察工作满意度与工作场所偏差行为的关系，结果如表 10-18 所示。模型 2 是在基准模型 1 的基础上，保持控制变量恒定不变，考察工作满意度对工作场所偏差行为的影响大小，结果发现，工作满意度每提升 1 个单位，工作场所偏差行为就减少 0.085 个单位。模型 3 考察的是工作回报的满意度对工作场所偏差行为的影响，结果显示，保持控制变量恒定不变，工作回报的满意度每提升 1 个单位，工作场所偏差行为就减少 0.075 个单位。模型 4 考察的是工作要求的满意度对工作场所偏差行为的影响，结果显示，保持控制变量恒定不变，工作要求的满意度每提升 1 个单位，工作场所偏差行为就减少 0.079 个单位。这说明，无论是工作要求满意度还是工作回报满意度，城镇劳动者对工作的主观评价越积极，其工作场所偏差行为越少。

表 10-18　工作满意度对工作场所偏差行为的影响

	模型 1 工作场所偏差行为	模型 2 工作场所偏差行为	模型 3 工作场所偏差行为	模型 4 工作场所偏差行为
控制变量	已控制	已控制	已控制	已控制
工作满意度		-0.085*** (0.010)		
工作回报的满意度			-0.075*** (0.009)	

① 赵君、蔡翔：《人口统计学特征对工作场所偏差行为的差异性影响研究》，《软科学》2014 年第 8 期，第 112~116 页。

续表

	模型 1 工作场所偏差行为	模型 2 工作场所偏差行为	模型 3 工作场所偏差行为	模型 4 工作场所偏差行为
工作要求的满意度				-0.079*** (0.010)
截距	1.658*** (0.052)	1.882*** (0.059)	1.845*** (0.058)	1.860*** (0.058)
F 值	12.99	17.47	16.89	18.19
R^2	0.0426	0.0656	0.0633	0.0658

注：①括号里的数字为标准误；②$^{+}p<0.1$，$^{*}p<0.05$，$^{**}p<0.01$，$^{***}p<0.001$；③模型 1 至模型 4 的控制变量为性别、年龄、受教育程度、工龄、单位类型、单位规模和经济地区。

3. 工作满意度对组织公民行为的影响

社会交换理论认为，个体在社会关系中的行为是基于成本-收益分析的理性选择。在组织中，员工与组织之间也存在一种交换关系，员工通过投入时间、努力和技能来获得报酬（如薪资、晋升机会、尊重等），而组织则通过员工的贡献来实现其目标。当员工对工作感到满意时，他们更可能认为从组织那里获得的回报超过了他们的付出，从而增加对组织的承诺和忠诚度。这种增强的承诺和忠诚度进而促使员工表现出更多的组织公民行为，如自愿帮助同事、提出建设性意见等，以进一步巩固与组织的积极关系。工作满意度对组织公民行为的影响见表 10-19。具体来看，在基准模型 1 的基础上，模型 2 加入自变量工作满意度，保持控制变量恒定不变，工作满意度对组织公民行为具有显著正向影响（$F=93.75$，$p=0.0000$），工作满意度每提升 1 个单位，组织公民行为就增加 0.548 个单位。模型 3 在模型 1 的基础上加入自变量工作回报的满意度，保持控制变量恒定不变，工作回报的满意度对组织公民行为具有显著正向影响（$F=87.20$，$p=0.0000$），工作回报的满意度每提升 1 个单位，组织公民行为就增加 0.494 个单位。模型 4 在模型 1 的基础上加入自变量工作要求的满意度，保持控制变量恒定不变，工作要求的满意度对组织公民行为具有显著正向影响（$F=83.39$，$p=0.0000$），工作要求的满意度每提升 1 个单位，组织公民行为就增加 0.488 个单位。由此可以说明，工作满意度的提升有利于推动城镇劳动者在组织中产生组织公民行为。

表 10-19　工作满意度对组织公民行为的影响

	模型 1 组织公民行为	模型 2 组织公民行为	模型 3 组织公民行为	模型 4 组织公民行为
控制变量	已控制	已控制	已控制	已控制
工作满意度		0.548*** (0.022)		
工作回报的满意度			0.494*** (0.021)	
工作要求的满意度				0.488*** (0.022)
截距	1.502*** (0.133)	0.1465** (0.131)	0.333*** (0.130)	0.287*** (0.132)
F 值	30.59	93.75	89.20	83.39
R^2	0.1079	0.3011	0.2896	0.2704

注：①括号里的数字为标准误；②$^{+}p<0.1$，$^{*}p<0.05$，$^{**}p<0.01$，$^{***}p<0.001$；③模型 1 至模型 4 的控制变量为性别、年龄、受教育程度、工龄、单位类型、单位规模和经济地区。

4. 工作满意度对雇员流失的影响

主动的雇员流失是组织成员想换一个工作的想法和倾向，这往往与员工对工作的不满有着密切关联。工作满意度对雇员流失的影响见表 10-20。具体来看，在基准模型 1 的基础上，模型 2 加入自变量工作满意度，保持控制变量恒定不变，工作满意度对雇员流失具有显著负向影响（$F=8.15$，$p=0.0000$），工作满意度每提升 1 个单位，雇员流失就降低 0.032 个单位。模型 3 在模型 1 的基础上加入自变量工作回报的满意度，保持控制变量恒定不变，工作回报的满意度对雇员流失具有显著负向影响（$F=8.28$，$p=0.0000$），工作回报的满意度每提升 1 个单位，雇员流失就下降 0.005 个单位。模型 4

在模型 1 的基础上加入自变量工作要求的满意度，在控制变量恒定不变的情况下，工作要求的满意度对雇员流失有显著负向影响（F= 11. 17，p=0. 0000)，工作要求的满意度每提升 1 个单位，雇员流失就下降 0. 054 个单位。由此可以说明，工作满意度中，工作要求的满意度这一维度对雇员流失的影响更大，一定程度上反映出城镇劳动者在工作中自我实现的需求，当工作环境不能满足期望时，员工就会产生离职倾向。

表 10-20　工作满意度对雇员流失的影响

	模型 1 雇员流失	模型 2 雇员流失	模型 3 雇员流失	模型 4 雇员流失
控制变量	已控制	已控制	已控制	已控制
工作满意度		-0. 032 ** (0. 010)		
工作回报的满意度			-0. 005 *** (0. 009)	
工作要求的满意度				-0. 054 *** (0. 009)
截距	2. 415 *** (0. 048)	2. 328 *** (0. 059)	2. 400 *** (0. 055)	2. 286 *** (0. 057)
F 值	9. 74	8. 15	8. 28	11. 17
R^2	0. 0137	0. 0152	0. 0137	0. 0206

注：①括号里的数字为标准误；②$^{+}p<0.1$，$^{*}p<0.05$，$^{**}p<0.01$，$^{***}p<0.001$；③模型 1 至模型 4 的控制变量为性别、年龄、受教育程度、工龄、单位类型、单位规模和经济地区。

第十一章　获得感

——付出回报不平衡感

获得感是个体基于其客观获得产生满足的主观感受，工作中的获得感对劳动者而言是非常重要的。在工作环境中，人们在社会比较的过程中对自己工作付出的回报有所预期，希望能够得到他人和组织的认可。在这个过程中，获得感成为塑造人们的工作行为与感受的一个基本动因。工作环境体验在当下可以通过获得感体现出来，同安全感一样，它们共同形成一种总体感受，即劳动者对自己的工作是否满意，这是人们体验到幸福感的重要基础。

若劳动者感觉自己在工作中付出了努力，同时获得了公平的回报，他们会感到满足，感到有成就，进而提高工作动力和效率。相反，如果劳动者察觉获得的回报不符合预期或者存在不公平、不合理的问题，他们可能会对工作产生不满和失落感，进而降低他们的工作积极性。由此，工作环境中的获得感被员工更直接地用付出和回报进行衡量。当劳动者的获得感较低时，表现为付出回报不平衡感（Effort-Reward Imbalance），体现了劳动者的负面工作体验，这种不平衡可能导致员工对工作环境产生不满和不公平感。因此，组织管理者需要警惕劳动者出现付出回报不平衡感，通过创造公平合理的工作环境提升劳动者的获得感。

一　获得感：付出回报不平衡感的内在映射

（一）获得感与付出回报不平衡感

“获得感”（Sense of Gain）是中国特色社会主义实践的政治理念，是一个非常具有我国本土特色的概念。它与国外社会治理中的一些热门概念，如用来评价公民生活状况的“幸福感”（Sense of Happiness）等词存在一定的相似性，但也有明显的区别。国外社会治理使用较多的概念往往更偏重主观感知，且在评价主体、评价内容和评价标准等方面与“获得感”存在一定的区别。要准确把握“获得感”的内涵，不能简单地将其解释为这些外来概念的“同义词”，而是需要从提出背景、含义、特征、与相关概念的关系、意义等方面理解它。①

“获得感”是在我国全面深化改革的关键时期提出的。针对当时存在的地区发展差异、城乡二元分割等问题，中共中央在《中共中央关于制定国民经济和社会发展第十三个五年规划的建议》中提出了共享发展的理念。② 2015 年 2 月，习近平总书记在中央全面深化改革领导小组第十次会议上指出，要科学统筹各项改革任务，推出一批能叫得响、立得住、群众认可的硬招、实招，把改革方案的含金量充分展示出来，让人民群众有更多的获得感；同年 10 月，中共第十八届五中全会强调“坚持共享发展，必须坚持发展为了人民、发展依靠人民、发展成果由人民共享，作出更有效的制度安排，使全

① 曹现强、李烁：《获得感的时代内涵与国外经验借鉴》，《人民论坛·学术前沿》2017 第 2 期，第 18~28 页。

② 2015 年 10 月，在党的十八届五中全会上，习近平总书记提出了创新、协调、绿色、开放、共享的发展理念。其中，共享发展注重的是解决社会公平正义问题，旨在促进经济社会发展的物质文明成果和精神文明成果由全体人民共同享有。共享的要义是坚持以人为本、以民为本，突出人民至上，坚持发展为了人民、发展依靠人民、发展成果由人民共享，让人民群众在共建共享发展中有更多获得感。

体人民在共建共享发展中有更多获得感，增强发展动力，增进人民团结，朝着共同富裕方向稳步前进”。2020 年 10 月，中共十九届五中全会再次强调要改善人民生活品质，“坚持把实现好、维护好、发展好最广大人民根本利益作为发展的出发点和落脚点，尽力而为、量力而行……不断增强人民群众获得感、幸福感、安全感”①。“获得感”一词由此进入本研究的视野，多被用于表示人民群众共享改革成果的正向心理感受。人民群众的“获得感”成了衡量改革成效的关键指标，体现着我国以人为本的科学发展观。

“获得感”也掀起一众学界学者的讨论和研究。一些学者试图探寻获得感的概念内涵。王俊秀、刘晓柳采用字词联想、原型枚举等心理学研究方法辨析了获得感的内涵，指出民众对获得感的理解是在一定的社会环境背景下的，认为获得感是个体通过努力，在物质和精神方面得到一定提升、肯定和奖赏后产生的认知和情绪体验。②谭旭运等基于社会心理学中的需求理论，将获得感界定为民众在社会改革发展中对其需求满足过程和结果的主观认知、情感体验和行为经验的综合反应，其内涵结构包括获得内容、获得环境、获得途径、获得体验和获得共享。③另一些学者则从实证调查研究入手，试

① 《中共中央关于制定国民经济和社会发展第十四个五年规划和二〇三五年远景目标的建议》，http://www.qstheory.cn/yaowen/2020-11/03/c_1126693429.htm，最后访问日期：2024 年 1 月 8 日。

② 王俊秀、刘晓柳：《现状、变化和相互关系：安全感、获得感与幸福感及其提升路径》，《江苏社会科学》2019 年第 1 期，第 41~49 页。

③ “获得内容是获得感的基础，表现为与社会经济发展密切相关的多种需求的客观性满足及其主观认知评价，包括物质需求、成就需求和社会需求的满足等；获得环境是保障获得内容得以满足的主客观现实条件，其中核心的是对公平公正的制度保障以及良好社会信任氛围的认知评价；从获得感的实现途径看，个体并非被动地接受各种资源，而是更愿意靠自己的主观努力来获得各种基本需求的满足，而且这种主动性本身也是获得感的重要来源；在获得环境和自主性获得途径的互动作用下，伴随获得内容的满足，会产生不同的情绪情感体验；获得感还表现为在获得内容充分满足和积极情绪体验基础上的获得共享，积极参与到促进获得环境逐步完善的社会发展建设中，如表现出更高的社会参与、环境保护意愿等。”参见谭旭运、董洪杰、张跃、王俊秀《获得感的概念内涵、结构及其对生活满意度的影响》，《社会学研究》2020 年第 5 期，第 195~217 页。

图通过构建获得感的内在结构勾勒其概念边界。吕小康、黄妍认为获得感的维度分为个人发展感、社会安全感、社会公正感和政府工作满意度，将获得感定义为改革发展带给民众的关于物质利益与基本权益的一种主观体验。① 陈云松等从幸福感、主观社会经济地位、阶层流动感知三个方面探讨获得感的形成，认为获得感是在国家治理和社会治理过程中，民众获得物质、健康或精神福利后产生的主观心理福利增量。② 王恬等认为获得感分为经济获得感、政治获得感、民生获得感三个方面。③

虽然目前学界尚无获得感的统一定义，但综合学者们的定性和定量研究成果，本研究认为获得感是个体基于其客观获得产生满足的主观感受，客观获得是获得感产生的基础，而一切获得都需要人们的辛苦劳动。因此，在工作环境中，获得感是人们关于工作获得的感受和体验，是其在物质和精神上获得回馈时产生的一种心理满足感，是一种积极的情绪体验。

工作使劳动者获得收入，并且很大程度上决定了个人的社会地位，它是人们为获取经济收益与非经济收益而从事的各种社会活动中最重要的方式之一。在经济收益方面，人们需要通过工作劳动获取生存资料以及维持家庭所有开支的费用，如果个人没有财产可继承并且不工作，那他在社会上便难以生存；在非经济收益方面，人们通过工作可以接触到各种社会资源，同时获得声望、地位、成就感等，在一定的条件下，这些非经济收益可以转化为经济收益。另外，基于场域理论，社会成员的生活可以被大致分为家庭和工作两大领域，工作场所是个人除家庭之外与他人联系最紧密的场域，也

---

① 吕小康、黄妍：《如何测量“获得感”？——以中国社会状况综合调查（CSS）数据为例》，《西北师大学报（社会科学版）》2018 年第 5 期，第 46~52 页。

② 陈云松、张翼、贺光烨：《中国公众的获得感——指标构建、时空变迁和宏观机制》，《中国浦东干部学院学报》2020 年第 2 期，第 110~123 页。

③ 王恬、谭远发、付晓珊：《我国居民获得感的测量及其影响因素》，《财经科学》2018 年第 9 期，第 120~132 页。

是劳动者实现社会联系、参与社会分工的主要渠道，工作对于劳动者的意义举足轻重。因此，劳动是产生获得感的客观途径，是获得感的主要来源。从劳动经济学的角度来看，劳动者参加劳动，投入时间、精力等各种要素到工作中去必然是为了获取某种收益，包括如上所说的经济收益和非经济收益，因此工作中的获得感包括工作付出及工作回报两个方面，本研究试图通过基于这两方面体现出的付出回报不平衡感来观测获得感的状况。

付出回报不平衡感的产生更多来源于相对的感受，存在“社会比较”。根据约翰·斯塔希·亚当（John Stacey Adams）的公平理论（Equity Theory），分配公平及合理性常是激发工作动机的因素和动力。分配公平不仅受员工所得回报的绝对值的影响，还受所得回报的相对值的影响——主要指的是人们自身对工作付出与回报进行的主观比较。公平讲究的是按劳分配、多劳多得、少劳少得，员工通过对自身劳动的付出回报比的感知来衡量自身得失。一方面，当其工作付出与回报是持平的或回报大于付出时，员工会有“得”的体验感，这时劳动者在工作中的获得感是较强的；另一方面，当其工作付出大于回报时，员工就产生了不公平的感知或“失”的体验感，而当劳动者的工作付出远远大于工作回报时，其工作获得感也随之大大削减，此时员工会试图通过行为改变这一境遇，如减少自身付出等，从而影响组织内劳动者的工作满意度和积极性。此外，付出回报不平衡感兼顾客观获得与主观感受，侧重于劳动者基于工作付出与工作回报的比较而产生的负面感知，更多体现了“获得感”中的“失”，也反映了劳动者的需要得不到组织给予的冲突状态。按照冲突理论代表人物刘易斯·A. 科塞（Lewis A. Coser）的说法，冲突不仅具有负功能，也具有正功能的一面。[①] 社会冲突的正功能主要表现为对社会内部的整合和稳定，能够推动新制度和规范的建立，如

① 刘易斯·A. 科塞：《社会冲突的功能》，孙立平等译，华夏出版社，1989，第133~134页。

付出回报不平衡感体现的冲突对于组织制度改进及员工工作环境改善有着推进作用，维持了一定的社会平衡；社会冲突的负功能主要表现为分裂和破坏群体的团结、引起社会的不稳定等，这也是本研究更侧重的方面。付出回报不平衡感作为工作获得感的反向体现，可能导致劳动者出现不满意、倦怠等感受或行为。

付出回报不平衡感更能够体现劳动群体的利益所得，也影响着组织的健康发展。本研究将聚焦于劳动者的付出回报不平衡感，以反映我国城镇劳动者在工作环境中的获得感现状。

（二）付出回报不平衡感的内涵

付出回报不平衡感中最重要的两个方面是工作付出和工作回报，劳动者基于自身对工作付出和工作回报的比较才能产生相应的主观感受，然而我国城镇劳动者并非一直对自身的工作付出回报情况有清晰的感知。在计划经济时代，由于社会主义生产资料公有制的实施，企业薪酬的发放也由国家进行统一调控，这一时期的特点表现为劳动力的价格与其生产效率不直接挂钩，国家通过计划手段对国民收入进行分配，因而薪酬制度反映出的是个人与国家之间的收入分配关系，企业没有自主权。[①] 并且，计划经济时代最明显的特征就是“平均主义”，由于社会生产力水平较低，国家按照人口数量定量供应生活必需品，只能达到保障基本生活水平的程度，通过平均的低收入分配来保障全国人民的生存和安定。但这种平均分配的制度抑制了劳动的积极性：一方面，由于没有工资增长机制，劳动者的工资水平变动非常小；另一方面，在“平均主义”的影响下出现了“大锅饭”“铁饭碗”，劳动者的能力大小以及贡献的多少都被忽视了，从而导致“干多干少一个样”“干好干坏一个样”，劳动者的工作付出与工作回报关联不大，这也使得劳动者积极性不高，“磨洋

① 武力、温锐：《新中国收入分配制度的演变及绩效分析》，《当代中国史研究》2006年第4期，第4~12页。

工”现象普遍，企业的生产效率较低。总的来说，计划经济体制下，劳动者的工作收入与其贡献价值相分离，个人的努力对于提高工资收入作用不大，在这样的背景下，大多数劳动者不愿意多投入时间精力到工作中去，各种东西也都是定额发放的，人们于是对于自己的工作获得没有明显感知。

改革开放之后，进入市场经济，国家采取了积极措施，开始对员工工资制度进行改革，逐渐体现出按劳分配的原则，如《关于一九八三年企业调整工资和改革工资制度问题的报告》中指出，要采取“两挂钩、一浮动”的方针[①]，员工工资既要同企业的经济效益挂钩，也要同个人的劳动贡献挂钩，升职的劳动者需要通过考核才能予以固定。同时，企业在工资收入分配方面拥有了自主权，工资分配制度开始多样化，出现了实行奖励、计时工资、计件工资、按资分配、盈利分红等多种形式，劳动者的工作报偿主要取决于其职位级别、绩效考核结果等，根据其工作职责和工作贡献进行薪酬分配，多劳多得、少劳少得，员工需要努力工作甚至加班应酬才能获得更好的薪酬和待遇。此时，员工开始从物质利益上关注自身的劳动成果，并且由于工作报酬同工作职责及绩效密切相关，个人的努力在一定范围内对于提升工资水平有着较大的影响，因此员工努力工作就是为了提升自己的工作回报。这说明收入分配制度的改革带来了劳动者主观意识的觉醒，当个人的工作回报与其工作付出不匹配时，就会导致员工心理上的不平衡。

从计划经济到市场经济的改革也带来了劳动力市场从公平到效率的转向，现在被热议的“996 工作制”[②] 就是明显的例证。“996”

---

① 《北京市人民政府转发〈国务院批转劳动人事部关于一九八三年企业调整工资和改革工资制度问题的报告的通知〉的通知》，https://www.beijing.gov.cn/zhengce/zfwj/zfwj/szfwj/201905/t20190523_71061.html，最后访问日期：2024 年 1 月 8 日。

② 2019 年 3 月 27 日，世界上最大的代码托管平台与开源社区 GitHub 上发起了一个名为“996.ICU”的项目，发起人具体写道：“什么是 996.ICU？工作 996，生病 ICU”。参见蒋萌《“996 工作制”是谁的如意算盘?》，http://opinion.people.com.cn/n1/2019/0402/c119388-31009768.html，最后访问日期：2024 年 1 月 8 日。

具体指的是工作时间从上午 9 点到晚上 9 点、一周工作 6 天的制度，以此计算，“996”的劳动者每周工作时长不少于 72 小时。而根据我国《劳动法》第三十六条：“国家实行劳动者每日工作时间不超过八小时、平均每周工作时间不超过四十四小时的工时制度。”[①]“996”的工作时长远超法定工作时间，在效率至上的氛围中，企业希望延长劳动者的工作时间以增加生产，而劳动者希望通过工作时间的延长增加工作收入，由此形成了“996”制度。在这种环境下，劳动者付出体力、情绪、时间甚至健康以获取收入、福利和职业前景等工作回报，但其所获得的工作回报仍可能是远小于其工作付出的。虽然劳动者可以通过超时工作获取更多的经济性报酬、提升个人收入，但根据福利经济学理论，劳动者超时工作时也会失去闲暇时间、家庭关系、健康等福利。[②] 当超时工作达到一定程度后，劳动者的福利损失额会超过超时工作所带来的收入增加额，此时便会造成超时工作者的净福利损失，且长期性的超时劳动会造成劳动者的身体健康损害和精神损伤，使他们难以保持正常生活规律，减少了和家人朋友的相处时间，并间接付出其他更大的成本或带来更多损失。此外，一些不合理的雇佣制度使得部分劳动者处于临时合同、无固定工时的状态，这往往导致劳动者无法获得稳定的收入和福利，同时也无法享受到与他们的付出相匹配的回报。劳动价值理论认为，劳动是创造商品和服务的源泉，劳动的价值应该得到相应的回报。然而，不合理的雇佣制度常常削弱了劳动者的议价能力，限制了劳动者获取应有回报的机会，同时这种雇佣形式会分散工人，削弱他们组织起来争取更好权益的能力，并导致薪酬不公和福利缺乏等问题，从而造成劳动者付出与回报的不平衡。当劳动者处于高强度付出的状态，且其工作回报远低于其工作付出时，劳动者必然会产生心理不平衡，从而可能导致员工工作绩效、工作满意度的降低。

---

① 《中华人民共和国劳动法》，https://www.gov.cn/banshi/2005-05/25/content_905.htm，最后访问日期：2024 年 1 月 8 日。

② 格拉夫：《理论福利经济学》，夏炎德译，商务印书馆，1966，第 25 页。

付出回报不平衡感的提出来源于探寻工作压力对个体健康影响的相关研究，德国学者约翰内斯·西格里斯特（Johannes Siegrist）认为，仅关注工作压力无法完全解释个体健康问题的复杂性，个体在工作中所投入的努力与所获得的回报之间的平衡关系同样重要。如果个体感到自己付出了较大的努力，但回报相对较少，就会产生不平衡感。这种不平衡感可能导致长期的压力累积，影响个体的心理和身体健康。基于付出与回报的概念，西格里斯特于1966年提出了付出回报不平衡模型（Effort-reward Imbalance Model，ERI模型），它从付出和回报两个维度进行测量，研究工作中的付出回报失衡及其影响。该模型基于社会交换理论和互惠原则，认为投资于合作活动的成本与回报之间的平衡是社会交换和个人福祉的必要条件[①]，因此高成本低收益的互惠失败会导致负面情绪和相关的应激反应。在工作压力研究领域，有针对影响工人健康的工作环境和就业条件等的研究，也有针对在应激反应中起到重要作用的个人内在特征的研究，但ERI模型不同于这两者，它是将外在因素和内在因素结合起来研究其交互作用的理论。西格里斯特提出，付出回报不平衡模型能对生理疾病进行预测，这一假设在后来的实证研究中得到了验证。汉娜·库珀（Hannah Kuper）等在研究中发现，付出回报不平衡感导致了更高的心血管疾病风险。[②] 约翰·M. 维奥兰蒂（John M. Violanti）等对警员的付出回报不平衡感和皮质醇的检测表明，不平衡感是功能失调和疾病状态的一个提示。[③] 随着对该理论的深入研究，ERI模

---

① Johannes Siegrist, "Effort-reward Imbalance at Work and Health," *Research in Occupational Stress and Well Being* (2002): 261-291.

② H. Kuper, A. Singh-Manoux, J. Siegrist & M. Marmot, "When Reciprocity Fails: Effort-reward Imbalance in Relation to Coronary Heart Disease and Health Functioning Within the Whitehall II Study," *Occupational and Environmental Medicine* 59 (2002): 777-784.

③ John M. Violanti, Desta Fekedulegn, Ja Kook Gu, Penelope Allison, Anna Mnatsakanova, Cathy Tinney-Zara & Michael E. Andrew, "Effort-reward Imbalance in Police Work: Associations with the Cortisol Awakening Response," *International Archives of Occupational and Environmental Health* 91, no. 5 (2018): 513-522.

型逐渐从预测疾病的研究拓展到工作环境特征和职工健康之间的关系研究。ERI 模型对个体在工作环境中的体验进行描述和评估，它提供了一种理论框架，帮助我们理解和研究付出回报不平衡感。ERI 模型主要被应用于工作压力研究领域，以探寻工作压力的产生机制及其作用机理，因此付出回报不平衡感更多地被当作自变量，用于测量其对个体身心健康及工作行为的不利影响。在职业心态上，目前研究较多的是付出回报不平衡感对工作倦怠和离职倾向的正向影响，付出回报不平衡感还能负向预测工作满意度，且各研究结果大多相互验证。关于 ERI 模型的实证研究越来越广泛，研究领域主要集中在医疗和教育行业，如我国医护人员的付出回报不平衡感导致抑郁症状的出现，社会支持在这种关系中起到调节作用[①]；教师在付出回报不平衡环境下更容易出现工作倦怠；等等。[②]

在上述背景下，付出回报不平衡感贴切地描绘了工作环境中的心理失衡现象，有助于组织和管理者意识到劳动者可能面临的不满和潜在问题，是一种工作获得的消极体验，因此本研究通过付出回报不平衡感来关注劳动者在工作中的获得感。从本质上来说，劳动者与组织间进行了一种特殊的社会交换，组织通过劳动者的工作为组织创造利润和价值，而劳动者则是为了获取酬劳，包括物质性酬劳（如工资、奖金等）和非物质性酬劳（如职业发展机会、工作安全等）。从社会交换的角度来看，组织给予劳动者其所期望的报酬时，会促使劳动者产生回报组织的义务感，以劳动者积极投入工作、完成任务目标和履行组织角色期望等方式表现出来。[③] 但当劳动者的工作付出没有得到组织给予的相应程度的工作回报即获得感低时，

① J. Sun, X. Kang & Y. Zhang, "Effort-reward Imbalance at Work and Depressive Symptoms Among Chinese Healthcare Workers: The Role of Perceived Social Support," *Frontiers in Psychiatry* 11 (2020): 471.

② J. Li & W. Yang, "Effort-reward Imbalance and Teacher Burnout: A Meta-Analysis," *Educational Psychology Review* 31, no. 4 (2019): 859-889.

③ Peter Blau, *Exchange and Power in Social Life* (2nd ed.) (London: Routledge, 1986), pp. 128.

劳动者的工作积极性势必会受到打击，这会导致一系列负面效应。因此，劳动者的工作付出与工作回报之间的比例关系成为工作环境研究较为关注的问题，也是我国倡导单位组织努力提升劳动者获得感的实践路径之一。当劳动者的工作回报与其工作付出相匹配时，劳动者能感受到自身的贡献和价值被组织肯定，他们也会更愿意积极投入工作、完成任务目标以回报组织，此时的工作环境是健康并且可持续的，组织和劳动者双方是互益的。而当劳动者长期处于高付出低回报的不平衡状态时，劳动者的物质性酬劳和非物质性酬劳都是缺乏的。根据赫茨伯格的双因素理论，物质性酬劳多是工作中的保健因素，非物质性酬劳多是工作中的激励因素，当组织中的保健因素和激励因素都缺乏时，劳动者容易产生对工作的不满意。如果不及时消除劳动者的付出回报不平衡感，可能导致劳动者的失望及挫败情绪，造成组织和劳动者双方的信任危机，既伤害了劳动者也对组织不利，这样的工作环境是不健康的。在这样的意义上，劳动者的付出回报不平衡感成为工作环境研究质量评价的重要指标，是工作环境是否良好的重要依据。本研究旨在描述当前中国城镇劳动者付出回报不平衡感的现状，并通过其生成机制和影响机制使组织管理者深入了解劳动者产生付出回报不平衡感的原因及其会产生的相关影响，进而在劳动者激励方面采取更科学有效的措施，营造良好的工作环境，促进劳动者和组织的良性发展。

二　付出回报不平衡感的操作化与测量

西格里斯特提出的 ERI 模型包括付出、回报及过度投入三个维度，其中过度投入指的是付出的内在层面，是个体由于希望被认可和尊重而表现出过度投入在工作中的态度、行为和情绪等特征。根据 ERI 模型所使用的量表，付出包括内在付出和外部付出两部分：内在付出主要指感情上的投入和内在感受到的工作压力等，体现为过度投入；外部付出指工作时间、工作职责、工作量等投入和付出。

回报指的是工作报酬、职业尊重感、工作的安全稳定性及发展前景等。[①] 本研究基于付出回报不平衡感的内涵，将其操作化定义为员工基于自身客观工作付出与工作回报产生的内在主观感知，其中工作付出指劳动者为达到工作要求、完成工作任务进行的工作投入，包括体力、时间、职责等外在付出和心理上的内在付出。工作回报包括员工因为工作而获得的一系列经济性回报和非经济性回报两大类，经济性回报主要指的是薪酬，包括员工得到的各种货币收入和实物，非经济性回报包括职业前景、职业意义、荣誉等有利于员工未来长期职业发展或会使员工产生心理满足的非货币性收益。付出回报不平衡感可以用来反映本研究中城镇劳动者在工作领域中的获得感，付出回报不平衡感越强，获得感越低，说明员工处于不健康的工作环境中。付出回报不平衡感是衡量组织工作环境质量好坏的一个重要观测点，本研究可以凭借此主观感知了解劳动者的工作获得感现状，进而反观其所处的工作环境。

目前，国内研究者基本采用 ERI 量表的中文版本测量付出回报不平衡感，它包括 23 个题器和 3 个维度——分别为外部付出（extrinsic effort）、回报（reward）和过度投入（over commitment）。本研究参照 ERI 量表进行设计，包括工作付出量表和工作回报量表，其中工作付出量表涵盖了外部付出和内在付出：内在付出体现为过度投入；外部付出主要指劳动者为达到工作要求、完成工作任务而需要投入的一系列非心理层面的付出。具体来看，为完成工作任务和职责，首要的是具备完成所处岗位工作的能力，通过培训、教育来发展的知识和技能是对任职者的基本要求，也称为基准性胜任力。[②] 因此需要员工通过岗位培训和实习来为工作做准备，也就是为熟悉岗位所做的工作付出，相关题器如“为了熟练掌握这份工作的主要技能

① Johannes Siegrist, “Effort-reward Imbalance at Work and Health,” *Research in Occupational Stress and Well Being* (2002): 261-291.

② D. C. Mcclelland, “Testing for Competence Rather Than for ‘Intelligence’,” *The American Psychologist* 28, no. 1 (1973): 1-14.

和操作流程，您认为一个没有经验的人需要经过多长时间的培训”。此外，在员工任职期间，组织会给员工派发一系列工作要求，包括工作性质对劳动者的情绪要求[①]，相关题器如“这份工作是否需要面带笑容”。员工还需要投入时间、精力、持续学习才能完成工作[②]，相关题器如“下班之后，我还要参加工作聚会或应酬”、“这份工作是否需要不停地来回运动”和“我的工作要求我不断掌握新技能”等，因此还有时间付出、体力付出和职业要求的创新学习付出。综上，本研究在工作付出量表上选取了体力付出、时间付出、情绪劳动、岗位熟练、创新学习等五个方面的外部付出维度。内在付出主要指劳动者在情感及心理上的投入，包括内在感受到的工作压力，反映了个人过分沉浸于工作的状态，相关题器如“下班之后，我仍然惦记着工作中的事情”。因此如表 11-1 所示，工作付出量表包括六个维度，共选取了 18 个题器，试图全面地概括劳动者的工作付出，所有题器的分值加总为工作付出的值，值越高代表劳动者的工作付出越多。

表 11-1 工作付出的操作化

	题器
体力付出	这份工作是否需要干重体力活
	这份工作是否需要快节奏工作
	这份工作是否需要不停地来回运动
	这份工作是否需要重复、单调的劳动
时间付出	下班之后，我还要接听工作电话、收发电子邮件、回复消息
	下班之后，我还要参加工作聚会或应酬
情绪劳动	这份工作是否需要处理他人的投诉或抱怨
	这份工作是否需要面带笑容
	这份工作是否需要按要求着装

① Blake E. Ashforth & Ronald H. Humphrey, “Emotional Labor in Service Roles: The Influence of Identity,” *Academy of Management Review* 18, no. 1 (1993): 88-115.

② Michael Eraut, “Non-formal Learning and Tacit Knowledge in Professional Work,” *British Journal of Educational Psychology* 70, no. 1 (2000): 113-136.

续表

	题器
岗位熟练	为了熟练掌握这份工作的主要技能和操作流程， 您认为一个没有经验的人需要经过多长时间的培训
	这份工作的实习期有几个月
创新学习	我的工作要求我不断学习新知识
	我的工作要求我不断掌握新技能
	我的工作要求我不断熟悉新流程
内在付出	我总把工作放在第一位
	我尽可能把工作做得又快又好
	如果我不能解决好工作上的问题，我会感到很难受
	下班之后，我仍然惦记着工作中的事情

工作回报主要指劳动者因为自身的劳动投入而获得的一系列工作相关的经济性及非经济性回报，它有助于员工维持或获得更好的生活。具体来看，经济性回报包括组织给予员工的收入及福利待遇等；非经济性回报主要指有利于员工长期发展的非货币性收益以及员工通过劳动获得的心理及精神上的满足。其一，职业发展前景为员工提供了成长和锻炼的机会，也满足了员工对于晋升的需求，是重要的非经济性回报来源。① 其二，职业稳定对于员工也非常重要，一份稳定的工作有利于劳动者在组织内部的长期发展，并使得劳动者在职场中花费较低的择业成本和承担较低的用工风险，对劳动者的心理健康有积极影响。② 其三，个人在职业发展上不单追求经济效益和职位的提升，工作的意义和价值也是重要的职业评判标准。③ 若

① Douglas T. Hall & Philip H. Mirvis, "Careers as Lifelong Learning," in M. Arthur, D. T. Hall & B. S. Lawrence, eds., *Handbook of Career Theory* (Cambridge University Press, 1995), pp. 131-153.

② Annet H. De Lange, Toon W. Taris, Michiel A., J. Kompier, Irene L. D. Houtman & Paulien M. Bongers, "The Relationships Between Work Characteristics and Mental Health: Examining Normal, Reversed and Reciprocal Relationships in A 4-wave Study," *Work & Stress* 18 no. 2 (2004): 149-166.

③ 尹奎、张凯丽、李秀凤：《工作重塑对工作意义的影响：团队任务绩效、领导—成员交换关系差异化的作用》，《管理评论》2019 年第 3 期，第 143~153 页。

一份工作对个人提升知识技能或声望有着促进作用，那它对于提升劳动者的工作动机和未来发展就有着重要意义。其四，员工通过工作所获得的地位和荣誉是员工个人价值的体现，也是员工获得的重要回报，有利于提升劳动者的心理满足感。因此，本研究选取了各个层面的工作回报，分别是职业意义、职业前景、地位获得、工作稳定、物质获得、荣誉获得等六个维度。如表 11-2 所示，工作回报量表共选取了 14 个题器，上述各维度题器的分值加总为工作回报的值，值越高代表其获得的工作回报越多。

表 11-2 工作回报的操作化

	题器
职业意义	这份工作在多大程度上增加了您的自豪感
	这份工作在多大程度上提升了您的名声或声望
	这份工作在多大程度上提高了您的技能或知识水平
职业前景	在未来的三年内，您在单位内升迁的机会有多大
	在未来的三年内，您在单位内发挥自己才干的机会有多大
	在未来的三年内，您在单位内实现自己理想的机会有多大
地位获得	如果整个社会由下到上分为十层（第一层代表最低，第十层代表最高），您认为您的经济收入属于第几层
	您认为您的社会地位属于第几层
工作稳定	您的这份工作是否稳定
	在将来的 12 个月内，您会不会失去现在这份工作
物质获得	您对目前这份工作的收入是否满意
	您对单位福利待遇是否满意
荣誉获得	您本人是否获得过员工代表、首席员工、首席技术员、生产标兵、技术能手、先进员工等荣誉称号
	您本人是否当选过劳动模范、人大代表、政协代表、优秀党员、优秀团员等先进个人

信度检验表明，工作付出量表的克隆巴赫 α 系数为 0.720，工作回报量表的克隆巴赫 α 系数为 0.834，当克隆巴赫 α 系数大于 0.7 时，表明量表的信度可以接受。总量表的克隆巴赫 α 系数为 0.830，

说明该量表具有内部一致性、稳定性和可靠性，能够支持进一步的数据分析。

效度检验表明，工作付出量表的 KMO 值为 0.824，工作回报量表的 KMO 值为 0.826，总量表的 KMO 值为 0.895，说明该量表适合做因素分析。我们采用验证性因素分析的方法对工作付出和工作回报两个子量表进行效度检验。

工作付出量表采用主成分分析法和凯撒正态化最大方差法转轴，共提取六个因子，分别是体力付出、时间付出、情绪劳动、岗位熟练、创新学习和内在付出（见表 11-3）。

表 11-3　工作付出量表的验证性因素分析

	成分					
	体力付出	时间付出	情绪劳动	岗位熟练	创新学习	内在付出
a. 这份工作是否需要干重体力活	0.69					
b. 这份工作是否需要快节奏工作	0.63					
c. 这份工作是否需要不停地来回运动	0.68					
d. 这份工作是否需要重复、单调的劳动	0.63					
e. 下班之后，我还要接听工作电话、收发电子邮件、回复消息		0.78				
f. 下班之后，我还要参加工作聚会或应酬		0.78				
g. 这份工作是否需要处理他人的投诉或抱怨			0.64			
h. 这份工作是否需要面带笑容			0.61			
i. 这份工作是否需要按要求着装			0.71			
j. 为了熟练掌握这份工作的主要技能和操作流程，您认为一个没有经验的人需要经过多长时间的培训				0.78		
k. 这份工作的实习期有几个月				0.82		

续表

	成分					
	体力付出	时间付出	情绪劳动	岗位熟练	创新学习	内在付出
l. 我的工作要求我不断学习新知识					0.73	
m. 我的工作要求我不断掌握新技能					0.71	
n. 我的工作要求我不断熟悉新流程					0.70	
o. 我总把工作放在第一位						0.71
p. 我尽可能把工作做得又快又好						0.72
q. 如果我不能解决好工作上的问题，我会感到很难受						0.63
r. 下班之后，我仍然惦记着工作中的事情						0.40

工作回报量表也采用主成分分析法和凯撒正态化最大方差法转轴，共提取六个因子，分别是职业意义、职业前景、地位获得、工作稳定、物质获得和荣誉获得（见表 11-4）。

表 11-4　工作回报量表的验证性因素分析

	成分					
	职业意义	职业前景	地位获得	工作稳定	物质获得	荣誉获得
a. 这份工作在多大程度上增加了您的自豪感	0.81					
b. 这份工作在多大程度上提升了您的名声或声望	0.78					
c. 这份工作在多大程度上提高了您的技能或知识水平	0.76					
d. 在未来的三年内，您在单位内升迁的机会有多大		0.78				
e. 在未来的三年内，您在单位内发挥自己才干的机会有多大		0.62				

续表

	成分					
	职业意义	职业前景	地位获得	工作稳定	物质获得	荣誉获得
f. 在未来的三年内，您在单位内实现自己理想的机会有多大		0.78				
g. 如果整个社会由下到上分为十层（第一层代表最低，第十层代表最高），您认为您的经济收入属于第几层			0.92			
h. 您认为您的社会地位属于第几层			0.92			
i. 您的这份工作是否稳定				0.82		
j. 在将来的 12 个月内，您会不会失去现在这份工作				0.57		
k. 您对目前这份工作的收入是否满意					0.68	
l. 您对单位福利待遇是否满意					0.53	
m. 您本人是否获得过员工代表、首席员工、首席技术员、生产标兵、技术能手、先进员工等荣誉称号						0.83
n. 您本人是否当选过劳动模范、人大代表、政协代表、优秀党员、优秀团员等先进个人						0.81

综上，工作付出量表和工作回报量表的因子分析符合研究设计，说明其具有较好的结构效度。

三　付出回报不平衡感的现状分析

接下来，本研究通过描述性分析和差异性分析具体了解我国城镇劳动者的付出回报不平衡感现状。

（一）付出回报不平衡感的描述性分析

西格里斯特提出用付出回报比（Effort-reward Ratio，ERR）来表征个体在工作中的付出回报不平衡感。他提出了付出回报比的公式①，其被广泛应用于付出回报不平衡感的得分计算。

$$付出回报比=\frac{付出得分}{回报得分}\times c$$

其中，c 是修正系数，c 值的计算公式为：

$$c=\frac{回报子量表的题目数}{付出子量表的题目数}$$

由于本研究中工作付出和工作回报量表所选取的题器不全为李克特五度量表计分，存在题器分值不相同的情况，于是我们先对各题器进行标准化处理，使各题器所占比重相同，再计算付出回报不平衡率。当指标 ERR 大于 1 时，代表此时为高付出—低回报状态，员工存在付出回报不平衡；当指标 ERR 小于或等于 1 时，代表此时为非高付出—低回报状态，也就是付出回报平衡状态。

根据上述计算公式得到，我国城镇劳动者在工作上的付出回报比均值为 1.03、标准差为 0.35，最大值为 3.61、最小值 0.28，均值的频数分布高峰偏左、长尾向右延伸，偏度为 1.71、峰度为 9.00，呈正偏态分布（见图 11-1）。由此可见，我国城镇劳动者在工作中的付出与回报基本处于平衡状态。具体来看，ERR 小于或等于 1 的占 54.48%，这表明我国城镇劳动者在工作上的付出与回报基本均衡、甚至有高回报，工作获得感颇高；ERR 大于 1 的占 45.52%，这表明我国一半以上的城镇劳动者感受到了工作方面的公平；ERR 大于 2 的占 2.81%，该部分群体处于付出回报不平衡状态，其工作回报相比与工作付出较少，工作获得感较低。

① Johannes Siegrist, "Adverse Health Effects of High-effort/Low-reward Conditions," *Journal of Occupational Health Psychology*1, no. 1 (1996): 27-41.

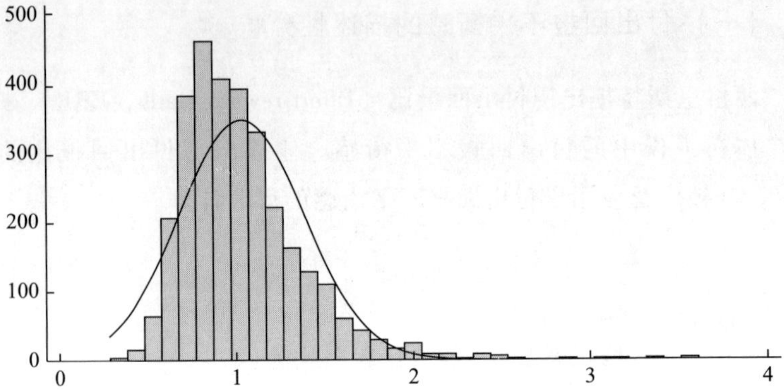

图 11-1　付出回报不平衡感的频数分布

根据上述分析结果，本研究将 ERR 大于 1 的被访者归为工作付出回报不平衡群体（主要代表工作回报低于工作付出的群体）、ERR 小于或等于 1 的被访者归为工作付出回报平衡群体，深入分析两个群体在工作付出和工作回报上是否存在显著差异。*T* 检验结果表明，工作付出回报不平衡与工作付出回报平衡的城镇劳动者在工作付出水平上存在显著差异（$T=-24.23$，$p=0.0000$），具体体现在体力付出、时间付出、情绪劳动和内在付出四个维度上，工作付出回报不平衡群体的得分均值均高于工作付出回报平衡群体。此外，工作付出回报不平衡群体与付出回报平衡群体在工作回报水平上也存在显著差异（$T=37.99$，$p=0.0000$）。具体到工作回报各维度上，工作付出回报不平衡群体在职业意义、职业前景、地位获得、工作稳定、物质获得和荣誉获得上的得分均值均显著低于工作付出回报平衡群体（见表 11-5）。

表 11-5　不同状态城镇劳动者在工作付出和回报各维度上的差异

	维度	工作付出回报平衡群体（均值±标准差）	工作付出回报不平衡群体（均值±标准差）	*T*	*p*
工作付出	体力付出	1.03±0.02	2.09±0.03	-28.47	0.0000
	时间付出	1.12±0.01	1.18±0.01	-4.45	0.0000
	情绪劳动	1.41±0.02	1.96±0.03	-16.10	0.0000
	创新学习	2.31±0.01	2.31±0.01	-0.05	0.9577

续表

	维度	工作付出回报平衡群体（均值±标准差）	工作付出回报不平衡群体（均值±标准差）	T	p
工作付出	岗位熟练	0.58±0.01	0.60±0.01	-1.87	0.0619
	内在付出	2.99±0.01	3.07±0.01	-4.05	0.0001
工作回报	职业意义	2.22±0.01	1.69±0.01	27.36	0.0000
	职业前景	2.18±0.01	1.61±0.01	28.81	0.0000
	地位获得	0.81±0.01	0.57±0.01	20.88	0.0000
	工作稳定	1.69±0.01	1.45±0.01	14.94	0.0000
	物质获得	1.58±0.01	1.29±0.01	27.01	0.0000
	荣誉获得	0.83±0.02	0.25±0.01	23.12	0.0000

（二）付出回报不平衡感的差异性分析

1. 付出回报不平衡感的性别差异

目前社会发展迅速，我国的市场化进程也进一步加快，女性的社会地位逐渐提升，但受长久以来的传统性别观念的影响，“男主外、女主内”的观念仍然存在，如前文数据所示，女性劳动者的月均收入比男性劳动者低 2000 元左右。研究发现，在中国近 40 年社会经济的飞速发展中，性别收入差异呈现扩大的趋势。[①] 收入是工作回报的重要构成要素，在上述月收入差异下，女性劳动者在工作中的工作付出回报不平衡感是否也会高于男性劳动者呢？

数据分析显示，不同性别劳动者的付出回报不平衡感不具有显著差异（$T=0.44$，$p=0.6631$）。进一步检验工作付出和工作回报两个维度发现：在工作付出方面，男性劳动者在工作中的付出显著高于女性劳动者（$T=3.22$，$p=0.0000$），具体表现为男性劳动者在工作中的体力付出、时间付出、创新学习和岗位熟练均显著多于女性劳动者，而女性劳动者在情绪劳动方面的付出显著高于男性劳动者；在工作回报

① 许维娜：《性别、教育与就业收入差异：基于 CHNS 资料的实证分析》，《中国人口资源与环境》2018 年第 1 期，第 70~77 页。

方面，男性劳动者的工作回报显著高于女性劳动者（$T=3.06$，$p=0.0001$），具体表现为男性劳动者在工作中的职业前景、地位获得、物质获得和荣誉获得均显著高于女性劳动者，而职业意义和工作稳定不存在显著的性别差异（见表 11-6）。由此可见，男女劳动者在工作付出上各有偏重，男性劳动者从事的工作往往需要耗费更多的体力和时间，女性劳动者则需要进行更多的情绪劳动；在工作回报的各个维度上，男性劳动者优势明显，但男女劳动者在总体上感知到的付出回报不平衡感并不存在显著差异。

表 11-6　工作付出与工作回报的性别差异

	维度	男性（均值±标准差）	女性（均值±标准差）	T	p
工作付出	体力付出	1.67±0.02	1.51±0.02	5.01	0.0000
	时间付出	1.20±0.01	1.12±0.01	7.81	0.0000
	情绪劳动	1.57±0.02	1.73±0.02	-6.24	0.0000
	创新学习	2.32±0.01	2.26±0.01	3.84	0.0001
	岗位熟练	0.62±0.01	0.57±0.01	4.83	0.0000
	内在付出	3.06±0.01	3.03±0.01	1.74	0.0815
工作回报	职业意义	1.92±0.01	1.90±0.01	1.64	0.1005
	职业前景	1.92±0.01	1.85±0.01	3.11	0.0019
	地位获得	0.74±0.01	0.70±0.01	4.18	0.0000
	工作稳定	1.56±0.01	1.58±0.01	-1.37	0.1700
	物质获得	1.43±0.01	1.41±0.01	2.58	0.0100
	荣誉获得	0.57±0.02	0.51±0.02	2.70	0.0070

根据职业性别隔离理论，劳动者因性别不同而被分配、集中到不同的职业类别，从事不同性质的工作，这被称为职业性别隔离，包括水平隔离和垂直隔离。水平隔离指的是男女在某一职业中的构成比例与其在全部劳动力人口中的比例不一致，即在各行业中男女的占比是不同的，男性更多地集中于制造业、采掘业和交通运输业中，而女性更多集中于商业、餐饮业、服务业、教育业中。可以看

出，男性较为集中的行业的工作大多属于高技术、高体力的工作，从而使得男性劳动者的工作付出在外在付出层面相较于女性劳动者更多。而垂直隔离指的是在所有职业中，男性总是占据着具有较高的地位和收入的职位，职场的进入和升迁通道更多地被男性所垄断，而这也造成了目前女性职业的“玻璃天花板”。正因如此，尽管我国城镇劳动者在工作中感知到的付出回报不平衡感不存在显著性别差异，但本研究仍需关注女性劳动者在工作中的获得感。

有学者对当代中国性别收入差异进行了分析，发现女性的收入劣势与女性更长时间的家务劳动和婚姻联系紧密①，且生育也对女性有“收入惩罚”，已婚已育女性的平均收入水平低于已婚未育女性，生育数量亦与之相关。② 角色理论认为，婚姻和生育赋予女性家庭角色，包括家务劳动和照顾子女的责任。生育和家庭责任往往成为制约女性职业发展的因素之一，可能使她们感到付出回报不平衡。相比之下，未婚女性拥有更多的自由选择权，感受到的不平衡相对较少。因此本研究还将探究：已婚女性的付出回报不平衡感是否高于未婚女性？生育是否会加重女性的付出回报不平衡感？

数据分析显示，不同婚姻状况的女性劳动者在付出回报不平衡感上不存在显著差异（$T=0.91$，$p=0.3457$），已婚和未婚女性劳动者的付出回报不平衡感得分均略高于1，说明无论是已婚女性还是未婚女性在工作中体验到的工作付出回报都较为不平衡。分解到工作付出和工作回报两个方面来看，已婚女性和未婚女性在工作付出（$T=-1.60$，$p=0.1298$）和工作回报（$T=-1.35$，$p=0.2935$）上均不存在显著差异，但是进一步分解到工作付出和工作回报各个维度上，则会发现一些显著差异。在工作付出方面，已婚女性劳动者的体力付出、创新学习和内在付出均显著高于未婚女性，但情绪劳动

① 贺光烨、计迎春、许苏琪：《性别收入差异再探——基于2010年中国妇女地位调查数据》，《社会发展研究》2020年第4期，第181~200页。

② 肖洁：《生育的收入惩罚效应有多大——基于已婚女性收入分布的研究》，《东南大学学报（哲学社会科学版）》2017年第3期，第91~99页。

却显著低于未婚女性劳动者；在工作回报方面，已婚女性的职业意义和荣誉获得都显著高于未婚女性（见表 11-7）。

表 11-7　不同婚姻状况的女性劳动者在工作付出和回报各维度上的差异

	维度	未婚女性（均值±标准差）	已婚女性（均值±标准差）	T	p
工作付出	体力付出	1.39±0.04	1.55±0.03	-3.32	0.0009
	时间付出	1.14±0.01	1.11±0.01	1.90	0.0574
	情绪劳动	1.80±0.04	1.71±0.02	2.35	0.0187
	创新学习	2.23±0.02	2.28±0.01	-2.36	0.0182
	岗位熟练	0.57±0.01	0.57±0.01	0.20	0.8412
	内在付出	2.95±0.02	3.06±0.01	-4.96	0.0000
工作回报	职业意义	1.86±0.02	1.91±0.01	-1.97	0.0491
	职业前景	1.88±0.03	1.84±0.02	1.17	0.2425
	地位获得	0.72±0.01	0.70±0.01	1.66	0.0979
	工作稳定	1.56±0.02	1.58±0.01	-1.19	0.2354
	物质获得	1.39±0.01	1.42±0.01	-1.86	0.0625
	荣誉获得	0.41±0.03	0.54±0.02	-3.86	0.0001

已婚的职场女性在进入家庭生活之后会同时兼任工作角色和家庭角色，相比未婚女性多了作为妻子、母亲的身份，受传统性别观念的影响，她们一方面和男性一样进入劳动力市场获取经济收入，另一方面相较于男性更多地承担着家庭义务，担任了家庭照料的照顾者角色，在时间和精力有限的情况下，这可能导致她们的角色冲突，致使女性员工陷入工作—家庭冲突中。已有研究显示，基于性别的社会角色影响了男女对自身角色的定位和认知，女性实际上每天花在家庭及相应责任上的时间比男性更多，已婚女性员工更可能因为家庭而影响工作，导致她们相较于未婚女性员工拿到更不令人满意的工作报偿和职业地位。[①]

① 许琪、戚晶晶：《工作—家庭冲突、性别角色与工作满意度——基于第三期中国妇女社会地位调查的实证研究》，《社会》2016 年第 3 期，第 192~215 页。

这也使得婚姻极可能影响已婚女性在工作中的获得感。除此之外，根据资源保存理论，个体需要一定的心理和生理资源用于履行社会角色义务，当个人扮演多种角色时，角色压力会消耗甚至耗竭他们的资源，在本研究中则体现为已婚女性的工作内在付出显著高于未婚女性。

传统观念认为，女性应当为了家庭牺牲工作，这种承担生育和抚养义务的家庭照顾者角色也使得女性在劳动力市场中付出了代价，如家庭领域的重要议题“母职收入惩罚”。相较于没有孩子的女性，作为母亲的女性收入更低，甚至在控制了人力资本、工作经验、单位性质等变量的基础上，每生育一个孩子，女性的收入就会有所降低。[①] 结合本研究数据，对生育子女数不同的已婚女性进行方差分析发现，在0.1的显著性水平上，生育子女数较多的已婚女性的付出回报比显著高于未生育子女的已婚女性；但把显著性水平缩小到0.05时，二者之间则不存在显著差异。尽管生育子女数不同的已婚女性在工作回报水平上并不存在统计学意义上的差异（$F=0.66$，$p=0.5463$），但是生育子女数较多的已婚女性在工作上的付出却显著高于未生育子女的已婚女性（$F=2.19$，$p=0.0000$）。具体来看，在工作付出方面，与未生育的已婚女性相比，生育子女数越多的已婚职业女性在工作中付出的体力显著更多，而在工作中的时间付出、创新学习和岗位熟练程度均较低。由此可见，生育子女后的职业女性在家庭中除了扮演子女、妻子的角色，还因扮演母亲这一角色而需让渡更多的时间和精力，生育较多的女性更有可能在工作中感到力不从心，因此工作付出低于未生育的已婚女性。在工作回报方面，除荣誉获得之外，生育过的已婚女性在职业前景、地位获得、职业意义、物质获得及工作稳定上都显著低于未生育子女的已婚女性（见表11-8）。已有研究发现婚育对女性的工资和职业发展都存在明

① 李芬、风笑天：《“对母亲的收入惩罚”现象：理论归因与实证检验》，《国外理论动态》2016年第3期，第74~83页。

显的负向影响①，这也在一定程度上加剧了女性的付出回报不平衡，人力资本理论、工作投入理论、雇主歧视理论都可以帮助我们理解这种现象。

表 11-8　不同生育状况的女性劳动者在工作付出和工作回报各维度上的差异

	维度	0 个子女（均值±标准差）	1 个子女（均值±标准差）	2 个子女（均值±标准差）	3 个子女（均值±标准差）	F	p
工作付出	体力付出	1.31±1.04	1.44±1.13	1.77±1.23	2.02±1.19	13.76	0.0000
	时间付出	1.14±0.37	1.12±0.38	1.09±0.44	0.95±0.47	2.78	0.0254
	情绪劳动	1.72±0.98	1.71±0.97	1.71±0.97	1.65±1.02	0.29	0.8851
	创新学习	2.25±0.47	2.28±0.49	2.30±0.57	2.02±0.69	4.00	0.0031
	岗位熟练	0.58±0.29	0.59±0.34	0.54±0.30	0.44±0.27	5.35	0.0003
	内在付出	2.99±0.47	3.05±0.53	3.10±0.59	3.04±0.70	1.77	0.1312
工作回报	职业意义	2.01±0.52	1.94±0.57	1.85±0.64	1.77±0.69	6.56	0.0000
	职业前景	1.99±0.56	1.84±0.59	1.80±0.71	1.71±0.80	3.82	0.0097
	地位获得	0.68±0.31	0.72±0.36	0.66±0.34	0.64±0.33	5.30	0.0003
	工作稳定	1.52±0.51	1.61±0.45	1.56±0.48	1.49±0.54	2.92	0.0200
	物质获得	1.43±0.31	1.43±0.31	1.39±0.35	1.38±0.25	1.97	0.0972
	荣誉获得	0.56±0.73	0.53±0.73	0.55±0.73	0.61±0.72	0.60	0.6604

人力资本理论认为，工资是衡量个体劳动力市场价值的标尺，它很大程度上取决于个体已有的工作经验与技能。促进工资增长的主要途径是增加人力资本的投入和积累，而非市场活动则会减少人力资本的存量从而导致收入损失。从人力资本理论视角来看，女性承担了生育过程，从生育前的准备到生育后的幼儿哺育和抚养，女性都为此付出了大量的时间与精力，并且因为生育活动，不少女性往往会中断生育前的工作，这阻碍了女性员工人力资本的积累，而

① 贺蓉、丁智鹏：《生育、婚姻与女性工资、职业发展》，《人口与经济》2012 年第 6 期，第 70~78 页。

男性却很少受到生育的负面影响。[①] 生育数量越多的母亲付出的时间成本越多，导致她们在人力资本积累上受到的影响会更大，收入较生育数量较少的女性也更低，加剧其付出回报不平衡感。

工作投入理论认为，工作投入的多少与收入紧密相关，生育及幼儿抚育活动会占据女性很多的时间与精力，降低她们的劳动生产率和工作投入，进而导致其工资收入下降。而不生育的男性可以将主要精力用于工作，因此他们的劳动生产率和工资收入都会有所提升。[②] 根据加里·斯坦利·贝克尔（Gary Stanley Becker）的“新家庭经济学”，时间是一种稀缺资源，而时间的分配是家庭决策中的一项重要内容，生物性差异使两性在各自的优势领域进行活动，大多数家庭趋向于让女性从事非市场活动，这种家庭内部的专门化使得女性投入在劳动市场领域的时间较少，生育数量越多，单位时间内女性投入在工作活动中的劳动会更多，强度也更大，较高的工作付出促使生育子女数较多的已婚女性的付出回报不平衡感高于未生育子女的已婚女性。[③]

雇主歧视理论则从雇主的角度出发对“母职收入惩罚”进行解释，该理论划分了“规范性歧视”与“统计性歧视”。“规范性歧视”是雇主基于刻板印象对已育女性劳动者的工作表现和领导能力的认识偏差，即便有的母亲并没有因为生育影响工作效率；“统计性歧视”指的是雇主在对员工进行评估时对其能力无法全面了解，只能依据个体所属群体的平均状况而非其个人特质进行判断，当雇主基于过往经验认为母亲会更倾向于照顾家庭而非工作时，雇主付给母亲的工作报偿会更少，即生育降低了母亲的工作回报，从而加剧其付出回报不平衡感。总的来说，由于工作—家庭冲突，婚姻和生

① Michelle J. Budig & Paula England, “The Wage Penalty for Motherhood,” *American Sociological Review* 66, no. 2 (2001): 204-225.

② Alexandra Killewald, “A Reconsideration of the Fatherhood Premium: Marriage, Coresidence, Biology, and Fathers' Wages,” *American Sociological Review* 78, no. 1 (2013): 96-116.

③ Gary S. Becker, *A Treatise on the Family* (London: Harvard University Press, 1981), pp. 234-288.

育会加剧女性劳动者的付出回报不平衡感，降低其工作获得感。

2. 不同受教育程度和技术职称的城镇劳动者在付出回报不平衡感上的差异

受教育程度和技术职称都是人力资本中的重要因素，同时也会影响劳动者对付出和回报的感知。数据分析显示，不同受教育程度劳动者的付出回报不平衡感具有显著差异（见表 11-9）。对比发现，随着城镇劳动者受教育程度的提高，他们的工作付出回报不平衡得分均值总体呈现“先升后降”的“倒 U 型”发展趋势。其中，大学本科学历及以上的城镇劳动者的付出回报不平衡感得分均值小于 1，说明他们处于较为平衡的付出回报状况中，有较强的工作获得感。整体上，高学历的人在工作上付出较多，其相应的工作回报也更多，获得感更强。在工作付出维度上，对比发现，与受教育程度较低的城镇劳动者相比，受教育程度较高的城镇劳动者在工作中的付出程度显著较高（$F=4.20$，$p=0.0001$）；在工作回报维度上，对比发现，尽管略有波动，但与受教育程度较低的城镇劳动者相比，受教育程度较高的城镇劳动者在工作中得到的回报总体也较高（$F=98.60$，$p=0.0000$）。由于高学历劳动者拥有更高的知识文化和技术水平，能从事更复杂的工作，因此在工作上付出更多，而较高的工作要求和较低的职业可替代性为高学历劳动者带来了更高的工作回报。

表 11-9　不同受教育程度城镇劳动者在付出回报不平衡感上的差异性分析

	没有上过学 M±SD	小学 M±SD	初中 M±SD	高中/中专 M±SD	大专 M±SD	大学本科 M±SD	硕士 M±SD	博士 M±SD	F	p
工作付出	9.44±2.96	9.54±2.51	10.10±2.58	10.10±2.29	10.17±2.21	10.43±2.17	10.46±1.91	10.05±2.38	4.20	0.0001
工作回报	8.58±2.15	6.25±1.49	6.94±1.74	7.49±1.94	7.85±1.88	9.09±2.09	10.39±1.94	10.90±2.15	98.60	0.0000
付出回报不平衡感	0.92±0.34	1.18±0.36	1.18±0.43	1.11±0.36	1.07±0.34	0.94±0.30	0.81±0.24	0.78±0.26	33.25	0.0000

注：M、SD 为该群体在对应横向变量上的得分均值、标准差。

在 0.001 的显著性水平上，不同技术职称的劳动者的付出回报不平衡感存在显著差异，技术职称高的城镇劳动者的付出回报不平衡感得分均值显著更低（$F=35.36$，$p=0.0000$）。随着劳动者的技术职称从初级提升到高级，他们的工作付出（$F=20.78$，$p=0.0000$）和工作回报（$F=147.86$，$p=0.0000$）都显著提高（见表 11-10）。其中，拥有中级和高级职称的城镇劳动者的付出回报不平衡感得分均值小于 1，说明其工作付出回报状况均衡，工作获得感较强。非专业技术人员的付出回报不平衡感得分均值最高，为 1.13，说明相比专业技术人员，非专业技术人员的工作付出回报状况不平衡，工作回报低于其相应的工作付出，工作获得感较弱。整体上，非专业技术人员的工作付出回报不平衡感强于专业技术人员；在专业技术人员中，技术职称更高的城镇劳动者的付出回报不平衡感更弱。

表 11-10　不同技术职称的城镇劳动者在付出回报不平衡感上的差异性分析

	高级职称 M±SD	中级职称 M±SD	初级职称 M±SD	未定级 M±SD	非专业技术人员 M±SD	F	p
工作付出	11.01±2.63	10.68±2.24	10.30±2.22	10.00±2.18	9.96±2.32	20.78	0.0000
工作回报	9.93±2.10	9.40±2.14	8.24±1.94	7.65±1.94	7.25±1.90	147.86	0.0000
付出回报不平衡感	0.91±0.37	0.93±0.29	1.01±0.31	1.07±0.36	1.13±0.40	35.36	0.0000

注：M、SD 为该群体在对应横向变量上的得分均值、标准差。

人力资本是通过投资形成的并且可以获得回报的技能，劳动者获得的回报与其接受的教育和培训成正比，接受教育是人力资本投资的重要形式。[①] 根据人力资本理论，较高的人力资本水平能够给劳动者带来较高的生产能力，而劳动者因为其具有质量和效率的生产

① Schultz Theodore W.，"Investment in Human Capital，" *The American Economic Review* 51，no.1（1961）：1-17.

能力被劳动单位所雇用并给付一定的薪酬。良好的学历和较高的职称都是高人力资本的体现，代表劳动者拥有更高的知识水平和更专业、熟练的技术能力，组织会给予高人力资本的劳动者更好的工作岗位和待遇。相比低人力资本的劳动者，高人力资本的劳动者会有更好的就业情况和质量，因此学历和技术职称作为知识资本与能力资本的代表，对于劳动者获得高回报有促进作用，能显著降低劳动者的付出回报不平衡感。

3. 不同工作性质的城镇劳动者在付出回报不平衡感上的差异

工作性质会影响劳动者的工作状况和工作环境，表 11-11 的方差分析结果显示，不同工作性质的劳动者的付出回报不平衡感存在显著差异，只有正式工处于付出回报平衡的状态（付出回报比均值为 1），临时工、劳务派遣工和零工都处于高付出—低回报的工作认知状态，其中零工的不平衡感最强（付出回报比均值为 1.42），这可能是因为零工认为自己和他人的工作付出差不多，却获得了远低于他人的工作回报，由此产生了不平衡的心理。不同工作性质的劳动者在工作付出上没有显著差异（$F=1.26$，$p=0.2828$），但在工作回报上却有显著差异（$F=42.39$，$p=0.0000$），正式工在工作中获得的回报最多（均值为 8.36），零工获得的回报最少（均值为 5.61）。整体上，正式工的工作获得感较强，非正式工的工作获得感相对较弱，其中零工的工作获得感最弱。

表 11-11　不同工作性质的城镇劳动者在付出回报不平衡感上的差异性分析

变量	正式工 M±SD	临时工 M±SD	劳务派遣工 M±SD	零工 M±SD	*F*	*p*
工作付出	10.21±2.27	10.27±2.19	10.40±2.42	10.11±2.59	1.26	0.2828
工作回报	8.36±2.16	7.19±1.77	7.47±1.85	5.61±1.54	42.39	0.0000
付出回报不平衡感	1.00±0.33	1.18±0.41	1.12±0.39	1.42±0.42	33.63	0.0000

注：M、SD 为该群体在对应横向变量上的得分均值、标准差。

劳动分工理论认为，社会中的不同工作类型和角色在分配资源和回报时存在不平等。相比非正式工，正式工的社会角色地位更高，享有更多权利和资源，在回报方面相对公平。与此相反，非正式工往往被边缘化，缺乏稳定性和相关权益保障，其回报相对其工作付出亦较为缺乏。

4. 不同类型单位的城镇劳动者在付出回报不平衡感上的差异

单位组织不仅是劳动者工作付出的场域，也是其工作回报的来源。在0.001的显著性水平上，供职于不同类型单位的劳动者的付出回报不平衡感存在显著差异，这意味着不同类型单位中的劳动者在其工作中感知到的付出回报平衡感存在显著差异，但比较发现，他们的付出回报不平衡感得分均值处于0.92~1.07之间，差距并不大（见表11-12）。大集体企业的劳动者基本处于付出回报均衡的状态，国有事业单位、党政群团机构、国有企业、私营企业、小集体企业、外资/侨商/台商独资企业、股份制或股份合作制企业以及上市公司的劳动者存在轻微的付出回报失衡情况，其中上市公司劳动者相较其他单位劳动者的付出回报不平衡感最强，工作获得感最弱。具体来看，在0.001的显著性水平上，不同类型单位的劳动者在工作付出和工作回报上均有显著差异。外资/侨商/台商独资企业的劳动者的工作付出显著高于其他单位劳动者，均值为11.23，同样的，他们获得的工作回报也显著最高，均值为9.55。除外资/侨商/台商独资企业外，工作付出得分均值前三位的为上市公司、国有事业单位和国有企业，工作回报得分均值前三位的为合资企业、农村集体企业和国有事业单位。

表11-12　不同单位中城镇劳动者在付出回报不平衡感上的差异性分析

	工作付出		工作回报		付出回报不平衡感	
	均值	标准差	均值	标准差	均值	标准差
国有事业单位	10.70	2.54	8.45	2.04	1.04	0.34
党政群团机构	9.99	2.52	7.96	1.83	1.01	0.36
国有企业	10.29	2.42	7.85	2.20	1.06	0.35

续表

	工作付出		工作回报		付出回报不平衡感	
	均值	标准差	均值	标准差	均值	标准差
私营企业	10.14	2.25	8.11	2.08	1.02	0.35
大集体企业	10.00	2.14	7.95	2.00	1.00	0.24
小集体企业	10.28	2.21	8.23	2.00	1.04	0.36
农村集体企业	9.24	2.14	8.73	3.03	0.92	0.29
合资企业	9.95	1.92	8.77	2.03	0.92	0.24
外资/侨商/台商独资企业	11.23	2.25	9.55	2.81	1.01	0.41
股份制或股份合作制企业	10.13	2.17	8.19	2.15	1.02	0.34
上市公司	11.02	2.21	8.41	2.18	1.07	0.31
差异显著性	$F=6.12$，$p=0.0000$		$F=15.96$，$p=0.0000$		$F=9.21$，$p=0.0000$	

外资企业通常处于全球市场的竞争环境中，为了保持竞争优势，它们需要劳动者付出更多的努力和创造力。为了适应激烈的竞争环境，劳动者须付出更多的努力来满足公司的要求，并因此获得更好的回报。同时，外资企业往往拥有更多的经济资本和先进的生产技术，这使得他们能够提供更好的工作条件和设施，这种资本投入和技术优势可以提高劳动者的工作效率和质量，从而增加他们的工作回报。

5. 不同行业的城镇劳动者在付出回报不平衡感上的差异

不同行业面对不同的工作环境，方差分析结果表明，不同行业劳动者的付出回报不平衡感具有显著差异（$F=10.31$，$p=0.0000$），工作付出（$F=5.69$，$p=0.0000$）和工作回报（$F=10.37$，$p=0.0000$）也具有显著的行业差异。对比发现，如图 11-2 所示，以全国城镇劳动者付出回报比的均值 1.033 为基准线，手工业、建筑业、餐饮业、旅游娱乐业、服务业、居民自治组织、卫生和社会福利事业、交通运输业这八个行业从业人员的付出回报不平衡感得分均值远高于基准线，均超过 1.1，即这些行业的从业人员处于工作付出回报不平衡的状态，工作获得感相对较弱。同时，粮食种植业、以非农产品为原料的制造业、文化艺术和体育、邮电通信业、信息产业、商业、对外贸易业、咨询业这八个行业的从业人员的付出回报不平衡感得分均值远低于基准线，且均低于1.0，即这些行业的从业人员的工作付出与回报基本处于均衡状态，工作获得感相对较强。

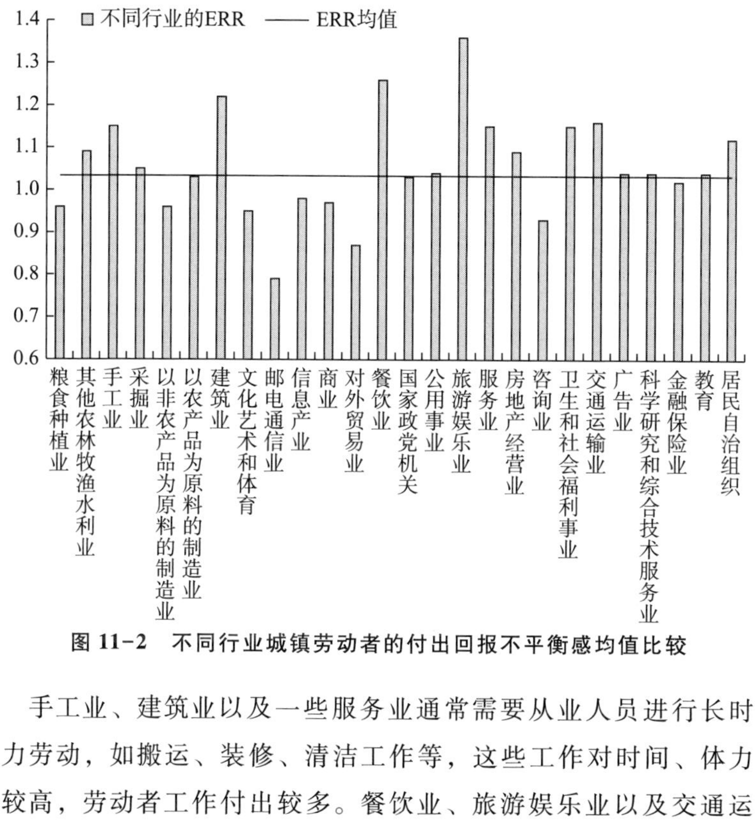

图11-2　不同行业城镇劳动者的付出回报不平衡感均值比较

手工业、建筑业以及一些服务业通常需要从业人员进行长时间体力劳动，如搬运、装修、清洁工作等，这些工作对时间、体力要求较高，劳动者工作付出较多。餐饮业、旅游娱乐业以及交通运输业由于季节性、客流量、紧急情况等原因，从业人员的工作压力较大，他们需要长时间工作、应对突发事件等各种挑战。而邮电通信业、对外贸易业、咨询业、信息产业中的劳动者通常具备一定的专业知识和技能，从业人员在这些行业中需要通过深入的学习和培训来掌握专业知识，并将其应用于实际工作中，他们通过创新和解决复杂问题为单位创造更大的价值，因此工作回报相对较高。

四 付出回报不平衡感的生成与影响机制

在了解付出回报不平衡感的现状及其差异之后，本研究将继续探讨付出回报不平衡感作为工作环境质量评价的重要指标，其生成机制和影响机制是怎样的，哪些因素会加剧或减缓劳动者的付出回报不平衡感，以及付出回报不平衡感对劳动者的心理和行为会产生什么影响。同时，本研究认为工作环境作为劳动者进行工作付出与获得工作回报的重要场域，必定通过一系列组织制度安排影响着劳动者的付出回报不平衡感。因此，接下来本研究将从工作场所、工作时间、工作报偿及员工参与这四个工作环境的基本维度①出发，探寻付出回报不平衡感的生成机制，并继续寻找其他工作环境因素对员工付出回报不平衡感的影响，以及其受到哪些变量的中介或交互效应的影响。

（一）付出回报不平衡感的生成机制

1. 工作场所中的环境风险与付出回报不平衡感：健康风险的中介作用

工作场所是工作环境的主要物理指标，包括劳动过程周围的自然条件和人工环境。工作场所中的环境风险是工作场所风险程度的客观指征，如粉尘、放射性物质、有毒化学品、物理危害等，它们不仅直接作用于劳动者当下的劳动过程和状态，对劳动者的安全与健康构成威胁，也隐含着影响劳动者未来工作能力和生活

① 在工作环境内在的结构当中，工作时间和工作场所作为一种制度规范，在多大程度上考虑了人们的安全与健康、做到人性化的安排，不仅直接作用于人们的工作行为和感受，也形塑着人们对于组织的预期；而工作报偿和员工参与作为一种制度馈赠，在多大程度上满足了人们的多元需求、使预期得以实现，决定了人们对于组织的满意和认同程度，反过来形塑了人们对于制度规范的态度，也影响着人们的工作行为和感受。正是在这个过程中，人们生成了相应的工作环境体验。

的危险。研究发现，社区环境安全特征会对居民健康自评产生影响，当社区公共空间失序、不安全时，居民感到这对其健康造成损害。[①] 工作场所是劳动者长期所处的场所，当工作场所的环境风险较大时，劳动者在工作付出过程中将面临身体健康损伤的风险；健康风险导致了较低的工作生产率，劳动者感知到的工作压力较大[②]，这极可能加剧劳动者的付出回报不平衡感。因此，本研究假定如下。

假设 H11.1：工作场所中的环境风险对付出回报不平衡感存在显著正面影响。

假设 H11.2：健康风险在工作场所中的环境风险与付出回报不平衡感之间起中介作用。

于是，本研究以工作场所中的环境风险为自变量、付出回报不平衡感为因变量、健康风险为中介变量进行回归模型验证。同时，结合表 11-6 至表 11-12 可知，在前文的差异性分析中，本研究发现劳动者的付出回报不平衡感在性别、受教育程度、技术职称、工作性质、单位类型、行业上存在显著差异，因此将其纳入回归分析模型中作为控制变量，并且考虑到工作场所中的环境风险与工作流动性相关，本研究将工作流动性一并纳入控制变量中。表 11-13 的模型 1 中，在控制变量保持不变的前提下，在 0.001 的显著性水平上，工作场所中的环境风险对劳动者的付出回报不平衡感存在显著的正向影响。如果工作场所中不存在任何环境风险，劳动者的付出回报比为 1.030，可认为其工作付出与工作回报基本处于平衡状态；工作场所中的环境风险每增加 1 个单位，劳动者的付出回报不平衡感会

① Scott J. Strath, Michael J. Greenwald & Ann M. Swartz, "Measured and Perceived Environmental Characteristics are Related to Accelerometer Defined Physical Activity in Older Adults," *Journal of Aging & Amp*; *Physical Activity* 40, (2012): 1-9.

② Myde Boles, Barbara Pelletier & Wendy Lynch, "The Relationship Between Health Risks and Work Productivity," *Journal of Occupational and Environmental Medicine* 46, no. 7 (2004): 737-745.

随之增加 0.053 个单位，假设 H11.1 成立。进一步结合模型 2 可知，在保持其他控制变量不变的情况下，工作场所中的环境风险每增加 1 个单位，健康风险就会增加 0.196 个单位。模型 3 将健康风险作为中介变量，在 0.001 的显著性水平上，回归模型里工作场所中的环境风险对劳动者的付出回报不平衡感存在显著的正向影响，同时健康风险对劳动者的付出回报不平衡感也存在显著的正向影响，模型 3 的工作场所中的环境风险的决定系数比模型 1 减少了 0.021。这表明，健康风险在工作场所中的环境风险与付出回报不平衡感之间起显著中介作用，假设 H11.2 成立。为了检验该中介作用，本研究采用 bootstrap 方法对原始数据进行 1000 次的样本抽样，95%置信区间不包含 0，表明效应显著，说明健康风险部分中介了工作场所中的环境风险对付出回报不平衡感的影响，中介效应为 40.36%，健康风险的中介效应成立。

表 11-13　工作场所中的环境风险对付出回报不平衡感的影响：健康风险的中介效应

	模型 1 付出回报不平衡感	模型 2 健康风险	模型 3 付出回报不平衡感
控制变量	已控制	已控制	已控制
工作场所中的环境风险	0.053*** (0.008)	0.196*** (0.007)	0.032*** (0.008)
健康风险			0.104*** (0.015)
截距	1.030*** (0.053)	2.072*** (0.049)	0.810*** (0.062)
F 值	61.86	138.77	60.60
R^2	0.1273	0.1776	0.1404

注：①括号里的数字是标准误；②$^{+}p<0.1$，$^{*}p<0.05$，$^{**}p<0.01$，$^{***}p<0.001$；③模型 1 至模型 3 中的控制变量是性别、受教育程度、技术职称、工作性质、单位类型、行业、工作流动性。

社会认知理论认为，个体在评估和解释自己的经验时，会根据他们观察到的情境和信息形成主观认知。在工作环境中，劳动者经常会观察到不良工作环境对健康的损害，当劳动者遭遇工作环境中存在的健康风险时，他们会将这些风险与工作环境联系起来，并形成工作环境对健康影响的认知。如果劳动者认为其工作环境会对健康产生负面影响，而被损害的健康也是工作付出的一部分，就会导致他们产生付出回报不平衡感。

2. 超时工作与付出回报不平衡感：工作性质的调节作用

体面的工作时间应该考虑到个人的健康与安全，并努力兼顾工作与生活间的平衡。然而部分工作单位不仅要求员工高效率工作，还要求员工不断加班来完成工作任务，长时间、高强度的工作让劳动者身心俱疲，并造成了工作角色与生活角色之间的紧张和冲突。超时工作是亚洲劳动力市场上的普遍现象，当前很多企业实行的“996 工作制”的实质就是超时工作。《国务院关于职工工作时间的规定》第三条规定：“职工每日工作 8 小时、每周工作 40 小时。”[①] 但社会各行业中的超时工作现象仍非常普遍，对超时用工现象的限制规定始终难以得到认真履行。长期的超时工作会使劳动者身心疲惫，甚至危及健康。工时是衡量员工工作付出的重要依据，而超时工作可能会加剧劳动者的付出回报不平衡感。同时，超时工作比较多地存在于制造业、建筑业和服务业等行业当中。[②] 在主要负责产品订单生产的企业中，超时工作现象也十分普遍，这些企业中广泛存在临时工、零工等非正规就业形式，不同于正式工，这种非正式的工作性质使得劳动者缺乏保障并长期从事超时工作。因此，本研究提出假设如下。

---

① 《国务院关于职工工作时间的规定》，https://flk.npc.gov.cn/detail2.html?ZmY4MDgwODE2ZjNjYmIzYzAxNmY0MTI2MGNhNjE5ZTc，最后访问日期：2024 年 1 月 8 日。

② 郭正模：《中国特色的企业超时用工能算“体面劳动”吗——超时用工及企业内部劳动力市场交易双方的行为分析》，《社会科学研究》2015 年第 4 期，第 35~40 页。

假设 H11.3：超时工作[①]对付出回报不平衡感存在显著正向影响。

假设 H11.4：工作性质在超时工作与付出回报不平衡感之间起调节作用。

统计结果见表 11-14。模型 1 中，在保持控制变量不变的前提下，超时工作对付出回报不平衡感存在显著的正向影响，超时工作的时间每增加 1 个小时，劳动者的付出回报不平衡感会增加 0.019 个单位，即劳动者的工作获得感会减少，假设 H11.3 成立。模型 2 中，在控制性别、受教育程度、技术职称和单位类型等变量不变的前提下，组织单位中正式工的付出回报比均值为 1.219，显著低于临时工、劳务派遣工和零工。其中，零工与正式工的付出回报不平衡感差距最大。模型 3 中加入了工作性质作为调节变量，在控制变量不变的前提下，零工与超时工作的交互项的回归系数在 0.01 显著性水平上显著，表明超时工作对劳动者付出回报不平衡感的影响受到工作性质的调节，假设 H11.4 成立。具体来看，在控制变量保持不变的情况下，当正式工没有超时工作时，其在工作中的付出回报比均值为 1.182；当其开始超时工作后，超时工作的时长每增加 1 个小时，其工作付出回报不平衡感就会显著提高 0.015 个单位。同时，观察交互项的回归系数与显著性发现，零工与正式工在面对超时工作时感知到的付出回报不平衡感是存在显著差异的。具体而言，在控制变量保持不变的情况下，零工的超时工作时长每增加 1 个小时，其付出回报不平衡感会显著提高 0.078 个单位。可见，超时工作对零工付出回报不平衡感产生的影响远大于正式工。

---

① 超时工作指的是每天工作超过 8 小时的时间，以小时为单位。本次调查的结果显示，我国城镇劳动者超时工作时间平均为 0.96 小时，标准差为 1.93，中位数为 0.5，峰度为 7.00，呈现正偏态分布。

表 11-14 超时工作对付出回报不平衡感的影响：工作性质的调节效应

	模型 1 付出回报不平衡感	模型 2 付出回报不平衡感	模型 3 付出回报不平衡感
控制变量	已控制	已控制	已控制
超时工作	0.019*** (0.003)		0.015*** (0.004)
工作性质（以正式工为参照组）			
临时工		0.101*** (0.019)	0.088*** (0.020)
劳务派遣工		0.086* (0.034)	0.079* (0.039)
零工		0.293*** (0.066)	0.272*** (0.066)
老板		0.215 (0.330)	0.245 (0.329)
工作性质×超时工作（以正式工×超时工为参照组）			
临时工×超时工作			0.009 (0.009)
劳务派遣工×超时工作			0.004 (0.020)
零工×超时工作			0.078** (0.030)
老板×超时工作			
截距	1.238*** (0.043)	1.219*** (0.043)	1.182*** (0.044)
F 值	70.11	46.72	34.43
R^2	0.1020	0.1082	0.1184

注：①括号里的数字是标准误；②$^{+}p<0.1$，$^{*}p<0.05$，$^{**}p<0.01$，$^{***}p<0.001$；③模型 1 至模型 3 中的控制变量是性别、受教育程度、技术职称和单位类型。

在市场经济发展的进程中，私营企业快速扩张，吸纳了很多原国有企业下岗员工、失业员工等人员就业，而私营企业为了降低企业成本、增强竞争力，会从人力资源上考虑，削减正式劳动者的比例，招收较多的临时工、劳务派遣工和零工等，并且不负责这些非正规就业劳动者的社会保障及福利，这也使得我国城镇劳动力非正规就业的比例进一步扩大。同时，技术在不断创新，网络平台也催生了一大批零工经济劳动者，而以灵活就业为代表的不稳定的非正规就业方式也逐渐成为人们的关注焦点。大量的农村富余劳动力转移到城镇中，只能灵活就业，而灵活就业的劳动者又大多从事缺乏社会保障的计件工作，如外卖员等，他们通过平台的派单数来结算工资，这种计件工资形式意味着劳动者的工作收入和工作时间都缺乏保障，导致劳动者为了赚取更多的收入而投入更多的工作时间，因此零工等非正规就业群体大多长期处于超时工作的环境中。

在《资本论》中，马克思论述了计件工资的本质：计件工资是计时工资的转化形式。在实行计件工资的情况下，似乎工人出卖的是已经物化在产品中的劳动，似乎这种劳动的价格是由生产者的工作效率来决定的，计件工资的形式是不合理的。计件工资实际上不直接表现价值关系。在这里，工人耗费的劳动是由他们生产的产品的件数来计量。由在一定时间内劳动所凝结成的产品的数量来计量。劳动时间本身的价格最终决定于这个等式：日劳动价值=劳动力的日价值。[①] 表面上看，计件工资是根据劳动者的生产效率决定的，而这也导致劳动者会为了获得较高的工作收入主动承担较多的工作量，但实行计件工资使资本家容易提高劳动强度的正常程度，如平台可以通过压低每单任务的价格或者实行更严苛的考核制度等来压低劳动者每一单的劳动价值。因此，虽然非正规就业模式中，劳动者可以自主灵活地选择工作，却带来了超时工作、缺乏保障等一系列问题与风险，也会加剧劳动者的付出回报不平衡感。

3. 工作收入与付出回报不平衡感：相对剥夺感的中介作用

工作收入是劳动者获得的工作回报的一个直观体现，同时，工作收入是大多数劳动者维持个人或家庭基本生活资料的主要来源，也是维持劳动者持续性劳动的保障。国际劳工组织发布的《2020~

---

① 马克思：《资本论》（第一卷），人民出版社，2018，第244~248页。

2021 全球工资报告：COVID-19 时代的工资和最低工资》指出，工作收入是许多家庭在经济上维持生计的主要来源之一。[①] 工作收入的高低直接影响劳动者的主观感受和客观生活条件，一般来说，高工作收入被认为是好工作的特征，若工作收入不符合人们因为劳动投入而产生的回报预期，便可能加剧劳动者的付出回报不平衡感。与此同时，工作收入不仅会被劳动者用于比较实际获得与预期获得的差距，也会被用于比较与同行业、同地方的人的工作收入差距，当人们发现自己的收入与他人相比处于劣势时，便产生了相对剥夺感。收入的相对剥夺是收入比较的结果，会对个体产生“嫉妒效应”，即收入相对别人越低，个体获得的效用也越低，而这种“嫉妒效应”会导致个体产生不满和不公平感。[②] 因此，本研究假定如下。

假设 H11.5：高工作收入会对付出回报不平衡感产生显著负向影响。

假设 H11.6：相对剥夺感[③]在工作收入与付出回报不平衡感之间起显著中介作用。

表 11-15 中，模型 1 将工作收入作为自变量、付出回报不平衡感作为因变量，在控制性别、受教育程度、技术职称、组织地位感知等变量不变的前提下，工作收入每增加 1 万元，劳动者的付出回报不平衡感就会显著降低 0.080 个单位，即工作收入越高，劳动者感知到的付出回报不平衡感就越低，获得感越高，假设 H11.5 成立。模型 2 将工作收入作为自变量、相对剥夺感作为因变量，在保持上述控制变量不变的情况下，工作收入每增加 1 万元，劳动者的相对剥夺感就会显著提升 0.346 个单位，即工作收入越高，劳动

---

① 《2020~2021 全球工资报告：COVID-19 时代的工资和最低工资》，https://www.ilo.org/digitalguides/zh-cn/story/globalwagereport，最后访问日期：2024 年 1 月 8 日。

② Leon Festinger, “A Theory of Social Comparison Processes,” *Human Relations* 7, no. 2 (1954): 117-140.

③ 相对剥夺感是将劳动者收入与朋友、同所在地的人以及同职业的人的收入及工作付出做比较，进行算术平均后生成的潜变量。得分 1~5 分，值越高表示相对剥夺感越低。

者感知到的相对剥夺感就越少。模型3将工作收入和相对剥夺感均作为自变量、付出回报不平衡感作为因变量，保持上述控制变量不变，在0.01的显著性水平上，工作收入对付出回报不平衡感有显著的负向影响，同时相对剥夺感对付出回报不平衡感也有显著的负向影响。将模型1与模型3进行比较，工作收入项的回归系数从-0.080变为-0.024，且在两个模型中此项的回归系数均显著。综上所述，工作收入对劳动者付出回报不平衡感的影响受到相对剥夺感的部分中介，模型3解释了付出回报不平衡感25.09%的差异。为了检验相对剥夺感在工作收入与付出回报不平衡感之间的中介作用，本研究采用bootstrap方法对原始数据进行1000次的样本抽样，间接效应为0.0869，bootstrap标准误为0.011，且在0.001的显著性水平上显著，说明相对剥夺感在工作收入与付出回报不平衡感之间起显著中介作用，假设H11.6成立。

表11-15　工作收入对付出回报不平衡感的影响：相对剥夺感的中介效应

	模型1 付出回报不平衡感	模型2 相对剥夺感	模型3 付出回报不平衡感
控制变量	已控制	已控制	已控制
工作收入（万元）	-0.080** (0.015)	0.346*** (0.017)	-0.024** (0.015)
相对剥夺感			-0.256*** (0.011)
截距	1.12*** (0.066)	2.068*** (0.076)	1.653*** (0.065)
F 值	654.94	167.41	115.13
R^2	0.1243	0.2182	0.2509

注：①括号里的数字是标准误；② $^{+}p<0.1$，$^{*}p<0.05$，$^{**}p<0.01$，$^{***}p<0.001$；③模型1至模型3中的控制变量是性别、受教育程度、年龄、工作性质、技术职称、单位类型、行业、组织地位感知。

结果表明，基于工作收入的影响，员工对于自身付出回报不平衡感的感知在一定程度上是通过同其他参照群体的收入比较而产生的。也就是说，一方面，即使工作付出与工作回报保持在同一水平，但同他人相比的收入劣势地位仍会导致劳动者产生付出回报不平衡感；另一方面，当劳动者与其参照群体都处于付出大于回报的状态时，相对剥夺的状况就会相应减轻，劳动者也不会感到太大的付出回报失衡。

4. 员工参与和付出回报不平衡感：组织支持感的中介作用

员工参与作为工作环境的重要维度，对于员工表达自身诉求、参与企业公共事务有着不可替代的作用。员工参与作为一种组织制度和文化，在大多程度上满足了人们的多元需求、使预期得以实现，决定了人们对于组织的满意和认同程度，反过来形塑了人们对于制度规范的态度，也影响着人们的工作行为和感受。从员工参与决策来看，员工参与决策的方面越多、越深入，劳动者的意见越能得以抒发、越有利于员工自身权益的维护。因此，当员工参与决策更多、更广泛时，便更能体会到"当家作主"的状态，从而更加关心企业的发展，愿意进一步为组织做出贡献。员工参与决策的实现在一定程度上体现了组织对于员工利益和需求的重视，让员工感受到了组织对其参与组织事务的支持和重视，这可能减少其付出回报不平衡感。因此，本研究假设如下。

假设 H11.7：员工参与显著影响劳动者的付出回报不平衡感。

假设 H11.8：组织支持感在员工参与和付出回报不平衡感之间起显著中介作用。

表 11-16 的统计结果显示，模型 1 中，在保持控制变量不变的前提下，员工参与对付出回报不平衡感存在显著的负向影响，回归系数为-0.002，说明员工参与决策程度每提升 1 个单位，劳动者的付出回报不平衡感就会显著降低 0.002 个单位，即参与决策的程度越深、范围越大，劳动者感知到的付出回报不平衡感就越低，假设 H11.7 成立。根据模型 2 的回归结果，在 0.001 的显著性水平上，员工参与对组织支持感有显著正向影响，即员工参与决策程度越深，员工感知到的组织支持感就越高。在模型 3 中，将组织支持感作为中介变量进行回归分析，员工参与对付出回报不平衡感有显著的负

向影响，且组织支持感对付出回报不平衡感也有显著的负向影响，模型的决定系数从模型 1 的 0.1745 提升到了 0.1863，表明员工参与对付出回报不平衡感的影响被组织支持感部分中介了。继续使用 bootstrap 对中介效应进行检验，组织支持感中介掉了员工参与对付出回报不平衡感 30.68%的影响，且在 0.001 显著性水平上显著，直接效应和间接效应的 bootstrap 在 95%置信区间内均不包含 0，说明直接效应和间接效应都显著，也就是说，员工参与不仅能够直接影响劳动者的付出回报不平衡感，还能通过组织支持感的中介作用影响劳动者的付出回报不平衡感，假设 H11.8 成立。

表 11-16　员工参与对付出回报不平衡感的影响：组织支持感的中介效应

	模型 1 付出回报不平衡感	模型 2 组织支持感	模型 3 付出回报不平衡感
控制变量	已控制	已控制	已控制
员工参与	-0.002*** (0.001)	0.007*** (0.001)	-0.001** (0.001)
组织支持感			-0.073*** (0.013)
截距	1.241*** (0.054)	3.153*** (0.081)	1.471*** (0.067)
F 值	64.67	54.00	60.20
R^2	0.1745	0.1355	0.1863

注：①括号里的数字是标准误；② $^{+}p<0.1$，$^{*}p<0.05$，$^{**}p<0.01$，$^{***}p<0.001$；③模型 1 至模型 3 中的控制变量是性别、受教育程度、工作性质、技术职称、单位类型、行业、组织地位感知。

当员工较多参与决策时，就意味着劳动者的意见是重要的，员工可以与组织一起商讨并作出决定，在一定程度上影响了组织决策的制定，这能够使员工感受到个人对于组织的影响力，并体会组织的情感支持及决策支持，有助于员工和组织内在情感的联结，从而减少劳动者的付出回报不平衡感。与此相反，当员工很少参与决策甚至没有参与时，员工难以体会到自身和组织是一体的，而缺乏组织支持，一些工作内容也容易被员工当作琐事和额外的工作量，从而加剧劳动者的付出回报不平衡感。

（二）付出回报不平衡感的影响机制

1. 付出回报不平衡感对工作满意度的影响：三重中介作用

工作满意度无论是对个体、组织还是社会都具有重要意义，对个人的心理环境、组织的经济效益、社会的良性发展都起到至关重要的作用。从组织层面看，工作满意度的评价指标可以帮助企业进行组织诊断、影响企业的未来绩效。① 从个体层面看，工作满意度对劳动者的行为和工作质量有着重要影响，较低的满意度会影响劳动者的工作投入和离职意愿。② 因此，工作满意度已成为组织中一种早期警戒的指针，为企业的管理和决策提供重要的依据。

根据公平理论，个体比较自己的付出和回报，当个体感到自己的付出与回报之间不平衡时，会产生不公平感和不满意。而公平理论又将不平衡感归因于个体对于公平的需求和评价，研究发现当个体感受到不公正对待时，他们会感到相对剥夺，从而影响其满意度和情绪。③ 与此同时，有研究发现，不公平会削弱个体感受到的工作意义和价值。④ 特别是工作回报远不及工作付出时，劳动者会认为自己的工作付出是没有意义的，进而产生对工作的不满意。因此，本研究提出以下假设。

假设 H11.9：付出回报不平衡感对工作满意度有显著负向影响。

---

① Timothy A. Judge, Carl J. Thoresen, Joyce E. Bono & Gregory K. Patton, "The Job Satisfaction-Job Performance Relationship: A Qualitative and Quantitative Review," *Psychological Bulletin* 127, no. 3 (2001): 376-407.

② Timothy A. Judge & Carl J. Thoresen, "Job Satisfaction: Research and Practice. Handbook of Industrial," *Work and Organizational Psychology* 2 (2000): 271-274.

③ J. Stacy Adams, "Inequity in Social Exchange," *Experimental Social Psychology* 2 (1965): 267-299.

④ Brent D. Rosso, Kathryn H. Dekas & Amy Wrzesniewski, "On the Meaning of Work: A Theoretical Integration and Review," *Research in Organizational Behavior* 30 (2010): 91-127.

假设 H11. 10：相对剥夺感在付出回报不平衡感和工作满意度之间起显著中介作用。

假设 H11. 11：工作意义在付出回报不平衡感和工作满意度之间起显著中介作用。

本研究将付出回报不平衡感作为自变量，工作满意度作为因变量，相对剥夺感、工作意义的个人取向、工作意义的社会取向作为中介变量，进行逐步回归分析。表 11-17 的统计结果显示，模型 1 中，在保持控制变量不变的情况下，劳动者的付出回报不平衡感对其工作满意度有显著的负向影响，劳动者在工作上感知的工作付出与回报不平衡每增加 1 个单位，其对工作的满意程度会显著降低 0. 874 个单位，假设 H11. 9 成立。模型 2 至模型 4 以相对剥夺感、工作意义的个人取向和工作意义的社会取向分别为因变量，付出回报不平衡感为自变量，结果显示，在 0. 001 的显著性水平上，劳动者感知到的付出回报不平衡感对相对剥夺感、工作意义的个人取向和工作意义的社会取向都产生了显著负面影响。模型 5 将付出回报不平衡感、相对剥夺感、工作意义的个人取向和工作意义的社会取向一同作为自变量，工作满意度作为因变量，结果显示，四个自变量的回归系数均在 0. 01 的显著性水平上显著。其中，与模型 1 相比，付出回报不平衡感的回归系数降低至-0. 426，且模型 5 的决定系数提高到了 0. 3684。由此可见，相对剥夺感和工作意义在付出回报不平衡感和工作满意度之间起显著中介作用，假设 H11. 10 和假设 H11. 11 成立。继续使用 bootstrap 对中介效应进行检验，相对剥夺感中介掉了付出回报不平衡感对工作满意度 24. 36%的影响，工作意义的个人取向中介掉了付出回报不平衡感对工作满意度 17. 03%的影响，工作意义的社会取向中介掉了付出回报不平衡感对工作满意度 3. 84%的影响，直接效应和间接效应的 bootstrap 在 95%置信区间内均不包含 0，这表明，付出回报不平衡感不仅能够直接影响劳动者的工作满意度，同时分别通过相对剥夺感、工作意义的中介作用间接影响工作满意度。

表 11-17　付出回报不平衡感对工作满意度的影响：相对剥夺感及工作意义的中介效应

	模型 1 工作满意度	模型 2 相对剥夺感	模型 3 工作意义 （个人）	模型 4 工作意义 （社会）	模型 5 工作满意度
控制变量	已控制	已控制	已控制	已控制	已控制
付出回报不平衡感	-0.874*** (0.036)	-0.604*** (0.026)	-0.874*** (0.034)	-0.528*** (0.037)	-0.426*** (0.038)
相对剥夺感					0.567*** (0.018)
工作意义（个人）					0.196*** (0.025)
工作意义（社会）					0.085** (0.024)
截距	4.471*** (0.103)	2.931*** (0.098)	3.105*** (0.098)	2.872*** (0.107)	2.845*** (0.122)
F 值	138.01	169.18	256.65	134.47	184.17
R^2	0.2690	0.3543	0.3998	0.2587	0.3684

注：①括号里的数字是标准误；②$^+p<0.1$，$^*p<0.05$，$^{**}p<0.01$，$^{***}p<0.001$；③模型 1 至模型 5 中的控制变量是性别、受教育程度、工作性质、技术职称、单位类型、行业、组织地位感知。

相对剥夺感的中介作用可以通过以下过程来解释：个体通过自身的工作付出与工作回报的比较不平衡，产生负面情绪和不满，在此过程中个体也同他人进行比较，产生相对剥夺感，这种相对剥夺感会进一步影响个体的心理状态，降低工作满意度。组织据此可以通过塑造公正和公平的文化氛围来减轻相对剥夺感对工作满意度的中介影响。

当劳动者认为工作对于自己或社会具有较高的意义时，他们更容易为了实现自己的工作目标和价值付出努力。而在工作中遭受付出回报不平衡时，这种工作意义可以帮助个体调整其认知和情感反应，减轻付出回报不平衡的负面影响，并且提高工作满意度。当个体认为自己的工作与其自身的价值观和目标相契合时，他们会更加容忍付出回报的不平衡。因此组织可以通过关注个体的工作意义，帮助员工发展与工作目标和价值观相关的内在动机，减轻付出回报不平衡感对工作满意度的负面影响。

2. 付出回报不平衡感对工作倦怠与集群行为态度的影响：相对剥夺感的中介作用

已有研究在讨论员工工作付出回报不平衡感上还存在很多值得探索和挖掘的问题。虽然关于付出回报不平衡模型的实证研究越来越多，但回顾已有文献，研究主要针对付出回报不平衡在个体水平上的影响，如付出回报不平衡感会影响个体健康①、降低员工工作积极性和绩效②，很少有对群体水平上结果变量的研究。而付出回报不平衡带来的负面情绪可能导致人们参与某种群体性行为，如集群行为就是一种典型的群体性行为，指在冲突中表现出的集群性行为或态度，各种形式的游行、集会、示威、静坐，甚至罢工等聚集行为都被研究者们称为集群行为。③ 对集群行为进行研究的其中一种传统为情绪聚焦，指集群行为的产生是因为社会比较导致人们产生了不公正感④，而付出回报不平衡感即员工与组织之间进行社会交换时产生的不公正感，因此可能诱发员工参与集群行为。

社会交换理论认为个人的任何行为都是社会交换活动的结果，而个人进行社会交换是为了获得奖励和报酬。若个人的某一社会交

① J. Li，W. Yang，S. I. Cho & Y. O. Ahn，"Psychosocial Work Stressors Measured by the Korean Version of Job Content Questionnaire in Automobile Manufacturing Workers，" *American Journal of Industrial Medicine* 49，no. 7（2006）：546-556.

② De Lange，Annet H. Taris，Toon W. Kompier，Michiel A. J. Houtman，Irene L. D. & Paulien M. Bongers，"The Very Best of the Millennium：Longitudinal Research and the Demand-control-(support) Model，" *Journal of Occupational Health Psychology* 10，no. 4（2005）：282-305.

③ 弯美娜、刘力、邱佳、杨晓莉：《集群行为：界定、心理机制与行为测量》，《心理科学进展》2011 年第 5 期，第 723~730 页。

④ Roxane De La Sablonnière & Francine Tougas，"Relative Deprivation and Social Identity in Times of Dramatic Social Change：The Case of Nurses，" *Journal of Applied Social Psychology* 38，no. 9（2008）：2293-2314.

换行为并没有带来其所期望的回报，个体可能表现出态度或行为的转变。[①] 员工与组织之间同样是一种社会交换关系，员工进行工作旨在获得与工作付出成正比的工作回报，包括薪酬、工作安全以及晋升空间等，工作付出回报不平衡则会使员工产生消极体验，从而导致个体倦怠，甚至导致其他职业心态或行为的改变，如压力水平和离职倾向的提高。[②] 在群体水平上，付出回报不平衡带来的负面影响若不能被合理消解，员工也难以用合法途径维护自身权益，且用于利益表达的民主渠道较为狭窄[③]，这时员工难以通过制度性渠道释放压力，在不满情绪聚集到一定程度时，往往引发集群行为。由此，本研究提出以下假设。

假设 H11.12：付出回报不平衡对工作倦怠有显著的正向影响。

假设 H11.13：付出回报不平衡感对集群行为态度有显著的正向影响。

社会学家沃尔特·加里森·朗西曼（Walter Garrison Runciman）根据相对剥夺感的形成过程对它进行定义："只有满足以下四个条件，个体才会产生 X 被相对剥夺的感觉：第一，个体自身没有 X；第二，发现周围其他人拥有 X；第三，期望拥有 X；第四，这种期望是合理可行的。"美国著名社会学家泰德·罗伯特·格尔（Ted Robert Gurr）则认为相对剥夺感是行动者对价值期待与价值能力不一致的认知。[④] 价值指人们期待的事件、对象和条件；价值期待是人们认为他们应当获得的一般价值地位；价值能力是人们认为他们目前保

---

① 林新奇、苏伟琳：《社会交换理论视域下的新生代员工激励管理研究》，《现代管理科学》2017 年第 5 期，第 6~8 页。

② Häusler Nadine, Bopp Matthias & Hämmig Oliver, "Effort-Reward Imbalance, Work-Privacy Conflict, and Burnout Among Hospital Employees," *Journal of Occupational and Environmental Medicine* 60, no. 4 (2008): 183~187.

③ 牛静坤、杜海峰、杜巍、刘茜：《公平感对农民工集群行为的影响研究——基于平等意识的调节效应分析》，《公共管理学报》2016 年第 3 期，第 89~99 页。

④ Ted Robert Gurr, *Why Men Rebel* (Princeton University Press, 1970)，转引自黄艳敏、张文娟、赵娟霞《实际获得、公平认知与居民获得感》，《现代经济探讨》2017 年第 11 期，第 1~10 页。

有的一般价值地位。在工作中，价值可以指工作回报；员工感知到付出回报不平衡中的“不平衡的工作回报”可以类比价值能力，为实际获得的回报；而本来期望与工作付出相平衡的工作回报则可以类比价值期待，是期望回报。“实际”与“期望”的差距导致员工感知到付出回报不平衡。当人们在社会生活中实际获得的生活条件和机会低于或远远低于他们所期望拥有的生活条件和机会时，相对剥夺感就产生了。由此，本研究提出以下假设。

假设 H11.14：付出回报不平衡感对相对剥夺感有显著的正向影响。

社会心理学更多地从个体和群体的角度来理解相对剥夺感，根据参照群体的不同水平，相对剥夺可分为个体相对剥夺和群体相对剥夺。[①] 前者是人际比较，指的是通过与周围其他人如内群体成员比较而感知到自身处于不利地位；后者是群际比较，指的是将内群体与其他外群体比较而感知到内群体处于不利地位。[②] 个体感知到相对剥夺时会引发一系列情绪及行为反应，如倦怠和不满，还可能导致向更高社会地位群体的流动等个体行为。[③] 与个体相对剥夺相比，群体相对剥夺更易导致集群行为。大量研究表明，个体相对剥夺和群体相对剥夺具有不同的影响效应。一般来说，个体相对剥夺对压力水平和心理健康等个体水平的结果变量预测作用更强[④]，而群体相对

① Walter Garrison Runciman, *Relative Deprivation and Social Justice* (Berkeley and Los Angeles: University of California Press, 1966)，转引自张春燕《乡村振兴背景下旅游地居民相对剥夺感的形成与疏导》，《湖北大学学报（哲学社会科学版）》2020 年第 3 期，第 163~171 页。

② Serge Guimond & Lise Dubé Simard, “Relative Deprivation Theory and the Quebec Nationalist Movement: The Cognition-Emotion Distinction and the Personal-Group Deprivation Issue,” *Journal of Personality and Social Psychology* 44, no. 3 (1983): 526-535.

③ 张书维、王二平：《群体性事件集群行为的动员与组织机制》，《心理科学进展》2011 年第 12 期，第 1730~1740 页。

④ M. G. Marmot, H. Bosma, H. Hemingway, E. Brunner & S. Stansfeld, “Contribution of Job Control and Other Risk Factors to Social Variations in Coronary Heart Disease Incidence,” *The Lancet* 350, no. 9073 (1997): 235-239.

剥夺对支持社会变革和集群行为等群体水平的结果变量预测作用更强①。有研究者把相对剥夺感定义为：与某一标准相比较，个体觉得自己或自己所在的群体状况更糟糕，并产生愤怒或怨恨的情感反应。② 若是积累了较多的愤怒情绪，该群体中爆发集群行为的可能性就会大大增加。相对剥夺感还具有四个关键特征：相对剥夺感不仅包括应得，还包括想得；个体认为当前所处的状况不经过干预是不可能得到改变的；自己所受到的剥夺不是自己的原因，也不会责备自己；导致产生剥夺的过程不合理。③ 上述四个相对剥夺感的特征与工作付出回报不平衡的形成相符合，这种心理落差和不良情绪会导致个体倦怠，并在群体中引发谋求改变本群体不利地位的集群行为。由此，本研究提出以下假设。

假设 H11.15：相对剥夺感在付出回报不平衡感与工作倦怠之间起显著中介作用。

假设 H11.16：相对剥夺感在付出回报不平衡感与集群行为态度之间起显著中介作用。

我们先通过逐层回归分析的方法，检验相对剥夺感在付出回报不平衡感与工作倦怠之间的中介作用。结果如表 11-18 所示，模型 1 中，在保持控制变量不变的前提下，付出回报不平衡感对工作倦怠存在显著的正向影响，即员工感知到的付出回报不平衡感越强，就越会导致工作倦怠；反之，减少劳动者的付出回报不平衡感也有利于减轻劳动者的工作倦怠程度，假设 H11.12 成立。根据模型 2 的回归结果，在 0.001 的显著性水平上，付出回报不平衡感对相对剥夺

---

① Henri Tajfel & John Turner, "An Integrative Theory of Intergroup Conflict," *The Social Psychology of Intergroup Relations* 33, no. 4 (1979): 74.

② Heather J. Smith, Thomas F. Pettigrew, Gina M. Pippin & Silvana Bialosiewicz, "Relative Deprivation: A Theoretical and Meta-Analytic Review. Personality and Social Psychology Review Relative Deprivation," *Journal of Personality and Social Psychology* 16, no. 3 (2012): 203-232.

③ 孙灯勇、郭永玉：《相对剥夺感：想得、应得、怨愤于未得》，《心理科学》2016 年第 3 期，第 714~719 页。

感具有显著正向影响，即劳动者在工作中感知到的付出回报不平衡感越强，其相对剥夺感也会越强，假设 H11.14 成立。在模型 3 中，将相对剥夺感和付出回报不平衡感都作为自变量、工作倦怠作为因变量，进行多元线性回归分析。此时，相对剥夺感的回归系数仅在 0.1 的显著性水平上显著，而付出回报不平衡感的回归系数与模型 1 相比略有下降，且在 0.001 的显著性水平上显著。继续使用 bootstrap 对中介效应进行检验，相对剥夺感中介掉了付出回报不平衡感对工作倦怠 5.71%的影响，但直接效应和间接效应的 bootstrap 在 95%置信区间包含了 0 值，相对剥夺感产生的间接效应大小为 0.016，标准误为 0.012，且在 0.1 显著性水平上不显著。这表明，相对剥夺感不能中介付出回报不平衡感对工作倦怠的影响，假设 H11.15 不成立。

表 11-18　付出回报不平衡感对工作倦怠的影响：相对剥夺感的中介效应

	模型 1 工作倦怠	模型 2 相对剥夺感	模型 3 工作倦怠
控制变量	已控制	已控制	已控制
付出回报不平衡感	0.284 *** (0.022)	-0.784 *** (0.033)	0.268 *** (0.024)
相对剥夺感			-0.021+ (0.013)
截距	1.06 *** (0.074)	4.064 *** (0.108)	1.144 *** (0.089)
F 值	21.66	227.37	19.79
R^2	0.0668	0.4062	0.0678

注：①括号里的数字是标准误；② $^+p<0.1$，$^*p<0.05$，$^{**}p<0.01$，$^{***}p<0.001$；③模型 1 至模型 3 中的控制变量是性别、受教育程度、工龄、工作性质、技术职称、单位类型、行业、组织地位感知。④此处相对剥夺感反向计分，分值越高，相对剥夺感越弱。

接着，我们通过逐层回归分析的方法，检验相对剥夺感在付出回报不平衡感与集群行为态度之间的中介作用。结果如表 11-19 所示，模型 1 中，在保持控制变量不变的前提下，付出回报不平衡感对集群行为态度存在显著的正向影响，付出回报不平衡感越强，员工对于集群行为的态度也会越积极；反之，当劳动者的工作付出回报处于平衡状态，其也就不倾向于集群行为，假设 H11.13 成立。模型 3 将付出回报不平衡感、相对剥夺感均作为自变量，集群行为态度作为因变量。结果显示，模型 3 中付出回报不平衡感的回归系数小于模型 1 中付出回报不平衡感的回归系数，且在 0.001 显著性水平上显著，即付出回报不平衡感对集群行为态度的直接影响效应为 0.406；同时，相对剥夺感的回归系数也在 0.001 显著性水平上显著。为了检验相对剥夺感在付出回报不平衡感与集群行为态度之间的中介作用，继续采用 bootstrap 方法对原始数据进行 1000 次样本抽样，间接效应为 0.103，且在 0.001 显著性水平上显著，95%置信区间不包含 0。这表明，相对剥夺感不仅能够直接影响劳动者的付出回报不平衡感，同时通过相对剥夺感的中介作用影响员工对集群行为的态度，假设 H11.16 成立。

表 11-19 付出回报不平衡感对集群行为态度的影响：相对剥夺感的中介效应

	模型 1 集群行为态度	模型 2 相对剥夺感	模型 3 集群行为态度
控制变量	已控制	已控制	已控制
付出回报不平衡感	0.509 *** (0.048)	−0.784 *** (0.033)	0.406 *** (0.052)
相对剥夺感			−0.131 *** (0.026)
截距	2.382 *** (0.155)	4.064 *** (0.108)	2.915 *** (0.187)
F 值	19.46	227.37	20.17
R^2	0.0553	0.4062	0.0632

注：①括号里的数字是标准误；② $^{+}p<0.1$，$^{*}p<0.05$，$^{**}p<0.01$，$^{***}p<0.001$；③模型 1 至模型 3 中的控制变量是性别、受教育程度、工龄、工作性质、技术职称、单位类型、行业、组织地位感知。④此处相对剥夺感反向计分，分值越高，相对剥夺感越弱。

总的来说，付出回报不平衡感在个体层面上对工作倦怠有显著的正向影响，但相对剥夺感在其中不存在中介作用。在群体行为影响上，付出回报不平衡感对集群行为态度有显著的正向影响，其中22.70%付出回报不平衡感的效应被相对剥夺感中介了。

当劳动者的工作付出得不到心理预期的回报时，劳动者的心理以及自我认知会更消极，容易出现沮丧情绪以及自我否定，从而导致工作倦怠发生。同时，付出回报不平衡感的负面情绪体验会促使员工对集群行为的态度更积极，因为在个体感知到自身的劣势处境时，会希望通过参与集群行为改变现状，并且不平衡感伴随着员工相对剥夺感的感知，员工会通过集群行为这种非制度化的诉求方式来实现他们的利益目标。因此组织应根据劳动者的工作付出程度制定更加科学合理的绩效薪酬制度，以此体现劳动者的劳动价值，让员工觉得劳有所得，扭转员工不平衡的心理。

第十二章　可持续性的工作环境质量指标体系

如前所述，工作场所、工作时间、工作报偿、员工参与组成了工作环境的内在结构，刻画了客观的组织工作环境，工作要求和组织环境则是这种内在结构的延伸讨论。客观的组织工作环境状况形塑着劳动者所感受到的工作状态与氛围。一个高质量的工作环境能够让劳动者体验到充分的安全感、幸福感和获得感，因此，本研究通过安全感、幸福感和获得感等主观感受来评价客观的组织工作环境状况。但这些当下的主观感受无法指向未来，不能预测劳动者主观感受的存续与变化。一个高质量的工作环境应该是可持续的，能够让劳动者的安全感、幸福感和获得感得到保障，将良好的感受持续下去。因此，本章从可持续发展的角度来讨论工作环境质量，进一步完善工作环境的评价体系。

一　工作环境质量：概念缘起、辨析与厘清

工作环境的研究经历了以关注客观工作环境为主到兼顾客观工作环境与劳动者主观评价的转变。从科学管理理论到人际关系学说再到行为科学，劳动者的生存状态和对工作环境的主观评价逐渐受到关注和重视，工作生活质量、体面劳动等关注劳动者工作状态与体验的研究也逐渐发展起来。本章将回溯工作环境质量的概念缘起，对工作环境质量相关的概念进行梳理辨析，并在此基础上厘清本章关于工作环境质量的概念内涵。

(一) 工作环境质量的概念缘起

工作环境（work conditions）是指从业者在其工作单位中，从主观上所感受到的一种工作氛围（work climate）与工作状态（working state），这种感受对其在组织中的行为会产生重要影响。[①] 工作环境的好坏，即为工作环境质量。人们对于工作环境质量的关注是随着时代的变迁而发展起来的，大致经过了从关注生产力发展水平到关注从业者生存状态的转变。

从科学管理理论到人际关系学说再到行为科学，学界对于组织和劳动者的研究是与时代的发展特征和变迁紧密相联的，关于工作环境质量的研究也是在这个过程中出现的。19 世纪末 20 世纪初，工业革命改进和发展了劳动工具，整个社会的生产力得到解放，大规模生产得以可能，在这一背景下，劳动者素质与管理越发成为影响生产效率的重要因素，众多企业和组织都积极探索如何通过合理的人事管理来提高生产效率。泰勒就人事管理问题进行了大量调查和长期试验，于 1911 年出版《科学管理原理》一书，该书系统地阐述了他的管理思想。[②] 泰勒的科学管理理论揭示了有效的人事管理可以提高员工的劳动生产力和工作绩效，从而提高组织的绩效，但是该理论建立在“经济人”的假设之上，将金钱作为激励员工以提高其生产力的唯一因素，没有考虑到员工在工作过程中的感受，影响了激励效果的发挥。

1924 年，哈佛大学的梅奥（Mayo）教授等人开展了霍桑实验，并在此基础上总结提出了人际关系学说。不同于传统的科学管理理

---

① 张彦、李汉林：《治理视角下的组织工作环境：一个分析性框架》，《中国社会科学》2020 年第 8 期，第 87~107 页。

② 泰勒认为完善的管理应该是通过建立明确的规定、条例使管理制度化，并提出科学管理的四项原则：第一，形成一门真正的科学；第二，科学地选择工人；第三，对工人进行教育和培养；第四，管理者与工人之间亲密友好地合作。参见弗雷德里克·泰勒《科学管理原理》，马风才译，北京：机械工业出版社，2013，第 22~28 页。

论，人际关系学说将员工视为“社会人”，认为影响员工工作绩效的因素除了物质条件，还有社会和心理方面的情感需求，提高工作效率必须要考虑员工在工作中的人际关系，这为后来的行为科学奠定了基础。

行为科学在人际关系学说的基础之上将关注重点从员工在单位中的人际关系转到人力资源的利用上，更加集中深入地去研究人的需要、动机和激励问题，极大地促进了员工激励理论的发展，代表人物有马斯洛、麦格雷戈、赫茨伯格等。马斯洛的需求层次理论和赫茨伯格的双因素理论都关注到了人的需求，并讨论了如何通过满足这种需求来激励员工，这对组织在管理过程中激励员工以提高员工绩效进而提高组织绩效具有启示作用。

管理理论的发展和转变，是站在企业或组织进行人事管理以提高组织绩效实现组织效益的角度上展开的，管理理论的完善和运用使得美国企业的生产效率得到极大发展。20 世纪 70 年代，美国社会的经济水平已经得到了较大的提升，加之人际关系学说的“社会人”假设以及当时欧洲开展的自治工作组织创新活动的启发，人们的关注焦点由原来的生产力发展和组织效益的提高慢慢转向了员工福祉。不但员工越来越重视个人在工作和生活中的需求满足，组织也越来越注重如何通过提高员工的福祉以及员工的满意度等来激励员工进而提高工作绩效。

（二）工作环境质量的相关概念梳理

在劳动领域关于质量的相关概念主要有工作生活质量（quality of work life）和体面劳动（decent work）。

第一，工作生活质量（quality of work life，QWL）。

QWL 最早是在 20 世纪 60 年代后期由美国通用汽车公司工会的领导人欧文·布鲁斯通（Irving Bluestone）提出的。QWL 的概念一经提出，美国便率先采取相应措施，允许员工参与和自己工作相关的决策，并评估员工的满意度，采取一系列措施来提高员工的生产率。初期，学界关于 QWL 的研究主要集中于讨论其定义。1973 年国际工作生活质量委员会（International Council for the Quality of Work Life，ICQQWL）的成立，使 QWL 的研究又向前迈进了一步。[①] 到 20 世纪 70 年代末期，美国企业因为通货膨胀和能源成本等问题的冲击，将注意力集中于应对外来竞争，忽视了 QWL 的发展，使得美国企业生产力锐减。80 年代初期，激烈的国际竞争以及日本因其人性化管理和企业文化而在国际市场中表现出的强势竞争力使美国政府和企业重新关注 QWL 问题，引进了质量小组、参与式管理等方法来改善企业。从 20 世纪 70 年代到 90 年代，许多学者对 QWL 展开了研究，并对 QWL 的概念内涵提出了不同的主张，大致可以分为以下三类。

其一，将 QWL 视作员工的一种主观感受，即员工对于工作及其环境对自身带来的影响的主观感受。比如 Ahmed 认为 QWL 是个人对其工作各个方面的感受，包括工作报酬、福利、安全感、工作安全、人际关系以及工作对个人生活的意义。[②] Efraty 和 Sirgy 认为，QWL 是个人需求在组织内得到满足的程度。[③] Magid 和 Sidney 认为 QWL 是个人在工作环境中所体验到的感受，包括个人在工作场所中的情绪反应和个人需求能在组织中得到满足的程度。[④]

其二，将 QWL 看作一种理念，关注以 QWL 理念引导员工参与组织决策和解决问题的过程，参与式管理、人性化管理等理念是这种观点的代表。比如 Guest 认为 QWL 是一个组织由其成员共同决定其工作生活的方式和实践，员工参与可以让员工内心产生满足感，

① 卿涛、罗键：《工作生活质量研究述评与展望》，《外国经济与管理》2007 年第 12 期，第 50~55、64 页。

② N. Ahmed, “Quality of Work Life: A Need for Understand,” *Indian Management* 20, no. 11 (1981): 29-33.

③ David Efraty & M. Joseph Sirgy, “The Effects of Quality of Working Life (QWL) on Employee Behavioral Responses,” *Social Indicators Research* 22, no. 1 (1990): 31-47.

④ Magid Igbaria & Sidney R. Siegel, “An Examination of the Antecedents of Turnover Propensity of Engineers: An Integrated Model,” *Journal of Engineering and Technology Management* 9, no. 2 (1986): 101-126.

进而对组织做出承诺并发挥自己的潜能，完成组织分派的工作，实现组织目标。[①] Daniel 认为 QWL 是一种关于人、工作及组织的思考方式，强调员工如何把工作做好以及组织如何让员工工作得更好，还强调员工应当参与会对其产生重要影响的决策。[②] 美国职业培训与开发委员会对 QWL 的定义是：QWL 对于工作组织来讲是一个过程，它让各级成员积极参与组织，以营造组织环境、塑造组织模式并取得组织成果。这个过程着眼于两个目标：提高组织效率，改善员工的工作体验和感受。[③]

其三，将 QWL 看作一种方法，认为 QWL 是提高组织绩效的方法和途径。这种意义上的 QWL 基本上可以等同于自治工作组（autonomous work groups）、工作丰富化（job enrichment）等概念。比如 Delamotte 和 Takezawa 认为 QWL 是社会在经济成长时期提升员工满足感与生产力的重要因素以及解决新的劳工问题的相应对策。[④] Kirkman 认为 QWL 是指改善工作环境和满足员工个人需求的整体性改善计划。[⑤]

上述三种不同的界定角度不同，代表的利益也不同。第一类定义站在员工个体的角度，更多地考虑员工个体的利益和期望；而第三类定义则是站在组织的角度，虽然也考虑员工的满意度和需求，但其最终目的是实现组织的利益。第二类定义强调一种以 QWL 理念

---

① R. H. Guest, *Quality of Work Life*, *Learning from Tarrytown* (Harvard University Graduate School of Business Administration, 1979), pp. 76-87.

② Daniel J. Skrovan, *Quality of Work Life*: *Perspectives for Business and the Public Sector* (Addison Wesley Publishing Company, 1983), 转引自卿涛、罗键《工作生活质量研究述评与展望》,《外国经济与管理》2007 年第 12 期，第 50~55 页、第 64 页。

③ Daniel J. Skrovan, *Quality of Work Life*: *Perspectives for Business and the Public Sector* (Addison Wesley Publishing Company, 1983), 转引自卿涛、罗键《工作生活质量研究述评与展望》,《外国经济与管理》2007 年第 12 期，第 50~55 页、第 64 页。

④ Yves Delamotte and Shin-ichi Takezawa, *Quality of Working Life in International Perspective* (Geneva : International Labour Office, 1984), 转引自卿涛、罗键《工作生活质量研究述评与展望》,《外国经济与管理》2007 年第 12 期，第 50~55 页、第 64 页。

⑤ Frank Kirkman, "The Quality of Working Life, Robotics and the Professional Engineer," *Management Decision* 27, no. 4 (1989): 48-54.

引导员工参与到组织中的过程，核心还是对参与式管理等理念的强调，是一种全局的视角，但也因强调过程而显得有些抽象，缺乏对员工和组织互动状态的具体讨论和阐述。综合上述研究，我们如果想要对 QWL 有一个较为完整的理解，就要同时考虑组织的效益目标和员工个人的期望，将两者协调统一起来。

第二，体面劳动（decent work）。

1999 年，国际劳工组织（ILO）在国际劳工大会上提出“体面劳动（decent work）”的概念，将其定义为：“促进男女在自由、公平、安全和具备人格尊严的条件下获得体面的、生产性的可持续工作机会”。[①] 这一定义突出了劳动者除了从工作中获得经济报偿、维持生存，还应该从工作中获得尊严、自由、公平等。与 QWL 类似，“体面劳动”同样关注员工在工作过程中的需求。西方学者将“体面劳动”分为六个维度，分别是：工作机会、在自由的条件下工作、生产性的工作、工作平等、工作安全和工作尊严。[②] 前两个维度分别指工作的可获得性和可接受性，后四个维度则是说明在可获得和可接受的工作中什么是体面的工作。[③] 还有国内学者在其文章中介绍西方学术界有人提出工作的环境条件应由“工作环境质量（the quality of work environment，QWE）”来表述，包括工作的经济条件、物质条件和组织环境等。[④]

相较于工作生活质量对员工主观感受的一种笼统概括而言，体面劳动更具象地阐述了什么样的工作才是“体面”的工作，此处的“体面”，我们也可以将其理解为“有质量”的同义词，除此之外，

---

① International Labour Office，“Decent Work. Report of the Director-General.”（paper presented at the International Labour Conference. 87th Session，Geneva，1999）.

② R. Anker，I. Chernyshev，P. Egger & F. Mehran，“Measuring Decent Work with Statistical Indicators，” *International Labour Review* 142，no. 2（2003）：142，147.

③ 国福丽：《国外劳动领域的质量探讨：就业质量的相关范畴》，《北京行政学院学报》2009 年第 1 期，第 86~91 页。

④ 贾海薇、王文生、朱正威：《工作生活质量的影响因素及评价指标》，《华南农业大学学报》（社会科学版）2003 年第 2 期，第 134~139 页。

体面劳动的概念还包括“可持续”的内涵，即一份有质量的工作应该是可以持续的，工作的可持续对于员工来讲是一种稳定的保障，对员工持续获得生存保障以及增强工作安全感等具有重要作用。在人力资源成为企业发展的关键资源的今天，工作的可持续性不仅对员工个人具有重要意义，也对组织具有重要意义，“留住人才”是实现组织效益的关键因素。因此，工作的可持续性对于我们讨论员工对工作的主观感受以及组织的发展具有启示意义。

（三）工作环境质量的内涵

虽然“工作生活质量”和“体面劳动”都是劳动领域关于质量的概念表述，但是两个概念的侧重点并不相同。工作生活质量侧重员工对于工作及其环境对个人带来的影响的主观感受。这种主观感受是综合性的，它包括工作报酬、福利、人际关系以及工作对个人生活的意义等多个方面，它讨论的范围不只局限于工作，还扩展到了生活。体面劳动则强调体面，它关注的是从业者从工作中获得的尊严、自由、公平等，同时，还强调工作机会的可持续性。而工作环境质量则是在兼顾客观工作环境内在结构的基础上体现劳动者在工作环境中的主观体验。综合对工作生活质量和体面劳动的讨论，为了更全面地刻画劳动者的工作状态，本章提出工作环境质量的概念，用以表征劳动者工作状态的好坏。我们将其界定为：组织中的人对其所处的工作环境的总体感知。工作环境质量高则意味着劳动者对其所处的工作环境的总体感知较为良好；反之，工作环境质量低则意味着劳动者对其所处的工作环境的总体感知较差。这种感知一方面可以反映员工当下的工作体验和感受，另一方面会影响组织成员未来的态度和行为。据此，我们将工作环境质量指标分为两类：一类是指向当下的，即反映组织中的成员当下对工作环境的体验和感受，比如工作满意度、相对剥夺感、工作压力等；另一类则是指向未来的，即通过这些指标一定程度上可以预见未来劳动者对其所处的工作环境的总体感知。这就是下文要着重讨论的可持续性的工作环境质量指标。

二 可持续性的工作环境质量指标体系的建构、操作化与测量

可持续性的工作环境质量指的是劳动者对其所处的工作环境拥有持续的感知和体验。周雪光认为讨论组织可持续发展的意义在于"组织本身作为一种资源，它的内部积蓄了技术、工艺、管理等信息，组织结构延续了它在试错过程中得到的学习经验，并在组织结构、组织规章制度中将那些经验教训保存下来……人走组织在，组织可以超越个人而存在"。[①] 周雪光的观点强调的是依靠稳定的组织结构所实现的组织可持续发展，在这种情境下员工个体的去留不会对组织的生存与发展造成太大的影响。然而，在人力资源越来越成为组织发展关键的今天，组织和员工的命运也越来越紧密地联结在一起。组织和个人的关系是共生的，员工是组织生存和发展的重要资源，组织目标和效益的实现需要员工的共同努力，而员工价值的实现又需要依托组织提供的条件和环境。因此，员工能否在组织中、在自己的岗位上持续地工作下去，与组织能否持续地发展下去是息息相关的。组织为员工提供良好的条件和环境来激励员工的工作动机进而改善其工作行为，员工的劳动又反过来推动组织的效益提升和制度结构的完善。员工在这种互动的过程中，产生对工作和组织的感受和体验。当这种感受和体验是持续性的时候，它将影响到员工未来的工作态度和行为。已有研究表明，员工对组织政策和实践的感知比政策本身更有助于预测员工的行为。[②] 如果员工的工作体验

① 周雪光：《组织社会学十讲》，社会科学文献出版社，2003，第 315 页。

② Amy E. Colbert, Michael K. Mount, James K. Harter, L. A. Witt & Murray R. Barrick, "Interactive Effects of Personality and Perceptions of the Work Situation on Workplace Deviance," *Journal of Applied Psychology* 89, no. 4 (2004): 599; Sandy J. Wayne, Lynn M. Shore & Robert C. Liden, "Perceived Organizational Support and Leader-member Exchange: A Social Exchange Perspective," *Academy of Management Journal* 40, no. 1 (1997): 82-111.

和感受是积极的，那么员工就更可能拥有积极的工作态度、做出积极的工作行为、给予组织积极的反馈，从而与组织之间形成积极的、良性的互动；反之，如果组织的工作环境给员工带来的总体感知是消极的，那么员工就很可能产生消极的工作态度和行为，比如怠工、离职等。

基于员工与组织互动的视角，可持续性的工作环境质量指标体系由工作意义、职业机会和工作家庭冲突三个概念共同组成，本章在进一步厘清三个概念各自的内涵的基础上，参考已有研究的测量，对三个概念进行操作化，得到可持续性的工作环境质量量表，具体过程如下。

（一）可持续性的工作环境质量指标体系的建构和操作化

1. 工作意义

员工与组织之间的互动是多方面的、由内而外的。第一层互动是员工与其所负责的工作内容之间的互动。这种互动是双向的，一方面，组织要有意识地设计具有挑战性、激励性的工作内容，为工作意义的激发提供基础。另一方面，员工所从事的工作内容是不是他自己感兴趣的、是不是他认为有意义的，对员工会不会继续从事这份工作或者会不会有更积极的工作态度和工作行为具有重要影响。这种互动体现为员工所感知到的工作意义，它是员工在与工作内容互动的过程中产生的一种持续的良好感受和体验，将影响员工在组织中的态度和行为。因此，当我们谈论可持续性的工作环境质量指标体系时，讨论工作意义是必要的。

随着物质生活水平的不断提高以及价值观的多元化，人们对工作、对生活的理解和选择都呈现多样化的特征，工作和生活的意义不再仅仅停留于温饱的满足，而是有了更多的追求。工作意义是激发从业者持久内在动机的重要因素，它会影响人们的工作态度、行为表现，带来相应的个人和组织后果。关于工作意义（meaning of work）概念，不同的研究者有不同的理解，大致可以归纳为以下四种取向。

第一种是从工作特征的取向来界定工作意义。早在 1976 年，Hackman 和 Oldham 就提出了一个工作特征模型，认为工作意义是一种工作特征，由技能多样性、任务完整性和任务重要性三个工作特征共同决定。[①] 近年来，也有一些学者从这一取向出发，来定义工作意义。例如，认为工作意义是能够促使个体获得或者维持某个或多个维度上意义的工作本身或者工作场所的特征。[②] Hoogervorst 则认为工作意义是一种能满足和实现员工对工作的普遍需求或欲望的工作场所特征。[③]

第二种是从价值观的取向来界定工作意义的内涵，强调工作在满足个人需求方面的有用性、有效性和重要性，可以理解为，工作意义即人们赋予工作的重要性、信念及价值。[④] 国外有学者将工作意义定义为基于个人理想和标准来衡量一个工作目标的价值。[⑤] 我国学者风笑天则认为工作意义涉及工作意味着什么、工作在生活中有什么样的重要性等问题。从这一角度出发，对个体来说，越有价值的工作就越能体现出工作的意义，而这种价值判断则是多元的。[⑥]

---

① J. Richard Hackman & Greg R. Oldham，“Motivation through the Design of Work：Test of A Theory，” *Organizational Behavior and Human Performance* 16，no. 2（1976）：250-279.

② Paul Fairlie，“Meaningful Work，Employee Engagement，and Other Key Employee Outcomes：Implications for Human Resource Development，” *Advances in Developing Human Resources* 13，no. 4（2011）：508-525.

③ Jan Hoogervorst，“The Imperative for Employee-centric Organizing and Its Significance for Enterprise Engineering，” *Organizational Design and Enterprise Engineering* 1，no. 1（2017）：43-58.

④ MOW International Research Team，*The Meaning of Working*，New York：Academic Press，1987，转引自宋萌、黄忠锦、胡鹤颜、綦萌《工作意义感的研究述评与未来展望》，《中国人力资源开发》2018 年第 9 期，第 85~96 页。

⑤ Marjolein Lips-Wiersma & Lani Morris，“Discriminating between ‘Meaningful Work’ and the ‘Management of Meaning’”，*Journal of Business Ethics* 11，no. 88，（2009）：491-511.

⑥ 风笑天：《工作的意义：两代人的认同与变迁》，《社会科学研究》2011 年第 3 期，第 83~90 页。

第三种取向是从关系的角度来理解工作意义，认为工作的意义体现在各种关系中，可以理解为个体内心世界与工作场所外在表现的一种联系，强调工作意义的本质是一种“联系”。[①] Wrzesniewski 等认为工作意义不仅体现在自我实现中，还体现在与工作、他人、伟大事物（如宗教或公益组织的使命）的高质量关系中。[②] 受文化背景影响，中国是一个注重关系的社会，和谐的关系（如领导下属关系、员工关系与家庭关系）能使人们感知到工作与生活的意义。[③]

第四种取向是从主观感受或体验来看待工作意义。Lips-Wiersma 和 Wright 认为工作意义是个体关于所从事工作的存在性意义和目标的个人主观体验。[④] 我国学者陈佳乐将工作意义定义为“个体对自己从事工作所具有的价值、目的和重要性的主观体验，并指出这种主观体验具有积极性、动态性和整体性的特征”。[⑤]

第一种取向和第二种取向的工作意义都是静态的，因为它们体现的是一段时间内相对稳定的工作特征或价值信念系统。就工作特征而言，工作特征是由工作本身决定的，具有外在的客观性。就价值观而言，劳动者个人的价值观一经形成便不容易改变，是相对稳定的，它反映出劳动者对于工作的持久的看法和认识。第三种取向将“联系”视为工作意义的本质，对于工作意义的讨论不只局限于工作本身，而是扩展到与同事、家人等“他人”的互动。第四种取

① 田喜洲、左晓燕、彭小平：《工作意味着什么——工作意义概念、影响与研究框架》，《心理研究》2017 年第 2 期，第 56~66 页。

② A. Wrzesniewski, “Finding Positive Meaning in Work,” in Kim Cameron & Jane Dutton, *Positive Organizational Scholarship: Foundations of A New Discipline* (San Francisco: Berrett-Koehler Publishers, 2003): 451-470.

③ 周文霞、孙健敏：《中国情境下职业成功观的内容与结构》，《中国人民大学学报》2010 年第 3 期，第 124~133 页。

④ Marjolein Lips-Wiersma & Sarah anright, “Measuring the Meaning of Meaningful Work: Development and Validation of the Comprehensive Meaningful Work Scale (CMWS),” *Group & Organization Management* 37, no. 5 (2012): 655-685.

⑤ 陈佳乐：《工作意义感的含义及量表的修订》，硕士学位论文，中国人民大学，2016，转引自宋萌、黄忠锦、胡鹤颜、綦萌《工作意义感的研究述评与未来展望》，《中国人力资源开发》2018 年第 9 期，第 85~96 页。

向则主要关注个体对于工作的主观感受或体验，更强调劳动者的主体性。工作意义是可持续性的工作环境质量指标之一，其内涵与工作环境质量的内涵是统一的。这种统一主要体现在都关注人的主观感受和总体感知。工作意义本质上是一种主观感受，劳动者从自己与工作内容的互动中获得这种主观感受。并且，这种主观感受是综合性的，它涵盖了劳动者对于工作意义和价值的感知，以及因工作联系而产生的同事关系等。所以，本章将工作意义界定为个体对于自己正在从事的工作的价值的主观感受和体验。

关于工作意义的维度归纳，最具代表性的是 Rosso 等[①]提出的二维模型和 Lips-Wiersma 与 Wright[②] 提出的全面发展模型，两个模型中，都提到了一个相同的关键维度——个体行为指向的主体。在 Rosso 等的二维模型中将个体行为指向的主体分为自我指向和他人指向，在 Lips-Wiersma 与 Wright 的全面发展模型中则分为关注自我和关注他人。[③] 我国学者宋萌等在其综述文章中整理了工作意义相关研究的维度，发现既有研究中的大部分维度均可归纳到 Rosso 等提出的二维模型中。[④] 这种维度划分对于本章所讨论的工作意义仍具有借鉴意义和适用性。工作意义作为个体对于自己正在从事的工作的价值的主观感受和体验，一方面体现为个体主观感受到的工作为自己带来的意义，主要表现为自豪感、名声和成长发展；另一方面体现为个体主观感受到的工作为他人或社会带来的意义，主要表现为给他

① B. D. Rosso, K. H. Dekas & A. Wrzesniewski, “On the Meaning of Work: A Theoretical Integration and Review,” *Research in Organizational Behavior* 30 no. 5 (2010): 91-127.

② Marjolein Lips-Wiersma & Sarah Wright, “Measuring the Meaning of Meaningful Work: Development and Validation of the Comprehensive Meaningful Work Scale (CMWS),” *Group & Organization Management*37, no. 5 (2012): 655-685.

③ Marjolein Lips-Wiersma & Sarah Wright, “Measuring the Meaning of Meaningful Work: Development and Validation of the Comprehensive Meaningful Work Scale (CMWS),” *Group & Organization Management* 37, no. 5 (2012): 655-685.

④ 宋萌、黄忠锦、胡鹤颜、綦萌：《工作意义感的研究述评与未来展望》，《中国人力资源开发》2018 年第 9 期，第 85~96 页。

人或社会带来了帮助、影响或贡献。据此，我们将工作意义分为内在取向和外在取向两个维度，具体见表 12-1。

表 12-1　工作意义的操作化

变量	维度	题器	编码
工作意义	内在取向	这份工作在多大程度上增加了您的自豪感	1-没有 2-较小 3-较大 4-很大
		这份工作在多大程度上提升了您的名声或社会地位	
		这份工作在多大程度上提高了您的技能或知识水平	
	外在取向	您做的这份工作对他人的帮助有多大	
		您做的这份工作对他人的影响（改变态度、观念、生活、工作等）有多大	
		您做的这份工作对社会的贡献有多大	

2. 职业机会

第二层互动是员工与职位之间的互动，这关系到员工的职业生涯发展，如果员工所在组织能为其职业发展提供相应的机会和支持，就能对员工进行有效激励，员工就能有劲头、有奔头，这将有利于实现员工职业生涯发展目标和组织发展目标的统一，并逐渐培养起员工对组织的忠诚，这既有利于员工实现个人的发展，同时也有利于组织更好地留住人才，从而达到组织及个人的可持续发展。员工与职位之间的互动主要体现为职业机会，即员工感知到的可获得的工作机会（如晋升）的可能性的大小。在职业激励理论中，个体的工作行为和决策在不同程度上是由其实现自身职业目标的愿望所驱动的。[①] 当员工感知到的职业机会越多时，他提高工作绩效的动力可能就越大。当员工感知到自己的职业机会是由目前所在组织提供的

① M. London, "Toward a Theory of Career Motivation," *Academy of Management Review* 8, no. 4 (1983): 620－630; M. London & E. M. Mone, "Career Motivation," in J. H. Greenhaus & G. A. Callanan, eds., *Encyclopedia of Career Development* (vol. 1) (Thousand Oaks, CA: Sage, 2006), p. 130-132.

时候，员工的职业目标就和组织提供的机会达到了一种匹配的状态。这时，员工会倾向于认为在当前组织中努力工作有助于实现自己的职业目标，[①] 而离开组织就意味着很可能会丧失职业发展的宝贵机会，所以，员工在被激励着更努力工作的同时，也会表现出更强烈的留职意向。[②] 因此，测量个体的职业机会感知对我们讨论组织及个人的可持续性发展具有重要意义。

职业机会是从员工与职位互动的层面来看工作环境质量的一个视角，它可以表征员工在职业发展上的预期或者说可能性的大小。当员工感知到良好的职业机会时，才能对职业发展抱有希望和预期，这种希望和预期可以使员工产生一种持续的良好的工作状态。

随着组织的扁平化发展和就业市场竞争性的不断增强，自主择业、双向选择、职业流动、竞聘上岗、裁员解聘的现象越来越频繁地发生。在这样的背景下，许多人的就业不再仅仅局限于固定的职业和单一的组织之中，终身就职于单一组织中的情况已经不再普遍。对于员工个人而言，不论是同一组织内的职位变化还是不同组织间的职位变动，都是为了寻求更好的工作条件和机会。然而，对于组织来说，组织的发展和绩效提升才是其关注的重点，频繁的人员变动无疑会给组织的经营管理带来极高的成本。所以，组织会通过一些人力资源管理策略来留住人才，职业机会就是其中的一种。

对于职业机会概念的理解，不同的学者有不同的看法。我国学者刘爱军和王锐认为职业机会是指“组织重视人才的内部培养，规划员工的职业发展，并在组织内部为其提供工作轮换的机会和职位

---

① Rachel Day & Tammy D. Allen, “The Relationship between Career Motivation and Self-efficacy with Protégé Career Success,” *Journal of Vocational Behavior* 64, no. 1 (2004): 72-91; M. London, “Toward a Theory of Career Motivation,” *Academy of Management Review* 8, no. 4 (1983): 620-630.

② Thomas W. Lee, Terence R. Mitchell, Chris J. Sablynski, James P. Burton & Brooks C. Holtom, “The Effects of Job Embeddedness on Organizational Citizenship, Job Performance, Volitional Absences, and Voluntary Turnover,” *Academy of Management Journal* 47, no. 5 (2004): 711-722.

晋升的空间，确保优秀的员工能够在组织中发挥出最大的作用”。[①] 还有学者将职业机会和职业机会感知作为两个独立的概念来界定。例如，Wheeler 等将职业机会定义为一个人所处的环境能否为其提供有利的支持，员工知觉职业机会则是个体感知到的可获得的工作机会（如晋升）的可能性的大小。[②] Maria 等人则将职业机会感知定义为员工对工作任务和工作机会与他们当前组织的职业兴趣和目标相匹配的程度的感知。[③] Veldhoven 和 Dorenbosch 认为职业机会主要包含收入提升的可能性、就业机会、参与培训的机会和晋升速度四个方面。[④] 学者们对职业机会的界定有一个共同点，即都认为职业机会包含组织为员工提供的工作机会、晋升空间或者说晋升可能性。同时也存在一些差异，有学者侧重“可能性”，有学者则侧重“支持”，且在界定过程中还涉及职业发展等其他相关概念。因此，为了能更好地对职业机会进行概念界定和测量，有必要对职业机会的相关概念进行回顾。

与职业机会相关的概念主要有职业成长。Graen 认为职业成长（career growth）是个人沿着对自己更有价值的工作系列流动的速度，表明职业成长是一个速度的概念。[⑤] 也有学者将职业成长定义为雇员

① 刘爱军、王锐：《再析薪酬涵义》，《中国人力资源开发》2010 年第 1 期，第 99~103 页。

② Anthony R. Wheeler, Vickie C. Gallagher, Robyn L. Brouer & Chris J. Sablynski, "When Person-organization (mis) Fit and (dis) Satisfaction Lead to Turnover: The Moderating Role of Perceived Job Mobility," *Journal of Managerial Psychology* 22, no. 2 (2007): 203-219.

③ Maria L. Kraimer, Scott E. Seibert, Sandy J. Wayne, Robert C. Liden & Jesus Bravo, "Antecedents and Outcomes of Organizational Support for Development: The Critical Role of Career Opportunities," *Journal of Applied Psychology* 96, no. 3 (2010): 485-500.

④ Marc Van Veldhoven & Luc Dorenbosch, "Age, Proactivity and Career Development," *Career Development International* 13, no. 2 (2008): 112-131.

⑤ G. B. Graen, H. Chun, R. Dharwadkar & M. Wakabayashi, "Predicting Speed of Managerial Advancement over 23 Years Using a Parametric Duration Analysis: A Test of Early Leader-member Exchange, Early Job Performance, Early Career Success, and University Prestige." *Best Papers Proceedings: Making Global Partnerships Work. Association of Japanese Business Studies, Washington DC*, (1997), pp. 75-89.

在现有组织中可能获得的职业发展和成长的机会，比如承担更多的责任、承接更有挑战的事务以及积累更丰富的经验。袁庆宏等将职业成长分为结构性成长和内容性成长，前者主要指职位晋升带来的更多的责任和挑战，而后者则主要指员工在现有的职位上因工作内容和经验产生更多的工作动机和业绩。[①] 翁清雄等则认为职业成长可以分为组织内的职业成长和组织间的职业成长，并将组织内的职业成长操作化为四个具体的维度。这四个维度分别是员工在目前所在组织内部的职业能力发展速度、职业目标进展速度、晋升速度和报酬增长速度。[②] 虽然职业成长强调的是速度，但其描绘的成长具体内容指的是职业能力、职业目标的成长和职位的晋升。而要实现职业能力、职业目标的成长和职位的晋升，有一个重要的前提是劳动者在组织中拥有实现成长和晋升的机会。职业机会、职业成长两个概念都涉及员工在职业上的发展和成长，但各自的侧重点不同。职业成长关注的是发展和成长的速度；职业机会关注的则是发展和成长的机会，是实现职业成长的重要前提，具有明显的未来指向，这与可持续性的工作环境质量是相契合的。只有感知到组织中的职业机会时，员工才会对自己在组织内实现职业成长的可能性抱有期望，这种怀有期望的状态对员工拥有持续的良好工作体验有着积极意义和重要影响。

当我们将职业机会作为可持续性的工作环境质量指标之一来讨论时，关注的就不仅仅是员工个人的职业成长和发展，同时还要兼顾组织的发展。因此，本章讨论的职业机会是组织内部的职业机会，关键在于如何将员工的职业发展目标与规划同组织的发展目标相结合，实现两者的匹配，从而达到员工能在组织中实现职业的成长与发展、组织也能够留住人才实现组织发展的“双赢”局面。基于以

---

① 袁庆宏、王双龙、张田：《雇员职业生涯发展中职业成长的驱动作用研究——基于 MBA 学员深度访谈与自传资料的案例分析》，《管理案例研究与评论》2009 年第 3 期，第 142~152 页。

② 翁清雄、席酉民：《职业成长与离职倾向：职业承诺与感知机会的调节作用》，《南开管理评论》2010 年第 2 期，第 119~131 页。

上比较和讨论，本章将职业机会定义为员工在当前组织中主观感知到的发展机会，包括职业目标实现的机会、能力得到施展的机会和晋升的机会。具体操作化见表 12-2。

表 12-2 职业机会的操作化

变量	题器	编码
职业机会	在未来的三年里，您在单位内实现自己理想的机会有多大 在未来三年里，您在单位内发挥自己才干的机会有多大 在未来三年里，您在单位内升迁的机会有多大	1-很小或无机会 2-较小 3-一般 4-较大 5-很大

3. 工作家庭冲突

第三层互动是更大范围内的工作与家庭的互动，主要体现为工作家庭冲突。工作和家庭是劳动者生活的两个重要领域，随着当今社会发展速度不断加快，劳动者工作与家庭的压力问题也日益凸显。一方面，“996”工作制、“007”工作制、“内卷”等词汇引起许多网友的热议，其背后反映的是劳动者在工作上投入的时间和精力越来越多，而工作之外的家庭生活的时间和空间则受到了很大程度的挤压。另一方面，对于一些职场人士，尤其是已婚且育有子女的职场人士来说，来自家庭的事务和压力又分散了他们在职场上的时间和精力。这种工作与家庭之间的冲突，会直接影响员工个体的压力感、工作满意度和心理健康状态，也会影响员工在组织中的表现，进而影响组织绩效。因此，探讨工作家庭冲突的话题有很强的现实关照意义。

学界关于工作家庭冲突的研究从 Greenhaus 和 Beutell 在 1985 年提出工作家庭冲突的概念开始起步，认为工作家庭冲突是个体工作角色的要求和家庭角色的要求无法同时得到满足引发的冲突，这是角色理论对于工作家庭冲突的解释。① 随着研究的深入，研究者还提

① Jeffrey H. Greenhaus & Nicholas J. Beutell, “Sources of Conflict between Work and Family Roles,” *Academy of Management Review* 10, no. 1 (1985), pp. 76-88.

出了边界理论来解释工作家庭冲突。边界理论认为工作和家庭是两个不同的领域，当个体没有充足的时间和精力来完成某一领域的任务而调用原本分配给另一个领域的资源时，两个领域之间就会发生冲突。①

角色理论对于工作家庭冲突的解释侧重于个体在扮演工作角色和家庭角色过程中发生的角色冲突；边界理论对工作家庭冲突的解释则强调工作领域和家庭领域之间在时间、精力等资源调配上的冲突。② 工作家庭冲突作为可持续性的工作环境质量指标之一，是从工作与家庭互动的层面来看工作环境质量的，边界理论的解释更能阐释这种互动。所以，我们从边界理论的视角来理解工作家庭冲突。

边界理论假定不同领域之间一定存在边界，因为在不同的领域中，劳动者所处的空间、时间和心理状态不同。因此，我们可以说，工作领域和家庭领域之间是存在边界的，两个领域有其各自所属的空间边界、时间边界和心理边界。例如，我们在办公室上班就可以看作工作领域的空间边界，我们在上班时间要处理工作相关的事务，就属于工作领域的时间边界。边界理论围绕的核心问题是：劳动者在日常生活中如何创造、维持和跨越各个领域的边界。③ 而我们讨论工作和家庭的互动就是要讨论劳动者如何创造、维持和跨越工作与家庭两个领域之间的边界。

在边界理论中，一个领域的边界可以根据其强度的差别分为强边界和弱边界。边界的强度由边界的灵活性和可渗透性共同决定。④

---

① Sue Campbell Clark, "Work/Family Border Theory: A New Theory of Work/Family Balance," *Human Relations* 53, no. 6 (2000), pp. 747-770.

② Sue Campbell Clark, "Work/Family Border Theory: A New Theory of Work/Family Balance," *Human Relations* 53, no. 6 (2000), pp. 747-770.

③ 李中、杨书超：《居家办公为何很累：基于边界理论的解释》，《前沿》，2020 年第 6 期，第 100~106 页。

④ Sue Campbell Clark, "Work/Family Border Theory: A New Theory of Work/Family Balance," *Human Relations* 53, no. 6 (2000): 747-770.

灵活性是一种领域为适应其他领域的需求可以进行调整的程度，可渗透性则是指某一领域可以被其他领域的元素渗透的程度。当边界的灵活性和可渗透性都很高时，就被称为弱边界，意味着该领域容易受到其他领域元素的介入和干扰；当边界的灵活性和可渗透性都很低时，就被称为强边界，意味着该领域很难受到其他领域元素的介入和干扰。

不同领域的边界强度进一步决定了领域边界的三种关系：分离、融合和入侵。分离是两个领域都拥有强边界时造成的状态；融合则是两个领域都拥有弱边界时的状态；而当一个领域是强边界，另一个领域是弱边界时，强边界的一方就可能对弱边界的一方形成入侵。在工作家庭冲突的问题中，当工作领域的元素介入到家庭领域中时，我们就可以将其理解为工作领域对家庭领域的入侵，例如在下班后依然要处理工作事务；而当工作领域受到来自家庭领域的元素的干扰时，我们就可以将其理解为家庭领域对工作领域的入侵。无论是哪种状态下的入侵，体现的都是工作家庭冲突的状态。Greenhaus 和 Beutell 在提出工作家庭冲突的概念时也指出：工作家庭冲突具有双向性，工作影响家庭即为“工作-家庭冲突”，家庭影响工作即为“家庭-工作冲突”。[①] 区分不同的研究方向有利于我们更具体、更准确地探讨导致冲突的原因是来自工作还是家庭。[②]

根据边界理论对工作家庭冲突的解释以及不同冲突方向的划分，本章将工作家庭冲突理解为工作领域或家庭领域的边界受到来自对方领域因素的入侵时产生的冲突状态，并把这种冲突分为家庭-工作冲突、工作-家庭冲突两个方面，具体的操作化见表 12-3。

① Jeffrey H. Greenhaus & Nicholas J. Beutell, “Sources of Conflict between Work and Family Roles,” *Academy of Management Review* 10, no. 1 (1985): 76-88.

② Michael R. Frone, Marcia Russell & M. L. Cooper, “Antecedents and Outcomes of Work-family Conflict: Testing A Model of the Work-family Interface,” *Journal of Applied Psychology* 77, no. 1 (1992): 65-78.

表 12-3　工作家庭冲突的操作化

变量	维度	题器	编码
工作家庭冲突	家庭-工作冲突	工作时，我常和家人通电话、发短信、用微信或QQ聊天	1-很不符号 2-较不符合 3-一般 4-比较符合 5-完全符号
		工作时我还惦记家里的事情	
		因为家里的事情，我工作时常早退、迟到、请假	
	工作-家庭冲突	下班之后我还要接听工作电话、收发电子邮件、回复消息	
		下班之后我还要参加工作聚会或应酬	

（二）可持续性的工作环境质量指标体系量表的信效度检验

信度检验采用 Cronbach's α 系数来检验量表的信度。表 12-4 的结果显示，可持续性的工作环境质量指标体系量表的 Cronbach's α 系数为 0.853。其中，工作意义子量表的 Cronbach's α 系数为 0.892；职业机会子量表的 Cronbach's α 系数为 0.908；工作家庭冲突子量表的 Cronbach's α 系数为 0.733。表明测量结果是比较稳定的。

表 12-4　可持续性的工作环境质量指标体系量表

变量	题器	Cronbach's α 系数	
工作意义	这份工作在多大程度上增加了您的自豪感	0.892	0.853
	这份工作在多大程度上提升了您的名声或社会地位		
	这份工作在多大程度上提高了您的技能或知识水平		
	您做的这份工作对他人的帮助有多大		
	您做的这份工作对他人的影响（改变态度、观念、生活、工作等）有多大		
	您做的这份工作对社会的贡献有多大		
职业机会	在未来的三年里，您在单位内实现自己理想的机会有多大	0.908	
	在未来三年里，您在单位内发挥自己才干的机会有多大		
	在未来三年里，您在单位内升迁的机会有多大		

续表

变量	题器	Cronbach's α 系数	
工作家庭冲突	工作时，我常和家人通电话、发短信、用微信或 QQ 聊天	0.733	0.853
	工作时我还惦记家里的事情		
	因为家里的事情，我工作时常早退、迟到、请假		
	下班之后我还要接听工作电话、收发电子邮件、回复消息		
	下班之后我还要参加工作聚会或应酬		

此外，本量表在编制过程中参考了欧洲工作环境问卷、CGSS 问卷等大型调查的问卷题器，接受了多位专家学者的审阅，不断修订，具有良好的内容效度。

对量表进行 KMO 和巴特利特球形检验，结果表明，KMO 值为 0.908，大于 0.8，即量表很适合进行因子分析；同时，巴特利特球形检验统计量的相应概率 p 值为 0.000，因此，可以认为相关系数矩阵与单位矩阵有显著差异。据此，本研究采用结构效度（construct validity）来考察量表的效度。结果如表 12-5 所示。

表 12-5　可持续性的工作环境质量指标体系量表的验证性因素分析

条目	成分		
	工作意义	职业机会	工作家庭冲突
a. 这份工作在多大程度上增加了您的自豪感	0.66		
b. 这份工作在多大程度上提升了您的名声或社会地位	0.65		
c. 这份工作在多大程度上提高了您的技能或知识水平	0.72		
d. 您做的这份工作对他人的帮助有多大	0.79		
e. 您做的这份工作对他人的影响（改变态度、观念、生活、工作等）有多大	0.75		
f. 您做的这份工作对社会的贡献有多大	0.80		
g. 在未来的三年里，您在单位内实现自己理想的机会有多大		0.85	

续表

条目	成分		
	工作意义	职业机会	工作家庭冲突
h. 在未来三年里，您在单位内发挥自己才干的机会有多大		0.81	
i. 在未来三年里，您在单位内升迁的机会有多大		0.83	
j. 工作时，我常和家人通电话、发短信、用微信或QQ聊天			0.77
k. 工作时我还惦记家里的事情			0.79
l. 因为家里的事情，我工作时常早退、迟到、请假			0.76
m. 下班之后我还要接听工作电话、收发电子邮件、回复消息			0.54
n. 下班之后我还要参加工作聚会或应酬			0.65
特征值	3.83	2.99	2.53
贡献率（%）	27.36	21.34	18.06
累积贡献率（%）	27.36	48.69	66.75

“这份工作在多大程度上增加了您的自豪感”等六个题器，用于测量城镇劳动者的工作意义，其因子载荷度在0.65~0.80之间，可解释为工作意义。“在未来的三年里，您在单位内实现自己理想的机会有多大”等三个题器用于测量城镇劳动者的职业机会，其因子载荷度在0.81~0.85之间，可解释为职业机会。“工作时，我常和家人通电话、发短信、用微信或QQ聊天”等五个题器，用于测量城镇劳动者的工作家庭冲突，其因子载荷度在0.54~0.79之间，可解释为工作家庭冲突。

信效度检验结果表明，可持续性的工作环境质量量表及其三个子量表具有较高的稳定性和一致性，能够较为可靠地测量本研究所预设的包括工作意义、职业机会和工作家庭冲突在内的可持续性的工作环境质量的状况。对工作意义的六个题器进行算术平均处理，也就是将六个题器加总后除以6，得到工作意义的潜变量，同时，将工作意义分为两个维度，算数平均后生成工作意义（内在取向）和工作意义（外在取向）潜变量,[①] 其取值范围都为 1~4，分值越高代表工作意义越大。职业机会的三个题器同样通过算术平均生成职业机会的潜变量，其取值范围为 1~5，分值越高代表职业机会越多。工作家庭冲突分为“家庭-工作冲突”和“工作-家庭冲突”两个方面。[②]

三　可持续性的工作环境质量的现状分析

基于对可持续性的工作环境质量内涵及量表的把握，本研究分别对我国城镇劳动者的工作意义、职业机会和工作家庭冲突状况进行刻画与分析，综合劳动者在这三个方面上的表现，我们努力勾勒出可持续性工作环境质量的现状。

（一）工作意义

1. 工作意义的描述性分析

对工作意义进行描述性分析，结果显示：我国城镇劳动者在工作意义上得分的平均值为 2.60，标准差为 0.74，最大值为 4，最小值为 1，偏度系数为-0.02，峰度系数为 2.42，数据分布的对称性比较良好，呈现为轻微的负偏态和扁平峰（见图 12-1）。

① 工作意义（内在取向）通过“这份工作在多大程度上增加了您的自豪感”“这份工作在多大程度上提升了您的名声或社会地位”“这份工作在多大程度上提高了您的技能或知识水平”三个题器进行测量；工作意义（外在取向）通过“您做的这份工作对他人的帮助有多大”“您做的这份工作对他人的影响（改变态度、观念、生活、工作等）有多大”“您做的这份工作对社会的贡献有多大”三个题器进行测量。

② 本研究将“工作时，我常和家人通电话、发短信、用微信或 QQ 聊天”“工作时我还惦记家里的事情”“因为家里的事情，我工作时常早退、迟到、请假”三个题器进行算术平均处理，生成“家庭-工作冲突”的潜变量，其取值范围为 1~5，分值越高代表家庭事务影响工作的程度越深；将“下班之后我还要接听工作电话、收发电子邮件、回复消息”“下班之后我还要参加工作聚会或应酬”进行算术平均处理，生成“工作-家庭冲突”的潜变量，其取值范围为 1~5，分值越高代表工作事务影响家庭的程度越深。

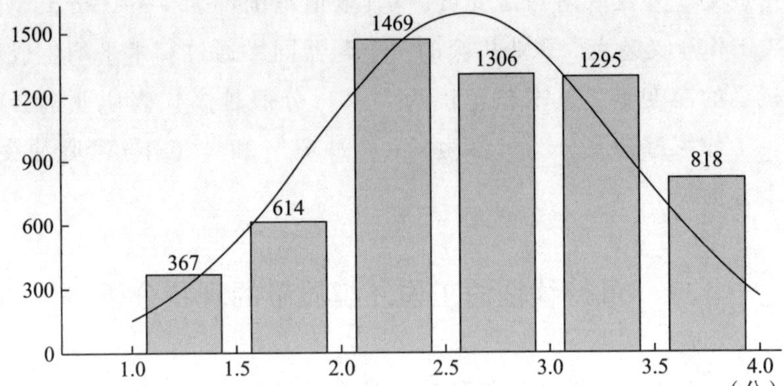

图 12-1　工作意义的频数分布

但城镇劳动者对于工作意义的感知具体是怎样的，需要从工作意义的两个维度进一步考察。工作意义（外在取向）的得分平均值为 2.64，工作意义（内在取向）的得分平均值为 2.55。说明总体而言，城镇劳动者感知到的外在取向的工作意义高于内在取向的工作意义，也就是说相比于工作给自己带来的自豪感、名声或社会地位以及技能或知识水平，城镇劳动者对工作意义的感知更多来自自己的工作对他人产生的帮助、影响以及对社会的贡献。这反映的是整个社会主流的价值观念，而价值观是由时代背景和社会文化所塑造的。不同维度工作意义的频数分布详见图 12-2。

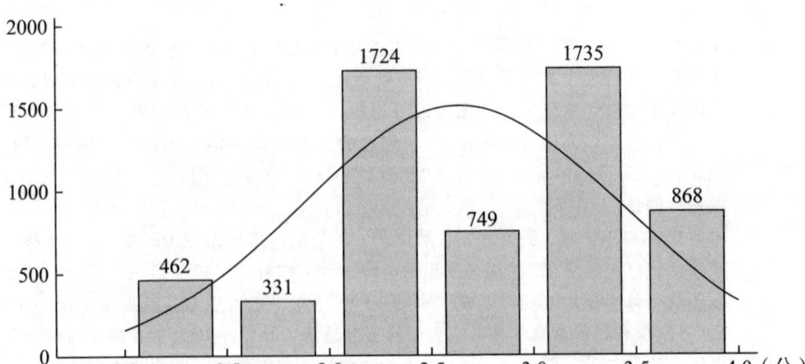

（a）工作意义（外在取向）的频数分布

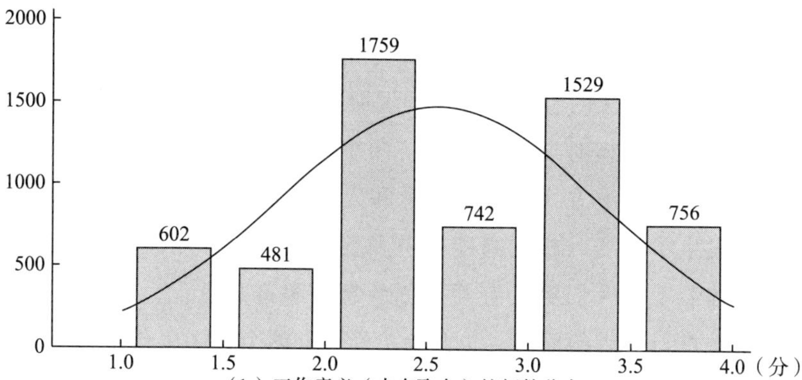

（b）工作意义（内在取向）的频数分布

图 12-2 不同维度工作意义的频数分布

工作意义（外在取向）的得分均值为 2.64，标准差为 0.77，最大值为 4，最小值为 1，偏度系数为-0.10，峰度系数为 2.40，呈负偏态、扁平峰。工作意义（外在取向）得分整体偏高，且得分均值高于工作意义的得分均值，说明城镇劳动者认为自己的工作对他人的帮助、影响以及对社会的贡献相对较大。中国传统文化中，有"舍生取义"等重义轻利的价值观，崇尚道德，弱化个人的利益追求。新中国成立以后实行计划经济体制，集体主义是当时主流的社会价值观。因此我国传统的社会价值观是集体本位的，强调集体利益至上，倡导个人为集体做出贡献，个人的价值很大程度上体现在为集体或社会奉献的价值之中。这样的价值取向在今天的社会价值观中得到了承袭，在为集体和社会做贡献的过程中实现个人价值依然是当今中国社会所提倡的。这样的文化背景和价值观倡导塑造了人们的工作意义，所以，城镇劳动者对工作意义的感知更多是外在取向的，即工作的意义更多体现在自己的工作对他人产生的帮助、影响以及对社会的贡献。

工作意义（内在取向）的得分均值为 2.55，标准差为 0.79，最大值为 4，最小值为 1，偏度系数为 0.02，峰度系数为 2.30，呈正偏态、扁平峰。工作意义（内在取向）的得分均值虽然比工作意义（外在取向）的得分均值低，但还是略高于中位数（2.50），说明在一定程度上，工作给大多数劳动者带来较高的自豪感、名声或社会地位、技能或知识水平，让劳动者感受到了工作意义。劳动者对内在取向的工作意义的感知与时代的发展和变迁有关。改革开放以后，中国社会进入转型时期，计划经济向市场经济转轨，社会开放不断深入，人们的思维方式、生活观念和人生态度等也随着社会背景的变化而发生了转变。相比高度集中和整齐划一的计划经济时期，市场经济体制下的人们更具有开拓创新意识和自我意识，在对集体主义价值观进行反思的同时，也开始接受西方的个人主义价值观，[①] 关注个人的成长发展与个人价值的实现。

然而，从图 12-2 来看，还是有很大一部分劳动者在工作意义（内在取向）的得分上低于中位数（2.50）。我们进一步分析了内在取向的工作意义题器的数据分布。统计结果显示，劳动者在题器“这份工作在多大程度上增加了您的自豪感”和“这份工作在多大程度上提高了您的技能或知识水平”上的得分均值都高于中位数（2.50），分别为 2.58 和 2.74；但是在题器“这份工作在多大程度上提升了您的名声或社会地位”上的得分均值很低，仅有 2.33，说明相对于名声或社会地位的提升，大多数劳动者认为工作对技能或知识水平以及自豪感的提升作用更明显。综合上述对工作意义两个维度的具体数据分析，我们可以得知内在取向和外在取向的工作意义得分均值都高于中位数（2.50），这说明劳动者对两种取向的工作意义都有所感知。该结果表明，在当代中国社会生活中，集体主义价值观和个人主义价值观是并存的。但工作意义（外在取向）的得分均值高于整体工作意义和工作意义（内在取向）的得分均值，说明劳动者感知到的外在取向的工作意义相对较高，而内在取向的工作意义感知则相对较低。反观内在取向的工作意义，其得分均值低于整体工作意义和外在取向的工作意义的得分均值，劳动者内在取

① 刘彦芬：《当代中国社会价值观变迁特征分析》，《中共天津市委党校学报》2012 年第 2 期，第 92~96 页。

向的工作意义得分低主要体现在劳动者从名声或社会地位的提高中感受到的工作意义较低。然而，我们需要注意的是，劳动者内在取向的工作意义得分低，不仅和劳动者自身的感知有关，工作意义同时也是劳动者与组织在工作内容上互动的结果，劳动者感知到的工作意义低，很可能与组织设计和安排的工作内容没有很好地激励和促进劳动者的自我成长发展有关，使劳动者感受到的工作对于自身的自豪感、技能或知识水平，尤其是名声或社会地位的提升的程度较低。

2. 工作意义的差异性分析

在描述性分析的部分，我们概览了工作意义及其两个维度的数据分布状况。在差异性分析的部分，我们将探讨不同的群体之间所感知到的工作意义存在怎样的差异。

有研究表明，宗教信仰、受教育程度、出生年代等因素的不同可能会导致人们对工作意义有不同的感知。[①] 宗教信仰在一定程度上可以“召唤（calling）”起人们关于工作意义的感知，因为在宗教信仰的意义下，工作是对信仰的一种践行和回馈，因此是有意义的。受教育程度不同的群体所拥有的知识、技能水平等都有所不同，在工作中所能胜任的岗位和所从事的工作内容也会不同，受教育程度更高的劳动者往往能够从事更具有挑战性和激励性的工作，并在工作过程中成长进步，对工作意义的感知也会更高。不同出生年代的劳动者成长时的社会文化环境不同，受到的价值观影响也不同，对工作意义的理解和感知也就有所不同。

为检验工作意义是否在这些变量上存在差异，我们对宗教信仰、受教育程度和出生年代进行单因素方差分析。表 12-6 结果显示，出生于不同年代的劳动者在工作意义及其两个维度上都存在显著差异；受教育程度不同的劳动者在工作意义及其两个维度上的得分均值也

---

① 风笑天：《工作的意义：两代人的认同与变迁》，《社会科学研究》2011 年第 3 期，第 83~90 页。

都存在显著差异，受教育程度更高的劳动者感知到的工作意义也更高；有宗教信仰的劳动者在工作意义及其两个维度上的得分均值都显著高于没有宗教信仰的劳动者。

表 12-6　工作意义及其两个维度在人口学变量上的差异性分析

变量	类别	工作意义	工作意义（内在取向）	工作意义（外在取向）
出生年代	50 后	2.21（0.75）	2.15（0.79）	2.27（0.81）
	60 后	2.47（0.75）	2.37（0.84）	2.58（0.80）
	70 后	2.59（0.78）	2.51（0.85）	2.67（0.82）
	80 后	2.70（0.73）	2.66（0.78）	2.73（0.77）
	90 后	2.51（0.69）	2.49（0.73）	2.53（0.73）
	00 后	2.29（0.67）	2.16（0.78）	2.42（0.67）
差异显著性		$F=20.39$，$p=0.0000$	$F=21.30$，$p=0.0000$	$F=17.26$，$p=0.0000$
受教育程度	初中及以下	2.25（0.75）	2.18（0.81）	2.31（0.81）
	高中/技校/职高/中专	2.48（0.71）	2.41（0.77）	2.55（0.76）
	大专	2.57（0.70）	2.51（0.75）	2.62（0.75）
	大学本科	2.85（0.67）	2.84（0.72）	2.87（0.70）
	研究生	3.24（0.62）	3.22（0.68）	3.26（0.62）
差异显著性		$F=157.94$，$p=0.0000$	$F=164.15$，$p=0.0000$	$F=113.75$，$p=0.0000$

续表

变量	类别	工作意义	工作意义（内在取向）	工作意义（外在取向）
宗教信仰	有	2.82 (0.81)	2.78 (0.88)	2.87 (0.81)
	无	2.58 (0.73)	2.53 (0.78)	2.63 (0.77)
差异显著性		$F=43.19$, $p=0.0000$	$F=37.57$, $p=0.0000$	$F=38.48$, $p=0.0000$

注：①表格中第一行为均值，第二行括号内为标准差。②出生年代根据劳动者的年龄来划分不同受访者所处的年代，以每十年一代，分为30后、40后、50后、60后、70后、80后、90后和00后。本次中国城镇居民工作环境调查的对象是雇主、雇员或自雇者，即生活在城市的、16岁及以上、居住在家庭户中的就业人口，其中，16岁及以上的做生意、自由职业者也是本调查的访问对象，但是没有再就业或延聘、返聘的离退休人员不是本调查的访问对象。在本次调查中，30后和40后劳动者已经超过了法定退休年龄，不属于本调查的对象，因此本章谈及的出生年代都是从50后开始，至00后结束。③受教育程度分为初中及以下、高中/技校/职高/中专、大专、大学本科和研究生五类，其中，研究生包括硕士研究生和博士研究生。

在上文中，我们曾提到，工作意义是由时代背景和社会文化共同塑造的。因此，在时代发展变迁的过程中，成长于不同时代的劳动者在其所处时代的社会背景的影响下，对工作意义的感知就可能呈现差异。

关于代际问题，学界有许多的讨论。20世纪30年代，德国社会学家卡尔·曼海姆提出“代问题”的理论研究，认为“代”具有生物和社会文化两重属性。[①] 生物属性指“代”是基于生死的生理节奏；社会文化属性则指“代”具有社会文化特征，即同代的人因为处于基本相同的社会文化环境中，会有基本相同的价值观念、思维方式等。[②]“现实代”是曼海姆用于说明“代”的特征的一个概念，指的是出生于同一历史和文化区域中、参与相同历史和社会事件的群体。

根据曼海姆对于“代问题”的理论研究，同代的人因其成长于

① 刘妍：《现代化进程中村落节日习俗的变迁与传承》，硕士学位论文，温州大学，2015，第22页。

② 周怡：《代沟现象的社会学研究》，《社会学研究》1994第4期，第67~79页。

基本相同的社会文化环境中，会有基本相同的社会文化特征。那么，我们推测，生长于不同“代”的人就可能会因为不同的社会文化环境而在价值观念等社会文化特征上有所差异。国内有学者就研究了工作意义之间的代际差异。风笑天[①]对市场经济转型前后参加工作的两代人进行了抽样调查研究，发现市场经济转型后的青年一代对工作意义的理解更具理想色彩，在以工作作为谋生手段的同时，还看重工作所具有的实现个人理想和自我价值的意义；而他们的父母一辈（即市场经济转型前参加工作的一代）则只看重工作作为谋生手段的现实意义。陈坚和连榕则以重大历史事件发生的年份为界，划分出“社会主义建设一代（1950~1966 年出生）”、“文革一代（1967~1978 年出生）”和“改革开放一代（1979~1989 年出生）”，研究了三代人工作价值观的差异及其发展变化趋势。据此，我们假设，劳动者对工作意义的感知存在代际差异。[②]

以 90 后、00 后等出生年代来指代某一群体的称呼在今天的社会生活很常见，新闻报刊、社交媒体中经常会有“第一批‘90 后’步入职场”“第一批‘00 后’步入大学校园”等内容的讨论。在中国快速发展的进程中，每隔十年，国家的社会条件和环境便会发生很大的变化，这就使得不同年代出生的人成长的社会环境之间存在很大差异。因此，当人们以 90 后这样的称呼指代出生于 1990 年至 1999 年间的人时，区分的不只是出生的年份，更蕴含了 1990 年至 1999 年这十年的社会文化环境在这群人身上留下的时代烙印。在本章中，我们就根据劳动者的出生年代，将劳动者分为 50 后、60 后、70 后、80 后、90 后和 00 后，通过本次中国城镇居民工作环境调查问卷收集的数据，来检验和讨论工作意义是否存在代际差异。

为了更好地讨论工作意义的代际差异，我们将表 12-6 中不同出

① 风笑天：《工作的意义：两代人的认同与变迁》，《社会科学研究》2011 年第 3 期，第 83~90 页。

② 陈坚、连榕：《代际工作价值观发展的研究述评》，《心理科学进展》2011 年第 11 期，第 1692~1701 页。

生年代群体的工作意义得分均值绘制成折线图，观察不同出生年代的人在工作意义上感知的差异和变化趋势（见图 12-3）。该折线图显示，50 后、60 后、70 后和 80 后几代人对于工作意义的感知度呈现上升趋势，而以 80 后为转折点，80 后、90 后和 00 后三代人对于工作意义的感知度又呈现下降趋势。

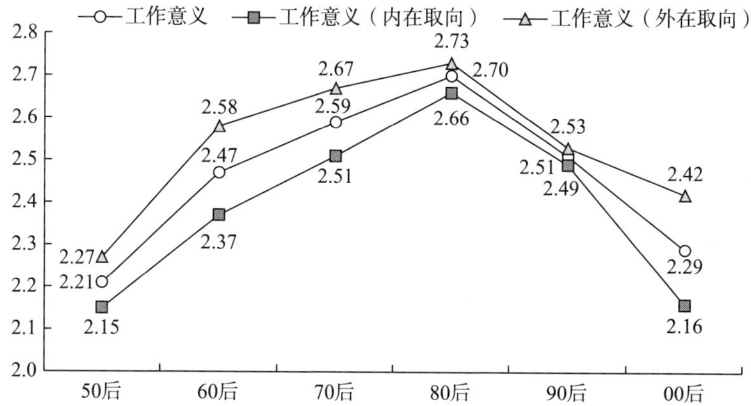

图 12-3　不同出生年代劳动者在工作意义及其两个维度上的均值比较

回归到具体题器中，我们发现，50 后工作意义得分均值仅为 2.21，内在取向的工作意义得分均值为 2.15，外在取向的工作意义得分均值为 2.27。其中，“您做的这份工作对他人的帮助有多大”这个题器的得分均值最高，为 2.55，说明 50 后的劳动者群体认为自己的工作对他人产生的帮助更大。对于 50 后而言，他们成长到工作年纪的时候，正值“文化大革命”时期，重大历史事件造成的特殊时代背景可能是导致 50 后的工作意义感知度不高的重要原因。

60 后劳动者工作意义得分均值为 2.47，内在取向工作意义的得分均值为 2.37，外在取向的工作意义得分均值为 2.58。70 后劳动者工作意义得分均值为 2.59，内在取向的工作意义得分均值为 2.51，外在取向的工作意义得分均值为 2.67。80 后劳动者工作意义得分均值为 2.70，内在取向的工作意义得分均值为 2.66，外在取向的工作意义得分均值为 2.73。说明 80 后的劳动者普遍感受到工作对他人产生帮助所带来的相对积极的体验。90 后劳动者工作意义得分均值为

2.51，内在取向的工作意义得分均值为2.49，外在取向的工作意义得分均值为2.53。00后劳动者工作意义得分均值为2.29，内在取向的工作意义得分均值为2.16，外在取向的工作意义得分均值为2.42。与50后相同，60后、70后、80后、90后和00后劳动者得分均值最高的题器都是“您做的这份工作对他人的帮助有多大”，说明人们普遍感受到工作对他人产生帮助所带来的相对积极的体验。而60后、70后、80后、90后和00后劳动者得分均值最低的题器都是“这份工作在多大程度上提升了您的名声或社会地位”，说明60后、70后、80后、90后和00后普遍认为工作对名声和社会地位的提升相对较小。

党的十一届三中全会的召开将国家的发展重心转移到经济建设上，实行改革开放的决策，社会秩序得到重建并逐渐稳固，改革开放也为劳动者带来了更多的工作机会和更丰富的工作体验。这样的时代变化可能是50后、60后、70后和80后几代人对于工作意义的感知度上升的原因。尤其是对于80后来说，当他们成长到参加工作的年纪的时候，市场经济体制已经建立，工作发展环境相比改革开放初期已经有了较大的改善，这可能是80后的工作意义感知度较高的原因。

随着物质生活水平的提高，劳动者也越来越追求工作意义的内在价值，也有研究表明青年一代对工作的理想成分较为重视。而这种重视可能会使得对上一代人具有工作意义的内容，在青年一代的感受和体验不明显，从而导致90后、00后的工作意义感知度下降的情况。

尽管不同年代的劳动者对工作意义的感知度各有差异，但他们之间有一个共同点，即对外在取向的工作意义感知度高于内在取向的工作意义感知度，即劳动者对于工作意义的感知更多是由对他人或社会的帮助和奉献带来的。中国的社会文化中，有很强的集体主义烙印，相比于个人的需求，劳动者往往更重视集体或整个社会的权益，这样的社会文化背景或许可以解释劳动者在外在取向的工作意义上得分较高的现象。

3. 工作环境视角下工作意义的生成机制

有学者从关系的角度来谈工作意义,[①] 认为工作意义的本质是一种“联系”，体现在高质量的关系中。[②] 不可否认的是，人际关系的确对于人们感知工作意义有很大的影响，尤其是在中国的社会文化背景下，我们更加注重工作中的关系的和谐。因此，本章我们想讨论：人际关系是不是影响员工对于工作意义感知的主要因素，而这种影响又会不会受到其他因素的作用？在社会关系网络中，良好的人际关系在一定程度上可以视作人们的一种社会资本，人们通过人际网络的互动可以拓宽自己的社会交往范围，实现“资源的共享”，尤其在职场中，积极的人际关系不仅能为员工带来情感上的支持，也可能为员工的职业发展提供机遇。因此，职业机会在人际关系对工作意义产生影响的过程中可能存在中介效应。

在工作中，同事之间或是上下级之间会有许多必要的接触和联系。因此，人际关系是人们在工作过程必须要面对的，有实证研究表明，职场中积极的人际关系和工作满意度之间存在正相关关系。[③] 一方面，良好的人际关系能为员工带来积极的人际互动与交流，员工更有可能获得来自同事的积极反馈；另一方面，积极的人际关系更有可能使员工获得支持，有助于员工之间的合作和工作的推进，继而提高员工的工作绩效，为其带来成就感。基于此，我们提出以下假设。

假设 H12.1：积极的人际关系对工作意义具有正向影响。

职业机会是员工在当前组织中主观感知到的发展机会，包括职业目标实现的机会、能力得到施展的机会和晋升的机会。职场中的

---

① 田喜洲、左晓燕、彭小平：《工作意味着什么——工作意义概念、影响与研究框架》，《心理研究》2017 年第 2 期，第 56~66 页。

② A. Wrzesniewski, “Finding Positive Meaning in Work,” in Kim Cameron & Jane Dutton, *Positive Organizational Scholarship: Foundations of A New Discipline* (San Francisco: Berrett-Koehler Publishers, 2003): 451-470.

③ Ivy K. Nielsen, Steve M. Jex & Gary A. Adams, “Development and Validation of Scores on a Two-Dimensional Workplace Friendship Scale,” *Educational & Psychological Measurement* 60, no. 4 (2000): 628-643.

人际关系发生在组织环境中，不同于一般社会情境下的人际关系，它既有情感性的一面，也有功利性的一面，[①] 主要表现为人们经营和维系职场中的人际关系不仅仅是为了获得人际交往的快乐，也是为了促进个人的职业发展。[②] 在这种意义上，员工在职场中拥有的积极人际关系可以作为他的一种条件资源，[③] 为他的职业发展创造条件。[④] 基于此，我们提出以下假设。

假设 H12.2：积极的人际关系对职业机会具有正向影响。

如上文所述，我们认为积极的人际关系对职业机会和工作意义都有可能产生正向影响。一方面，积极的人际关系为员工带来良好的互动与反馈，让员工获得情感性的支持甚至是归属感，这是人际关系本身带来的影响；另一方面，积极的人际关系有可能作为一种条件资源为员工的职业发展或职业机会获得带来帮助，而员工的职业发展或职业机会获得则有助于员工自我价值的实现，进而提高员工对于工作意义的感知，这是人际关系通过职业机会这一变量间接对工作意义产生的影响。基于此，我们提出以下假设。

假设 H12.3：职业机会在积极的人际关系对工作意义的正向影响中起到中介作用。

综合上述三个假设，得到如图 12-4 所示的关系假设。

---

① 张晓舟：《职场管理的新领域——职场友谊研究述评》，《外国经济与管理》2014 年第 3 期，第 48～55 页。

② 肖金岑、全静、章璐璐、卿涛：《中国组织情境中职场友谊对任务绩效的影响研究》，《软科学》2020 年第 11 期，第 117～122 页。

③ 按照 Hobfoll 的最初定义，资源是指个体认为对其有价值的事物或者可以帮助其获得价值事物的途径，Hobfoll 还区分了四种不同类型的资源，分别是物质资源、条件资源、个体特征资源和能量资源。其中，条件资源如婚姻、职位和资历等，其价值源自它们对个体未来工作和生活的积极意义。参见 Stevan E. Hobfoll, "Conservation of Resources: A New Attempt at Conceptualizing Stress," *American Psychologist* 44, no. 3 (1989): 513。

④ 尹奎、孙健敏、张凯丽、陈乐妮：《职场友谊对建言行为的影响：一个有调节的中介模型》，《管理评论》2018 年第 4 期，第 132～141 页。

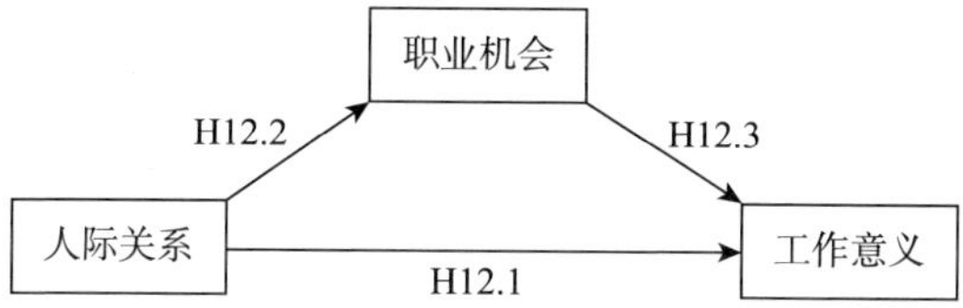

图 12-4　人际关系、职业机会与工作意义的关系假设

根据上述内容，我们将工作意义作为因变量，人际关系①作为自变量，月收入、年龄、受教育程度、宗教信仰、工龄作为控制变量，职业机会②作为中介变量，采用因果逐步回归检验法（也称三步法）③ 进行回归分析，得到以下回归模型。

表 12-7　人际关系对工作意义的影响：职业机会的中介效应

变量	模型 1 工作意义	模型 2 工作意义	模型 3 职业机会	模型 4 工作意义
月收入	0.211*** (0.016)	0.158*** (0.018)	0.430*** (0.029)	-0.037* (0.018)
年龄	0.008*** (0.001)	0.006*** (0.001)	-0.010*** (0.002)	0.011*** (0.001)

① 人际关系通过"我的工作能力经常得到同事的肯定和赞扬"、"当有人欺负我时，总有同事替我仗义执言"、"我在单位中有很好的人缘"和"当工作上遇到困难的时候，我总能得到大家的支持和帮助"四个题器来进行测量。

② 职业机会通过"在未来的三年里，您在单位内实现自己理想的机会有多大"、"在未来三年里，您在单位内发挥自己才干的机会有多大"和"在未来三年里，您在单位内升迁的机会有多大"三个题器来进行测量。

③ 本章对中介变量模型的分析采用 Baron 和 Kenny（1986）提出的因果逐步回归检验法（也称三步法），其检验步骤分为三步：第一步，分析自变量 X 对因变量 Y 的回归，检验自变量回归系数的显著性；第二步，分析自变量 X 对中介变量 M 的回归，检验中介变量回归系数的显著性；第三步，分析加入中介变量 M 后，自变量 X 对因变量 Y 的回归，检验自变量回归系数和中介变量回归系数的显著性。要验证中介作用的假设必须满足三个条件：第一步中，自变量的回归系数必须显著；第二步中，自变量的回归系数必须显著；第三步中，中介变量的回归系数必须显著，自变量的回归系数可以不显著，或是自变量的回归系数显著但比第一步中自变量的回归系数弱。参见 Reuben M. Baron & David A. Kenny, "The Moderator-mediator Variable Distinction in Social Psychological Research: Conceptual, Strategic, and Statistical Considerations," *Journal of Personality and Social Psychology* 51, no. 6 (1986): 1173。

续表

变量	模型 1 工作意义	模型 2 工作意义	模型 3 职业机会	模型 4 工作意义
工龄	0.009*** (0.002)	0.008*** (0.002)	0.003 (0.003)	0.007*** (0.002)
受教育程度（以没有上过学为参照组）				
小学	-0.070 (0.177)	-0.206 (0.206)	-1.128* (0.493)	-0.298 (0.288)
初中	0.267 (0.172)	0.109 (0.200)	-0.804+ (0.483)	-0.013 (0.282)
高中/技校/职高/中专	0.423* (0.171)	0.243 (0.200)	-0.654 (0.481)	-0.020 (0.281)
大专	0.533** (0.171)	0.338+ (0.200)	-0.592 (0.481)	0.037 (0.281)
大学本科	0.788*** (0.171)	0.575** (0.200)	-0.282 (0.481)	0.166 (0.281)
硕士	1.024*** (0.182)	0.758*** (0.209)	-0.120 (0.489)	0.247 (0.285)
博士	1.538*** (0.284)	1.396*** 0.290	0.143 (0.609)	0.565 (0.355)
宗教信仰（以有宗教信仰为参照组）				
无	-0.174*** (0.035)	-0.154*** (0.035)	-0.217*** (0.053)	-0.063* (0.031)
人际关系		0.088*** (0.003)	0.127*** (0.005)	0.033*** (0.003)
职业机会				0.449*** (0.010)
截距	0.101 (0.223)	-0.475+ (0.251)	-1.340* (0.542)	0.632* (0.317)
F 值	98.10	156.24	144.76	334.56
R^2	0.1581	0.2830	0.3379	0.5610

注：①括号里的数字为标准误；②$^{+}p<0.10$，$^{*}p<0.05$，$^{**}p<0.01$，$^{***}p<0.001$；③模型 1 至模型 4 中的控制变量为月收入、年龄、受教育程度、宗教信仰和工龄，其中，月收入做了取对数和缩尾处理。

表 12-7 中的模型 1 为基准模型，说明了月收入、年龄、受教育程度、宗教信仰和工龄五个控制变量对因变量工作意义的影响，模型的 F 值为 98.10（$p=0.0000$）。模型 2 中，在控制了月收入、年

龄、受教育程度、宗教信仰和工龄五个变量的情况下，以工作意义为因变量、人际关系为自变量，人际关系的回归系数为 0.088，且 p 值小于 0.001，说明在上述控制变量保持不变的情况下，个体的人际关系得分每提升 1 个单位，其对工作意义的感知得分就显著提高 0.088 个单位，假设 H12.1 成立。模型 3 中，在控制了月收入、年龄、受教育程度、宗教信仰和工龄五个变量的情况下，以职业机会为因变量，人际关系为自变量，人际关系的回归系数为 0.127，且 p 值小于 0.001，说明在上述控制变量保持不变的情况下，个体的人际关系得分每提升 1 个单位，其对职业机会的感知得分就显著提高 0.127 个单位，假设 H12.2 成立。模型 4 中，在控制了月收入、年龄、受教育程度、宗教信仰和工龄五个变量的情况下，人际关系和职业机会的回归系数依然显著（p 值小于 0.001），同时，与模型 2 相比，人际关系的回归系数由 0.088 降低为 0.033，且模型的决定系数由 28.30%上升到了 56.10%。并且，boostrap 检验结果显示间接效应系数为 0.058，且 p 值显著（$Z = 19.91$，$p = 0.0000$）；直接效应系数为 0.033，且 p 值显著（$Z=9.87$，$p=0.0000$）。由此，可以看出职业机会部分中介了人际关系对工作意义的正向影响，假设 H12.3 成立。

经过回归分析，我们得出，人际关系对工作意义具有显著的正向影响，而职业机会在其中起到部分中介的作用。人际关系在生活中无处不在，而职场中的人际关系也因其处于工作场域中而显现出与其他社会情境下的人际关系不同的特性，主要表现为职场中的人际关系既有情感性的寄托，也有功利性的投入。其一，工作中积极的人际关系能为员工带来良好的人际互动，为其提供情感性的支持，这种互动在工作过程中可以表现为对彼此的工作付出给予正向的反馈，这种反馈有助于提高员工的工作意义感知。其二，人际关系可以成为职场发展中一种重要的资源，尤其在中国的“人情社会”中，良好人际关系的建立能够在人们寻求发展机会的时候为其提供帮助，有利于人们职业机会的获得，促进职业发展，进而有利于人们自我价值的实现，最终提高工作意义。

（二）职业机会

1. 职业机会的描述性分析

描述性分析结果显示，我国城镇劳动者在组织内感知到的职业机会得分平均数为 3.14，标准差为 1.03，最大值为 5，最小值为 1，偏度系数为-0.12，峰度系数为 2.53，呈负偏态、扁平峰，说明职业机会得分总体偏向良好，即劳动者能够在组织内感知到较多的职业机会（见图 12-5）。

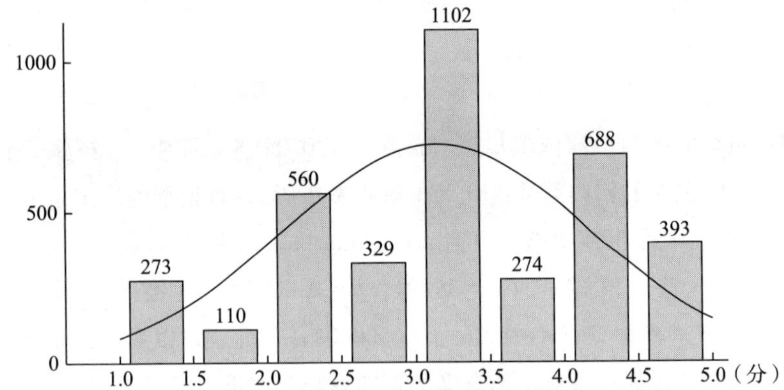

图 12-5　职业机会的频数分布

然而，具体的频数分布显示即便在总体向好的情况下，仍然有 34.11%的劳动者在职业机会上的得分均值小于 3，意味着有 34.11%的劳动者在组织内感知到的职业机会较少。

回归到具体题器中，观察这 34.11%的劳动者在各个题器上的得分均值，发现“在未来的三年里，您在单位内实现自己理想的机会有多大”这个题器的得分均值为 1.96，“在未来三年里，您在单位内发挥自己才干的机会有多大”这个题器的得分均值为 2.27，“在未来三年里，您在单位内升迁的机会有多大”这个题器的得分均值是最低的，仅有 1.85。说明这部分劳动者感知到的职业机会较少的原因主要是未来在单位内升迁的机会较小，即他们主观感知到的在组织内向上发展的可能性小。借用职业高原这一概念来解释这样的现象，即个体在达到职业发展的一定程度时，进一步发展的可能性很小，从而使员工的晋升或流动出现了停滞。有学者认为员工达到职业高原的因素可以分为组织因素和个人因素，并据此将职业高原分为个人高原和组织高原。个人高原是指员工缺少进一步晋升所需的能力和动机，是因自身因素所导致的职业高原；组织高原则是指组织内缺少员工发展所需的机会而无法满足个体职业发展的需求，是组织因素导致的职业高原。① 据此，我们先绘制不同组织地位的劳动者在职业机会及其各项题器上的得分均值的统计图，观察处于不同组织地位的劳动者对于职业机会的感知有何差异（见图 12-6）。

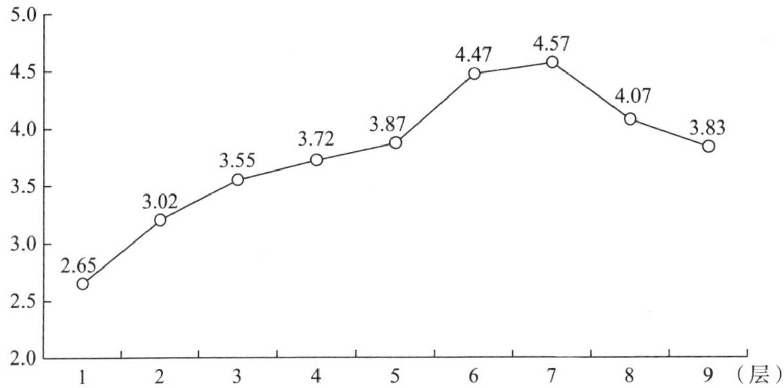

图 12-6　处于不同组织地位的劳动者对于职业机会的感知均值比较

根据统计图，可以看到，本次问卷收集的数据中组织地位最低层级为 1，最高层级为 9。当前处于不同层级的劳动者在职业机会上的得分均值大致呈现为一个“倒 U 型”，即对于当前处在第 1 层至第 7 层的劳动者来说，所处的组织地位越高，对职业机会的感知就越高。而从第 7 层开始出现转折，对于第 7 层至第 9 层的劳动者来说，组织地位越高，对职业机会的感知度越低。可以理解为第 7 层对于大多数员工来讲，是一个普遍意义上的发展瓶颈，当在组织中晋升到第 7 层之后，就很容易出现职业高原的困境。

① Thomas P. Ference, James A. Stoner & E. K. Warren, “Managing the Career Plateau,” *Academy of Management Review* 2, no. 4 (1977): 602-612.

2. 职业机会的差异性分析

职场中的性别差异一直以来都是颇受关注的理论和现实问题。有研究表明，在劳动力市场中，女性在就业机会、就业过程和就业结果等环节中，都具有明显的劣势，而个体的性别属性通常又与婚姻状态属性、生育状态属性叠加在一起，显现出更大的两性差异；婚姻和生育会阻碍女性的职场参与和工资收入，是女性职场发展的风险因素；而婚姻对男性却具有保护作用，已婚男性的就业概率和工作报酬比单身男性要高。[①] 据此，我们将观测不同性别和婚姻状况的劳动者对职业机会的感知是否存在差异，以及有子女和无子女的劳动者对职业机会的感知是否存在差异。此外，除了性别、婚姻状况和有无子女，经济地区和受教育程度不同的劳动者所感知到的职业机会也可能有所不同。分析结果详见表 12-8。

表 12-8　职业机会在人口学变量上的差异性分析

变量	类别	职业机会		差异显著性
		均值	标准差	
性别	男	3.19	1.03	$F=9.67$, $p=0.0019$
	女	3.09	1.02	
婚姻状况	已婚	3.17	1.04	$F=8.48$, $p=0.0036$
	未婚	3.06	0.99	
有无子女	有	3.14	1.06	$F=0.05$, $p=0.8170$
	无	3.15	0.96	
经济地区	东部	3.17	1.01	$F=3.36$, $p=0.0180$
	中部	3.15	1.06	
	西部	3.12	0.99	
	东北	2.96	1.08	
受教育程度	初中及以下	2.50	0.99	$F=141.38$, $p=0.0000$
	高中/技校/职高/中专	2.91	1.01	

① 杨菊华：《“性别—母职双重赋税”与劳动力市场参与的性别差异》，《人口研究》2019 年第 1 期，第 36~51 页。

续表

变量	类别	职业机会		差异显著性
		均值	标准差	
受教育程度	大专	3.04	0.92	$F=141.38$, $p=0.0000$
	大学本科	3.54	0.95	
	研究生	4.02	0.81	

由上表可知，男性和女性劳动者的职业机会均值分别为3.19和3.09，男性劳动者所感知到的职业机会显著高于女性劳动者。就婚姻状况而言，已婚劳动者的职业机会均值显著高于未婚劳动者，这也许是因为相比未婚劳动者，已婚劳动者家庭结构趋于稳定，能够为其职业发展和职业机会获得提供相应的支持。另外，有子女的劳动者和无子女的劳动者在职业机会上的均值并没有显著的差异（$F=0.05$，$p=0.8170$）。不同经济地区劳动者的职业机会存在显著差异，东部地区劳动者的职业机会均值最高，为3.17；中部和西部次之，分别为3.15和3.12；东北地区最低，仅为2.96，显著低于其他三个地区。这一差异与不同经济地区的发展情况息息相关，东部地区作为经济发展的“领头羊”，往往有着更多发展机会和空间，东北地区则因为产业结构的调整，一定程度上限制了该地区的劳动者在职业上的成长和发展。最后，学历更高的劳动者，其职业机会也显著更高（$F=141.38$，$p=0.0000$），这印证了受教育程度作为劳动者专业知识和能力的一个标识，是劳动者职业发展和机会获得的重要基础。

3. 工作环境视角下职业机会的生成机制

员工在组织中所处的层级位置就是员工的组织地位，不同的组织地位对应的权力和工作职责不同。参与决策①是指让员工参与到组

① 本调查中，参与决策通过“如何决定分配工作任务”、“如何决定调整工资”、“如何决定降职、升职”、“如何决定设置和变更岗位”、“如何决定颁布新的规章制度”、“如何决定单位的发展方向”、“如何决定选拔干部”和“如何决定辞退员工”来测量，均采用四度测量，分为“您一个人决定”、“您和其他人一起决定”、“其他人决定但征询您的意见”和“其他人决定，不征询您的意见”四度。

织的决策过程之中。参与决策能够调动员工的积极性，使员工获得一种心理上的满足，让员工感受到组织对自己的重视，赋予员工一种责任感。在描述性分析的部分，我们通过不同组织地位的劳动者在职业机会及其各项题器上的得分均值比较观察到处于不同组织地位的劳动者对职业机会的感知程度是不同的，位于中高层的劳动者对职业机会的感知是相对最高的，位于高层的劳动者也相对较高，位于低层劳动者的感知则相对更低。位于低层的劳动者由于职位权责的限制，对组织决策的参与程度也相对较低，这可能使他们感受到自己受组织重视的程度较低，从而导致他们对职业机会的感知较低。而位于中高层的劳动者相应地拥有更多的权责，在组织决策中的参与程度也更高，更容易感受到组织对自己的重视，从而对职业机会有更好的预期。

基于劳动者所处的组织地位以及他们参与组织决策的程度可能对职业机会感知产生的影响，我们提出如下三个假设。

假设 H12.4：组织地位感知对职业机会具有正向影响。

假设 H12.5：组织地位感知对参与决策具有正向影响。

假设 H12.6：参与决策在组织地位感知对职业机会的正向影响中起到中介作用。

综合上述三个假设，得到如图 12-7 所示的关系假设。

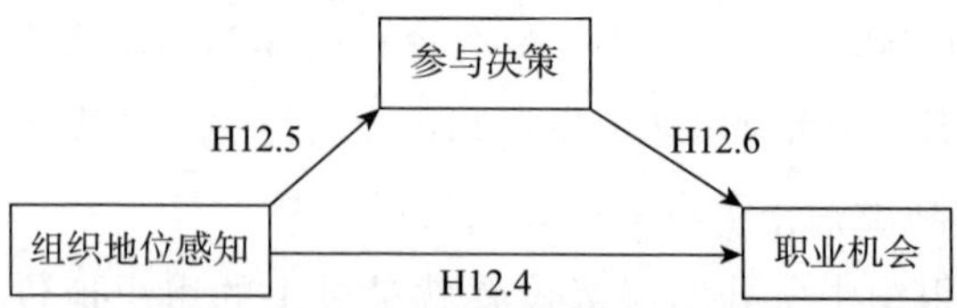

图 12-7　组织地位感知、参与决策与职业机会的关系假设

采用因果逐步回归检验法（三步法），以职业机会为因变量，组织地位感知为自变量，参与决策为中介变量，控制住性别、年龄、受教育程度、职业或专业证书和婚姻状况，得到以下回归模型。具体分析结果详见表 12-9。

表 12-9　组织地位感知对职业机会的影响：参与决策的中介效应

变量	模型 1 职业机会	模型 2 职业机会	模型 3 参与决策	模型 4 职业机会
性别（以男性为参照组）				
女性	-0.078* (0.031)	-0.041 (0.029)	-0.076** (0.024)	-0.022 (0.032)
年龄	-0.008** (0.002)	-0.009*** (0.002)	-0.001 (0.002)	-0.009*** (0.002)
受教育程度（以没有上过学为参照组）				
小学	-1.279** (0.491)	-1.279** (0.455)	-1.299*** (0.294)	-1.228* (0.504)
初中	-0.931+ (0.481)	-1.000* (0.445)	-1.159*** (0.285)	-1.001* (0.493)
高中/技校/职高/中专	-0.672 (0.479)	-0.799+ (0.443)	-1.055*** (0.283)	-0.811+ (0.490)
大专	-0.586 (0.479)	-0.799+ (0.443)	-1.033*** (0.284)	-0.757 (0.491)
大学本科	-0.130 (0.479)	-0.506 (0.443)	-0.994*** (0.284)	-0.464 (0.491)
硕士	0.323 (0.488)	-0.344 (0.453)	-0.799** (0.292)	-0.494 (0.499)
博士	0.896 (0.642)	0.561 (0.595)	-0.064 (0.400)	0.118 (0.619)
是否取得国家认可的职业、专业或执业证书（以“是”为参照组）				
否	-0.256*** (0.042)	-0.191*** (0.039)	-0.058+ (0.033)	-0.152*** (0.043)
婚姻状况（以未婚为参照组）				
初婚/已婚	0.231*** (0.044)	0.136** (0.041)	0.160*** (0.034)	0.154** (0.045)
离婚	-0.317* (0.129)	-0.303* (0.119)	0.210* (0.094)	-0.244+ (0.132)
离婚再婚	0.174 (0.187)	0.012 (0.174)	0.227 (0.157)	0.116 (0.201)
丧偶	-0.424 (0.295)	-0.428 (0.273)	-0.079 (0.214)	-0.557* (0.276)

续表

变量	模型 1 职业机会	模型 2 职业机会	模型 3 参与决策	模型 4 职业机会
同居	-0.331 (0.340)	-0.211 (0.315)	0.052 (0.232)	-0.279 (0.347)
组织地位感知		0.276*** (0.011)	0.187*** (0.008)	0.190*** (0.013)
参与决策				0.379*** (0.025)
截距	3.814*** (0.484)	3.532*** (0.448)	2.243*** (0.292)	3.103*** (0.498)
F 值	47.12	90.55	56.00	91.80
R^2	0.1600	0.2808	0.2179	0.3629

注：①括号里的数字为标准误；②$^+p<0.10$，$^*p<0.05$，$^{**}p<0.01$，$^{***}p<0.001$；③模型 1 至模型 4 中的控制变量为性别、年龄、受教育程度、职业或专业证书和婚姻状况。

表 12-9 中的模型 1 为基准模型，检验了性别、年龄、受教育程度、职业或专业证书和婚姻状况五个控制变量对因变量职业机会的影响，模型的 F 值为 47.12（$p=0.0000$）。模型 2 中，以职业机会为因变量，组织地位感知为自变量，组织地位感知回归的系数为 0.276，p 值小于 0.001，说明组织地位感知对职业机会具有显著的正向影响。这表明，在劳动者的性别、年龄、受教育程度、职业或专业证书和婚姻状况保持不变的情况下，个体在组织中所处地位每提高一个层级，其职业机会就会提高 0.276 个单位，假设 H12.4 成立。在模型 3 中，以参与决策为因变量，组织地位感知为自变量，组织地位感知的回归系数为 0.187，p 值小于 0.001，说明组织地位感知对参与决策具有显著的正向影响，这表明，在劳动者的性别、年龄、受教育程度、职业或专业证书和婚姻状况保持不变的情况下，个体在组织中所处地位每提高一个层级，其参与决策得分就会提高 0.187 个单位，假设 H12.5 成立。在模型 4 中，在控制住性别、年龄、受教育程度、职业或专业证书和婚姻状况的情况下，组织地位感知和

参与决策的回归系数依然显著（p 值小于 0.001），同时，与模型 2 相比，组织地位感知的回归系数由 0.276 下降为 0.190，且模型的决定系数由 28.08%上升到了 36.29%。并且，Boostrap 检验结果显示间接效应系数为 0.092，且 p 值显著（$Z=12.54$，$p=0.0000$）；直接效应系数为 0.194，且 p 值显著（$Z=14.37$，$p=0.0000$）。由此，可以看出参与决策部分中介了组织地位感知对职业机会的正向影响，假设 H12.6 成立。

基于此，我们可以知道员工的组织地位感知会影响其对职业机会的感知，而在组织决策中的参与则会对这种感知起到中介作用。处于组织低层的员工由于职位权责有限，在组织决策中的参与程度较低，感知到的职业机会较低；处于组织高层的员工则可能因为职业高原，即在组织中的职业生涯发展到达一定的瓶颈而感知到较低的职业机会；而处于组织中高层的员工一方面处于职业发展时期，另一方面能较多地参与到组织决策当中，从而感知到较高的职业机会。

职业机会从员工与职位互动的层面来看工作环境质量，它可以表征员工对于在组织内实现职业目标、实现能力发展和晋升所感知到的可能性的大小，这种感知将影响员工对工作的期望和积极性，从而影响员工的工作状态。

（三）工作家庭冲突

1. 工作家庭冲突的描述性分析

结合图 12-8 可知，家庭-工作冲突的得分均值为 2.34，标准差为 0.93，最大值为 5，最小值为 1，偏度系数为 0.45，峰度系数为 2.80；工作-家庭冲突的得分均值为 2.90，标准差 1.00，最大值为 5，最小值为 1，偏度系数为-0.02，峰度系数为 2.65。结果表明：我国城镇劳动者生活对工作的影响程度较低，但工作对生活的影响程度较高，反映出我国城镇劳动者的工作家庭冲突主要受到工作因素的影响。

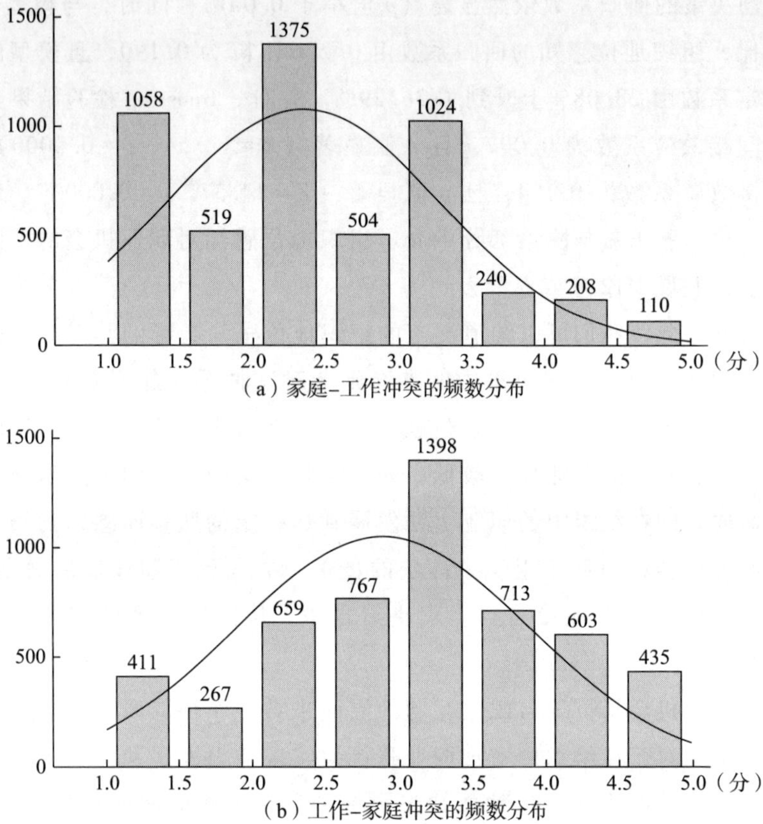

图 12-8　工作家庭冲突的频数分布

进一步查看各个题器的得分情况，在家庭-工作冲突中，“工作时，我常和家人通电话、发短信、用微信或 QQ 聊天”这一题器的得分均值为 2.43；“工作时我还惦记家里的事情”这一题器的得分均值最高，为 2.56；“因为家里的事情，我工作时常早退、迟到、请假”这一题器的得分均值最低，为 2.04。由此可见，家庭-工作冲突主要体现为心理边界的入侵，即劳动者处于工作领域中时，仍会挂念着家庭的事情。但是劳动者在工作领域中时，面对家庭事务，能够维持较好的时间边界和物理边界，具体表现为劳动者很少在工作时间与家人聊天，也很少因为家庭事务而早退、迟到、请假。在工作-家庭冲突中，“下班之后我还要接听工作电话、收发电子邮件、回复消息”这一题器的得分均值达到3.08，“下班之后我还要参加工作聚会或应酬”的得分均值为2.71。表明，工作-家庭冲突主要体现为客观的时间边界的入侵，即劳动者需要调用原本分配给家庭领域的时间资源来处理工作事务，例如接听工作电话、收发电子邮件、回复消息等；而物理边界的入侵程度则相对较低。

通过上述工作家庭冲突的描述性分析，我们得知，我国城镇劳动者的工作家庭冲突主要表现为工作对家庭的影响，尤其是工作和家庭两个领域中时间资源调配的冲突。

2. 工作家庭冲突的差异性分析

通过工作家庭冲突的描述性分析，我们知道劳动者对工作-家庭冲突的感知高于对家庭-工作冲突的感知，即工作家庭冲突主要体现为工作对家庭的影响。因此，我们在差异性分析的部分就聚焦于工作-家庭冲突，观测不同性别、受教育程度、婚姻状况[①]、组织地位感知的劳动者在工作-家庭冲突的感知上有怎样的差异。具体分析结果见表12-10。

表12-10　工作-家庭冲突在人口学变量和组织地位感知上的差异性分析

	类别	工作-家庭冲突		差异显著性
		均值	标准差	
性别	男	3.01	0.99	$F=60.92$, $P=0.0000$
	女	2.79	0.99	
受教育程度	初中及以下	2.50	1.10	$F=66.22$, $P=0.0000$
	高中/技校/职高/中专	2.75	0.98	
	大专	2.95	0.95	
	大学本科	3.13	0.92	
	研究生	3.15	0.91	

① 此处，婚姻状况分为“已婚”和“未婚”两类，“已婚”包括初婚、离婚再婚和丧偶再婚，“未婚”包括未婚、离婚、丧偶和同居。

续表

	类别	工作-家庭冲突		差异显著性
		均值	标准差	
婚姻状况	未婚	2.92	0.96	$F=1.32$，$P=0.2499$
	已婚	2.89	1.01	
组织地位感知	第 1 层	2.59	0.96	$F=34.39$，$P=0.0000$
	第 2 层	2.92	0.93	
	第 3 层	3.14	0.94	
	第 4 层	3.13	0.97	
	第 5 层	3.17	0.96	
	第 6 层	3.24	0.98	
	第 7 层	3.55	0.92	
	第 8 层	3.30	1.02	
	第 9 层	2.75	0.99	
	第 10 层	2.53	1.34	

由表 12-10 可知，男性劳动者和女性劳动者在工作-家庭冲突上的得分均值分别为 3.01 和 2.79，说明男性劳动者感受到的工作对家庭的影响显著高于女性劳动者。就受教育程度而言，受教育程度更高的劳动者群体所感受到的工作-家庭冲突程度也相对更高。就婚姻状况来说，未婚的劳动者和已婚的劳动者所感受到的工作-家庭冲突没有显著差异。就组织地位感知来说，处于组织中不同地位的劳动者感受到的工作-家庭冲突存在显著差异，为了更直观地呈现处于不同组织地位的劳动者在工作-家庭冲突得分均值上的差异，绘制如下折线图（见图 12-9）。

从图 12-9 中我们可以看到，组织层级中处于第 1 层、第 2 层、第 9 层和第 10 层的劳动者在“工作-家庭冲突”上得分的平均值均小于 3，表明这部分劳动者在生活中受到工作干扰的程度较小，工作家庭平衡得相对比较好。而处于第 3~8 层的劳动者在“工作-家庭冲突”上得分的平均值均大于 3，说明这部分劳动者的生活受到工

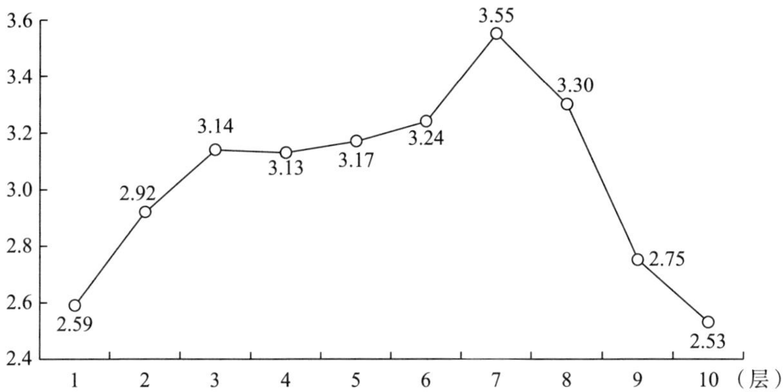

图 12-9　处于不同组织地位劳动者的工作-家庭冲突均值比较

作不同程度的干扰。就总体的趋势而言，从第 1 层到第 7 层，随着层级的升高，工作-家庭冲突得分的平均数也在不断提高，说明员工所处的职位层级越高，生活领域受到工作领域的介入就越多，表明职位提升确实是导致工作渗透到生活中的因素之一，这一结论与已有研究①相符。然而，当组织地位上升到一定程度的时候，工作-家庭冲突得分的平均值就开始出现回落，在折线图中反映为以第 7 层为界，折线的趋势由上升转为下降，折线整体呈现一种“倒 U 型”的状态，反映出基层员工和高层管理者把工作家庭平衡得相对较好，而中层员工的工作事务则较多地渗透到了其生活领域中。在组织中，处于不同层级的劳动者承担着不同的责任，同时也掌握着不同的资源。根据社会分层理论，社会成员或者社会群体之间会因社会资源的占有不同而产生层化或差异现象。处于第 1 层即基层的员工虽然掌握的资源有限但可能承担的工作任务没那么多，所以他们较好地平衡了工作与生活；处于第 9~10 层的劳动者虽然承担的工作职责更大但也拥有更多的资源来应对工作中的需求，因此也能较好地平衡工作与生活；而处于第 3~8 层的中

① 高中华、赵晨：《工作家庭两不误为何这么难？基于工作家庭边界理论的探讨》，《心理学报》2014 年第 4 期，第 552~568 页。

层管理人员可能因为需要同时承受来自高层领导的压力和承担管理基层员工的职责，造成他们工作领域中的需求得不到满足而向生活领域渗透。

3. 工作环境视角下工作家庭冲突的生成机制

虽然调查结果显示，我国城镇劳动者在家庭-工作冲突的得分较低，但进一步观测这一变量的频数分析表，我们发现仍然有17.31%的劳动者在此项变量上的得分高于3分，这说明有相当一部分劳动者存在家庭-工作冲突的困扰。因此家庭-工作冲突是一个需要引起重视的议题。家庭-工作冲突是劳动者在工作的同时还要应对家庭事务而产生的一种冲突的感受，这种感受反映了劳动者在家庭和工作两个领域中的角色冲突。这种角色冲突的强弱程度会随着劳动者在两个角色上的适应及平衡能力的增强而发生变化。通常来讲，劳动者刚刚步入职场的时候，事业处于起步阶段，需要完成工作中的角色适应；而这一阶段恰恰也是许多劳动者组建家庭的阶段，这就意味着劳动者在适应工作中的角色的同时，还要适应家庭中的角色，就很容易产生冲突的感受。随着劳动者年龄的增长，他们会在工作领域和家庭领域中都表现得更加得心应手，冲突的感受也可能会随之减弱。此外，相比男性劳动者，女性劳动者在照料家庭方面，往往被赋予更多的责任和更高的期待，更有可能产生家庭-工作冲突的感受。[①] 由此，我们提出以下假设。

假设H12.7：性别对家庭-工作冲突具有显著影响。

假设H12.8：年龄[②]能够调节性别对家庭-工作冲突的影响。

综合上述两个假设，得到如图12-10所示的关系假设。

---

① 姜佳将：《工作-家庭平衡状况的性别差异及影响因素研究》，《浙江学刊》2015年第3期，第219~224页。

② 为了更清晰地看到家庭-工作冲突在不同年龄段的差异，我们将年龄处理为定类变量，分为16~19岁、20~29岁、30~39岁、40~49岁、50~59岁和60岁及以上，共六个组别。

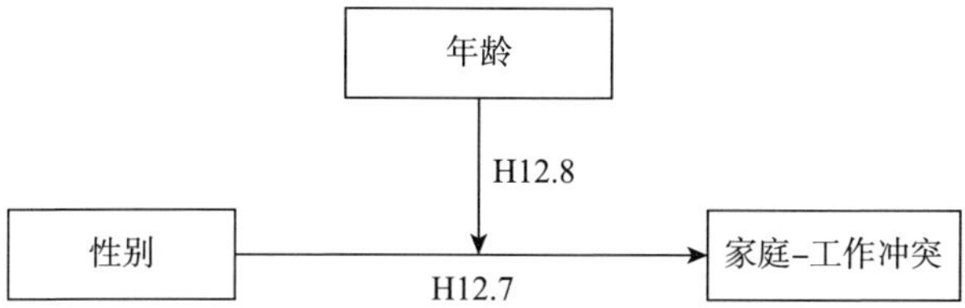

图 12-10　性别、年龄与家庭-工作冲突的关系假设

根据上述内容，将“家庭-工作冲突”作为因变量，性别作为自变量，年龄作为调节变量，受教育程度、经济地区、需要照料的家庭成员数、月收入和工作自主性作为控制变量进行回归分析。结果如表 12-11 所示。

表 12-11　性别对家庭-工作冲突的影响：年龄的调节效应

	模型 1	模型 2	模型 3
	家庭-工作冲突	家庭-工作冲突	家庭-工作冲突
受教育程度（以初中及以下为参照组）			
高中/技校/职高/中专	-0.009 (0.041)	-0.052 (0.042)	-0.043 (0.042)
大专	-0.092* (0.041)	-0.164*** (0.043)	-0.155*** (0.043)
大学本科	-0.106* (0.041)	-0.188*** (0.044)	-0.179*** (0.044)
研究生	-0.329*** (0.091)	-0.400*** (0.091)	-0.384*** (0.092)
经济地区（以东部地区为参照组）			
中部地区	-0.063* (0.029)	-0.050+ (0.030)	-0.048 (0.030)
西部地区	0.120** (0.041)	0.119** (0.041)	0.119** (0.041)
东北地区	-0.168*** (0.047)	-0.157*** (0.047)	-0.156*** (0.047)
需要照料的家庭成员数	-0.048** (0.016)	-0.045** (0.016)	-0.045** (0.016)
月收入	-0.057* (0.024)	-0.070** (0.025)	-0.067** (0.025)

续表

	模型 1	模型 2	模型 3
	家庭-工作冲突	家庭-工作冲突	家庭-工作冲突
工作自主性	0.482*** (0.023)	0.491*** (0.023)	0.490*** (0.023)
性别（以女性为参照组）			
男性		0.078** (0.026)	0.144** (0.046)
年龄（以 20~29 岁为参照组）			
16~19 岁		-0.026 (0.130)	-0.066 (0.166)
30~39 岁		-0.098** (0.031)	-0.073+ (0.042)
40~49 岁		-0.197*** (0.038)	-0.108* (0.052)
50~59 岁		-0.245*** (0.055)	-0.131 (0.080)
60 岁及以上		-0.427** (0.141)	-0.666** (0.240)
性别×出生年代（以女性×20~29 岁为参照组）			
男性×16~19 岁			0.127 (0.263)
男性×30~39 岁			-0.051 (0.060)
男性×40~49 岁			-0.183* (0.073)
男性×50~59 岁			-0.205* (0.104)
男性×60 岁及以上			0.350 (0.293)
截距	1.994*** (0.195)	2.197*** (0.201)	2.132*** (0.204)
F 值	52.07	35.87	27.90
R^2	0.0939	0.1026	0.1046

注：①括号里的数字为标准误；② $^{+}p<0.10$，$^{*}p<0.05$，$^{**}p<0.01$，$^{***}p<0.001$；③模型 1 至模型 3 中的控制变量为受教育程度、经济地区、需要照料的家庭成员数、月收入和工作自主性，月收入做了取对数和缩尾处理。

表 12-11 中的模型 1 为基准模型，说明了受教育程度、经济地区、需要照料的家庭成员数、月收入和工作自主性五个控制变量对因变量家庭-工作冲突的影响，模型的 F 值为 52.07（p=0.0000）。模型 2 中在控制了受教育程度、经济地区、需要照料的家庭成员数、月收入和工作自主性的情况下，观测性别和年龄对因变量家庭-工作冲突的影响，结果显示男性劳动者和女性劳动者的家庭-工作冲突得分均值存在显著差异，以 20~29 岁的劳动者为参照群体，不同年龄段的劳动者之间，家庭-工作冲突得分均值也存在显著差异，并且大致呈现家庭-工作冲突得分均值随年龄的增长而降低的趋势。模型 3 在模型 2 的基础上加入性别和年龄的交互项，交互项系数显著，表明年龄在性别对家庭-工作冲突的影响中起到了调节作用。

为了进一步了解年龄在性别对家庭-工作冲突的影响中所起到的调节作用，我们绘制了不同年龄段劳动者家庭-工作冲突得分均值的性别差异折线图（见图 12-11）。

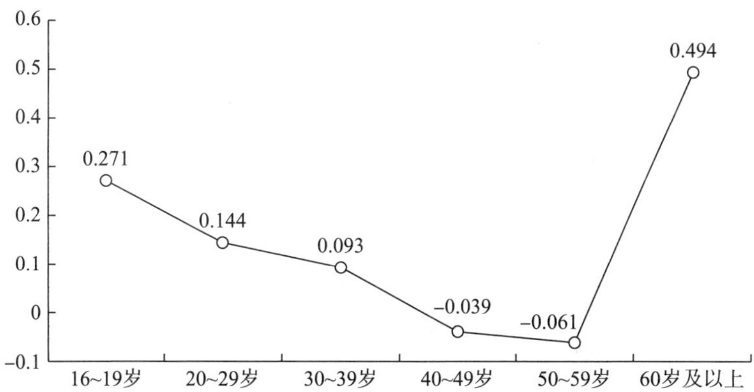

图 12-11　不同年龄段男女劳动者家庭-工作冲突均值的差值比较

如图 12-11 所示，家庭-工作冲突的性别不平等在不同年龄段中存在显著差异，整体表现为家庭-工作冲突的性别不平等在 16~59 岁随着年龄的增长而不断缩小，但在 60 岁及以上却突然增大。这表明男女性劳动者随着年龄的增长，在应对个体层面的角色冲突和家庭层面的分工时都更加成熟。在个体层面，劳动者随着年龄的增长，对工作中的角色和家庭中的角色都有了更强的适应能力，对工作和家庭两者之间的平衡能力也在长时间的适应过程中有所提升，个体所感受到的家庭-工作冲突程度降低。在家庭层面，可能是因为男女性劳动者随着年龄的增长，在家庭分工中的磨合越来越好，家庭-工作冲突的性别差异也就越小。

此外，我们通常会认为女性由于社会所赋予的期望，会承担更多照料家庭的责任，所面临的家庭-工作冲突可能会比男性更严重。然而研究结果表明，家庭-工作冲突的性别不平等在不同年龄段中会有不一样的表现。具体来说，在 40 岁之前，男性劳动者感受到的家庭-工作冲突的程度要高于女性劳动者。而在 40～59 岁这一年龄段则相反，女性劳动者感受到的家庭-工作冲突的程度要高于男性劳动者。在 60 岁及以上年龄段劳动者的家庭-工作冲突及其性别差异应当引起我们的关注，进一步了解其中的原因。这给我们的启示是在组织制度和劳动就业政策的设计及执行过程中，要考虑和兼顾不同性别劳动者的特征和需求，为其提供更好的组织支持和社会支持。

四　工作意义、职业机会对工作家庭冲突的影响

在上文中，我们分别讨论了工作意义、职业机会、工作家庭冲突作为可持续性的工作环境质量指标对于员工和组织可持续发展的预测作用。工作意义是员工当下对所从事工作的一种价值体验，职业机会则是员工对于未来获得晋升等工作机会的主观感知，工作家庭冲突则是工作角色与生活角色两者之间的压力不相容时产生的一种冲突形式。本章要探讨的内容是三个概念之间存在怎样的联系。

（一）工作意义对工作-家庭冲突的影响

工作投入（work engagement）的概念最早由 Kahn 提出，他认为

工作投入是“员工自我与工作角色的结合”，并从生理（physical）、认知（cognitive）和情绪（emotional）三个维度来表达和展现自我。[①]后来，Schaufeli 等学者进一步发展了关于工作投入的研究，将工作投入定义为“一种个体充满持久的、积极的情绪，竭力来完成工作的状态”，分为活力（vigor）、奉献（dedication）和专注（absorption）三个维度，[②] 成为学界公认的较为权威的维度划分。关于工作投入影响因素的研究，1990 年 Kahn 在美国中西部一家保险公司进行实证研究后提出个人的心理因素会影响工作投入，这些因素包括工作的意义性（meaningfulness）、安全性（safety）和有效性（availability）。[③] 其中，意义性对工作投入的影响最为显著。在 Kahn 的文章中，心理意义被视为一种感觉，即“一个人正在从自己在身体、认知或情感能量货币中的投资中获得回报”，当人们认为自己有价值和有用时，就能体验到这种意义，这一观点与本章对工作意义的界定相契合。在 Kahn 之后，也有研究者发现“意义”在工作中的重要性。Frankl 认为，个人的主要动机是在工作中寻求意义。[④] 一个人工作中缺乏意义会导致疏远或脱离工作[⑤]，而有意义的工作则会促进其个人成长并增强其工作动机。[⑥] 当员工在自己的工作中感受到意义

① William A. Kahn, "Psychological Conditions of Personal Engagement and Disengagement at Work," *Academy of Management Journal* 33, no. 4 (1990): 692-724.

② Wilmar B. Schaufeli, Marisa Salanova, Vicente González-romá & Arnold B. Bakker, "The Measurement of Engagement and Burnout: A Two Sample Confirmatory Factor Analytic Approach," *Journal of Happiness Studies* 3, no. 1 (2002): 71-92.

③ William A. Kahn, "Psychological Conditions of Personal Engagement and Disengagement at Work," *Academy of Management Journal* 33, no. 4 (1990): 692-724.

④ Viktor E. Frankl, *Man's Search for Meaning: An introduction to logotherapy*, Boston: Beacon Press, 1992，转引自田喜洲、左晓燕、彭小平《工作意味着什么——工作意义概念、影响与研究框架》，《心理研究》2017 年第 2 期，第 56~66 页。

⑤ Omar Aktour, "Management and Theories of Organizations in the 1990s: Toward a Critical Radical Humanism?" *Academy of Management Review* 17, no. 3 (1992): 407-431.

⑥ Gretchen M. Spreitzer, Mark A. Kizilos & Stephen W. Nason, "A Dimensional Analysis of the Relationship between Psychological Empowerment and Effectiveness, Satisfaction, and Strain," *Journal of Management* 23, no. 5 (1997): 679-704.

时，他们会更愿意为工作投注时间和精力，工作投入的程度因此得到提升。所以我们假设工作意义对工作投入具有正向影响。然而，当员工因工作意义而增加对工作的投入时，就有可能减少在其他领域投入的时间和精力，比如家庭领域。从这个意义上来讲，工作意义可能会正向影响工作-家庭冲突。关于工作-家庭冲突的研究也表明，工作投入与工作-家庭冲突有正相关关系，[①] 个体的工作投入越高就意味着在工作上投入的时间和精力越多，而对于家庭事务的关心和投入就因此受到影响，从而导致工作与家庭的冲突。据此，我们提出以下假设。

假设 H12.9：工作意义对工作-家庭冲突具有正向影响。

假设 H12.10：工作意义对工作投入具有正向影响。

假设 H12.11：工作投入在工作意义对工作-家庭冲突的正向影响中起中介作用。

综合上述三个假设，得到如图 12-12 所示的关系假设。

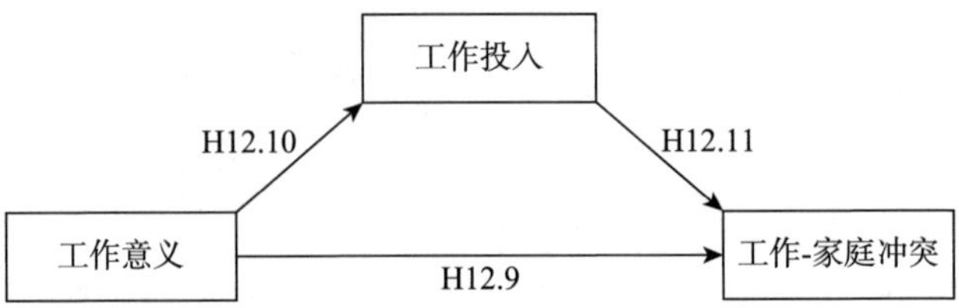

图 12-12　工作意义、工作投入与工作-家庭冲突的关系假设

根据上述内容，我们将工作-家庭冲突作为因变量，工作意义作为自变量，工作投入作为中介变量进行回归分析。其中，工作投入通过“我总把工作放在第一位”、“我尽可能把工作做得又快又好”和“下班之后，我仍然惦记着工作中的事情”三个题器进行测量。在上文讨论工作家庭冲突的内容中，我们发现在组织中处于不同层级的员工对于工作-家庭冲突的感知是存在差异的，主要表现为处于

① 胡俏、何铨：《工作投入与工作狂对工作满意感和情绪耗竭影响的纵向研究——工作-家庭冲突的中介效应》，《中国临床心理学杂志》2018 年第 5 期，第 1016~1020 页。

组织低层和高层的劳动者感受到的工作-家庭冲突程度较低，而处于组织中层的劳动者感受到的工作-家庭冲突程度则较高。性别和年龄也有可能影响劳动者对于工作-家庭冲突的感知。通常情况下，由于社会性别角色的规制，女性承担更多的家庭事务压力，男性则更多地以工作为重，在工作上投入的时间和精力更多，所以即便同处职场中，男性感受到的工作-家庭冲突的程度有可能高于女性。年龄的增长也通常伴随着事业阶段的变化，处于事业发展上升期的劳动者更可能因为在工作上有更多的投入而导致工作-家庭冲突。此外，加班、兼职的情况给劳动者带来额外的工作量，也有可能导致工作-家庭冲突。如果是工作自主性较高的劳动者就有可能更灵活地协调工作与家庭的事务从而降低工作-家庭冲突。基于此，在控制变量的选择上，我们把组织地位感知、性别、年龄、加班、工作自主性和兼职数作为控制变量。

使用三步法，以工作-家庭冲突为因变量，工作意义为自变量，工作投入为中介变量，控制住组织地位感知、性别、年龄、加班、工作自主性和兼职数，得到以下回归模型。具体结果见表 12-12。

表 12-12　工作意义对工作-家庭冲突的影响：工作投入的中介效应

变量	模型 1 工作-家庭冲突	模型 2 工作-家庭冲突	模型 3 工作投入	模型 4 工作-家庭冲突
组织地位感知	0.086*** (0.009)	0.054*** (0.009)	-0.031*** (0.007)	0.067*** (0.009)
性别（以男性为参照组）				
女性	-0.140*** (0.029)	-0.136*** (0.028)	-0.021 (0.020)	-0.126*** (0.027)
年龄	-0.008*** (0.002)	-0.009*** (0.002)	-0.008*** (0.001)	-0.012*** (0.002)
加班（以有加班情况为参照组）				
没有加班情况	-0.249*** (0.029)	-0.232*** (0.029)	-0.117*** (0.020)	-0.187*** (0.028)

续表

变量	模型 1 工作-家庭冲突	模型 2 工作-家庭冲突	模型 3 工作投入	模型 4 工作-家庭冲突
工作自主性	0.395*** (0.029)	0.305*** (0.029)	0.069** (0.021)	0.271*** (0.028)
兼职数	0.080* (0.033)	0.097** (0.032)	-0.058** (0.022)	0.125*** (0.031)
工作意义		0.248*** (0.021)	0.355*** (0.015)	0.116*** (0.022)
工作投入				0.378*** (0.020)
截距	2.422*** (0.084)	2.028*** (0.089)	2.628** (0.063)	1.050*** (0.101)
F 值	92.66	101.33	115.18	139.68
R^2	0.1171	0.1448	0.1542	0.2121

注：①括号里的数字为标准误；②$^{+}p<0.10$，$^{*}p<0.05$，$^{**}p<0.01$，$^{***}p<0.001$；③模型 1 至模型 4 中的控制变量为组织地位感知、性别、年龄、加班、工作自主性和兼职数。

表 12-12 中的模型 1 为基准模型，说明了组织地位感知、性别、年龄、加班、工作自主性和兼职数六个控制变量对因变量工作-家庭冲突的影响，模型的 F 值为 92.66（$p=0.0000$）。模型 2 中，在控制住组织地位感知、性别、年龄、加班、工作自主性和兼职数六个变量的情况下，以工作-家庭冲突为因变量、工作意义为自变量，工作意义的回归系数为 0.248，且 p 值小于 0.001，说明在上述控制变量保持不变的情况下，个体的工作意义得分每提升 1 个单位，其工作-家庭冲突的得分会显著提高 0.248 个单位，假设 H12.9 成立。模型 3 中，在控制住组织地位感知、性别、年龄、加班、工作自主性和兼职数六个变量的情况下，以工作投入为因变量、工作意义为自变量、工作意义的回归系数为 0.355，且 p 值小于 0.001，即说明在上述控制变量保持不变的情况下，个体的工作意义得分每提升 1 个单位，其工作投入的得分会显著提高 0.355 个单位，假设

H12.10成立。模型4中，在控制住组织地位感知、性别、年龄、加班、工作自主性和兼职数六个变量的情况下，工作意义与工作投入的回归系数依然显著（p 值小于0.001），同时，与模型2相比，工作意义的回归系数由0.248降低为0.116，且模型的决定系数由14.48%上升到了21.21%。并且，boostrap检验结果显示间接效应系数为0.136，且 p 值显著（$Z=13.81$，$p=0.0000$）；直接效应系数为0.116，且 p 值显著（$Z=4.93$，$p=0.0000$）。由此可见，工作投入在工作意义对工作-家庭冲突的正向影响中起到了中介作用，假设H12.11成立。

这一结果给我们的启发是在组织制度和劳动就业政策的设计及执行过程中，应该考虑并切实保障劳动者的休息与休闲时间，促进劳动者工作家庭的平衡。

（二）职业机会对工作-家庭冲突的影响

关于工作家庭冲突的研究中，还有学者提出工作家庭冲突可能与一个人的职业生涯阶段有关。[①] 通常来说，在职业生涯的早期阶段，事业刚刚起步，源于工作的压力较大，有可能带来工作-家庭冲突；而在职业生涯的中期阶段，结婚与生育子女可能带来更大程度的工作与家庭的对立，从而导致更为复杂的工作与家庭冲突的情况。然而，当我们考虑职业生涯阶段与工作家庭冲突的关系时，应当考虑到两者间的关系与个人的具体情况和选择相关。换言之，职业生涯阶段的划分是一种常规意义上的考虑，比职业生涯阶段划分更准确地来描绘个人处于事业发展上升阶段的概念是职业机会，即当个人感知到在组织内的职业机会时就是事业发展上升的时期，而无关他处于职业生涯的哪个阶段。可以说，员工个体对于职业机会的感知对应着员工个人事业上升发展的期望和机会，此时，员工更有可能愿意为自己的

① Jeffrey H. Greenhaus & Nicholas J. Beutell, "Sources of Conflict between Work and Family Roles," *Academy of Management Review* 10, no. 1 (1985): 76-88.

工作投入时间和精力来使期望成为现实，工作投入因此增加，而家庭事务的投入有可能因此减少。据此，我们提出以下假设。

假设 H12. 12：职业机会对工作-家庭冲突具有正向影响。

假设 H12. 13：职业机会对工作投入具有正向影响。

假设 H12. 14：工作投入在职业机会对工作-家庭冲突的正向影响中起中介作用。

综合上述三个假设，得到如图 12-13 所示的关系假设。

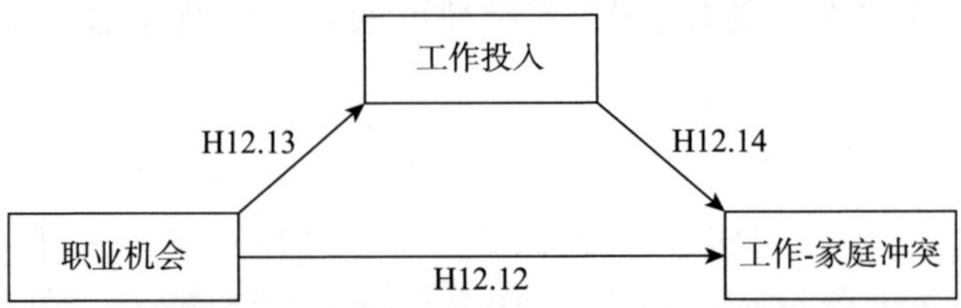

图 12-13　职业机会、工作投入与工作-家庭冲突的关系假设

根据上述内容，我们控制住组织地位感知、性别、年龄、加班、工作自主性和兼职数，将工作-家庭冲突作为因变量，职业机会作为自变量，工作投入作为中介变量进行回归分析。结果如表 12-13 所示。

表 12-13　职业机会对工作-家庭冲突的影响：工作投入的中介效应

变量	模型 1 工作-家庭冲突	模型 2 工作-家庭冲突	模型 3 工作投入	模型 4 工作-家庭冲突
组织地位感知	0. 086 *** (0. 009)	0. 061 *** (0. 012)	-0. 010 (0. 009)	0. 063 *** (0. 012)
性别（以男性为参照组）				
女性	-0. 140 *** (0. 029)	-0. 128 *** (0. 031)	-0. 019 (0. 023)	-0. 118 *** (0. 030)
年龄	-0. 008 *** (0. 002)	-0. 007 *** (0. 002)	0. 013 *** (0. 001)	-0. 012 *** (0. 002)
加班（以有加班情况为参照组）				
没有加班情况	-0. 249 *** (0. 029)	-0. 213 *** (0. 032)	-0. 144 *** (0. 023)	-0. 160 *** (0. 030)

续表

变量	模型 1 工作-家庭冲突	模型 2 工作-家庭冲突	模型 3 工作投入	模型 4 工作-家庭冲突
工作自主性	0.395*** (0.029)	0.300*** (0.033)	0.070** (0.024)	0.265*** (0.032)
兼职数	0.080* (0.033)	0.125*** (0.035)	-0.044+ (0.024)	0.149*** (0.034)
职业机会		0.140*** (0.018)	0.171*** (0.013)	0.078*** (0.018)
工作投入				0.380*** (0.022)
截距	2.422*** (0.084)	2.138*** (0.099)	2.786*** (0.072)	1.099 (0.112)
F 值	92.66	73.68	57.53	108.88
R^2	0.1171	0.1287	0.0994	0.2008

注：①括号里的数字为标准误；②$^{+}p<0.10$，$*p<0.05$，$**p<0.01$，$***p<0.001$；③模型 1 至模型 4 中的控制变量为组织地位感知、性别、年龄、加班、工作自主性和兼职数。

表 12-13 中的模型 1 为基准模型，说明了组织地位感知、性别、年龄、加班、工作自主性和兼职数六个自变量对因变量工作-家庭冲突的影响，模型的 F 值为 92.66（$p=0.0000$）。模型 2 中，在控制住组织地位感知、性别、年龄、加班、工作自主性和兼职数六个变量的情况下，以工作-家庭冲突为因变量，职业机会为自变量，职业机会的回归系数为 0.140，且 p 值小于 0.001，说明在上述控制变量保持不变的情况下，个体的职业机会得分每提升 1 个单位，其工作-家庭冲突的得分会显著提高 0.140 个单位，假设 H12.12 成立。模型 3 中，在控制住组织地位感知、性别、年龄、加班、工作自主性和兼职数六个变量的情况下，以工作投入为因变量，职业机会为自变量，职业机会的回归系数为 0.171，且 p 值小于 0.001，说明在上述控制变量保持不变的情况下，个体的职业机会得分每提升 1 个单位，其工作投入的得分就显著提高 0.171 个单位，假设 H12.13 成立。模型

4 中，在控制住组织地位感知、性别、年龄、加班、工作自主性和兼职数六个变量的情况下，职业机会和工作投入的回归系数依然显著（p 值小于 0.001），同时，与模型 2 相比，职业机会的回归系数由 0.140 降低为 0.078，且模型的决定系数由 12.87%上升到了 20.08%。并且，boostrap 检验结果显示间接效应系数为 0.067，且 p 值显著（$Z=10.18$，$p=0.0000$）；直接效应系数为 0.078，且 p 值显著（$Z=4.38$，$p=0.0000$）。由此，可以看出工作投入在职业机会对工作-家庭冲突的正向影响中起到了中介作用，假设 H12.14 成立。

根据上文的统计分析结果，我们能够得知工作意义和职业机会都对工作-家庭冲突具有正向的影响，并且都受到工作投入的部分中介作用。当工作意义和职业机会的感知较高时，员工会有更多的工作投入，从而在工作和生活的天平中，向工作一端倾斜，导致不同程度上的工作-家庭冲突。

第十三章　工作环境、社会景气与社会信心

一　发展过程中的总体性社会情绪

改革开放以来，我国社会结构最根本的变化就是总体性社会转向分化性社会，即社会的政治中心、意识形态中心、经济中心重合为一、国家与社会合为一体以及资源和权力高度集中的结构形态逐渐瓦解。[①] 具体地说，伴随体制改革的不断深化，部分原本嵌入在政治结构中的社会资源开始脱嵌，如住房、医疗、教育等资源，逐步转由市场体系或第三部门来进行资源配置，整个社会的资源组织、调节与分配方式开始趋于多元化。与此同时，资源流动与重新配置推动整个社会的利益格局发生变化，孕育了私营企业主、个体劳动者等新的利益群体，也使得社会结构要素不断增多，各要素之间的距离逐渐拉大。上述结构分化过程产生的社会效应主要表现在两个方面：一是政府放开对部分社会资源的管控，让多元利益主体通过市场进行自由竞争，极大地刺激了经济系统的活力，持续促进经济发展；二是差异化的利益表达与实现促进社会整体的结构性调整和创新，而该过程中的结构紧张既带来现实的困境，也孕育新的发展机遇。这里的困境指的是利益主体和诉求的多元化形塑了一个矛盾

① 孙立平、王汉生、王思斌、林彬、杨善华：《改革以来中国社会结构的变迁》，《中国社会科学》1994 年第 2 期，第 47～62 页；张彦、魏钦恭、李汉林：《发展过程中的社会景气与社会信心——概念、量表与指数构建》，《中国社会科学》2015 年第 4 期，第 64～84 页。

冲突频发的时期，多元主体在进行利益表达、协调与综合过程中的摩擦以及这些摩擦进一步演化所导致的群体性事件或愤懑、仇富和剥夺等社会心态问题，都制约着个体福祉最大化的实现。但与此同时，适当的摩擦与紧张，又为多元主体锻炼利益表达、协调与综合能力提供了契机和土壤，是社会良性发展的动力。上述“危”与“机”并存的状况贯穿我国社会转型与发展的全过程，也恰恰是在这个意义上，社会进一步转型与发展的关键在于准确把握改革发展稳定的平衡点，努力实现更平衡更充分的发展，进而追求整体进步与个体福祉最大化的协同。

改革开放前期，我国的发展逻辑与模式是以经济建设为中心，讲求“不管黑猫白猫，能捉老鼠的就是好猫”[①]、先把“蛋糕”[②] 做大再进行分配。这个阶段，我国凭借“人口红利”等优势逐渐成为“世界工厂”，经济发展迅猛，且发展成果惠及并明显改善了大多数人的日常生活。具体地说，我国国内生产总值从 1987 年的 3679 亿元跨越到 2017 年的 827122 亿元，国家的经济总量跃居世界第二，综合国力和国际影响力实现历史性跨越；与此同时，2017 年居民人均可支配收入达到 25974 元，扣除价格因素，比 1978 年实际增长 22.8 倍，年均增长达到 8.5%，居民财富不断增长，生活条件也不断改善。[③] 在这一背景下，许多局部的、地方性的生态与社会问题及其引发的负面社会情绪，在很大程度上被掩盖住了。但是，立足当下，全球经济增长处于疲乏期，[④] 而我国又进入改革的深水

① 参见《邓小平白猫黑猫论开启改革开放 30 年飞速发展》，http://news.enorth.com.cn/system/2008/12/12/003826085.shtml，最后访问日期：2024 年 1 月 8 日。

② 参见《先把“蛋糕”做大，再把“蛋糕”分好》，http://politics.people.com.cn/n1/2023/0327/c1001-32652140.html，最后访问日期：2024 年 1 月 8 日。

③ 《波澜壮阔四十载 民族复兴展新篇——改革开放 40 年经济社会发展成就系列报告之一》，http://www.stats.gov.cn/zt_18555/ztfx/ggkf40n/202302/t20230209_1902581.html，最后访问日期：2024 年 1 月 8 日。

④ “2019 年全球经济贸易增速显著放缓，外国直接投资大幅下降，主要发达经济体增速持续下行，新兴经济体下行压力加大。美国特朗普政府推行单边主义和保护主义政策导致世界经济增速下滑，同时各国尤其是发达经济体货币 （转下页注）

区，[①]无论是绝对意义上的发展成果惠及程度的巨大差异，还是相对意义上的“不患寡而患不均”所带来的结构性矛盾，都制约着我国经济与社会的进一步发展。简而言之，过去注重的是快速发展促进稳定，而现在强调稳定作为长效发展的基础。当既往以追求数量增长为特征、管理粗放的高速发展模式越发显得力有不逮时，自党的十九大提出并不断被深入挖掘和丰富的“高质量发展”模式，逐渐成为中国社会进一步发展的需要和愿景。

那么，什么是一个社会的高质量发展呢？对于制度安排与设计提出了什么样的要求？梳理2017年中央经济工作会议中的论述，高质量发展是以“满足人民日益增长的美好生活的需要”作为发展目标，在“创新、协调、绿色、开放、共享”的新发展理念指导下的发展模式。[②]

就发展目标而言，不同于经济增长，“满足人民的需要”是一个多维、全面的社会发展目标，并且，这一目标的转向还引出了一个目标实现程度的评价问题。过去，当我们主要聚焦于宏观经济增长的时候，评价指标通常是GDP等客观指标，评价主体也就是各级政府；但是当我们聚焦于“满足人民的需要”的时候，评价则需要兼顾人们的主观感受。当我们综合主客观指标来评价社会发展时，就接近于学界所谈论的社会质量[③]。具体地说，社会发展的

（接上页注④）与财政政策的效果减弱，全球总需求不足也严重抑制了世界经济的增长……未来数年世界经济仍将在中低速轨道内前行。”参见张宇燕《2019年世界经济形势：进入中低速增长轨道》，http://world.people.com.cn/n1/2020/0119/c1002-31555618.html，最后访问日期：2024年1月8日。

① 《改革深水区“深”在哪里》，http://theory.people.com.cn/n/2013/1004/c107503-23102780.html，最后访问日期：2024年1月8日。

② 《中央经济工作会议：推动高质量发展是当前和今后一个时期发展的根本要求》，http://www.gov.cn/xinwen/2017-12/21/content_5248953.htm，最后访问日期：2024年1月8日。

③ “社会质量（social quality）是指人们能够在多大程度上参与其共同体的社会与经济生活，并且这种生活能够提升其福利和潜能……社会质量的本体（转下页注）

制度安排与设计，追求的是人们能够在社会环境中满足需要，且对需要实现的过程有良好的感受。人们可能对社会发展的制度安排与设计缺乏相对全面和清楚的认识，但他们的确能够感受到社会发展的制度安排与设计对其日常生活所产生的或多或少、或轻或重的影响，能够在日常生活中实实在在地感受到满不满意、认不认可、得失与变化以及对未来有没有信心。在这个意义上，将个体的感受化合在一起，可以呈现整体的社会景气与社会信心程度，从主观层面映射社会发展的质量。

就发展理念而言，新发展理念的具体内容是“让创新成为第一动力、协调成为内生特点、绿色成为普遍形态、开放成为必由之路、共享成为根本目的”。这实际上关涉的是社会发展在动力、机制、取向、特色和效应五个面向的要求，[①]而要实现上述要求，社会发展需要坚实的微观基础、需要激活和培育有力的行动主体。社会发展的行动主体是人，而且通常指的是群体中的人，因为个人与社会不是真空的，需要有各种各样的群体充当缓冲或介导力量。在这个意义上，社会发展很大程度上取决于这些行动主体的组织方式及其效果。其中，工作组织是吸纳和安排行动主体的重要方式，承担着生产、流通、分配等基本职能，能够在推动社会发展的过程中起到资源配置、社会整合等作用。而由工作组织所营造的工作环境，在多大程度上促使劳动者对自身的工作状态与工作氛围产生良好的感受，进而推动组织的团结和提升组织的绩效，是组织能不能发挥正功能

（接上页注③）论基础奠基于人在本质上是社会的存在而不是原子化的经济人假定的观点之上。这种观点认为人的自我实现有赖于社会认可，也就是说，人的自我实现源于他们在广泛的集体认同（诸如家庭、社区、公司、机构）中与他人的互动。所以自我实现过程和集体认同形成过程两者之间存在着相互依赖。”可以看到，社会质量着重于人的福祉与发展，高社会质量就是要“满足人民的需要”。参见张海东、石海波、毕婧千《社会质量研究及其新进展》，《社会学研究》2012年第3期，第223~240页。

① 夏传玲：《发展社会学视野下的高质量发展和工作环境》，《山东社会科学》2021年12期，第101~106页。

的前提，也是社会能不能高质量发展的基础。正是在这个意义上，我们有必要通过组织去考察社会发展的质量，而工作环境可能是一套适宜的测量与评价体系。

工作环境测度的是人们所感受到的工作状态与氛围，而社会景气与社会信心测度的是人们对其所处社会环境的一种主观感受。我们认为，工作环境和社会景气与社会信心都根植于总体性社会情绪，分别是总体性社会情绪在组织层面和社会层面上的表征，两者是一种“共振”的关系。之所以使用物理学上的“共振”来形容，是因为人们在工作场域中的实践与处境，直接形塑其在工作环境上的主观感受，而工作环境中的主观感受往往会溢出工作场域，显著影响其对所处社会环境的主观感受；与此同时，个体的这些主观感受又通过传染、比较、想象等机制化合成某些群体乃至整个社会相对一致的情绪表达，谓之总体性社会情绪。在这个过程中，不难发现，建构总体性社会情绪的根源是人们在日常工作与生活中的实践与处境，但总体性社会情绪在组织层面和社会层面上的具体表征又有质的差异。如此这般，由工作环境出发去解释社会景气与社会信心，才不至于陷入虚假相关的陷阱之中。①

具体说来，工作环境指的是人们在组织中所感受到的一种工作氛围和工作状态，这些感受源于个体与组织持续互动所形塑的劳动境遇及实践，能够对其在组织中的行为产生重要影响。② 而社会景气研究的是人们对当下所处社会环境的一种主观感受，即不同社会群体对自身福祉提升与否、在与不同群体社会互动过程中社会包容状况改善与否以及对政府制度安排实践公平正义与否的评价；社会信心则侧重于研究人们对国家的经济社会发展形势等社会事项以及个体的发展机会、收入状况等个体事项的未来预期与

① 胡安宁：《主观变量解释主观变量：方法论辨析》，《社会》2019 年第 3 期，第 183～209 页。

② 张彦、李汉林：《治理视角下的组织工作环境：一个分析性框架》，《中国社会科学》2020 年第 8 期，第 87～107 页。

判断。[①] 显然，工作环境关涉的是在人们的切身情境中，工作组织的制度安排与设计是否考虑并满足了大多数劳动者的利益和需要，从而使人们有良好的工作环境体验；社会景气与社会信心主要考虑的是人们基于各种直接或间接信息，经由分析、判断乃至想象而形成的对于社会宏观-微观环境的评价，比如满不满意、认不认可、得失与变化等。

从上述辨析中不难发现，同为主观感受的工作环境和社会景气与社会信心之间，确实存在本质上的区别。这种区别表现在：工作环境是人们在特定的工作场域中的一种直接体验，而社会景气与社会信心则是人们基于工作环境等直接体验和来自各种传播路径的间接信息，在分析、判断乃至想象的过程中对社会环境的一种直观评价。作为直接体验的工作环境与作为直观评价的社会景气与社会信心之间，显然不能等同。与此同时，从主观感受与客观实在间的距离出发，我们认为工作环境中的体验相对更客观与稳定，而社会景气与社会信心，更可能因认知的差异、意义的流动和情感的传染而呈现出变化。正是在这个意涵上，工作环境能够作为组织乃至社会治理的基础并在此基础上推动有效治理，而社会景气和社会信心可以作为“社会晴雨表”，敏感地反映社会发展的态势。

虽然可以从理论上区分工作环境和社会景气与社会信心间的差异，但在现实中，“共振”这种强关联或许才是两者关系的主要呈现。具体地说，一方面，由于需要和依赖工作，人们往往在工作环境中进行着工作以及非工作要求的角色扮演，接受组织与社会制度对其行为的规范，从而有意识或无意识地控制其主观感受的表达，而人们的主观感受良不良好、能不能自然地表达或释放，势必会作用于其对社会环境的感知与评价。另一方面，工作组织的生存必然

① 李汉林、魏钦恭：《社会景气与社会信心研究》，中国社会科学出版社，2013，第12~15页。

伴随着宏观制度环境的影响和工作组织间的互动，从而形塑了工作组织之间较为一致的制度安排与设计，为具有某些共同自然与社会特征的人群复刻着相似的劳动过程和生活机会。尤其是在普遍存在的科层制管理体系中，具有相似的劳动过程和生活机会的人们在有关工作的主观感受上也高度相似。这为个体情绪跃迁到总体性社会情绪提供了基础。

上述两个方面反映的是工作环境与社会景气共振的两个过程及效应，一是个体内部情绪间的共振，人们在工作环境中的体验往往会溢出工作场所，影响其对社会状况的评价；二是个体之间情绪的共振，个体情绪通过传染、比较、想象等机制进行化合，从而跃迁到群体乃至社会层面，形成了具有社会事实性质的总体性社会情绪。就前者来说，个体在从事劳动的过程中，伴随情绪的生成、积累与沉淀，而这些情绪需要释放，往往会溢出工作环境，影响其对于社会环境的直观评价。以负面、消极的情绪为例，个体在工作环境中的体验，如付出-回报不平衡、工作不稳定、内部职业机会较小等感受，很可能以类似“非现实性冲突”① 的方式，表现为对社会整体环境的不满，并对其工作与生活行为产生负面影响。反之，工作环境中正面、积极的情绪体验，会提升人们对社会环境的满意程度，推动有序、有活力的工作与生活行为。就后者来说，情绪的生成、积蓄与释放不仅是个体性的事务，在具有相似的生活机会和劳动过程的群体中，个体的情绪会相互传染，并在与异质性群体进行比较，甚或是基于对某些信息进行想象的过程中，或放大、或消除个体所积蓄的社会情绪，从而形塑具有社会事实性质的总体性社会情绪，帮助我们把

① “冲突可以是剧烈的革命与运动，也可以是日常中的摩擦与谈判。不过最重要的，是要区分现实性冲突与非现实性冲突。所谓现实性冲突，是指那些旨在追求未达到之目标的冲突，冲突不过是获得特定目标的手段。因此，这种冲突，有时被称为理性化冲突。而非现实性冲突，不是由对立双方竞争性目标所引起的，而是缘于至少其中一方释放紧张状态的需要。此时，冲突不再指向某种目标，其目标往往就是冲突本身。”参见吴建平《冲突社会学视角下的企业民主管理》，《天津市工会管理干部学院学报》2010 年第 3 期，第 9~11 页。

握社会发展的态势。

当我们敏感地发现工作环境和社会景气与社会信心之间的“共振”及其效应时，在工作环境研究现有的基础上，本部分试图初步探索和回应的问题是：我国城镇居民就业人口的社会景气和社会信心状况如何？在具有相似的生活机会和劳动过程的群体中，个体关于工作环境的体验通过怎样的机制，以及在多大程度上与关于社会景气和社会信心的评价共振？

通过追问上述问题，一方面，我们对我国城镇劳动者的社会景气与社会信心进行了监测，结合当下的结构性背景，能够较为全面地把握社会发展的态势；另一方面，探索工作环境和社会景气与社会信心的关联，也能够为依托工作与组织进行的社会治理提供可靠的社会事实基础，从而真正有的放矢地助推社会的高质量发展。

二　社会景气与社会信心

相对于工作环境及其试图测度的组织质量，社会景气与社会信心努力研判的是所处社会的社会质量。我们认为，社会景气和社会信心作为“社会晴雨表”，可以及时和敏感地反映社会发展的势态。接下来，我们将从社会景气与社会信心的内涵出发，阐述这一判断的方法论依据，并通过具体的操作化，来获知社会景气与社会信心的总体状况与差异分布状况。

（一）社会景气与社会信心的内涵

从理论上说，社会景气主要是衡量人们对当下所处社会环境的一种主观感受，即不同社会群体在对自身福祉提升与否、在与不同群体社会互动过程中社会包容状态改善与否以及对政府制度安排实践公平正义与否的评价。社会信心则主要是指人们对国家的经济社会发展形势等社会事项以及个体的发展机会、收入状况等个体事项的未来预期与判断。[①] 我们认为，在一个社会中，人们能够对福祉获得感到满意，并且在福祉获得的社会比较过程中体验到社会包容和公平正义，从而形塑他们对于社会发展的信心，那么，这个社会就是一个“蒸蒸日上”的社会。其中，对于当下社会景气的测量关注的是社会福祉、社会公平和社会包容状况，对于未来社会信心的测量关注的是社会发展的可持续性状况，从这四个方面可以综合研判一个社会的发展形势和质量。[②] 事实上，社会景气与社会信心正是通过描述人们的主观感受来刻画这种具有结构性特征的社会环境，并讨论置身其中的个体在多大程度上受到这种主观感受的影响和激励。[③]

首先，为什么从社会景气与社会信心出发来刻画具有结构性特征的社会环境？下面，我们讨论这一研究思路在方法论上的理据。[④] 这实际上关涉的是三个问题，即为什么选用社会事实来刻画具有结构性特征的社会环境，为什么选用社会景气与社会信心来刻画具有结构性特征的社会环境，以及个体的主观感受是如何化合为社会景气与社会信心这项社会事实的。具体阐述如下。

一般而言，关于社会发展形势的判断通常有两条路径，一是对总体结构进行剖析，发现结构与环境、结构内部各要素之间的协调、摩擦与紧张；一是通过社会的某些关键社会事实来反应社会运行的状况。就第一种路径而言，我们考察的是宏观社会结构本身，它实际上是需要分析一个社会的制度安排，是否考虑了大多数人的利益与福祉，努力实践着公平与正义、包容与保护、团结与整合，并助推多元利益主体间的机会平等与积极参与，从而维持社会结构与功能的协调。但是，鉴于信息获取的不完全性和个体分析的有限理性，

① 李汉林、魏钦恭：《社会景气与社会信心研究》，中国社会科学出版社，2013，第 12~15 页。

② 参见中国社会科学院社会发展战略研究院“社会发展与社会态度研究”课题组《社会发展的四个理念》，李汉林主编《社会发展研究》（第一期），中国社会科学出版社，2012，第 3~19 页。

③ 李汉林：《关于社会景气研究》，《社会发展研究》2016 年第 2 期，第 63~77 页。

④ 这种方法论上的讨论同样可以迁移到工作环境研究中。

这种偏宏观和抽象的分析，势必会遭遇研究主体有意识或无意识的裁剪和择取，并且分析结果具有明显的滞后性。在当前这种系统性风险频发、新旧问题交织的社会发展阶段，我们认为，有必要开发第二种研究路径，通过抓取一些关键性的社会事实来反映社会运行的状况，进而把握社会发展的形势。

什么样的社会事实是关键的？这取决于所处的社会结构与社会环境。过去，我们主要采用的是人口、经济等方面的客观现实；但是伴随社会结构与行动的变迁，人们主观感受到的客观现实开始展现出其独特的优势。具体说来，当物质相对匮乏时，物质生产在很大程度上决定着一个国家和社会的发展质量以及民众的生活福祉。所以，国内生产总值（GDP）作为一项测量中短期经济变动状况的有力指针，于20世纪30年代发展起来，逐渐成为全世界决策者使用的基准指标，并广泛用于公共辩论中。但是，随着生产力的飞跃，解决物质匮乏问题的重要性开始衰退，人们在生产、消费等活动中满足其社会交往、自我实现等方面的诉求愈发强烈。因此，经济运行质量与社会发展质量间的关联有弱化的倾向，通过单向度的客观经济指标来映射社会发展态势的做法逐渐显得片面和浅薄。在这个意义上，欧盟于2009年起开展的社会景气研究和调查，相较于既有的经济社会运行状况的度量方式，具有范式性革新的意义，可以启发一种更适宜的社会发展形势的度量体系和方法。[①] 也就是说，在当前的社会结构与环境下，相较于客观指标，主观感受可以更好地映射社会发展形势的状况，其优势至少展现在敏感和综合两个方面。当以主观感受来反映客观经济社会运行的状况时，其基本预设是，所有客观经济社会运行的状况会内化在个体的主观评判之中，表现为满不满意、认不认可等具象感受；这些主观感受与实际状况之间虽然有差距，但相较于客观指标，主观感受对外部环境的变化与重

① 魏钦恭：《社会发展状况的主观度量何以可能？——欧洲社会景气研究的理论进路与实践进程》，《国外社会科学》2018年第5期，第45~54页。

要事件的影响更加敏感，具有“社会晴雨表”的意义，并且会影响民众的行动取向，引导社会变迁的内容和方向。

紧接着，我们需要考虑的是，个体的主观感受如何化合成为社会景气与社会信心。社会景气与社会信心的深层结构是总体性社会情绪，这种总体性社会情绪具有某种突生性，表现为个体层次的变异性被社会总体的一致性或群体的差异性所代替。因此，区别于个体层面的心理，总体性社会情绪可以作为一种社会事实来映射社会结构运行的状况和社会发展的形势。①显然，个体层面的心理与总体性社会情绪之间存在一个或若干转化机制，我们主张这种转化机制的基础是：一个社会的结构、文化、制度以及组织体系为所处社会的某些群体复刻了相似的劳动过程和生活机会。因而，个体基于生活机会和劳动过程所形成的关于个人与社会的主观感受，可能经由传染、比较、想象等多种未知机制的共同作用，化合为整个群体乃至社会相对一致的表达。这种社会层面的心理表达，本质上源于个体，但是又消除了个体间的异质性，表现得更为稳定和典型。

综上所述，我们认为，个体层次的感受一旦化合到具有社会事实性质的总体性社会情绪中，那么它就具有了反映所要研究与观察的社会的能力，具体通过社会景气与社会信心来把握一个社会的总体性社会情绪，能够相对简单、敏感与稳定地映射出社会发展的形势。

其次，为什么选择这些而不是另外一些指标来测量社会景气与社会信心呢？社会景气与社会信心的操作化思路与内容可以回答这个问题。在日常生活中，人们通常根据各自的感受，从不同的角度来评价他们所处的社会环境；不同的社会，其典型感受也可能有不同的样态，比如焦虑、恐慌等。但是，某些针对社会发展进程中的关键逻辑及其统摄的重要方面的主观感受是共通的，是人们关于社

① 张彦、魏钦恭、李汉林：《发展过程中的社会景气与社会信心——概念、量表与指数构建》，《中国社会科学》2015 年第 4 期，第 64~84 页。

会发展所做出的较为普遍性、基础性和根本性的心理表达。依托于这些关键感受，我们可以简单、敏感且易于操作地归纳、整合多样化的个体心理，促使社会景气与社会信心真正成为一项科学的评价工具。正是出于这种考虑，我们可以从下列三个方面来观测人们对当下所处社会环境的主观感受。

第一，满意度。满意度指的是人们在认知层面上的一种主观感受，当人们的期望与该期望实现的程度存在差异时，就会自然而然地在心理上产生一种相对不公平和不满足的感觉。而人们的期望与期望实现的程度不完全是个体性事务，还受到社会结构与文化的形塑。① 也就是说，人们对自身及其社会环境的满意度，作为一种主观心理感受，能够直接或间接地反映一个社会发展的状况，将微观感受与宏观社会状况进行有效的勾连。

第二，相对剥夺感。相对剥夺感是指个体或群体通过与参照群体横向或纵向比较而感知到自身处于不利地位，进而体验到愤怒和不满等负性情绪的一种主观认知和情绪体验。② 也就是说，当人们对自身社会经济状况做出评价时，还受到环境、参照群体等外在因素的影响，进而可能产生不公平感、愤慨等情感反应。这里，形成相对剥夺感的关键是社会比较过程，该过程充分展现了相对剥夺感的群体性以及社会性。相对剥夺感在个体或群体层面反映的是相对地位的变动，但在深层次上反映的是一个社会的发展变动状况。在这个意义上，人们相对剥夺感受的变化与整个社会的结构环境密切相关，受其影响的同时，也推动整个社会结构及其文化气氛的变迁。③

第三，政府信任。政府信任通常被定义为公民对政府或政治系

---

① 张彦、魏钦恭、李汉林：《发展过程中的社会景气与社会信心——概念、量表与指数构建》，《中国社会科学》2015 年第 4 期，第 64~84 页。

② 熊猛、叶一舵：《相对剥夺感：概念、测量、影响因素及作用》，《心理科学进展》2016 年第 3 期，第 438~453 页。

③ 张彦、魏钦恭、李汉林：《发展过程中的社会景气与社会信心——概念、量表与指数构建》，《中国社会科学》2015 年第 4 期，第 64~84 页。

统将运作产生出与他们的期待相一致的结果的信念或信心。[①] 究其本质，政府信任关涉公众与政府的关系，公众对政府的评价与态度主要源于公众直接或间接参与公共事务的互动过程及在该过程中形塑的认知感受。[②] 因此，研究发现：政治信任通常与政治绩效感知、政府满意度密切关联，是政治合法性的重要来源。[③] 在一个景气的社会中，公众对政府有充分的信任，即公众相信政府会公正地调配和利用资源，组织并保护社会成员，增进社会的整体福祉。

简而言之，满意度是在认知层面上对个人与社会状况所进行的一种主观评价，而相对剥夺感进一步将满意度与个人或群体间的比较勾连起来，并注重在认知基础上生成的情感成分，有进一步指涉行动的意涵。弥散在社会当中、群体相对一致的不满情绪与相对剥夺感，可以充分映射一个社会的景气状况，即该社会是否满足了社会成员对于社会福祉的期望，是否相对公正地分配资源与提供发展机会。在提供社会福祉、分配社会资源、提供发展机会的过程中，政府作为公众的代理人，发挥着举足轻重的作用。政府信任也被视为政府与公众互动的“社会资本”[④]，是政府公信力的基础，更是促成公民合作行为的基础。[⑤] 也就是说，政府信任是政府合法性的源头和政府行为能力建设的根基。在上述意义下，政府信任可能成为一种建设性的力量，

① 胡荣、胡康、温莹莹：《社会资本、政府绩效与城市居民对政府的信任》，《社会学研究》2011 年第 1 期，第 96~117 页。

② 薛天山：《政治效能感、公共事务参与和政府信任——一个被调节的中介模型研究》，《云南行政学院学报》2021 年第 5 期，第 12~23 页。

③ 孟天广：《转型期的中国政治信任：实证测量与全貌概览》，《华中师范大学学报》（人文社会科学版）2014 年第 2 期，第 1~10 页。

④ “社会资本是指建立在信任和合作基础上的社会关系网络，更多地着眼于一种社会关系，一种文化环境，表现出组织合作、共同准则与人际信任所具有的那些能够降低协调与合作成本，增加社会生产能力的特征。”参见郑传贵《社会资本在社会发展中的作用——兼论韩国新村运动提高社会资本的实践与思考》，《学术交流》2006 年第 11 期，第 127~131 页。

⑤ Valerie Braithwaite & Margaret Levi, *Trust and Governance* (New York: Russell Sage Foundation, 1998)，转引自孟天广《转型期的中国政治信任：实证测量与全貌概览》，《华中师范大学学报》（人文社会科学版）2014 年第 2 期，第 1~10 页。

对社会中弥散的不满情绪和相对剥夺感起着调节与缓释作用。将满意度、相对剥夺感和政府信任综合起来测量社会景气状况，既是社会发展状况在人们主观感受上的描述，也内含人们对于社会发展能力和走向的研判。

显然，人们对其所处宏观环境与微观环境的主观感受，显著影响着人们的行为以及社会的秩序，孕育着指向未来的力量。因此，讨论社会景气不可避免地关涉社会信心，社会信心是一种综合判断，是作为社会个体的民众，根据对日常生活状况以及宏观的经济社会发展形势等诸方面的主观感受而得出的有关社会未来发展前景的预期。[①] 社会景气与社会信心是把握社会发展状况的两个重要方面，社会信心很大程度建立在社会景气的感受之上，社会景气唯有延伸到社会信心才能真正探讨社会发展的可持续性。在这个意义上，只有将社会景气和社会信心有机整合起来进行研究，才可能较为准确地把握经济社会的运行状况。

综上所述，社会景气的三个维度，满意度、相对剥夺感和政府信任，试图测量和反映的是一个社会在社会福祉、社会公平和社会包容等方面的状况，社会信心关注的是一个社会在可持续性发展上的潜力。通过对这些关键性方面的把握，可以综合研判一个社会的发展形势和质量。我们认为，一个社会中的人们能够对福祉获得感到满意，并且在福祉获得的社会比较过程中体验到社会包容和公平正义，从而形塑他们对于社会未来发展的信心，那么，这个社会就是一个蒸蒸日上的社会，即理想的社会景气与社会信心的状态。

（二）社会景气与社会信心的操作化

基于上述阐述内容，本研究制作了相关量表来测量社会景气的三个维度（满意度、相对剥夺感和政府信任）与社会信心。

关于满意度，本研究既关注城镇劳动者对社会性事项的满意度，也考察其对个体性事项的满意度。前者从整体发展水平和 11 个宏观

① 李汉林：《关于社会景气研究》，《社会发展研究》2016 年第 2 期，第 63～77 页。

方面询问被访者关于本市的看法，这 11 个宏观方面有机组成了人们的日常生活环境，可以勾勒出人们对社会发展的感受；与此同时，后者从个人总体状况和 11 个微观方面询问被访者对自身日常生活的评价，这 11 个微观方面从各个角度刻画了人们的日常生活体验，通过这 11 个微观方面的问题可以把握人们对其个人生活的感受（见图 13-1）。上述所有问题的回答分为 5 个程度，即很不满意、较不满意、一般、较满意和很满意，分别编码为 1~5，变量的取值越高，满意程度越高。

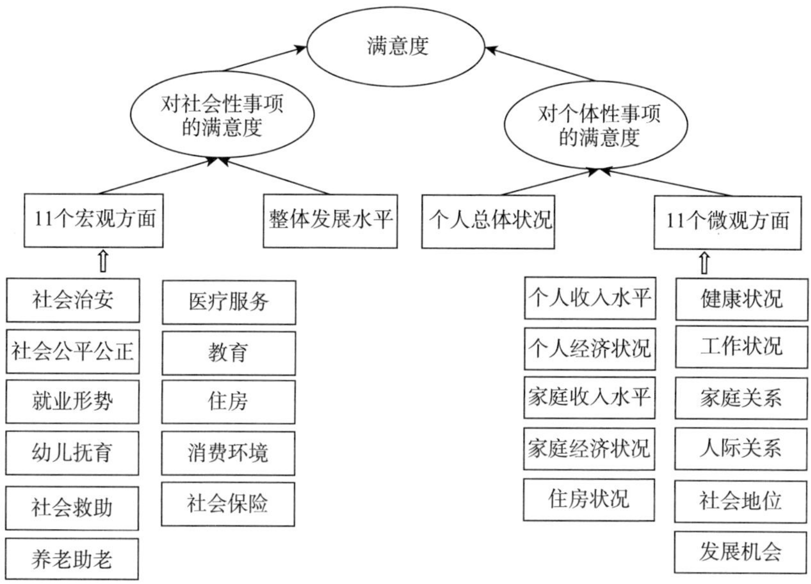

图 13-1　满意度的操作化

关于相对剥夺感，本研究将其操作化为人们在收入上与参照群体进行社会比较后的感受，常见的参照群体包括人们认识的朋友、同居住地的他人和同职业的他人，均是人们在日常生活中不断接触且具有可比性的对象。由 3 个题器构成的相对剥夺感量表的 Cronbach's α 系数为 0.888，可见整个量表的信度良好（见表 13-1）。经 KMO 和巴特利特球形检验，得到 KMO 值为 0.745，巴特利特球形检验卡方为 9989.79（$p<0.001$），表明可以进一步做因素分析，验证相对剥

夺感量表的效度。因素分析的结果显示：3 个变量通过主成分因子法可以提取 1 个共同因子，初始特征值为 2.45，能解释的方差比例为 81.70%，使用方差最大法对其进行正交旋转，得到各个变量具体的因子载荷（见表 13-2）。结果表明，3 个变量间确实存在信息上的共指，具有良好的结构效度。在因素分析的支撑下，本研究将 3 个变量进行算术平均，生成 1 个潜变量，用以表征被访者在收入上感受到的相对剥夺，该变量的取值越高，表明被访者所感受到的相对剥夺越强烈。

表 13-1　相对剥夺感的操作化

<table>
<tr><th></th><th>题器</th><th>变量类型</th><th>编码</th><th>Cronbach's α 系数</th></tr>
<tr><td rowspan="3">相对剥夺感</td><td>和您认识的朋友相比，您觉得您现在的收入是高还是低</td><td>定序变量</td><td rowspan="3">5-很低
4-较低
3-一般
2-较高
1-很高</td><td rowspan="3">0.888</td></tr>
<tr><td>在您居住的城市或地方，和别人相比，您觉得您现在的收入是高还是低</td><td>定序变量</td></tr>
<tr><td>和您同职业的人相比，您觉得您现在的收入是高还是低</td><td>定序变量</td></tr>
</table>

表 13-2　相对剥夺感量表的验证性因素分析

条目	成分
	相对剥夺感
a. 和您认识的朋友相比，您觉得您现在的收入是高还是低	0.91
b. 在您居住的城市或地方，和别人相比，您觉得您现在的收入是高还是低	0.91
c. 和您同职业的人相比，您觉得您现在的收入是高还是低	0.89
特征值	2.45
贡献率（%）	81.70
累积贡献率（%）	81.70

提取方法：主成分。

关于政府信任，本研究收集了被访者对个人或组织表达不同意见的各种非常规方式的态度，用以表征其对政府的信任程度。公众通过何种方式参与公共事务、表达其态度与意见，映射了公众对于政府的信任水平，具体地说，若公众越赞同使用这些非常规的方式来进行利益或感受的表达，政府信任水平也就越低，反之，政府信任水平则越高。由 4 个题器构成的政府信任量表的 Cronbach's α 系数为 0.796，可见整个量表的信度良好（见表 13-3）。经 KMO 和巴特利特球形检验，得到 KMO 值为 0.708，巴特利特球形检验卡方为 9552.39（p<0.001），表明可以进一步做因素分析，验证政府信任量表的效度。因素分析的结果显示：4 个变量通过主成分因子法可以提取 1 个共同因子，初始特征值为 2.56，能解释的方差比例为 63.94%，使用方差最大法对其进行正交旋转，得到各个变量具体的因子载荷（见表 13-4）。结果表明，4 个变量间确实存在信息上的共指，具有良好的结构效度。在因素分析的支撑下，本研究将 4 个变量进行算术平均，生成 1 个潜变量，用以表征被访者的政府信任程度，该变量的取值越高，表明被访者对政府的信任程度越高。

表 13-3　政府信任的操作化

	题器	变量类型	编码	Cronbach's α 系数
政府信任	您是否赞成个人或组织利用公开集会来表达他们的不同意见	定序变量	5-非常反对 4-比较反对 3-无所谓 2-比较赞同 1-非常赞同	0.796
	您是否赞成个人或组织利用游行示威来表达他们的不同意见	定序变量		
	您是否赞成个人或组织利用罢工来表达他们的不同意见	定序变量		
	您是否赞成个人或组织利用上访来表达他们的不同意见	定序变量		

表 13-4　政府信任量表的验证性因素分析

条目	成分
	政府信任
a. 您是否赞成个人或组织利用公开集会来表达他们的不同意见	0.75
b. 您是否赞成个人或组织利用游行示威来表达他们的不同意见	0.88
c. 您是否赞成个人或组织利用罢工来表达他们的不同意见	0.86
d. 您是否赞成个人或组织利用上访来表达他们的不同意见	0.70
特征值	2.56
贡献率（%）	63.94
累积贡献率（%）	63.94

提取方法：主成分。

关于社会信心，本研究在社会性事项上，针对整体发展水平和11个宏观方面，在个体性事项上，针对个人总体状况和11个微观方面，均询问被访者在未来三年里上述方面会如何变化，收集人们对应的预期进而得到对社会性事项和个体性事项的信心。其中，每个问题包括三个答案，分别是“变好”、“没变化”和“变差”，“变好”表示对该方面的前景有充分信心，“变差”表示对该方面的前景缺少信心，而“没变化”则根据其对现状的满意度进一步划分为3类，即认为未来三年里该方面没有变化且对该方面现状满意者，可判定其对该方面的前景有充分信心；认为未来三年里该方面没有变化且对该方面现状不满意者，可判定其对该方面的前景缺少信心；唯有被访者认为未来三年里该方面没有变化且认为该方面现状一般时，我们将其视为对该方面的前景的信心一般。经过数据处理，我们可以得到社会信心上的潜变量，并将“信心不足”、“一般”和“有充分信心”的状况分别编码为1~3，即变量的取值越高，人们对未来的信心越充分。

（三）社会景气与社会信心的现状分析

通过调查数据分析，我国城镇劳动者在社会景气与社会信心上的状况得以呈现，具体分析结果从社会景气的三个维度（即满意度、相对剥夺感与政府信任）和社会信心展开。

1. 满意度的描述性分析与差异性分析

调查结果显示，我国城镇劳动者对个体性事项的满意度均值为3.71，中位数和众数分别为4.00和3.00，标准差为0.85，直方图拟合的正态分布曲线呈现为轻微的左偏态和平峰分布，[①] 其偏度系数和峰度系数分别为-0.10和2.80；对社会性事项的满意度均值为3.74，中位数和众数均为4.00，标准差为0.85，直方图拟合的正态分布曲线同样呈现为轻微的左偏态和平峰分布，其偏度系数和峰度系数分别为-0.17和2.85（见表13-5）。总的来说，人们对个体性事项的满意度要略低于对社会性事项的满意度。

表13-5　对个体性与社会性事项的满意度的描述性分析

	集中趋势		离散趋势		分布状况	
对个体性事项的满意度	均值	3.71	标准差	0.85	偏度	-0.10
	众数	3.00	最大值	5.00	峰度	2.80
	中位数	4.00	最小值	1.00		
对社会性事项的满意度	均值	3.74	标准差	0.85	偏度	-0.17
	众数	4.00	最大值	5.00	峰度	2.85
	中位数	4.00	最小值	1.00		

在个体性事项的各个具体方面中，人们最为满意的三项依次是家庭关系、健康状况和人际关系；最不满意的三项依次是个人收入水平、个人经济状况和住房状况。在社会性事项的各个具体方面中，人们最为满意的三项依次是社会治安、社会保险和医疗服务；最不满意的三项依次是住房、就业形势和消费环境（见图13-2）。从人们相对不满的个体性事项与社会性事项来看，经济问题是人们在个人生活与社会状况中相对主要的共同忧虑。这种忧虑具化成为人们

① 峰度大于常峰度的分布叫作尖峰分布（峰度>3），拥有更陡峭的波峰；峰度小于常峰度的分布叫作平峰分布（峰度<3），拥有更平的波峰。

对自身收入水平与经济状况的关注，对社会就业形势与消费环境的关切，以及在住房上的普遍性焦虑与乏力，并且在这些方面更集中地表达出相对不太满意的情绪。

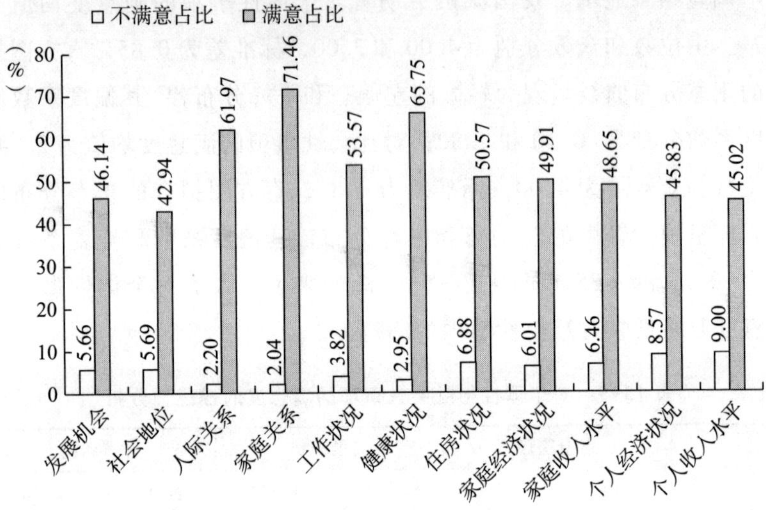

（a）对个体性事项的满意度

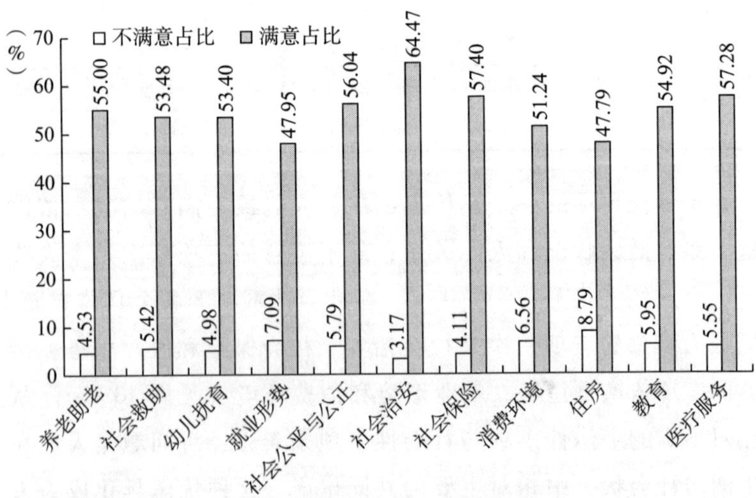

（b）对社会性事项的满意度

图 13-2　对个体性与社会性事项具体方面的满意度的频率分布

引入城镇劳动者的自然与社会特征[①]，对城镇劳动者个体性事项的满意度进行差异性分析，结果如表 13-6 所示。我们发现：劳动者对个体性事项的满意度在性别、有无单位和经济地区上没有显著差异，但在受教育程度、出生年代、户籍、婚姻状况、单位性质、工作性质上存在显著差异。具体地说，受教育程度较高的劳动者，其个体性事项满意度也相对较高；不同出生年代的劳动者的个体性事项满意度大致呈“倒 U 型”，80 后（均值为 3.78）劳动者的个体性事项满意度相对最高；不同户籍的劳动者的个体性事项满意度不同，农村户籍的劳动者（均值为 3.63）的个体性事项满意度相对最低；不同婚姻状况的劳动者在个体性事项满意度上也有较大差异，已婚者（均值为 3.75）相对更满意，离婚者（均值为 3.38）相对更不满意；就单位性质而言，公有单位员工（均值为 3.62）比非公有单位员工（均值为 3.76）的个体性事项满意度要低；不同工作性质的劳动者的个体性事项满意度也不同，正式工（均值为 3.75）的个体性事项满意度相对较高，而非正式工（均值为 3.54）的个体性事项满意度相对较低。

① 对经济地区的划分，我们依据国家统计局的划分标准，将北京、天津、河北、上海、江苏、浙江、福建、山东、广东、海南 10 个省（市）归为东部地区；中部地区包括山西、安徽、江西、河南、湖北、湖南 6 个省；西部地区包括广西、重庆、四川、云南、陕西 5 个省（区、市）；东北地区包括辽宁、吉林、黑龙江 3 个省。对受教育程度的划分，我们将其分为 4 类，分别是高中及以下、大专、大学本科、研究生，其中，高中及以下整合了没有上过学、小学、初中、技校、职高、中专、高中等受教育程度，研究生包括硕士研究生和博士研究生。对婚姻状况的划分，我们将其分为 4 类，分别是未婚、已婚、离婚和丧偶，其中，未婚包括同居状态；已婚包括初婚、离婚再婚和丧偶再婚状态。对单位性质的划分，我们根据单位是否属于公有，将国有事业单位、党政群团机构、国有企业、大集体企业、小集体企业和农村集体（乡镇）企业归为公有单位；非公有单位包括个体户、私营企业、合资企业、外资/侨商/台商独资企业、股份制或股份合作制企业、上市公司。工作性质中，非正式工整合了劳务派遣工、临时工和零工这三种类型。

表 13-6 个体性事项满意度在各项自然与社会特征上的差异性分析

		均值	标准差	样本量	差异显著性
性别	女性	3.70	0.83	2998	$T=-0.70$, $p=0.4841$
	男性	3.72	0.86	2871	
受教育程度	高中及以下	3.58	0.85	2383	$F=67.68$, $p=0.0000$
	大专	3.64	0.82	1568	
	大学本科	3.91	0.81	1788	
	研究生	4.11	0.80	128	
出生年代	00 后	3.55	0.81	163	$F=7.51$, $p=0.0000$
	90 后	3.70	0.81	2232	
	80 后	3.78	0.86	2170	
	70 后	3.67	0.87	976	
	60 后	3.56	0.88	304	
	40/50 后	3.50	1.02	24	
户籍	农村	3.63	0.86	2333	$F=16.65$, $p=0.0000$
	农村转城镇	3.69	0.86	1050	
	城镇转农村	3.86	1.11	28	
	城镇	3.80	0.82	2454	
婚姻状况	未婚	3.64	0.83	1477	$F=12.85$, $p=0.0000$
	已婚	3.75	0.85	4244	
	离婚	3.38	0.87	127	
	丧偶	3.60	0.82	20	
有无单位	无	3.67	0.82	1060	$T=-1.63$, $p=0.1024$
	有	3.72	0.85	4809	
单位性质	公有单位	3.62	0.85	1301	$T=-5.13$, $p=0.0000$
	非公有单位	3.76	0.85	3508	
工作性质	老板	3.72	0.82	937	$F=27.36$, $p=0.0000$
	正式工	3.75	0.84	3915	
	非正式工	3.54	0.88	1017	
经济地区	东部地区	3.71	0.85	3075	$F=0.98$, $p=0.4006$
	中部地区	3.71	0.83	1663	
	西部地区	3.68	0.82	668	
	东北地区	3.77	0.88	463	

引入城镇劳动者的自然与社会特征，对城镇劳动者社会性事项的满意度进行差异性分析，结果如表13-7所示。我们发现：劳动者对社会性事项的满意度在性别、受教育程度、出生年代、户籍、婚姻状况、有无单位、单位性质、工作性质上存在显著差异，但不同经济地区间没有显著差异。具体地说，男性劳动者（均值为3.77）的社会性事项满意度高于女性劳动者（均值为3.72）；受教育程度较高的劳动者，其社会性事项满意度也相对较高；不同出生年代的劳动者的社会性事项满意度呈“倒U型”，80后（均值为3.81）劳动者的社会性事项满意度相对最高；不同户籍的劳动者的社会性事项满意度不同，农村户籍的劳动者（均值为3.66）的社会性事项满意度相对最低；不同婚姻状况的劳动者在社会性事项满意度上有较大差异，已婚者（均值为3.77）对社会的总体状况相对更满意，丧偶者（均值为3.45）相对更不满意；有单位劳动者（均值为3.75）的社会性事项满意度高于没有单位劳动者（均值为3.70）的社会性事项满意度；就单位性质而言，公有单位员工（均值为3.64）比非公有单位员工（均值为3.79）的社会性事项满意度要低；不同工作性质的劳动者的社会性事项满意度不同，正式工（均值为3.79）的社会性事项满意度相对较高，而非正式工（均值为3.58）的社会性事项满意度相对较低。

表13-7　社会性事项满意度在各项自然与社会特征上的差异性分析

		均值	标准差	样本量	差异显著性
性别	女性	3.72	0.83	2998	$T=-2.39$, $p=0.0169$
	男性	3.77	0.87	2871	
受教育程度	高中及以下	3.63	0.85	2383	$F=45.68$, $p=0.0000$
	大专	3.70	0.82	1568	
	大学本科	3.91	0.83	1788	
	研究生	4.07	0.92	128	

续表

		均值	标准差	样本量	差异显著性
出生年代	00 后	3. 54	0. 86	163	$F=6.34$，$p=0.0000$
	90 后	3. 71	0. 83	2232	
	80 后	3. 81	0. 86	2170	
	70 后	3. 73	0. 84	976	
	60 后	3. 65	0. 86	304	
	40/50 后	3. 46	0. 98	24	
户籍	农村	3. 66	0. 85	2333	$F=13.47$，$p=0.0000$
	农村转城镇	3. 77	0. 84	1050	
	城镇转农村	3. 82	0. 90	28	
	城镇	3. 81	0. 84	2454	
婚姻状况	未婚	3. 68	0. 87	1477	$F=6.64$，$p=0.0002$
	已婚	3. 77	0. 84	4244	
	离婚	3. 57	0. 78	127	
	丧偶	3. 45	0. 83	20	
有无单位	无	3. 70	0. 81	1060	$T=-1.97$，$p=0.0491$
	有	3. 75	0. 86	4809	
单位性质	公有单位	3. 64	0. 88	1301	$T=-5.36$，$p=0.0000$
	非公有单位	3. 79	0. 85	3508	
工作性质	老板	3. 73	0. 81	937	$F=23.83$，$p=0.0000$
	正式工	3. 79	0. 84	3915	
	非正式工	3. 58	0. 89	1017	
经济地区	东部地区	3. 74	0. 85	3075	$F=0.46$，$p=0.7103$
	中部地区	3. 73	0. 83	1663	
	西部地区	3. 78	0. 84	668	
	东北地区	3. 75	0. 89	463	

综合个体性与社会性事项满意度的差异分布状况，不难发现，个体性与社会性事项满意度在大多数自然与社会特征上的差异是高度一致的，具体地说，高学历劳动者、80 后劳动者、城镇户籍劳动者、非公有单位劳动者以及正式工，其个体性与社会性事项满意度均相对较好。与此同时，我们也发现，个体性与社会性事项满意度

在性别和经济地区上的表现有所不同，需要引起注意。其中，就性别来说，个体性事项满意度在性别上没有显著差异，而男性劳动者的社会性事项满意度要显著高于女性，这或许与女性接触和参与社会事务的程度较低，参与过程中容易遭遇歧视与不公有关；就经济地区而言，西部地区的劳动者在个体性事项满意度上相对最差，但在社会性事项满意度上又相对最好，这或许是因为西部地区积弱已久，其劳动者的个人状况相较于其他地区的居民更差，但又切实体会到社会状况相较于过去所发生的明显改善，使得其个体性与社会性事项满意度上的表现迥异。

2. 相对剥夺感的描述性分析与差异性分析

调查结果显示，我国城镇劳动者的相对剥夺感均值为 3.02，中位数和众数都为 3.00，标准差为 0.75，直方图拟合的正态分布曲线呈现为轻微的左偏态和尖峰分布，其偏度系数和峰度系数分别为-0.16 和 3.89（见表 13-8）。总体上，我国城镇劳动者的相对剥夺感集中于一般水平上，没有明显的相对剥夺的感受，但仍需警惕相对剥夺感较高的一端，即相对剥夺的感受较为强烈的少数群体。

表 13-8　相对剥夺感的描述性分析

	集中趋势		离散趋势		分布状况	
相对剥夺感	均值	3.02	标准差	0.75	偏度	-0.16
	众数	3.00	最大值	5.00	峰度	3.89
	中位数	3.00	最小值	1.00		

引入城镇劳动者的自然与社会特征，对城镇劳动者的相对剥夺感进行差异性分析，结果如表 13-9 所示，我们发现：相对剥夺感在性别、受教育程度、出生年代、户籍、婚姻状况、有无单位、单位性质、工作性质以及经济地区上均存在显著差异。具体地说，女性劳动者（均值为 3.06）的相对剥夺感受要比男性劳动者（均值为 2.99）强烈；受教育程度相对较低的劳动者，其相对剥夺的感受相对较为强烈；不同出生年代的劳动者，其相对剥夺的感受呈现“U

型”趋势，80后劳动者（均值为2.90）的相对剥夺感受相对最为轻微；就劳动者的户籍而言，农村户籍劳动者（均值为3.12）的相对剥夺感受相对最强烈；不同婚姻状况的劳动者在相对剥夺感上也有较大差异，已婚者（均值为2.99）的相对剥夺感受相对更轻微，丧偶者（均值为3.47）的相对剥夺感受相对更强烈；没有单位的劳动者（均值为3.15）的相对剥夺感受比有单位的劳动者（均值为3.00）相对更强烈；就单位性质而言，公有单位员工的相对剥夺感受（均值为3.17）强烈于非公有单位员工（均值为2.93）；不同工作性质的劳动者间，正式工（均值为2.95）的相对剥夺感受相对更轻微，非正式工（均值为3.24）的相对剥夺感受相对更强烈；在经济地区差异上，与其他地区劳动者相比，西部地区劳动者（均值为3.12）的相对剥夺感受明显更为强烈。

表13-9　相对剥夺感在各项自然与社会特征上的差异性分析

		均值	标准差	样本量	差异显著性
性别	女性	3.06	0.72	2998	$T=3.52$, $p=0.0004$
	男性	2.99	0.77	2871	
受教育程度	高中及以下	3.18	0.68	2383	$F=132.72$, $p=0.0000$
	大专	3.09	0.72	1568	
	大学本科	2.80	0.78	1788	
	研究生	2.40	0.81	128	
出生年代	00后	3.26	0.64	163	$F=35.77$, $p=0.0000$
	90后	3.03	0.71	2232	
	80后	2.90	0.76	2170	
	70后	3.12	0.78	976	
	60后	3.39	0.68	304	
	40/50后	3.50	0.68	24	
户籍	农村	3.12	0.70	2333	$F=36.73$, $p=0.0000$
	农村转城镇	3.10	0.84	1050	
	城镇转农村	2.67	0.95	28	
	城镇	2.91	0.74	2454	

续表

		均值	标准差	样本量	差异显著性
婚姻状况	未婚	3.10	0.74	1477	$F=16.87$, $p=0.0000$
	已婚	2.99	0.75	4244	
	离婚	3.28	0.67	127	
	丧偶	3.47	0.87	20	
有无单位	无	3.15	0.62	1060	$T=5.95$, $p=0.0000$
	有	3.00	0.77	4809	
单位性质	公有单位	3.17	0.75	1301	$T=9.41$, $p=0.0000$
	非公有单位	2.93	0.77	3508	
工作性质	老板	3.10	0.63	937	$F=69.66$, $p=0.0000$
	正式工	2.95	0.78	3915	
	非正式工	3.24	0.68	1017	
经济地区	东部地区	3.00	0.76	3075	$F=4.35$, $p=0.0045$
	中部地区	3.03	0.77	1663	
	西部地区	3.12	0.60	668	
	东北地区	3.02	0.76	463	

3. 政府信任的描述性分析与差异性分析

调查结果显示，我国城镇劳动者的政府信任均值为3.61，中位数和众数分别为3.50和3.00，标准差为0.85，直方图拟合的正态分布曲线呈现为轻微的左偏态和平峰分布，其偏度系数和峰度系数分别为-0.21和2.94（见表13-10）。总体上，我国城镇劳动者对政府的信任程度较高。

表13-10　政府信任的描述性分析

	集中趋势		离散趋势		分布状况	
政府信任	均值	3.61	标准差	0.85	偏度	-0.21
	众数	3.00	最大值	5.00	峰度	2.94
	中位数	3.50	最小值	1.00		

引入城镇劳动者的自然与社会特征，对城镇劳动者的政府信任

进行差异性分析，结果如表 13-11 所示，我们发现：政府信任在性别、受教育程度、出生年代、户籍、婚姻状况、有无单位、单位性质、工作性质以及经济地区上均有显著差异。具体地说，女性劳动者（均值为 3.64）的政府信任高于男性劳动者（均值为 3.58）；受教育程度较高的劳动者，其政府信任也相对较高；不同出生年代的劳动者，其政府信任呈现“倒 U 型”趋势，70 后劳动者（均值为 3.78）的政府信任相对最高；不同户籍的劳动者中，农村户籍的劳动者（均值为 3.54）的政府信任相对最低；婚姻状况不同，劳动者的政府信任也有差异，已婚者（均值为 3.66）的政府信任相对最高，未婚者（均值为 3.48）的政府信任相对最低；有单位劳动者（均值为 3.65）的政府信任高于没有单位劳动者（均值为 3.44）；就单位性质而言，公有单位员工（均值为 3.71）的政治信任高于非公有单位员工（均值为 3.62）；就工作性质来说，正式工和非正式工（均值都为 3.64）的政府信任相对较高，老板（均值为 3.45）的政府信任相对最低；在经济地区差异上，东北地区的劳动者（均值为 3.98）的政府信任相对最高，然后依次是东部地区（均值为 3.63）、西部地区（均值为 3.53）和中部地区（均值为 3.50）的劳动者。

表 13-11　政府信任在各项自然与社会特征上的差异性分析

		均值	标准差	样本量	差异显著性
性别	女性	3.64	0.83	2998	$T=2.68$，$p=0.0073$
	男性	3.58	0.88	2871	
受教育程度	高中及以下	3.58	0.86	2383	$F=5.77$，$p=0.0006$
	大专	3.61	0.83	1568	
	大学本科	3.64	0.86	1788	
	研究生	3.87	0.88	128	
出生年代	00 后	3.47	0.81	163	$F=15.70$，$p=0.0006$
	90 后	3.51	0.84	2232	
	80 后	3.63	0.86	2170	

续表

		均值	标准差	样本量	差异显著性
出生年代	70 后	3.78	0.87	976	$F=15.70$, $p=0.0006$
	60 后	3.72	0.82	304	
	40/50 后	3.47	0.98	24	
户籍	农村	3.54	0.84	2333	$F=8.44$, $p=0.0006$
	农村转城镇	3.65	0.89	1050	
	城镇转农村	3.71	0.91	28	
	城镇	3.66	0.85	2454	
婚姻状况	未婚	3.48	0.83	1477	$F=17.28$, $p=0.0006$
	已婚	3.66	0.86	4244	
	离婚	3.50	0.97	127	
	丧偶	3.50	0.89	20	
有无单位	无	3.44	0.77	1060	$T=-7.05$, $p=0.0000$
	有	3.65	0.87	4809	
单位性质	公有单位	3.71	0.88	1301	$T=2.92$, $p=0.0034$
	非公有单位	3.62	0.86	3508	
工作性质	老板	3.45	0.79	937	$F=19.51$, $p=0.0000$
	正式工	3.64	0.86	3915	
	非正式工	3.64	0.88	1017	
经济地区	东部地区	3.63	0.89	3075	$F=40.76$, $p=0.0000$
	中部地区	3.50	0.82	1663	
	西部地区	3.53	0.79	668	
	东北地区	3.98	0.75	463	

4. 社会信心的描述性分析与差异性分析

调查结果显示，我国城镇劳动者对个体性事项的信心均值为2.77，中位数和众数都为3.00，标准差为0.50，直方图拟合的正态分布曲线呈现为明显的左偏态和尖峰分布，其偏度系数和峰度系数分别为-2.13和6.70；对社会性事项的信心均值为2.82，中位数和众数都为3.00，标准差为0.47，直方图拟合的正态分布曲线同样呈现为明显的左偏态和尖峰分布，其偏度系数和峰度系数分别为-2.62和9.11（见表13-12）。总的来说，人们对个体性事项的信心要略低于对社会性事项的信心。

表13-12　对个体性与社会性事项的信心的描述性分析

	集中趋势		离散趋势		分布状况	
对个体性事项的信心	均值	2.77	标准差	0.50	偏度	-2.13
	众数	3.00	最大值	3.00	峰度	6.70
	中位数	3.00	最小值	1.00		
对社会性事项的信心	均值	2.82	标准差	0.47	偏度	-2.62
	众数	3.00	最大值	3.00	峰度	9.11
	中位数	3.00	最小值	1.00		

在对个体性事项的信心中，人们最有信心的三项依次是家庭关系、健康状况和人际关系；信心最不足的三项依次是个人收入水平、个人经济状况和住房状况。在对社会性事项的信心中，人们最有信心的三项依次是社会治安、医疗服务和社会保险；信心最不足的三项依次是就业形势、住房和消费环境（见图13-3）。可以看到，人

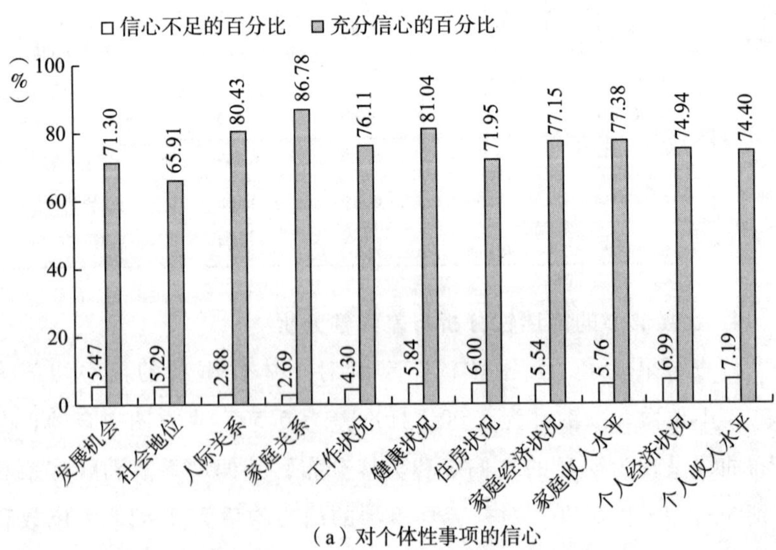

（a）对个体性事项的信心

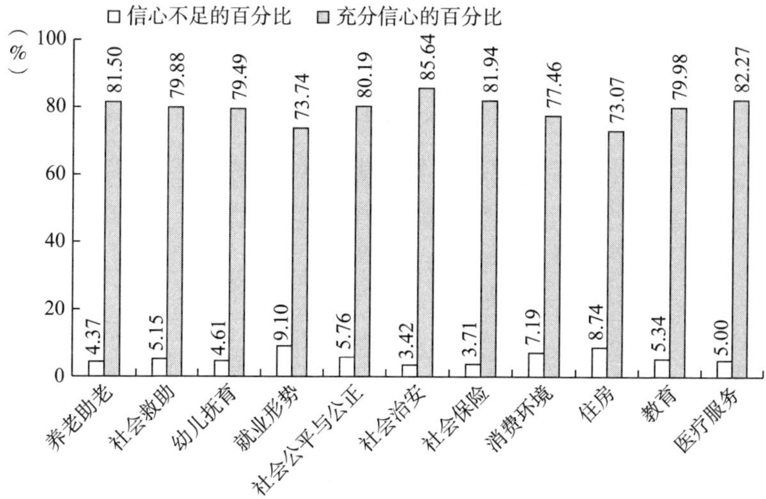

（b）对社会性事项的信心

图 13-3　对个体性与社会性事项具体方面的信心的频率分布

们在信心上的表达与在满意度上的表达高度相似，这进一步验证了人们在经济方面的共同忧虑，各级政府应该在稳定就业形势、调控住房价格和营造消费环境等公众关切的方面做出更多努力。

引入城镇劳动者的自然与社会特征，对城镇劳动者个体性事项上的信心进行差异性分析，结果如表 13-13 所示，我们发现：劳动者对个体性事项的信心在受教育程度、出生年代、婚姻状况、工作性质和经济地区上有显著差异，但在性别、户籍、有无单位、单位性质上没有显著差异。具体地说，受教育程度较高的劳动者，其个体性事项信心也相对较高；不同出生年代的劳动者的个体性事项信心也有较大的差异，其中，90 后劳动者（均值为 2.81）的个体性事项信心相对最好；就婚姻状况而言，未婚者（均值为 2.78）的个体性事项信心相对最高，离婚者（均值为 2.55）的个体性事项信心相对最低；在工作性质上的差异表现为，非正式工（均值为 2.70）的个体性事项信心要低于老板（均值为 2.79）和正式工（均值为 2.78）；不同经济地区的劳动者的个体性事项信心也有较大的差异，西部地区劳动者（均值为 2.88）相对最有信心，然后依次是中部地区（均值为 2.78)、东北地区（均值为 2.77）和东部地区（均值为 2.74）的劳动者。

表 13-13 个体性事项信心在各项自然与社会特征上的差异性分析

		均值	标准差	样本量	差异显著性
性别	女性	2.76	0.51	2870	$T=-1.42$，$p=0.1549$
	男性	2.78	0.50	2756	
受教育程度	高中及以下	2.72	0.54	2263	$F=24.38$，$p=0.0000$
	大专	2.74	0.53	1500	
	大学本科	2.84	0.43	1734	
	研究生	2.91	0.31	127	
出生年代	00 后	2.72	0.56	148	$F=6.15$，$p=0.0000$
	90 后	2.81	0.47	2138	
	80 后	2.77	0.51	2092	
	70 后	2.73	0.53	937	
	60 后	2.66	0.57	288	
	40/50 后	2.74	0.54	23	
户籍	农村	2.77	0.50	2200	$F=0.49$，$p=0.6902$
	农村转城镇	2.75	0.52	1005	
	城镇转农村	2.81	0.56	27	
	城镇	2.78	0.50	2390	
婚姻状况	未婚	2.78	0.49	1398	$F=7.71$，$p=0.0000$
	已婚	2.77	0.50	4090	
	离婚	2.55	0.69	119	
	丧偶	2.74	0.45	19	
有无单位	无	2.78	0.47	1024	$T=0.61$，$p=0.5422$
	有	2.77	0.51	4602	
单位性质	公有单位	2.75	0.53	1229	$T=-1.54$，$p=0.1245$
	非公有单位	2.77	0.50	3373	
工作性质	老板	2.79	0.46	909	$F=12.47$，$p=0.0000$
	正式工	2.78	0.49	3764	
	非正式工	2.70	0.59	953	

续表

		均值	标准差	样本量	差异显著性
经济地区	东部地区	2.74	0.54	2929	$F=14.10$, $p=0.0000$
	中部地区	2.78	0.49	1622	
	西部地区	2.88	0.40	619	
	东北地区	2.77	0.46	456	

引入城镇劳动者的自然与社会特征，对城镇劳动者社会性事项上的信心进行差异性分析，结果如表 13-14 所示，我们发现：劳动者对社会性事项的信心在性别、出生年代、户籍、婚姻状况、有无单位、单位性质等多项自然与社会特征上没有显著差异；但在受教育程度、工作性质和经济地区上有显著差异。具体地说，受教育程度不同的劳动者，其社会性事项信心大体上呈“倒 U 型”趋势，大学本科的劳动者（均值为 2.87）对未来相对最有信心，而高中及以下的劳动者（均值为 2.79）对未来相对最缺乏信心；就工作性质而言，正式工（均值为 2.83）的社会性事项信心要高于非正式工（均值为 2.77）；在经济地区差异上，西部地区劳动者（均值为 2.92）的社会性事项信心相对最高，然后依次是中部地区（均值为 2.82）、东部地区（均值为 2.80）和东北地区（均值为 2.79）的劳动者。

表 13-14　社会性事项信心在各项自然与社会特征上的差异性分析

		均值	标准差	样本量	差异显著性
性别	女性	2.81	0.48	2775	$T=-1.93$, $p=0.0541$
	男性	2.83	0.46	2707	
受教育程度	高中及以下	2.79	0.50	2168	$F=11.54$, $p=0.0000$
	大专	2.81	0.48	1476	
	大学本科	2.87	0.41	1711	
	研究生	2.84	0.48	126	

续表

		均值	标准差	样本量	差异显著性
出生年代	00 后	2.78	0.53	139	$F=1.42$，$p=0.2136$
	90 后	2.84	0.44	2082	
	80 后	2.80	0.49	2052	
	70 后	2.82	0.46	905	
	60 后	2.81	0.46	281	
	40/50 后	2.87	0.46	23	
户籍	农村	2.83	0.46	2120	$F=0.96$，$p=0.4124$
	农村转城镇	2.83	0.45	979	
	城镇转农村	2.81	0.56	27	
	城镇	2.81	0.48	2354	
婚姻状况	未婚	2.82	0.47	1353	$F=2.34$，$p=0.0718$
	已婚	2.82	0.46	3993	
	离婚	2.73	0.58	116	
	丧偶	2.65	0.67	20	
有无单位	无	2.83	0.44	1003	$T=0.72$，$p=0.4697$
	有	2.82	0.47	4479	
单位性质	公有单位	2.82	0.48	1195	$T=-0.07$，$p=0.9457$
	非公有单位	2.82	0.47	3284	
工作性质	老板	2.82	0.44	897	$F=6.67$，$p=0.0013$
	正式工	2.83	0.45	3668	
	非正式工	2.77	0.54	917	
经济地区	东部地区	2.80	0.48	2810	$F=10.92$，$p=0.0000$
	中部地区	2.82	0.47	1590	
	西部地区	2.92	0.33	627	
	东北地区	2.79	0.49	455	

综合个体性事项与社会性事项信心的差异分布，我们发现，两者仅在工作性质与经济地区这两项特征上高度相似，表现为正式工和西部地区劳动者的信心相对较充分。需要注意的是，虽然劳动者

对个体性事项与社会性事项的信心均在受教育程度有显著差异，但具体关联有所不同。在个体性事项的信心上，高学历劳动者的信心相对更充足，即高学历劳动者通常学习能力更强、职业发展前景更好，对未来的个人生活有着稳定与良好的预期；而在社会性事项的信心上，信心与受教育程度呈现“倒U型”趋势，即高学历劳动者对社会状况与社会发展规律的认识更为深入，在对未来社会状况的预期上表现出更为审慎的态度。这一现象启示我们，要提振民众对未来的信心，既要培育和锻炼人们谋求幸福生活的能力，也要凝聚起理性且积极的共识。

三　工作环境对社会景气与社会信心的影响机制

在了解社会景气与社会信心的总体状况和差异分布状况的基础上，我们试图进一步梳理工作环境和社会景气与社会信心间的关联。这种梳理的必要性在于，我们认为，当组织有秩序且其成员有良好的主观感受时，一个社会的蒸蒸日上和欣欣向荣才可能有坚实的基础，才可能持续下去。人们对于社会环境的主观感受在很大程度上受人们在工作环境中切身体验的影响，但其具体机制还有待深入探索。我们努力挖掘工作环境和社会景气与社会信心之间的具体影响机制，旨在更“饱满”地建构社会发展态势的测量体系，从而推动和实时监测社会的高质量发展状况。

接下来，本研究将在工作环境层面上做出一些尝试，去发现并验证社会景气与社会信心在形塑过程中的某些微观基础，比如工作时间、工作报偿等客观工作状况，再比如付出-报偿平衡感、组织信任等主观工作感受。

（一）工作满意度对个体性事项满意度的影响

满意度是人们在认知层面上的一种主观感受，当人们的期望与该期望实现的程度存在差异时，就会自然而然地在心理上产生一种相对不公平和不满足的感觉。① 在微观的个体生活中，满意度可以具象化为个体对各种重要活动或事务在投入与回报上进行权衡后的感受。其中，工作是个体生活的重要组成部分，人们从工作中收获的不仅有报酬，而且还可能有人际关系、成就感、归属感等，在这些方面的良好感受是其工作满意度的基础。而且，工作满意度往往溢出工作场域，直接关切到个体生活体验的方方面面，对个体性事项上的满意度产生重要影响，即工作满意度与个体性事项满意度紧密关联在一起。因此，我们提出第一个假设。

假设 H13.1：其他因素保持不变，工作满意度越高，对个体性事项的满意度越高。

与此同时，针对我国社会普遍存在的加班现象以及加班问题所引发的各种社会情绪与抗争，我们也需要清楚地认识到，工作虽然重要，但也只是个体生活的一部分。就加班来说，它意味着人们在工作上有更多的时间投入，时间配置上的变化可能会调节人们的工作满意度对个体性事项满意度的影响。因此，我们提出第二个假设。

假设 H13.2：其他因素保持不变，加班在工作满意度对个体性事项满意度的影响中起调节作用。

本研究中，我们通过题器“你对这份工作是否感到满意”来观测人们的工作满意度，选项包括很不满意、较不满意、一般、较满意和很满意，分别赋值为 1~5，变量的值越高表示工作满意度越高；通过题器“上个月，您是否加班了”来获得人们工作中的加班状况，形成一个虚拟变量，将“加班”赋值为 1，“未加班”赋值为 0。在建构回归模型验证上述假设时，我们设定了 3 个模型，模型控制了性别、受教育程度、出生年代等人口统计学层面的特征，单位性质、工作性质等组织类型和工作身份层面的特征，以及户籍、经济地区等社会身份层面的特征。具体结果如表 13-15 所示。

① 李汉林、魏钦恭、张晨曲：《发展过程中的满意度》，《社会学评论》2013 年第 1 期，第 75~88 页。

表 13-15 工作满意度对个体性事项满意度的影响：加班的调节效应

变量	模型 1 个体性事项 满意度	模型 2 个体性事项 满意度	模型 3 个体性事项 满意度
控制变量	已控制	已控制	已控制
工作满意度		0.375 *** (0.013)	0.338 *** (0.017)
加班（以未加班为参照组）			
加班			-0.341 ** (0.102)
加班×工作满意度（以未加班×工作满意度为参照组）			
加班×工作满意度			0.077 ** (0.025)
截距	3.408 *** (0.072)	2.146 *** (0.080)	2.328 *** (0.094)
F 值	32.23	143.53	111.83
R^2	0.0371	0.1640	0.1637

注：①括号里的数字为标准误；② $^+p<0.1$，$^*p<0.05$，$^{**}p<0.01$，$^{***}p<0.001$；③模型 1 至模型 3 中的控制变量是性别、受教育程度、出生年代、单位性质、工作性质、户籍和经济地区。

其中，表 13-15 中的模型 1 只考察了控制变量对个体性事项满意度的影响，在 0.05 的显著性水平上，模型显著解释了个体性事项满意度 3.71%的差异。模型 2 在模型 1 的基础上加入了工作满意度，考察工作满意度对个体性事项满意度的影响，其回归系数为 0.375，*p* 值小于 0.001，这说明在控制变量保持不变的情况下，工作满意度每提高 1 个单位，个体性事项满意度随之提高 0.375 个单位，该模型显著解释了个体性事项满意度 16.40%的差异。模型 3 在模型 1 的基础上加入加班与工作满意度的交互项，考察加班在工作满意度与个体性事项满意度间是否起到调节作用，加班与工作满意度的交互项回归系数为 0.077，*p* 值小于 0.01，这说明在控制变量保持不变的情况下，工作满意度每提高 1 个单位，未加班群体的个体性事项满意度随之提高 0.338 个单位；而加班群体的个体性事项满意度则随之提高 0.415 个单位，该模型显著解释了个体性事项满意度 16.37%的差异。可见，工作满意度对个体性事项满意度的正效应在加班群体中更大，也就是说，加班群体更能从工作满意度的提升中受益，获得个体性事项满意度的向好变化。综上，假设 H13.1 和 H13.2 均成立。

为了更加直观地显示工作满意度效应的加班异质性，我们根据表 13-15 中的模型 3 绘制了工作满意度对个体性事项满意度的回归拟合线，结果如图 13-4 所示。可以发现，随着工作满意度的上升，个体性事项满意度确实也随之提高，且相较于未加班群体，加班群体的工作满意度对个体性事项满意度的正效应更大。这或许是因为，当人们对工作非常满意的时候，加班意味着持续获得较多的经济报偿、较为紧密的社会关系以及成就感、归属感等良好的心理感受，这能弥补劳动者所投入的精力与体力，因此，加班群体的个体性事项满意度会相对高于未加班群体。究其本质，个体性事项满意度取决于人们对各种重要活动或事务在投入与回报上进行权衡后的感受。这启发我们，要提升人们的个体性事项满意度，一方面需要保障劳动者在工作时间上的基本权益，杜绝无节制的加班，平衡劳动者在工作与其他重要活动和事务上的参与；另一方面，要不断改善劳动者的工作体验，增进其在工作上的满意度。

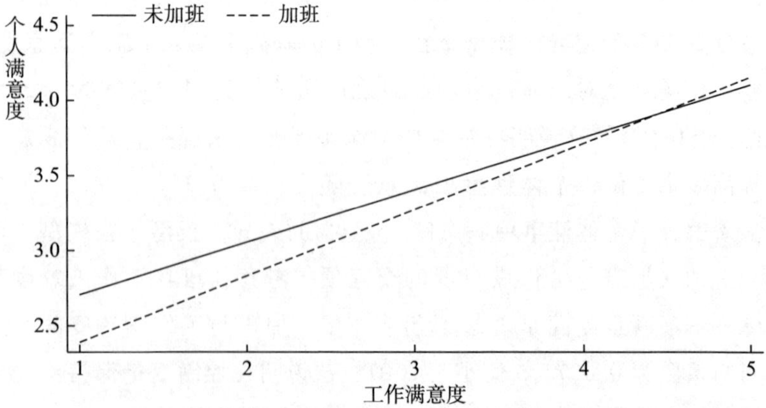

图 13-4　加班对工作满意度与个体性事项满意度的调节作用

（二）工作收入对主观经济地位的影响

随着改革不断深入，我国社会各阶层持续分化和重组，阶层构成也随之变化。在这个过程中，注重发挥中等收入群体的“稳定器”功能，有利于整体社会的稳定与发展。然而，值得注意的是，尽管部分群体的收入有所增长，但这并不意味着他们在主观上也认同自己的阶层上升。换句话说，客观的经济社会地位与主观的阶层认同之间往往存在差异，其中的具体影响机制有待进一步研究。

本研究聚焦于人们的客观经济地位对主观经济地位的影响机制。主观经济地位是指个人对其自身在经济阶层结构中所处位置的感知。一方面，客观的经济水平是形塑主观经济地位的基础，工作收入作为衡量人们客观经济水平最为重要的指标之一，对主观经济地位有着显著的影响。因此，我们提出以下假设。

H13.3：其他因素保持不变，工作收入越高，人们的主观经济地位越高。

另一方面，人们的主观经济地位不仅与客观的经济水平相关，也与个人意识紧密关联。从“社会比较理论”进行思考，人们在纵向或横向的社会比较过程中所感受到的相对优势，有助于人们在主观上认同自己的经济地位上升。也就是说，人们在将收入与他人进行比较时所产生的相对剥夺感，也会显著影响人们的主观经济地位。因此，我们提出以下假设。

H13.4：其他因素保持不变，人们的相对剥夺感越强烈，其主观经济地位越低。

不过，人们关注收入所引发的相对剥夺感时，其基础还是绝对收入本身。工作收入的多少与相对剥夺感紧密关联，工作收入越高，人们的相对剥夺感越轻微。因此，工作收入很可能通过相对剥夺感影响人们的主观经济地位，我们提出以下假设。

H13.5：其他因素保持不变，相对剥夺感在工作收入对主观经济地位的影响中起中介作用。

基于此，我们试图探索的是人们的主观经济地位在多大程度上受到收入的净影响，又在多大程度上受到收入比较所产生的相对剥夺感的影响。具体的关系假设见图 13-5。

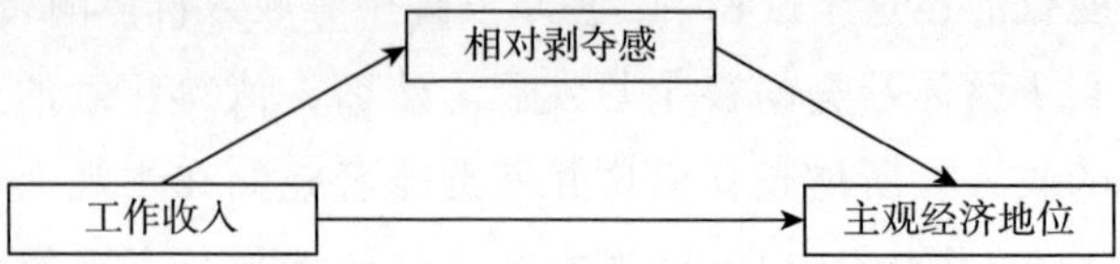

图 13-5　工作收入、相对剥夺感与主观经济地位的关系假设

本研究中，我们通过题器“您目前这份工作的月收入大约是多少千元”来获得人们的工作收入；通过题器“如果整个社会由下到上分为十层（第一层代表最低，第十层代表最高），您认为您的经济收入属于第几层”来获得人们的主观经济地位。

在建构回归模型验证上述假设时，我们共设定了 4 个模型，模型控制了性别、受教育程度、出生年代等人口统计学层面的特征，单位性质、工作性质等组织类型和工作身份层面的特征，以及户籍、经济地区等社会身份层面的特征。具体结果如表 13-16 所示。

表 13-16　工作收入对主观经济地位的影响：相对剥夺感的中介效应

变量	模型 1 主观经济地位	模型 2 主观经济地位	模型 3 相对剥夺感	模型 4 主观经济地位
控制变量	已控制	已控制	已控制	已控制
工作收入		0.056 *** (0.004)	-0.030 *** (0.001)	0.032 *** (0.004)
相对剥夺感				-0.799 *** (0.031)
截距	3.180 *** (0.154)	2.693 *** (0.155)	3.581 *** (0.062)	5.556 *** (0.183)
F 值	105.26	124.48	109.66	198.94
R^2	0.1118	0.1454	0.1303	0.2342

注：①括号里的数字为标准误；② $^{+}p<0.1$，$^{*}p<0.05$，$^{**}p<0.01$，$^{***}p<0.001$；③模型 1 至模型 4 中的控制变量是性别、受教育程度、出生年代、单位性质、工作性质、户籍和经济地区。

其中，表 13-16 中的模型 1 只考察了控制变量对主观经济地位的影响，在 0.05 的显著性水平上，模型解释了主观经济地位 11.18%的差异。模型 2 在模型 1 的基础上加入了工作收入，考察工作收入对主观经济地位的影响，其回归系数为 0.056，p 值小于 0.001，这说明在控制变量保持不变的情况下，个体的工作收入每增加 1000 元，其主观经济地位随之提高 0.056 个单位，该模型显著解释了主观经济地位 14.54%的差异。模型 3 以相对剥夺感为因变量，控制相关变量后，考察工作收入对相对剥夺感的影响，其回归系数为-0.030，p 值小于 0.001，说明在控制变量保持不变的情况下，个体的收入每增加 1000 元，其相对剥夺感下降 0.03 个单位，该模型显著解释了相对剥夺感 13.03%的差异。模型 4 在模型 1 加入了工作收入和相对剥夺感，两者的回归系数分别为 0.032 和-0.799，p 值均小于 0.001，说明在控制变量保持不变的情况下，个体的工作收入每增加 1000 元，其主观经济地位上升 0.032 个单位；个体的相对剥夺感每提高 1 个单位，其主观经济地位下降 0.799 个单位，该模型解释了主观经济地位 23.42%的差异。可见，相对于模型 2，模型 4 中，工作收入的正效应有所下降，工作收入可以部分通过相对剥夺感来影响人们的主观经济地位。经计算可得，相对剥夺感起到的中介效应为 0.024，中介比例达到 42.86%，这说明相对剥夺感中介了约 42.86%工作收入对主观经济地位的影响。综上，假设 H13.3、H13.4 和 H13.5 均成立。

从上述结果中，我们发现人们的工作收入确实在相当大的程度上是通过相对剥夺感来影响其主观经济地位。这提醒我们，在快速的社会发展过程中，我们既要尽可能让发展的成果惠及大多数人，也要尽可能让发展的成果相对公平地进行分配。否则，人们很可能会在社会比较的过程中，将其预期调到过高的水平上，进而引起人们对现实状况的不满和愤慨。

（三）影响政府信任的多元工作环境因素

政府信任是人们对政府行为绩效以及执政能力的一种肯定与社

会承认，是对政府所做相应制度安排的评价，同时也是人们对政府行为绩效以及对政府行为预期与实现状况之间关系的评判。[①] 在中国社会中，政府最主要的工作内容体现在“六稳六保”中。[②] 其中，就业作为一个重要的方面，既是“六稳”，又是“六保”中的构成要素，这充分说明我国社会的高质量就业事关整体社会的高质量发展，解决就业问题和提升就业质量是政府行为的关键内容之一。

政府在整体社会的高质量就业上所进行的宏观调控与规范应该至少致力于三个方面的工作：努力促使劳动者“劳有所稳”、“劳有所获”和“劳有所康”。具体来说，“劳有所稳”指的是工作稳定性，即劳动者有一份相对稳定的工作，促进有劳动能力的公众稳定就业是政府当仁不让的责任；“劳有所获”指的是劳动所带来的获得感，即劳动者认为其劳动付出与报偿间是匹配的，平衡各类劳动的付出与报偿是政府不懈追逐的目标；“劳有所康”指的是职业健康，即劳动者在工作环境中从事劳动，不至于产生身体上的不适和损伤，确保劳动者的职业健康与可持续工作能力是政府执政为民的表现。人们在上述三个方面的状态与感受，直接影响劳动者对政府行为绩效的满意度，进而影响其政府信任的程度。因此，我们可以提出下列假设。

假设 H13.6：其他因素保持不变，劳动者工作稳定性越好，政府信任越高。

假设 H13.7：其他因素保持不变，劳动者的付出-报偿平衡感越好，政府信任越高。

---

① 张彦、魏钦恭、李汉林：《发展过程中的社会景气与社会信心——概念、量表与指数构建》，《中国社会科学》2015 年第 4 期，第 64~84 页。

② “六稳”指的是稳就业、稳金融、稳外贸、稳外资、稳投资、稳预期；“六保”指的是保居民就业、保基本民生、保市场主体、保粮食能源安全、保产业链供应链稳定、保基层运转。“六稳”和“六保”之间不是孤立的，两者是彼此联系的。“六稳”是大局，“六保”是前提，当前形势下，只有全面落实好“六保”，才能实现“六稳”，也才能稳住中国经济这个大局，实现稳中求进。

假设 H13.8：其他因素保持不变，劳动者的职业健康状况越好，政府信任越高。

本研究中，工作稳定性被操作化为“在未来的 12 个月内，您会不会丢掉现在这份工作”，答案分为 5 个层次，即一定会、大概会、不确定、大概不会和肯定不会，分别赋值 1~5，得分越高表示工作稳定性越好。付出-报偿平衡感被操作化为“就您的能力和工作付出而言，您觉得您现在的收入是否合理”，答案分为 5 个层次，即很不合理、较不合理、无所谓、比较合理和非常合理，分别赋值 1~5，得分越高表示付出-报偿平衡感越好。职业健康被操作化为“在过去的三个月里，您是否有下列身体不适？四肢疼痛、背痛等肌肉酸痛/头痛、头晕/浑身乏力/皮肤过敏、灼伤等皮肤问题/耳鸣、听力下降等听力问题/失眠/喉咙沙哑、疼痛等咽喉问题”，共计形成 7 个虚拟变量，将它们相加生成一个潜变量，用以表征职业健康的程度，其取值范围为 0~7，得分越高表示健康状况越差。

在建构回归模型验证上述假设时，我们设定了 4 个模型，模型控制了性别、受教育程度、出生年代等人口统计学层面的特征，单位性质、工作性质等组织类型和工作身份层面的特征，以及户籍、经济地区等社会身份层面的特征。具体结果如表 13-17 所示。

表 13-17　关于政府信任的多元线性回归模型

变量	模型 1 政府信任	模型 2 政府信任	模型 3 政府信任	模型 4 政府信任
控制变量	已控制	已控制	已控制	已控制
工作稳定性		0.144*** (0.011)		
付出-报偿平衡感			0.164*** (0.012)	
职业健康				-0.062*** (0.006)

续表

变量	模型 1 政府信任	模型 2 政府信任	模型 3 政府信任	模型 4 政府信任
截距	2.696*** (0.073)	2.193*** (0.081)	2.149*** (0.082)	2.756*** (0.074)
F	27.93	48.46	50.28	37.38
R^2	0.0323	0.0621	0.0643	0.0505

注：①括号里的数字为标准误；②$^{+}p<0.1$，$^{*}p<0.05$，$^{**}p<0.01$，$^{***}p<0.001$；③模型 1 至模型 4 中的控制变量是性别、受教育程度、出生年代、单位性质、工作性质、户籍和经济地区。

其中，表 13-17 中的模型 1 只考察了控制变量对政府信任的影响，在 0.05 的显著性水平上，模型解释了政府信任 3.23%的差异。模型 2 在模型 1 的基础上加入了工作稳定性，考察工作稳定性对政府信任的影响，其回归系数为 0.144，p 值小于 0.001，说明在控制变量保持不变的情况下，工作稳定性每提高 1 个单位，政府信任随之提高 0.144 个单位，该模型解释了政府信任 6.21%的差异。模型 3 在模型 1 的基础上加入了付出-报偿平衡感，考察付出-报偿平衡感对政府信任的影响，其回归系数为 0.164，p 值小于 0.001，说明在控制变量保持不变的情况下，付出-报偿平衡感每提高 1 个单位，政府信任随之提高 0.164 个单位，该模型解释了政府信任 6.43%的差异。模型 4 在模型 1 的基础上加入了职业健康，考察职业健康对政府信任的影响，其回归系数为-0.062，p 值小于 0.001，说明在控制变量保持不变的情况下，职业健康每恶化 1 个单位，政府信任随之下降 0.062 个单位，该模型解释了政府信任 5.05%的差异。综上，假设 H13.6、H13.7 和 H13.8 均成立。

从上述结果中我们可以看到，劳动者的工作稳定性、付出-报偿平衡感和职业健康程度的确显著影响其政府信任。政府在多大程度上调控与规范就业环境，使劳动者真正“劳有所稳”、“劳有所获”和“劳有所康”，从而实现从充分就业向高质量就业的跃迁，是政府获得民众信任的重要基石。

（四）组织信任对社会性事项信心的影响

在社会转型与发展的过程中，我们切身体会到人们之间的竞争与防备多于合作与信任，整个社会越发趋于原子化。当整个社会处于低度信任状态时，微观的社会互动以及宏观的结构运行都需要更多的磨合，这本身就是一种风险状态，在应对社会复杂风险时，更可能遭遇困难。在这个背景下，卢曼将信任作为一种社会复杂性的简化机制才有意义，[①] 社会信任问题或信任机制业已成为影响我国社会进一步转型和发展的重要因素，影响人们对社会发展的预期。接下来，我们主要探讨信任与信心间的关联。

当我们论及信任时，通常讨论的是针对某一确定对象的具体信任，关涉到人们在互动过程中能否对特定的他人有一个积极、稳定的预期。而事实上，信任是一个多层次的结构，既有具体的信任，也有抽象的信任，抽象信任则主要关注在一定的社会结构下行动者能否对制度安排有一个积极、稳定的预期。我们在讨论信任与社会性事项信心时，应该有解构信任的自觉，至少将其分为具体信任与抽象信任。针对具体信任，我们聚焦的是组织信任，即组织中的员工对组织中其他人和组织整体的一种认知与信赖状况，是具体信任在组织中的表现形式。组织信任源于人们在工作场域中的工作参与和社会互动，是其日常生活的重要组成部分，既在相当大的程度上形塑了人们的抽象信任，也对人们在社会性事项上的信心发挥影响。就抽象信任而言，我们关注的社会信任是人们对于社会中其他人和社会整体的一种认知与信赖状况。社会信任事实上表达的是人们对于社会制度以及社会制度后果的感知，往往映射了人们对制度的满意程度，是人们形成社会发展预期的基础。人们在组织中的切身体验，是形成对社会状况的认识与感受的基础，人们在组织中感受到

---

① 参见 Niklas Lumann, *Trust and Power* (New York: John Weley & Sons Chichester, 1979)，转引自郑也夫《信任的简化功能》，《北京社会科学》2000 年第 3 期，第 113～119 页。

的信任很可能作用于其社会信任水平，进而形塑人们的未来预期。因此，我们提出下列假设。

H13.9：其他因素保持不变，组织信任水平越高，人们对社会性事项的信心越大。

H13.10：其他因素保持不变，社会信任水平越高，人们对社会性事项的信心越大。

H13.11：其他因素保持不变，社会信任在组织信任对社会性事项信心的影响中起中介作用。

基于此，我们关注的是人们具体的组织信任在多大程度上通过相对抽象的社会信任影响着人们在社会性事项上的信心。具体的关系假设见图 13-6。

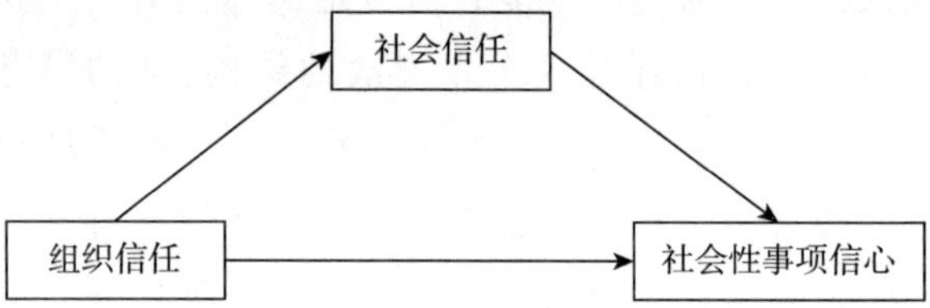

图 13-6　组织信任、社会信任与社会性事项信心的关系假设

关于组织信任，本研究在垂直面上收集了被访者对领导的信任状况，在水平面上收集了被访者对同事的信任状况，共同构成一个组织信任量表来表征人们的组织信任水平。由 4 个题器构成的组织信任量表的 Cronbach's α 系数为 0.763，可见整个量表的信度良好（见表 13-18）。经 KMO 和巴特利特球形检验，得到 KMO 值为 0.719，巴特利特球形检验卡方为 3946.81（$p<0.001$），表明可以进一步做因素分析，验证组织信任量表的效度。其因素分析的结果显示：4 个变量通过主成分因子法可以提取 1 个共同因子，初始特征值为 2.34，能解释的方差比例为 58.59%，使用方差最大法对其进行正交旋转，得到各个变量具体的因子载荷（见表 13-19）。结果表明，4 个变量间确实存在信息上的共指，具有良好的结构效度。在因素分析的支撑下，本研究将 4 个变量进行算术平均，生成 1 个潜变量，

用以表征被访者的组织信任水平，该变量的取值越高，表明被访者的组织信任水平越高。

表 13-18　组织信任的操作化

	题器	变量类型	编码	Cronbach's α 系数
组织信任	总的来说，我对我们单位领导很信任	定序变量	5-非常符合 4-比较符合 3-一般 2-较不符合 1-很不符合	0.763
	在工作上，我和领导之间能够做到畅所欲言	定序变量		
	我不用担心别的同事抢走我的功劳	定序变量		
	总的来说，我单位的同事是可信的	定序变量		

表 13-19　组织信任量表的验证性因素分析

条目	成分 1
a. 总的来说，我对我们单位领导很信任	0.79
b. 在工作上，我和领导之间能够做到畅所欲言	0.75
c. 我不用担心别的同事抢走我的功劳	0.72
d. 总的来说，我单位的同事是可信的	0.79
特征值	2.34
贡献率（%）	58.59
累积贡献率（%）	58.59

提取方法：主成分。

关于社会信任，本研究认为，人们的社会信任水平会反映到人们对某些典型的社会状况的认知上。因此，本研究收集人们对于领导、富人和向上流动的认识，在一定程度上表征人们的社会信任程度。由 3 个题器构成的社会信任量表的 Cronbach's α 系数为 0.860，可见整个量表的信度良好（见表 13-20）。经 KMO 和巴特利特球形检验，得到 KMO 值为 0.735，巴特利特球形检验卡方为 7226.37（$p<0.001$），表明可以进一步做因素分析，验证社会信任量表的效度。因素分析的结果显示：3 个变量通过主成分因子法可以提取 1 个

共同因子，初始特征值为2.35，能解释的方差比例为78.38%，使用方差最大法对其进行正交旋转，得到各个变量具体的因子载荷（见表13-21）。结果表明，3个变量间确实存在信息上的共指，具有良好的结构效度。在因素分析的支撑下，本研究将3个变量进行算术平均，生成1个潜变量，用以表征被访者的社会信任程度，该变量的取值越高，表明被访者的社会信任程度越高。

表 13-20　社会信任的操作化

<table>
<tr><th></th><th>题器</th><th>变量类型</th><th>编码</th><th>Cronbach's α 系数</th></tr>
<tr><td rowspan="3">社会信任</td><td>领导说话总是台上一套，台下一套</td><td>定序变量</td><td rowspan="3">5-非常符合
4-比较符合
3-一般
2-较不符合
1-很不符合</td><td rowspan="3">0.860</td></tr>
<tr><td>在目前的社会环境中，只有踩着别人的肩膀才有可能往上爬</td><td>定序变量</td></tr>
<tr><td>社会上大多数富人发的都是不义之财</td><td>定序变量</td></tr>
</table>

表 13-21　社会信任量表的验证性因素分析

条目	成分 1
a. 领导说话总是台上一套，台下一套	0.88
b. 在目前的社会环境中，只有踩着别人的肩膀才有可能往上爬	0.90
c. 社会上大多数富人发的都是不义之财	0.88
特征值	2.35
贡献率（%）	78.38
累积贡献率（%）	78.38

提取方法：主成分。

在建构回归模型验证上述假设时，我们共设定了4个模型，模型控制了性别、受教育程度、出生年代等人口统计学层面的特征，单位性质、工作性质等组织类型和工作身份层面的特征，以及户籍、经济地区等社会身份层面的特征。具体结果如表13-22所示。

表 13-22 组织信任对社会性事项信心的影响：社会信任的中介效应

变量	模型 1 社会性事项信心	模型 2 社会性事项信心	模型 3 社会信任	模型 4 社会性事项信心
控制变量	已控制	已控制	已控制	已控制
组织信任		0.148*** (0.011)	0.427*** (0.022)	0.126*** (0.012)
社会信任				0.072*** (0.009)
截距	2.746*** (0.042)	2.302*** (0.078)	1.930*** (0.155)	2.107*** (0.083)
F 值	8.31	28.51	66.06	32.58
R^2	0.0105	0.0594	0.1308	0.0804

注：①括号里的数字为标准误；② $^+p<0.1$， $*p<0.05$， $**p<0.01$， $***p<0.001$；③模型 1 至模型 4 中的控制变量是性别、受教育程度、出生年代、单位性质、工作性质、户籍和经济地区。

其中，表 13-22 中的模型 1 只考察了控制变量对社会性事项信心的影响，在 0.05 的显著性水平上，模型显著解释了其 1.05%的差异。模型 2 在模型 1 的基础上加入了组织信任，考察了组织信任对社会性事项信心的影响，其回归系数为 0.148，p 值小于 0.001，说明在控制变量保持不变的情况下，组织信任每提高 1 个单位，社会性事项信心随之提高 0.148 个单位，该模型解释了社会性事项信心 5.94%的差异。模型 3 以社会信任为因变量，在控制相关变量的基础上，考察组织信任对社会信任的影响，其回归系数为 0.427，p 值小于 0.001，说明在控制变量保持不变的情况下，组织信任每提高 1 个单位，社会信任随之提高 0.427 个单位，该模型显著解释了社会信任 13.08%的差异。模型 4 在模型 1 的基础上加入了组织信任与社会信任，两者的回归系数分别为 0.126 和 0.072，p 值均小于 0.001，说明在控制变量保持不变的情况下，组织信任每提高 1 个单位，社会性事项信心随之提高 0.126 个单位；社会信任每提高 1 个单位，社会性事项信心随之提高 0.072 个单位。可见，相对于模型 2，模型

4 中，组织信任的正效应有所下降，组织信任可以部分通过社会信任来影响人们对社会性事项的信心。经计算可得，社会信任起到的中介效应为 0.022，其中介比例约为 14.86%，这说明社会信任中介了约 14.86%组织信任对社会性事项信心的影响。综上，假设 H13.9、H13.10 和 H13.11 均成立。

从上述结果中，我们可以看到，人们在组织内所感受到的信任，的确可以影响其社会信任水平，进而作用于其对社会性事项的信心。这再次告诉我们，人们对于社会状况是否具有良好感受，其基础在于日常生活中的良好体验，其中，工作组织具有保护、包容、整合个体等多元功能，对于个体而言十分重要。由此观之，工作环境的确是社会景气与社会信心的微观基础。

后　记

本书是师生集体研究的成果。在这本书里，我们试图在 2019～2020 年中国工作环境问卷调查数据的基础上，对中国工作环境问题进行深入讨论。在本书的撰写过程中，张彦、宋争辉、李俊负责研究的整体结构设计、章节内容安排和技术指导，吴爽负责方法培训以及对章节内容的审核。黄蕊负责全书统稿与人员沟通协调，吴雨欣等同学参与了本书的最终校对。每个章节的具体分工如下。

第一章由宋争辉、李俊、张彦、吴爽撰写；

第二章由吴爽、夏瑛奇撰写；

第三章由秦黎撰写；

第四章由秦黎撰写；

第五章由夏瑛奇撰写；

第六章由夏瑛奇撰写

第七章由罗正淇撰写；

第八章由蒋龄梦撰写；

第九章由黄蕊撰写；

第十章由蒋龄梦撰写；

第十一章由夏瑛奇撰写；

第十二章由罗正淇撰写；

第十三章由秦黎、宋争辉、李俊撰写。

图书在版编目(CIP)数据

迈向高质量发展的工作：中国工作环境调查数据分析：上下册 / 吴爽等著. -- 北京：社会科学文献出版社，2024.9

（中国工作环境研究丛书）

ISBN 978-7-5228-3392-7

Ⅰ.①迈… Ⅱ.①吴… Ⅲ.①工作条件-调查研究-统计数据-分析-中国 Ⅳ.①F249.2

中国国家版本馆 CIP 数据核字（2024）第 059395 号

中国工作环境研究丛书

迈向高质量发展的工作

——中国工作环境调查数据分析(上下册)

著　　者 / 吴　爽　宋争辉　李　俊　张　彦 等

出 版 人 / 冀祥德

责任编辑 / 李会肖　李　薇

责任印制 / 王京美

出　　版 / 社会科学文献出版社 · 群学分社（010）59367002

地址：北京市北三环中路甲 29 号院华龙大厦　邮编：100029

网址：www.ssap.com.cn

发　　行 / 社会科学文献出版社（010）59367028

印　　装 / 三河市龙林印务有限公司

规　　格 / 开　本：787mm × 1092mm　1/16

印　张：45.5　字　数：633 千字

版　　次 / 2024 年 9 月第 1 版　2024 年 9 月第 1 次印刷

书　　号 / ISBN 978-7-5228-3392-7

定　　价 / 198.00 元（上下册）

读者服务电话：4008918866